Schriften zum Strafvollzug, Jugendstrafrecht und zur Kriminologie

Herausgegeben von Prof. Dr. Frieder Dünkel
Lehrstuhl für Kriminologie an der
Ernst-Moritz-Arndt-Universität Greifswald

Band 51

AF208577

Philip Horsfield

Jugendkriminalpolitik in England und Wales – Entwicklungsgeschichte, aktuelle Rechtslage und jüngste Reformen

MG 2015
Forum Verlag Godesberg

Bibliographische Information der Deutschen Nationalbibliothek

Die Deutsche Nationalbibliothek verzeichnet diese Publikation
in der Deutschen Nationalbibliografie; detaillierte bibliografische
Daten sind im Internet über http://dnb.d-nb.de abrufbar.

© Forum Verlag Godesberg GmbH, Mönchengladbach
Alle Rechte vorbehalten.
Mönchengladbach 2015
DTP-Satz, Layout, Tabellen: Kornelia Hohn
Institutslogo: Bernd Geng, M.A., Lehrstuhl für Kriminologie
Gesamtherstellung: BoD - Books on Demand, Norderstedt
Printed in Germany

ISBN 978-3-942865-42-5
ISSN 0949-8354

Inhaltsübersicht

Justizapparats. Im Ergebnis stieg auch die Inhaftiertenrate bei Jugendlichen bis 2007/08 weiter an, wenngleich in geringerem Maß als in der vorangegangenen Phase. Das UN-Kinderrechtskomitee ebenso wie Vertreter der Wissenschaft haben dies heftig kritisiert, zumal England/Wales die zweithöchste Inhaftierungsrate Minderjähriger in Westeuropa aufwies. Von daher herrschte hinsichtlich der weiteren Entwicklung eher Pessimismus vor.

Im nachfolgenden *Kapitel 2.6* beschreibt der Verf. die überraschende „erneute Kehrtwende". Von 2007 bis 2012 ging die Belegung in geschlossenen Jugendhaftanstalten bei den 15- bis 17-Jährigen um 43% zurück (vgl. *Tabelle 12*), bei den 10-14-Jährigen sank sie auf ein Drittel. Der Rückgang der Belegung betrifft vor allem die Jugendstrafen (*Detention and Training Order*) und die U-Haft, weniger stark, aber dennoch beachtlich auch die durch den *Crown Court* verhängten Langzeitstrafen (vgl. *Abbildung 5*, S. 115). Im Folgenden betrachtet der Verf. wiederum den Zeitraum seit 2003 hinsichtlich der Veränderungen der Sanktionspraxis und zeigt einen erheblichen Rückgang der verhängten Freiheitstrafen pro 100.000 der Altersgruppe auf (*Abbildung 6*). Damit einher geht ein Rückgang der gerichtlich Sanktionierten insgesamt, der insbesondere die zuvor „kriminalisierten" (s. o.) jüngeren Bagatelltäter betrifft. Der Verf. belegt sehr schön auch den Anteil des demografisch bedingten Schwunds, indem er neben den absoluten Zahlen auch die relativen Zahlen pro 100.000 der Altersgruppe jeweils ausweist. Darauf geht er im Detail bei der Ursachenanalyse in *Kapitel 2.6.2* nochmals ein. Abgesehen von demografischen Veränderungen können als Ursache für den Rückgang der Verurteilten- und Inhaftierungszahlen Jugendlicher ein geringeres Kriminalitätsaufkommen (das allerdings schon seit 1993 bemerkbar war und insoweit nur bedingt als Erklärung tauglich sein kann), die strategischen und organisatorischen Veränderungen auf kommunaler Ebene (Leistungsindikatoren und Eigenverantwortung der Kommunen mit der Vorgabe der Haushaltssanierung und damit der vermehrten Haftvermeidung), die vermehrte Diversion durch sog. *Triage*-Programme (spezifische Selektion weniger schwerer Risikofälle) oder das „*Youth Restorative Disposal*" (polizeiliche Diversion i. V. m. unmittelbarer Schadenswiedergutmachung) und die gezielte Senkung der Zahl sehr junger Straffälliger mit Justizkontakt (*First Time Entrants*) angesehen werden. Dem entsprechen auf gerichtlicher Ebene ein Rückgang von jungen Ersttätern und eine Konzentration auf ältere Wiederholungstäter. Der Anteil von Freiheitsstrafen ist nicht gestiegen, obwohl wegen der Filterfunktion der Diversion zunehmend schwerere Delikte bei den Gerichten abzuurteilen waren. Gleichzeitig lässt sich im Sinne eines Sandhaufeneffekts beobachten, dass auch die Sanktionierung schwererer Delikte milder wurde (S. 136 f.). Eine ähnliche Analyse liegt für die deutsche Sanktionspraxis seit den 1980er Jahren vor. Dazu haben sicherlich auch 2009 veröffentlichte Strafzumessungsrichtlinien des *Sentencing Guidelines Council* beigetragen, die die Ultima-ratio-Funktion der Freiheitsstrafe hervorheben. Der Verf. schätzt im Übrigen die mit der Neugestaltung der ambulanten Sanktionen und der Einführung der *Youth Referral*

Order (YRO) im Jahr 2009 erfolgte risikoorientierte Strafzumessungspraxis zu Recht positiv ein (vgl. S. 140). Mit der einer Freiheitsstrafe vorgelagerten *Intensive Supervision and Surveillance* als Auflage i. V. m. der YRO müssen die Gerichte in jedem Einzelfall der Verhängung von Freiheitsstrafe besonders begründen, dass diese Intensivüberwachung (ggf. i. V. m. elektronischer Überwachung) nicht ausreichend erscheint. Sehr schön arbeitet der Verf. heraus, dass die zunehmend längeren Haftstrafen i. V. mit durchschnittlich schwereren Delikten, die mit Freiheitsentzug bestraft wurden zu tun haben und keine härtere Sanktionierung i. S. einer punitiveren Strafzumessung darstellen (vgl. S. 142 f.).

Ausführlich fasst der Verf. unter *2.7* die historische Entwicklung des Jugendstrafrechts in England und Wales als „dynamischen" Prozess mit „ideologischen und strategischen Kehrtwenden" in „schneller Folge" (S. 143) zusammen. Interessanterweise war der Zuwachs oder Rückgang der Jugendstrafvollzugspopulation fast nie von steigenden oder sinkenden Kriminalitätszahlen beeinflusst, sondern von veränderten „Praxisrichtlinien und -vorgaben" (u. a. auch Gesetzesreformen), d. h. der Kriminalpolitik. Als beispielhaft sieht der Verf. insoweit die Phase von 2003-2011 an, die den vorangegangenen „*punitive turn*" der 1990er Jahre umkehrte. Ebenfalls wichtig ist die Erkenntnis, dass eine Milderung der Sanktionspraxis immer dann möglich war, „wenn das Thema der Jugendkriminalität im öffentlichen und politischen Diskurs einen geringeren Stellenwert eingenommen hat" (S. 144). Der jüngere Reformprozess wurde aber auch durch ökonomische Sparzwänge gesteuert, die insbesondere in der jüngsten Zeit zum selteneren Gebrauch freiheitsentziehender Sanktionen beitrugen. Nicht zuletzt wurde die Entwicklung von NGOs und Wissenschaftlern gestützt, die 2010 in einer Denkschrift einen Neuanfang („*Time for a Fresh Start*") forderten (*Police Foundation, NACRO* etc.). Dem entsprechen jüngste Reformen von 2012, auf die der Verf. im Vorgriff auf die Darstellungen in *Kapitel 3* und *4* verweist.

Im *3. Kapitel* geht der Verf. auf das gegenwärtige Jugendstrafrecht in England und Wales ein. Dabei geht es um die „gesetzlichen Grundlagen, den sachlichen und persönlichen Geltungsrahmen und die jugendkriminalpolitischen und jugendstrafrechtlichen Zielsetzungen" (S. 148). Hierbei werden auch die jüngsten Reformen wie die neuen Richtlinien zur Diversion sowie die Abschaffung der zeitlich unbestimmten Verwahrung zum Schutz der Öffentlichkeit für unter 18-Jährige, die mit der deutschen Sicherungsverwahrung vergleichbar war, nochmals kurz angesprochen.

Die gesetzlichen Grundlagen des Jugendstrafrechts sind außerordentlich kompliziert, weil es im Gegensatz zu Deutschland kein einheitliches Gesetz gibt, sondern eine Vielzahl einzelner Normierungen (häufig allgemeines Strafrecht mit Modifikationen für Jugendliche), die sich nur schwer ermitteln lassen (vgl. die Zusammenstellung auf S. 150). Daher ist es eine großartige Leistung des Verf., die vielfältigen Details gesetzlicher Regelungen und Richtlinien in einer umfassenden Darstellung zusammengestellt zu haben.

die Begrenzung durch das Verhältnismäßigkeits- und das Schuldprinzip (S. 229). Im Folgenden werden die einzelnen Sanktionen detailliert dargestellt. Interessant erscheint in diesem Zusammenhang die sog. *Attendance Centre Order*, eine Art Freizeitbeschränkungsstrafe für unter 25-Jährige, die eine Verpflichtung zur Teilnahme an Freizeitmaßnahmen an Samstagen beinhaltet. Hierbei handelt es sich um die einzige Sanktion, die auch bei Heranwachsenden und Jungerwachsenen angewandt werden kann, während diese Altersgruppen im Übrigen Erwachsenen bis 2011 (s. o.) vollständig gleichgestellt waren. Sehr detailliert wird das System der sog. *Referral Order* beschrieben (*Kapitel 3.6.2.4*), einer Sanktion, die bestimmte – je nach Risikoeinschätzung differenzierte – Überwachungsformen neben Auflagen der Wiedergutmachung und spezialpräventiven Weisungen enthält (Dauer der Überwachung: 3-12 Monate). Die nächste Stufe der Sanktionsschwere ist seit 2009 durch die *Youth Rehabilitation Order* charakterisiert, die – in der deutschen Diktion – Weisungen und Auflagen verschiedenster Art und Eingriffsintensität beinhaltet, die in *Tabelle 20* (S. 251-260) übersichtlich aufgelistet sind. Die Dauer der Überwachung geht bis zu drei Jahre und kann in der intensivsten Form Ausgangsverbote (*curfew orders*) und elektronische Überwachung beinhalten.

In *Kapitel 3.6.2.6* werden die freiheitsentziehenden Sanktionen (*Detention and Training Order*, DTO, bis maximal 24 Monate durch das Jugendgericht und die sog. Langzeitfreiheitsstrafe durch den *Crown Court*) beschrieben. Die DTO beinhaltet eine stationäre Phase und eine gleichlange Aufsichtsphase in Freiheit. Auf S. 274 ff. wird die Freiheitsstrafe zum Schutz der Öffentlichkeit bei einer prognostizierten Gefährlichkeit des Täters beschrieben, die bei schweren Delikten zeitlich unbestimmt sein konnte und der Sicherungsverwahrung im deutschen Recht entsprach, und die im Herbst 2013 abgeschafft wurde. In der einfachen Form der sog. *Extended Sentence* handelt es sich um eine zeitlich bestimmte Sanktion mit anschließender (verlängerter) Bewährungsphase nach der Haftentlassung (S. 274).

Die sog. *Deferred Sentence* entspricht einer Art Strafaufschub und gilt für alle Sanktionen. Hinsichtlich der Freiheitsstrafe könnte man eine Parallele zur deutschen Vorbewährung oder der Aussetzung der Verhängung der Jugendstrafe sehen.

In *Kapitel 3.6.3* wird das System der Strafzumessung im englischen Jugendstrafrecht detailliert und übersichtlich dargestellt. In diesem Zusammenhang wird das gesamte Sanktionensystem in *Abbildung 16* nochmals anschaulich zusammengefasst und dargestellt, welche Rechtsfolgen zulässig sind, wenn die Schwelle des *Community Treshhold* nicht überschritten ist, wenn sie überschritten ist, aber noch nicht die *Custody Treshhold* und schließlich, wenn die Schwelle zur Freiheitsstrafe überschritten ist (S. 294).

In der abschließenden Zusammenfassung werden rechtsvergleichende Bezüge zu Deutschland und anderen europäischen Ländern hergestellt. Die vorsichtige Berücksichtigung der Heranwachsenden als Sondergruppe wenigstens im Rahmen der Strafzumessung (seit 2011), wird zutreffend im Kontext einer europäischen Reformtendenz hervorgehoben (vgl. hierzu *Dünkel/Pruin* 2011; 2012; *Pruin/Dünkel* 2015). Eine zentrale Erkenntnis des dritten Kapitels ist, dass das englische Jugendstrafrecht ein ausgesprochen repressives Potenzial enthält (mit intensiven ambulanten Überwachungsmaßnahmen und im stationären Bereich bis zu lebenslänglichen Freiheitsstrafen bereits für 10-Jährige), das jedoch durch Praxisanleitungen jeweils i. S. einer milden Sanktionspraxis moderiert werden kann. Dementsprechend wurde die Sanktionspraxis seit 2007 deutlich abgesenkt und Freiheitsstrafen und damit die Jugendhaftpopulation erheblich reduziert. Dies alles erfolgte weitgehend ohne gesetzliche Veränderungen, was den Verf. zu der besorgten Aussage veranlasst, dass diese Entwicklung – man könnte sie „englischen Frühling" nennen – auch wieder ins Gegenteil verkehrt werden kann, wie dies für den Zeitraum des *punitve turn* Mitte der 1990er Jahre bis 2007 charakteristisch war.

Im *4. Kapitel* beschreibt der Verf. das englische Jugendstrafrecht im Licht internationaler Empfehlungen und Standards. Zunächst werden kurz die relevanten Empfehlungen der Vereinten Nationen und des Europarats erwähnt (*Kapitel 4.1*), sodann deren Rechtscharakter erörtert. Zutreffend erwähnt der Verf. die Rspr. des deutschen BVerfG, das die Verbindlichkeit auch sog. Soft law-Normen in Form einer Indizregel der Verfassungswidrigkeit für den Fall, dass der Gesetzgeber hinter internationalen Standards zurückbleibt, statuiert hat. Vergleichbare Aussagen englischer Gerichte oder seitens der englischen Regierung gibt es allerdings nicht. Die Antworten der englischen Regierung auf eine Umfrage des Europarats zur Implementation der *European Rules for Juvenile Offenders Subject to Sanctions or Measures* (ERJOSSM) deuten eher eine gleichgültige Haltung hinsichtlich internationaler Verpflichtungen an (vgl. hierzu *Dünkel* 2014). Dementsprechend wurden England und Wales 2002 und 2008 vom UN-Kinderrechtskomitee heftig kritisiert, ohne dass dies zu tiefgreifenden Reformüberlegungen geführt hätte.

In *Kapitel 4.3* greift der Verf. bestimmte Fragenkomplexe (Strafmündigkeitsgrenzen, Diversion, U-Haft, Transfer an Erwachsenengerichte, Sanktionen etc.) heraus und überprüft sie im Licht der internationalen Standards. Trotz der seit der Kritik von 2002 deutlich zurückgegangenen Zahl unter 14-Jähriger, die gerichtlich sanktioniert wurden, sieht der Verf. die Kritik an dem international gesehen zu niedrigen Strafmündigkeitsalter von 10 Jahren als berechtigt an. Auch die Kritik an der noch immer weitgehend fehlenden Einbeziehung Heranwachsender in das Jugendstrafrecht wird zutreffend geteilt.

In *Kapitel 4.3.2* widmet sich der Verf. der Problematik des Kampfes gegen „anti-soziales Verhalten", für den der englische Gesetzgeber 1998 mit der zivilrechtlichen *Anti-Social-Behaviour-Order* (ASBO) und anderen Strategien auf kommunaler Ebene Maßnahmen entwickelt hat, die sich z. T. eingriffsintensiver als strafrechtliche Sanktionen darstellen. Hinzu kommt, dass Verstöße gegen

ASBOs mit bis zu zwei Jahren Freiheitsstrafe geahndet werden können, also zumindest sekundär eine Kriminalisierung droht. Das UN-Kinderrechtskomitee hat die weite und unbestimmte Eingriffsgrundlage kritisiert, indem ein breites Spektrum an Verhaltensweisen wie z. B. Konsum von Tabak oder Alkohol in der Öffentlichkeit, aggressives Betteln, „rowdyhaftes", „proletenhaftes" Benehmen u. ä. kriminalisierbar gemacht wurden (S. 320). Da es sich um zivilrechtliche Anordnungen handelt, gelten die strafverfahrensrechtlichen Schutzrechte nicht und es kam häufig zu Veröffentlichungen der Täter in Medien oder auf Plakaten. Dieses *Naming and Shaming* wurde bewusst zum Zweck der Abschreckung genutzt, was das UN-Kinderrechtskomitee als Verstoß gegen Art. 40 Abs. 2 vii KRK ansah. Der Verf. liefert interessante statistische Details, die darauf hindeuten, dass jede zweite ASBO letztlich eine Freiheitsstrafe nach sich gezogen hat (S. 323). Auch andere polizeiliche Maßnahmen wie die Einrichtung sog. *Dispersal Zones* und *Dispersal Orders* (Auflösung von Personengruppen und Platzverweise an bestimmten öffentlichen Orten) fanden die Kritik des UN-Kinderrechtskomitees, zumal *Dispersal Orders* auch als Ausgangssperren für unter 16-Jährige fungieren (S. 326 f., Fn. 1365). Obwohl 2012 erste Ansätze des Gesetzgebers, ASBOs in Frage zu stellen oder zumindest die Kriminalisierung von Verstößen zu vermeiden, erkennbar wurden, ist es eher unwahrscheinlich, dass die schwammige Rechtsgrundlage für die Anordnung von ASBOs beseitigt wird. Damit erweist sich die englische Regierung als „konventionsfeindlich" bzgl. der KRK, was der Verf. zu Recht kritisiert.

Diversion wird in allen einschlägigen internationalen Standards als vorrangige Strategie der Bewältigung der bagatellhaften Jugendkriminalität gesehen (vgl. *Kapitel 4.3.3*). Dem widersprach das bis 2008 geltende System von *Final Warnings* und der *Offenders Brought to Justice*-Strategie (s. o.). Mit den seither umgesetzten strategischen Veränderungen und der Abschaffung der *Final Warning* wird dem Anliegen des Vorrangs der Diversion nunmehr besser entsprochen. Allerdings ist die Entwicklung weniger durch Einsicht und Anerkennung menschenrechtlicher Standards als durch ökonomische Sparzwänge bedingt.

Obwohl das englische Recht die U-Haft als *ultima ratio* der Verfahrenssicherung insbesondere bei Minderjährigen anerkennt, hat das UN-Kinderrechtskomitee doch Kritik an der hohen Zahl in U-Haft oder geschlossener Unterbringung gebrachter Minderjähriger kritisiert (S. 333). Seit dem vom UN-Kinderrechtskomitee beobachteten Zeitraum 2007/2008 ist die Zahl vorläufig inhaftierter oder untergebrachter 10- bis 16-Jähriger um 41% bzw. 45% gesunken (S. 336), womit der o. g. Kritik deutlich Rechnung getragen wurde (wenngleich nicht i. S. einer bewussten menschenrechtsorientierten Strategie (worauf der Verf. zu Recht hinweist).

Auch die in England und Wales wie in keinem anderen europäischen Land verbreitete Möglichkeit und Praxis des Transfers von Minderjährigen an Erwachsenengerichte (hier den *Crown Court*) stieß auf heftige (und zutreffende) Kritik des UN-Kinderrechtskomitees, das – abgesehen von der Möglichkeit le-

benslange Freiheitsstrafen zu verhängen – die mangelnde jugendadäquate Ausgestaltung des Verfahrens bemängelte. Der Verf. bezieht hier auch die internationale Kritik an der ebenfalls möglichen lebenslangen Freiheitsstrafe ohne
bedingte Entlassungsmöglichkeit („*life without parole*") mit ein. Die Kritik an
der zu wenig jugendadäquaten Ausgestaltung des Verfahrens durch den EGMR
im *Bulger*-Verfahren führte immerhin zu veränderten Praxisrichtlinien, jedoch
bleibt die Situation wegen des unverbindlichen Rechtscharakters unbefriedi-
gend, zumal die Verfahren im Gegensatz zu Verfahren des Jugendgerichts nach
wie vor öffentlich sind (S. 341). Immerhin ist die Zahl der Verfahren vor dem
Crown Court seit 1996 um mehr als die Hälfte zurückgegangen (S. 343) und
werden inzwischen schwerpunktmäßig besonders schwere Gewalt- und Sexualdelikte und weniger reine Eigentumsdelikte vor den *Crown Court* gebracht.

Auch im Bereich der allgemeinen jugendrichterlichen Sanktionierung gab es
seitens des UN-Kinderrechtskomitees Kritik, weil das Prinzip der *ultima ratio*
der Freiheitsstrafe und der verhältnismäßigen am Prinzip der Minimalintervention orientierten Sanktionierung zu wenig beachtet werde. In der Tat belegt der
Verf. mit Vergleichszahlen, dass in keinem europäischen Land im Jahr 2008
mehr Minderjährige und Heranwachsende inhaftiert waren als in England/Wales
(S. 349 f.; pro 100.000 der minderjährigen Bevölkerung lag England/Wales nach
den Niederlanden an zweiter Stelle, vgl. S. 112).
Erneut belegt der Verf. die inflationäre Bestrafungspolitik im Zeitraum 1996-
2007 (vgl. insb. *Tabelle 27*), die sich jedoch seither deutlich relativiert hat (-44%
bei der Jugendhaftbelegung, vgl. S. 352). Trotz der ermutigenden Praxisentwicklung bleiben die gesetzlichen Rahmenbedingungen im internationalen Vergleich defizitär. Zutreffend geht der Verf. hier auch auf Nr. 4 der ERJOSSM und
den Kommentar dazu ein, der das niedrige Strafmündigkeitsalter von 10 Jahren
kritisiert und darüber hinaus fordert, dass ein niedriges Strafmündigkeitsalter
wenigstens durch ein erhöhtes Alter der Bestrafungsmündigkeit bzgl. Freiheitsstrafe abgemildert bzw. „kompensiert" werden sollte, indem in Jugendgefäng-
nissen zu verbüßende Freiheitsstrafen ausgeschlossen werden. Dies ist beispielsweise in der Schweiz der Fall, wo die Strafmündigkeit zwar bei 10 Jahren
liegt, Jugendstrafe allerdings erst ab 15 Jahren möglich ist. Hier haben England
und Wales zweifellos Nachholbedarf.

Zu Recht kritisiert der Verf., dass Menschenrechtsstandards „in der englischen jugendkriminalpolitischen Reformgeschichte nie eine treibende Kraft"
waren (S. 355). Dennoch sind vor allem seit 2008 bedeutende Verbesserungen
in Richtung auf Konformität mit dem internationalen Standards erzielt wurden.
Andererseits bleibt die gesetzliche Situation in vielerlei Hinsicht defizitär.

Im *5. Kapitel* fasst der Verf. die Ergebnisse der Arbeit nochmals prägnant
zusammen. Dass die Betrachtung des Jugendstrafrechts in England und Wales
ein lohnendes Forschungsobjekt ist, wird eingangs nochmals anhand der be-
wegten Geschichte in Gesetzgebung und Praxis und der Kritik auch seitens des

UN-Kinderrechtskomitees überdeutlich. Zu bemängeln und Ursache der teilweise extensiven Bestrafungspolitik sind die konkurrierenden Strafzwecke und jugendkriminalpolitischen Orientierungen (vgl. S. 361 f.), die je nach vorherrschendem „Zeitgeist" zu Ausschlägen in die eine oder andere Richtung führen können (vgl. S. 362 ff.). Dabei spielen strategische Vorgaben aus dem politischen Raum eine besondere Rolle (Richtlinien, Leistungsindikatoren als Vorgaben etc., S. 365 f.), ferner natürlich die immer wieder veränderten gesetzlichen Grundlagen (S. 366 ff.), die zu einem sehr ausdifferenzierten Reaktionssystem einerseits und einem massiven „Potenzial für eingriffsintensive Interventionen" andererseits beigetragen haben (S. 366). Von daher ist – trotz der positiven Entwicklung der Sanktionspraxis mit einer Reduzierung eingriffsintensiver Sanktionen, insbesondere der Freiheitsstrafe – die Aussage, der von *Cavadino* und *Dignan* (2006) kritisierte *„neo-correctionalist approach"* sei überwunden, noch verfrüht (S. 367). Die jüngsten Gesetzesreformen geben immerhin Anlass zur Hoffnung, dass sich der positive Trend fortsetzt. Auf S. 370 ff. fasst der Verf. nochmals die wichtigsten Desiderate der englischen Jugendkriminalrechtsgesetzgebung (Strafmündigkeit, Heranwachsendenproblematik, Transfers an Erwachsenengerichte, Kriminalisierung anti-sozialen Verhaltens) zusammen. Die Hoffnung, dass ein Rückfall in den Populismus der 1990er Jahre nicht erfolgt, wird durch die relativ gemäßigten Reaktionen auf die Ausschreitungen in vielen Städten im Jahr 2011 genährt. Gleichwohl sollte abseits medialer Aufmerksamkeit der Weg zu einem moderaten und verhältnismäßigen, internationalen Standards entsprechenden Jugendstrafrecht fortgesetzt werden, will man Ausschläge und plötzliche Kurswechsel in die andere Richtung nachhaltig vermeiden.

Die vorliegende Arbeit wurde im Wintersemester 2013/14 als Dissertation an der Rechts- und Staatswissenschaftlichen Fakultät angenommen. Dem Kollegen Prof. Dr. Dr. h. c. *Dirk van Zyl Smit* von der Universität Nottingham gilt der Dank für die zügige Anfertigung des Zweitgutachtens. *Kornelia Hohn* hat wie immer mit großer Sorgfalt die Druckvorlage erstellt. Dafür gebührt ihr besonderer Dank und Anerkennung.

Greifswald, im Februar 2015

Frieder Dünkel

Danksagung

Mit der Veröffentlichung dieses Buches geht eine lange Reise zu Ende, die im Frühjahr 2005 begann. Auf dieser Reise wurde ich von sehr vielen wichtigen Menschen begleitet, die alle eine zentrale Rolle darin gespielt haben, dass ich das Reiseziel „Promotion" nun endlich erreicht habe.

Entsprechend umfangreich ist die Liste derer, denen ich in diesem Zusammenhang für ihre Unterstützung und ihre Geduld, sowie ihr Vertrauen und ihre Freundschaft von Herzen danke möchte. Jedem Einzelnen namentlich und individuell meine Erkenntlichkeit auszusprechen würde den Rahmen dieser Danksagung sprengen. Ich freue mich auf die hoffentlich zeitnahen Gelegenheiten, dies persönlich zu tun. Deswegen habe ich mich an dieser Stelle darauf beschränkt, nur bestimmten Menschen namentlich zu danken.

Zunächst danke ich *Prof. Dr. Dirk van Zyl Smit* von der University of Nottingham, Großbritannien, dass er sich bereit erklärt hat, das Zweitgutachten zu erstellen, und dass er sich dieser Aufgabe so zügig angenommen hat. Weiterhin richtet sich ein herzliches Dankeschön an *Prof. Dr. Wolfgang Joecks* und *Prof. Dr. Jürgen Kohler* für ihre aufgeschlossene Teilnahme an meiner Verteidigung.

Ein besonderer Dank geht an *Prof. Dr. Frieder Dünkel*, meinen „Doktorvater", für seine Betreuung über die letzten neun Jahre, und dafür, dass er mich so lange so herzlich als Teil seines Lehrstuhls begrüßt hat. Er hat ein besonderes Gespür dafür, ein fast familiäres Klima an seinem Lehrstuhl zu erzeugen. Ich danke ihm deswegen insbesondere dafür, dass ich in dieser Zeit so viele wunderbare Kolleginnen und Kollegen kennenlernen durfte, von denen ich sehr viele heute als meine Freunde bezeichnen darf. Ihnen allen gebührt ein ganz besonderer Dank. Namentlich hervorheben möchte ich an dieser Stelle nur *Frau Kornelia Hohn*. Neben dem erheblichen Zeitaufwand, den *Frau Hohn* für die erfolgreiche Veröffentlichung dieser Arbeit aufgebracht hat, möchte ich ihr vor allem dafür danken, dass sie mir über die Jahre immer mit endloser Geduld und bedingungsloser Tatkraft zur Seite gestanden und mich immer unterstützt hat. Sie ist das Herz und die Seele des Lehrstuhls, und es war mir eine Freude, mit ihr zusammen zu arbeiten.

Ich danke von ganzem Herzen meinen Eltern *Brian* und *Hilary* und meinem Bruder *Ben*. Sie hatten für so manch ein verzweifeltes mitternächtliches Telefonat ein offenes Ohr, haben mich stets ermutigt und bekräftigt und mich nie unter Druck gesetzt. Ich danke ihnen sehr, dass sie es mir ermöglicht haben, die Herausforderung „Promotion" anzunehmen, und dass sie mich bedingungslos darin unterstützt haben, diese Herausforderung auch erfolgreich zu meistern.

Abschließend möchte einen ganz besonderen, herzlichen Dank an meine Ehefrau *Anke* aussprechen. Ich danke ihr für ihre Geduld, ihr endloses Vertrauen und für ihren Glauben an mich; dass sie diese Reise, auf die ich sie mitgenommen habe, mit mir gemeinsam bis ans Ziel durchgestanden hat. Sie war viel länger, als ursprünglich auf der Fahrkarte stand, und es schien nicht immer so, als wüsste der Reiseleiter auch, wo sie hingeht. Ich danke ihr, dass sie nicht unterwegs ausgestiegen ist. Ohne die Altlasten aus vergangenen Zeiten im Gepäck werden unsere Leben nun zum ersten Mal nur von unseren gemeinsam Träumen und Reisen geprägt sein. Mit der Geburt unserer *Nora* im April 2014 ist der nächste Traum bereits in Erfüllung gegangen. Die nächste Reise in unseren Leben hat also bereits begonnen. Liebe *Anke*, liebe *Nora*, ich freue mich darauf, mit Euch gemeinsam das Ziel zu bestimmen, zusammen die Welt zu bereisen und unsere Träume zu teilen.

Greifswald, im Februar 2015

Philip Horsfield

Abkürzungsverzeichnis

Abb.	Abbildung
ABC	„Acceptable Behaviour Contract"
Abs.	Absatz
ACPO	„Association of Chief Police Officers"
Art.	Artikel
ASBA 2003	„Anti Social Behaviour Act 2003"
ASBO	„Anti-Social Behaviour Order"
Aufl.	Auflage
BA 1976	„Bail Act 1976"
BCS	„British Crime Survey"
BIS	„Bail Information Scheme"
BSSP	„Bail Supervision and Support Programme"
BVerfG	Bundesverfassungsgericht
bzw.	beziehungsweise
C(S)A 1997	„Crime (Sentences) Act 1997"
CA 1908	„Children Act 1908"
CA 1989	„Children Act 1989"
CA 2003	„Courts Act 2003"
CCPD 2011	„Consolidated Criminal Practice Direction 2011"
CCTV	„Closed Circuit Television"
CDA 1998	„Crime and Disorder Act 1998"
CDRP	„Crime and Disorder Reduction Partnership"
CHE	„Community Homes with Education"
CJA 1948	„Criminal Justice Act 1948"
CJA 1982	„Criminal Justice Act 1982"

CJA 1988	„Criminal Justice Act 1988"
CJA 1988	„Criminal Justice Act 1988"
CJA 1991	„Criminal Justice Act 1991"
CJA 1993	„Criminal Justice Act 1993"
CJA 2003	„Criminal Justice Act 2003"
CJCSA 2000	„Criminal Justice and Court Services Act 2000"
CJIA 2008	„Criminal Justice and Immigration Act 2008"
CJPA 2001	„Criminal Justice and Police Act 2001"
CJPOA 1994	„Criminal Justice and Public Order Act 1994"
CoJA 2009	„Coroner's and Justice Act 2009"
COSR	„Court-Ordered Secure Remand"
CPI	„Crime Prevention Injunction"
CSEW	„Criminal Statistics: England and Wales"
CSO	„Child Safety Order"
CYPA 1933	„Children and Young Persons Act 1933"
CYPA 1963	„Children and Young Persons Act 1963"
CYPA 1969	„Children and Young Persons Act 1969"
d. h.	das heißt
DCSF	„Department of Children, Schools and Families"
DHSS	„Department for Health and Social Security"
DTO	„Detention and Training Order"
DTTO	„Drug Treamtment and Testing Order"
EGMR	Europäischer Gerichtshof für Menschenrechte
EMRK	Europäische Menschenrechtskonvention
ERJOSSM	„European Rules for Juvenile Offenders Subject to Sanctions or Measures"
f., ff.	folgende, fortfolgende

FCT	„Full Code Test"
Fn.	Fußnote
FTE	„First Time Entrant"
FWS	„Final Warning Scheme"
GVG	Gerichtsverfassungsgesetz
HMSO	„Her Majesty's Stationary Office"
Hrsg.	Herausgeber
i. V. m	in Verbindung mit
IDPP	„Indeterminate Detention for Public Protection"
ISS	„Intensive Supervision and Surveillance"
ISSP	„Intensive Supervision and Surveillance Programme"
IT	„Intermediate Treatment"
JGG	Jugendgerichtsgesetz
JGG-ÄndG	Jugendgerichtsgesetz-Änderungsgesetz
JLB	„Juvenile Liaison Bureaux"
Kap.	Kapitel
Kfz	Kraftfahrzeug
LAA	„Local Authority Accommodation"
LASPOA 2012	„Legal Aid, Sentencing and Punishment of Offenders Act 2012"
LCC	„Local Child Curfew"
LTD	„Long Term Detention"
m. jew. w. N.	mit jeweils weiteren Nachweisen
m. w. N.	mit weiteren Nachweisen
MAP	„Multi Agency Panel"
MCA 1980	„Magistrates' Courts Act 1980"
MPSO	„Money Payment Supervision Order"

NACRO	„National Association for the Care and Resettlement of Offenders"
NFA	„No Further Action"
NJW	Neue Juristische Wochenschrift
No.	„number" (Nummer)
Nr.	Nummer
o. Ä.	oder Ähnliche(s)
OBTJ	„Offenders Brought to Justice"
OWiG	Ordnungswidrigkeitengesetz
PACE 1984	„Police and Criminal Evidence Act 1984"
PCC(S)A 2000	„Powers of Criminal Courts (Sentencing) Act 2000"
PIT	„Public Interest Test"
PND	„Penalty Notice for Disorder"
POA 1985	„Prosecution of Offences Act 1985"
PSO 6000	„Prison Service Order 6000"
PSR	„Pre-Sentence Report"
R.	„Recommendation"
RefO	„Referral Order"
RepO	„Reparation Order"
Rn.	Randnummer
ROA 1974	„Rehabilitation of Offenders Act 1974"
S.	Seite
s. o.	siehe oben
SAR	„Specified Activity Requirement"
SCH	„Secure Children's Homes"
SGC	„Sentencing Guidelines Council"
sow.	sowie

STC	„Secure Training Centre"
StGB	Strafgesetzbuch
STO	„Secure Training Order"
StPO	Strafprozessordnung
T2A	„Transition 2 Adulthood"
Tab.	Tabelle
TT	„Threshold Test"
u.	und
u. a.	unter Anderem, und andere
UN	„United Nations" (Vereinte Nationen)
UNKRK	UN-Kinderrechtskonvention
UNKRKom	UN-Kinderrechtskomitee
USA	Die Vereinigten Staaten von Amerika
usw.	und so weiter
Vgl.	Vergleiche
YCAP	„Youth Crime Action Plan"
YCC	„Youth Conditional Caution"
YJB	„Youth Justice Board"
YJCEA 1999	„Youth Justice and Criminal Evidence Act 1999"
YOC	„Youth Offender Contract"
YOI	„Young Offenders Institution"
YOP	„Young Offender Panel"
YOT	„Youth Offending Team"
YRD	„Youth Restorative Disposal"
YRO	„Youth Rehabilitation Order"
z. B.	zum Beispiel

Jugendkriminalpolitik in England

und Wales – Entwicklungsgeschichte, aktuelle

Rechtslage und jüngste Reformen

1. Einleitung

Im April 2012 wurde *Daniel Bartlam* für den Mord an seiner Mutter zu einer lebenslangen Freiheitsstrafe verurteilt. Dem zum Tatzeitpunkt 14-jährigen Täter wurde vom Nottingham *Crown Court*, einem Erwachsenengericht, eine Mindestverbüßungsdauer von 16 Jahren auferlegt, nach deren Verbüßung eine Freilassung nur dann in Betracht kommt, wenn eine Gefährlichkeitsprognose ergibt, dass er keine weitere Gefahr für die Öffentlichkeit darstellt.[1] In einem anderen Fall wurde *Jordan Williams*, zum Tatzeitpunkt 16, durch den *Crown Court* wegen Mordes zu lebenslanger Freiheitsstrafe mit einer Mindestverbüßungsdauer von 18 Jahren, sein ebenfalls 16-jähriger Komplize *Colin Aghatise* mit einer solchen von 16 Jahren verurteilt.[2] In einem dritten Fall im März 2012 hat das Jugendgericht in Stratford einen zwölfjährigen Jungen zu sechs Monaten Haft verurteilt, weil er das Schaufenster eines Floristen zerstört und so einen Schaden von über £ 6.000 verursacht hatte.[3] Weil die Straftat im Rahmen der Londoner Ausschreitungen im Sommer 2011 begangen worden war, wurde er nicht wegen Sachbeschädigung sondern wegen *violent disorder*[4] verurteilt. Er war zum Tatzeitpunkt 11 Jahre alt.

---

1   Für die umfangreiche Berichterstattung zu diesem Fall, siehe *Jones* 2012; *The Telegraph* 2012; *Dolan/Reilly* 2012; *BBC* 2012; *The Sun* 2012; *Peachey* 2012; *Sibert* 2012. Für eine kurze kritische Betrachtung des medialen und gesellschaftlichen Umgangs mit dem Fall siehe *O'Neill* 2012.

2   Siehe *BBC* 2012a.

3   Vgl. *BBC* 2012b.

4   Section 2 i. V. m. Section 8 des „Gesetzes über Öffentliche Ordnung von 1986" (*Public Order Act* 1986, c. 64).

Mit dem deutschen Jugendgerichtsgesetz (JGG) im Hinterkopf kann man sich durchaus die Frage erlauben, ob in diesen Fällen tatsächlich von jugendlichen Straftätern die Rede ist. Nach dem deutschen Jugendstrafrecht wäre keine der in diesen Fallbeispielen ausgeschütteten Mindestverbüßungsdauern möglich. In einem Fall wäre sogar jegliche Strafverfolgung ausgeschlossen und eine Identifizierung so junger Täter in den Medien wäre in Deutschland gänzlich undenkbar.

Auch europäisch-vergleichend betrachtet ist die Zahl der Länder, in denen ein 14-Jähriger zu 16 Jahren, ein 16-Jähriger zu 18 Jahren oder ein 11-Jähriger im Allgemeinen verurteilt werden kann, schwindend gering.[5] Noch seltener ist die Zulässigkeit lebenslanger Freiheitsstrafen, die neben England nur in Schottland, Nordirland,[6] Irland und den Niederlanden verfügbar sind – in England und Nordirland sogar für Kinder ab dem 10. Lebensjahr.[7] Das geringe Alter der Täter in diesen Fällen,[8] die Strafen, die sie trotz ihres Alters erhalten haben, sowie die umfangreiche mediale Berichterstattung mitsamt Veröffentlichung ihrer Namen und Fotos, lassen die Vermutung zu, dass in England im Vergleich zu Deutschland ein schärferes jugendkriminalpolitisches Klima herrscht.

Bis kürzlich wurde diese Schärfe auch in der gerichtlichen Sanktionspraxis widergespiegelt und für lange Zeit ist das englische Jugendstrafrecht synonym für einen extensiven Gebrauch von Freiheitsstrafen gewesen. Trotz rückläufiger Kriminalitätsraten in Hell- und Dunkelfeld ist von 1994 bis 2002 die Zahl der zu Freiheitsstrafen verurteilten 10- bis einschließlich 17-Jährigen pro 100.000 der gleichaltrigen Gesamtbevölkerung von 95,5 auf 133,4 gestiegen und hat sich bis 2007 bei circa 115 pro 100.000 eingependelt.[9] Von 1996 bis 2007 hat sich die

---

5   Für einen internationalen Vergleich zum Freiheitsentzug in Europa, siehe *Dünkel/Pruin/ Grzywa* 2011; *Dünkel/Stańdo-Kawecka* 2011.

6   Neben England ist Nordirland das einzige europäische Land, in dem der in all diesen Fallbeispielen geübte jugendstrafrechtliche Umgang rein rechtlich auch möglich wäre. Für einen Überblick über das nordirische Jugendstrafrecht, siehe *O'Mahony/Campbell* 2006, *O'Mahony* 2011. Ein kurzer Abriss der wichtigsten Eigenschaften des nordirischen Ansatzes wird in *Kapitel 2.7* gegeben.

7   So wurden im Januar 2010 zwei zum Tatzeitpunkt 10- und 12-jährige Brüder in Edlington zu lebenslanger Freiheitsstrafe verurteilt (Mindestverbüßungsdauer fünf Jahre). Sie hatten im April 2009 zwei Brüder (9 und 11 Jahre) entführt, ausgeraubt, getreten, mit Steinen geschlagen und gewürgt. Den Opfern wurden Verbrennungen zugefügt und sie wurden sexuell erniedrigt und missbraucht. Das ältere der beiden Opfer erlitt lebensgefährliche Verletzungen, siehe *Walker/Wainwright* 2010.

8   Für einen internationalen Vergleich zu den Strafmündigkeitsgrenzen in Europa, siehe *Pruin* 2011; *Dünkel/Stańdo-Kawecka* 2011 m. w. N.

9   Siehe die ergänzenden Tabellen zu *Ministry of Justice* 2007a; 2010a; geschätzte Bevölkerungsdaten entstammen dem *Office for National Statistics*; vgl. auch *Morgan/Newburn* 2007, S. 1.045.

durchschnittliche Strafdauer von durch Jugendgerichte verhängten Freiheitsstrafen von 3,5 Monaten auf 7,4 Monate mehr als verdoppelt, die durchschnittliche Zahl der in Justizvollzugsanstalten inhaftierten Kinder und Jugendlichen stieg von 1.328 im Jahr 1993 auf über 2.900 im Jahr 2006.[10] Auch war eine deutliche Zunahme in der Zahl der formell verfolgten Tatverdächtigen in diesem Zeitraum festzustellen.[11]

Interessanterweise folgte diese Intensivierung des Jugendstrafrechts auf eine jugendkriminalpolitische Periode, die von rückläufigen Kriminalitäts-, Strafverfolgungs- und Inhaftierungsraten und steigenden Diversionsraten gekennzeichnet war und von einigen Kommentatoren als die „erfolgreiche Revolution des Jugendstrafrechts" betrachtet wurde.[12] Bedingt durch das in den 1980er Jahren herrschende sozio-ökonomische und politische Klima spielte die Jugendkriminalität im öffentlichen Diskurs eine untergeordnete Rolle – ihr wurde mit einer Strategie der Minimalintervention (Diversion, Haftvermeidung, Entkriminalisierung) begegnet.[13] Ab Beginn der 1990er Jahre wurde das Thema Jugendkriminalität zunehmend in den öffentlichen Diskurs getragen. Ausgiebige massenmediale Berichterstattung hat den Eindruck in der Gesellschaft geweckt, dass die Jugendkriminalität – trotz rückläufiger Kriminalitätsraten in Hell- und Dunkelfeld – ein zunehmendes Problem sei.[14] Diese Sorge, sowie das öffentliche Verlangen nach einem härteren Durchgreifen vor allem bei Wiederholungs- und Intensivtätern, wurden parteipolitisch so aufgegriffen, dass sich die Jugendkriminalpolitik stärker an den Bedürfnissen der Wählerschaft ausrichten müsse und weniger an den Bedürfnissen junger Täter.[15] Der Mord an einem Zweijährigen durch zwei schulschwänzende 10-Jährige im Frühling 1993 löste endgültig eine „moralische Panik"[16] in der Gesellschaft aus, welche den Weg für einen parteipolitischen „Härtewettkampf" (den die New Labour-Partei gewann) im Anlauf zur Parlamentswahl 1997 (die New Labour ebenfalls gewann) geebnet hat.

In England wurde in der Folge noch bis 2008 eine jugendstrafrechtliche Strategie der präventiven Frühintervention verfolgt, in welcher jeder bekannt ge-

---

10   Siehe *Dignan* 2011, S. 388, Tabelle 5.

11   Als „formeller Tatverdächtiger" gilt eine Person dann, wenn sie polizeilich verwarnt oder für die mutmaßliche Begehung einer Straftat vor einem Strafgericht angeklagt wurde.

12   Vgl. *Jones* 1989; *Muncie* 1999; *Morgan/Newburn* 2007; *Bateman* 2010 jeweils m. w. N. Siehe auch *Kapitel 2.3* unten.

13   Siehe hierzu beispielsweise *Muncie* 1999, S. 281; *Cavadino/Dignan* 2007, S. 317; *Dignan* 2011, S. 359.

14   Vgl. beispielsweise *Bottoms/Dignan* 2004, S. 36 f. Siehe auch *Kapitel 2.4* unten.

15   Vgl. *Bateman* 2010, S. 141; *Goldson* 2006, S. 391.

16   Siehe *Cohen* 2002.

wordenen Straffälligkeit mit formeller strafjustizieller Intervention zu begegnen war, um die Entwicklung krimineller Karrieren „im Keim zu ersticken".[17] Dabei hat sich der Gesetzgeber von der im jugendstrafrechtlichen Kontext allgegenwärtigen Debatte zwischen „Gerechtigkeit" und „Wohlfahrt" distanziert,[18] zugunsten einer „*zero tolerance*"-Strategie des Risikomanagements und der Kriminalitätskontrolle, im Rahmen derer mittels frühzeitiger, risikoorientierter Intervention (auch bereits bei „antisozialem" Verhalten) das Rückfallrisiko gesenkt und somit der Prävention gedient werden sollte.[19] Es standen somit weniger die Taten (*deeds*) oder die Bedürfnisse (*needs*) des Täters als das von ihm verkörperte Kriminalitätsrisiko sowie die Effektivität und Effizienz des Jugendjustizapparates im Mittelpunkt jugendstrafrechtlicher Eingriffe. *Cavadino/Dignan* bezeichneten den verfolgten strategischen Ansatz als „*Neo-Correctionalist Model*",[20] andere wiederum als „*Actuarialism*",[21] „*the New Punitiveness*" (die neue Bestrafungslust)[22] oder einfach „*the New Youth Justice*".[23]

Jedoch wurde jüngst eine erneute Kehrtwende in der Jugendstrafrechtspraxis erkennbar, gekennzeichnet von einem scharfen und kontinuierlichen Rückgang in der Zahl der verhängten Freiheitsstrafen, der durchschnittlichen Jugendstrafvollzugspopulation und der Zahl der formell sanktionierten Ersttäter.[24] Befürchtungen, dass die jüngsten Ausschreitungen in englischen Großstädten im August

---

17 So *Jack Straw*, damaliger „*shadow home secretary*" (der *shadow home secretary* ist der oppositionelle Kandidat für den Posten des Innenministers), in einer Rede bei der jährlichen Generalversammlung des „*National Association for the Care and Resettlement of Offenders*" (NACRO) im Jahr 1995. Rede online abrufbar unter *http://www.prnewswire.co.uk/news-releases/text-of-speech-by-shadow-home-secretary-jack-straw-speech-to-the-nacro-agm-156231345.html* (zuletzt aufgerufen am 19.03.2014).

18 Zu dieser Debatte siehe insbesondere *Garland* 1987; *Muncie* 1999; *Cavadino/Dignan* 2006; *Cavadino/Dignan* 2007; *Hazel* 2008. Siehe auch *Kapitel 2* unten für eine Aufarbeitung dieses Konflikts in der jugendstrafrechtlichen Reformgeschichte Englands.

19 Vgl. *Case* 2007, S. 92; *Cavadino/Dignan* 2007, S. 322.

20 Vgl. *Cavadino/Crow/Dignan* 1999, S. 54 ff.; *Cavadino/Dignan* 2006, S. 210 ff.; *Cavadino/Dignan* 2007, S. 319 ff. Siehe auch *Muncie/Goldson* 2006, S. 34 ff.; *Hazel* 2008, S. 25 ff.; *Oelkers* 2011, S. 275 ff.

21 Vgl. beispielsweise *Smith* 2006, S. 92 ff.; *Kempf-Leonard/Peterson* 2006, S. 431 ff. Siehe auch *Loader/Sparks* 2007, S. 84 ff.; *McAra* 2010, S. 290 ff.; *Newburn* 2006, S. 458 f.; *Smith* 2008, S. 6; *Hardy* 2007, S. 37 ff.

22 Siehe hierzu insbesondere *Pratt u. a.* 2005; *Dollinger/Schmidt-Semisch* 2011.

23 Vgl. insbesondere *Goldson* 2000.

24 Vgl. *Youth Justice Board* 2008e, S. 22; *Youth Justice Board/Ministry of Justice* 2012, S. 15, 23; *Allen* 2011, S. 6. Formell sanktionierte Ersttäter (sogenannte *first-time entrants*") sind solche Kinder und Jugendliche, die eine formelle polizeiliche Verwarnung erhalten oder gerichtlich verurteilt werden, und zuvor keine formelle strafrechtliche Vergangenheit aufweisen.

2011 eine erneute moralische Panik in der Bevölkerung auslösen könnten und eine damit einhergehende erneute Kehrtwende in Richtung harter Bestrafung und eines vermehrten Gebrauchs des Freiheitsentzugs zur Folge haben würden, sind bislang jedoch nicht in der Praxis bestätigt worden. Die jüngsten Reformentwicklungen und –debatten sowie Entwicklungen in der Jugendstrafrechtspraxis weisen vielmehr darauf hin, dass der Jugendstrafvollzug zunehmend als *ultima ratio* betrachtet wird, und dass der Prävention durch vermehrte informelle Diversion besser gedient würde.

1.1 Zielsetzungen der Arbeit

Angesichts dieser wiederholten und zumeist recht plötzlichen Kehrtwenden in der Jugendstrafrechtspraxis, gemessen vor allem an der Entwicklung der Straf- und Untersuchungshaftpopulation und am Gebrauch des Freiheitsentzugs, erscheint eine detailliertere Aus- und Aufarbeitung der jugendkriminalpolitischen Reformgeschichte Englands als lohnendes Vorhaben.

Dies trifft aus zweierlei Hinsicht zu. Zum einen können aus einer Untersuchung der theoretischen und strategischen Entwicklungen der Jugendkriminalpolitik sowie der in den jeweiligen „Jugendstrafrechtsepochen" herrschenden sozialen, politischen, gesetzlichen und wirtschaftlichen Kontexte Erkenntnisse gewonnen werden hinsichtlich jener Faktoren, die für Veränderungen in der Jugendstrafrechtspraxis, vor allem im Gebrauch freiheitsentziehender Sanktionen, maßgebend gewesen sind. Zum anderen ist das aktuelle Jugendstrafrecht Englands das Ergebnis dieses pausenlosen jugendkriminalpolitischen Reformprozesses. Um zu begreifen, warum die Jugendkriminalpolitik heute so ist wie sie ist, und warum die Entwicklungen seit Mitte der 1990er Jahre als radikale Abkehr vorangegangener Strategien zu begreifen sind, müssen sie mit eben diesen Grundlagen in einen Zusammenhang gebracht und kontrastiert werden.

Für den Außenstehenden kann es angesichts der komplexen und vielfältigen Reformgeschichte durchaus schwierig sein zu erfassen, wie das aktuelle Jugendstrafrecht genau aussieht, welche Gesetzesnormen noch maßgebend sind und wie die vielen verschiedenen Institutionen, Akteure, Vorschriften, Vorgaben und Prozesse miteinander im Zusammenhang zueinander stehen. Daher wird in dieser Arbeit zudem das Ziel verfolgt, ein umfassendes Bild des aktuell geltenden englischen Jugendstrafrechts in Theorie und Praxis zu liefern; Klarheit zu schaffen darüber, was aus dieser Reformentwicklung für das heutige Jugendstrafrecht Englands noch von Relevanz ist, und wie das System in der Praxis funktioniert.

Abschließend soll das englische Jugendstrafrechtssystem einer gewissen Beurteilung unterstellt werden. Für dieses Unterfangen werden internationale Standards, Empfehlungen und Konventionen der Vereinten Nationen und des Europarats herangezogen, die als Maßstab guter Praxis für den strafrechtlichen Umgang mit Kindern und Jugendlichen verstanden werden müssen. Dabei wird untersucht, inwieweit das gegenwärtige Jugendstrafrecht hinsichtlich seiner gesetzlichen Grundlagen und seiner Praxis mit diesen Vorgaben und Empfehlungen in Einklang steht.

Die Arbeit enthält an gegebener Stelle kurze rechtsvergleichende Betrachtungen und Kontrastierungen zum deutschen Jugendstrafrecht, wodurch die aktuelle jugendkriminalpolitische Situation in England für den deutschen Leser verständlicher gemacht werden soll.

1.2 Struktur der Arbeit

Die Arbeit ist in fünf Kapitel gegliedert. Auf die kurze Einleitung im *Kapitel 1* folgt im *Kapitel 2* eine detaillierte Auseinandersetzung mit der jugendkriminalpolitischen Reformgeschichte. Dabei wird die Entwicklung des Jugendstrafrechts und der Jugendkriminalpolitik ausgearbeitet, von den Anfängen im 19. Jahrhundert bis zu den jüngsten Reformentwicklungen der letzten Jahre, mit dem Ziel, die Entwicklungen in Theorie und Praxis sowohl miteinander, als auch mit den sie maßgeblich bestimmenden Kontextfaktoren in einen Zusammenhang zu bringen. Weiterhin sollen die Ursachen und Folgen der vielen Reformen, aus denen das aktuelle Jugendstrafrecht entstanden ist, nachvollziehbar dargestellt werden, und insbesondere jene Faktoren identifiziert werden, die an der Entwicklung des Gebrauchs freiheitsentziehender Sanktionen maßgeblichen Anteil gehabt haben.

Kapitel 3 ist der Schaffung eines Überblicks dessen gewidmet, was aus der umfangreichen Reformgeschichte geblieben ist. Es wird das aktuell geltende Jugendstrafrecht deskriptiv dargestellt hinsichtlich der gesetzlichen Grundlagen, der Zielsetzungen, des Geltungsbereichs, des Jugendstrafprozesses, der Prozesssicherung, der Diversion, der gerichtlichen Zuständigkeiten, Transfers an Erwachsenengerichte sowie der Strafzumessung und der Rechtsfolgen.

Im *Kapitel 4* wird das englische Jugendstrafrecht, sowohl hinsichtlich seiner gesetzlichen Grundlagen als auch der Jugendstrafrechtspraxis, mit relevanten internationalen Standards und Instrumenten der Vereinten Nationen und des Europarats abgeglichen, um zu untersuchen, inwieweit die aktuelle jugendkriminalpolitische Situation mit diesen Empfehlungen und Vorgaben im Einklang steht.

Die Arbeit schließt im *Kapitel 5* mit einer Zusammenfassung der wichtigsten Erkenntnisse und jugendkriminalpolitischen Forderungen.

2. Jugendkriminalpolitische Reformgeschichte

Das Rechtssystem in England basiert auf dem Gewohnheitsrecht (*Common Law*). Folglich sind das materielle und formelle (Jugend-)Strafrecht nicht in Strafgesetzbüchern, Strafprozessordnungen oder Jugendgerichtsgesetzen geregelt, wie es in Deutschland und anderen kontinentaleuropäischen Ländern der Fall ist. Vielmehr sind die für das Jugendstrafrecht relevanten Rechtsvorschriften über viele „*einander modifizierende und ergänzende Gesetze*" und Parlamentsbeschlüsse mehrerer Jahrhunderte verteilt.[25]

Im Vergleich zur relativ übersichtlichen Reformentwicklung des deutschen Jugendgerichtsgesetzes (JGG), welches bereits seit seiner ersten Fassung im Jahr 1923 trotz Änderungsgesetzen und einer zwischenzeitlichen Korrumpierung während des Nationalsozialismus[26] den Erziehungsgedanken bewahrt hat,[27] ergibt eine Betrachtung der Reformgeschichte der englischen Jugendkriminalpolitik ein Bild ständig wechselnder Strategien, Ideologieschwerpunkte und Zielsetzungen. Diese Veränderungen sind insbesondere als aus dem Kontext der jeweiligen Zeit entstammende Symptome eines inhärenten Konflikts zwischen der Wahrung der Wohlfahrt junger Rechtsbrecher auf der einen Seite (*welfare*) und an Prinzipien der Rechtsstaatlichkeit und Vergeltung orientierter Verfahren, Sanktionierung und Intervention auf der anderen (*justice*) zu begreifen.[28]

Die aktuellen gesetzlichen Grundlagen des englischen Jugendstrafrechts haben ihren Ursprung vor allem in einer weitreichenden Reformbewegung seit Mitte der 1990er Jahre unter *Tony Blair* und seiner *New Labour*-Regierung erfahren. Die seit 1998 verfolgte jugendstrafrechtliche Strategie sollte eine pragmatische Distanzierung von dem ideologischen Konflikt zwischen „Wohlfahrt" (das sog. *welfare model*) und „Gerechtigkeit" (das sog. *justice model*) darstellen.[29] Stattdessen wurde ein Ansatz verfolgt, den *Cavadino/Dignan* als *Neo*

---

25 *Herz* 2002, S. 81.

26 Die Nationalsozialisten haben den Erziehungsgedanken insoweit umdefiniert, als sie Erziehung *durch* Strafe erreichen wollten, und nicht Erziehung *statt* Strafe. Vgl. *Dünkel* 2011, S. 548. Siehe hierzu auch *Ostendorf* 2013, Rn. 17.

27 Am 01.01.2008 ist der neue § 2 Abs. 1 JGG in Kraft getreten, welcher den Erziehungsgedanken ausdrücklich als Leitprinzip des Jugendstrafrechts nennt: „*Die Anwendung des Jugendstrafrechts soll vor allem erneuten Straftaten eines Jugendlichen oder Heranwachsenden entgegenwirken. Um dieses Ziel zu erreichen, sind die Rechtsfolgen und unter Beachtung des elterlichen Erziehungsrechts auch das Verfahren vorrangig am Erziehungsgedanken auszurichten.*"

28 Siehe insbesondere *David Garlands* „Punishment and Welfare", 1987; siehe auch *Muncie* 1999; *Pruin* 2011b; *Cavadino/Dignan* 2007, jeweils m. w. N.

29 Vgl. *Cavadino/Dignan* 2007, S. 322.

Correctionalist Approach bezeichneten,[30] welcher das Ziel der risikobezogenen Kriminalprävention priorisiert und Fragen von Wohlfahrt und Rechtsstaatlichkeit zugunsten einer auf Wirtschaftlichkeit, Risikomanagement und Effizienz ausgerichteten jugendkriminalpolitischen Strategie relativiert.[31]

Um die Tragweite und das Ausmaß der *New Labour* Reformen sowie ihrer Folgen korrekt einordnen und deuten zu können – um zu verstehen, warum das durch sie geschaffene Jugendjustizsystem in der Fachliteratur als *the New Youth Justice*[32] bezeichnet wurde – ist es notwendig, die Entstehungs- und Reformgeschichte des englischen Jugendstrafrechts etwas genauer zu betrachten. Obgleich die Entwicklungen bis hin zum *New Youth Justice* von *New Labour* meist kontinuierliche Veränderungsprozesse waren, in welchen die Gewichtung der Ideologien „Wohlfahrt" und „Gerechtigkeit" in der jugendkriminalpolitischen Strategie verschoben wurden, lassen sich dennoch vier grobe Hauptphasen identifizieren, die im weiteren Verlauf dieses Kapitels aufgearbeitet werden:

1. Die Ursprünge des englischen Jugendstrafrechts, in welchen eine Berücksichtigung der Bedürftigkeit und Wohlfahrt von Kindern erstmals ausdrücklich Einfluss fand (*Kapitel 2.1*);
2. der Aufstieg des Wohlfahrtmodells und sein unmittelbar daran anschließendes „Scheitern" (*Kapitel 2.2*);
3. die „erfolgreiche Revolution in der Jugendkriminalpolitik",[33] gekennzeichnet von einer beinahe vollständigen Orientierung an Rechtsstaatlichkeitsprinzipien und dem Grundsatz der „minimalen Intervention" (*Kapitel 2.3*);
4. die Periode populistisch punitiver Bestrafungstendenzen in den frühen 1990er Jahren (*Kapitel 2.4*).[34]

Im Anschluss an diese Aufarbeitung der Jugendkriminalrechtsgeschichte Englands folgt in *Kapitel 2.5* eine detaillierte Darstellung der Reformen *New Labours*, welche noch heute einen großen Anteil der gesetzlichen Grundlagen für das Jugendstrafrecht liefern. Auch werden im Rahmen des *Kapitels 2.5* die Folgen der Reformen *New Labours* auf die Jugendstrafrechtspraxis analysiert. Es kann vorweggenommen werden, dass das Endergebnis eine erhebliche Schär-

---

30   *Cavadino/Dignan* 2007, S. 319 ff. Siehe auch *Kapitel 1* oben.

31   Vgl. *Cavadino/Dignan* 2007, S. 319 ff.; siehe auch *Muncie/Goldson* 2006, S. 34 ff. Eine derartige Strategie des „Risikomanagements" wird im Englischen auch als *Actuarialism* bezeichnet, abgeleitet von dem Begriff *actuary* (zu Deutsch „Aktuar", „Versicherungsmathematiker"). *Muncie/Hughes/McLaughlin* 2006, S. 401. Siehe hierzu ausführlich *Kempf-Leonard/Peterson* 2006, S. 431 ff.; *Smith* 2006, S. 92 ff.

32   Geprägt wurde diese Bezeichnung von *Barry Goldson* in seinem gleichnamigen Buch, das im Jahr 2000 erschien. Siehe auch *Cavadino/Dignan* 2007, S. 321.

33   *Muncie* 1999, S. 280.

34   Vgl. *Pickford* 2008, S. 106.

fung des Umgangs mit zunehmend jüngeren straffälligen Kindern und Jugendlichen für zunehmend leichtere Delinquenz war. Daran schließt sich in *Kapitel 2.6* eine Darstellung der Entwicklungen im Zeitraum 2007 bis heute an, welche von einer stark sinkenden Jugendstrafvollzugsbelegung, sowie rückläufigen Inhaftierungsraten und Tatverdächtigenzahlen charakterisiert gewesen ist und die eine plötzliche Trendwende im Vergleich zu den 10 Jahren davor darstellt. Das Kapitel schließt mit einer zusammenfassenden Untersuchung der für den Zickzackkurs der englischen Jugendkriminalpolitik sowie der damit einhergehenden zum Teil erheblichen Schwankungen im Gebrauch des Freiheitsentzugs ursächlichen Faktoren (*Kapitel 2.7*).

2.1 Die Ursprünge des englischen Jugendstrafrechts

Die Ursprünge des englischen Jugendstrafrechts werden in der Fachliteratur häufig mit der Etablierung einer eigenen Jugendgerichtsbarkeit durch das „Kindergesetz" von 1908 (*Children Act 1908*, CA 1908) gleichgesetzt.[35] Diese Sichtweise ist durchaus vertretbar, liefert dieses Gesetz doch noch heute die Grundlage für die Jugendgerichte Englands (*youth courts*). Jedoch existierten bereits im 19. Jahrhundert erste kinder- und jugendspezifische Normen. Obgleich ihr Einfluss auf das heutige Jugendstrafrecht vergleichsweise gering ist, ist eine kurze Betrachtung dieser Rechtsvorschriften aus anderer Hinsicht durchaus relevant, nämlich, dass der für ihre Entstehung und ihren Wesensgehalt maßgebende soziale, politische und wirtschaftliche Kontext wichtig ist, um den weiteren Verlauf der Jugendstrafrechtsreform Englands aus ideengeschichtlicher Sicht besser verstehen zu können. Bei der Gründung der Jugendgerichtsbarkeit anzusetzen, würde eine Betrachtung der Entstehung des Bedarfs nach einer solchen außen vorlassen. Die Gründung einer eigenen Gerichtsbarkeit setzt voraus, dass die Jugenddelinquenz überhaupt als gesellschaftliches Phänomen problematisiert, eine eigene Gerichtsbarkeit als erforderlich betrachtet wird.

Diese Wahrnehmung entstand insbesondere im späten 18. und frühen 19. Jahrhundert, wo im Laufe humanistischer und protestantischer Reformbewegungen (die so genannten *child savers*) Kinder zunehmend als schutzbedürftige, beeinflussbare und anfällige Wesen betrachtet wurden (zumindest von den mittleren und oberen Gesellschaftsschichten), deren Verhalten stark von den Einflüssen ihrer Umgebung bedingt wurde.[36] Nach dieser positivistischen Betrachtungsweise ist für die Entwicklung des Kindes, insbesondere in den frühen Lebensjahren, eine erzieherische Beaufsichtigung und „moralische Lenkung" notwendig, um es

---

35 Vgl. *Dignan* 2011, S. 358; *Morgan/Newburn* 2007, S. 1.024. Die englischen Jugendgerichte dienten auch als Vorbild für die deutsche Jugendgerichtsbewegung. Siehe hierzu *Fritsch* 1999 m. w. N.

36 Vgl. *Hendrick* 2006, S. 5 ff.

vor einer Korrumpierung durch die Gefahren und Verführungen der Erwachsenenwelt zu schützen.[37] Diese Sorge bezog sich nicht nur auf den strafrechtlichen Umgang mit Kindern, sondern allgemein auf die Gefahren der aus der Industrialisierung entstandenen Erwachsenengesellschaft in den arbeitenden Klassen. Kinder waren im Kontext der Industrialisierung günstige und wichtige Arbeitskräfte, die aufgrund ihrer Körpergröße häufig die gefährlichsten Berufe ausübten.[38] Mit dem Eintritt in die Arbeitswelt sahen sie sich schnell den sonstigen Lebensbereichen Erwachsener ausgesetzt, wodurch sie sehr früh eigenes Durchsetzungsvermögen und Unabhängigkeit in vielen Lebenssituationen erlernten.

Die Lebensbedingungen von Kindern in den Innenstädten industrialisierter Ballungsräume waren auch zunehmend von Armut gekennzeichnet. Auf der Suche nach Beschäftigung zog es arme Menschen in die industriellen Ballungszentren (eine Entwicklung, die durch Einschränkungen in der Sozialpolitik noch verstärkt wurde),[39] was zunehmende Arbeitslosigkeit, sinkende Löhne, noch größere Armut und Verwahrlosung in den Städten zur Folge hatte. In den Augen der Mittel- und Oberschicht entwickelte sich ein Eindruck „zunehmender Morallosigkeit" und sozialer Desorganisation, aus der Kinder „gerettet" werden mussten, bevor sie dadurch korrumpiert werden.[40]

So wurde beispielsweise die Kinderarbeit durch die „Fabrikgesetze" von 1819 und 1833 stark eingeschränkt.[41] Weiterhin sollte der Staat eine mehr schutzorientierte Haltung gegenüber Kindern einnehmen, und sie bei Anzeichen der Verwahrlosung (zu denen auch kriminelles Verhalten zählte) aus ihren prekären Umständen „befreien".

---

37 Vgl. *Hendrick* 2006a, S. 26.

38 Zum Beispiel als Schornsteinfeger, als Arbeiter Untertage oder in Baumwollspinnereien an großen Maschinen. Das Arbeitseinstiegsalter lag auf den Bauernhöfen des Landes im Durchschnitt bei vier bis fünf Jahren, und zu Beginn des 19. Jahrhunderts waren 80 Prozent aller Arbeiter in Baumwollspinnereien Kinder, vgl. *Muncie* 1999, S. 53.

39 Das „Armengesetz-Änderungsgesetz" von 1834 (*Poor Law Amendment Act 1834*) sah vor, dass Sozialhilfe nur noch bezogen werden darf, wenn sie in *workhouses* erarbeitet wurde. Zuvor waren Sozialhilfebezüge auch außerhalb der *workhouses* möglich gewesen, vgl. *Garland* 1987, S. 39 ff.; 2006.

40 Vgl. *Muncie* 1999, S. 75 ff.

41 Das „Gesetz über Baumwollspinnereien usw." von 1819 (*Cotton Mills, etc. Act 1819*) und das „Gesetz über Kinder usw. in Fabriken" von 1833 (*Labour of Children, etc, in Factories Act 1833*). Diese im Volksmund als „*Factory Acts*" bezeichneten Parlamentsbeschlüsse haben unter anderem die Beschäftigung von Kindern unter 9 Jahren in Fabriken und Spinnereien verboten, und die maximale Anzahl von Arbeitsstunden, die ein Kind an einem Tag leisten durfte, vergleichsweise stark begrenzt, vgl. *Hendrick* 2006a, S. 28. Siehe auch *Muncie* 1999, S. 53.

Bereits seit den frühen Jahren des 19. Jahrhunderts hatten protestantische und philanthropische Gruppen und Reformer[42] besondere Institutionen gegründet, um eine gemeinsame Unterbringung von Kindern mit erwachsenen Straftätern und die damit einhergehende „Kontaminierung" der Kinder zu verhindern.[43] In diesen „Besserungsanstalten" (*reformatories*) und „Arbeitsinternaten" (*industrial schools*) wurden Kinder zu ihrem eigenen Wohl entsprechend erwünschter Moralvorstellungen erzogen oder „reformiert".[44] Das „Gesetz über jugendliche Straftäter" von 1854 (*Youthful Offenders Act 1854*), das „Besserungsanstaltsgesetz" von 1854 (*Reformatory Schools (England) Act 1854*) sowie das „Arbeitsinternatsgesetz" von 1857 (*Industrial Schools Act 1857*) sahen die Schaffung eines staatlichen Netzwerks von Besserungsanstalten und Arbeitsinternaten vor. Bestimmte der bis dahin ehrenamtlich oder privat betriebenen Institutionen wurden durch das Innenministerium als „zertifizierte Besserungsanstalten für Kinder und Jugendliche" (*certified juvenile reformatories*) und „zertifizierte Arbeitsinternate" (*certified industrial schools*) offiziell anerkannt und unter staatliche Führung gestellt.

Die *reformatories* waren bis Ende des 19. Jahrhunderts zuständig für die Unterbringung von Kindern sowie Jugendlichen zwischen 13 und 16 Jahren, die der Begehung einer *Straftat* für schuldig befunden worden waren. Die Dauer des Aufenthaltes betrug zwischen drei und fünf Jahren, war jedoch zum Zeitpunkt der Verhängung unbestimmt.[45] *Industrial schools* waren dagegen Internate, die Platz boten für *bedürftige* Kinder zwischen einschließlich 7 und 14 Jahren, sowie straffällige Kinder, die das 12. Lebensjahr noch nicht erreicht hatten.[46] Die Dauer des Aufenthalts war ebenfalls zeitlich unbestimmt. Diese Schulen wurden gegründet in dem Gedanken, dass die Wohlfahrt des Kindes in manchen Fällen eine Trennung von seinen Eltern rechtfertige. Eltern, die es versäumten, die kör-

---

42 Zum Beispiel die *Philantropic Society*, *Lord Ashley* und *Mary Carpenter*, die einen erheblichen Einfluss auf die Entwicklung der jugendkriminalrechtlichen Gesetzgebung der zweiten Hälfte des 19. Jahrhunderts hatten, vgl. *May* 2006, S. 107 ff.; *Clarke* 2006, S. 124; *Hendrick* 2006, S. 6.

43 Vgl. *Clarke* 2006, S. 125; *Muncie* 1999, S. 253.

44 Dabei waren Disziplin, Ordnung und die Annahme klassischer Geschlechterrollen zentrale Bestandteile der Erziehung. Während Jungen beispielsweise Schuhmacherei und Seilerei lernten, und Praktika in Industriebetrieben absolvierten, lernten die Mädchen haushaltsrelevante Aufgaben wie Nadelarbeit und Kleiderwaschen. Sie absolvierten ihre praktischen Arbeiten als untere Dienstmädchen, vgl. *Muncie* 1999, S. 59.

45 Vgl. *Garland* 1987, S. 8. Es ist wichtig zu erwähnen, dass diese neuen geschlossenen Erziehungsanstalten keine normalen Haftanstalten (Gefängnisse) waren. Kinder und Jugendliche konnten durchaus noch zu traditionellen Gefängnisstrafen verurteilt werden, welche in regulären Gefängnisanstalten gemeinsam mit Erwachsenen verbüßt wurden.

46 Vgl. *Newburn* 1997, S. 638.

perliche, geistige und moralische Integrität ihrer Kinder zu gewährleisten, verloren ihren Anspruch auf Erziehung ihrer Kinder an den Staat.[47]

Nach ihrer Einführung verbreiteten sich diese speziellen Anstalten für straffällige und anderweitig bedürftige Kinder und Jugendliche sehr schnell. Schon 1858 gab es bereits 45 *reformatories*, in denen 2.000 junge Straftäter untergebracht waren.[48] 1860 hatte sich die Zahl bereits auf 4.000 verdoppelt. Bis 1870 hatte sich die Zahl dieser Anstalten auf 65 erhöht mit 7.000 Untergebrachten, und am Ende des 19. Jahrhunderts befanden sich über 30.000 Kinder und Jugendliche in *reformatories* und *industrial schools*.[49]

Während diese Reformen durchaus wohlwollend waren, könnten sie in ihrer Kombination eine wichtige Rolle in der Genese einer Wahrnehmung der Kinder- und Jugendkriminalität als eigenes gesellschaftliches Problem gespielt haben. Eine wichtige Ursache dafür könnte insbesondere darin liegen, dass im 19. Jahrhundert zwischen den Gesellschaftsschichten widerstreitende Auffassungen von Kindheit und Familie herrschten.[50] Der Gedanke hinter den Kinderarbeitsverboten war, dass Kinder anstatt zu arbeiten zu Hause unter elterlicher Supervision und Kontrolle zur „Abhängigkeit zurückerzogen" werden.[51] Jedoch scheint es so als fehlte den Humanisten und Reformern ein Verständnis (oder die Toleranz) dafür, dass Kinder nicht arbeiten müssen, wenn sich eine Familie es leisten kann, dass ein Elternteil dauerhaft im Haushalt bleibt, um sich diesen elterlichen Aufgaben zu widmen. Die Notwendigkeit, ihre Kinder so schnell wie möglich in die Arbeitswelt zu schicken, hatte in vielen Arbeiterfamilien klaren existenziellen Vorrang vor längeren Phasen der Bildung, der Erziehung, der Beaufsichtigung und des Trainings. Jedoch fassten die Reformer die Kinderarbeit eher als Ausbeutung durch die Eltern auf.[52]

---

47 Siehe hierzu *May* 2006, S. 111.

48 Vgl. *Pitts* 2003, S. 73.

49 Vgl. *Muncie* 1999, S. 61.

50 In den mittleren und oberen Gesellschaftsschichten herrschte die Vorstellung des erziehungsbedürftigen, abhängigen Kindes als Mitglied einer patriarchalischen Familie, in der traditionell die Mutter die Rolle der Beaufsichtigung, der Erziehung und der Lenkung der Kindesentwicklung einnahm, während der Vater für die Versorgung der Familie zuständig war. Arbeiterfamilien dagegen waren neben den Einkünften der Eltern, die oft beide berufstätig waren, häufig auf das Einkommen ihrer Kinder angewiesen. Durch den frühen Kontakt mit der Erwachsenenwelt durch Arbeit entwickelten Kinder oft sehr früh eigenes Durchsetzungsvermögen und Unabhängigkeit, vgl. *Clarke* 2006, S. 125 f.; *Hendrick* 2006a, S. 27 f.

51 *Hendrick* 2006a, S. 29.

52 Das entstandene Konzept von Kindheit als Lebensphase, in der das Kind erziehungs- und schutzbedürftig ist, setzte sich demnach weniger aus einer mehrheitlichen Übereinstimmung von Einstellungen in den verschiedenen Gesellschaftsschichten durch, sondern vielmehr aufgrund der Macht- und Wohlstandsverteilung in der Gesellschaft. In

In der Folge waren Kinder, die zuvor gearbeitet hatten, mangels einer staatlichen Schulpflicht[53] häufig unbeaufsichtigt in den Innenstädten unterwegs, so dass der Grad elterlicher Supervision eher gesunken war als gestiegen. Zudem ist es durchaus denkbar, dass der Einkommensausfall den Grad der Armut und Verwahrlosung, in dem Kinder aufwuchsen, verschlimmert hat. So stieg die Zahl der in den Städten unbeaufsichtigten, verwahrlost erscheinenden Kinder, die zunehmend durch Taschendiebstähle, Glücksspiel und Hehlerei auffällig wurden, stark an. Der in der Mittel- und Oberschicht bereits bestehende Eindruck gesellschaftlicher Desorganisation und einer „morallosen" Arbeiterschicht könnte durch die *Factory Acts* also eher bestärkt worden sein.[54]

Um den Sorgen der Bevölkerung zu genügen, wurden durch das „Landstreichereigesetz" von 1824 (*Vagrancy Act 1824*) und das „Gesetz über böswilliges unbefugtes Betreten" von 1827 (*Malicious Trespass Act 1827*) vor allem jugendtypische Symptome der Verwahrlosung kriminalisiert, wie beispielsweise Straßenglücksspiel, Landstreicherei und das Stehlen von Äpfeln.[55] Die Kriminalisierung dieser Verhaltensweisen war zwar eine erste klare gesetzliche Manifestation, dass die Straffälligkeit junger Menschen als eigenes gesellschaftliches Problem verstanden wurde.[56] Jedoch führte die Kriminalisierung der Armut zu einem anhaltenden Anstieg der registrierten Jugendkriminalität und der in Institutionen untergebrachten Bevölkerung, wodurch die Sorgen der Öffentlichkeit, und die Notwendigkeit einer Behebung dieser Sorgen weiter verstärkt wurden.[57]

Diese frühen Entwicklungen sind in zweierlei Hinsicht interessant. Zunächst liegt die Vermutung nahe, dass durch die vereinte Wirkung der *Factory Acts* und der moralisierenden Kriminalisierung jugend- und verwahrlosungstypischer Verhaltensweisen das Thema Kinder- und Jugendkriminalität erst zu einem kriminalpolitisch relevanten Problem transformiert worden ist.[58] Auf der anderen Seite wird aus diesen frühen Entwicklungen deutlich, dass die Entwicklung eines besonderen Umganges mit straffälligen Kindern und Jugendlichen stark an

---

den Worten *Muncies*: „*Childhood and youth are not biological states, but social constructions in particular historical contexts. It is clear that for the majority of young people in the early nineteenth century, the modern concepts of 'childhood' or 'youth' had little or no bearing on their lives.*" Muncie 1999, S. 53.

53   Die staatliche Schulpflicht wurde durch die „Grundschulbildungsgesetze" von 1870 und 1880 (*Elementary Education Acts 1870* und *1880*) eingeführt, vgl. *Hendrick* 2006a, S. 29; *Smith* 2010, S. 20.

54   Vgl. *Hendrick* 2006, S. 5.

55   Vgl. *Magarey* 2006, S. 115 ff.

56   Vgl. *Hendrick* 2006, S. 4 ff.

57   Laut früher statistischer Aufzeichnungen stieg zwischen 1838 und 1848 die Zahl der inhaftierten unter17-Jährigen von 9.500 auf über 14.000, siehe *Muncie* 1999, S. 57.

58   Vgl. *Hendrick* 2006, S. 5; *May* 2006, S. 98.

das *Wohlfahrtsmodell* angelehnt war. Die ersten jugendstrafrechtlichen Gesetzesbestimmungen zielten darauf ab, auch im strafrechtlichen Bereich einen Umgang zu erwirken, der die Erziehungs-, Behandlungs- und Fürsorgebedürftigkeit
von Kindern und Jugendlichen (und somit ihr Alter) besser berücksichtigt.[59]
    Bis Mitte des 19. Jahrhunderts waren Kinder und Jugendliche erwachsenen
Delinquenten aus strafrechtlicher Sicht beinahe völlig gleichgestellt.[60] Im Strafprozess sowie in der Sanktionierung galten für junge Straftäter die allgemeinen,
für Erwachsene geltenden rechtlichen Bestimmungen. Demzufolge herrschte die
Auffassung, dass morallosem Verhalten mit der vollen Härte des Gesetzes entgegenzutreten, und dass Kriminalität mittels Übelzufügung vergolten werden
müsste. Verfechter klassischer Auffassungen von Gerechtigkeit argumentierten,
dass das Alter einer kriminellen Person eine Straffreiheit oder Strafmilderung
nicht rechtfertige.
    Mitte des 19. Jahrhunderts veränderte sich die Orientierung im Hinblick auf
die Zielsetzung staatlicher Intervention weg von einer reinen Bestrafungs- und
Vergeltungsorientierung hin zu einer stärkeren Betonung der Notwendigkeit,
junge Delinquente unter Berücksichtigung ihrer Bedürfnisse zu „bessern" oder
zu „retten".[61] Die Schuld läge nicht allein bei den Kindern, sondern vielmehr in
der moralischen Wertestruktur, in welcher sie lebten und die sie durch ihre Eltern vermittelt bekamen. Es gelte, sie aus dieser Umgebung herauszunehmen und
ihnen ihre „Kindheit zurückzugeben",[62] anstatt sie zu bestrafen für Einflüsse,
die außerhalb ihrer Kontrolle lagen.
    Wie bereits beschrieben stieg die Zahl der Unterbringungen in *reformatories*
und *industrial schools* bis Ende des 19. Jahrhunderts stark an. Diese in der
zweiten Hälfte des 19. Jahrhunderts verfolgte jugendkriminalpolitische Strategie
der Wiedereingliederung (*rehabilitation*) durch massenhafte stationäre Unterbringung stieß jedoch zunehmend auf Kritik. Insbesondere beschwerten sich
Polizei, Klerus und die Medien über den Fortbestand des normativen und
familiären Werteverfalls, der als zentraler kriminalitätsursächlicher Faktor betrachtet wurde. Die Schlussfolgerung, die bestehenden institutionellen Interventionsformen seien ineffektiv, lag durchaus nahe. Trotz der Konzentration auf institutionelle Intervention sei das Kriminalitätsaufkommen in den Städten nicht
eingedämmt worden.[63]

---

59 Vgl. *Hendrick* 2006, S. 7.

60 *May* 2006, S. 98.

61 *Newburn* 1997, S. 639. Siehe auch *Muncie* 1999, S. 253.

62 *Hendrick* 2006a, S. 27.

63 Vgl. *Hendrick* 2006, S. 7.

In der Folge sprach sich Innenminister *Asquith* Ende der 1890er Jahre erstmals für „Behandlung statt Bestrafung" aus[64] und verlangte Alternativen zum Freiheitsentzug, welche mit wissenschaftlichen Erkenntnissen aus der Psychologie, den Erziehungswissenschaften und der Kriminologie begründet wurden.[65] Im Jahr 1907 führte das „Gesetz über die Bewährung Straffälliger" (*Probation of Offenders Act 1907*) die erste Bewährungshilfe (*probation service*) sowie erste Formen ambulanter Supervision (*probation order* und *community supervision order*) ein, mittels derer die Zahl der in staatlichen Institutionen untergebrachten bzw. festgehaltenen Kinder und Jugendlichen gesenkt werden sollte.[66] Nach Ansicht des Gesetzgebers sei ambulante Aufsicht verbunden mit Lenkung und Unterstützung durch die Bewährungshilfe ein besserer Ansatz, jungen Straffälligen die Werte der Gesellschaft (wieder) nahe zu bringen, als sie einfach wegzusperren und zu vergessen. Zudem war das Thema der Jugendkriminalität sowohl statistisch als auch in der öffentlichen Wahrnehmung zu einem gesellschaftlichen Problem solcher Größe herangewachsen, dass eine besondere Jugendgerichtsbarkeit für erforderlich erachtet wurde.

Bereits zur Jahrhundertwende hatte es in vereinzelten Großstädten besondere Gerichte für Verfahren mit Kindern und Jugendlichen gegeben.[67] Auf nationaler Ebene wurden spezielle Jugendgerichte (*juvenile courts*) jedoch erst durch das „Kindergesetz" von 1908 (CA 1908) eingerichtet und gesetzlich verankert.[68] Zu dieser Zeit waren auch in den USA und in Norwegen spezielle Jugendgerichte geschaffen worden. Allerdings unterschieden diese sich bereits in ihrem Ansatz von den 1908 in England eingeführten Institutionen.[69] Die in den USA und Skandinavien eingeführten Gerichte waren sogenannte *socialized welfare tribunals*, die auf dem *parens patriae*-Prinzip beruhten. Demgegenüber standen die Jugendgerichte Englands, welche vielmehr modifizierte Strafgerichte waren, in denen weiterhin das Prinzip der justizförmigen Aburteilung jugendlicher Rechtbrecher dominierte. Die gesetzlichen Vorgaben des CA 1908 sahen keine jugendspezifische Haftung und Verantwortlichkeit junger Straftäter vor, sondern vielmehr eine gemilderte, dem kindlichen und jugendlichen Alter angemessene Anwendung des Erwachsenenstrafrechts. Die Jugendspezifität der

---

64 *Hendrick* 2006, S. 8. Ähnlich der Devise „Erziehung statt Strafe" im Kontext des deutschen JGG von 1923. Zur Geschichte des deutschen JGG vgl. auch *Dünkel* 2011; *Heinz* 2012 m. w. N.

65 Vgl. *Hendrick* 2006, S. 8.

66 Bis 1920 waren 8.000 der 10.000 ausgesprochenen *community supervision orders* für Kinder und Jugendliche im Alter von 8 bis 18 Jahren, vgl. *Pitts* 2003, S. 73. Siehe auch *Newburn* 1997, S. 638.

67 Vgl. *Garland* 1987, S. 23.

68 Vgl. *Morgan/Newburn* 2007, S. 1.024; *Piper* 2008, S. 53.

69 Vgl. *Bottoms/Dignan* 2004, S. 22.

Gerichte lag vielmehr darin, dass die Verhandlungen in anderen Gebäuden und zu anderen Uhrzeiten stattfanden als Verhandlungen erwachsener Straftäter und der Öffentlichkeit nur eingeschränkt Zutritt gewährt wurde, um einer Stigmatisierung vorzubeugen.[70] Die *juvenile courts* waren zuständig für Kinder und Jugendliche zwischen 8 und einschließlich 15 Jahren, sowohl für Strafverfahren gegen junge Tatverdächtige, als auch für zivilrechtliche Verfahren in denen Kinder als fürsorge- und schutzbedürftig galten.[71] Während in den Ländern, in denen das *socialized welfare tribunal* etabliert war, strafrechtliche und zivilrechtliche Verfahren sich weitestgehend die Waage hielten, lag der Schwerpunkt der Arbeitslast in den englischen Jugendgerichten deutlich in der strafrechtlichen Zuständigkeit.[72]

Der besondere Umgang mit jungen Verdächtigen und Straftätern wurde durch weitere Bestimmungen des CA 1908 erweitert, insbesondere durch eine Einschränkung der Anwendbarkeit traditioneller Gefängnisstrafen in Erwachsenenanstalten. Nach dem CA 1908 konnte der Freiheitsentzug von unter 14-Jährigen nur noch in *reformatories* vollzogen werden, für 14- bis unter 16-Jährige wurde die Verhängung klassischer Gefängnisstrafen deutlich erschwert.[73]

Durch das „Kriminalitätspräventionsgesetz" von 1908 (*Prevention of Crime Act 1908*) wurde ein besonderes Haftregime, das sogenannte *borstal*, für 16- bis einschließlich 20-jährige verurteilte Delinquente eingeführt, um eine von Erwachsenen getrennte Unterbringung auch für Heranwachsende und ältere Jugendliche zu ermöglichen.[74] Das Regime wurde in besonderen Anstalten oder Anstaltsabteilungen praktiziert und zielte auf die moralische Besserung und Disziplinierung ab, verbunden mit harter körperlicher Arbeit und körperlicher Züchtigung.[75] Vorgesehen war das besondere Regime für solche Straftäter, die

---

70 Vgl. *Dignan* 2011, S. 358; *Bottoms/Dignan* 2004, S. 23.

71 Vgl. *Gordon/Watkins/Cuddy* 1996, S. 9 ff.; *Herz* 2002, S. 85; *Dignan* 2011, S. 358; *Hendrick* 2006, S. 8. Anzeichen für Schutzbedürftigkeit waren beispielsweise: Bettelei; Eltern die ihrer Aufsichtspflicht nicht ordentlich nachkommen; Verwahrlosung; Eltern mit krimineller Vergangenheit oder Alkoholproblemen; Eltern im Strafvollzug; Umgang mit bekannten Dieben oder Prostituierten, vgl. *Clarke* 2006, S. 131.

72 Vgl. *Bottoms/Dignan* 2004, S. 23; *Dignan* 2011, S. 358.

73 Vgl. *Newburn* 1997, S. 638; *Morgan/Newburn* 2007, S. 1.024.

74 Vgl. *Muncie/Goldson* 2008, S. 39. *Borstal* ist nach dem Dorf in Kent, Südengland, benannt, in dem die erste derartige Anstalt bereits im Jahr 1902 auf experimenteller Basis eröffnet wurde, vgl. *Pitts* 2003, S. 74.

75 Vgl. *Newburn* 1997, S. 639. Dass der Wohlfahrt Jugendlicher und Heranwachsender durch körperliche Züchtigung und harte Arbeit besser gedient würde, ist aus heutiger Sicht wenig überzeugend. Angesichts der Alternative, zusammen mit Erwachsenen in viktorianischen Kerkern eingeschlossen zu werden, wurde das *borstal* als „großer Schritt in Richtung der Umerziehung junger Straffälliger" betrachtet, vgl. *Muncie/Goldson* 2008, S. 40.

„kriminelle Gewohnheiten und Tendenzen" zeigten oder Umgang mit „Personen schlechten Charakters" hatten, aber durchaus noch „zu retten waren".[76] Die Dauer einer Unterbringung in *borstal*-Einrichtungen lag zwischen einem und drei Jahren, wobei die tatsächlich zu verbüßende Dauer davon abhing, inwieweit professionelle Begutachtungen eine Verhaltensbesserung attestierten. Auf die Entlassung folgte eine sechsmonatige Aufsichts- und Bewährungsperiode.[77]

Eine Betrachtung der Anfänge des englischen Jugendstrafrechts verdeutlicht, dass die Beachtung der Bedürfnisse von Kindern und Jugendlichen ein immer größeres Gewicht erlangt hatte.[78] Zwar waren die Jugendgerichte noch modifizierte Strafgerichte und keine nach dem *parens patriae*-Prinzip funktionierenden Institutionen. Jedoch wurden zunehmend besondere Bestimmungen für junge Straftäter eingeführt, beispielsweise das Ziel der Haftvermeidung. Die ersten Manifestationen einer für Kinder und Jugendliche geltenden strafrechtlichen Sonderbehandlung wiesen demnach eine verstärkte Anlehnung an das positivistische „Wohlfahrtsmodell" auf.[79]

2.2 Der Aufstieg und „Untergang" des Wohlfahrtgedankens

In der Zwischenkriegszeit blieb die Auffassung, dass eine Konzentration auf die Wohlfahrt von Kindern legitimer Bestandteil der jugendkriminalpolitischen Strategie sei, bestehen. Das soziale Verständnis von Jugenddelinquenz als Symptom sozialer und persönlicher Umstände fand zunehmend Unterstützung.[80] Vernachlässigung und Bedürftigkeit wurden mit Delinquenz zunehmend gleichgesetzt:

> *„There is little or no difference in character and needs between the neglected and the delinquent child. It is often a mere accident whether he is brought before the court because he was wandering or beyond control or because he has committed some offence. Neglect leads to delinquency."*[81]

In der Folge war die Gesetzgebung bis Ende der 1960er Jahre gekennzeichnet von einer zunehmenden Orientierung an der Wohlfahrt des Kindes und einer

---

76   Vgl. *Muncie/Goldson* 2008, S. 39 f.

77   Vgl. *Garland* 1987, S. 220.

78   Vgl. *Cavadino/Dignan* 2007, S. 315; *Morgan/Newburn* 2007, S. 1.025.

79   Vgl. *Bottoms/Dignan* 2004, S. 23.

80   Vgl. *Pitts* 2003, S. 76 f.

81   *Home Office* 1927, zitiert in *Muncie* 1999, S. 79.

Abwendung vom Vergeltungsgedanken.[82] Im Jahr 1933 wurde das „Gesetz über Kinder und Jugendliche" (*Children and Young Persons Act*, CYPA 1933) verabschiedet, welches in Section 44 die Wahrung und Förderung des Kindeswohls als zentrales Leitprinzip jeglichen gerichtlichen Handelns – ob bei bedürftigen oder straffälligen Kindern – festlegte:

> „*Every court in dealing with a child or young person who is brought before it either as an offender or otherwise, shall have regard to the welfare of the child or young person and shall in proper cases take steps for removing him from undesirable surroundings and for securing that proper provision is made for his education and training.*"[83]

Das Ziel staatlicher Intervention sei demnach die Förderung der Wohlfahrt bedürftiger junger Menschen (einschließlich straffällig gewordener Kinder und Jugendlicher) durch Bildung und Erziehung und nicht durch Strafe. Oder anders ausgedrückt: Der Gedanke hinter einem staatlichen Eingriff sollte nicht vergeltungs-, sondern wohlfahrtsorientiert sein.[84] Somit hatte die Wahrung und Förderung des Kindeswohls eine bindende gesetzliche Grundlage.

In diesem Sinne sah das CYPA 1933 weitere Änderungen am damals bestehenden Jugendstrafrecht vor, zum Beispiel die Gründung besonderer Untersuchungshaftanstalten für Kinder und Jugendliche und der Zusammenschluss der *industrial schools* und *reformatories* zu sogenannten *approved schools*.[85] Letztere waren für die Unterbringung von 8- bis 15-Jährigen vorgesehen und verfolgten ein Konzept der Erziehung und des Trainings.[86] Sie waren sowohl für verurteilte junge Straftäter als auch für vernachlässigte Kinder (z. B. Pflegeverfahren) zuständig, da sie dieselben Bedürfnisse hätten, die lediglich auf unterschiedliche Weise zum Ausdruck kamen.

Das „Strafjustizgesetz" von 1948 (*Criminal Justice Act 1948*, CJA 1948) schaffte die körperliche Züchtigung[87] und die Todesstrafe[88] für unter 18-Jährige

---

82 Die kriminalpolitische Strategie dieser Zeit wird von *Pitts* als „*penal modernism*" bezeichnet, vgl. *Pitts* 2003, S. 76.

83 Section 44 CYPA 1933. Dieser Grundsatz gilt noch heute, wurde jedoch durch die Reformen von *New Labour* seit 1998 relativiert, siehe *Herz* 2002, S. 84; *Gordon/ Watkins/Cuddy* 1996, S. 9, sowie *Kapitel 3.1.2* unten.

84 Wie im weiteren Verlauf dieses Kapitels deutlich wird, ist die „wohlwollende" Intervention von den Betroffenen wohl häufig als ein mit der Strafe vergleichbares Übel aufgefasst bzw. erlebt worden.

85 Vgl. *Muncie* 1999, S. 253; *Pitts* 2003, S. 76; *Goldson* 2006, S. 387; *Hendrick* 2006, S. 9.

86 Vgl. *Newburn* 1997, S. 639.

87 Schedule 9 CJA 1948.

ab, führte sogenannte *attendance centre orders* („Anordnung zur Anwesenheit in einem Jugendzentrum") ein[89] und schränkte die Anwendbarkeit traditioneller Gefängnisstrafen bei unter 21-Jährigen ein,[90] da letztere junge Seelen „kontaminiere" und kriminelle Karrieren festige.[91] Aufgrund steigender registrierter Kriminalitätsraten bei Kindern und Jugendlichen nach dem zweiten Weltkrieg bestand die britische Richtervereinigung (*Magistrates' Association*) jedoch darauf, die Möglichkeit der Anordnung kurzer Haftstrafen zu behalten, vor allem in Anbetracht der Abschaffung der körperlichen Züchtigung bzw. der Einschränkung der Verfügbarkeit ausdrücklich strafender Sanktionsformen.[92] In der Folge wurde durch Section 18 CJA 1948 die sogenannte *dentention centre order* eingeführt („Anordnung zur Unterbringung in einer Jugendstrafanstalt"). Die *detention centre order* konnte für drei (in Ausnahmefällen sechs) Monate angeordnet werden, und sollte eine kurze, unangenehme Strafe darstellen, die „viel harte Arbeit mit wenig Unterhaltungswert" verband.[93] *Muncie* fasst den Zweck der Sanktion so zusammen, dass dadurch „Straftäter durch harte Arbeit und punitiven militärischen Drill umerzogen werden sollten."[94]

Fragwürdig war, inwieweit eine derart vergeltungsorientierte Sanktion in ein an die Wohlfahrt junger Menschen ausgerichtetes System passen sollte. Jedoch war dieser Schritt nötig, um genügend Unterstützung für die Verabschiedung des CJA 1948 im Parlament zu erlangen. Immerhin – so wurde argumentiert – sei diese Form des Freiheitsentzuges besser als eine gemeinsame Unterbringung mit Erwachsenen in Gefängnissen ohne jegliche Einwirkung auf den Täter, ob-

---

88 Schedule 16 CJA 1948.

89 Section 19 CJA 1948. Eine *attendance centre order* war nur anwendbar, wenn für einen 12- bis unter 21-jährigen Täter sonst eine Gefängnisstrafe gedroht hätte. Sie sah vor, dass der ihm Unterstellte bis zu 12 Stunden Freizeitstrafe an Samstagen in einem *attendance centre* verbüßt, wo er sich konstruktiven Tätigkeiten widmen musste (wie zum Beispiel Erste Hilfe, Sport, *social skills training*), vgl. *Goldson* 2008a, S. 26 f. Diese Sanktion wurde im weiteren Verlauf der Reformentwicklung des englischen Jugendstrafrechts wiederholt verändert, worauf an entsprechender Stelle eingegangen wird.

90 Section 17 CJA 1948.

91 Vgl. *Muncie* 2006, S. 333 f.; *Morgan/Newburn* 2007, S. 1.025.

92 Vgl. *Muncie* 1999, S. 293; 2006, S. 333 f.

93 *Morgan/Newburn* 2007, S. 1.025.

94 *Muncie* 1999, S. 257. Die *detention centre order* ähnelt in ihrem Konzept dem aus der *Thatcher*-Ära bekannten „*short sharp shock*", welcher in *Kapitel 2.3* unten dargestellt wird. Vgl. auch *Newburn* 1997, S. 639; *Morgan/Newburn* 2007, S. 1.025. Vorgesehen war die *detention centre order* für 14- bis unter 21-Jährige, die eine Straftat begangen hatten für die sie sonst eine traditionelle Gefängnisstrafe hätten bekommen können. Voraussetzungen waren zudem, dass sie zuvor noch nicht zur *borstal-* oder Gefängnisstrafe verurteilt worden waren, und dass das Gericht der Auffassung war, dass eine andere Reaktionsweise angemessen wäre, vgl. *Muncie* 2006, S. 334.

gleich diese Einwirkung in Jugendstrafanstalten wenig erzieherischen Wert gehabt zu haben scheint. Letztendlich bleibt an dieser Stelle festzuhalten, dass die Vergeltung und individuelle Verantwortung weiterhin einen gewissen Stellenwert im Umgang mit straffälligen Kindern und Jugendlichen behalten hatten.

Jedoch führte die Notwendigkeit der Gerichte, sowohl nach Prinzipien der Schuld und Verantwortung als auch im Sinne des Kindeswohls zu entscheiden, zu ideologischen Spannungen und praktischen Problemen, die vom so genannten *Ingleby*-Komitee[95] erstmals offen als reformbedürftig identifiziert wurden. Die gegensätzlichen kriminaltheoretischen Zielsetzungen von Wohlfahrt und Gerechtigkeit waren langfristig nicht miteinander zu vereinen, so dass eine Entscheidung für eine der beiden Richtungen als notwendig erachtet wurde.[96]

Das Komitee wies insbesondere auf die Gefahr disproportionaler Sanktionierung in den Fällen leichter Straffälligkeit hin. Trotz einer geringen Schwere der Straffälligkeit könnte das Gericht dennoch der Auffassung sein, dass das Kind in „nicht wünschenswerten Umständen" (*undesirable surroundings*, gemäß Section 44 (1) CYPA 1933) aufwachse, aus denen es in seinem eigenen Interesse herauszunehmen und staatlich unterzubringen sei:

> „*It results, for example, in a child being charged with a petty theft or other wrongful act for which most people would say that no great penalty should be imposed, and the case apparently ending in a disproportionate sentence. For when the court causes enquiries to be made ... the court may determine that the welfare of the child requires some very substantial interference which may amount to taking the child away from his home for a prolonged period. It is common to come across bitter complaints that a child has been sent away from home because he has committed some particular offence which in itself was not at all serious.*"[97]

Parallel zur Ausdehnung der den Wohlfahrtsansatz manifestierenden Gesetze von 1908 bis in die 1950er Jahre, die explizit darauf abzielten, den Ge-

---

95 Das *Ingleby-Committee* wurde im Jahr 1956 durch den damaligen konservativen Premierminister *Anthony Eden* einberufen. Aufgabenstellung des Komitees war es, das Funktionieren des Jugendgerichts hinsichtlich seiner doppelten Zuständigkeit für Jugendstraf- und Jugendhilfeverfahren zu untersuchen und gegebenenfalls Reformvorschläge zu verfassen, vgl. *Newburn* 1997, S. 640. Das Komitee war aus Anwälten, Verwaltungsbeamten und *Magistrates* zusammengesetzt sowie einem einzigen Kinderpsychiater. Angesichts der Vorschläge und Empfehlungen, die das Komitee machen sollte, ist das Fehlen jeglicher Sozialarbeiter in der Konstellation des Komitees äußerst überraschend, vgl. *Bottoms* 2006, S. 217.

96 Vgl. *Bottoms* 2006, S. 218.

97 *Ingleby-Committee*, zitiert in *Bottoms* 2006, S. 218.

brauch von Freiheitsstrafen zu senken, war beinahe durchgehend die gegensätzliche Entwicklung zu beobachten. Nach *Springhall* gab es viele Anzeichen dafür, dass das CYPA 1933 formelle staatliche Intervention begünstigt und das „Fangnetz" des Justizsystems ausgedehnt hat.[98] Die Bereitstellung positiver institutioneller Konzepte hat nach Auffassung von *Pitts* die Richter dazu bewogen, diese aufgrund ihrer angepriesenen Vorteilhaftigkeit häufiger in Anspruch zu nehmen.[99] Auch *Muncie* ist der Ansicht, dass es den Gerichten als vorteilhaft für junge Delinquente erschien, in einem *reformatory* oder einem *borstal* untergebracht zu werden, weil dort erzieherisch eingewirkt werde, ohne dabei das strafende Element der Freiheitsentziehung völlig außen vor zu lassen:[100]

> „Experience shows ... that each time a new statute relating to the young has been put into effect, the immediate result is an apparent rise in the [use of custody]. This ‚rise' is not due to any ‚wave' of crime among juveniles but to a desire on the part of those concerned with putting the law into motion, to make use of the new method of treatment".[101]

Diese Problematik könnte durch an *probation orders* gebundene „Auflagen" noch verstärkt worden sein.[102] Die Nichteinhaltung dieser Konditionen hatte strenge und schwere Strafen zur Folge und eine nicht zu vernachlässigende Anzahl der in *borstals* und Besserungsanstalten untergebrachten jungen Täter waren aufgrund der Missachtung ihrer Bewährungsauflagen dort untergebracht worden.[103]

Der Konflikt zwischen Verfechtern beider kriminaltheoretischer Ansätze wird bei genauerer Betrachtung der Reformen deutlich. Beispielsweise erforderte der Aufenthalt in einem *reformatory* auf Drängen der Richterschaft hin im Vorhinein die Verbüßung eines 14-tägigen Gefängnisaufenthaltes, damit die Sanktion ein strafendes Element mit sich bringt.[104] Zudem waren die Gerichte vor dem CA 1908 nicht dazu verpflichtet, straffällige Kinder und Jugendliche in

---

98 Zitiert in *Muncie* 1999, S. 79.

99 Vgl. *Pitts* 2003, S. 74.

100 Vgl. *Muncie* 1999, S. 258.

101 Ministerialdirektor des Innenministeriums, zitiert in *Muncie* 1999, S. 79.

102 Mögliche „Auflagen" waren u. a., dass der junge Täter nicht erneut straffällig werden durfte, sich von kriminellen Personen und Kreisen fernhalten musste und sich zu bestimmten Zeiten bei seinem Bewährungshelfer melden musste, vgl. *Pitts* 2003, S. 75. Es sollte hinzugefügt werden, dass die Auflage im englisch-walisischen Sinne nicht mit der Auflage aus dem deutschen Jugendstrafrecht gleichgesetzt werden kann, sondern eher mit den die „Lebensführung" gestaltenden Weisungen i. S. d. §§ 10 und 23 JGG.

103 Vgl. *Pitts* 2003, S. 75.

104 Vgl. *Garland* 1987, S. 8.

reformatories zu schicken. Vielmehr lag die Wahl der Strafe im Ermessen des Richters und es wird geschätzt, dass zwischen 1856 und 1875 nur 12,6% aller Verurteilungen zu Freiheitsentzug auf die Besserungsanstalten entfielen.[105] Auch die Einführung der *detention centre order* in einer ansonsten stark wohlfahrtsgeprägten Epoche der Jugendkriminalpolitik zeigt, dass die Gesetzgebung häufig auf Kompromissen beruhte, weniger auf vollständig durchdachten, integrierten und zweckdedizierten Strategien.

Das *Ingleby*-Komitee empfahl eine klare Grenzziehung – das Jugendstrafrecht sollte gänzlich an den Interessen und der Wohlfahrt des Kindes ausgerichtet und zu einem Jugendhilferecht transformiert werden. Die Strafmündigkeitsgrenze sollte auf 14 Jahre angehoben und die justizielle Strafverfolgung durch zivilrechtliche Verfahren ersetzt werden, welche die Unterbringung eines Kindes aus Wohlfahrtsgründen zulasse, ohne dem Erfordernis der Proportionalität genügen zu müssen.[106] Kurz gesagt empfahl das Komitee die Entkriminalisierung großer Teile der jungen Bevölkerung, und ein nach dem *parens patriae*-Prinzip geführtes System jugendhilferechtlicher Intervention.[107]

Die damalige konservative Regierung lehnte eine derartige Strategie jedoch ab, nicht zuletzt weil sie die traditionellen Befugnisse und Zuständigkeiten der Gerichte wahren und nicht zulassen wollte, dass Kinder bloß als Opfer ihrer Umstände und nicht als sich moralisch verwerflich verhaltende Individuen betrachtet werden. Als einzige Kompromisshandlung wurde die Strafmündigkeitsgrenze durch das im Jahr 1963 verabschiedete „Gesetz über Kinder und Jugendliche" (*Children and Young Persons Act 1963*) von 8 auf 10 Jahre angehoben und die obere Altersgrenze des persönlichen Zuständigkeitsbereichs des Jugendgerichts erhöht, um 16-Jährige mit einzubeziehen.[108]

Nach dem Regierungswechsel im Jahr 1964 setzte die Labour Partei zu einem erneuten Versuch an, und berief die *Longford*-Kommission ein, die ihre Empfehlungen im Jahr 1965 im White Paper *The Child, the Family and the Young Offender* („Das Kind, die Familie und der junge Rechtsbrecher") veröffentlichte. Die Kommission griff die Ideen des *Ingleby*-Komitees hinsichtlich einer Reform des Jugendgerichts auf, schlug aber vor, die Jugendgerichte gänz-

---

105 Vgl. *Muncie* 1999, S. 62.

106 Vgl. *Bottoms* 2006, S. 216 ff.

107 Die Entscheidung für das Wohlfahrts- anstatt das sog. Gerechtigkeitsmodell wurde bedingt durch die Ansicht des Komitees hinsichtlich der Gründe, warum Kinder und Jugendliche überhaupt vor dem Gericht erschienen, die insbesondere bei der Familie gelegen hätten: „*The child cannot be regarded as an isolated unit. The problem is always one of the child in his environment and his immediate environment is the family to which he belongs. It is the situation and the relationships with the family which seem to be responsible for many children being in trouble, whether the trouble is called delinquency or anything else.*" *Ingleby Committee*, zitiert in *Clarke* 2006, S. 132.

108 Vgl. *Gordon/Watkins/Cuddy* 1996, S. 9 f.

lich durch „Familienräte" (*family councils*) zu ersetzen, in welchen Entscheidungen von Gesundheitsexperten, Psychologen, Sozialarbeitern und anderen in Jugendsachen spezialisierten Experten getroffen werden.[109] Dies hätte eine Machtverschiebung zur Folge gehabt, weg von der formellen Justiz zum Beispiel in die Hände von Psychologen, Psychiatern und Sozialarbeitern. Jedoch war auch in diesem Anlauf der Widerstand aus Polizei, Richterschaft und Anwaltschaft – repräsentiert durch eine starke konservative Opposition – zu groß.

Ein dritter Anlauf folgte in der Form des White Paper *Children in Trouble*[110] im Jahr 1968, welches für viele als der vom Wohlfahrtsmodell am stärksten geprägte Gesetzesentwurf gilt.[111] Das daraus folgende „Gesetz über Kinder und Jugendliche" (*Children and Young Persons Act 1969*, CYPA 1969) setzte den Gesetzesentwurf, der stark an die Empfehlungen des *Ingleby*-Komitees angelehnt war, weitestgehend um und war ein Kompromiss zwischen der regierenden *Labour*-Partei und der konservativen Opposition, die die Beibehaltung gewisser Vergeltungselemente sowie des Jugendgerichts aushandeln konnten.

Insgesamt sah das CYPA 1969 eine Strategie der Diversion, Entkriminalisierung und Haftvermeidung vor.[112] Die Strafmündigkeitsgrenze sollte auf 14 Jahre angehoben werden (außer für Mord und Totschlag), und die formelle Verfolgung von Kindern unter 14 Jahren sollte durch freiwillige Einigung zwischen Eltern und Sozialarbeitern auf ein durch die lokale Kommune angebotenes Interventionsprogramm ersetzt werden. Für Jugendliche zwischen 14 und 16 Jahren sollte die formelle Strafverfolgung bis auf gewisse Ausnahmen durch Jugendhilfeverfahren abgelöst werden.[113] Dies bedeutete, dass die Entscheidung, ob die Strafverfolgung eingeleitet werden sollte, in die Hände von Sozialarbeitern gegeben wurde. Sie sollte nur dann möglich sein, wenn ein Sozialarbeiter der Auffassung war, dass der Fall nicht angemessen durch die Eltern, durch Lehrer, mittels einer polizeilichen Verwarnung, durch zivilrechtliche Interventionen

---

109 Vgl. *Newburn* 1997, S. 640; *Bottoms* 2006, S. 220.

110 *Children in Trouble* ist im Englischen zweideutig zu verstehen. Zum einen bedeutet es „Kinder in Gefahr" oder „Kinder in Not", und spielt auf die Schutzbedürftigkeit junger Menschen an. Zum anderen lässt es sich auch mit „Kinder, die sich daneben benommen haben" oder „unartige Kinder" übersetzen, was die strafrechtliche Komponente mit einbezieht.

111 Siehe beispielsweise *Newburn* 1997, S. 640; *Muncie* 1999, S. 258; *Dignan* 2011, S. 359; *Morgan/Newburn* 2007, S. 1.026.

112 Auch als die „drei D's" bezeichnet: *Diversion, Decriminalisation* und *Decarceration*, vgl. *Herz* 2002, S. 84.

113 Vgl. *Newburn* 1997, S. 640; *Dignan* 2011, S. 359; *Herz* 2002, S. 84; *Cavadino/Dignan* 2007, S. 315; *Bottoms* 2006, S. 216.

der Kommunalbehörden oder in Rahmen eines Fürsorgeverfahrens behandelt werden konnte.[114]

Generell gesehen wurde die Rolle der Sozialarbeiter durch das CYPA 1969 deutlich gestärkt. Ihre Aufgaben lagen darin, die Bedürfnisse junger Straftäter einzuschätzen und im Falle gerichtlicher Verfahren die Anordnung ambulanter, informeller Maßnahmen zu fördern. Die Zuständigkeit für die Unterbringung in einer *approved school*[115] wurde in die Hände von in lokalen Behörden angestellten Sozialarbeitern gegeben, wie auch die Beaufsichtigung junger Straftäter durch die mit dem CYPA 1969 eingeführte „Anordnung zur Supervision" (*supervision order*), der eine zentrale Position im Umgang mit bedürftigen, aber vor allem straffälligen Kindern und Jugendlichen zukommen sollte. Die Jugendrichter waren nicht mehr allein für die Bestimmung der für den Täter angemessenen staatlichen Reaktion oder die genaue Ausgestaltung der Sanktion zuständig. Somit wurden die Autorität und das Ermessen der Jugendrichter stark eingeschränkt und auf Experten übertragen.[116]

Auch das Sanktionssystem sollte deutlichen Veränderungen unterzogen werden, um den Gebrauch freiheitsentziehender Sanktionen zu senken.[117] *Detention centres* und *borstals* sollten durch *supervision orders* und das sogenannte *intermediate treatment* (zu Deutsch „Zwischenbehandlung") abgelöst werden.[118] *Intermediate treatment* (IT) galt als Oberbegriff für von Sozialarbeitern betriebenen Interventions- und Erziehungsprogramme die zum Zweck hatten, ein breites Band an Erziehungs-, (Berufs-)Bildungs-, Beratungs- und Freizeitangeboten für diejenigen Kinder und Jugendlichen bereit zu stellen, die durch Straffälligkeit aufgefallen oder die aufgrund ihrer Umstände als „bedürftig" einzustufen waren und/oder in die Kriminalität abzurutschen drohten.[119] Der Begriff „*intermediate*" impliziert dabei, dass derartige Programme eine Zwischenstufe darstellen zwischen traditioneller Sozialarbeit, welche zunehmend weniger Erfolge mit jungen Delinquenten verzeichnen konnte und der Herausnahme aus dem heimischen Umfeld durch die Unterbringung in Institutionen, was IT zu vermeiden versuchte.[120]

Die Vorschriften des CYPA 1969 waren ein Kompromiss zwischen den Befürwortern und Gegnern des Wohlfahrtsmodells. Jedoch wurde im Jahr 1970

---

114 Vgl. *Bottoms* 2006, S. 216.

115 Durch den CYPA 1969 in *community homes with education* (CHE) umbenannt, vgl. *Pitts* 2003, S. 78; *Newburn* 1997, S. 640; *Muncie* 1999, S. 253.

116 Vgl. *Bottoms* 2006, S. 216 f.

117 Vgl. *Muncie* 1999, S. 258.

118 Section 7 CYPA 1969.

119 Vgl. *Bottoms* 2006, S. 223 f.

120 Vgl. *Case* 2008, S. 199 f.

eine konservative Regierung unter Premierminister *Heath* gewählt, bevor die Bestimmungen des CYPA 1969 vollständig in Kraft getreten waren. Die neue Regierung blockierte das Inkrafttreten der entkriminalisierenden Bestimmungen des CYPA 1969.[121] Die Strafmündigkeitsgrenze blieb bei 10 Jahren und die vorrangige Orientierung an Diversion und gegen eine formelle Strafverfolgung wurde programmatisch vollständig aufgegeben – die Differenzierung zwischen Jugendhilfe- und Jugendstrafverfahren blieb also erhalten und beide Bereiche blieben im Zuständigkeitsbereich des Jugendgerichts.[122]

Jedoch wurden die durch den CYPA 1969 eingeführten wohlfahrtsorientierten Interventionsformen beibehalten. IT, *care orders* und *supervision orders* wurden eingeführt und die *approved schools, detention centres, borstals* und *attendance centres* – die sie eigentlich weitestgehend ablösen sollten – blieben bestehen. Die Folge war ein Jahrzehnt konkurrierender Interessen, gekennzeichnet durch intensive Präventivintervention bei bedürftigen Kindern auf der einen Seite und steigende Inhaftierungsraten bei straffälligen Kindern auf der anderen – eine Phase, die *Cavadino/Dignan* als „*systems disaster*" bezeichnen (im Sinne eines Desasters für die Kinder und Jugendlichen, die ihm unterstellt wurden).[123]

Kinder, die aus Wohlfahrtsgründen vor das Jugendgericht kamen, unterstanden dem Ermessen von Sozialarbeitern mit einem Interesse an frühzeitiger Intervention, die sich nach den identifizierten Bedürfnissen des Kindes orientiert, und nicht nach Fragen der Verantwortlichkeit und der verhältnismäßigen Vergeltung. Durch die Reformen standen ihnen neue, aus ihrer Sicht viel versprechende, aber eingriffsintensive Interventionen zur Verfügung, von denen insbesondere das IT eine entscheidende Rolle spielte. Bis 1977 nahmen mehr als 12.000 Kinder und Jugendliche an von Sozialarbeitern geleiteten und überwachten IT-Programmen teil, von denen nur knapp 1.500 verurteilte Straftäter waren.[124] Eine Studie der *DHSS* ermittelte, dass bei einer Stichprobe von 28 IT-Programmen nur zwei ausschließlich für Straffällige vorgesehen waren.[125]

Im Rahmen der strafrechtlichen Zuständigkeit des Jugendgerichts gab es dagegen großen Widerstand von Richtern gegen wohlfahrtsorientierte Einflüsse

---

121 Vgl. *Cavadino/Dignan* 2002, S. 289.

122 Vgl. *Cavadino/Dignan* 2007, S. 315.

123 *Cavadino/Dignan* 2002, S. 290.

124 Vgl. *Pitts* 2003, S. 78. „*The intermediate treatment schemes introduced by the 1969 Children and Young Persons Act [...] acted as a means of drawing younger and ,pre-delinquent' children into the ,net' of the youth justice system*", *Muncie* 1999, S. 277.

125 Zitiert in *Bateman* 2010, S. 85. Die *DHSS, Department for Health and Social Security*, war von 1968 bis 1988 Ministerium für Gesundheitswesen und Sozialhilfe.

wie der *supervision order* und IT.[126] Vielmehr wurde die Auffassung vertreten, dass eine strafrechtliche Verurteilung eine bestrafende Sanktionierung erforderlich mache – wohlfahrtorientierte Intervention sei Sache der jugendhilferechtlichen Zuständigkeit des Gerichts. Anstatt dass IT den Gebrauch von Freiheitsstrafen reduzierte, wurde es beinahe gänzlich in die zivilrechtliche Sphäre verschoben oder fand lediglich bei leichter Straffälligkeit Anwendung. Stattdessen stieg die Anwendung des Freiheitsentzugs in den 1970er Jahren dramatisch an. Während im Jahr 1965 noch 21% aller verurteilten Straftäter unter 21 Jahren zu *detention centres* oder *borstal* verurteilt wurden, waren es im Jahr 1977 bereits 38%.[127] 1971 wurden 3.200 14- bis einschließlich 16-jährige Jungen zu freiheitsentziehenden Sanktionen verurteilt, 1981 waren es bereits 7.700.[128]

2.3 Die „erfolgreiche Revolution" im englischen Jugendstrafrecht

Im Jahr 1979 wurde eine konservative Regierung gewählt mit *Margaret Thatcher* als Premierministerin. *Thatcher* verfolgte im Allgemeinen eine neoliberale Politik und hatte passend dazu im Rahmen des Wahlkampfes eine starke Senkung öffentlicher Ausgaben sowie eine härtere Gangart mit Delinquenten angekündigt.[129] Der politische Diskurs war zu Beginn der *Thatcher*-Ära sehr konfrontativ und richtete sich danach, zentrale konservative Werte- und Moralvorstellungen (z. B. *britishness*, Familienintegrität, wirtschaftliche Unabhängigkeit und persönliche Verantwortung) vor „fundamentalen Bedrohungen" zu schützen (z. B. durch Sozialhilfeempfänger, die als problematisch angesehene, zu jener Zeit häufig streikende Arbeiterklasse, oder Straffällige).[130] Die Rhetorik war äußerst polarisierend und moralisierend, so dass die Erwartung nahe lag, dass die punitive Haltung des Justizsystems, von der polizeilichen Interventionsebene bis zu den Jugendgerichten, auch unter den Konservativen fortgesetzt werden würde.

Diese Erwartung wurde zunächst auch nicht enttäuscht. Die Zahl der gegen Kinder und Jugendliche angeordneten Haftstrafen sowie ihr Anteil an allen Sanktionen blieb zwischen 1979 und Mitte 1982 konstant hoch (1979: 11,9%; 1982: 11,4%).[131] Auch stieg die absolute Zahl der verurteilten Kinder und Ju-

---

126 Nicht zuletzt, weil die Ausgestaltung und Intensität von *intermediate treatment* im Ermessen der Sozialarbeiter lag und nicht beim Gericht, vgl. *Bottoms* 2006, S. 223.

127 Vgl. *Pitts* 2003, S. 79.

128 Vgl. *Muncie* 1999, S. 265; siehe auch *Cavadino/Dignan* 2007, S. 315.

129 Vgl. *Muncie* 1999, S. 271.

130 Vgl. *Smith* 2007, S. 2.

131 Vgl. *Bateman* 2010, S. 95 f.

gendlichen weiter, bedingt insbesondere durch niedrige Diversionsraten. Zudem gab es punitive Reformentwicklungen, wie beispielsweise die Einführung des *short sharp shock*-Regimes in *detention centres*,[132] und die Senkung der Mindestdauer einer *detention centre order* auf 21 Tage durch Section 5 des „Strafjustizgesetzes" von 1982 (*Criminal Justice Act 1982*, CJA 1982), was eine Zunahme des Gebrauchs kurzer Haftstrafen befürchten ließ.

Die Jahre ab 1982 waren jedoch von einer überraschenden Kehrtwende gekennzeichnet, die in der Literatur häufig als die „erfolgreiche Revolution in der Jugendkriminalpolitik" bezeichnet wird.[133] Die Zahl der verwarnten und verurteilten 10- bis einschließlich 16-Jährigen sank von 184.200 im Jahr 1977 auf 105.000 im Jahr 1991, ein Rückgang von 43%.[134] Dabei stieg die Diversionsrate von 51% auf 79%. Von 1982 bis 1990 ging die absolute Zahl der Freiheitsstrafen von 9.300 auf 1.500, der prozentuale Anteil von 11,4% auf 6,1% zurück.[135] Die Punitivitätsversprechen und die entsprechende Rhetorik der Regierung im öffentlichen Diskurs übertönten also einen konstanten Rückgang in der Anwendung von Haft und eine Zunahme außergerichtlicher Verfahrensbeendigungen.

Dies wirft die Frage nach den Ursachen für diesen Rückgang auf. Demografisch betrachtet gab es durchaus signifikante Veränderungen in der Bevölkerungsstruktur. *Morgan/Newburn* weisen auf einen demografischen Rückgang in der 14- bis einschließlich 16-jährigen männlichen Bevölkerung um 18% in diesem Zeitraum hin.[136] Zudem ist das Jugendkriminalitätsaufkommen im Hellfeld in den 1980er Jahren deutlich zurückgegangen.[137] Von 1980 bis 1990 sank der Anteil der Jugendkriminalität am Gesamtkriminalitätsaufkommen von 32% auf 20%.[138] Zwar wäre dies ein erster Erklärungsansatz hinsichtlich sinkender absoluter Zahlen. Der demografische Wandel und die Entwicklung der registrierten

---

132 Im Jahr 1980 führte man das *short sharp shock* Regime in *detention centres* ein. Der *short sharp shock* war eine Regimeform, die militärisch anmutende Disziplin und körperlich anspruchsvolle Arbeit beinhaltete und die rein der Abschreckung dienen sollte. Zunächst als Pilotprojekt in zwei *detention centres* verfügbar, wurde das Regime anschließend auf alle *detention centres* ausgeweitet. Die Tatsache, dass diese Ausweitung erfolgte, obwohl Evaluationen dem *short sharp shock* keine den anderen Regimes überlegene Effektivität zusprach, kann durchaus als Indikator für die Priorisierung populistisch-politischer Interessen über effektive Intervention verstanden werden. Ähnlich auch *Newburn* 1997, S. 642; *Pitts* 2003, S. 82.

133 *Bateman* 2010, S. 98; *Muncie* 1999, S. 280.

134 Vgl. *Home Office* 1993.

135 Vgl. *Bateman* 2010, S. 95 f.

136 Vgl. *Morgan/Newburn* 2007, S. 1.027; *Newburn* 1997, S. 643 f.

137 Vgl. *Muncie* 1999, S. 280.

138 Vgl. *Smith* 2007, S. 11.

Jugendkriminalität allein können jedoch weder den Rückgang in der Gesamtzahl aller Verurteilungen noch den Rückgang des prozentualen Anteils freiheitsentziehender Sanktionen erklären.

In den Reihen der Wissenschaft verbreitete sich zunehmend die Auffassung, dass sowohl die auf Resozialisierung ausgerichtete, meist wohlfahrtsorientierte Intervention als auch repressive Bestrafung keine positive Auswirkung auf die Rückfälligkeit hat (*nothing works*).[139] Das Vertrauen in die Effektivität wohlfahrtsorientierter Interventionen war kontinuierlich gesunken und die *net-widening-* und *up-tariffing*-Effekte[140] des aus dem CYPA 1969 geborenen Systems, welches einen starken Anstieg im Gebrauch von Freiheitsstrafen zur Folge hatte, wurde als eine zu beseitigende Ungerechtigkeit betrachtet.[141] Jedoch sollten mögliche Reformen nicht zwingend ideologisch geprägt sein, sondern vielmehr eine pragmatische Berücksichtigung neuerer kriminalitätstheoretischer Erkenntnisse beinhalten.

Erkenntnisse aus der kriminologischen Längsschnittforschung wiesen darauf hin, dass der Großteil jugendlicher Delinquenz episodenhaft ist, und dass die meisten Kinder und Jugendlichen auch ohne formelle Intervention aus der Kriminalität herauswachsen.[142] Gleichzeitig wiesen kriminalitätstheoretische Ansätze darauf hin (insbesondere der *labelling approach*), dass der Kontakt mit dem Kriminaljustizsystem an sich schon stigmatisierend und daher kriminogen und demgemäß möglichst zu vermeiden sei.[143] Auf der anderen Seite wurde darauf hingewiesen, dass es einen harten Kern von jungen Straftätern gibt, die persistent straffällig werden und für die durchaus eine schnelle, effektive aber verhältnismäßige sowie an Prinzipien der Rechtsstaatlichkeit (Tatproportionalität) angelehnte Reaktion erforderlich sei.[144]

Das System sollte in einer Weise reformiert werden, die diese Erkenntnisse berücksichtigt und dabei die prozessualen Garantien junger Verdächtiger und Verurteilter sowie Prinzipien der Rechtsstaatlichkeit stärkt, insbesondere das Verhältnismäßigkeitsprinzip. Die positivistische Orientierung an den Bedürfnis-

---

139 Vgl. *Pitts* 2003, S. 80; *Graham/Moore*, 2006, S. 65; *Wilson* 1975, S. 169.

140 Sogenanntes *up-tariffing* bedeutet soviel wie „tatschwereunabhängige Intensivierung der Sanktionierung".

141 Vgl. *Bateman* 2010, S. 100.

142 Vgl. *Newburn* 1997, S. 645. Ähnlich auch die Lage in Deutschland, wo *„die meisten jungen Menschen nur kurzzeitig und nicht in schwerwiegenden Formen gegen Normen verstoßen,"* und wo zahlreiche Studien „*weit überwiegend negative Auswirkungen formeller Sanktionierung auf eine spätere Legalbewährung [zeigen]".* Siehe *Bundesministerium des Innern/Bundesministerium der Justiz* 2006, S. 354, 401, m. w. N. Ferner *Heinz* 2012.

143 Vgl. *Pitts* 2003, S. 80; *King* 2008, S. 213; *Bottoms* 2006, S. 217.

144 Vgl. *Newburn* 1997, S. 641.

sen straffälliger Kinder und Jugendlicher sollte dem Konzept individueller Verantwortung weichen. Der Konflikt zwischen dem Wohlfahrts- (*welfare model*) und Gerechtigkeitsmodell (*justice model*), der die Jugendkriminalpolitik der 1970er Jahre charakterisiert hatte, sollte zugunsten der „Gerechtigkeit" aufgelöst werden.[145]

Erreicht werden sollte dies durch eine Strategie der minimalen Intervention, die auf Diversion, Haftvermeidung und Entkriminalisierung ausgerichtet war.[146] Fälle leichter Delinquenz sollten mittels Diversion weitestgehend ohne gerichtliche Involvierung oder formelle Intervention abgehandelt werden, während für diejenigen, die gerichtlich verurteilt werden, der Freiheitsentzug *ultima ratio* sein sollte. Damit einhergehend wurde ein Umdenken gefordert hinsichtlich der Auslegung des Section 44 CYPA 1933, indem es im besten Interesse des Kindes sei, den Grad strafrechtlicher Intervention auf ein Minimum zu beschränken.

Ein weiterer Grund für die „erfolgreiche Revolution" lag darin, dass die Wohlfahrts- und Sozialpraktiker in einer Phase der beruflichen Selbstfindung waren und ein professionelles Umdenken für notwendig erachteten. Auch sie hatten eingesehen, dass das System von 1969 nicht weiter tragbar war, dass ihre Entscheidungen zu dieser negativen Entwicklung beigetragen hatten. Es entstand die Einsicht, dass das Selbstverständnis ihrer eigenen Aufgaben innerhalb des Systems einer Anpassung bedurfte, welche den Fokus der Arbeit von den Wohlfahrtsbedürfnissen auf das straffällige Verhalten an sich verschiebt.[147] Es wurde akzeptiert, dass der Wohlfahrt des Kindes nicht nur mittels intensiver (oft institutioneller) Wohlfahrtsintervention am besten gedient ist, sondern auch mit einer Auseinandersetzung damit, welche negativen Folgen die Sanktionsentscheidungen für die Kinder und Jugendlichen langfristig haben können. Die Veränderungen in der Jugendkriminalpolitik in den 1980er Jahren können durchaus als *bottom-up*-Reform („Reform durch die Praxis") bezeichnet werden.[148]

Neben diesem in den Kreisen der Wissenschaftler und der Jugendhilfe- und Sozialpraktiker entstandenen *youth justice movement*[149] spielte vor allem die

---

145 Vgl. *Smith* 2007, S. 3.

146 Vgl. *Dignan* 2011, S. 359; *Cavadino/Dignan* 2007, S. 317; *Muncie* 1999, S. 281.

147 Vgl. *Smith* 2007, S. 9.

148 „*Not only are there examples of unplanned outcomes of policy initiatives, but there are also plenty of cases where policy change has no real influence on practice at all. During the 1980s, however, it seems that the dynamics of this relationship were reversed, with practice developments effectively determining new directions in policy.*" *Smith* 2007, S. 6. Diese Entwicklung ist mit der zeitgleich in den 1980er Jahren entstandenen „Jugendstrafrechtsreform durch die Praxis" (vgl. *Bundesministerium der Justiz* 1989) in Deutschland vergleichbar, als die sog. neuen ambulanten Maßnahmen in der Praxis entwickelt und erst später im 1. JGG-ÄndG von 1990 gesetzlich verankert wurden. Vgl. hierzu *Dünkel/Geng/Kirstein* 1998; *Heinz* 2012; *Dünkel* 2011, S. 550.

149 Vgl. *Cavadino/Dignan* 2007, S. 317; *Dignan* 2011, S. 359.

konservative Regierung eine entscheidende Rolle. Zumindest auf der ideologischen Ebene ist es durchaus bemerkenswert, dass diese – im Lichte angekün-
digter Verschärfungen im Umgang mit Kriminalität und der Politisierung dieses
Vorhabens im Rahmen des Wahlkampfes – eine an minimaler Intervention orientierte jugendkriminalpolitische Strategie zuließ. Jedoch sah sich die Regierung –
gewählt unmittelbar nach einer Periode industrieller Unzufriedenheit, weitreichenden Bergbaustreiks, steigender Arbeitslosigkeit und zunehmendem Einfluss
von Gewerkschaften – mit aus neoliberaler Sicht weitaus dringlicheren Problemen konfrontiert.[150]

Zum einen hatte die Sicherung neoliberaler Wirtschaftsstrategien, des *status
quo* der Klassenstruktur und konservativer Werte klaren Vorrang vor Auseinan-
dersetzungen mit einer starken und entschlossenen jugendkriminalpolitischen
Reformbewegung von unten. Die Konservativen sahen es eher als guten Kompromiss an, dass die Reformbewegung den Einfluss des Wohlfahrtsgedankens
einschränken, traditionelle Gerichte beibehalten und das System mehr am Ge-
rechtigkeits– und Rechtsstaatlichkeitsgedanken ausrichten wollte.

Zum anderen sah sich die Regierung einer Haushaltskrise gegenübergestellt,
bedingt insbesondere durch hohe Arbeitslosigkeit, die eine Doppelbelastung von
Steuerausfällen mit steigenden Sozialabgaben zur Folge hatte. Im *Conservative
Manifesto* hatte die Partei einen Abbau staatlicher Leistungen versprochen, insbesondere durch Steuersenkungen und durch einen Abbau der Sozialausga-
ben.[151] Dies warf natürlich die Frage auf, wie die Versprechen von Einsparungen auf der einen Seite und eines härteren Umgangs mit Straffälligen und einer
ausgedehnten *law and order*-Politik auf der anderen Seite gleichzeitig einzulö-
sen seien.

Der von Akademikern und Sozialpraktikern angestrebte jugendkriminalpolitische Ansatz der Minimalintervention bzw. das daraus resultierende Sparpo-
tential, ist der Regierung im Lichte dieses Interessenskonflikts offensichtlich
gerade Recht gekommen. Nur durfte diese „weiche" Herangehensweise im öffentlichen Diskurs nicht zu präsent sein. Vielmehr wurde das Thema Jugendkriminalität im Lauf der 1980er Jahre zunehmend entpolitisiert und auf den harten
Kern junger Wiederholungstäter reduziert.[152] Dies erfolgte nicht zuletzt auch
aufgrund der Tatsache, dass die offiziellen Jugendkriminalitätsraten im Gegensatz zu den Zahlen für Erwachsene rückläufig waren[153] und andere Themen den
Diskurs dominieren sollten.

---

150 Vgl. *Bateman* 2010, S. 110 f.

151 Das *Conservative Party Manifesto* von 1983 kann online eingesehen werden unter
     http://www.conservativemanifesto.com/1983/1983-conservative-manifesto.shtml (zuletzt
     aufgerufen am 19.03.2014).

152 Vgl. *Smith* 2007, S. 4 f.

153 Vgl. *Bateman* 2010, S. 111.

Das Versprechen eines härteren Durchgreifens wurde in der Öffentlichkeit durch Verschärfungen im Erwachsenenstrafrecht sowie durch eine sichtbare Ausdehnung des Polizeiapparats eingelöst. Haftstrafen gegen Erwachsene haben im Laufe der 1980er Jahre stark zugenommen und Ausgaben für die Polizei stiegen von einer Milliarde Pfund im Jahr 1979 auf über 3,8 Milliarden im Jahr 1989.[154] Die Erwartungen an die Regierung wurden also auf Kosten erwachsener Straftäter erfüllt, begleitet von einer sichtbaren Erhöhung der Polizeipräsenz im öffentlichen Raum. Letzteres entsprach im Allgemeinen durchaus einer neoliberalen Politik, wie auch die Bereiche in denen die größten Einsparungen gemacht werden sollten (insbesondere durch das Zurückfahren der Sozialpolitik und durch Privatisierungen von Bahn, Telekommunikation, Fluggesellschaften, aber teilweise auch des Strafvollzugs), zeigen.

Die Entwicklungen in der Jugendkriminalpolitik in den 1980er Jahren beruhten also auf neuen Erkenntnissen aus der Wissenschaft, neuen Auffassungen professioneller Aufgaben, Zielsetzungen und Zuständigkeiten bei Sozialpraktikern und einer konservativen Regierung, die Aufgrund dringlicherer Herausforderungen nur wenig Interesse und Mühe für das Thema Jugendkriminalität aufbringen konnte. Wie bereits angesprochen setzte sich ein am Gerechtigkeitsgedanken angelehntes System der Minimalintervention durch. Aber welche rechtlichen und praktischen Faktoren bedingten den Rückgang in der Gesamtzahl gerichtlich verurteilter Kinder und Jugendlicher auf der einen Seite und den sinkenden Stellenwert des Freiheitsentzuges bei dieser Altersgruppe auf der anderen?

Der erste wichtige Faktor lag in Veränderungen polizeilicher Verwarnungsstrategien. Es bestand der Wille seitens der Polizei, die Rolle von Verwarnungen umzukehren, von einem Instrument, welches in den 1970er Jahren ein *net-widening* zur Folge hatte (siehe *Kapitel 2.2* oben), zu einem Mittel der tatsächlichen Diversion, das den Umfang an Kontakten, den ein Kind oder Jugendlicher mit dem Justizsystem hat, auf ein Minimum beschränkt. Um dies zu gewährleisten wurden im Laufe der 1980er Jahre in vielen Kommunen Kooperationsstrategien zwischen der Polizei und sogenannten „zwischenbehördliche Kooperationsgremien" (*multi-agency panels,* MAP) auf lokaler Ebene entwickelt.[155] Das Ziel dieser (gesetzlich nicht geregelten) Kooperation war eine Maximierung des lokalen Diversionspotentials und eine am Verhältnismäßigkeitsprinzip orientierte Strategie des geringstmöglichen Eingriffs. Ziel wurde die weitgehende Vermeidung formeller Strafverfolgung. Während die Implementation dieser MAPs durchaus geografischen Schwankungen unterlag, lag ihre Aufgabe generell darin, Formen alternativer außergerichtlicher (Non-)Interven-

---

154 Vgl. *Bateman* 2010, S. 104 f.

155 Zusammengesetzt waren diese MAPs meist aus Vertretern der Polizei, der sozialen Dienste, der Bildungs- und Gesundheitsbehörden, der Jugenddienste und der Bewährungshilfe, siehe *Smith* 2007, S. 7.

tion zu entwickeln und mit der Polizei unter Berücksichtigung der Umstände und Hintergrundinformationen über den Täter in einer Weise zu reagieren, die das Rückfallrisiko senkt und es jungen Menschen erleichtert, zu verantwortungs-vollen Erwachsenen heranzuwachsen.[156]

Ein häufig zitiertes Beispiel sind die sogenannten „Jugendkontaktbüros" (*juvenile liaison bureaux*, JLB), die ab 1981 in Northamptonshire operierten. Im Rahmen der Kooperation zwischen JLBs und der Polizei wurde eine Art außergerichtliches Sanktionssystem entwickelt, welches im Vergleich zum früheren Verwarnungssystem ein breiteres Tatschwerespektrum abdecken konnte. Für die geringfügigste Delinquenz waren „interventionsfreie Verfahrenseinstellungen" (*no further action*) und „informelle Verwarnungen" (*informal warnings*) vorgesehen, welche keinerlei strafregisterrechtlichen Folgen hatten. War ein Täter zuvor bereits polizeilich auffällig geworden oder erforderte die Tatschwere eine formelle Intervention, konnte gegen ihn eine formelle Verwarnung (*formal caution*) ausgesprochen werden. Für Fälle, die an der Schwelle zur weiteren Strafverfolgung standen, oder in denen bereits zuvor Verwarnungen ausgesprochen worden waren, wurde ein sogenanntes *caution plus* eingeführt.[157] Im Rahmen des *caution plus* wurde eine polizeiliche Verwarnung mit der freiwilligen Teilnahme an Unterstützungs- und Interventionsprogrammen verbunden, welche sich mit dem straffälligen Verhalten auseinandersetzten, um eine resozialisierende Wirkung zu erzeugen (praktisch eine letzte Verwarnung verbunden mit im Einverständnis des Jugendlichen übernommenen Verpflichtungen).[158]

Die Strategie extensiver Polizeidiversion bekam Unterstützung von der Regierung,[159] insbesondere aufgrund der niedrigen Rückfallraten, die mit polizeilichen Verwarnungen verbunden waren und die ein sowohl kurz- als auch langfristiges Einsparpotential versprachen.[160] So wurden im Jahr 1985 polizeiliche Praxisrichtlinien vom Innenministerium herausgegeben[161] welche vorschrieben, dass ein Kind oder Jugendlicher nicht einer formellen Strafverfolgung ausgesetzt

---

156 Vgl. *Smith* 2007, S. 6 f.

157 Vgl. *Evans* 2008, S. 47.

158 Bis 1987 hatte mehr als die Hälfte der 42 Polizeibezirke in England und Wales *caution plus* oder eine vergleichbare Initiative gegründet, vgl. *Evans* 2008, S. 47.

159 *Cavadino/Dignan* 2007, S. 318; *Dignan* 2011, S. 359.

160 Forschungen des Innenministeriums hatten ergeben, dass nur 15% der im Jahre 1985 verwarnten unter 17-Jährigen in einem Zweijahreszeitraum erneut straffällig wurden, vgl. *Home Office* 1992, zitiert in *Bateman* 2010, S. 129. Hinsichtlich der Effektivität der JLBs weist *Smith* auf eine Studie von *Bell/Hodgson/Pragnell* 1999 hin, in welcher ermittelt wurde, dass 30% der Kinder und Jugendlichen, die in Kontakt mit dem JLB gekommen waren, in einem Zweijahreszeitraum erneut straffällig wurden, siehe *Smith* 2007, S. 6 ff.

161 *Home Office Circular 14/85*, siehe *Home Office* 1985.

werden sollte, bevor abgewogen wurde, ob das öffentliche Interesse (sowie das Interesse des Kindes oder Jugendlichen selbst) nicht mit einer außergerichtlichen Reaktion besser bedient würde.[162] Weiterhin sprach sich die Praxisrichtlinie für den vermehrten Gebrauch informeller Verwarnungen und Verfahrenseinstellungen aus, mit dem Hinweis, dass nicht jedes Kind, das auf das Polizeirevier gebracht wird, auch einer formellen Intervention bedürfe.[163]

Eine zweite wichtige Rolle spielten aber Veränderungen in der Gesetzeslage, welche die Anwendbarkeit von Freiheitsstrafen stark eingrenzten und zugleich alternative Interventionsformen stärkten. Diese waren zudem nötig, da die nach dem CJA 1982 verbliebenen Formen des Freiheitsentzuges rein punitiv ausgerichtet waren ohne jegliche erzieherische Ausrichtung des Vollzugs. Es war daher wichtig, dass der Freiheitsentzug in der Praxis als *ultima ratio* betrachtet würde.

Section 1 (4) CJA 1982 hat gesetzliche Kriterien festgelegt, die bestimmten, dass ein Gericht nur dann eine Freiheitsstrafe gegen unter 21-Jährige verhängen durfte, wenn es zum Schutze der Öffentlichkeit notwendig war, die begangene Straftat so schwer war, dass eine ambulante Sanktion nicht zu rechtfertigen wäre oder der Angeklagte nach Ansicht des Gerichts nicht bereit oder nicht in der Lage war, eine ambulante Sanktion erfolgreich abzuschließen.[164] Diese Kriterien wurden durch Section 123 des „Strafjustizgesetzes" von 1988 (*Criminal Justice Act 1988*, CJA 1988) präzisiert, um noch vorhandene Auslegungsspielräume einzugrenzen.[165]

Diese restriktiven Voraussetzungen zur Verhängung von Freiheitsentzug wurden durch die in Section 2 CJA 1982 enthaltene Vorschrift, dass Jugendgerichte, bevor sie eine Verurteilung zu Freiheitsentzug aussprechen konnten, ei-

---

162 Vgl. *Pickford* 2008a, S. 103. Diese Regelung gilt noch bis heute, siehe *Kapitel 3.3.1* unten.

163 Vgl. *Smith* 2007, S. 6 ff.

164 Anzumerken ist, dass diese Rechtsvorschrift die Verhängung einer freiheitsentziehenden Sanktion aus Gründen der Sicherung der Wohlfahrt eines Kindes *nicht mehr* rechtfertigt. Der Wohlfahrtsgedanke war als Kriterium der Strafzumessung also nicht mehr maßgeblich, sondern lediglich hinsichtlich der Vollzugs- oder Interventionsgestaltung.

165 Vgl. *Pickford* 2008b, S. 103 f. Hinsichtlich des Schutzes der Öffentlichkeit waren Haftstrafen nach den Reformen von 1988 nur dann zulässig, wenn kein anderes Mittel diesen Schutz gewährleisten konnte. Zum einen setzte dies die Messlatte der erforderlichen Öffentlichkeitsgefährdung sehr hoch, während es zum anderen verhindern sollte, dass Haft im Namen des öffentlichen Interesses zur Individual- und Generalabschreckung verhängt wird. Hinsichtlich der Zulässigkeit von Haft in den Fällen, in denen der Angeklagte nach Ansicht des Gerichts nicht bereit oder nicht in der Lage war, eine ambulante Sanktion erfolgreich durchzustehen, wurde der CJA 1982 dahingehend umformuliert, dass eine derartige Prognose des Gerichts nicht ausreichte, sondern vielmehr als Voraussetzung festgelegt wurde, dass ambulante Sanktionen in der Vergangenheit tatsächlich bereits gescheitert sein mussten.

nen Gerichtshilfebericht (damals *social inquiry reports* genannt) anfordern mussten, gestärkt. Gerichtshilfeberichte mussten von einem Bewährungshelfer oder einem Sozialarbeiter der lokalen Kommunalbehörden erstellt werden und unter Berücksichtigung der gesellschaftlichen, gesundheitlichen sowie persönlichen Umstände des Angeklagten die Angemessenheit ambulanter Haftalternativen untersuchen und gegebenenfalls dem Gericht empfehlen. Wurde eine derartige Empfehlung gemacht, wurde es für das Gericht schwer, eine freiheitsentziehende Sanktion zu verhängen, da es durch Section 2 (4) und (5) CJA 1982 der gesetzlichen Verpflichtung unterstand, das Absehen von einer alternativen Sanktion in öffentlicher Sitzung zu begründen. In der Praxis hat dies durchaus Auswirkungen auf die Strafzumessungspraxis der Gerichte gehabt, da die für die Verfassung der Berichte zuständigen Personen gerade jene Praktiker waren, die justizielle Interventionen in jedem Falle auf ein Minimum beschränken wollten.[166]

Um sicherzustellen, dass den Jugendgerichten eine „angemessene Alternative"[167] auch zur Verfügung steht, wurden die ambulanten Alternativen zum Freiheitsentzug in den 1980er Jahren ausgeweitet.[168] Neben einer Ausdehnung des persönlichen Anwendungsbereichs von *community service*,[169] indem 16-Jährige mit einbezogen wurden, wurde vor allem die ambulante Aufsicht (Supervision) in Freiheit gestärkt und durch neue Auflage- und Kontrollmöglichkeiten ergänzt, um ein breiteres Tatschwerespektrum abzudecken.[170]

Zum einen wurde der Stellenwert von IT-Programmen als zusätzliche Auflage einer *supervision order* bekräftigt. Zwischen 1983 und 1987 wurden insgesamt 15 Millionen Pfund für die Gründung neuer IT-Programme bereitgestellt.[171] Es wurden insgesamt 110 lokale IT-Projekte mit insgesamt 3.389 Plätzen gegründet. Im Rahmen dieser Projekte wurde eine ganze Bandbreite programmatischer Interventionen entwickelt, welche Täter mit den Folgen ihres Verhaltens konfrontieren und auf ihre Einstellungen und Wahrnehmungen einwirken sollten (sogenannte *cognitive behavioural programmes*), während zugleich ein hoher Grad an Kontrolle und Überwachung auferlegt wurde.[172]

---

166 Die Kombination der Haftkriterien mit dem Erfordernis eines Gerichtshilfeberichts hatte auch einen Anstieg in der Zahl und der Erfolgsrate von Berufungen gegen Haftstrafen zur Folge. Zwischen 1982 und 1989 wurde eine Haftstrafe bei 40 bis 50% aller Berufungen entweder verkürzt oder durch eine alternative Sanktion ersetzt, siehe *Bateman* 2010, S. 119.

167 Sections 1 und 2 CJA 1982.

168 Vgl. *Cavadino/Dignan* 2007, S. 318.

169 Schedule 16 CJA 1982.

170 Vgl. *Smith* 2007, S. 9.

171 Vgl. *Pitts* 2003, S. 82; *Monaghan* 2008c, S. 343 ff.

172 Vgl. *Cavadino/Dignan* 2002, S. 295; *Smith* 2008, S. 73 f.

Zum anderen führte Section 20 CJA 1982 eine zusätzliche Form der Supervision ein, die es dem Gericht ermöglichte, bestimmte Auflagen und Verbote (sogenannte *specified activity requirements*, SAR) mit einer *supervision order* zu verbinden. SAR war für Kinder und Jugendliche vorgesehen, die an der Schwelle zum Freiheitsentzug standen.[173] So konnte zusätzlich zu Meldepflichten und Ausgangssperren die Teilnahme an den oben im Zusammenhang mit IT erwähnten *cognitive-behavioural programmes* gefordert werden. *Supervision orders* mit SAR waren für die Gerichte durchaus eine attraktive Alternative zum Freiheitsentzug, nicht zuletzt weil sie die Zusammensetzung der genauen Inhalte der Sanktion selbst bestimmen konnten.[174]

Folglich standen den Gerichten neben dem Absehen von Strafe, Geldstrafen, gemeinnütziger Arbeit, *probation orders* und *attendance centre orders* nun drei Stufen der Aufsicht (Supervision) zur Verfügung – *supervision order, supervision order* mit IT, und *supervision order* mit SAR. Dieses Dreigespann wurde gemäß Schedule 10 CJA 1988 durch die Einführung von „*supervision orders with specified activity requirement as a direct alternative to custody*" zu einem Quartett erweitert. Diese Form der Supervision sollte nur dann Anwendung finden, wenn die Kriterien zur Verhängung von Freiheitsentzug erfüllt waren und das Gericht explizit zum Ausdruck brachte, dass die Sanktion direkt anstelle des Freiheitsentzugs auferlegt wurde.[175] Dadurch sollte den Gerichten verdeutlicht werden, dass diese neue Form des SAR eine zuverlässige aber „robuste" Alternative ist, die von ihrer Eingriffsintensität und dem Grad ausgeübter Kontrolle mit kurzen Haftstrafen gleichzusetzen ist.[176]

Die Folge dieser Reformen war zunächst ein erheblicher Anstieg der Diversionsrate (siehe oben). Letztlich führte dies dazu, dass eine deutlich geringere Anzahl von Kindern und Jugendlichen vor Gericht erschienen – ein Rückgang, der zusätzlich von einem sinkenden registrierten Jugendkriminalitätsaufkommen und rückläufigen Bevölkerungszahlen gestärkt wurde.[177] Die Zahl der verurteilten Kinder und Jugendlichen sank von 89.900 im Jahr 1980 auf 24.600 im Jahr

---

173 Vgl. *Goldson* 2006, S. 388.

174 Vgl. *Bateman* 2010, S. 123.

175 Vgl. *Monaghan* 2008c, S. 343 ff.

176 Vgl. *Smith* 2007, S. 4 ff.; *Monaghan* 2008c, S. 343 ff.

177 Von 1980 bis 1990 sank der Anteil der Jugendkriminalität am Gesamtkriminalitätsaufkommen von 32% auf 20%, vgl. *Smith* 2007, S. 11. Der Anteil 10- bis einschließlich 16-Jähriger an der Gesamtbevölkerung sank im selben Zeitraum um 27%, von 11,3% im Jahr 1980 auf 8,3% zehn Jahre später, bei einem Rückgang in den absoluten Zahlen von 5.550.000 auf 4.231.000 Personen, vgl. geschätzte Bevölkerungsdaten des *Office for National Statistics*.

1990, ein Rückgang von über 72%.[178] Die Zahl der Tatverdächtigen pro 100.000 der gleichaltrigen Gesamtbevölkerung sank um 16%.[179]

Nach diesem starken Rückgang wäre es durchaus vorstellbar gewesen, dass in der Folge der Anteil der freiheitsentziehenden Sanktionen an allen Verurteilungen *zunehmen* oder zumindest stagnieren würde, da die minderschweren Fälle durch polizeiliche Verwarnungsstrategien bereits herausgefiltert werden sollten und die Arbeit der Gerichte sich auf schwerere Delinquenz und ältere, erfahrenere Delinquente konzentrieren würde.[180] Zudem hatte Section 5 CJA 1982 die Mindestdauer einer *detention centre order* auf 21 Tage gesenkt, so dass zudem eine Zunahme kurzer Haftstrafen zu befürchten gewesen war.

Jedoch stand die erweiterte Diversionspraxis in direkter Korrelation zu *rückläufigen* Verurteilungen zu Freiheitsentzug.[181] Während im Jahr 1978 über 13% aller Verurteilungen auf eine Freiheitsstrafe lauteten, betrug dieser Anteil im Jahr 1990 nur noch 6,1%.[182] *Bateman* führt an, dass die immer geringer werdende Zahl von Kindern und Jugendlichen, die vor Gericht erschienen, den Eindruck vermittelt hat, dass die Jugendkriminalität als solche ein rückläufiges Problem war im Vergleich zu vorher.[183] Dies wiederum hat seiner Ansicht nach ein Klima zunehmender Toleranz bewirkt und zudem das Vertrauen in alternative Interventionsmöglichkeiten gestärkt.

Zudem war die unterste gerichtliche Sanktionsstufe (sogenannte *first tier disposals*) durch die Diversion leichter Straftaten „frei geworden". Der Sanktionskatalog wurde durch die Ausweitung außergerichtlicher Interventionsformen erweitert.[184] Um Kontinuität in einem an dem Verhältnismäßigkeitsprinzip orientierten Interventionssystem zu gewährleisten, ist diese Lücke mit Verurteilten „gefüllt" worden, die zuvor eine gemeindeorientierte, ambulante Sanktion (*community sanction*) erhalten hatten, wodurch wiederum ein legitimer Raum geschaffen wurde, die eingriffsintensiveren Formen der Aufsicht tatsächlich als Alternativen zur Haft zu betrachten. So wurden viele Täter praktisch eine Sanktionsebene zurückgestuft, so dass der Freiheitsentzug in der Praxis tatsächlich *ultima ratio* wurde.[185]

---

178 Vgl. *Bateman* 2010, S. 95 f.

179 Vgl. *Smith* 2007, S. 11.

180 Vgl. *Haines/Drakeford* 1998, S. 60, zitiert in *Smith* 2007, S. 14.

181 Vgl. *Smith* 2007, S. 7.

182 *Home Office* 1984, 1989 und 1993, zitiert in *Bateman* 2010, S. 121.

183 Vgl. *Bateman* 2010, S. 126.

184 Vgl. *Smith* 2007, S. 7.

185 „*At each key decision point, changes in policy and practice appear to have combined to reshape the treatment of young people and their offending behaviour in a dramatic and perhaps unexpected manner: (1) fewer young people were the subject of formal inter-*

Tabelle 1 zeigt die Anteile bestimmter Sanktionsformen an allen Sanktionen für die Jahre 1978 und 1990. Aus den Daten geht hervor, dass eine starke Verschiebung in Richtung leichterer Interventionsformen stattgefunden hat. Geldstrafen wurden insbesondere durch verschiedene Formen des Absehens von Strafe verdrängt[186] und der Rückgang des Freiheitsentzugs erfolgte parallel zu einer Zunahme des Gebrauchs von *community sanctions* (*attendance centre orders, supervision orders*).

Tab. 1: **Anteile bestimmter Sanktionsformen an allen gegen 10- bis einschließlich 16-Jährige für die Begehung von *indictable offences* * verhängten Sanktionen in den Jahren 1978 und 1990, in Prozent**

	1978	**1990**
Absehen von Strafe	23,9	35,4
Geldstrafe	35,8	17,1
Attendance centre order	10,4	15,0
Supervision order	16,1	17,1
Freiheitsentzug	13,3	6,1
Sanktionen gesamt (abs.)	95.700	24.600

*   Sogenannte *indictable offences* sind solche Straftaten, die im Falle Erwachsener vor dem *Crown Court* verhandelt und sanktioniert werden. Sie sind als Synonym für schwerere Rechtsbrüche zu verstehen. Die verschiedenen Deliktskategorien werden im Rahmen der Untersuchung des sachlichen Anwendungsbereichs des Jugendstrafrechts in *Kapitel 3.1.3.2* unten genauer differenziert.
Quelle: *Bateman* 2010, S. 121.

Die Tatsache, dass die Zunahme in den *community sanctions* größer war als die Abnahme im Anteil der freiheitsentziehenden Sanktionen, könnte einerseits andeuten, dass manche Kinder und Jugendliche doch härteren Interventionen ausgesetzt wurden als vorher. Jedoch kann diese Entwicklung ebenso gut damit erklärt werden, dass sich die Arbeit der Gerichte aufgrund der Diversionspraxis tatsächlich mehr auf schwerere Delinquenz konzentriert hat und ohne die

---

ventions by the police; (2) a much greater proportion of those processed were being cautioned; (3) substantially fewer numbers were being prosecuted; (4) relatively more community-based court disposals were being administered; (5) and so, fewer young people, numerically and proportionally, were being incarcerated." Smith 2007, S. 14.

186   Vgl. *Bateman* 2010, S. 121.

verfügbaren Alternativen zum Freiheitsentzug der Anteil letzterer eher gestiegen oder zumindest gleichgeblieben wäre.[187] Section 6 CJA 1982 hat die „Jugendstrafe" (*youth custody order*) als neue Form des Freiheitsentzugs eingeführt. Zeitgleich wurde durch Section 1 (3) CJA 1982 die zeitlich unbestimmte Unterbringung in *borstals* abgeschafft.[188] Die durch Jugendgerichte verhängbare Maximalstrafe betrug dadurch ein Jahr,[189] eine signifikante Reduktion im Vergleich zu den zuvor verfügbaren drei Jahren *borstal*. Die Kombination dieser Reformen hat durchaus Auswirkungen auf die Strafzumessungskompetenzen des Jugendgerichts gehabt. Die einzige Möglichkeit, eine über 12 Monate hinausgehende Haftstrafe gegen Kinder und Jugendliche zu verhängen, war ein Transfer an den *Crown Court* für die Verhängung einer „langen Freiheitsstrafe" (*long-term detention*, LTD) in Fällen von „schweren Verbrechen" (*grave crimes*).[190] Die Mindestdauer von LTD betrug 24 Monate, so dass im Bereich von 12 bis 24 Monaten eine Art „Niemandsland der Strafzumessung" entstand.[191] Relevantes *case law* gab vor, dass in solchen Fällen zugunsten des Täters zu entscheiden und eher abzurunden als aufzurunden sei. Zwar stieg aufgrund der Abschaffung der *borstal*-Strafe die Zahl der Verurteilungen zu LTD an.[192] Jedoch fielen Haftstrafen, ob *detention centre order*,

---

187 Vgl. *Smith* 2007, S. 10 f. Der Aufsicht mit *intermediate treatment* kann durchaus eine haftvermeidende Wirkung zugesprochen werden. Im Jahr 1986 lag der Anteil freiheitsentziehender Sanktionen im ganzen Land bei 11,4% – in Gemeinden mit IT-Projekten jedoch nur bei 7,6%. *Bateman* zitiert eine Studie welche ergab, dass in Manchester und Umgebung zwischen 1984 und 1988 der Anteil freiheitsentziehender Sanktionen in IT-Gebieten um 63% gesunken ist, in den anderen Gebieten jedoch nur um 45%. In der Region *West Midlands* lagen die Rückgänge bei 58% und 21%, vgl. *Bateman* 2010, S. 130.

188 Siehe hierzu auch *Herz* 2002, S. 84.

189 Section 7 CJA 1982.

190 Ursprünglich geregelt in Section 52 (2) CYPA 1933, können Kinder und Jugendliche, wenn sie eine Straftat begehen, für die das Gesetz bei Erwachsenen eine Maximalstrafe von 14 Jahren Haft oder mehr vorsieht, zur Strafzumessung an den *Crown Court* verwiesen werden, wo sie zu *long-term detention* verurteilt werden können. *Grave crimes*-Transfers sind inzwischen in Sections 90 und 91 des „Gesetzes über die Strafzumessungsbefugnisse der Strafgerichte" von 2000 (*Powers of Criminal Courts (Sentencing) Act 2000*, PCC(S)A 2000) geregelt, und werden unter *Kapitel 3.4.2.2* sowie *Kapitel 3.6.2.6.2* unten genauer betrachtet.

191 *Bateman* 2010, S. 108.

192 Im Jahr 1970 gab es insgesamt sechs solcher Transfers, 1980 waren es bereits 65, und nach Abschaffung von *borstals* waren es im Jahr 1988 bereits 177 Verurteilungen zu LTD, siehe *Bateman* 2010, S. 107; *Graham/Moore* 2006, S. 88. LTD wurde folglich zum öffentlichen Aushängeschild der Härte, mit der die konservative Regierung gegen junge Täter vorgehe, spielte jedoch eine eher untergeordnete Rolle in der Sanktionspraxis insgesamt.

youth custody order oder LTD, im Durchschnitt kürzer aus als zuvor, was eine kontinuierliche Reduktion der Haftpopulation zur Folge hatte.

Die jugendkriminalpolitischen Entwicklungen der 1980er Jahre hatten einen Paradigmawandel bedingt, weg von täterorientierter Intervention zu einer auf Rechtsstaatlichkeit und Tatproportionalität ausgelegten Strategie, auf die Delinquenz von Kindern und Jugendlichen zu reagieren. Die Distanzierung vom Wohlfahrtsgedanken und die Notwendigkeit, Fürsorge- und Strafverfahren klar voneinander zu differenzieren, wurden durch das „Kindergesetz" von 1989 (*Children Act 1989*, CA 1989) besonders deutlich, welches die Zuständigkeit für Fürsorgeverfahren an neu gegründete „Familiengerichte" (*Family Proceedings Courts*) übertragen hat.[193]

Durch das „Strafjustizgesetz" von 1991 (*Criminal Justice Act 1991*, CJA 1991) wurde die obere Altersgrenze des Zuständigkeitsbereichs des Jugendgerichts auf 17 Jahre angehoben,[194] der *juvenile court* wurde in *youth court* umbenannt[195] und durch die Einführung von geschlossenen Alternativen zur Untersuchungshaft in Gefängnissen (*court-ordered secure remands*, COSR, siehe *Kapitel 3.5.2* unten) wurde das Prinzip der Haftvermeidung auf den Bereich der Verfahrenssicherung ausgeweitet.[196]

Section 1 (2) (a) CJA 1991 hat das Verhältnismäßigkeitsprinzip gesetzlich verankert, indem es vorschrieb, dass die Dauer einer Freiheitsstrafe im Verhältnis zur Schwere der begangenen Straftat stehen muss,[197] wodurch junge Täter vor disproportionalen Strafen aus Wohlfahrtsgründen geschützt werden sollten.[198] Auch durfte nach Section 1 (2) (b) CJA 1991 im Rahmen der Strafzumessung der Schutz der Öffentlichkeit nur bei Gewalt- oder Sexualdelikten eine Rolle spielen.[199] Ein deutliches Indiz für die herausragende Bedeutung des Ver-

---

193 Vgl. *Piper* 2008, S. 53.

194 Section 68 CJA 1991. Diese Anhebung kann darauf zurückgeführt werden, dass man so besser im Einklang mit der im selben Jahr ratifizierten *UN-Kinderrechtskonvention* sein wollte, so *Bateman* 2010, S. 167 f. Der Artikel 1 der Konvention besagt, dass ein Kind jeder Mensch ist, „*der das achtzehnte Lebensjahr noch nicht erreicht hat, soweit die Volljährigkeit nach dem auf das Kind anzuwendenden Recht nicht früher eintritt.*" *Vereinte Nationen* 1989, Artikel 1.

195 Section 70 CJA 1991.

196 Section 60 CJA 1991.

197 „*The custodial sentence shall be for such term (not exceeding the permitted maximum) as in the opinion of the court is commensurate with the seriousness of the offence.*" Section 1 (2) (a) CJA 1991.

198 Der CJA 1991 hat in diesem Zusammenhang die täterbezogenen *Social Inquiry Reports* durch tatbezogene *pre-sentence reports* ersetzt, vgl. *Smith* 2007, S. 23.

199 „*The custodial sentence shall be, where the offence is a violent or sexual offence, for such longer term (not exceeding the permitted maximum) as in the opinion of the court*

hältnismäßigkeitsprinzips lag in Section 29 (1) CJA 1991, welcher vorschrieb, dass vorangegangene Verurteilungen im Rahmen der Strafzumessung nicht mehr berücksichtigt werden dürfen.[200]

Das CJA 1991 stellte in den Augen einiger Betrachter den Höhepunkt des Gerechtigkeitsmodells dar.[201] Der Einfluss von Wohlfahrtsgedanken war deutlich beschnitten worden, indem Interventionen und ihre Eingriffsintensität nach dem Erfordernis tatproportionaler, an Prinzipien der Rechtsstaatlichkeit orientierter staatlicher Reaktionen und dem Ziel der Minimalintervention bestimmt werden sollten. Nach Ansicht von *Moore* war es in den frühen 1990er Jahre durchaus denkbar, dass die Inhaftierung von Kindern und Jugendlichen bis zur Jahrtausendwende gänzlich abgeschafft werden könnte.[202] Jedoch gingen die Entwicklungen in den 1990er Jahren in die entgegengesetzte Richtung; eine Kehrtwende, die in der Literatur als der *„punitive turn"* bezeichnet wird.[203]

2.4 Die neue Bestrafungslust – der *„punitive turn"* in der englischen Jugendkriminalpolitik

Die Zahl der 10- bis einschließlich 17-Jährigen, die zu Freiheitsentzug verurteilt wurden, stieg von 1994 bis 1999 von 4.719 auf 7.653, eine Zunahme von 62,1%.[204] Unter Berücksichtigung der Zunahme der Gesamtbevölkerung dieser Altersgruppe ergibt sich ein Anstieg in der Zahl der Verurteilungen zu Haft pro 100.000 der gleichaltrigen Gesamtbevölkerung um 51,9%. Parallel dazu sank die Verwarnungsrate von 72% im Jahr 1993 auf 56% im Jahr 2000.[205]

Eine Betrachtung der Entwicklung der registrierten Jugendkriminalität ergibt, dass diese die Zunahme im Gebrauch freiheitsentziehender Sanktionen nicht erklären kann, da die Entwicklungen gegenläufig waren. Von 1987 bis 1993 hat die Zahl der registrierten tatverdächtigen Kinder und Jugendlichen pro 100.000 der Gesamtbevölkerung um 15,4% abgenommen.[206] Von 1986 bis 1996 war die Tatverdächtigenbelastungsziffer der 10- bis einschließlich 13-jäh-

---

is necessary to protect the public from serious harm from the offender."* Section 1 (2) (b) CJA 1991.

200 *„An offence shall not be regarded as more serious for the purposes of any provision of this Part by reason of any previous convictions of the offender or any failure of his to respond to previous sentences."* Section 29 (1) CJA 1991.

201 Vgl. *Pickford* 2008b, S. 104; *Smith* 2007, S. 23.

202 Vgl. *Moore* 2000, S. 116.

203 Vgl. *Smith* 2007, S. 24. Siehe ausführlich auch *Muncie* 2008a.

204 Vgl. *Morgan/Newburn* 2007, S. 1.045.

205 Vgl. *Bateman* 2010, S. 189.

206 Vgl. *Bateman* 2010, S. 140.

rigen Jungen um 46%, bei den 14- bis einschließlich 17-jährigen Jungen um 14% zurückgegangen.[207] Auch ist keine Intensivierung der durchschnittlichen Tatschwere festzustellen gewesen. Es müssen also andere Faktoren für die Veränderungen in der Sanktionspraxis ursächlich gewesen sein.

Die Abwendung von der Strategie der 1980er Jahre war weniger auf Veränderungen in der Quantität oder Qualität des Jugendkriminalitätsaufkommens zu sehen, als in der Entstehung großer öffentlicher Sorge hinsichtlich einer wahrgenommenen und massenmedial propagierten Zunahme der Straffälligkeit von Kindern und Jugendlichen.[208] In den frühen 1990er Jahren erlangte die Jugendkriminalität einen hohen Stellenwert in den Medien. Extensive Berichterstattung über schwere Ausschreitungen Jugendlicher in Oxford, Burnley und Cardiff,[209] vermehrte Berichte über sogenanntes *joyriding* („Vergnügungsfahrten" mit zuvor gestohlenen Kraftfahrzeugen) und Kfz-Kriminalität[210] sowie über Kinder und Jugendliche, die während einer vorläufigen Freilassung gegen Kaution (*release on bail* als Form der Untersuchungshaftverschonung, siehe *Kapitel 3.2.3.1.2* sowie *Kapitel 3.5.1* unten) erneut straffällig wurden,[211] erzeugten eine Vorstellung in der Öffentlichkeit darüber, dass die Kriminalität junger Menschen außer Kontrolle gerate. Insbesondere die sensationsgierige Mediendarstellung junger Mehrfachtäter (*persistent young offenders*), gegen die das Gesetz und die Justiz machtlos seien, förderte die Entstehung einer moralischen Panik in der Gesellschaft.[212]

Zudem machten die Medien die konservative Regierung mit ihrer liberalen, „weichen" Jugendkriminalpolitik der 1980er Jahre für diese wahrgenommene

---

207 Vgl. *Muncie* 1999, S. 15.

208 Vgl. *Bottoms/Dignan* 2004, S. 36 f.

209 Vgl. *Pitts* 2003, S. 86; *Scraton* 2008, S. 234; *Morgan/Newburn* 2007, S. 1.029 f. Ausschreitungen Jugendlicher waren kein neues Phänomen – bereits in den 1980er Jahren hatte es Vorfälle in Städten wie Toxteth und Brixton gegeben. Der Unterschied zu den Ausbrüchen der 1980er lag jedoch darin, dass die involvierten Jugendlichen vorwiegend weiß waren, was darauf hindeutete, dass sie „*weniger politisch als kriminell und böswillig motiviert*" zu sein schienen, siehe *Smith* 2007, S. 24.

210 Vgl. *Smith* 2007, S. 24; *Goldson* 2006, S. 391; *Gelsthorpe/Morris* 2006, S. 240 f.

211 Vgl. *Smith* 2007, S. 24. In den Medien wurden sie als „*bail bandits*" bezeichnet.

212 Vgl. *Scraton* 2008, S. 234; *Smith* 2007, S. 24; *Morgan/Newburn* 2007, S. 1.029 f.; *Goldson* 2006, S. 391; *Gelsthorpe/Morris* 2006, S. 240 f.; *Graham/Moore* 2006, S. 65. So wurden manche Einzelfälle mehrfachauffälliger junger Straftäter in den Medien mit dramatischen Spitznamen versehen, wie „*one boy crime wave*", „*rat-boy*" oder „*spiderboy*", vgl. *Muncie* 1999, S. 27. *Rat-boy* (Rattenjunge) – ein Spitzname, welcher darauf zurückzuführen war, dass er sich in einem Lüftungsschacht vor der Polizei verstecken wollte – hatte mutmaßlich 55 Straftaten begangen und war aufgrund von Titelseitenberichten landesweit bekannt.

Explosion des Kriminalitätsaufkommens verantwortlich.[213] Zum Beispiel wurden die im CJA 1991 enthaltenen Einschränkungen, dass im Rahmen der Strafzumessung vorangegangene Verurteilungen nicht mehr berücksichtigt werden durften, der Regierung vorgehalten – es herrschte zunehmend die Auffassung, dass die Konservativen unfähig seien, der Jugendkriminalität effektiv entgegenzuwirken.[214] Die Konservativen, die ohnehin schon aufgrund steigender Arbeitslosigkeit, sinkender Löhne, des Abbaus sozialpolitischer Netzwerke, der Einführung der umstrittenen Kopfsteuer (*poll tax*) und parteiinternen Streitigkeiten in der Wählergunst strauchelten,[215] mussten strategisch umdenken, um in den nächsten Wahlen auf eine weitere Amtszeit hoffen zu dürfen.

In der Folge beschloss die Regierung unter *John Major*, der 1990 das Premierministeramt von *Thatcher* übernahm, die konservative Partei zurück an ihre Wurzeln als Verfechter von Recht und Ordnung (*law and order*) zu bringen. Meinungsumfragen hatten ergeben, dass drei von vier Befragten die Polizei- und Gerichtspraxis als zu nachsichtig empfanden und die Bevölkerung ein härteres Durchgreifen verlangte.[216] Um die Gunst der Wähler zu erlangen, gelangte die Regierung zur Ansicht, dass sie ihre Jugendkriminalpolitik stärker an den Bedürfnissen der Wählerschaft ausrichten müsse und weniger an den Bedürfnissen junger Täter an erziehungsorientierter Minimalintervention.[217]

Im Jahr 1992 wurde das „Gesetz über schwere Kraftfahrzeugsdiebstähle" (*Aggravated Vehicle-Taking Act 1992*) verabschiedet, welches als direkte Antwort auf die wahrgenommene Zunahme an Kfz-Kriminalität vorgesehen war und die entsprechend zulässigen Strafen verschärfte.[218] Das ein Jahr später verabschiedete „Strafjustizgesetz 1993" (*Criminal Justice Act 1993*, CJA 1993) erlaubte es den Gerichten wieder vorangegangene Verurteilungen im Rahmen der Strafzumessung zu berücksichtigen und *offending on bail* (die Begehung weiterer Straftaten während einer vorläufigen Untersuchungshaftverschonung) sollte als straferschwerender Faktor behandelt werden.[219] Diese beiden Gesetze werden in der Literatur als die ersten klaren Anzeichen für ein Umschwenken von

---

213 Vgl. *Pickford* 2008, S. 106; *Smith* 2007, S. 24 f.

214 Dies trotz der Tatsache, dass die Strategie der 1980er Jahre in der Tat effektiv gewesen ist, siehe *Bateman* 2010, S. 141.

215 Vgl. *Bateman* 2010, S. 140; *Goldson* 2006, S. 389 f. Meinungsumfragen in den frühen 1990er Jahren hatten darauf hingewiesen, dass seine Wiederwahl im Jahr 1992 gefährdet sei, vgl. *Goldson* 2006, S. 390.

216 Vgl. *Goldson* 2006, S. 391; *Pickford* 2008, S. 106.

217 Vgl. *Bateman* 2010, S. 141; *Goldson* 2006, S. 391.

218 Vgl. *Smith* 2007, S. 26 f.

219 Vgl. *Smith* 2007, S. 26; *Bateman* 2010, S. 141.

einer evidenzbasierten zu einer populistisch motivierten Jugendkriminalpolitik betrachtet.[220]

Die *Labour*-Partei, die seit beinahe 20 Jahren in der Opposition geblieben war, sah in der öffentlichen Politisierung der Jugendkriminalität die Gelegenheit, sich neu zu erfinden und aus der Rolle der strafrechtspflegenden, soziale und wirtschaftliche Gerechtigkeit propagierenden Partei auszubrechen, um in Hinblick auf die nächsten Wahlen im Jahr 1997 eine ansprechende Alternative darzustellen.[221] Die Strategie der „*New Labour*"-Partei war stark an jene der *New Democratic Party Bill Clintons* angelehnt, die ähnlich lange die Rolle der Daueropposition innehatte. *Bill Clinton* hatte der Partei neue Grundsätze verschafft und eine neue Wählerschaft ins Auge gefasst, die hauptsächlich an der Gewährleistung beruflicher Sicherheit und Stabilität sowie eines besseren Schutzes vor der Kriminalität interessiert war. Unmittelbar nach einem Besuch in den USA, in der Rolle des *shadow home secretary*,[222] verkündete *Tony Blair*, dass seine Partei „hart gegen Verbrechen, und hart gegen die Ursachen von Verbrechen" vorgehen werde (*tough on crime, tough on the causes of crime*).[223] Der Fokus lag nun endgültig darin, politisches Handeln nach dem Willen der Gesellschaft zu richten und der Anlauf zur Wahl im Jahre 1997 entpuppte sich als Kräftemessen zwischen den großen Parteien, wer das härtere Vorgehen gegen Kriminalität versprach.

Die Politisierung der Jugendkriminalität und der härtegeprägte politische Diskurs hatten zur Folge, dass das Thema medial immerzu präsent war, wodurch die Verunsicherung in der Gesellschaft nicht unbedingt gemildert wurde.[224] Im Gegenteil: Eine verstärkte Medienberichterstattung über Themen, die die Politik bewusst öffentlich ausbreitete und diskutierte, führte dazu, dass die Sorgen in der Bevölkerung bestätigt und verstärkt wurden.[225] Das wohl ausschlaggebendste Ereignis in dieser Spirale populistischer Punitivität war nach weitgehend übereinstimmender Meinung die Entführung und Ermordung des zweijährigen *James*

---

220 Vgl. *Pickford* 2008, S. 106.

221 Vgl. *Pitts* 2003, S. 87; *Goldson* 2006, S. 389 f.

222 Der *shadow home secretary* ist der oppositionelle Kandidat für den Posten des Innenministers.

223 Vgl. *Goldson* 2006, S. 396; *Bateman* 2010, S. 144.

224 Vgl. *Goldson* 2006, S. 391.

225 Vgl. *Bateman* 2010, S. 144. „*The punitive has a circular dynamic as statutory change, itself a response to perceived public opinion, comes to mould public perceptions of the scale of the problem to which legislation is the purported solution.*" *Bateman* 2010, S. 149.

Bulger durch zwei schulschwänzende Zehnjährige in Liverpool im Jahr 1993.[226] Der Fall wurde von seiner Entdeckung bis zur Verurteilung der beiden Täter vor dem *Crown Court* zu lebenslangen Freiheitsstrafen[227] von einem gigantischen Medieninteresse begleitet,[228] im Rahmen dessen auch CCTV-Aufnahmen veröffentlicht wurden, welche die Entführung zeigten.[229] Der Fall löste Entsetzen in der Gesellschaft aus, insbesondere aufgrund der Tatsache, dass seine Mörder selbst noch Kinder waren (für die in Deutschland und dem Großteil des restlichen Europas eine Strafverfolgung ausgeschlossen wäre), und dass sie angesichts der Tatsache, dass sie ihn händchenhaltend aus dem Einkaufszentrum weggeführt haben das Vertrauen eines hilflosen Kindes missbraucht und die Tat augenscheinlich mit Kalkül geplant hatten.

Als Reaktion auf die besorgte Öffentlichkeit kündigten die Konservativen weitere Verschärfungen des Jugendstrafrechts an. Im März des Jahres 1993 wurde die baldige Einführung neuer Formen des Freiheitsentzuges für junge Wiederholungstäter versprochen. Die verwendete Rhetorik untermalte die anscheinende Dringlichkeit dieser Maßnahmen:

> *„The courts should have the power to send **really** persistent, **nasty little juveniles** away to somewhere where they will be looked after better and where they will be educated."*[230]

Kurz darauf verkündete Innenminister *Michael Howard*, der Nachfolger *Kenneth Clarkes*, in durchaus polarisierender Manier, dass ...

> *„... Haft funktioniert. Sie stellt sicher, dass **wir** vor Mördern, Straßenräubern und Vergewaltigern geschützt sind und es lässt viele, die sich*

---

226 Vgl. *Graham/Moore* 2006, S. 66; *Pickford* 2008, S. 106; *Fionda* 2008, S. 111 f.; *Bateman* 2010, S. 140; *Herz* 2002, S. 85; *Pitts* 2003, S. 86; *Morgan/Newburn* 2007, S. 1.029 f.; *Muncie* 1999, S. 3.

227 Die Mindestverbüßungsdauer wurde auf acht Jahre festgelegt, und beide Täter wurden im Juni 2001 mit neuen Identitäten aus der Haft entlassen. Die Freilassung und der den Tätern durch ihre neuen Namen gewährte Schutz stießen auf große öffentliche Empörung und die Androhung von Selbstjustizhandlungen, vgl. *Goldson* 2008e, S. 41 f.; *Muncie/Hughes/McLaughlin* 2006, S. 19 f.

228 Am Tag nach dem Gerichtsurteil hat die *Daily Mail* allein insgesamt 24 Berichte über den *Bulger*-Fall abgedruckt, vgl. *Newburn* 1997, S. 648.

229 Vgl. *Muncie* 1999, S. 3.

230 Damaliger Innenminister *Kenneth Clarke*, zitiert in *Smith* 2007, S. 25 (eigene Hervorhebung). *Nasty little juveniles* heisst soviel wie „böse, widerwertige kleine Jugendliche."

*der Versuchung kriminellen Verhaltens gegenübersehen, zweimal über-
legen.* "[231]

Angesichts der breiten Masse an empirischer Forschung, die dem Freiheitsentzug bei Kindern und Jugendlichen nur wenig Positives abgewinnen kann und
des Fehlens empirisch belegter generalabschreckender Wirkungen von harter
Bestrafung,[232] wurde deutlich, dass die in den darauf folgenden Jahren verab-
schiedeten Reformen weniger an Ergebnissen empirischer Forschung als an politischen Prioritäten orientiert waren.[233] Interessanterweise wurde damit auch
recht ehrlich in der Öffentlichkeit umgegangen, als Premierminister *John Major*
sagte, dass die Zeit gekommen sei, *„etwas mehr zu verurteilen und etwas weniger zu verstehen.*"[234]

Die Gesetze und Reformen die folgten waren geprägt von der Auffassung,
dass junge Täter durch Strafe für ihr Verhalten zur Verantwortung gezogen werden müssen und der Stellenwert struktureller und sozialer Zusammenhänge in
der Verursachung delinquenten Verhaltens als die Verantwortlichkeit mildernde
Faktoren erheblich abgenommen hat.[235] Durch Sections 1 bis 15 des „Gesetzes
über die Strafjustiz und die Öffentliche Ordnung" von 1994 (*Criminal Justice
and Public Order Act 1994*, CJPOA 1994) wurde die im Vorjahr versprochene
secure training order (STO) eingeführt. Die STO war für 12- bis einschließlich
14-Jährige vorgesehen, die zuvor bereits drei Mal für die Begehung einer mit
Haft bedrohten Straftat (sogenannte *imprisonable offences*) verurteilt worden
waren und für die eine ambulante Alternative nach Ansicht des Gerichts nicht
ausreichend war, um die Öffentlichkeit zu schützen.[236] Section 17 CJPOA 1994
brachte eine Verdoppelung der durch das Jugendgericht maximal verhängbaren

---

231 Im Original: *„Prison works. It ensures that we are protected from murderers, muggers
and rapists – and it makes many who are tempted to commit crime think twice*". Zitiert in
Morgan/Newburn 2007, S. 1.030 (Übersetzung und Hervorhebung durch den Verfasser).

232 Vgl. z. B. *von Hirsch/Bottoms/Burney* 1999, zitiert in *Home Office* 2001a, S. 129 f.;
Helyar-Cardwell 2012.

233 Vgl. *Goldson* 2006, S. 391; *Pickford* 2008, S. 106.

234 *„It is time to condemn a little more and understand a little less*", zitiert in *Smith* 2007,
S. 25 (eigene Übersetzung).

235 Vgl. *Goldson* 2006, S. 392.

236 Die Strafe mit einer Maximaldauer von 24 Monaten sollte zunächst aus einer Haftphase
in einem *secure training centre* bestehen, wo besonderer Wert auf Erziehungs-, Bil-
dungs- und Trainingsmaßnahmen gelegt werden sollte, gefolgt von einer Phase der ambulanten Aufsicht und Kontrolle. Dabei sollten beide Phasen jeweils die Hälfte der
durch das Gericht verhängten Straflänge ausmachen. Die nur drei Jahre zuvor durch
Section 1 (2) (b) CJA 1991 eingeführte Einschränkung des Schutzes der Öffentlichkeit
als Kriterium im Rahmen der Strafzumessung wurde somit für die jüngsten Täter relativiert, vgl. *Newburn* 1997, S. 648.

Strafen von 12 auf 24 Monate, und Section 16 CJPOA 1994 bezog 10- bis einschließlich 13- Jährige in den Anwendungsbereich des „langen Freiheitsentzugs" (*long-term detention*, siehe *Kapitel 3.6.2.6.2* unten) ein.[237]

Kurz auf das CJPOA 1994 folgte eine Praxisrichtlinie des Innenministeriums (*Home Office Circular* 18/94), welches die Polizei anwies, weniger von Verwarnungen Gebrauch zu machen. Sie sollten nur dann wiederholt verwarnen, wenn das zweite Delikt lediglich bagatellhafter Natur war oder genug Zeit seit der ersten Verwarnung vergangen war, um behaupten zu können, sie habe eine positive Wirkung gehabt. Die Folge war ein kontinuierlicher Rückgang der Verwarnungsrate bis Ende der 1990er Jahre.[238] Eine weitere Innovation der konservativen Regierung Mitte der 1990er Jahre war der Import der aus den USA bekannten *boot camps*.[239] Diese militaristisch organisierten Anstalten waren eine Wiederbelebung der *short sharp shock*-Ideologie der 1980er Jahre. Das erste *boot camp* wurde im Juni 1996 in Cheshire eröffnet und bot Platz für 60 heranwachsende Straftäter.[240]

Diese Entwicklungen in der Jugendkriminalpolitik – die Politisierung der Jugendkriminalität als große Gefahr für die soziale Ordnung und die damit einhergehenden Verschärfungen des staatlichen Reaktionssystems – charakterisierten die jugendstrafrechtliche Landschaft bis zu den Wahlen im Jahr 1997, und noch darüber hinaus.[241]

2.5 Die Reformen der „*New Labour*" Partei – Hart gegen Verbrechen, hart gegen die Ursachen von Verbrechen

Im Jahr 1997 herrschte in England (wie in *Kapitel 2.4* hergeleitet) ein aufgeheiztes jugendkriminalpolitisches Klima. Das Thema Jugendkriminalität war im Rahmen von Parlamentswahlen und aufgrund einer bestärkten moralischen Panik in der Gesellschaft, die auf einer intensiven und sensationssüchtigen Medienberichterstattung basierte, zunehmend politisiert und popularisiert worden. Es folgte ein parteipolitischer Wettstreit darüber, wer das härtere Vorgehen gegen

---

237 Vgl. *Morgan/Newburn* 2007, S. 1.029 f.; *Fionda* 2008, S. 111 f.; *Graham/Moore* 2006, S. 66; *Gelsthorpe/Morris* 2006, S. 240 f.

238 Die Veränderung der Richtlinien zum Gebrauch von polizeilichen Verwarnungen hat Wirkung gezeigt. Während 1992 59% aller bekannten männlichen 15- bis einschließlich 17-jährigen Täter verwarnt wurden, traf dies im Jahre 1999 nur noch für 45% zu, vgl. *Cavadino/Dignan* 2002, S. 299.

239 Vgl. *Gelsthorpe/Morris* 2006, S. 240 f.; *Smith* 2007, S. 27 f.; vgl. hierzu auch *Gescher* 1998; *MacKenzie/Armstrong* 2004.

240 Die Praxis mit *boot camps* wurde inzwischen eingestellt.

241 Vgl. *Morgan/Newburn* 2007, S. 1.031.

die Straffälligkeit von Kindern und Jugendlichen verspricht.[242] Bereits in den frühen 1990er Jahren waren durch die Konservativen schon erste verschärfende gesetzliche Schritte eingeleitet worden. Diese Schärfungen des Jugendstrafrechts waren für die Konservativen jedoch nicht ausreichend, um bei der Parlamentswahl 1997 die Gunst der Wählerschaft zu gewinnen. Den Härtewettstreit konnte die *New Labour*-Partei unter *Tony Blair*, die versprochen hatte, „hart gegen Verbrechen, und hart gegen die Ursachen von Verbrechen" vorzugehen, für sich entscheiden:[243]

> *„On crime, we believe in personal responsibility and in punishing crime, but also tackling its underlying causes – so, tough on crime, tough on the causes of crime, different from the Labour approach of the past and the [conservative] policy of the present."*[244]

Nach Ansicht der *New Labour*-Partei herrschte in den 1980er Jahren im Umgang mit jungen Delinquenten eine „Kultur der Ausreden" (*excuse culture*), in welcher davon ausgegangen wurde, dass junge Menschen aus der Straffälligkeit herauswachsen und somit formelle Intervention unnötig oder gar kontraproduktiv sei.[245] Die Diversionsstrategie der 1980er Jahre sei jedoch nicht mehr zeitgemäß gewesen. Es sei vielmehr nötig, mit einer *zero tolerance* Strategie beim erstmöglichen Zeitpunkt zu intervenieren (Frühintervention), um die Entwicklung krimineller Karrieren zu verhindern (Prävention) und somit die Kriminalität „im Keim zu ersticken" und die Öffentlichkeit zu schützen.[246] Dabei müsse der Fokus einer jeden strafrechtlichen Intervention auch darauf abzielen, die Verantwortung des Täters für sein eigenes Verhalten zu bekräftigen („*responsibilisation*") – Verantwortung gegenüber der Gesellschaft, aber auch gegenüber sich selbst.[247] Kinder und Jugendliche seien durchaus in der Lage, zwischen Recht und Unrecht zu unterscheiden,[248] so dass man eine Verantwortungsübernahme von ihnen verlangen dürfe und müsse.

---

242 Vgl. *Goldson* 2008e, S. 42; *Graham* 2010, S. 112; *Cavadino/Dignan* 2007, S. 321; *Fionda* 2008a, S. 91 f.

243 Vgl. *Morgan/Newburn* 2007, S. 1.035.

244 Siehe das *Labour Party Manifesto* von 1997 (*Labour Party* 1997).

245 Siehe *Home Office* 1997, §§ 1.9 und 4.2.

246 Siehe *Home Office* 1997, § 5.15; Vgl. auch *Squires* 2008, S. 15 m. w. N. Siehe auch *Labour Party* 1997: „*We will tackle the unacceptable level of anti-social behaviour and crime on our streets. Our 'zero tolerance' approach will ensure that petty criminality among young offenders is seriously addressed.*"

247 Vgl. *Fionda* 2008b, S. 246 f.

248 Siehe die Einleitung zu *Home Office* 1997.

Nach ihrem Wahlsieg im Jahr 1997 veröffentlichte die Regierung das Konsultationspapier „*No More Excuses*", in welchem sie ihre jugendkriminalpolitische Strategie darlegte, die in vielen Aspekten die im *Labour Party Manifesto* gemachten Versprechen berücksichtigte.[249] Ein Jahr später wurden die Reformen im Rahmen des „Gesetzes über Kriminalität und Unordnung" (*Crime and Disorder Act 1998*, CDA 1998) sowie im „Gesetz über die Jugendjustiz und Beweise in Strafsachen" von 1999 (*Youth Justice and Criminal Evidence Act 1999*, YJCEA 1999) gesetzlich umgesetzt. Bis heute bilden sie die Grundlage für das englische Jugendstrafrecht (obgleich durch Reformen im Jahr 2012 leichte aber wichtige Veränderungen in Kraft getreten sind, siehe *Kapitel 2.6* und *Kapitel 3* unten).[250] Ergänzende Rechtsgrundlagen, in denen das Reformvorhaben über die darauffolgenden Jahre fortgesetzt wurde, waren zudem das „Gesetz über die Strafzumessungsbefugnisse der Strafgerichte" von 2000 (*Powers of Criminal Courts (Sentencing) Act 2000*, PCC(S)A 2000), das „Strafjustizgesetz" von 2003 (*Criminal Justice Act 2003*, CJA 2003) und das „Gesetz über die Strafjustiz und Einwanderung 2008" (*Criminal Justice and Immigration Act 2008*, CJIA 2008).

Im Rahmen dieser Reformen wurde das gesamte Jugendjustizsystem entlang gänzlich neuer Zielsetzungen umgestaltet mit dem Ergebnis einer Rationalisierung des Jugendstrafrechts. Bewirkt wurde dies durch eine Distanzierung von der „*welfare vs justice*"-Debatte in Richtung einer auf präventive Kriminalitätskontrolle, Risikomanagement, Frühintervention und Effektivität gestützten Strategie.[251] Intervention ist heute weniger an den Taten (*deeds*) oder Bedürfnissen (*needs*) junger Rechtsbrecher als vielmehr an der Senkung des zukünftigen Kriminalitätsrisikos durch risikoorientierte Sanktionierung und kosteneffizientes Arbeiten ausgerichtet. *Cavadino/Dignan* bezeichnen diesen Ansatz als „*Neo-Correctionalist Model*".[252] Andere Kommentatoren sprechen von sogenanntem „*Actuarialism*".[253] Wiederum andere bezeichnen das Resultat der *New Labour*-Reformen schlicht als „die neue Jugendkriminalpolitik."[254]

New Labour lehnte sich in ihren Reformvorhaben sehr stark an den Empfehlungen der sogenannten *Audit Commission* an (zu Deutsch „Prüfungsaus-

---

249 Siehe *Home Office* 1997; *Labour Party* 1997; kritisch hierzu *Dünkel* 1998; *Giller* 1998; *Giménez-Salinas* 1998; *Junger-Tas* 1998, jew. m. w. N.

250 Vgl. *Graham* 2008, S. 28; *Fionda* 2008b, S. 246 f.

251 Vgl. *Cavadino/Dignan* 2007, S. 319 ff.

252 Vgl. *Cavadino/Crow/Dignan* 1999, S. 54 ff.; *Cavadino/Dignan* 2006, S. 210 ff.; *Cavadino/Dignan* 2007, S. 319 ff. Siehe auch *Muncie/Goldson* 2006, S. 34 ff.

253 Vgl. beispielsweise *Smith* 2006, S. 92 ff.; *Kempf-Leonard/Peterson* 2006, S. 431 ff. Siehe auch *Loader/Sparks* 2007, S. 84 ff.; *McAra* 2010, S. 290 ff.; *Newburn* 2006, S. 458 f.; *Smith* 2008a, S. 6; *Hardy* 2007, S. 37 ff.

254 So *Goldson* 2000.

schuss").[255] Die *Audit Commission* ist ein unabhängiger Träger des öffentlichen Rechts, dessen Aufgabe darin besteht, die Wirtschaftlichkeit, Effizienz und Effektivität öffentlicher Ausgaben zu prüfen und gegebenenfalls Lösungsvorschläge zu liefern.[256] In ihrem 1996 veröffentlichten Abschlussbericht „*Misspent Youth*" (zu Deutsch „verschwendete Jugend") kritisierte die Kommission das damalige Jugendjustizsystem zutiefst, obgleich nicht mit ähnlich konfrontativer, punitiver Rhetorik. Insgesamt sei das Jugendstrafrecht ineffektiv, ineffizient, teuer, unstrukturiert und inkonsequent, und es mangele an einer integrierten und einheitlichen Strategie.[257] Es würde zu viel in Verwaltung und Bürokratie und zu wenig in tatsächliche Interventionsarbeit investiert.[258]

Die Priorität hätte zur damaligen Zeit darin gelegen, Kinder und Jugendliche durch zum Teil komplexe Prozesse vor der vollen Härte des Justizsystems zu bewahren, während sehr wenig unternommen worden sei, um ihr Verhalten durch tatsächliche Intervention zu verbessern. Frühe Einwirkung auf junge Rechtsbrecher würde das Risiko eines erneuten Straffälligwerdens in späteren Jahren deutlich senken. In der Folge empfahl die Kommission eine zukunftsorientierte Präventionsstrategie, die darauf abzielt, Kriminalität durch früh ansetzende Intervention effektiv und effizient zu verhindern.[259]

Das Programm zur Reform des Jugendjustizsystems unter *New Labour* kann in fünf Schlüsselbereiche unterteilt werden, die alle miteinander direkt in Verbindung stehen und charakteristisch sind für Jugendstrafrechtssysteme, die nach dem *Neo-Correctionalist Model* ausgerichtet sind:[260]

1. Die Festlegung der Prävention als oberstes Ziel des Jugendjustizsystems;
2. die Entwicklung eines strategischen Ansatzes des Jugendjustizmanagements, um eine einheitliche, effektive und kosteneffiziente Jugendjustizpraxis zu fördern;
3. strafrechtliche Intervention, die sich an dem Kriminalitätsrisiko, das ein Straftäter darstellt, orientiert bzw. deren Eingriffsgrundlage in der Erfüllung bestimmter Risikofaktoren liegt;

---

255 Vgl. *Squires* 2008, S. 15.

256 Vgl. *Graham* 2008, S. 28; *Audit Commission* 1996, S. 3.

257 Vgl. *Audit Commission* 1996, S. 96; *Graham* 2010, S. 112; *Morgan/Newburn* 2007, S. 1.031; *Graham/Moore* 2006, S. 66.

258 Vgl. *Audit Commission* 1996, S. 96 f.; *Graham* 2008, S. 28; *Cavadino/Dignan* 2007, S. 323; *Graham/Moore* 2006, S. 66; *Graham* 2010, S. 112.

259 Vgl. *Morgan/Newburn* 2007, S. 1.031; *Audit Commission* 1996, S. 97; *Graham/Moore* 2006, S. 66.

260 Vgl. *Cavadino/Crow/Dignan* 1999, S. 54 ff.; *Cavadino/Dignan* 2006, S. 210 ff.; *Cavadino/Dignan* 2007, S. 319 ff.

4. die Ausweitung des Konzepts der Verantwortung, sowohl bei jungen Straftätern als auch bei ihren Eltern;

5. eine *zero tolerance* Strategie strafrechtlicher Frühintervention, die bereits bei prädelinquentem, antisozialem Verhalten ansetzt.

2.5.1 Das Ziel der Prävention

Section 44 CYPA 1933 schreibt vor, dass Gerichte in ihrem Umgang mit Kindern und Jugendlichen immer im Sinne ihrer Wohlfahrt handeln und sie – falls erforderlich – aus für sie unzuträglichen Lebensumständen herausnehmen und Vorkehrungen für ihre Erziehung und Entwicklung treffen müssen.[261] Die noch heute geltende Section 44 war die Grundlage der Wohlfahrtsorientierung des englischen Jugendstrafrechts im 20. Jahrhundert.[262] Seit Anfang der 1970er Jahre hatte jedoch der Gedanke tatproportionaler Vergeltung (*due process, just deserts*) zunehmend Einzug in das Jugendstrafrecht gehalten. Wie im Verlauf dieses *Kapitels 2* bereits dargestellt, hatte die Präsenz dieser oft zueinander im Widerspruch stehenden Konzepte von *welfare* und *justice* zu starken Spannungen innerhalb des Systems geführt, vor allem in der Praxis.[263]

Nach Ansicht der *New Labour*-Partei hatte das Jugendstrafrecht in der Vergangenheit als Folge dessen mit ständig wechselnden Prioritäten, unklaren Zielsetzungen und konkurrierenden professionellen Zuständigkeitswahrnehmungen zu kämpfen.[264] Die Regierung von 1997 und die *Audit Commission* waren der Auffassung, dass es durchaus Verwirrung gegeben hatte hinsichtlich des Zwecks staatlicher Eingriffe in das Leben junger Rechtsbrecher, insbesondere dahingehend, dass die Wohlfahrt eines Kindes oder Jugendlichen nicht mit dem Schutz der Öffentlichkeit, der Bestrafung junger Täter und präventivem Bestreben vereinbar sei.[265] Insbesondere sahen die Sozialarbeiter und Praktiker, die für die Interventionsdurchführung und das Verfassen von Gerichtshilfeberichten zuständig waren, einen Konflikt zwischen der Wahrung und Förderung des Kindeswohls und strafrechtlicher Intervention.[266] Nach Meinung von *New Labour*

---

261 Wortlaut des Section 44 (1) CYPA 1933: „*Every court in dealing with a child or young person who is brought before it [...] shall have regard to the welfare of the child or young person, and shall in a proper case take steps for removing him from undesirable surroundings and for securing that proper provision is made for his education and training.*"

262 Siehe *Kapitel 2.2* oben.

263 Vgl. *Cavadino/Dignan* 2007, S. 32.

264 Vgl. *Home Office* 1997, § 2.1. Siehe auch *Graham* 2010, S. 112; *Morgan/Newburn* 2007, S. 1.032; *Graham* 2008, S. 28.

265 Vgl. *Audit Commission* 1996, S. 17; *Morgan/Newburn* 2007, S. 1.032.

266 Vgl. *Morgan/Newburn* 2007, S. 1.032.

sei Prävention im besten Interesse des Kindes (und somit mit Section 44 CYPA 1933 vereinbar), da ihm dadurch geholfen würde, straffälliges Verhalten zu unterlassen und ein rechtskonformes Leben zu führen.[267] Das System hinter einem gemeinsamen und klaren Ziel zu vereinen würde seine Effektivität und Effizienz steigern, Verwirrung ausräumen und dem Schutz der Öffentlichkeit sowie des Kindes besser dienen.[268]

Folglich wurde durch Section 37 (1) CDA 1998 die Prävention als oberstes Ziel jeglichen jugendkriminalpolitischen Handelns festgelegt.[269] Section 37 (2) CDA 1998 legt weiterhin fest, dass alle Personen und Behörden, deren Tätigkeitsbereiche im Bezug zur Jugendkriminalität und somit zum Jugendjustizsystem stehen, dazu verpflichtet sind, im Rahmen ihrer Tätigkeit das Ziel der Prävention zu berücksichtigen.

Die Umstellung von einer reaktiven zu einer proaktiven Interventionsstrategie mit dem Ziel der Prävention erfordert eine Betrachtung der Jugendkriminalität im engeren Zusammenhang mit ihren wissenschaftlich ergründeten Ursachen.[270] Um „hart gegen die Ursachen von Verbrechen" vorgehen zu können, wie es *New Labour* versprochen hatte, müssen diese Faktoren zunächst identifiziert werden, um an ihnen auch ansetzen zu können. *New Labour* wiesen in ihrem Konsultationspapier *No More Excuses* (zu Deutsch: „keine Ausreden mehr") vor allem auf eine Studie von *Graham/Bowling* hin (*Young People and Crime –* „Junge Menschen und Kriminalität"), welche sich mit Fragen der Jugendkriminalitätsverursachung auseinandersetzt.[271] *Graham/Bowling* untersuchten im Rahmen ihrer Studie den Zusammenhang zwischen selbstberichteter Delinquenz und einer Reihe von möglichen Ursachen. Dabei ergab sich, dass insbesondere der Umgang mit delinquenten Freundes- und Bekanntenkreisen,[272] Schulschwänzen

---

267 Vgl. *Home Office* 1997, § 2.2; *Morgan/Newburn* 2007, S. 1.032.

268 Vgl. *Home Office* 1997, §§ 2.4 bis 2.7; *Fionda* 2008b, S. 246 f.; *Audit Commission* 1996, S. 17; *Morgan/Newburn* 2007, S. 1.032.

269 Wortlaut des Section 37 (1) CDA 1998: „*It shall be the principal aim of the Youth Justice System to prevent offending by children and young people.*" Vgl. auch *Graham* 2010, S. 115; *Hughes* 2008, S. 93 f.

270 Vgl. *Smith* 2007, S. 42.

271 Siehe *Graham/Bowling* 1995 m. w. N.

272 Mit zunehmendem Alter löst die Gleichaltrigengruppe die Rolle der Eltern als Anlaufstelle für gesellschaftliche Bestätigung, Status, emotionale Unterstützung und die Schaffung einer eigenen Identität ab. Nach der Studie von *Graham/Bowling* berichteten 70% aller Jungen und 45% aller Mädchen, die Freunde und Bekannte hatten, die in der Vergangenheit der Justiz auffällig geworden waren, selber straffällig geworden zu sein. Von denjenigen, die keine derartige Angabe machten hinsichtlich ihres Bekanntenkreises, wurden nur 35% bzw. 16% nach eigenen Angaben selber straffällig, vgl. *Graham/ Bowling* 1995, S. 42.

und Schulverweise,[273] mangelnde elterliche Supervision sowie schlechte familiäre Beziehungen/Bindungen einen starken Zusammenhang zu selbstberichteter Delinquenz zu haben schienen.[274] Auch seien Drogen- und Alkoholmissbrauch und prädelinquentes, „antisoziales" Verhalten starke Prädiktoren für ein erhöhtes Kriminalitätsrisiko. Demnach müsste strafrechtliche Intervention, um eine tertiärpräventive Wirkung zu entfalten, an diesen Variablen ansetzen.

Die *New Labour*-Regierung bekräftigte jedoch zugleich, dass diese Faktoren nicht nur mit einer höheren Kriminalitätswahrscheinlichkeit in Zusammenhang stünden, sondern zugleich Symptome tieferer gesellschaftlicher Probleme und Spannungsfelder seien.[275] Armut, innerfamiliäre Probleme, Bildungsdefizite, instabile Lebensbedingungen und Wohnverhältnisse und ein schlechter Zugang zum Arbeitsmarkt wiesen zwar alle einen signifikanten Zusammenhang zur Kriminalität auf, seien aber gerade auch Manifestationen „sozialer Ausgrenzung" (*social exclusion*).[276] Kriminalität (und somit auch die Jugendkriminalpolitik sowie das Jugendstrafrecht) müssten folglich als ein Element einer weiter gefächerten Strategie verstanden werden, um auch effektiv kriminogenen Problemen entgegenzuwirken und der Straffälligkeit junger Menschen vorzubeugen.

In der Folge hat *New Labour* eine zweigliedrige Präventionsstrategie entwickelt. Zum einen müsste jegliche auf straffälliges Verhalten folgende, strafrechtliche Intervention so konzipiert sein, dass sie die soziale Reintegration junger Rechtsbrecher durch die Stärkung protektiver Faktoren und die Behebung von Risikofaktoren fördert.[277] Die Sanktionierung müsste demnach in erster Linie der Senkung der Rückfallwahrscheinlichkeit dienen, dabei verhältnismäßig sein und dem Schutz der Öffentlichkeit dienen (siehe *Kapitel 3.6.3* unten). Zum anderen müsste auch nach Auffassung der *Audit Comission* bereits auf primär- und sekundärpräventiver Ebene bessere Arbeit geleistet werden, um einem ers-

---

273 67% aller Jungen die angaben, die Schule wiederholt geschwänzt zu haben, gaben ebenfalls an, straffällig geworden zu sein (36% bei den Mädchen). Dagegen hatten nur 38% der Jungen, die nicht die Schule geschwänzt hatten, eine Straffälligwerdung angegeben (16% der Mädchen). Von den Jungen, die vorübergehend der Schule verwiesen worden waren, hatten nach eigener Angabe 75% im Untersuchungszeitraum eine Straftat begangen (Mädchen: 48%), im Vergleich zu nur 45% von den Jungen, die nicht vorübergehend der Schule verwiesen worden waren (Mädchen: 20%). 98% aller Jungen, die dauerhaft der Schule verwiesen worden waren, hatten nach eigener Angabe eine Straftat begangen (Mädchen: 61%), verglichen mit 47% bei den Jungen, die nicht dauerhaft der Schule verwiesen worden waren (Mädchen: 20%). *Graham/Bowling* rieten jedoch zur Vorsicht im Umgang mit diesen Befunden, da die Richtung dieses Zusammenhangs nicht signifikant aus ihnen hervorginge, vgl. *Graham/Bowling* 1995, S. 40.

274 Vgl. *Graham/Bowling* 1995, S. 44.

275 Vgl. *Smith* 2007, S. 42 ff.; *Audit Comission* 1996, S. 57 ff.

276 Vgl. *Home Office* 1997.

277 Vgl. *Audit Comission* 1996; *Morgan/Newburn* 2007, S. 1.032.

ten Straffälligwerden bestmöglich vorzubeugen.[278] So wurde ab 1998 eine Vielzahl von Programmen und Praxisinitiativen entwickelt, die darauf abzielten, problembehaftete Kinder, Jugendliche und Familien frühestmöglich in die verschiedenen sozialpolitischen Sphären wie den Arbeitsmarkt, das Bildungssystem und das Gesundheitssystem besser zu integrieren und somit protektive Faktoren zu bestärken und die Wahrscheinlichkeit einer zukünftigen Straffälligkeit zu minimieren.[279]

1998 wurde beispielsweise das *sure start*-Programm ins Leben gerufen (zu Deutsch: „sicherer Start"). Ziel des Programms ist es, die Gesundheit und das Wohlergehen von problembehafteten Familien mit Kindern bis einschließlich vier Jahren insoweit zu verbessern, dass sie die Voraussetzungen haben, um in der Schule „aufzublühen".[280] Genauer gesagt zielt *sure start* darauf ab, durch die Bereitstellung von Kinderbetreuungs-, Bildungs-, Gesundheits- und Familienhilfeangeboten die körperliche, geistige und emotionale Gesundheit und Entwicklung von Kleinkindern zu fördern. Die Bereitstellung bezahlbarer Kinderbetreuungsangebote kann es Eltern ermöglichen, in den Arbeitsmarkt zurückzukehren oder eine Berufstätigkeit zu behalten, während die Kinder beispielsweise Unterstützung in der Behebung von Lese- und Rechtschreibschwächen oder sonstigen Bildungsdefiziten erhalten. Zudem werden auch Elternschaftskurse und –beratungen angeboten. Bis 2006 hatten 800.000 Kinder Zugang zu über 1.000 *Sure Start*-Zentren und bis 2010 sollte die Zahl der Zentren auf 3.500 ausgedehnt werden.[281] Bis 2003/04 wurden über 1,4 Milliarden Pfund in das *sure start*-Programm investiert.[282]

Die gemeinsame Idee hinter den entstandenen Präventionsinitiativen war, dass die frühen Jahre im Leben eines Kindes ausschlaggebend seien für sein zukünftiges Wohlergehen – Unterstützung in den frühen Lebensjahren erlaubt es, Probleme anzupacken bevor sie „fest verwurzelt" sind.[283] Eine weitere Gemein-

---

278 Vgl. *Graham* 2010, S. 112 m. w. N.

279 Für eine detaillierte Auseinandersetzung mit der Thematik der präventiven Frühintervention im Rahmen der Kinder- und Jugendhilfe, siehe *Krüger* 2010.

280 Vgl. *Graham/Moore* 2006, S. 69; *Doyle* 2008, S. 345 ff. Siehe auch *Department for Education* 2010.

281 Vgl. *Doyle* 2008, S. 345 ff.

282 Vgl. *Smith* 2007, S. 44. Eine weitere, ähnliche Praxisinitiative ist das „*on track*"-Programm, siehe hierzu *France u. a.* 2004; *Ashplant* 2008. Weiterhin nennenswert war „*Connexions*", eine Praxisinitiative die darauf abzielte, 13 bis einschließlich 18-Jährigen mittels kostenloser Beratung im Übergang in die Berufswelt zu unterstützen. Siehe hierzu *Department for Education and Employment* 2000; *Roberts* 2008. Ebenfalls zu erwähnen sind sogenannte *youth inclusion and support panels*. Vgl. hierzu *Walker u. a.* 2007; *Ashplant* 2008a.

283 Vgl. *Doyle* 2008, S. 345 ff.

samkeit ist, dass die meisten dieser Initiativen nicht universal verfügbar waren, sondern zielgerichtet bestimmten Kindern und Familien angeboten wurden, die als „gefährdet" betrachtet wurden, um diese anschließend besser gesellschaftlich zu integrieren und ihnen Möglichkeiten für eine positive Reifeentwicklung zu bieten. Um eine effektive Identifikation dieser Familien und Kinder gewährleisten zu können, waren wiederum weitreichende Reformen hinsichtlich der Zusammenarbeit, Kommunikation und des Informationsaustausches der verschiedenen Akteure der Sozialpolitik und auch des Jugendjustizsystems erforderlich, worauf im Folgenden eingegangen wird.

2.5.2 Strategisches Management des Jugendjustizsystems

Durch die gesetzliche Festlegung der Prävention als oberstes Ziel der Jugendkriminalpolitik wurde eine radikale Umstrukturierung des Jugendjustizsystems auf organisatorischer und strategischer Ebene notwendig. Die Faktoren, die eine signifikante Korrelation mit kriminellem Verhalten haben, stehen in einem starken Zusammenhang zu unterschiedlichen Erscheinungsformen und Faktoren von *social exclusion* und erstrecken sich entsprechend auch über die Zuständigkeitsbereiche vieler verschiedener Behörden und Akteure der Sozialpolitik, wie beispielsweise dem Gesundheitswesen, dem Arbeitsmarkt, dem Bildungswesen, den sozialen Diensten, den Kommunalbehörden und natürlich den Institutionen der Justiz sowie der Strafrechtspflege.

In der Folge müsste auch das Jugendjustizsystem als Teil einer größeren sozialpolitischen Strategie verstanden und entsprechend ausgerichtet bzw. eingegliedert werden.[284] Beteiligte Akteure müssten vor allem auf der lokalen Ebene vereint hinter dem gemeinsamen Ziel der Prävention zusammenarbeiten.[285] Verbesserte Kooperation und ein reger Informationsaustausch würden die Angemessenheit, Effektivität, Effizienz und Geschwindigkeit staatlicher Intervention deutlich verbessern, sowohl im Bereich des Strafrechts als auch in der Bereitstellung primär- und sekundärpräventiver Initiativen.[286]

Im Rahmen der Präventionsstrategie von *New Labour* ist die lokale Komponente äußerst wichtig, denn unterschiedliche Regionen haben unterschiedliche Bedürfnisse sowie Probleme und entsprechend unterschiedliche Infrastrukturen, um diese Bedürfnisse und Probleme anzugehen. Auch nach Auffassung der *Audit Comission* müssten lokale Infrastrukturen und Interventionsangebote an diese

---

284   Vgl. *Smith* 2007, S. 42.

285   Vgl. *Morgan/Newburn* 2007, S. 1.032 f.

286   Vgl. *Audit Commission* 1996, S. 96. Siehe auch *Fionda* 2008b, S. 246 f.; *Graham* 2008, S. 28; *Smith* 2007, S. 43 f. Siehe auch bereits *Kapitel 2.5.1* oben.

ortsgebundenen Besonderheiten angepasst sein, um die richtigen Ansatzpunkte für ein zielgerichtetes präventives Handeln zu finden.[287]

Während sich die Bedürfnisse einzelner Kommunen vorhersehbarerweise unterschieden, legte *New Labour* viel Wert darauf, dass die Arbeit in den vielen Kommunen des Landes dennoch auf denselben Grundlagen basiert. Die Ineffektivität und Ineffizienz des alten Systems war nach Ansicht der damaligen Regierung – sich auf die Empfehlungen der *Audit Commission* stützend – unter anderem auf einen Mangel an strategischer Lenkung, Überwachung und Evaluation sowie der aus diesen Mängeln resultierenden Uneinheitlichkeit der Jugendjustizpraxis zurückzuführen.[288] Die Arbeit vor Ort müsste zentral koordiniert und überwacht werden. Unerlässlich sei die kontinuierliche Mitteilung neuster Erkenntnisse hinsichtlich guter Praxis. Die *Audit Comission* hatte bemängelt, dass neben mangelnder Koordination und Kommunikation auf der lokalen Ebene die kriminalpolitische Strategie insgesamt zu unsystematisch und uneinheitlich gewesen sei.[289] Um effektiv zu sein, müsste eine zentrale Behörde gegründet werden, die die strategische Leitung des Systems übernimmt, auf Evaluation und „*what works*"-Forschung basierende gute Praxis an die lokalen Partnerschaften verbreitet und die Systemaktivität administriert.

2.5.2.1 *Zwischenbehördliche Kooperation auf der lokalen Ebene*

Section 6 CDA 1998 erfordert, dass kommunale Behörden mit der Polizei und anderen relevanten Behörden lokale Kooperationen zur Senkung des Kriminalitätsaufkommens gründen (*crime and disorder reduction partnerships,* CDRPs), welche zusammen und unter Einbezug der Bevölkerung lokale Kriminalitätsproblemfelder, –schwerpunkte und –ursachen identifizieren sowie auf den gewonnen Erkenntnissen aufbauend lokale Präventionsstrategien (*crime reduction plans*) entwerfen, die alle drei Jahre erneuert werden müssen.[290] Diese Pläne betreffen nicht nur die Strategie zum Umgang mit bereits gegenwärtiger Kriminalität, sondern eben auch die Bereitstellung und Durchführung allgemeinpräventiver Programme sowie Maßnahmen (wie beispielsweise *sure start* oder *youth inclusion and support panels*), um den Zugang zu sozialpolitisch relevanten Dienstleistungen für gesellschaftlich ausgegrenzte Familien zu verbessern und somit das Kriminalitätsrisiko zu senken.[291]

---

287 Vgl. *Audit Commission* 1996, S. 14. Siehe auch *Smith* 2007, S. 48; *Cavadino/Dignan* 2007, S. 322.

288 Vgl. *Cavadino/Dignan* 2007, S. 323.

289 Vgl. *Graham* 2010, S. 112; *Morgan/Newburn* 2007, S. 1.032; *Graham* 2008, S. 28.

290 Vgl. *Home Office* 1997, § 3.7; *Gilling* 2007, S. 1, 50; *Cavadino/Dignan* 2007, S. 340; *Smith* 2007, S. 48.

291 Vgl. *Smith* 2007, S. 48.

Um die Umsetzung der CDRPs zu gewährleisten, wurden die Kommunalbehörden durch Sections 38 bis 40 CDA 1998 dazu verpflichtet, jeweils sogenannte „Jugendkriminalitätsteams" (*youth offending teams*, YOTs) zu gründen.[292] YOTs sind *multi-agency partnerships*, zusammengesetzt aus lokalen Vertretern der Polizei, der Kommunalbehörden, des Bildungswesens, des Gesundheitswesens, der Bewährungshilfe und der sonstigen lokalen Sozial- und Kommunalbehörden.[293] *Morgan/Newburn* fassen die Aufgaben der YOTs wie folgt zusammen:

> „*The two primary functions of youth offending teams are to coordinate the provision of youth justice services for all those in the local authority area who need them, and to carry out functions as are assigned to them in the [crime and disorder reduction plan] formulated by the local community.*"[294]

Der Begriff „*youth justice services*" ist dabei durchaus wörtlich zu nehmen. YOTs sind dazu verpflichtet, verschiedene Dienstleistungen bereitzustellen, die nach dem CDRP erforderlich sind, um weitere Straffälligkeit zu verhindern.[295] Dazu zählen insbesondere: Die Durchführung von Risikoprognosen, die im Rahmen der Sanktionierung in der Form von Gerichtshilfeberichten (*pre-sentence reports*, siehe *Kapitel 2.5.3.1* unten) verwendet werden, um eine angemessene Sanktionsausgestaltung zu gewährleisten; Beratung von Polizei und Staatsanwaltschaft (*Crown Prosecution Service*) hinsichtlich der Angemessenheit bestimmter Diversionsmaßnahmen sowie gegebenenfalls die Vollstreckung dieser Maßnahmen (insbesondere im Rahmen polizeilicher Verwarnungen, siehe *Kapitel 3.3* unten); die Bereitstellung von sogenannten *bail supervision and support programmes* zur Förderung des Gebrauchs nicht-freiheitsentziehender Formen der Prozesssicherung (siehe *Kapitel 3.2.3* sowie *Kapitel 3.5* unten); die Supervision von Kindern und Jugendlichen im Laufe der Verbüßung ambulanter Sanktionen sowie die Bereitstellung der Dienste, die für die Vollstreckung dieser Sanktionen erforderlich sind (zum Beispiel die Identifikation angemessener „Arbeitgeber" für gemeinnützige Arbeit, die Bereitstellung von Anti-Aggressi-

---

292   *Fionda* 2008a, S. 91 f.; *Graham* 2010, S. 115.

293   Vgl. *Home Office u. a.* 1998, § 11; *Cavadino/Dignan* 2007, S. 325; *Morgan/Newburn* 2007, S. 1.034; *Graham/Moore* 2006, S. 66 f. YOTs können nicht ihr eigenes Personal einstellen. Vielmehr sind sie so organisiert, dass die unterschiedlichen Behörden Mitarbeiter für die Mitwirkung in den YOTs abstellen, die dann nach einer bestimmten Zeit wieder in ihre ursprüngliche Behörde zurückkehren mit Erfahrung in *multi-agency*-Arbeit, vgl. *Thomas* 2008, S. 389.

294   Vgl. *Morgan/Newburn* 2007, S. 1.034; siehe auch *Graham/Moore* 2006, S. 66 f.

295   Vgl. *Thomas* 2008, S. 388 f.; *Graham* 2010, S. 115.

ons-Trainingskursen oder *attendance centres*); die Begleitung und Supervision von Kindern und Jugendlichen nach ihrer Haftentlassung sowie das Übergangsmanagement. Nicht zuletzt gehört auch die Gründung weiterer *multi-agency*-Partnerschaften zu den Aufgaben der YOTs, um allgemeinpräventive Initiativen wie *sure start* vor Ort ins Leben zu rufen.[296]

2.5.2.2 Zentralisiertes strategisches Jugendjustizmanagement

Durch Section 41 CDA 1998 wurde der „Jugendjustizausschuss" gegründet (*Youth Justice Board*, YJB), um die Führungsrolle in der Jugendkriminalpolitik zu übernehmen.[297] Nach Section 41 (5) CDA 1998 hat der YJB die Aufgabe, die strategische Entwicklung, Lenkung, Umsetzung und Überwachung des Jugendjustizsystems wahrzunehmen.[298] Um eine einheitliche, effektive und effiziente Praxis auf der lokalen Ebene bestmöglich zu fördern, liegt eine der zentralen Aufgaben des YJB darin, auf der Basis evidenzbasierter Evaluation und Forschung (*evidence based policy*) nationale Praxisstandards und Richtlinien zu entwickeln und unter den YOTs zu verbreiten.[299] Zum einen sollen diese Standards den lokalen Kriminalitätsteams dabei helfen, angemessen präventiv zu intervenieren. Zum anderen zielen sie vor allem auch auf eine Optimierung der Wirtschaftlichkeit des Systems auf der lokalen Ebene ab. Der YJB gibt regelmäßig sogenannte *National Standards for Youth Justice Services*[300] und *Key Elements of Effective Practice*[301] heraus sowie eine Reihe von sanktionsspezifi-

---

296 Vgl. *Home Office u. a.* 1998, § 28; *Cavadino/Dignan* 2007, S. 325; *Graham/Moore* 2006, S. 66 f.

297 Der Jugendjustizausschuss unterstand ursprünglich dem Innenministerium (*Home Office*). Letzteres wurde 2007 aufgelöst und durch zwei neue Ministerien ersetzt – durch das Ministerium für Kinder, Schulen und Familien (*Department of Children, Schools and Families*, DCSF) und das Justizministerium (*Ministry of Justice*). Zunächst im DCSF angesiedelt, wurde die Verantwortung für den YJB im Jahr 2010 auf das Justizministerium übertragen, vgl. *Graham* 2010, S. 118 f. Der YJB ist aus 10 bis 12 durch den Justizminister ernannten Ausschussmitgliedern zusammengesetzt, die bereits Erfahrung mit dem Jugendjustizsystem haben, vgl. *Thomas* 2008a, S. 383.

298 Siehe auch *Cavadino/Dignan* 2007, S. 324.

299 Vgl. *Cavadino/Dignan* 2007, S. 323; *Graham* 2010, S. 115.

300 Zuletzt herausgegeben im Jahr 2010, siehe *Youth Justice Board* 2010b.

301 Die *Key Elements of Effective Practice* werden für verschiedene Tätigkeitsbereiche herausgegeben, zum Beispiel für den Umgang mit den Eltern von jungen Straffälligen, den Umgang mit Opfern im Rahmen restorativer Maßnahmen, die Durchführung von Risikoprognosen und die darauf basierende Interventionsplanung, oder die Planung und Durchführung von *offending behaviour programmes*. Siehe entsprechend *Youth Justice Board* 2008a; 2008b; 2008c und 2008d. Siehe hierzu auch *Baker* 2008, S. 211.

schen *guidance documents*.[302] In diesen Dokumenten werden insbesondere Vorgaben für die Kooperation zwischen YOTs und anderen Behörden und Akteuren gemacht, klare Aufgabenbereiche festgelegt und Fristen für die Durchführung bestimmter Prozesse definiert (beispielsweise innerhalb wie vieler Tage ein Gerichtshilfebericht verfasst werden muss).

Die Erarbeitung und Aktualisierung dieser Standards und Richtlinien basiert dabei auf jüngsten Erkenntnissen hinsichtlich dessen, was als effektivste Praxis bekannt ist. Damit dieser Wissenstand aktuell bleibt, hat der YJB laut Section 41 (5) CDA 1998 den Auftrag, Evaluationen und Studien durchzuführen oder in Auftrag zu geben und darauf basierend seine Standards auf dem Laufenden zu halten. Das Ziel ist demnach eine evidenzbasierte Jugendkriminalpolitik. Reforminnovationen, zum Beispiel neue Sanktionsformen, Kommunikationsstrukturen oder neue Prozessabläufe, werden häufig zunächst in der Form von Pilotprojekten getestet, evaluiert und darauf basierend angepasst und optimiert.[303] Erst wenn die Evaluation aus Sicht des YJB positive Ergebnisse liefert, wird eine Ausweitung des Untersuchungsgegenstands auf das ganze Land prinzipiell in Erwägung gezogen.

Die Richtlinien und Standards sollen den YOTs zwar helfen, effektive Präventionsarbeit durch angemessene Intervention zu leisten. Jedoch liegt der Wert der Veröffentlichungen des YJB vor allem darin, dass sie durch die Verteilung klarer Aufgaben und Zuständigkeiten, die Festlegung von Fristen und die Vereinheitlichung von Prozessen, Kooperations- und Korrespondenzstrukturen die Effizienz des Systems steigern. Wenngleich das gesetzlich festgelegte Ziel des Jugendjustizsystems die Prävention ist und der YJB dieses Ziel entsprechend auch explizit als sein eigenes Hauptziel nennt,[304] sind die Senkung von Kosten, die Vermeidung von Verschwendung und die Optimierung der Systemleistung die treibende Kraft der Arbeit des YJB.[305] Das ergibt sich nicht zuletzt daraus, dass im Text des CDA 1998 die evaluations- und forschungsbezogene Optimierung des Systems effektiver Prävention vorangestellt ist.

---

302 So hat der YJB *Guidance Documents* herausgegeben beispielsweise für das polizeiliche Verwarnungssystem (siehe *Kapitel 3.3* unten), die *referral order* (siehe *Kapitel 3.6.2.4* unten) und verschiedene ambulante Sanktionen (siehe *Kapitel 3.6.2.5* unten).

303 So wurden beispielsweise „bedingte Verwarnungen für Jugendliche" (*youth conditional cautions*) zunächst auf Pilotbasis in einigen Bezirken des Landes eingeführt, bevor sie nach einer Evaluation schließlich landesweit zur Verfügung gestellt wurden (siehe *Kapitel 3.3.3.2* unten). Das Instrument zur Risikoprognose (ASSET*, siehe *Kapitel 2.5.3.1* unten) wurde im Jahr 1999 zunächst in wenigen YOT-Regionen getestet, bevor es nach mehrfacher Anpassung Ende 2000 allen YOTs landesweit zur Verfügung gestellt wurde, vgl. *Cadman* 2008, S. 24.

304 Vgl. *Thomas* 2008a, S. 383.

305 Vgl. *Graham/Moore* 2006, S. 66; *Graham* 2010, S. 115; *Graham* 2008, S. 28.

Gem. Section 41 (5) (a) und (c) CDA 1998 hat der YJB den Auftrag, den Betrieb des Jugendjustizsystems zu überwachen und zu optimieren. Die Art und Weise, in der diese Überwachung erfolgt, ist insbesondere durch ihre an Effizienzsteigerung orientierte Ausrichtung charakterisiert. So legt der YJB Leistungskennzahlen (*performance measures*) für YOTs fest, die innerhalb eines bestimmten Zeitraums erfüllt werden sollen, beispielsweise die Senkung des Aufkommens bestimmter Deliktsarten, eine Senkung der Zahl der Rückfälligen, Fristen für bestimmte Prozesse und Abläufe, eine bestimmte Steigerung der Aufklärungsrate oder eine Steigerung der öffentlichen Zufriedenheit mit der Arbeit der örtlichen Kriminal- und Justizbehörden.[306]

Gemessen wird die Leistung der YOTs sowie des Systems insgesamt anhand jährlich zu verfassender „Jugendjustizpläne" (*youth justice plans*), die seit Erlass von Section 40 CDA 1998 von den Jugendkriminalitätsteams geliefert werden müssen. In diesen Berichten, die unter Androhung von Mittelkürzungen nach einem einheitlichen Schema verfasst und rechtzeitig eingereicht werden müssen, muss ein YOT seine Jahresleistung in vielen verschiedenen Bereichen offenlegen.[307] So kann der YJB die Leistung einzelner YOTs mit den aus den Standards und Richtlinien hervorgehenden Vorgaben abgleichen und gegebenenfalls neue oder angepasste Ziele vorgeben und verschiedene YOTs miteinander vergleichen um zu ermitteln, welche Leistung unter welchen Voraussetzungen und Umständen überhaupt möglich ist. Durch das Zusammenziehen aller Berichte zu einem Übersichtsbericht kann die Leistung des Justizsystems als Ganzes mit den vergangenen Jahren verglichen werden.[308]

2.5.3   Risikobasierte Intervention

Die Umstellung des Jugendstrafrechts auf eine proaktive Präventionsstrategie hat nicht nur strukturelle Veränderungen erfordert. Auch musste das staatliche Reaktionssystem adaptiert werden, um kriminalitätsursächlichen Faktoren (*risk factors*) effektiver entgegenwirken zu können.[309] Zum einen sollte jegliche strafrechtliche Intervention nur unter Berücksichtigung des Rückfallrisikos und

---

306   Vgl. *Graham* 2010, S. 115; *Morgan/Newburn* 2007, S. 1.033; *Graham/Moore* 2006, S. 66; *Doyle* 2008a, S. 384.

307   Diese Bereiche sind beispielsweise: Prävention; früh intervenieren; Bereitstellung intensiver ambulanter Supervision; Rückfall senken; Gebrauch des Freiheitsentzugs senken; Einhaltung von Auflagen/Verboten der ihnen unterstellten Täter fördern bzw. Nichteinhaltung solcher senken; Verbesserung des Zugangs zu Suchthilfediensten; Steigerung der Aufklärungsrate, siehe *Doyle* 2008a, S. 384.

308   Diese Daten werden jährlich durch den YJB veröffentlicht, in „*Youth Justice Board Annual Report and Accounts*", zuletzt herausgegeben 2012, siehe *Youth Justice Board* 2012.

309   Vgl. *Morgan/Newburn* 2007, S. 1.032.

der Faktoren, die dieses Risiko bestimmen, erfolgen (*Kapitel 2.5.3.1*).[310] Zum anderen sollte auch die Eingriffsgrundlage geschaffen werden, um an solchen Faktoren anzusetzen, welche bekanntlich in engem Zusammenhang mit einem erhöhten Kriminalitätsrisiko stehen (*Kapitel 2.5.3.2*).[311]

2.5.3.1 „Risiko" im Rahmen der gerichtlichen Sanktionierung

Section 142A des CJA 2003 regelt die Zwecke der strafrechtlichen Sanktionierung von Kindern und Jugendlichen. Section 142A (3) legt hierbei fest, dass jegliche Sanktionierung stets der Bestrafung, der Resozialisierung, dem Schutz der Öffentlichkeit und Wiedergutmachung gegenüber Verbrechensopfern dienen muss. Wie diese verschiedenen Zwecke im Rahmen der Interventionsgestaltung gewichtet werden und die entsprechenden Interventionselemente im Einzelnen genau gestaltet werden, ist im jeweiligen Einzelfall zu bestimmen. In diesem Zusammenhang sind die lokalen YOTs seit 1998 dazu verpflichtet, bei jedem Kind/Jugendlichen, das/der durch ein Strafgericht für schuldig befunden wird, vor der Strafzumessung eine Risikoprognose (*risk assessment*) durchzuführen.[312] Ziel dieser Prognose ist es zu ermitteln, welches Rückfallrisiko – und somit welches Risiko für die Allgemeinheit – ein Straftäter darstellt, sowie auch die Faktoren, die für dieses Risiko ursächlich sind.

Um landesweite Einheitlichkeit zu fördern und um YOT-Praktiker in der Prognostizierung zukünftigen Fehlverhaltens zu unterstützen wurde ein standardisiertes strukturiertes Prognoseinstrument entwickelt – ASSET.[313] Entwickelt wurde ASSET durch die *Probation Studies Unit* an der Oxford University nach entsprechender Beauftragung durch den YJB. Im Jahr 1999 zunächst auf experimenteller Basis in einigen YOT-Regionen eingeführt, wurde ASSET Ende 2000 nach Anpassung an die aus der Evaluation gewonnen Erkenntnisse allen YOTs

---

310 Vgl. *McAra* 2010, S. 291.

311 Vgl. *Muncie/Hughes/McLaughlin* 2006, S. 401 ff.; *Kempf-Leonard/Peterson* 2006, S. 431 ff.; *Kemshall* 2008, S. 309 f.

312 Siehe Sections 36 und 81 PCC(S)A 2000, wo die Erforderlichkeit eines Gerichtshilfeberichts (*Pre-Sentence Report*, PSR) für die Verhängung einer *community sanction* oder einer Freiheitsstrafe definiert ist. PSRs wiederum haben zwingend eine Risikoeinschätzung durch das lokale YOT zum Inhalt. Siehe auch *Youth Justice Board* 2010b, S. 43 ff.; *Ashworth* 2007, S. 1.016; *Youth Justice Board* 2008d. Auch aus einer *referral order* resultierende Verträge sollten ein PSR berücksichtigen, siehe *Bateman* 2008c, S. 269.

313 Vgl. *Youth Justice Board* 2005a; 2006, S. 3. Der 26-seitige ASSET-Hauptfragebogen sowie die dazugehörige „Betriebsanleitung" sind auf der Internetseite des Justizministeriums verfügbar, unter: *http://www.justice.gov.uk/youth-justice/assessment/asset-young-offender-assessment-profile* (zuletzt abgerufen am 19.03.2014).

zur Verfügung gestellt.[314] Das Instrument untersucht statische[315] und dynamische/beeinflussbare Faktoren,[316] die in verschiedene Themenbereiche kategorisiert sind.[317] Mittels Täterexploration durch YOT-Mitarbeiter werden diese Kategorien im Rahmen eines Punktesystems von 0 bis 4 bewertet. Erreicht eine Kategorie zwei Punkte oder mehr, sollte im Rahmen eines möglichen Interventionsplans ein besonderes Augenmerk darauf gelegt werden.[318] Dadurch sollen die im jeweiligen Einzelfall einschlägigen Risikofaktoren effektiver angesteuert und protektive Faktoren gestärkt werden.[319] Erreicht ein Täter 24 von maximal 64 Punkten, überschreitet er eine bestimmte Risikoschwelle, was eine weitere Exploration zur Folge hat, die ermitteln soll, inwieweit er ein erhebliches Risiko (*risk of significant harm*) für die Öffentlichkeit darstellt. Der Ausgang dieser zweiten Prognose kann maßgeblich mitbestimmend sein für die Entscheidung zwischen einer Freiheitsstrafe und ambulanten gemeindebezogenen Alternativsanktionen. In manchen Fällen rechtfertigt das Ergebnis der zweiten Exploration auch die Auferlegung einer zeitlich unbestimmten Freiheitstrafe (siehe unten).

Das Resultat dieser Risikoprognosen fließt insoweit in die Entscheidungsfindung des Gerichts ein, als Gerichte dazu verpflichtet sind, vom lokalen YOT einen „Gerichtshilfebericht" (*pre-sentence report*, PSR) anzufordern, wenn sie in Erwägung ziehen, eine gemeindebezogene *community sanction*, eine Verweisungsanordnung oder eine Freiheitsstrafe zu verhängen.[320] PSRs sollen Gerich-

---

314 Vgl. *Cadman* 2008, S. 24.

315 Wie z. B. Alter, Geschlecht, vorangegangene Verurteilungen, langfristige körperliche und geistige Gesundheitsprobleme, Tathergang, vgl. *Cadman* 2008, S. 24 f.; *Kemshall* 2008, S. 309; *Smith* 2007, S. 112 ff.

316 Wie z. B. delinquente Freunde, Regelmäßigkeit des Schulbesuches, kurzfristige gesundheitliche Probleme, schulische Leistungen, familiäre Probleme, Tätereinstellungen, Verhaltensauffälligkeiten, Drogenmissbrauch, vgl. *Cadman* 2008, S. 24 f.; *Kemshall* 2008, S. 309; *Smith* 2007, S. 112 ff.

317 Aktuelle Wohnsituation; Familienverhältnisse und –beziehungen; Bildungsstand; Lebensstil; Nachbarschaft; Drogenmissbrauch; körperliche Gesundheit; emotionale und geistige Gesundheit; Selbstwahrnehmung; Einstellungen zu sich und zur Kriminalität; Besserungsbereitschaft.

318 Siehe hierzu *Kempf-Leonard/Peterson* 2006, S. 438 ff.; *Cadman* 2008, S. 25; *Youth Justice Board* 2005a, S. 43; vgl. *Youth Justice Board* 2006, S. 3.

319 Vgl. *Cadman* 2008, S. 24; *Kemshall* 2008, S. 309; *Smith* 2007, S. 4; *Youth Justice Board* 2005a, S. 43; 2006, S. 3.

320 Vgl. *Bateman* 2008c, S. 269; *Youth Justice Board* 2010b, S. 43 ff. PSRs wurden erstmals durch den CJA 1991 gesetzlich eingeführt, und lösten die sogenannten *Social Inquiry Reports* ab, die nicht gesetzlich geregelt waren, deren Verwendung aber eine gute Praxis darstellte. Die Idee hinter der Verpflichtung der Gerichte, PSRs heranzuziehen, lag darin, ambulante Alternativen zum Freiheitsentzug für die Gerichte attraktiver zu machen, siehe *Bateman* 2008c, S. 269.

ten als Hilfestellung dienen wenn es darum geht, angemessen und effektiv zu sanktionieren.[321] Die Anforderungen an einen PSR sind in den *National Standards for Youth Justice Services* definiert. Sie müssen zunächst die Fakten der Tat und des Tathergangs aufarbeiten, eine allgemeine und rückfallrisikoorientierte Einschätzung bzw. Prognose zum Täter liefern und dem Gericht eine klare und realistische Interventionsempfehlung stellen, welche dem Schutz der Öffentlichkeit und der Senkung des Rückfallrisikos dienlich ist und im Verhältnis zur Tatschwere steht.[322]

Um die Vorschläge der YOTs umsetzen zu können und die verschiedenen „Risikokategorien" im Rahmen einer Intervention auch ansprechen sowie die verschiedenen Sanktionierungszwecke erfüllen zu können, mussten die den Gerichten zur Verfügung stehenden Rechtsfolgen ergänzt, die bereits verfügbaren reformiert werden. So wurde nach dem Wahlsieg von *New Labour* die Vielfalt an ambulanten Sanktionen ausgedehnt durch die Einführung von rehabilitationsorientierten Interventionsformen. Hierzu zählen die „Anordnung zur Teilnahme an Drogentherapien und/oder Drogenscreenings" (*drug treatment and testing order*),[323] „Verweise an Jugendstraftätergremien" (*referral orders*),[324] „Anordnungen zur Erbringung von Wiedergutmachung" (*reparation order*)[325] und die „Aktionsplananordnung" (*action plan order*),[326] sowie auch neue Formen der staatlichen Supervision durch *supervision orders*[327] und „Interventionsprogramme mit intensiver Überwachung und Supervision" (*intensive supervision and*

---

321 Vgl. *Smith* 2007, S. 90.

322 Vgl. *Youth Justice Board* 2010b, S. 43 ff.; *Ashworth* 2007, S. 1.004; *Doherty* 2004, S. 215 ff.; *Smith* 2007, S. 90.

323 *Drug Treatment and Testing Orders* wurden durch Section 61 CDA 1998 eingeführt für Jugendliche ab dem 16. Lebensjahr. Sie wurde für zwischen sechs Monate und drei Jahre angeordnet und verpflichtet den Täter zur Teilnahme an regelmäßigen Drogenscreenings und (wo erforderlich) Suchthilfemaßnahmen sowie sich einem YOT-Mitarbeiter durch die Einhaltung von Meldepflichten zur Verfügung zu halten, vgl. *Buchanan* 2008, S. 149 f.

324 Diese „Verweisungsanordnung" wird in *Kapitel 3.6.2.4* unten im Detail dargestellt.

325 Für eine detaillierte Auseinandersetzung mit der *reparation order*, siehe *Kapitel 3.6.2.3* unten.

326 Die *action plan order* wurde durch Section 69 f. CDA 1998 für Straftäter ab dem vollendeten 10. Lebensjahr eingeführt. Sie hatte die Anordnung eines dreimonatigen Interventionsplans unter Supervision durch das YOT zum Inhalt. Einem solchen Interventionsplan unterstellte Kinder und Jugendliche wurden dazu verpflichtet, beispielsweise Reparationsleistungen an das Opfer zu erbringen, sich dem YOT zur Verfügung zu halten, die Schule regelmäßig zu besuchen, von bestimmten Personen oder Orten fernzubleiben und/oder an Resozialisierungskursen und –maßnahmen teilzunehmen. Siehe *Herz* 2002, S. 116. Siehe auch die alte Fassung des Section 69 (5) CDA 1998.

327 Eingeführt durch Section 71 CDA 1998.

surveillance programmes, ISSP).[328] In einem Versuch, das Rechtsfolgensystem weiter zu rationalisieren, wurde durch Section 36 des „Gesetzes über die Strafjustiz und die Gerichtsdienste" von 2000 (*Criminal Justice and Court Services Act 2000*, CJCSA 2000) die bis dahin verfügbare *probation order* in *community rehabilitation order*[329] und durch Section 44 CJCSA 2000 die *community service order* in *community punishment order*[330] umbenannt mit dem Ziel, die Zwecke der jeweiligen Sanktion klarer zu machen.

Ein klares Beispiel für die Rolle des Risikos zukünftiger Straffälligkeit im Rahmen der Sanktionierung sind die durch den CJA 2003 eingeführten „Freiheitsstrafen zum Schutz der Öffentlichkeit" (*public protection sentences*) für Täter, von denen eine prognostizierte „Gefährlichkeit" (*dangerousness*) ausgeht.[331] Wird ein Täter der Begehung bestimmter Sexual- oder Gewaltdelikte (*specified offences*) für schuldig befunden, obliegt es dem Gericht zu ermitteln, ob der Täter „gefährlich" ist. Gefährlich ist er dann, wenn das Gericht der Überzeugung

---

328   ISSPs waren bis 2008 nicht primärgesetzlich geregelt, sondern vielmehr eine vom YJB geförderte Praxisinitiative, die viele gesetzliche Interventionsgrundlagen zusammenzieht. ISSPs sehen eine Kombination von intensiver Überwachung (auch mittels elektronischer Überwachungsmaßnahmen wie Fußfesseln, Spracherkennungstechnik usw.) mit erzieherischer, rehabilitativ ausgerichteter Intervention vor. Sie sollten eine robuste Alternative zu Freiheitsstrafen darstellen, insbesondere für Wiederholungs- und Intensivtäter und solche Täter, die schwerere Straftaten begangen haben. Die Programme konnten für zwischen sechs und zwölf Monate angeordnet werden. Täter, die einem ISSP unterstellt wurden, waren in der ersten Hälfte der Sanktion zu 25 Stunden Supervision pro Woche, in der zweiten Hälfte zu fünf Stunden Supervision mit dem YOT verpflichtet. Während dieser Zeit sollten sie, basierend auf den Ergebnissen der Risikoexploration durch das YOT, an Bildungs- und Erziehungsmaßnahmen, sowie an Maßnahmen zur Verbesserung der Familienbeziehungen, des Aggressionsmanagements und Suchthilfeprogrammen teilnehmen, vgl. *Moore* 2008; *Graham* 2010; *Youth Justice Board* 2004; 2007.

329   Die Sanktion verpflichtete jugendliche Straftäter ab dem 16. Lebensjahr zu regelmäßigen Treffen mit einem Bewährungshelfer sowie zur Einhaltung von möglichen gerichtlichen Auflagen, vgl. *Herz* 2002, S. 118; *Kilchling* 2002, S. 503. Die *National Standards for the Supervision of Offenders in the Community* in ihrer damaligen Fassung legten die Zielsetzung der Auflagen wie folgt fest: Sie sollten das straffällige Verhalten ausdrücklich dem Täter erklären, ihm seine Verantwortlichkeit für die Tat und ihre Folgen nahe bringen, dem Schutz der Öffentlichkeit dienen, die Eigenverantwortlichkeit und Disziplin des Straftäters sowie seine Reintegration in die Gemeinschaft fördern. Siehe *Home Office* 2000.

330   Im Rahmen einer *community punishment order* konnte das Gericht einen mindestens 16-jährigen Jugendlichen zu gemeinnütziger Arbeit verurteilten. Der Umfang der Arbeiten musste zwischen 40 und 240 Stunden liegen. Siehe alte Fassung des Section 46 PCC(S)A 2000.

331   *Dangerousness* sowie die *public protection sentences* werden in *Kapitel 3.4.2.2.3* bzw. *Kapitel 3.6.2.6.2* unten genauer untersucht.

ist, dass von ihm die „wesentliche Gefahr" ausgeht, der Öffentlichkeit durch die Begehung weiterer *specified offences* „erhebliches Übel" zuzufügen.[332] In der Praxis muss das Gericht befinden, dass: 1.) eine wesentliche Gefahr (*significant risk*) besteht, dass das Kind oder der Jugendliche weitere *specified offences* begeht und 2.) dass die wesentliche Gefahr besteht, dass diese potentiellen Straffälligkeiten der Öffentlichkeit ein erhebliches Übel (*serious harm*) zufügen würden.[333] Im Rahmen seiner Entscheidungssuche muss das Gericht einen *presentence report* des YOT heranziehen, sich somit auf die Ergebnisse einer Risikoeinschätzung stützen.[334]

2.5.3.2 „Antisoziales Verhalten" als Eingriffsgrundlage

Die jugendkriminalpolitische Reformstrategie von *New Labour* sah vor, dass bessere Interventionsgrundlagen geschaffen werden müssten, um bagatellhafter Massendevianz entgegenzuwirken. Letztere liegt häufig am „Rande der Strafbarkeit" – entweder, weil die Verhaltensweisen nicht unter Strafe stehen oder weil sie im Einzelnen strafrechtlich nur schwer verfolgbar sind. Insgesamt wurde antisoziales Verhalten im Rahmen der *New Labour* Reformen als Prädiktor zukünftiger Straffälligkeit verstanden.

Lokale Kommunalverwaltungen hatten sich seit Mitte der 1990er Jahre zunehmend über die anhaltende Delinquenz dieser Art vor allem in einigen besonders armen oder „ausgegrenzten", „verwahrlosten" Nachbarschaften beschwert. Für viele Menschen sei das alltägliche Erfahren dieses „antisozialen Verhaltens" Mitursache für ein Gefühl der Unsicherheit und somit einer zunehmenden Verbrechensfurcht.[335] Es seien auf der lokalen Ebene neue Interventionsmöglichkeiten erforderlich, um dem entgegenzutreten. In der Folge beschloss *New Labour*, die Bekämpfung antisozialen Verhaltens in ihre Strategie zur Kriminalitätsreduktion zu integrieren, um den „Nachbarschafts- und moralischen Werteverfall" umzukehren.

Dabei knüpfte *New Labour* an die „*Broken Windows*"-Theorie von *Wilson/Kelling* an.[336] Sie argumentierten, dass, wenn gegen geringfügige *incivilities* wie Graffiti, Verschmutzung, Trunkenheit in der Öffentlichkeit, Bettelei und

---

332 Sections 226 (1) (b) und 228 (1) (b) CJA 2003.

333 Siehe *NACRO* 2006a, S. 2; *Sentencing Guidelines Council* 2008, S. 15.

334 Section 156 (3) bis (5) CJA 2003. Für eine detaillierte Darstellung des Entscheidungsprozesses sowie aller im Detail zu berücksichtigenden Informationen und Faktoren, siehe *Sentencing Guidelines Council* 2008 sowie die Internetpräsens des *Crown Prosecution Service* unter *http://www.cps.gov.uk/legal/s_to_u/sentencing_and_dangerous_offenders/* (zuletzt eingesehen am 19.03.2014).

335 *Pople* 2010, S. 143 ff.

336 *Wilson/Kelling* 1982. Siehe auch *Crawford* 2007, S. 886 f.; 2009, S. 6 ff.

Prostitution nichts unternommen würde, sich eine „Spirale der Verwahrlosung" in Gang setze, die dazu führen kann, dass ganze Nachbarschaften und Stadtgebiete zu Verbrechenszentren verkommen.[337] Antisoziales Verhalten und Anzeichen lokaler struktureller und moralischer Verwahrlosung hätte Kriminalitätsfurcht und infolge dessen den gesellschaftlichen Rückzug „anständiger" Bürger zur Folge. Die daraus resultierende weitere Senkung informeller Kontrolle biete wiederum Raum für mehr, möglicherweise schwerwiegendere, Kriminalität, die ihrerseits die Furcht und den damit verbundenen Rückzug weiter verstärkt. „Während die Nachbarschaft verkommt, nehmen Desorganisation, Furcht und Kriminalität zu."[338] Um Kriminalität zu verhindern, müsste demnach Sorge dafür getragen werden, dass derartige *incivilities* mangels einer gesellschaftlichen Reaktion sich weiter ausbreiten können.

Dass *New Labour* diese Ansicht vertritt, lässt sich durchaus aus ihren öffentlichen Stellungnahmen zu diesem Thema ableiten:

> „The antisocial behavior of a few damages the lives of many. We should never underestimate its impact. We have seen the way communities spiral downwards once windows get broken and are not fixed, graffiti spreads and stays there, cars are left abandoned, streets get grimier and dirtier, youths hang around street corners intimidating the elderly. The result: crime increases, fear goes up and people feel trapped."[339]

Noch weiter bestärkt wird dies, wenn man betrachtet, wie antisoziales Verhalten vom Gesetzgeber definiert wird und welche Verhaltensweisen nach Ansicht des Innenministeriums darunter fallen. So definierte der Gesetzgeber antisoziales Verhalten als jede Verhaltensweise, „die bei Personen, die nicht demselben Haushalt angehören, Gefühle von Belästigung, Beängstigung, Beunruhigung oder Bedrängnis hervorruft oder hervorrufen könnte."[340] Im Einzelnen nennt das Innenministerium in verschiedenen Veröffentlichungen eine Reihe von Verhaltensweisen, die in der Praxis als „antisozial" zu betrachten sind: „Rowdyhaftes", „proletenhaftes" Benehmen; Vandalismus und Graffiti; das Ankleben von Plakaten; der Kauf und Verkauf von Drogen; aggressives Betteln; Prostitution; öffentlicher Alkoholkonsum; der Gebrauch von Feuerwerkskörpern in den Nachtstunden; laute Musik; Fluchen in der Öffentlichkeit; Konsum von Tabak oder Alkohol durch Minderjährige; unbefugtes Klettern auf

---

337 Vgl. *Crawford* 2007, S. 886.

338 *Crawford* 2007, S. 886.

339 *Home Office* 2003a, S. 2.

340 „*[Behaving in] a manner that caused or was likely to cause harassment, alarm or distress to one or more persons not of the same household*", Section 1 (1) (a) CDA 1998.

Gebäuden; einschüchternde Gruppen von Jugendlichen in der Öffentlichkeit; Spucken in der Öffentlichkeit; Umweltverschmutzung.[341]

Wirft man einen genaueren Blick auf jene Verhaltensweisen, wird ersichtlich, dass sie – wenn sie geballt auftreten – zu einer Wahrnehmung moralischen und gesellschaftlichen Verfalls beitragen können. Jedoch wird auch schnell deutlich, dass sie ein breites Spektrum an Verhaltensformen abdecken, die auch über die Grenze des Strafbaren hinausgehen. In der Tat ist eine klare Grenzziehung zwischen antisozialem und kriminellem Verhalten nicht ohne weiteres möglich, nicht zuletzt, weil die Definition des Antisozialen viel subjektiven Wahrnehmungsspielraum lässt.[342]

Antisoziales Verhalten ist auch insoweit ein wichtiger Anknüpfungspunkt für Intervention, als es als Vorbote zukünftiger Straffälligkeit betrachtet wird, nicht nur für ganze Nachbarschaften, sondern auch bei einzelnen Personen. Wer sich antisozial verhalte, sei sehr nah an der Grenze zur Straffälligkeit (bzw. in Anbetracht der Definition von antisozialem Verhalten möglicherweise schon darüber hinweggetreten). Folglich müsste bereits bei diesen frühen Anzeichen eines möglichen Abrutschens in die Kriminalität staatlich interveniert werden können. Unter *New Labour* war (und ist heute immer noch) antisoziales Verhalten ein Prädiktor für kriminelles Verhalten. Diese Ansicht rechtfertigt bereits antisoziales Verhalten als Eingriffsgrundlage für staatliche Interventionen.

Angesichts dieser theoretischen Hintergründe hat *New Labour* eine weitreichende Strategie zur „Bekämpfung antisozialen Verhaltens" in Gang gesetzt. So sollte im Rahmen der unter *Kapitel 2.5.1* oben angesprochenen primär- und sekundärpräventiven Bemühungen (wie *sure start*) dem sozio-ökonomischen und moralischen Verfall entgegengewirkt werden. Lokale CDRPs haben somit auch die Aufgabe, im Rahmen ihrer Kriminalitätsreduktionsstrategien eine Senkung der Inzidenz antisozialen Verhaltens anzustreben. Gleichzeitig wurde seit 1998 eine Reihe von zivilrechtlichen Interventionsformen eingeführt, um gezielt gegen antisoziales Verhalten vorzugehen und somit das Erscheinungsbild belasteter Nachbarschaften zu verbessern und Personen auf die gerade Bahn zu bringen. Dies sind auf der einen Seite Interventionen, die ganze Nachbarschaften oder lokale geografische Gebiete betreffen (in der Form von Betretungsverboten oder Ausgangssperren beispielsweise); auf der anderen Seite stehen den Ge-

341 Vgl. *Youth Justice Board* 2005, S. 5; *Home Office* 2006, S. 11.

342 Vgl. *Squires* 2008, S. 15 ff.; *Pople* 2010, S. 145. Interessanterweise wird in Section 5 des „Gesetzes über die Öffentliche Ordnung von 1986" (*Public Order Act 1986*) der Straftatbestand „*causing harassment, alarm or distress*" geregelt, welcher seinem Wortlaut nach mit der in Section 1 (1) (a) CDA 1998 dargelegten Definition antisozialen Verhaltens weitgehend deckungsgleich ist. Bereits an diesem Beispiel wird die Unbestimmtheit der Grenzen zwischen straffälligem und nichtstraffälligem Verhalten deutlich, sowie ihre Abhängigkeit von der subjektiven Auslegung der entscheidungsbefugten Justizbehörden.

richten nun mehrere Interventionen zur Verfügung, um gezielt auf einzelne Kinder und Jugendliche einzuwirken, die sich antisozial verhalten haben.[343]

So wurden durch Section 14 f. CDA 1998 sogenannte „Lokale Ausgangssperren für Kinder und Jugendliche" eingeführt (*local child curfews*, LCC), die Personen unter 16 Jahren[344] verbieten, sich zu bestimmten Zeiten an bestimmten Orten aufzuhalten.[345] Ursprünglich als Einzelfallmaßnahme vorgesehen, wurde die Gesetzeslage insoweit angepasst, dass die Ausgangssperre nun für alle Kinder und Jugendliche einer bestimmten Gegend für bis zu 90 Tage angeordnet werden kann.[346] Dabei können unterschiedliche Uhrzeiten für unterschiedliche Altersgruppen festgelegt werden. Verstößt ein Kind oder Jugendlicher gegen die Ausgangssperre, wird er/sie von der Polizei nach Hause begleitet und die Familie erhält anschließend Besuch von einem Mitarbeiter der lokalen Sozialbehörden, worauf weitere Interventionen folgen können.[347] Die LCCs haben demnach Folgen nicht nur für Kinder sondern auch für ihre Familien.[348] Verstößt ein unter 10-jähriges Kind gegen die Ausgangssperre, kann es einer sogenannten Kinderschutzanordnung unterstellt werden (s. u.).

Mittels sogenannter *dispersal orders* – eine polizeiliche Befugnis zur Auflösung sich in der Öffentlichkeit aufhaltender Gruppen (geregelt in Sections 30 bis 36 des „Gesetzes über antisoziales Verhalten 2003", *Antisocial Behaviour Act 2003*, ASBA 2003) – kann die Polizei unter Zustimmung der Kommunalbehörden öffentliche Bereiche, welche von anhaltendem antisozialen Verhalten und/oder einschüchternden Gruppen von Jugendlichen gekennzeichnet sind, als *dispersal zones* designieren.[349] In der Praxis bedeutet dies, dass die Polizei die

---

343　Alle hier aufgeführten zivilrechtlichen Interventionen werden auch in *Kapitel 4.3.2* unten genauer betrachtet.

344　Zu solchen Kinderausgangssperren siehe *Walsh* 2008b. Durchaus relevant ist die Tatsache, dass diese Maßnahme ursprünglich nur für Kinder unter 10 vorgesehen war, da dies die klare frühinterventive Intention belegt. Erst durch Section 48 des „Gesetzes über die Strafjustiz und die Polizei 2001" (*Criminal Justice and Police Act 2001*) wurde die Altersobergrenze auf unter-16-Jährige angehoben.

345　Die Einrichtung einer lokalen Ausgangssperre wird von der lokalen Kommune beantragt, in enger Kooperation mit dem YOT und der Polizei. Bevor sie rechtskräftig wird, muss sie vom *Secretary of State* genehmigt werden, siehe Section 14 CDA 1998.

346　Vgl. *Morgan/Newburn* 2007, S. 1.039.

347　Section 15 CDA 1998.

348　Vgl. *Muncie* 1999, S. 239.

349　Section 30 (1) ASBA 2003; *Pople* 2010, S. 167; *Crawford* 2008, S. 145. Die Schaffung einer solchen Zone, die klar und deutlich definiert sein muss, muss in lokalen Print-Medien und durch öffentliche Aushänge angekündigt werden (Section 31 (3) ASBA 2003). *Dispersal zones* können grundsätzlich für bis einen Zeitraum von bis zu sechs Monaten eingerichtet werden und auf Anordnung eines Gerichts verlängert werden, siehe Section 30 (2) ASBA 2003.

Befugnis hat, Gruppen von zwei oder mehr Personen aufzulösen, wenn sich Mitglieder der Öffentlichkeit durch ihre Anwesenheit oder ihr Verhalten bedroht, eingeschüchtert, belästigt oder genötigt fühlen (bzw. fühlen könnten).[350] Personen, die nicht in der *dispersal zone* wohnhaft sind, können in der Folge für 24 Stunden der Zone verwiesen werden. Sich in einer solchen Zone in einer Gruppe aufzuhalten ist nicht strafbar; die Nichtbefolgung der polizeilichen Aufforderung, die Gruppe aufzulösen oder das Gebiet zu verlassen, jedoch schon.[351] Für Kinder und Jugendliche unter 16 Jahren dient die *dispersal order* zusätzlich als Ausgangssperre.[352] So können unbeaufsichtigte Kinder und Jugendliche unter 16 Jahren zwischen 21 Uhr und 6 Uhr von der Polizei nach Hause gebracht werden, wenn sie Gefahr laufen, sich antisozial zu verhalten oder straffällig zu werden und Gefahr laufen, der Straffälligkeit oder dem antisozialen Verhalten anderer ausgesetzt zu sein.

Auch wurde eine Reihe von Interventionsformen eingeführt, die gezielt auf einzelne Personen angewandt werden können. Ermöglicht werden solche Eingriffe dadurch, dass die Interventionsgrundlage nicht straffälliges, sondern eben „nur" antisoziales Verhalten ist. Da antisoziales Verhalten in der Praxis häufig mit Formen leichter Straffälligkeit gleichzusetzen ist, gegen die strafrechtlich nur schwer vorgegangen werden kann, werden die neuen zivilrechtlichen Maßnahmen als „Vollstreckungshilfe" betrachtet in Fällen, in denen die Beweislage unzureichend ist oder der „Täter" über das Strafrecht nicht belangbar wäre, da das Verhalten nicht gesetzlich als strafbar definiert wurde. Gleiches gilt, wenn der „Täter" noch nicht strafmündig ist.[353]

Durch Section 11 bis 13 CDA 1998 wurden sogenannte „Kinderschutzanordnungen" (*child safety orders*, CSO) eingeführt, die es Familiengerichten erlauben, auf Antrag der lokalen Sozialbehörden ein Kind eines beliebigen Alters sowie seine Eltern für bis zu 12 Monate der Begleitung eines YOT-Mitarbeiters zu unterstellen, der das Kind in der Erfüllung bestimmter Auflagen betreut und unterstützt. Voraussetzung für eine CSO ist, dass ein strafunmündiges Kind sich in einer Weise verhält, die strafbar wäre, wäre das Kind 10 Jahre oder älter; dass es Gefahr läuft, sich in einer Weise zu verhalten, die strafbar wäre, wäre es älter; sich antisozial verhalten hat, oder; gegen eine lokale Kinderausgangssperre ver-

---

350 Section 30 (3) und (4) ASBA 2003. Vgl. *Crawford* 2008, S. 145; *Pople* 2010, S. 167.

351 Vgl. *Crawford* 2008, S. 145. Wer der polizeilichen Aufforderung bewusst nicht nachkommt kann zu einer Geldstrafe von maximal £1.000 oder einer Freiheitsstrafe von bis zu drei Monaten verurteilt werden, siehe Section 32 (2) und (3) ASBA 2003. Da die minimal zulässige Freiheitsstrafe bei Kindern und Jugendlichen vier Monate beträgt (siehe *Kapitel 3.6.2.6* unten), kommen für sie stattdessen andere Rechtsfolgen in Betracht.

352 Section 30 (6) ASBA 2003. Vgl. auch *Crawford* 2008, S. 145; *Pople* 2010, S. 167.

353 Vgl. *Morgan/Newburn* 2007, S. 1.037; *Cavadino/Dignan* 2007, S. 327.

stoßen hat.[354] Die genaue Zusammensetzung und die Inhalte der Auflagen sind fallspezifisch individualisiert und basieren auf einer Risikoeinschätzung durch das YOT. Folglich sollen die Auflagen so angepasst werden, dass sie Risikofaktoren beheben und protektive Faktoren und die Wohlfahrt des Kindes fördern.[355] Insbesondere sollen die Auflagen gewährleisten, dass Kinder den notwendigen Grad an Fürsorge, Aufsicht, Schutz und Kontrolle erhalten, den sie benötigen, um eine Wiederholung des Verhaltens zu verhindern (z. B. die Sicherstellung des regelmäßigen Schulbesuches mithilfe der Eltern, die Teilnahme an Programmen, welche sich mit dem „problematischen" Verhalten und der Rolle der Eltern in diesem Verhalten auseinandersetzen).[356] Dazu gehören auch restriktive Maßnahmen, wie zum Beispiel Ausgangssperren, Betretungs- und Kontaktverbote.[357] Sie sind demnach Auflagen sowohl für die Eltern als auch für das Kind selbst. Um die Eltern noch stärker in die Pflicht zu nehmen kann eine „Elternschaftsanordnung" (*parenting order*, siehe *Kapitel 2.5.4.2* unten) an ein CSO angehängt werden.[358]

Eine weitere Interventionsform, die auch bei unter 10-jährigen Kindern in Fällen antisozialen Verhaltens anwendbar ist, sind sogenannte „Verträge über tragbares Verhalten" (*acceptable behaviour contracts*, ABC).[359] Ein ABC ist eine schriftliche, freiwillige Vereinbarung zwischen einer Person eines beliebi-

---

354 Vgl. *Horsfield* 2006, S. 42; *Walsh* 2008, S. 52; *Cavadino/Dignan* 2007, S. 327.

355 Vgl. *Ministry of Justice/Department of Children, Schools and Families* 2007, S. 3.

356 Vgl. *Bottoms/Dignan* 2004, S. 122; *Cavadino/Dignan* 2007, S. 327.

357 Vgl. *Smith* 2007, S. 54.

358 Nachträglich ergänzt durch Section 60 des „Kindergesetzes" von 2004 (*Children Act 2004*). Die Auflagen der *parenting order* werden in solchen Fällen an jene des CSO angepasst und erfordern meist, dass die Eltern dafür Sorge tragen, dass die CSO erfolgreich beendet wird. Vgl. *Walsh* 2008, S. 52; *Ministry of Justice/Department of Children, Schools and Families* 2007, S. 2 f. Da die Kinder, die einer CSO unterstellt werden, nicht strafmündig sind, haben Verstöße gegen die Auflagen keine strafrechtlichen Folgen. Das Gericht kann im Falle von Verstößen die Auflagen einer CSO ändern, die CSO teilweise oder gänzlich widerrufen, falls noch nicht geschehen eine *parenting order* anhängen oder auf andere dem Familiengericht zur Verfügung stehenden Interventionsalternativen zurückgreifen. Jedoch ist ein Verstoß gegen die Auflagen einer angehängten *parenting order* eine Straftat, die mit bis zu £ 1.000 oder einer *community sanction* geahndet werden kann. Laut Innenministerium sei dies möglicherweise ein probates Mittel, die erfolgreiche Erfüllung einer CSO zu gewährleisten, vgl. *Ministry of Justice/Department of Children, Schools and Families* 2007, S. 3.

359 ABCs sind nicht primärgesetzlich geregelt. Sie sind eine Praxisstrategie, die aufgrund weitestgehend positiver Evaluation durch *Bullock/Jones* (2004) nach Testphasen in Islington von Januar 1999 bis Oktober 2000 sowie von Mai bis Dezember 2001 auf nationaler Ebene ausgeweitet wurde. „Geregelt" wird der Gebrauch von ABCs durch Praxisrichtlinien des Innenministeriums, welche lediglich von beratender (und nicht bindender) Natur sind. Siehe hierzu *Home Office* 2007.

gen Alters, die sich antisozial oder geringfügig kriminell verhalten hat,[360] und dem lokalen YOT. Im Rahmen dieser informellen Vereinbarung verspricht die Person, die sich antisozial oder straffällig verhalten hat, die im Vertrag genannten Auflagen und Verbote für einen bestimmten Zeitraum (üblicherweise sechs Monate, jedoch ohne zeitliche Obergrenze) einzuhalten. In Fällen von unter 16-Jährigen wird die Anwesenheit der Eltern bei der Entwicklung und Unterzeichnung der Vereinbarung empfohlen. Sie ist jedoch nicht zwingend notwendig. Die Auflagen/Verbote müssen in einem Zusammenhang zu dem an den Tag gelegten Verhalten stehen und dem dem Vertrag Unterstellten seine Verantwortung für das eigene Verhalten verdeutlichen.[361] Mögliche Unterlassensauflagen können sich auf nicht-kriminelle Verhaltensweisen (beispielsweise nicht Spucken; nicht in Gruppen von vier Personen oder mehr in der Öffentlichkeit versammeln; nicht Klingelmäuschen spielen), sogenannte *status offences* (z. B. Alkohol- oder Tabakkonsum einstellen, regelmäßig zur Schule gehen) und auch geringfügige Straffälligkeit beziehen (z. B. leichten Vandalismus, das Sprühen von Graffiti, Beschädigungen fremden Eigentums oder Beleidigungen in Zukunft unterlassen).[362] Zu den Verboten können noch positive Interventionen als Auflagen hinzugezogen werden, wie beispielsweise die Teilnahme an einem Anti-Aggressions-Training, eine Selbstverpflichtung zum regelmäßigen Schulbesuch oder aber restorative Prozesse.[363] ABCs sollen in solchen Fällen in Betracht kommen, in denen bereits die Verhängung einer „Anordnung bei antisozialem Verhalten" (*anti-social behaviour order*, ASBO, siehe unten) oder eine Anklage (bei geringfügiger Delinquenz) in Erwägung gezogen werden.[364] In der Folge kann die Nichteinhaltung der Auflagen/Verbote die Verhängung eines ASBO rechtfertigen, oder aber die Kündigung der Familie (*eviction*) sofern sie in staatlich subventionierter Behausung (*council housing*) untergebracht ist. Zudem kann eine *parenting order* angehängt und/oder (bei strafbarem Verhalten) formelle Strafverfolgung eingeleitet werden. So kann man unter Berücksichti-

---

360 Verhaltensweisen, für die in der Vergangenheit ABCs verhängt wurden, sind beispielsweise: unerlaubter Tabak- und/oder Alkoholkonsum; Betteln; geringfügige Sachbeschädigungen; Lärmbelästigung; Vandalismus; allgemeine Belästigung; siehe *Bullock/Jones* 2004, S. 22; *Home Office* 2007, S. 3.

361 Vgl. *Squires* 2008b, S. 3.

362 Vgl. *Home Office* 2007, S. 8. Während der Pilotphasen enthielten ABCs im Durchschnitt sieben Auflagen/Verbote, siehe *Bullock/Jones* 2004, S. 25.

363 Beispiele für restorative Leistungen wären das Entfernen von Graffiti, die Wiederherstellung der verursachten Schadens oder eine persönliche Entschuldigung. Vgl. *Home Office* 2007, S. 3.

364 Vgl. *Squires* 2008b, S. 4.

gung dieser bei Nichteinhaltung drohenden Sanktionierung diese Interventionsform als „informelle Bewährung" bezeichnen.[365]

Das wohl prominenteste Beispiel für die „Sanktionierung" antisozialen Verhaltens sind die sogenannten *anti-social behaviour orders*" (ASBOs).[366] ASBOs können gegen alle Personen ab dem 10. Lebensjahr verhängt werden, die sich antisozial verhalten haben, sprich in einer Weise, *„die bei Personen, die nicht demselben Haushalt angehören, Gefühle von Belästigung, Beängstigung, Beunruhigung oder Bedrängnis hervorruft oder hervorrufen könnte.*"[367] Weitere Voraussetzung für die Zulässigkeit einer ASBO ist, dass die Sanktion notwendig ist, um den Schutz der Öffentlichkeit vor weiterem antisozialem Verhalten zu gewährleisten.[368] ASBOs haben keine rehabilitativen oder erzieherischen Elemente zum Inhalt. Vielmehr sind sie reine Verbotsinterventionen, welche den ihnen unterstellten Personen bestimmte Verhaltensweisen untersagen.[369] Dabei macht das Gesetz keinerlei Vorgaben hinsichtlich der Form, die die Verbote annehmen sollen oder dürfen, außer, dass sie dem Schutze der Öffentlichkeit vor weiterem antisozialen Verhalten des „Täters" dienen.[370] Verstöße gegen die in einer ASBO aufgeführten Verbote können mit bis zu zwei Jahren Haft bestraft werden. Da ASBOs zivilrechtlicher Natur sind, gelten keine Einschränkungen hinsichtlich der Medienberichterstattung, so dass häufig die Namen, Adressen, Fotos und Auflagen veröffentlicht werden.

ASBOs und andere zivilrechtliche Interventionsformen sollen nicht nur eine Verhaltensverbesserung seitens der ihnen unterstellten Rechtsbrecher erwirken und einer Besserung des Erscheinungsbilds und der Attraktivität ganzer geografischer Bereiche zuträglich sein. Ebenso sollen sie die Verantwortung der lokalen Kommune, die von dem Verhalten des „Täters" betroffen ist, fördern. Durch die Veröffentlichung der Namen, Adressen und in den ASBOs enthaltenen Auflagen in Tageszeitungen soll das direkte gesellschaftliche Umfeld an der Supervision der Einhaltung der Auflagen beteiligt werden. So können Einwohner ein Gefühl der Partizipationsmöglichkeit erhalten, indem sie einen Beitrag dazu leisten können, dass der „Täter" sein Verhalten verbessert, während auch öffentlich verdeutlicht wird, dass der Staat durchgreift und sich für seine Bürger einsetzt. Selbiges gilt auch für *dispersal orders* und *local child curfews*. Im

---

365 Vgl. *Gilling* 2007, S. 220; *Hughes/Follett* 2006, S. 165.

366 Gesetzesentwürfe, die eine Abschaffung des ASBO vorsehen, liegen bereits dem Parlament vor, wurden jedoch noch nicht per Parlamentsbeschluss in geltendes Recht übertragen. Zu den Reformvorhaben, siehe *Kapitel 4.3.2* unten.

367 Section 1 (1) (a) CDA 1998.

368 Section 1 (1) (b) CDA 1998. Siehe *Squires* 2008a; *NACRO* 2003; 2004; 2005a, m. jew. w. N.

369 Section 1 (4) CDA 1998.

370 Section 1 (6) CDA 1998.

Kontext der *Broken Windows*-Theorie trage dies dazu bei, dass belastete Nachbarschaften wieder an gesellschaftlicher Attraktivität gewinnen, wodurch eine Senkung der Kriminalität zu erwarten wäre. Wichtiges Konzept ist in diesem Zusammenhang die „Verantwortung" der Bürger gegenüber ihrem sozialen Umfeld – nicht nur der Täter, sondern auch der Bevölkerung im Allgemeinen.

2.5.4 Verantwortung und Verantwortlichmachung – „Responsibilisation"

Das Konzept der Verantwortung (*responsibility*) spielt eine zentrale Rolle in der aktuellen jugendstrafrechtlichen Strategie. Im neoliberalen Kontext von *rights and responsiblities* (Rechte und Pflichten, die man als Bürger in einer Gesellschaft hat) betrifft die Verantwortung auf der einen Seite alle Bürger der Gesellschaft – alle haben eine Verantwortung zu tragen, dass die Gesellschaft, in der sie leben, sicher, zivilisiert und moralisch stabil ist: *„everyone [...] has a responsibility to reduce criminal opportunities and increase formal controls.*"[371] Durch die Reformen von *New Labour* wurde die Aufgabe der Kriminalprävention dezentralisiert und an die lokale Ebene, die direkt von der Straffälligkeit ihrer Mitbürger betroffen ist, übertragen. Dieser Ansatz wird beispielsweise in der Verpflichtung aller lokalen Kommunen mitsamt ihren verschiedenen Behörden, YOTs zu gründen und lokale Strategien und Pläne zur Eindämmung kriminellen Verhaltens zu entwickeln, wiedergespiegelt,[372] aber auch in der Rolle der Öffentlichkeit in der Vollstreckung und Durchsetzung von Maßnahmen zur Eindämmung antisozialen Verhaltens.

Auf der anderen Seite hat das Konzept der Verantwortung vor allem eine individuelle Komponente – nämlich dass Personen, die gegen Strafgesetze und somit gegen ihre Pflichten gegenüber der Gesellschaft verstoßen, für ihr Verhalten zur Verantwortung gezogen werden müssen.

2.5.4.1 Individuelle Verantwortlichmachung junger Rechtsbrecher

Individuelle Verantwortlichmachung impliziert, dass junge Straftäter die Verantwortung für ihr Verhalten übernehmen müssen, anstatt dass sie aufgrund ihres Alters oder eines Glaubens, dass sie aus der Kriminalität herauswachsen werden, von Konsequenzen losgesprochen werden.[373] Kinder und Jugendliche sind nach Ansicht von *New Labour* durchaus in der Lage, zwischen Recht und Unrecht zu unterscheiden.[374]

---

371 Siehe *Muncie/Hughes* 2006, S. 3.

372 Siehe *Kapitel 2.5.2* oben, sowie *Muncie* 2008, S. 299.

373 *Cavadino/Dignan* 2007, S. 322.

374 Siehe *Home Office* 1997.

Das Konzept der individuellen Verantwortlichmachung wird in mehreren Elementen der Reformen von *New Labour* widergespiegelt. Zuallererst ist die Abschaffung einer fakultativen Anwendung der sogenannten *doli incapax*-Doktrin bei 10- bis einschließlich 13-Jährigen durch Section 34 CDA 1998 zu erwähnen, wodurch alle Kinder dieser Altersgruppe nun grundsätzlich angeklagt und der Strafverfolgung ausgesetzt werden dürfen.[375] Zuvor musste die Staatsanwaltschaft bei dieser Altersgruppe nachweisen, dass das Kind zu einer Unterscheidung zwischen Recht und Unrecht in der Lage sei sowie auch entsprechend dieser Einsicht zu handeln.[376] Diese Reform des persönlichen Anwendungsbereichs des Jugendstrafrechts hatte eine starke Signalwirkung, nämlich dass Kinder ab einem sehr jungen Alter für ihr Verhalten zur Verantwortung gezogen wurden.[377] Zudem wurde dadurch die Ansicht bekräftigt, dass das Strafrecht die geeignete Arena sei, um an den Ursachen der Straffälligkeit von jungen Kindern anzusetzen und diese effektiv zu beheben. Strafrechtliche Intervention an sich solle demnach bereits eine verantwortungsfördernde Wirkung entfalten.

Neben dem persönlichen Anwendungsbereich wurde auch das Rechtsfolgensystem durch *New Labour* weitreichenden Reformen ausgesetzt, um besser der Verantwortlichmachung junger Rechtsbrecher zu dienen. Die wichtigsten Veränderungen lagen darin, dass Formen des *restorative justice* vermehrt Einzug in das Jugendjustizsystem gehalten haben. Restorative Prozesse zielen darauf ab, Tätern durch Konfrontation mit dem Opfer die materiellen und seelischen Folgen ihres Fehlverhaltens aufzuzeigen und Verantwortung für dieses Verhalten zu übernehmen, um somit eine positive Reintegration in die Gesellschaft zu erreichen.[378] Zugleich kommen restorative Prozesse vor allem den Opfern von Straftaten zugute, die in die Ermittlung der Reaktion auf die Straffälligkeit involviert werden und durch den Erhalt von Wiedergutmachungsleistungen und Einblicken in die Motivation des Täters die Straftat hinter sich lassen können. Demnach passen restorative Justizelemente bestens in die Strategie von *New Labour*, weil sie das Ziel der Verantwortlichmachung junger Täter (und ihrer Eltern, sofern diese in den restorativen Prozessen involviert

---

375 Für detailliertere Hintergründe zu dieser Reform, sowie zum persönlichen Anwendungsbereich des englischen Jugendstrafrechts, siehe *Kapitel 3.1.3.1* sowie *Kapitel 4.3.1.1* unten.

376 Vgl. *Labour Party* 1996, § 5; *Graham* 2010, S. 113.

377 Vgl. *Graham* 2010, S. 113.

378 Vgl. *Liebmann* 2008, S. 301 ff. Siehe auch *Johnstone* 2011; *Van Ness/Strong* 2010; *van Wormer/Walker* 2013. Für eine umfassende und aufschlussreiche deutschsprachige Auseinandersetzung mit dem Thema „*restorative justice*", siehe *Domenig* 2008.

werden) sowie die Notwendigkeit, den Bedürfnissen von Opfern[379] besser gerecht zu werden, ansprechen.[380] Zudem würden derartige Prozesse das Vertrauen in das Justizsystem bestärken.

So wurden durch Section 67 des CDA 1998 sogenannte „Anordnungen zur Erbringung von Wiedergutmachungsleistungen" (*reparation orders*) als gerichtliche Sanktion für Fälle weniger schwerer Straffälligkeit eingeführt, welche ansonsten mittels faktisch interventionsloser Rechtsfolgen wie einem Absehen von Strafe oder einer Geldstrafe sanktioniert worden wären.[381] *Reparation orders* waren als „Einstiegssanktion" angedacht für Fälle geringfügiger Delinquenz,[382] die aufgrund eines erschöpften Verwarnungskontingents nicht durch das Diversionssystem abgefangen werden können (siehe *Kapitel 3.6.2.3* unten). Sie erfordern vom Täter die Erbringung nicht-finanzieller Wiedergutmachungsleistungen an das Opfer oder an die lokale Kommune, die den Erwartungen des Opfers entsprechen und in direktem Zusammenhang zur Tat stehen.

Ein Jahr später wurden durch Teil II des YJCEA 1999 sogenannte „Verweise an Jugendstraftätergremien" oder „Verweisungsanordnungen" (*referral orders*, RefO) eingeführt, welche bis auf eng definierte Ausnahmen für geständige 10- bis einschließlich 17-jährige Erstverurteilte die *obligatorische Rechtsfolge* darstellen und ebenfalls den Gebrauch von Sanktionen verringern sollten, welche keinerlei rehabilitative Einwirkung auf den Täter zum Inhalt hatten.[383] Im Rahmen einer RefO werden Straftäter an ein sogenanntes „Jugendstraftätergremium" (*youth offender panel*, YOP) verwiesen, welches aus Vertretern der lokalen Kommune, einem Vertreter des YOT, dem Täter sowie seinen Eltern, möglicherweise auch dem Opfer und dessen Familie, zusammengesetzt ist. Ziel dieses Treffens ist es, die Ursachen, Folgen und Konsequenzen des straffälligen Verhaltens zu beleuchten sowie gemeinsam – unter Mitwirkung aller Anwesenden – eine Strategie zur Wiedergutmachung des entstandenen Schadens (Reparation) und zur Minimierung des Risikos einer erneuten Straffälligkeit (spezialpräventive Intervention) zu entwerfen.[384] Endprodukt des Treffens sollte

---

379 In ihrem Gesetzesentwurf „*Protecting the Public*" von 1996 kündigte *New Labour* an, dass mehr getan werden müsste, um den Bedürfnissen der Opfer besser gerecht zu werden, siehe *Audit Commission* 1996, § 21.

380 Vgl. *Graham* 2010, S. 114 f.; *Home Office* 1997, § 9.21.

381 Das Absehen von Strafe, Geldstrafen und die *reparation order* werden in *Kapitel 3.6.2* genauer dargestellt und untersucht.

382 Vgl. *Dignan* 2011, S. 367.

383 Vgl. *Cavadino/Dignan* 2007, S. 322.

384 *Ministry of Justice/Department of Children, Schools and Families/Youth Justice Board* 2009, Rn. 1.4 und 8.4; Section 23 (1) PCC(S)A 2000. Siehe auch Nr. 46 der *Explanatory Notes to the YJCEA 1999*: „*Referral to a youth offender panel is intended to provide an*

sein, dass ein Vertrag zwischen dem Täter und dem YOP zustande kommt (ein *youth offender contract*, YCO), in welchem die ermittelte Strategie zur Wiedergutmachung und Senkung des Rückfallrisikos festgehalten wird und zu deren Erfüllung sich der Täter verpflichtet.

2.5.4.2 Elterliche Verantwortung

Das Konzept der Verantwortung ist im Rahmen des englischen Jugendstrafrechts keineswegs auf junge Straftäter selbst begrenzt. Vielmehr hat die *New Labour*-Regierung deutlich gemacht, dass gerade die Eltern junger Rechtsbrecher eine zentrale Rolle spielen und, sofern sie ihrer elterlichen Erziehungspflicht nicht ordentlich nachkommen, ihrer Verantwortung bewusst gemacht werden müssen.[385] Eltern könnten zwar nicht direkt verantwortlich gemacht werden für die Straffälligkeit ihrer Kinder, jedoch spielten sie und ihre Erziehung eine wichtige Rolle.[386] Die Regierung berief sich dabei auf empirische Forschung, die ergeben hatte, dass Straffälligkeit im Kindesalter einen starken Zusammenhang mit mangelnder elterlicher Supervision[387] oder schlechten Beziehungen zu den eigenen Eltern[388] aufweist. In der Folge könnten schlechtes *parenting* als zu behebender Risikofaktor und gutes *parenting* als zu fördernder protektiver Faktor betrachtet werden.[389] Bereits 1993 sagte *Tony Blair*:

---

opportunity for the young offender to consider, with his or her parents and the panel, how best to address the offending behaviour and prevent its re-occurrence."

385 Vgl. *Home Office* 1997, § 4.6; *Morgan/Newburn* 2007, S. 1.033; *Cavadino/Dignan* 2007, S. 322.

386 Vgl. *Home Office* 1997, § 4.6; *Audit Commission* 1996, § 88; *Burney* 2008a, S. 254 f.

387 Eine vom *Home Office* in Auftrag gegebene, von *Graham/Bowling* durchgeführte Befragung zur selbstberichteten Delinquenz im Jahr 1995 ergab, dass 32% aller Jungen, die einen hohen Grad an elterlicher Supervision angaben, von eigener Straffälligkeit berichteten (14% bei Mädchen). Bei den Jungen die angaben, einem geringen Grad an elterlicher Überwachung ausgesetzt zu sein, gaben dagegen 53% an, selber straffällig geworden zu sein (30% bei den Mädchen), siehe *Graham/Bowling* 1995, S. 38; auch zitiert in *Audit Commission* 1996, § 88.

388 Junge Menschen, die eine schlechte Beziehung oder schwache Bindung zu ihren Eltern hatten, gaben häufiger an, selber straffällig geworden zu sein (70%) als solche mit einer guten Beziehung oder Bindung (42%). Die Richtung dieses Zusammenhangs – ob die Beziehung aufgrund der Straffälligkeit des Kindes schlecht ist, oder ob die schlechte Beziehung/schwache Bindung ursächlich für die Delinquenz ist – konnte nicht genau ermittelt werden. Siehe *Graham/Bowling* 1995, S. 37.

389 Vgl. *Home Office* 1997, § 4.8; *Audit Commission* 1996, § 89.

*„No one but a fool would excuse the commission of a crime on the basis
of the offender's upbringing; and no one but a bigot would ignore the
impact of that upbringing on the individual's behaviour."*[390]

Neben den allgemeinpräventiven Programmen, die *New Labour* nach dem
Wahlsieg umgesetzt hatte (siehe *Kapitel 2.5.1* oben), wurden im *Labour Party
Manifesto* im Anlauf zur Wahl 1997 auch Maßnahmen angekündigt, um Eltern
dazu zu zwingen, Verantwortung für das Fehlverhalten ihrer Kinder zu übernehmen, wenn diese straffällig würden oder sich antisozial verhielten.[391] In ihrem White Paper *No More Excuses* wird auf Studien aus den USA verwiesen. In
diesen Studien war ermittelt worden, dass eine Verbesserung elterlicher Erzie-
hungsfähigkeiten und ihres Durchsetzungsvermögens und die Belohnung guten
Benehmens durch die Teilnahme an elterlichen Fortbildungs- und Trainingspro-
grammen die Straffälligkeit ihrer Kinder halbiert werden konnte.[392] Zugleich
kündigte die Regierung an, den Gerichten Mittel zur Verfügung zu stellen, um
Eltern zur Ausübung besserer Kontrolle über ihre Kinder zu bewegen. Folglich
wurden durch Section 8 des CDA 1998 sogenannte „Elternschaftsanordnungen"
(*parenting orders*) eingeführt.

Parenting orders sind zivilrechtliche Anordnungen, die *„Eltern Training
und Unterstützung anbieten sollen, um das Verhalten ihrer Kinder zu ändern
und sie gegebenenfalls zu einer besseren Ausübung ihrer elterlichen Kontroll-
und Aufsichtspflicht auffordern sollen."*[393] Eine Elternschaftsanordnung kann
dann auferlegt werden, wenn ein Kind oder Jugendlicher für die Begehung einer
Straftat verurteilt wurde oder einer Kinderschutzanordnung oder einer ASBO
unterstellt wurde.[394] Es ist vorgesehen, dass eine Elternschaftsanordnung immer
verhängt wird, wenn ein unter 16-jähriger verurteilt und sanktioniert wurde (außer bei obligatorischen „Verweisungsanordnungen"), sofern das Gericht (nach
Beratung durch das YOT) dies in Hinblick auf die Verhinderung weiterer Straffälligkeit für notwendig erachtet. Seit dem ASBA 2003 können zudem *stand-
alone parenting orders* verhängt werden, wenn Eltern den regelmäßigen Schul-

---

390 Zitiert in *Smith* 2007, S. 25.

391 *„New parental responsibility orders will make parents face up to their responsibility for
their children's misbehaviour"*, siehe *Labour Party* 1997.

392 Studie von *Alexander/Parsons* 1973, zitiert in *Home Office* 1997, § 4.8; siehe auch *Burney*
2008a, S. 254 f.

393 *Labour Party* 1996, § 32. (Übersetzung des Autors). Das Justizministerium hat in Zusammenarbeit mit dem YJB Richtlinien herausgegeben, welche die einzuhaltenden Verfahrensweisen und Zuständigkeiten klar definieren. Siehe *Ministry of Justice/ Department for Children, Schools and Families/Youth Justice Board* 2007; *Youth Justice
Board* 2010b, § 8.163 ff.

394 Vgl. *Graham/Moore* 2006, S. 83.

besuch ihrer Kinder nicht gewährleisten, sofern das YOT eine solche Verhängung für angemessen befindet.[395] *„Die Zielkriterien der [...] Maßnahme umschreibt das Innenministerium mit der Förderung der Kommunikationsfähigkeit zwischen Eltern und Kind, der Wiederherstellung von Ordnung und Disziplin und der Stärkung elterlicher Aufsicht."*[396] Im Rahmen einer *parenting order* werden Eltern für einen Zeitraum von bis zu drei Monaten zur Teilnahme an maximal einmal pro Woche stattfindenden Therapie- und Beratungsstunden verpflichtet.[397] Zudem können der Anordnung zusätzliche Auflagen angehängt werden, wie beispielsweise die Sicherstellung des regelmäßigen Schulbesuchs, die Durchsetzung von Ausgangssperren oder die Teilnahme des Kindes an Anti-aggressionskursen, welche darauf abzielen ein (erneutes) Straffälligwerden des Kindes zu verhindern.[398] Diese zusätzlichen Auflagen können für maximal ein Jahr angeordnet werden. *Parenting orders* sind vorgesehen für solche Fälle, in denen freiwillige Familienhilfedienste nicht in Anspruch genommen werden – daher der Zwang zur Teilnahme. Kommen die Eltern den Auflagen nicht nach oder versäumen sie die Teilnahme an den Trainingskursen ohne hinnehmbare Begründung, kann eine Geldstrafe von bis zu £ 1.000 oder eine *community sanction* gegen sie verhängt werden.[399]

Die Sanktionierung der Eltern junger Rechtsbrecher ist an und für sich kein gänzlich neues Phänomen in England. Bereits seit geraumer Zeit können Eltern mittels sogenannter „Zwangsbürgschaften" (*parental bind-overs*, siehe im Detail *Kapitel 3.6.2.7.2* unten) gegen Zahlung einer Kaution von maximal £ 1.000 dazu verpflichtet werden, sich „ordentlich" um ihr Kind zu kümmern und elterliche Kontrolle über das Verhalten ihres Kindes auszuüben, um die Befolgung und Einhaltung der aus gegen ihr Kind verhängten Sanktionen hervorgehenden Auflagen bestmöglich zu gewährleisten.[400] Zudem liegt die Pflicht zur Bezahlung der gegen 10- bis einschließlich 15-Jährige verhängten Geldstrafen zwingend bei den Eltern, bei 16- und 17-Jährigen fakultativ.[401] Die zwangsweise Auferlegung einer Teilnahme an Trainingskursen im Rahmen einer *parenting order* ist dagegen eine Neuheit in England, die ein staatliches Eingreifen in die

---

395 Vgl. *Burney* 2008a, S. 254 f.

396 *Herz* 2002, S. 113.

397 Vgl. *Ministry of Justice/Department of Children, Schools and Families/Youth Justice Board* 2007, § 7.2; *Cavadino/Dignan* 2007, S. 322; *Downes/Morgan* 2007, S. 218.

398 Vgl. *Ministry of Justice/Department of Children, Schools and Families/Youth Justice Board* 2007, § 7.20.

399 Vgl. *Pople* 2010, S. 162.

400 Vgl. *Ireland* 2008, S. 38; Section 150 (2) und (3) PCC(S)A 2000.

401 Geldstrafen werden unter *Kapitel 3.6.2.2* unten genauer beschrieben.

Privatsphäre der Familie und somit eine Einwirkung auf das Verhalten von nicht straffällig gewordenen Personen zulässt.

2.5.5 Frühintervention

Lässt man an dieser Stelle das bisher Beschriebene Revue passieren, so manifestiert sich der Eindruck, dass die verschiedenen Reformelemente in ihrer Gesamtheit eine frühere Intervention in das Leben junger Menschen zulassen, als dass es vor 1998 der Fall gewesen ist. Um die Verantwortung junger Rechtsbrecher für ihr eigenes Verhalten zu bekräftigen, wurde die Zulässigkeit einer fakultativen Anwendung von *doli incapax* abgeschafft, so dass alle Kinder ab dem 10. Lebensjahr schuldfähig und strafmündig sind.[402] In der Folge ist die Wahrscheinlichkeit gestiegen, dass das Fehlverhalten 10 bis einschließlich 13-Jähriger strafrechtliche anstatt familien- oder jugendhilferechtliche Folgen nach sich zieht. Gleichzeitig sind auch die Verhaltensweisen, die eine staatliche (obgleich nicht strafrechtliche) Intervention nach sich ziehen können, durch die Konzentration auf antisoziales Verhalten als kriminogene gesellschaftliche Erscheinung ausgedehnt worden.[403] So ist der frühinterventive Charakter der verfolgten jugendkriminalpolitischen Präventionsstrategie nicht auf das Alter von Kindern und Jugendlichen begrenzt (also: früh im Leben eines Kindes) – vielmehr ist „früh" auch so auszulegen, dass Eingriffe früher in der Entwicklung straffälligen oder gesellschaftlich unerwünschten Verhaltens erfolgen.

In der Tat war frühere Intervention nicht ein Nebenprodukt der Reformen, sondern ein explizit angekündigtes und angestrebtes Reformziel. Nach Ansicht von *New Labour* sei in der Vergangenheit zu viel Aufwand betrieben worden, um junge Straffällige vor dem Gesetz zu schützen. Demnach sollte der Begriff „Frühintervention" auch so verstanden werden, dass die frühestmögliche Gelegenheit genutzt werden müsse, um auf Kinder und Jugendliche die straffällig werden einzuwirken, anstatt sie ohne echte resozialisierende, erzieherische oder gar strafende Intervention „davonkommen zu lassen".

Der erste Schritt in diese Richtung war eine Reform des für Kinder und Jugendliche geltenden Diversionssystems, in dessen Mittelpunkt polizeiliche Verwarnungen (*police cautions*) stehen. Polizeiliche Verwarnungen haben in England und Wales eine lange Tradition, und werden „seit der Gründung organisierter Polizeiapparate" in der Praxis angewandt.[404] Vor 1998 gab es jedoch keine gesetzlichen Vorgaben darüber, wie häufig eine Person verwarnt werden durfte.[405] Ob verwarnt werden sollte oder nicht lag gänzlich im Ermessen der

---

402 Siehe bereits *Kapitel 2.5.4.1* oben, sowie auch *Kapitel 3.1.3.1* und *Kapitel 4.3.1.1* unten.

403 Hierzu bereits *Kapitel 2.5.3.2* oben, sowie auch *Kapitel 4.3.2*.

404 *Evans* 2008a, S. 46.

405 Vgl. beispielsweise *Evans* 2008b, S. 147 ff. m. w. N.

Polizei und es existierten keine primärrechtlichen Vorschriften, um dieses Ermessen hinsichtlich der maximal zulässigen Anzahl von Verwarnungen einzuschränken. Das Innenministerium hatte zwar in einem Rundschreiben (*Home Office Circular 18/94*) angemerkt, dass eine zweite formelle Verwarnung nur dann ausgesprochen werden sollte, wenn die erneute Straftat bagatellhaft war oder *„genügend Zeit seit der ersten Verwarnung vergangen war, um den Schluss zuzulassen, dass sie eine Wirkung auf den Täter entfaltet hat."*[406] Jedoch war das Rundschreiben nicht gesetzlich bindend und selbiges Dokument regte paradoxerweise zugleich explizit eine Fortsetzung des Gebrauchs informeller Verwarnungen an (also Verwarnungen, die in keiner Weise registerlich vermerkt und somit statistisch erfassbar sind).[407] Zudem waren polizeiliche Verwarnungen vor 1998 in den meisten Fällen lediglich als Standpauken zu begreifen, frei von jeglicher spezialpräventiver Intervention.[408] Eine Ausnahme bildeten die in *Kapitel 2.3* oben erwähnten *caution plus*-Strategien, welche jedoch nicht flächendeckend eingeführt worden waren, wodurch die ohnehin schon großen geografischen Schwankungen im Gebrauch von Verwarnungen noch verstärkt worden waren.[409]

Die Notwendigkeit einer Reform des Verwarnungssystems wurde seitens der Regierung also zunächst damit begründet, dass die damalige Verwarnungspraxis in keiner Weise erzieherisch oder rehabilitativ auf Täter einwirkte, und dass durch die wiederholte (häufig informelle) Verwarnung junger Täter der Eindruck entstehe, sie könnten ungestraft ihr delinquentes Verhalten fortsetzen:

> *„The trouble with the current cautioning system is that [...] too often a caution does not result in any follow up action, so the opportunity is lost for early intervention [...]. Inconsistent, repeated and ineffective cautioning has allowed some children and young people to feel that they can offend with impunity."*[410]

Folglich müsste nach Ansicht von *New Labour* die Zahl der Verwarnungen, die eine Person erhalten darf, begrenzt und eine frühe Einwirkung auf junge Straftäter bereits im Rahmen der Diversion ermöglicht werden. *New Labour* stützte sich dabei auf eine im Jahr 1994 vom Innenministerium durchgeführte Rückfallstudie, aus welcher hervorging, dass Verwarnungen bei zunehmender Anwendungshäufigkeit an Effektivität verlieren und ab der dritten Verwarnung die präventive Wirkung (gemessen am Rückfall) einer formellen Anklage bes-

---

406 *Home Office* 1994, § 8.

407 Vgl. *Home Office* 1994, § 13.

408 Vgl. *Evans* 2008c, S. 294; *Audit Commission* 1996, S. 22.

409 Vgl. *Home Office* 1994, § 8; *Evans* 2008, S. 47.

410 *Home Office* 1997, § 5.10.

ser, letztere somit vorzuziehen sei.[411] Zudem hatten die Vorschläge der *Audit Comission,* vermehrt von *caution plus*-Strategien Gebrauch zu machen und somit über eine Rüge hinaus zu intervenieren, erheblichen Einfluss auf die Umgestaltungspläne von *New Labour.*

Das Ergebnis der Reform des Verwarnungssystems war das sogenannte *final warning scheme,* das durch Sections 65 und 66 CDA 1998 speziell für Kinder und Jugendliche ab dem 10. Lebensjahr eingeführt wurde.[412] Das *final warning scheme* sah eine strukturiertere Herangehensweise vor, in der die Zahl der Verwarnungen, die ein Kind oder Jugendlicher erhalten konnte, begrenzt war.[413] Für junge Ersttäter kam in Fällen leichter Delinquenz prinzipiell eine „formelle Erstverwarnung" (ein sogenanntes *reprimand*) in Betracht.[414] *Reprimands* waren demnach nur anwendbar, wenn das Kind/der Jugendliche weder vergangene Verwarnungen noch vergangene Verurteilungen aufwies, weswegen ein Täter folglich nur eine solche Erstverwarnung erhalten konnte.[415] *Reprimands* wurden für zwei Jahre per Aktenvermerk registriert, sie konnten bei möglichen zukünftigen Anklagen vor Gericht als Beleg anhaltender Straffälligkeit berücksichtigt und somit als Zeichen für die Notwendigkeit intensiverer Intervention begriffen werden.[416] Sollte eine *reprimand* bereits erteilt worden sein oder war ein erstes Delikt zu schwer, um eine solche zu rechtfertigen (siehe hierzu *Kapitel 3.3.4* unten), wurde eine letzte Verwarnung ausgesprochen – die *final warning.* Die *final warning* war als letzte Chance zu begreifen in einem Verwarnungssystem, welches an das aus den USA bekannte *three strikes*-Modell angelehnt war – das *final warning system* sah in seiner ursprünglichen Form vor, dass bei einer dritten Straffälligwerdung unabhängig von der Tatschwere automatisch Anklage erhoben werden muss.[417]

Durch die Reform des Verwarnungssystems sollte die praktische Interventionslosigkeit alter Polizeiverwarnungen behoben werden. Anders ausgedrückt:

---

411 *Home Office* 1994a, zitiert in *Audit Commission* 1996, S. 22.

412 Für eine genauere Darstellung des *final warning schemes,* siehe *Kapitel 3.3* unten.

413 *Evans* 2008c, S. 294; *Dignan* 2011, S. 365.

414 Section 65 (2) CDA 1998; *Cavadino/Dignan* 2007, S. 331; *Home Office/Youth Justice Board* 2002, Rn. 1.6.

415 Section 65 (1) und (2) des CDA 1998.

416 *Home Office/Youth Justice Board* 2002, Rn. 1.8; *Doherty* 2004, S. 239.

417 Vgl. *Dignan* 2011, S. 365. Prinzipiell durften *final warnings* nicht wiederholt angewandt werden. Einzige Ausnahme war, wenn die vorangegangene final warning mehr als zwei Jahre zurück lag, Section 65 (3) (b) CDA 1998; *Doherty* 2004, S. 239; *Evans* 2008c, S. 294; *Graham/Moore* 2006, S. 74. *Home Office/Youth Justice Board* 2002, Rn. 1.6. Es ist jedoch durchaus denkbar, dass in der Praxis eine weitere bagatellhafte Straffälligwerdung mittels informeller Diversionsformen (informelle Verwarnungen, interventionsfreie Verfahrenseinstellung, siehe *Kapitel 3.3* unten) abgehandelt werden konnte.

die Gelegenheit, bereits zu einem frühen Zeitpunkt einer potentiellen kriminellen Karriere präventiv auf junge Delinquente einwirken zu können, sollte häufiger genutzt werden.[418] So war vorgesehen, dass alle Fälle, in denen die Polizei eine *final warning* in Erwägung zog, an das lokale YOT verwiesen werden mussten, welches anhand einer ASSET-Risikoeinschätzung die für das delinquente Verhalten ursächlichen Faktoren sowie das Risiko zukünftiger Straffälligkeit ermitteln sollte.[419] Sofern diese Prognose die Erforderlichkeit einer erzieherischen oder rehabilitativen Einwirkung hervorbrachte, konnte der letzten Verwarnung ein „Resozialisierungsprogramm" (*change programme*) angehängt werden.[420] Die Teilnahme an solchen Programmen war für junge Täter zwar gänzlich freiwillig und konnte somit nicht erzwungen werden. Eine Verweigerung konnte jedoch, sollte der Täter zukünftig für eine andere Tat verurteilt werden, als Zeichen mangelnder Besserungsbereitschaft strafverschärfend berücksichtigt werden.[421]

Die in diesen Reformen erkennbare „formelle Interventionspflicht" wurde auch auf der Ebene der gerichtlichen Rechtsfolgen fortgesetzt. Wie bereits beschrieben, wurde durch den YJCEA 1999 die sogenannte *referral order* eingeführt. Die heute noch verfügbare *referral order* ist als obligatorische Rechtsfolge für all jene 10- bis einschließlich 17-Jährigen vorgesehen, die sich der Begehung einer mit Freiheitsstrafe bedrohten Straftat (*imprisonable offence*) für schuldig bekennen (*guilty plea*), und keine vorangegangenen Verurteilungen haben.[422] In diesen Fällen darf das Gericht nur dann von einer Verweisungsanordnung absehen, wenn es aufgrund der Tatschwere ein unbedingtes Absehen von Strafe (*absolute discharge*, siehe *Kapitel 3.6.2.1* unten) oder aber eine Freiheitsstrafe angesichts der Tatschwere für geeigneter befindet.[423] Durch diese Einschränkung gerichtlicher Strafzumessungsspielräume sollte insbesondere der Gebrauch des bedingten Absehens von Strafe (sogenanntes *conditional dis-*

---

418 *Home Office* 1997, Rn. 5.10.

419 Vgl. *Cavadino/Dignan* 2007, S. 331; *Graham/Moore* 2006, S. 74; *Doherty* 2004, S. 239; *Evans* 2008c, S. 294; *Dignan* 2011, S. 365; *Home Office/Youth Justice Board* 2002, Rn. 1.7.

420 Vgl. *Dignan* 2011, S. 365; *Graham/Moore* 2006, S. 74; *Evans* 2008c, S. 294.

421 Vgl. *Home Office/Youth Justice Board* 2002, Rn. 1.8.

422 Section 17 (1) PCC(S)A 2000. Wurde ein Kind oder Jugendlicher zuvor bereits verurteilt, jedoch von Strafe abgesehen, wird er so behandelt, als wäre er zuvor nicht verurteilt worden. Siehe *Judicial Studies Board* 2010, S. 61.

423 Section 16 (1) PCC(S)A 2000 sowie *Explanatory Notes to the YJCEA 1999*, Nr. 34. Im Falle einer Abwägung zwischen einer *referral order* und einer freiheitsentziehenden Sanktion muss das Gericht einen *pre-sentence report* des YOT anfordern, siehe *Ministry of Justice/Department of Children, Schools and Families/Youth Justice Board* 2009, Rn. 3.7.

charge) als Rechtsfolge verringert werden, im Rahmen dessen ein Täter für schuldig befunden wird, jedoch keine weitere Sanktionierung erfolgt, solange der Verurteilte für einen maximal dreijährigen Zeitraum nicht erneut straffällig wird.[424] Um eine kontinuierliche Steigerung der Eingriffsintensität bei anhaltender Delinquenz zu gewährleisten wurde den Gerichten zudem durch Section 66 (4) CDA 1998 bis auf gewisse Ausnahmen untersagt, bedingt von Strafe abzusehen, wenn ein Täter zuvor bereits eine *final warning* erhalten hat.[425] Dies, im Zusammenhang mit der Einführung der *referral order*, hat dazu geführt, dass die Szenarien, in denen eine *conditional discharge* zulässig wäre, recht überschaubar sind.[426]

2.5.6 Die Auswirkungen der Reformen von New Labour auf die Jugendstrafrechtspraxis – „zero tolerance"

Aus dem bisher in diesem *Kapitel 2.5* Geschilderten geht hervor, dass in England und Wales ab Mitte der 1990er Jahre ein punitives jugendkriminalpolitisches Klima vorgeherrscht hat. Auf harte populistische Rhetorik im Rahmen des Wahlkampfes um die Regierung im Jahr 1997 folgte ein von *New Labour* durchgesetztes umfassendes Reformpaket, welches zumindest auf theoretischer Ebene den Anschein erweckte, der rhetorischen Härte zu entsprechen.

Die Abschaffung der fakultativen Anwendung von *doli incapax* bei 10- bis einschließlich 13-Jährigen, die Erhöhung der maximal für Jugendgerichte für eine einzelne Straftat zulässigen Freiheitsstrafe von sechs Monaten auf zwei Jahre, die Einführung neuer Formen des zeitlich unbestimmten Langfreiheitsentzugs, proaktive risikoorientierte Interventionen, die Sanktionierung antisozialen Verhaltens sowie die Einführung eines Systems der „obligatorischen Intervention" durch die Reform des Verwarnungssystems und die Erweiterung des gerichtlichen Rechtsfolgenkatalogs sind alles Beispiele für diese Schärfung. So stellt sich die Frage, wie sich die Jugendstrafrechtspraxis nach 1997 weiterentwickelt hat, und ob die harte Rhetorik und die straffen Gesetze auch die versprochene Praxisintensität liefern konnten.

Diese Untersuchung ist dabei in zwei Phasen unterteilt. Die erste Phase umfasst den Zeitraum von circa 1993/1994 bis 2003/2004. Der Zweck dieses ersten Untersuchungszeitraums liegt darin zu schauen, wie sich die Jugendstrafrechtspraxis der Jahre unmittelbar nach Umsetzung der Reformen im Vergleich zu den Jahren unmittelbar vor den Reformen darstellt. Dabei werden die Zusammenhänge der einzelnen Reformelemente untereinander sowie mit dem allgemeinen

---

424 Siehe hierzu *Kapitel 3.6.2.1* unten.

425 Diese Regelung soll die Kontinuität der Eingriffsintensität bei anhaltender Delinquenz gewährleisten, siehe *Home Office/Youth Justice Board* 2002, Rn. 1.8.

426 Vgl. *Graham/Moore* 2006, S. 80.

Kriminalitätskontext erörtert, um ein Verständnis für die Feinmechanik des entstandenen Systems in der Praxis zu entwickeln. Im Endergebnis kann vorweggenommen werden, dass eine Schärfung der Jugendkriminalrechtspraxis in jedem Falle zu bejahen sein wird.

Auf den Erkenntnissen dieser Untersuchung aufbauend, folgt im zweiten Teil eine Auseinandersetzung mit der Fortentwicklung der Praxis von 2003 bis 2007. Das Jahr 2003 ist insoweit relevant, als dass in jenem Jahr die Regierung neue Leistungsindikatoren herausgegeben hat, welche die Leistung der Strafverfolgungsbehörden daran gemessen haben, wie viele Straftaten sie formell aufklären konnten. Als formell aufgeklärt gilt eine Straftat dann, wenn ein Tatverdächtiger für ihre Begehung formell sanktioniert, sprich formell polizeilich verwarnt oder strafgerichtlich verurteilt und sanktioniert wird (*offenders brought to justice*, OBTJ).[427] Polizei und Staatsanwalt wurden also ausdrücklich dazu angehalten, unter Androhung von Mittelkürzungen so viele Kinder sowie Jugendliche wie möglich für ihr Fehlverhalten in das formelle Jugendjustizsystem hineinzubringen. Diese Praxisanweisung war das Öl, das dem aus der Reformbewegung entstandenen Jugendstrafgetriebe gefehlt hatte, um sein volles punitives Potential zu entfalten. Was folgte war eine massive Zunahme in der Zahl der OBTJ bis zum Jahr 2007, auf die eine völlig überraschende erneute Praxiskehrtwende, die in *Kapitel 2.6* unten gesondert untersucht wird, folgen sollte.

2.5.6.1 Die unmittelbaren Folgen der Reformen

Zuallererst ist anzuführen, dass sich die absolute Zahl der OBTJ von 1994 bis 2003 nicht signifikant verändert hat (siehe *Tabelle 2*). Durchschnittlich wurden 188.570 Kinder und Jugendliche pro Jahr durch die Polizei formell verwarnt oder durch die Strafgerichte sanktioniert. Setzt man diese Täterdaten in Bezug zur gleichaltrigen Gesamtbevölkerung, wird erkennbar, dass die Täterbelastung der 10- bis einschließlich 17-Jährigen in diesem Zeitraum um 10,3% zurückgegangen ist. Das Risiko, als Kind oder Jugendlicher formell strafrechtlich bestraft zu werden, hat also über diese 10 Jahre deutlich abgenommen.

---

427 Vgl. *Allen* 2011, S. 15.

Tab. 2:   Anzahl der 10- bis einschließlich 17-jährigen „*offenders brought to justice*" in England und Wales, 1994-2003

Jahr	Absolut	Pro 100.000
1994	186.700	3.778
1995	188.400	3.737
1996	187.800	3.658
1997	183.600	3.542
1998	196.200	3.752
1999	194.400	3.685
2000	189.000	3.548
2001	193.600	3.578
2002	181.100	3.317
2003	184.900	3.375

Quelle: *Dignan* 2011, S. 362, Tabelle 1; *Ministry of Justice* 2007a, ergänzende Tabellen S1.1 (E), S2.1 (E), S3.19 (F); 2008, ergänzende Tabellen S1.1 (E), S2.1 (E), S3.10 (B); 2010a, Tabelle 3.3. Geschätzte Bevölkerungsdaten des *Office for National Statistics*, sowie eigene Berechnungen.

Der Rückgang in der Täterbelastung war kongruent mit bereits seit 1995 rückläufigen Schätzungen über die Höhe des Gesamtkriminalitätsaufkommens. Nach den Ergebnissen der Dunkelfeldstudien des „*British Crime Survey*" (BCS)[428] war die geschätzte Gesamtkriminalität bis 1995 kontinuierlich gestie-

---

428 Der BCS, inzwischen in *Crime Survey for England and Wales* umgetauft, wurde erstmals 1982 durchgeführt mit dem Ziel, ein unabhängig erhobenes Kriminalitätsbild zu liefern, welches das von offiziellen Statistiken gezeichnete Bild ergänzt und die mit offiziellen Statistiken assoziierten Mängel zumindest ansatzweise zu beheben versucht, vgl. *Coleman/Moynihan* 1996, S. 83 ff.; *NACRO* 2006, S. 3; Siehe auch *Hough/Maxfield* 2007. Im Rahmen des BCS werden mindestens 16-jährige in Haushalten lebende Befragte hinsichtlich ihrer Viktimisierungserfahrungen mit bestimmten Deliktsarten in den vorangegangenen 12 Monaten befragt. Weiterhin liefern Befragte Informationen auch über ihr Anzeigeverhalten und ihre Einstellungen gegenüber der Polizei, der Justiz, ihrer eigenen Opferwerdung und der Kriminalität insgesamt. Die Erhebung wurde 1984, 1988 und 1992 wiederholt und von 1992 bis 2000 alle zwei Jahre mit einer Stichprobe von 20.000 Personen durchgeführt. Seit 2001 erfolgt die Befragung jährlich mit einer Stichprobengröße von circa 40.000 Personen, vgl. *Hough* 2008, S. 40 f. Der Vorteil dieser Studie liegt darin, dass sie auch nicht-angezeigte sowie nicht-registrierte Kriminalität misst. Dies – in Verbindung mit der Tatsache, dass die angewandte Methodik weitestgehend stabil geblieben ist und somit die dargestellten

gen (siehe *Abbildung 1* unten). Allein von 1990 bis 1995 war eine Zunahme um 39,1% gemessen worden. Darauf folgte jedoch ein signifikanter Rückgang im geschätzten Gesamtkriminalitätsvolumen, von 19.100.000 Straftaten im Jahr 1995 auf 10.800.000 im Finanzjahr 2004/05, ein Rückgang von 43,5%.

Auch im *Hellfeld*, basierend auf den Daten der „Kriminalstatistik von England und Wales" (*Criminal Statistics: England and Wales*, CSEW),[429] konnte der sinkende Trend zunächst bestätigt werden. Auf einen kontinuierlichen Anstieg der registrierten Kriminalität bis 1992 folgte eine Trendwende in Richtung rückläufiger Zahlen.

Wurden im Jahr 1992 noch 5,6 Millionen Straftaten polizeilich registriert, lag der Wert im Finanzjahr 1998/99 bei nur noch 4,5 Millionen, ein Rückgang von 17,9%. Die Belastungsziffern erlebten in diesem Zeitraum eine Abnahme von 21,3%. Ab diesem Zeitpunkt büßen die Daten jedoch aufgrund weitreichender Zählweiseänderungen[430] in den Finanzjahren 1998/99 bis 2002/03, die die Zahl der registrierungspflichtigen Straftaten stark ausgedehnt haben,[431] zunehmend

---

Trends zuverlässiger sind als jene die aus offiziellen Statistiken hervorgehen – macht den BCS in den Augen von Statistikern und Kriminologen zu einem höchst wertvollen Instrument, vgl. *Hough* 2008, S. 40 f.; *Maguire* 2012, S. 218; *Pople/Smith* 2010, S. 58.

429 Die CSEW werden seit über 120 Jahren jährlich herausgegeben, sie haben ihre Grundlage in von Polizei und Gerichten gesammelten und jährlich an das Innenministerium übermittelten Datensätzen. Sie liefern zum einen tatbezogene Daten, welche das jährliche Gesamtbild registrierter Kriminalität hinsichtlich des Kriminalitätsumfanges und der Kriminalitätsstruktur liefern. Zum anderen enthalten die CSEW täter- bzw. tatverdächtigen-bezogene Daten. So enthalten die CSEW Daten über die polizeiliche Verwarnungspraxis und über die Gerichtspraxis (sowohl hinsichtlich des Verfahrensausgangs im Allgemeinen, als auch hinsichtlich der Sanktionspraxis im Besonderen), differenziert nach Alter, Geschlecht, Ethnizität und der für die strafrechtliche Intervention Anstoß gebenden Deliktsart. Vgl hierzu *Maguire* 2012, S. 207 ff. Prinzipiell werden Straftaten dabei „*nicht immer im [Erhebungszeitraum der Statistik] begangen, entdeckt und angezeigt.*" Vgl. *Schwind* 2011, § 2, Rn. 6. Sie sind somit keine Verlaufsstatistik.

430 Siehe hierzu *Home Office* 2001, S. 244.

431 Registrierungspflichtige Tatbestände sind in der sogenannten *notifiable offence* Liste konsolidiert (vom englischen *to notify*, zu Deutsch „anzeigen", „melden", „unterrichten", „benachrichtigen"). Dazu gehören all jene Rechtsbrüche, die vor dem *Crown Court* verhandelt und/oder sanktioniert werden müssen bzw. können (*indictable offences* und *either-way offences*, siehe *Kapitel 3.1.3.2* unten). Zusätzlich ist die Polizei auch zur Registrierung bestimmter (aber eben nicht aller) *summary offences* verpflichtet (solche Straftaten, die nur vor einem *Magistrates' Court* verhandelt und verurteilt werden dürfen im Falle Erwachsener, siehe ebenfalls *Kapitel 3.1.3.2* unten). Vgl. *Coleman/Moynihan* 1996; *Maguire* 2012, S. 211. Eine vollständige Liste aller zum Zeitpunkt des Verfassens (März 2014) *notifiable offences* ist auf der Internetseite des Innenministeriums als Excel-Datentabelle verfügbar. Sie umfasst aktuell knapp 1.500 verschiedene Straftatbestände. Verfügbar unter *https://www.gov.uk/government/publications/counting-rules-for-recorded-crime* (zuletzt eingesehen am 19.03.2014). Für die aktuellen Zählweisenvorgaben, siehe *Home Office* 2012b. Regelmäßige Aktualisierungen

ihre interne Vergleichbarkeit ein. Auch Veränderungen im Registrierungsverhalten der Polizei[432] kompromittieren den Wert einer Längsschnittanalyse dieser Hellfelddaten noch weiter. Nach Umsetzung der Zählweiseänderungen im Jahr 2002/03 hat wieder ein allgemeiner Abwärtstrend in der Gesamthellfeldkriminalität eingesetzt, weswegen berechtigt vermutet werden darf, dass die Entwicklung der Dunkelfelddaten eher die Realität widerspiegeln wird.

Ein genaues Bild der *Jugend*kriminalität zu ermitteln gestaltet sich schwierig, sowohl hinsichtlich einzelner Momentaufnahmen als insbesondere auch wenn es darum geht, Langzeittrends zu ermitteln und anschließend zu erklären. Im Untersuchungszeitraum von Mitte der 1990er Jahre bis 2006/07 wurden keine Erhebungen kontinuierlich durchgeführt, die eine vergleichbare Datengrundlage über das Dunkelfeld der Jugenddelinquenz liefern würden, auf welche Trenduntersuchungen gestützt werden könnten.[433] Vielmehr wurden im Verlauf des Untersuchungszeitraums verschiedene Studien durchgeführt: Zwei Wellen des sogenannten *Youth Lifestyles Survey* des Innenministeriums in den 1990er Jahren (1992/3 und 1998/99);[434] von 1999 bis 2005 sowie in 2008 und 2009 wurde die sogenannte MORI Studie durch den YJB durchgeführt;[435] abschließend vier Wellen des sogenannten *Offending, Crime and Justice Survey* des Innenministeriums (für die Jahre 2003, 2004, 2005 und 2006).[436] Diese Studien haben dabei unterschiedliche Stichproben erhoben, unterschiedliche Altersgruppen und Deliktsarten zum Untersuchungsgegenstand, wodurch ihre Vergleichbarkeit untereinander außerordentlich erschwert wird. Zusammengenommen, und mit den zuvor beschriebenen Entwicklungen in der Gesamtkriminalität im Hinterkopf, generieren sie jedoch ein grobes Bild über den Anteil der einschlägigen Altersgruppe der zugibt, im Untersuchungszeitraum eine der abgefragten Formen der Straffälligkeit begangen zu haben.

---

dieser Richtlinien werden auf der Internetseite des Innenministeriums veröffentlicht, abrufbar unter *http://webarchive.nationalarchives.gov.uk/20130128103514/http://www. homeoffice.gov.uk/science-research/research-statistics/crime/counting-rules/*, zuletzt aufgerufen am 19.03.2014.

432 Wurden 1995 noch 50% aller Anzeigen registriert (und somit in den CSEW statistisch erfasst), war der Anteil bis 1999 auf 58%, bis 2001 auf 62% und bis 2002 auf 70% gestiegen. Vgl. *Simmons/Dodd* 2003, S. 32. Im Jahr 2004 lag die „Registrierungsrate" bei 75%. Siehe *Nicholas u. a.* 2005, S. 35 f.

433 Vgl. *Pople/Smith* 2010, S. 63.

434 Siehe *Graham/Bowling* 1995; *Flood-Page u. a.* 2000.

435 Siehe *Youth Justice Board* 2002; 2004a; 2009b; *Phillips/Chamberlain* 2006; *Anderson u. a.* 2010.

436 Siehe *Budd u. a.* 2005; *Wilson/Sharp/Patterson* 2006; *Roe/Ashe* 2008.

Abb. 1: **Gesamtkriminalitätsaufkommen in Hell- und Dunkelfeld, 1990 bis 2006/07, absolute Zahlen, x1.000**

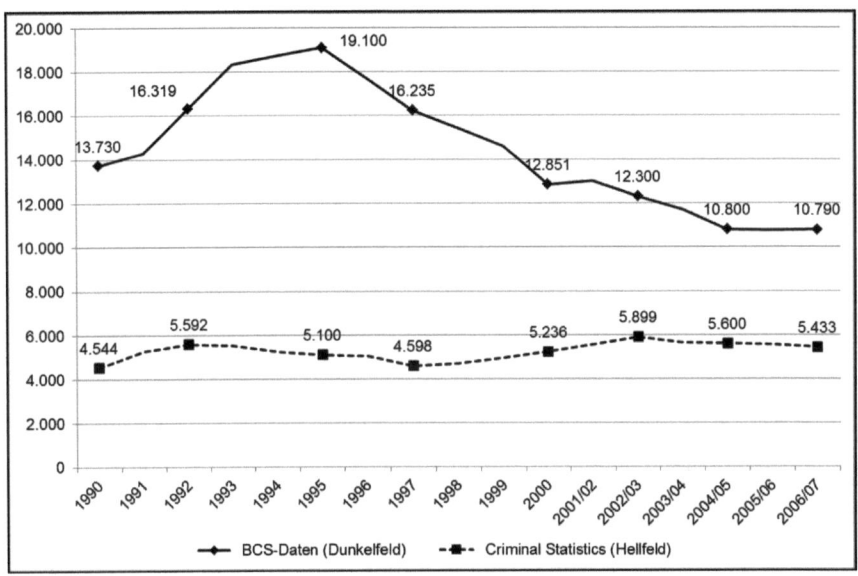

Quelle: *Kershaw u. a.* 2001; *Simmons* 2002; *Simmons/Dodd* 2003; *Dodd u. a.* 2004; *Nicholas u. a.* 2005; *Walker/Kershaw/Nicholas* 2006; *Nicholas/Kershaw/Walker* 2007; *Walker u. a.* 2009; *Chaplin/Flatley/Smith* 2011; *Office for National Statistics* 2012; *Maguire* 2012; *Home Office* 2003.

Laut der beiden Wellen des *Youth Lifestyles Survey* stieg die Jahresprävalenz bei 14- bis unter 18-Jährigen von 1992/93 bis 1998/99 um 9,5%.[437] Die MORI Studien haben ergeben, dass von 2000 bis 2005 die Jahresprävalenz der 10- bis unter 17-Jährigen von 23% auf 28% gestiegen ist.[438] Es ist also durchaus möglich, dass die Jugendkriminalität in diesem Zeitraum tatsächlich zugenommen hat. Jedoch sind die 28% von 2005 als Peak zu betrachten, nach welchem sich die Raten bis 2008 auf um die 24% eingependelt haben, was kongruent mit den Ergebnissen früherer Studien ist.[439] Insgesamt kann gesagt werden, dass sich der Anteil der Kinder und Jugendlichen, die zugeben, im letzten Jahr straffällig geworden zu sein, in den letzten 20 Jahren keine signifikanten Veränderungen erlebt hat.

---

437 Vgl. *Flood-Page u. a.* 2000, S. 26 ff.

438 *Youth Justice Board* 2002; 2004a; *Phillips/Chamberlain* 2006.

439 Vgl. *Pople/Smith* 2010, S. 65.

Bei Betrachtung der genauen Zusammensetzung der Gruppe der jungen OBTJ wird erkennbar, dass von 1996 bis 2004 ein zunehmend großer Anteil strafgerichtlich sanktioniert wurde, die Diversionsrate also rückläufig gewesen ist (siehe *Tabelle 3*). Wurden 1996 noch 33,8% aller formellen Jugendstraftäter gerichtlich Sanktioniert, waren es 2004 bereits 40,1%. Ihre absolute Zahl stieg von 1996 bis 2004 um 23,8%, die Belastungsziffer pro 100.000 der gleichaltrigen Gesamtbevölkerung immerhin um 15,5%.

Tab. 3: **Kinder und Jugendliche die durch ein Strafgericht für schuldig befunden wurden, 1996-2004**

Jahr	Absolut	Pro 100.000	Diversionsrate (%)
1996	63.409	1.235	66,2
1998	74.616	1.427	62,0
2000	76.432	1.435	59,6
2002	76.696	1.400	57,7
2004	78.463	1.427	59,9

Quelle: *Ministry of Justice* 2008, ergänzende Pivot-Tabellen; *Home Office* 2010, Anhang A, Tabellen 1, 3 und 14; 1999, Tabellen 4 und 5; geschätzte Bevölkerungsdaten des *Office for National Statistics*, sowie eigene Berechnungen.

Diese Entwicklungen könnten auf eine Intensivierung der durchschnittlichen Tatschwere hindeuten – dass die Jugendkriminalität von ihrer Qualität her Verlagerungen in schwerere Deliktsformen erfahren hat. Jedoch belegen die Hellfelddaten des Justizministeriums, dass – parallel zur Zunahme der Zahl der gerichtlich Sanktionierten – der Anteil der jungen Täter, die für *indictable offences* (die als Synonym für schwerere Rechtsbrüche gelten) formell sanktioniert wurden, stark abgenommen hat (siehe *Tabelle 4* unten).

Tab. 4: Kinder und Jugendliche, die für schwerere Rechtsbrüche (*indictable offences*) formell verwarnt oder gerichtlich sanktioniert wurden, in absoluten Zahlen, pro 100.000 sowie als Anteil aller OBTJ, 1994-2003

Jahr	Absolut	Pro 100.000	Anteil (%)
1994	135.800	2.748	72,7
1995	132.800	2.634	70,5
1996	124.400	2.423	66,2
1997	120.100	2.317	65,4
1998	127.000	2.429	64,7
1999	120.400	2.282	61,9
2000	113.500	2.131	60,1
2001	113.800	2.103	58,8
2002	105.900	1.934	58,5
2003	104.700	1.905	56,6

Quelle: *Ministry of Justice* 2008, ergänzende Pivot Tabellen; *Home Office* 2010, Anhang A, Tabellen 1, 3 und 14; *Home Office* 1999, Tabellen 4 und 5; geschätzte Bevölkerungsdaten des *Office for National Statistics*, sowie eigene Berechnungen.

Für *indictable offences* Sanktionierte machten im Jahr 1994 knapp 73% aller jungen OBTJ aus, verglichen mit nur 56,6% 10 Jahre später. Die absolute Zahl der für *indictable offences* formell sanktionierten Kinder und Jugendlichen ist um 22,9%, die Belastungsziffer um 30,6% geschrumpft. Die Hellfelddaten implizieren demnach, dass die Schwere der Straftaten, für die Kinder und Jugendliche formell sanktioniert wurden, von 1994 bis 2003 eher abgenommen zu haben scheint.[440]

Parallel dazu hat die formelle Täterbelastung bei *summary offences* erheblich zugenommen, von 1.030/100.000 im Jahr 1994 auf 1.611/100.000 im Jahr 2004 (+56,4%).[441] Angesichts dieser Verlagerungen in im Durchschnitt leichtere Kriminalitätsformen deutet der Anstieg des Anteils der gerichtlichen sanktionierten Täter an allen OBTJ auf eine Verschärfung der Sanktionspraxis hin,

---

440 Vgl. auch *Pople/Smith* 2010.

441 *Ministry of Justice* 2008, ergänzende Pivottabellen; *Home Office* 2010, Anhang A, Tabellen 1, 3 und 14; *Home Office* 1999, Tabellen 4 und 5; geschätzte Bevölkerungsdaten des *Office for National Statistics*.

sollte leichte Delinquenz doch eigentlich mittels der verfügbaren Diversionsalternativen abgefangen werden. Die Tatsache, dass im Jahr 2003 knapp 45% aller jungen OBTJ, die für die Begehung eines *summary offence* sanktioniert wurden, durch die Gerichte sanktioniert wurden (und nicht verwarnt wurden), verglichen mit nur 24,4% im Jahr 1996, erhärtet diesen Eindruck noch weiter.[442] Auch eine Betrachtung der Straffälligkeit, für die Kinder und Jugendliche durch die Gerichte sanktioniert wurden, setzt die Wahrnehmung einer Praxisschärfung fort. Lag der Anteil der *summary offences* 1996 noch bei 30,8%, war er bis 2003 bereits auf 38,9% gestiegen.[443]

Auch die Altersstruktur der gerichtlich sanktionierten Kinder und Jugendlichen hat zwischen 1996 und 2004 signifikante Veränderungen erfahren (siehe *Tabelle 5* unten). Von 1996 bis 2004 hat sich der Anteil der 10- bis unter 13-Jährigen an allen gerichtlich sanktionierten Kindern und Jugendlichen von zwei auf 3,8% beinahe verdoppelt. Der Anteil der 13- bis unter 16-Jährigen stieg von 33,3% auf 38,9%, während die 16- und 17-Jährigen im Jahr 2004 nur noch 57,6% aller gerichtlich sanktionierten Kinder und Jugendlichen ausmachten, verglichen mit 64,6% im Jahr 1996.

Dabei ist anzumerken, dass sich die Belastung der gerichtlich sanktionierten 16- und 17-Jährigen in diesem Zeitraum nicht signifikant verändert hat. Dagegen ist die Belastung der 13- bis unter-16-Jährigen um 31,8%, die der 10- bis unter-13-Jährigen um 112% gestiegen. Der Zuwachs in der Zahl der gerichtlich Sanktionierten seit Mitte der 1990er Jahre ist demnach zunehmend auf die vermehrte Bestrafung immer jüngerer Kinder und Jugendlicher zurückzuführen. Dies sollte nicht darüber hinwegtäuschen, dass die absolute Zahl der durch die Gerichte sanktionierten 16- und 17-Jährigen von 1996 bis 2004 von 40.990 auf 45.173 gestiegen ist (+10,2%).[444] Nur kann dieser der Anstieg weitgehend mit einem parallelen Zuwachs der gleichaltrigen Gesamtbevölkerung begründet werden, während dies bei den jüngeren Kindern und Jugendlichen nicht der Fall gewesen ist.

---

442 *Ministry of Justice* 2008, ergänzende Pivottabellen; *Home Office* 2010, Anhang A, Tabellen 1, 3 und 14; *Home Office* 1999, Tabellen 4 und 5; geschätzte Bevölkerungsdaten des *Office for National Statistics*.

443 Vgl. *Ministry of Justice* 2008, ergänzende Pivottabellen, sowie eigene Berechnungen.

444 Vgl. *Ministry of Justice* 2008, ergänzende Pivottabellen.

Tab. 5: Anteile verschiedener Altersgruppen an allen gerichtlich sanktionierten Kindern und Jugendlichen sowie die Belastungsziffer pro 100.000 der gleichaltrigen Gesamtbevölkerung, 1996-2004

	10 bis 12		13 bis 15		16 und 17	
	Anteil (%)	Pro 100.000	Anteil (%)	Pro 100.000	Anteil (%)	Pro 100.000
1996	2,0	65	33,3	1.109	64,6	3.221
1997	2,2	75	32,4	1.160	65,4	3.435
1998	2,8	105	33,2	1.282	64,0	3.731
1999	3,5	133	35,0	1.374	61,5	3.732
2000	3,7	137	36,7	1.406	59,6	3.583
2001	3,9	145	37,5	1.446	58,6	3.487
2002	3,7	135	37,4	1.397	59,0	3.373
2003	3,9	131	38,1	1.355	58,3	3.178
2004	3,8	139	38,9	1.462	57,6	3.256

Quelle: *Ministry of Justice* 2008, ergänzende Pivot Tabellen; geschätzte Bevölkerungsdaten des *Office for National Statistics*, sowie eigene Berechnungen.

So stellt sich die Frage, weswegen immer jüngere Kinder und Jugendliche immer häufiger für zunehmend leichtere Delinquenz vor die Strafgerichte gebracht wurden, obwohl der Gesamtkriminalitätsumfang in diesem Zeitraum eher rückläufig gewesen zu sein scheint. Der erste Ansatzpunkt soll hier die Reform des formellen Diversionssystems durch die Einführung des *final warning scheme* sein, durch die die Zahl der formellen Verwarnungen, die eine Person erhalten darf, gesetzlich beschränkt worden war.[445] Für leichte Erstvergehen sollte ein *reprimand*, für mittelschwere Erstvergehen oder für eine zweite Straffälligwerdung sollte ein *final warning* ausgesprochen werden. Ab dem dritten registrierten Rechtsbruch musste bis auf eng definierte Ausnahmen Anklage vor Gericht erhoben werden. Zudem wurde die Polizei dazu angehalten, nur noch in absoluten Ausnahmefällen von informeller Diversion Gebrauch zu machen, das *final warning scheme* also immer dann auch anzuwenden, wenn es möglich war.[446] In der Literatur gilt die einvernehmliche Auffassung, dass diese „Obli-

---

445 Siehe bereits *Kapitel 2.5.5* oben sowie *Kapitel 3.3* unten.
446 Siehe *Home Office* 1985; 1994.

gation zur Intervention" vermehrt junge Menschen für teilweise sehr leichte Fehltritte durch die Pforten der Gerichte gezogen hat, weil sie ihr Verwarnungskontingent ausgeschöpft hatten.[447]

Ein weiterer nicht zu vernachlässigender Aspekt ist in diesem Zusammenhang, dass durch die Reformen von *New Labour* die fakultative Anwendung von *doli incapax* bei unter 14-Jährigen abgeschafft wurde. Folglich fallen somit alle Kinder ab dem 10. Lebensjahr in den Anwendungsbereich des Jugendstrafrechts, und somit auch des formellen Verwarnungssystems. In der Folge konnten „formelle kriminelle Karrieren" durch den Erhalt eines *reprimand* in noch sehr jungen Jahren bereits sehr früh ansetzen und junge Menschen bei anhaltender Straffälligkeit in die Gerichte hineinbeschleunigen. Immerhin wurden von 1998 bis 2004 jedes Jahr durchschnittlich etwas mehr als 6.100 Kinder unter 12 Jahren formell verwarnt.[448] Wie bereits oben angeführt hat unmittelbar im Anschluss an diese Gesetzesreform eine signifikante Verschiebung in der Alterszusammensetzung der durch Strafgerichte verurteilten Kinder und Jugendlichen in die niedrigeren Altersstufen stattgefunden. Die Einführung des neuen Verwarnungssystems, gekoppelt mit der faktischen Senkung der Strafmündigkeitsgrenze auf 10 Jahre ohne Ausnahme, wird in einem signifikanten Zusammenhang mit diesen Verschiebungen gesehen.

Die Zunahme im Anteil weniger schwerer Straftaten, die vor Gericht sanktioniert werden, sowie die im Durchschnitt jüngere vor den Gerichten erscheinende Klientel, wurde jedoch nicht von einer entsprechenden Milderung der gerichtlichen Sanktionspraxis begleitet, auch wenn sinkende Anteile freiheitsentziehender Sanktionen diesen Eindruck zunächst wecken könnten (siehe hierzu unten). Vielmehr hat in den Jahren nach den Reformen von *New Labour* eine klare Verschiebung in Richtung eingriffsintensiverer Interventionsformen stattgefunden. Dreh- und Angelpunkt für diese Entwicklung war die *referral order* (siehe *Kapitel 2.5.4.1* oben sowie *Kapitel 3.6.2.4* unten), die den Gerichten ab dem Jahr 2002 als obligatorische Rechtsfolge für geständige, erstmalig verurteilte Kinder und Jugendliche ab dem 10. Lebensjahr zur Verfügung gestellt wurde. Unmittelbar nach Einführung dieser neuen Rechtsfolge wurde das bedingte Absehen von Strafe (ein Schuldspruch gekoppelt mit der Auflage, für einen bestimmten Zeitraum straffrei zu bleiben; *conditional discharge*, siehe *Kapitel 3.6.2.1* unten im Detail) – die in den Jahren vor den *New Labour*-Reformen am häufigsten verhängte Strafe[449] – sowie die nur wenige Jahre zuvor eingeführte *reparation order* zunehmend aus der Gerichtlichen Sanktionspraxis verdrängt (siehe *Abbildung 2* unten).

---

447 Vgl. *Graham* 2010, S. 116; *Audit Commission* 2004; *Smith* 2007, S. 58 ff.

448 *Home Office* 1999, Tabellen 4 und 5; *Home Office* 2010a, Tabellen 3.3. und 6.2; *Home Office* 2010, Anhang A, Tabellen 1, 3 und 14; *Home Office* 2005b, Tabelle 3.10.

449 Vgl. *Dignan* 2011, S. 380 ff.

Abb. 2: **Entwicklung des Gebrauchs von *referral orders*, *reparation orders* und *conditional discharges*, absolute Zahlen, 1998-2005**

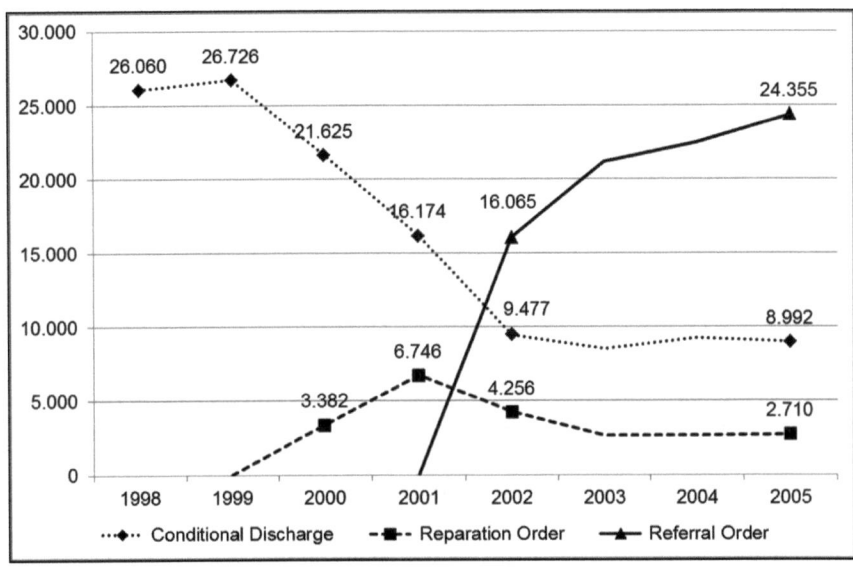

Quelle: *Ministry of Justice* 2008, ergänzende Pivot Tabellen; *Home Office* 2010a, Anhang A, Tabellen 1, 3 und 14; *Home Office* 1999, Tabellen 4 und 5.

Im Jahr 1998 wurde bei 30,2% aller gerichtlich sanktionierten Kinder und Jugendlichen bedingt von Strafe abgesehen. Nach Einführung der *reparation order* im Frühjahr 2000 ist ein starker Rückgang im Gebrauch des bedingten Absehens zu erkennen. Im Jahr 2001 – das erste Jahr, in welchem die *reparation order* ganzjährig verfügbar war – belief sich der Anteil des bedingten Absehens nur noch auf 16,9%, während 7,1% aller gerichtlichen sanktionierten Kinder und Jugendlichen eine *reparation order* erhielten. Ein Jahr später traten die die *referral order* regelnden Normen in Kraft, was nicht nur zu einer weiteren Verdrängung des *conditional discharge* aus der Jugendstrafrechtspraxis (10% im Jahr 2002) geführt hat, sondern zudem – aufgrund der gesetzlichen Obligation, eine *referral order* bis auf gewisse Ausnahmen verhängen zu müssen – einen Rückgang im Gebrauch der *reparation order* (4,5% im Jahr 2002) bewirkte. In den Jahren von 2002 bis 2005 stieg der Anteil der *referral orders* auf 27,9%, während das bedingte Absehen von Strafe in diesem Zeitraum im Durchschnitt nur noch in 9,4%, die *reparation order* in 2,8% aller Fälle angeordnet wurden.

Während das bedingte Absehen von Strafe neben der Auflage der Legalbewährung keinerlei Verpflichtungen oder Einschränkungen mit sich bringt, werden im Rahmen von *referral orders* risikoorientierte Interventionspakete entworfen und in einem verbindlich zu erfüllenden Vertrag festgehalten. Folglich ist die *referral order* als ganz klar eingriffsintensivere der beiden Sanktionen zu betrachten und die oben beschriebenen Entwicklungen können demnach durchaus als Verschärfung der Jugendstrafrechtspraxis verstanden werden.

Eine interessante Entwicklung hat dabei das „unbedingte Absehen von Strafe" (*absolute discharge*, siehe *Kapitel 3.6.2.1* unten im Detail) genommen. Bei der *absolute discharge* wird der Täter lediglich durch das Gericht für schuldig befunden und es folgt keinerlei weitere Intervention, so dass dies als leichteste den Gerichten zur Verfügung stehende Sanktion zu verstehen ist.[450] Der Schuldspruch und das Erleben des formellen Straf- und Gerichtsverfahrens werden dabei als ausreichend betrachtet. Parallel zum Anstieg im Gebrauch der *referral order* wurde auch die *absolute discharge* immer häufiger angewandt. Machte das unbedingte Absehen von Strafe im Jahr 1996 noch 0,9% aller verhängten Gerichtssanktionen aus, lag der Anteil im Jahr 2003 bereits bei 6%.[451] Die absoluten Zahlen stiegen von 809 auf 5.893. Die Ursache für diesen Trend kann daran festgemacht werden, dass aufgrund ausgeschöpfter Verwarnungskontingente die Wahrscheinlichkeit steigt, dass besonders leichte Formen der Delinquenz vor Gericht gebracht werden, die zuvor mittels einer erneuten informellen oder formellen Verwarnung abgehandelt worden wären. Da Gerichte von einer *referral order* absehen dürfen, wenn sie ein *absolute discharge* für angemessener befinden,[452] dient letzteres als Auffangbecken für eben solche Delikte.

Die verfügbaren Daten erlauben keine genaue Untersuchung der Straffälligkeit, die zu einzelnen Rechtsfolgen geführt hat – beispielsweise wieviele *referral orders* für *summary offences* verhängt wurden. Vielmehr werden die Rechtsfolgen in die Kategorien „Geldstrafen", „Freiheitsentzug", „*community sanctions*" und „sonstige Rechtsfolgen" unterteilt. Während die ersten beiden Gruppen selbsterklärend sind, beinhalten die „sonstigen Rechtsfolgen" unter anderem auch das bedingte und unbedingte Absehen von Strafe. Die *Community sanctions* umfassen neben den in *Kapitel 2.5.3.1* oben angeführten ambulanten gemeindeorientierten Sanktionen auch die *reparation order* und die *referral order*. Betrachtet man die Kategorien der Freiheitsstrafen und der *community sanctions* als Synonym für eine intensivere Intervention, die sonstigen Sanktionen sowie die Geldstrafe als weniger invasive und somit leichtere Intervention, ist eine klare Verschiebung in Richtung Ersterer bemerkbar (siehe *Tabelle 6* unten).

---

450 Vgl. *Judicial Studies Board* 2010, S. 4. Siehe ausführlich *Kapitel 3.6.2.1* unten.

451 Vgl. *Ministry of Justice* 2008, ergänzende Pivottabellen; *Home Office* 2010a, Anhang A, Tabellen 1, 3 und 14; *Home Office* 1999, Tabellen 4 und 5.

452 Section 16 (1) PCC(S)A 2000 sowie *Explanatory Notes to the YJCEA 1999*, Nr. 34. Siehe auch *Kapitel 3.6.2.1* unten.

Tab. 6: Anteile verschiedener Sanktionsarten an allen gerichtlich verhängten Sanktionen, 1996-2004, in Prozent (ohne Straßenverkehrsdelikte)

Jahr	Geldstrafen	*Community sanctions**	Freiheits- strafen	Sonstige Sanktionen**
1996	14,7	37,8	9,7	37,9
1997	16,1	37,2	9,9	36,8
1998	17,7	37,1	9,1	36,2
1999	15,7	37,7	9,2	37,4
2000	15,5	44,4	8,8	31,3
2001	15,0	51,2	8,7	25,2
2002	10,9	62,8	8,7	17,6
2003	9,1	65,8	7,3	17,8
2004	8,3	67,8	7,2	16,7

*: Alle verfügbaren gemeindeorientierte Sanktionen einschließlich *referral order* und *reparation order.*

**: Alle sonstigen Interventionsformen, einschließlich des bedingten und unbedingten Absehens von Strafe

Quelle: *Ministry of Justice* 2008, ergänzende Pivottabellen sowie eigene Berechnungen.

Machte die erste Gruppe im Jahr 1996 47,7% aller verhängten Sanktionen aus, war der Anteil bis 2004 bereits auf 84,5% gestiegen, während Geldstrafen und sonstige Sanktionen vergleichsweise seltener angewandt wurden.

Tab. 7: **Anteile verschiedener Sanktionstypen differenziert nach Altersuntergruppen, 1996, 2000 und 2004, absolute Zahlen sowie Anteile in %**

10- bis unter 13-Jährige	1996		2000		2004	
	Abs.	%	Abs.	%	Abs.	%
Geldstrafen	46	*3,6*	123	*4,4*	69	*2,5*
Community sanctions*	411	*32,2*	1.403	*49,7*	2.311	*82,4*
Freiheitsstrafen	0	*0,0*	49	*1,7*	36	*1,3*
Sonstige Sanktionen**	819	*64,2*	1.250	*44,2*	388	*13,8*

13- bis unter 16-Jährige	1996		2000		2004	
	Abs.	%	Abs.	%	Abs.	%
Geldstrafen	1.450	*6,9*	2.162	*7,7*	1.042	*3,4*
Community sanctions*	8.898	*42,1*	14.212	*50,6*	23.214	*76,1*
Freiheitsstrafen	1.131	*5,3*	1.690	*6,0*	1.526	*5,0*
Sonstige Sanktionen**	9.664	*45,7*	10.022	*35,7*	4.704	*15,4*

16- und 17-Jährige	1996		2000		2004	
	Abs.	%	Abs.	%	Abs.	%
Geldstrafen	7.810	*19,1*	9.589	*21,1*	5.410	*12,0*
Community sanctions*	14.642	*35,7*	18.299	*40,2*	27.644	*61,2*
Freiheitsstrafen	4.997	*12,2*	4970	*10,9*	4.107	*9,1*
Sonstige Sanktionen**	13.541	*33,0*	12.663	*27,8*	8.012	*17,7*

*: Alle verfügbaren gemeindeorientierte Sanktionen einschließlich *referral order* und *reparation order*.
**: Alle sonstigen Interventionsformen, einschließlich des bedingten und unbedingten Absehens von Strafe
Quelle: *Ministry of Justice* 2008, ergänzende Pivottabellen sowie eigene Berechnungen.

Tab. 8: Anteile verschiedener Sanktionskategorien, die für *summary offences* verhängt wurden, nach Altersuntergruppen, 1996, 2000 und 2004

10- bis unter 13-Jährige	1996	2000	2004
Geldstrafen	23,9	38,2	73,9
Community sanctions*	16,3	32,1	38,9
Freiheitsstrafen	-	10,2	19,4
Sonstige Sanktionen**	27,7	43,9	55,9
Gesamt	23,9	37,2	41,8
13- bis unter 16-Jährige	**1996**	**2000**	**2004**
Geldstrafen	36,4	42,4	48,8
Community sanctions*	20,4	32,6	40,2
Freiheitsstrafen	10,2	13,8	15,5
Sonstige Sanktionen**	35,8	46,5	56,5
Gesamt	28,0	37,2	41,8
16- und 17-Jährige	**1996**	**2000**	**2004**
Geldstrafen	53,4	51,4	57,1
Community sanctions*	21,4	28,0	37,4
Freiheitsstrafen	9,7	10,0	12,0
Sonstige Sanktionen**	40,5	45,0	54,3
Gesamt	32,4	35,7	40,5
10- bis unter 18-Jährige	**1996**	**2000**	**2004**
Geldstrafen	50,6	49,6	56,0
Community sanctions*	21,0	30,1	38,7
Freiheitsstrafen	9,8	10,9	13,0
Sonstige Sanktionen**	38,2	45,5	55,1
Gesamt	30,8	36,3	41,0

*: Alle verfügbaren gemeindeorientierte Sanktionen einschließlich *referral order* und *reparation order.*

**: Alle sonstigen Interventionsformen, einschließlich des bedingten und unbedingten Absehens von Strafe

Quelle: *Ministry of Justice* 2008, ergänzende Pivottabellen sowie eigene Berechnungen.

Diese Entwicklung ist durchweg in allen Altersuntergruppen zu beobachten gewesen, war aber gerade bei den jüngsten Kindern und Jugendlichen am stärksten ausgeprägt (siehe *Tabelle 7* oben). Zwischen 1996 und 2004 ist bei den 10- bis unter 13-Jährigen der Anteil der sonstigen Sanktionen von 64,2% auf 13,8% zurückgegangen, begleitet von einem massiven Zuwachs im Bereich der *community sanctions*, von 32,2% auf 82,4%.

Hinsichtlich der Deliktsstruktur, welche die Gerichte abzuurteilen hatten, ist ein starker Zuwachs im Anteil der *summary offences* zu erkennen (1996: 30,8%; 2004: 41,0%, siehe *Tabelle 8* oben). Dieser wurde in allen Sanktionskategorien widergespiegelt, wobei der Zuwachs bei den *community sanctions* am deutlichsten gewesen ist (1996: 21,4%; 2004: 38,7%). Insgesamt wurde im Jahr 2004 mit 21% ein signifikant geringerer Anteil aller *summary offences* mittels der sonstigen Sanktionen abgehandelt, verglichen mit 37% im Jahr 1998,[453] was ein Indiz dafür ist, dass zunehmend schwerere Interventionsformen für vergleichsweise leichte Straftaten angewandt wurden.

Auch war der zunehmende Fokus der Gerichtspraxis auf leichte Formen der Delinquenz, der in allen Altersuntergruppen zu verzeichnen war, vor allem bei den jüngsten Kindern und Jugendlichen am deutlichsten erkennbar. Wurden bei 10- bis einschließlich 12-Jährigen im Jahr 1996 noch 23,9% aller Sanktionen für die Begehung von *summary offences* verhängt, lag der Anteil im Jahr 2004 bereits bei 41,8%. 1996 erhielten 16,3% aller 10- bis einschließlich 12-Jährigen ihre *community sanctions* für die Begehung von *summary offences*, verglichen mit 38,9% acht Jahre später. Die Entwicklungen in den höheren Altersgruppen standen dem nur wenig nach.

Der sinkende Anteil freiheitsentziehender Sanktionen an allen gerichtlichen Sanktionen (1996: 9,7%; 2003: 7,3%) vermag zunächst den Anschein erwecken, dass der Gebrauch des Freiheitsentzugs die im Durchschnitt leichtere Straffälligkeit, der die Gerichte gegenüberstanden haben, adäquat reflektiert. Jedoch ist dieser Trend nicht auf einen zunehmend zurückhaltenden Umgang mit dem Freiheitsentzug zurückzuführen, sondern vielmehr ein Nebenprodukt der oben erörterten Zunahme von Fällen leichterer Delinquenz, die vor den Gerichten verhandelt wurden. Die absolute Zahl der Freiheitsstrafen stieg von 6.128 im Jahr 1996 auf 7.098 im Jahr 1999 (+15,8%). Die Zahl der Freiheitsstrafen pro 100.000 der gleichaltrigen Gesamtbevölkerung stieg um 12,7%.[454] In den Jahren 2000 bis 2003 hat sich die Zahl bei circa 6.700 eingependelt (120/100.000).

Auch im Bereich des Freiheitsentzugs ist eine Verschiebung in Richtung der jüngeren Altersgruppen erkennbar (siehe *Tabelle 9* unten). Von 1996 bis 2001 ist der Anteil der 16- und 17-Jährigen von 81,5% auf 70,5% gesunken. Parallel dazu hat die Altersgruppe der 13- bis einschließlich 15-Jährigen einen signifi-

---

453 *Ministry of Justice* 2008, ergänzende Pivottabellen.

454 *Ministry of Justice* 2008, ergänzende Pivottabellen.

kanten Zuwachs erlebt, von 18,5% auf 28,5%. Die entsprechende Belastungsziffer stieg von 59,3/100.000 auf 95,0/100.000.[455] Während im Jahr 1996 nicht ein einziges Kind im Alter von 10 bis einschließlich 12 Jahren inhaftiert wurde, waren es 2001 schon 66 (immerhin eine Belastungsziffer von 3,2/100.000). Diese Entwicklungen haben den YJB dazu bewogen, die Jugendgerichte anzuschreiben mit der Bitte, mehr Zurückhaltung im Gebrauch des Freiheitsentzugs gerade bei so jungen Tätern zu üben.[456] In der Folge wurde die Praxis vergleichsweise restriktiver, so dass sich die Anteile der einzelnen Altersgruppen in den Jahren 2002 bis 2004 bei im Durchschnitt 72% (16- und 17-Jährige), 27,5% (13- bis unter 16-Jährige) und 0,5% (10- bis unter 12-Jährige) eingependelt haben. Nichtsdestotrotz blieben die Anteile der jüngeren Kinder und Jugendlichen im Vergleich zum Zeitraum vor den Reformen deutlich größer.

Tab. 9: **Anteile verschiedener Altersgruppen an allen gegen unter 18-Jährige verhängten Freiheitsstrafen, 1996-2004, in Prozent**

Jahr	10 bis 12	13 bis 15	16 und 17
1996	0,0	18,5	81,5
1997	0,2	17,5	82,3
1998	0,2	17,9	82,0
1999	0,3	19,4	80,3
2000	0,7	25,2	74,1
2001	1,0	28,5	70,5
2002	0,5	27,5	72,0
2003	0,5	27,6	71,9
2004	0,6	26,9	72,4

Quelle: *Ministry of Justice* 2008, ergänzende Pivottabellen.

Eine Betrachtung des straffälligen Verhaltens, das in der Verhängung einer Freiheitsstrafe resultiert hat, zeigt dagegen ein eher ambivalentes Bild. Zwar wurde 2004 mit 13% ein höherer Anteil aller Freiheitsstrafen für *summary offences*

---

455 *Ministry of Justice* 2008, ergänzende Pivottabellen; geschätzte Bevölkerungsdaten des *Office for National Statistics*, sowie eigene Berechnungen.

456 *Dignan* 2011, S. 381.

verhängt als 1996 (9,8%).[457] Jedoch hat es innerhalb der Gruppe der *indictable offences* Rückgänge vor allem im Bereich der Eigentumsdelikte gegeben (Einbruchsdiebstahl: 1996 : 29,3%; 2004: 17,5%; Diebstahl/Hehlerei: 1996: 20,4%; 2004: 17,3%), parallel zu Zunahmen für Raubdelikte (von 16,2% auf 19,5%), Gewaltdelikte (von 13% auf 16%) und Drogendelikte (1,4% auf 3,2%), was insgesamt eher auf eine Konzentration auf im Durchschnitt schwerere *indictable offences* hindeutet. Die Gruppen der Betrugsdelikte (von 0,4% auf 0,7%), Sexualdelikte (von 1,3% auf 1,6%) und der Sachbeschädigungen (von 2,1% auf 2,0%) sind im Zeitraum 1996 bis 2004 hinsichtlich ihrer Anteile an allen Freiheitsstrafen relativ stabil geblieben. Ein Blick auf die Belastungsziffern für die einzelnen Deliktskategorien zeigt, dass sich das Inhaftierungsrisiko in keiner Deliktsgruppe signifikant erhöht hat. Dagegen ist die Belastungsziffer bei Einbruchsdiebstählen im Zeitraum 1996 bis 2004 von 35/100.000 der gleichaltrigen Gesamtbevölkerung auf 18/100.000, für Diebstähle von 24/100.000 auf 17/100.000 gesunken.[458] Insgesamt kann also gesagt werden, dass die Zunahme des Anteils der *summary offences* zusammen mit den Verschiebungen innerhalb der *indictable offences* in Richtung tendenziell schwererer Formen der Kriminalität den Eindruck hinterlässt, dass sich die durchschnittliche Tatschwere nicht maßgeblich verändert hat. Das Problem, dass dennoch deutlich mehr Freiheitsstrafen verhängt wurden als zuvor (vor allem auch für *summary offences*), bleibt dennoch bestehen. Besonders bemerkenswert ist, dass der Anteil der Freiheitsstrafen, die für *summary offences* verhängt wurden, im Jahr 2004 bei den Jüngsten mit 19,4% deutlich höher war als bei den 13- bis unter 16-Jährigen (15,5%) und den 16- und 17-Jährigen (12,0%).[459]

Zu dieser Entwicklung haben auch weitere Elemente des Reformprogramms eine wichtige Rolle beigetragen, allen voran die Sanktionierung von Verstößen gegen die im Rahmen der Reformen neu eingeführten (straf)gerichtlichen Sanktionen. Wird ein Kind oder Jugendlicher zu einer ambulanten Sanktion (*community sanction*) verurteilt, stehen anhaltende und ungerechtfertigte Verstöße gegen die Auflagen dieser Sanktionen unter Strafe. Allein im Finanzjahr 2002/03 wurden mehr als 9.500 derartiger Verstöße formell mittels Verwarnungen oder gerichtlicher Sanktionen bestraft.[460] Eine wichtige Rolle spielten die im Jahr 2000 zur Verfügung gestellten *anti-social behaviour orders* (ASBOs, siehe hierzu bereits *Kapitel 2.5.3.2* oben sowie *Kapitel 4.3.2* unten). Von 2000 bis 2011 wurden insgesamt 8.160 ASBOs gegen Personen unter 18 Jahre ver-

---

457 Siehe *Ministry of Justice* 2008, ergänzende Pivottabellen.

458 Siehe *Ministry of Justice* 2008, ergänzende Pivottabellen; geschätzte Bevölkerungsdaten des *Office for National Statistics*, sowie eigene Berechnungen.

459 Vgl. *Ministry of Justice* 2008, ergänzende Pivottabellen.

460 Vgl. *Youth Justice Board* 2004b, S. 5.

hängt.[461] Von diesen ASBOs wurden nur 31,7% erfolgreich, das heißt ohne einen einzigen registrierten Verstoß gegen die Auflagen absolviert.[462] Gerade bei den jüngsten Kindern und Jugendlichen ist die Erfolgsrate besonders gering gewesen (10- bis unter 15-Jährige: 26,3%; 15- bis unter 18-Jährige: 33,6%). Insgesamt wurden Kinder und Jugendliche 17.249 Mal für Verstöße gegen ASBO-Auflagen durch Jugendstrafgerichte sanktioniert. Folglich kamen im Durchschnitt auf jede von 2001 bis 2011 gegen Kinder und Jugendliche verhängte ASBO 2,1 gerichtlich sanktionierte Verstöße. Von ihnen erhielten 50,6% (8.723) eine gemeindeorientierte Sanktion (wo Verstöße gegen die Auflagen erneut eine gerichtliche Strafe nach sich ziehen können) und weitere 26,1% (4.502) wurden zu Freiheitsstrafen mit einer durchschnittlichen Dauer von 6,3 Monaten verurteilt.[463] Rein rechnerisch hat im Durchschnitt jede zweite ASBO eine Verurteilung zu einer Freiheitsstrafe nach sich gezogen.

Nicht nur die absolute Zahl der Freiheitsstrafen hat zugenommen, sondern auch die durchschnittliche Dauer dieser Strafen (siehe *Abbildung 3* unten).

Lag die durchschnittliche Länge durch das Jugendgericht verhängter zeitlich bestimmter Freiheitsstrafen von 1996 bis 1999 bei durchschnittlich 3,4 Monaten, hat sie sich innerhalb von drei Jahren auf 6,8 Monate im Jahr 2002 verdoppelt. Von 2003 bis 2007 hat sich der Wert auf durchschnittlich 6,6 Monate eingependelt. Als hauptursächlich für diese Praxisintensivierung kann die Einführung der „Haft- und Erziehungsstrafe" (*detention and training order*, DTO) im Jahr 2000 angeführt werden.[464] Eingeführt durch Section 73 CDA 1998, steht die DTO den Gerichten seit 1. April 2000 zur Verfügung, als Ablösung der zuvor verfügbar gewesenen Formen des Freiheitsentzugs (*secure training order* und *detention in a young offender institution*). Sie darf für mindestens 4 und maximal 24 Monate angeordnet werden und wird in zwei gleichlangen Phasen vollzogen – einer Haft- und Erziehungsphase sowie einer Supervisions- bzw. Aufsichtsphase in Freiheit.[465] Verstößt ein einer DTO Unterstellter gegen die Supervisionsauflagen nach der Entlassung kann er erneut in Haft genommen werden.

---

461 Siehe *Home Office* 2012, Tabelle 2(P).

462 Siehe *Home Office* 2012, Tabelle 8.

463 Vgl. *Home Office* 2012, Tabellen 13 und 14.

464 Siehe im Detail *Kapitel 3.6.2.6.1* unten.

465 Section 102 (2) PCC(S)A 2000; *Morgan/Newburn* 2007, S. 1.040.

Abb. 3: **Entwicklung der durchschnittlichen Dauer gegen Kinder und Jugendliche verhängter, zeitlich bestimmter Freiheitsstrafen 1996-2007, nach Gerichtsstand, in Monaten**

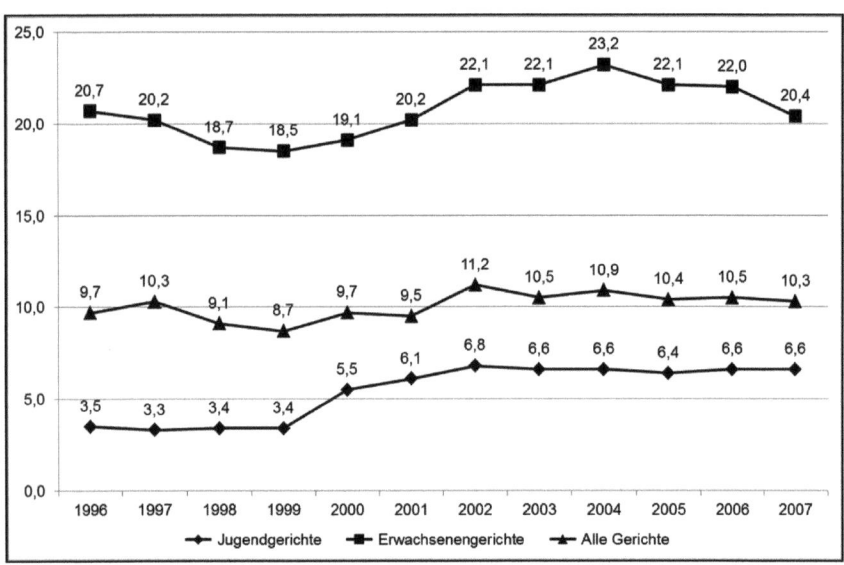

Quelle: *Ministry of Justice* 2010a, ergänzende Pivottabellen.

Die Einführung der DTO brachte eine erhebliche Veränderung der Strafzumessungskompetenz des Jugendgerichts mit sich, was sich signifikant auf die durchschnittliche Haftdauer von durch sie verhängte Freiheitsstrafen ausgewirkt haben wird, lag der Durchschnitt vor Einführung des DTO doch deutlich unter den nun mindestzulässigen vier Monaten. Auch die Erhöhung der Strafobergrenze von 12 auf 24 Monate wird natürlich den Durchschnitt steigen lassen, weil dadurch Fälle, die zuvor knapp an den *Crown Court* hätten verwiesen werden müssen, nun im Zuständigkeitsbereich der Jugendgerichte geblieben sind. Entsprechend ist auch die Länge der durch den *Crown Court* ausgeschütteten Haftstrafen im Durchschnitt von 18,5 Monaten im Jahr 1998 auf 23,2 Monate im Jahr 2004 gestiegen (+25,4%).[466] Jedoch kann nicht vernachlässigt werden, dass Haftstrafen insgesamt, ohne eine Differenzierung nach Gerichtsstand, insgesamt länger ausfielen aus zuvor – 8,7 Monate im Jahr 1999, 11,2 Monate im Jahr 2002.[467]

---

466 Vgl. *Ministry of Justice* 2010a, ergänzende Pivottabellen.

467 Vgl. *Allen* 2011, S. 6; *Bateman* 2012, S. 36 ff.

Auf der Ebene des *Crown Court* hat sich die Häufigkeit, mit der Formen des zeitlich bestimmten Langfreiheitsentzugs (siehe *Kapitel 3.6.2.6.2* unten) verhängt wurden, von 380 im Jahr 1995 auf 701 im Jahr 2002 fast verdoppelt.[468] Diese Entwicklung ist insbesondere darauf zurückzuführen, dass die Liste der Straftaten, für die eine derartige Strafe zulässig ist, seit Mitte der 1990er Jahre erhebliche Ausdehnungen erfahren hat, und dass Gerichte in Grenzfällen häufiger davon Gebrauch zu machen scheinen.[469] Die Zunahme der durchschnittlichen Strafdauer in den *Crown Courts* kann demnach nicht allein mit der Einführung der DTO begründet werden.

Das Zusammenspiel aus dem (den absoluten Zahlen nach zu urteilen) vermehrten Gebrauch des Freiheitsentzugs mit signifikant erhöhten durchschnittlichen Straflängen hat einen enormen Anstieg in der durchschnittlichen Jugendstrafpopulation zur Folge gehabt. Entgegen den allgemeinen Kriminalitätstrends ist die durchschnittliche Zahl sich in Freiheitsentzug befindender 10- bis einschließlich 17-Jähriger von 1.328 (27/100.000) im Jahr 1993 auf über 2.800 (52/100.000) im Finanzjahr 2000/01 kontinuierlich gestiegen.[470] Bis 2007/08 (durchschnittlich 2.932; 53,6/100.000) hat sich dieses durchaus hohe Niveau gehalten.

Zusammenfassend kann also festgehalten werden, dass die Reformen im Jahr 1998 und 1999 zu einem Anstieg in der Zahl der Kinder und Jugendlichen, die für straffälliges Verhalten vor Strafgerichte gebracht wurden, bei einem gleichzeitigen Rückgang der Diversionsrate beigetragen haben. Diese Kinder und Jugendlichen vor Gericht sind von 1996 bis 2003 zunehmend jünger gewesen, was insbesondere auf die Begrenzung in der Zahl der Verwarnungen, die eine Person erhalten darf, sowie auf die Aufhebung der *doli incapax* Regel zurückzuführen sein kann. Zudem kann man insgesamt von geringerer Schwere der vor den Gerichten verhandelten Taten sprechen, auf die jedoch mit zunehmend eingriffsintensiven Sanktionen reagiert wurde. Die absolute Zahl der ver-

---

468 Vgl. *NACRO* 2004a, S. 3.

469 Der Rückgang in der durchschnittlichen Länge der Freiheitsstrafen, die durch den *Crown Court* zwischen 2004 und 2007 verhängt wurden, kann zudem damit begründet werden, dass Gerichte aufgrund sich überschneidender Zulässigkeitsvoraussetzungen die durch den CJA 2003 eingeführten Freiheitsstrafen zum Schutz der Öffentlichkeit den anderen Formen des Langfreiheitsentzugs vorgezogen haben. Diese zeitlich unbestimmten Strafen werden in den Daten hinsichtlich der durchschnittlichen Haftdauer nicht berücksichtigt, wodurch der Durchschnitt entsprechend sinken müsste, vgl. *NACRO* 2007, S. 3.

470 Siehe *Dignan* 2011, S. 388, Tabelle 5; Daten des Justizministeriums (*Ministry of Justice*), abrufbar unter *https://www.gov.uk/government/publications/youth-custody-data* (zuletzt aufgerufen am 19.03.2014), sowie geschätzte Bevölkerungsdaten des *Office for National Statistics*.

hängten Freiheitsstrafen sowie die Zahl der Kinder und Jugendlichen, die pro 100.000 der gleichaltrigen Gesamtbevölkerung zu einer solchen Strafe verurteilt wurden, sind von 1996 bis 2003/04 signifikant gestiegen. Diese Entwicklungen, verbunden mit einem erheblichen Anstieg der durchschnittlichen Haftdauer, haben zu einem massiven Zuwachs in der durchschnittlichen Jugendhaftpopulation beigetragen, die erst 2007/08 wieder sinken sollte. Diese Entwicklungen sind nicht im Einklang zu den Entwicklungen der Kriminalität in Hell- und Dunkelfeld gewesen und lassen sich auch nicht durch demografische Veränderungen relativieren. Von einer Verschärfung der Jugendstrafrechtspraxis zu sprechen wäre deswegen durchaus legitim.

2.5.6.2 Öl für das Getriebe – die „offenders brought to justice"-Regel und ihre Folgen für die Jugendstrafrechtspraxis

Bis 2003 hatte das reformierte Jugendstrafrecht den vollen Betrieb aufgenommen. Die Folge war eine Verschärfung der Sanktionspraxis vor allem bei jüngeren Kindern und Jugendlichen, für durchschnittlich leichtere Delinquenz, die gegenläufig zu den eher sinkenden Tendenzen in der geschätzten Gesamtkriminalität sowie in den aus Studien zur selbstberichteten Delinquenz ermittelten Jahresprävalenzen bei Kindern und Jugendlichen waren. Von 2002 bis 2007 setzte sich der Rückgang des Gesamtkriminalitätsaufkommens im Dunkelfeld fort (-12,3%),[471] was auch in der registrierten Kriminalität widergespiegelt wurde (-7,9%).[472] Auch die Befunde aus jugendspezifischen Studien zur selbstberichteten Delinquenz wiesen auf einen leichten Rückgang in der Jahresprävalenz bei Kindern und Jugendlichen hin (von circa 26% auf circa 23%).[473]

Dennoch war die Regierung mit der offiziellen Aufklärungsrate unzufrieden, und legte folglich im Jahr 2003 neue Leistungsindikatoren für die Strafverfolgungsbehörden fest. Darunter fand sich unter anderem das Ziel, die absolute Zahl der formell sanktionierten Straftäter deutlich zu erhöhen, um somit die „Gerechtigkeitslücke" (justice gap) zwischen registrierter und sanktionierter Straffälligkeit zu schließen.[474] Neben der Tatsache, dass die Zielvorgaben in absoluten Zahlen verfasst wurden (anvisiert wurde eine Anhebung von knapp über 1 Million im Finanzjahr 2002/03 auf 1,25 Millionen in 2007/08), wodurch die Praxis unabhängig von Entwicklungen in der Gesamtkriminalität gestaltet werden sollte, war diese Vorgabe vor allem deswegen problematisch, weil gerade die Erscheinungsformen der Massen- und Bagatelldelinquenz, die einer ver-

---

471 Vgl. *Nicholas/Kershaw/Walker* 2007; *Walker u. a.* 2009; *Chaplin/Flatley/Smith* 2011.

472 Vgl. *Home Office* 2003.

473 Vgl. *Roe/Ashe* 2008; *Youth Justice Board* 2009b; *Anderson u. a.* 2010.

474 Vgl. *Home Office* 2003.

schärften Sanktionierung offenstünden, gerade kinder- und jugendtypisch sind.[475] Die Folge dieser Praxisanweisung war ein scharfer Zuwachs in der Zahl der sogenannten „formellen Ersttäter" (*first time entrants*, FTE). Als formeller Ersttäter gilt man dann, wenn man seine erste formelle Verwarnung oder seine erste Verteilung erhält. Von 2002/03 bis 2006/07 hat die Zahl der FTEs um 32% zugenommen, von 83.621 auf 110.815.[476] Dabei wurden Kinder und Jugendliche für zunehmend leichtere Straffälligkeit erstmalig formell sanktioniert. Wurden 2001/02 noch 45,4% aller FTEs für die Begehung eines *summary offence* sanktioniert, lag der Anteil leichterer Delinquenz 2006/07 bereits bei 68,2%.[477] Die Altersstruktur der FTEs im Jahr 2006/07 wies mit 45,7% einen etwas höheren Anteil an jüngeren Kindern und Jugendlichen (10- bis unter 15) auf als 2002/03 (+43,4%). Dabei sind beide Altersgruppen signifikant umfangreicher geworden, die jüngeren Kinder und Jugendlichen jedoch mit 39,6% noch stärker als die 15- bis einschließlich 17-Jährigen (+27,1%).[478] 2006/07 wurden 50.664 Personen unter 15 Jahre (1.526/100.000) und 60.151 von 15- bis unter 18-Jahre (2.851/100.000) erstmals formell sanktioniert.[479] Der Großteil der FTEs wurde 2006/07 wie auch 2002/03 mittels polizeilicher Verwarnungen außergerichtlich sanktioniert. Der Anteil der Verwarnten an allen FTEs hat dabei leicht zugenommen (von 88,2% auf 91,6%). Von 2002/03 bis 2006/07 ist die absolute Zahl der Kinder und Jugendlichen, die mittels einer Verwarnung erstmalig formell sanktioniert wurden, von 73.759 auf 101.530 gestiegen (37,6%). Dagegen ist die absolute Zahl der Kinder und Jugendlichen, die für ihre erste formelle Registrierung durch das Gericht sanktioniert wurden, in demselben Zeitraum um 5,8% geschrumpft.

Die vermehrte Sanktionierung jüngerer Kinder und Jugendlicher für zunehmend geringfügigere erste Rechtsbrüche hat zu einer Inflation der Zahl der jungen OBTJ geführt, von 184.900 im Jahr 2003 auf 244.087 im Jahr 2007, eine Zunahme von 32% (siehe *Abbildung 4* unten). Im Jahr 2007 wurden über 4.400 10- bis einschließlich 17-Jährige pro 100.000 der gleichaltrigen Gesamtbevölkerung formell sanktioniert, verglichen mit 3.317/100.000 im Jahr 2002.

---

475 Vgl. *Allen* 2011, S. 15.

476 Vgl. *Ministry of Justice/Youth Justice Board* 2012, ergänzende Tabelle Ch2.1. Bei den FTE-Belastungsziffern war ein identischer Zuwachs zu verzeichnen (von 1.531 auf 2.026), siehe *Ministry of Justice/Youth Justice Board* 2012, ergänzende Tabelle Ch2; geschätzte Bevölkerungsdaten des *Office for National Statistics*, sowie eigene Berechnungen.

477 Vgl. *Ministry of Justice/Youth Justice Board* 2012, ergänzende Tabelle Ch2.2.

478 Vgl. *Ministry of Justice/Youth Justice Board* 2012, ergänzende Tabelle Ch2.4.

479 Vgl. *Ministry of Justice/Youth Justice Board* 2012, ergänzende Tabelle Ch2.4; geschätzte Bevölkerungsdaten des *Office for National Statistics*, sowie eigene Berechnungen.

Betrachtet man die Zusammensetzung der Gruppe der jungen OBTJ, wird eine starke Zunahme im Anteil derer erkennbar, die mittels formeller außergerichtlicher Mittel sanktioniert wurden. Von 2002 bis 2006 ist die Diversionsrate von 53% auf 64,7% gestiegen, gefolgt von einem leichten Rückgang auf 62,7% ein Jahr später.[480]

Abb. 4:   **Anzahl der 10- bis einschließlich 17-jährigen *„offenders brought to justice"* in England und Wales, 2002-2007**

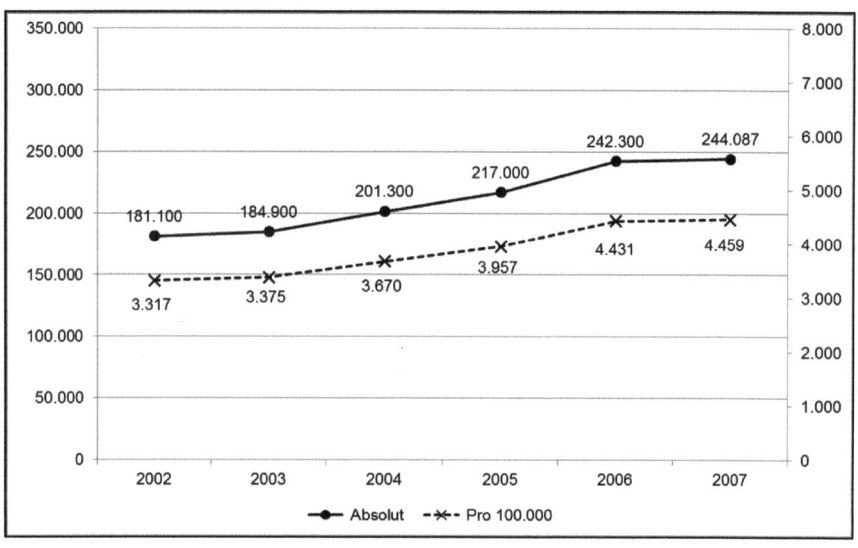

Quelle: *Dignan* 2011, S. 362, Tabelle 1; *Ministry of Justice* 2007a, ergänzende Tabellen S1.1 (E), S2.1 (E), S3.19 (F); 2008, ergänzende Tabellen S1.1 (E), S2.1 (E), S3.10 (B); 2010a, Tabelle 3.3. Geschätzte Bevölkerungsdaten des *Office for National Statistics*, sowie eigene Berechnungen.

Dieser Aufwärtstrend ist einerseits in einem starken Zuwachs in der absoluten Zahl der verhängten Verwarnungen begründet. Wurden 2003 86.588 Kinder und Jugendliche verwarnt, so lag der Wert 2007 bereits bei 127.326 (+38,5%).[481] Dieser Zuwachs war in allen Altersuntergruppen zu verzeichnen.

---

480 Vgl. *Ministry of Justice* 2012, ergänzende Tabellen A2.2, Q2c und A5.4; *Ministry of Justice* 2010a, ergänzende Pivottabellen.

481 Vgl. *Ministry of Justice* 2012, ergänzende Tabelle A2.2. Die entsprechende Belastungsziffer stieg um dieselbe Rate, von 1.678 auf 2.326/100.000. Siehe *Ministry of Justice* 2012, ergänzende Tabelle A2.2, sowie geschätzte Bevölkerungsdaten des *Office for National Statistics*.

Er war mit 43,3% bei den 12- bis unter 15-Jährigen am stärksten, dahinter folgten die 15- bis unter 18-Jährigen (+36,5%) und die 10- und 11-Jährigen (+27,5%). Die Berücksichtigung demografischer Veränderungen in den einzelnen Altersuntergruppen verändert dieses Bild signifikant (10- und 11-Jährige: +31,1%; 12- bis unter 14-Jährige: +47,1%; 15- bis unter 18-Jährige: +30,8%). Die Gewichtung der einzelnen Altersgruppen hat sich dadurch jedoch nicht signifikant verändert. Der Anteil der 12- bis unter 14-Jährigen ist von 2003 bis 2007 um 1,2% gestiegen. Demnach hat sich die Zunahme in den absoluten Zahlen weitestgehend gleichmäßig in den Altersuntergruppen verteilt, mit einer leichten Tendenz zu jüngeren Kindern und Jugendlichen. Die Schwere der Straffälligkeit, für die Verwarnungen ausgesprochen wurden, hat von 2002 bis 2007 – gemessen am Anteil der *summary offences* – leicht abgenommen (von 34,5% auf 41%). Dabei gab es innerhalb der Altersuntergruppen keine signifikanten Unterschiede.

Neben einem vermehrten Gebrauch formeller Verwarnungsformen hat zudem die Einführung sogenannter „Bußgeldbescheide für geringfügige Vergehen" (*penalty notices for disorder*, PNDs) zu der Inflation der Zahl der jungen OBTJ beitragen. PNDs (siehe im Detail *Kapitel 3.3.5.1* unten) wurden 2001 ursprünglich für Erwachsene eingeführt, ab 2005 in der Praxis auch für 16- und 17-jährige Jugendliche bereitgestellt.[482] PNDs ermöglichen die sofortige Verhängung eines Bußgeldes für bestimmte Straftatbestände, sogenannte *penalty offences*. Wird einer dieser insgesamt 25 *penalty offences* begangen, kann die Polizei in einem summarischen Verfahren an Ort und Stelle ein Bußgeld verhängen, sofern die Beweislage die Anklagevoraussetzungen offensichtlich erfüllt (siehe *Kapitel 3.3.1.2* unten).[483] Zu den *penalty offences* gehören beispielsweise Diebstähle bis zu einem Wert von £ 500, geringfügige Sachbeschädigungen bis zu einem Schadenswert von £ 300, unbefugtes Betreten von Bahneinrichtungen (Gleisanlagen), das Werfen von Feuerwerkskörpern, sowie verschiedene den Kauf, Verkauf und Konsum von Alkohol betreffende Straftatbestände.[484] *Penalty offences* sind allesamt *summary offences*. In der Praxis haben PNDs gleich von Anfang an eine häufige Anwendung genossen. Im Jahr 2005 wurden 12.454 PNDs gegen 16- und 17-Jährige ausgesprochen, in den darauf folgenden zwei Jahren jeweils mehr als 19.200.[485] Ohne PNDs hätte die Diversionsrate bei 59,3% gelegen, verglichen mit den 62,7% mit PNDs. Jedoch ist fragwürdig, ob die Polizei angesichts der Bagatellhaftigkeit von *penalty offences* auf andere

---

482 Vgl. einführend *Cadman* 2008c, 2008d.

483 Vgl. *Home Office* 2005c, S. 8; *NACRO* 2007a, S. 2.

484 Für eine vollständige Auflistung der *penalty offences* sowie der den Straftatbestand regelnden Rechtsnormen, siehe Section 1 CJPA 2001; *Home Office* 2005a, S. 5 ff.

485 Vgl. *Ministry of Justice* 2012, ergänzende Tabelle Q2c.

Rechtsfolgen zurückgegriffen hätte, wenn die OBTJ-Praxisrichtlinie nicht einge-führt worden wäre.

Die erhöhte Diversionsrate sollte nicht darüber hinweg täuschen, dass die Zahl der Kinder und Jugendlichen, die durch die Strafgerichte verurteilt und sanktioniert wurden, von 2003 bis 2007 um 17,9% gestiegen ist (von 76.696 auf 87.122).[486] Die entsprechende Belastungsziffer pro 100.000 der gleichaltrigen Gesamtbevölkerung stieg von 1.344 auf 1.615 (+20,2%).[487] Dabei stieg ins-besondere die Belastung pro 100.000 der 13- bis unter 16-Jährigen um 24,9%, verglichen mit 9,7% bei 10- bis unter 13-Jährigen und 10,7% bei den 16- und 17-Jährigen. In der Folge hat der Anteil der 13- bis unter 16-Jährigen in diesem Zeitraum um 2,4% zugenommen, während 16- und 17-Jährige im Jahr 2007 1,9%, 10- bis unter 13-Jährige 0,5% weniger ausmachten als noch 2002. Die Klientel vor dem Jugendgericht ist also vergleichsweise jünger geworden.

Hinsichtlich der Straffälligkeit, für die Kinder und Jugendliche gerichtlich sanktioniert wurden, ist eine Fortsetzung des Zuwachses der *summary offences* festzustellen, von 36,5% im Jahr 2001 auf 42.1% im Jahr 2007.[488] Gerade in den unteren Altersgruppen (10- bis unter 13-Jährige: 37,5% auf 44,3%; 13- bis unter 16-Jährige: 37,2% auf 44,3%) war diese Verschiebung in Richtung leichte-rer Delinquenz besonders signifikant (16- und 17-Jährige: 36% auf 40,2%). In-nerhalb der Gruppe der *indictable offences* waren im Untersuchungszeitraum insgesamt keine nennenswerten Verschiebungen zwischen den Anteilen einzel-ner Deliktsgruppen festzustellen (zum Beispiel in Richtung von mehr Gewalt-verbrechen). Insgesamt scheinen die Gerichte 2007 mit im Durchschnitt leichte-rer Straffälligkeit konfrontiert gewesen zu sein als 2003.

Angesichts der eher rückläufigen Tendenzen in der Gesamtkriminalität ist diese Entwicklung bemerkenswert, angesichts der neuen Praxisvorgaben ver-bunden mit den Erfahrungen aus *Kapitel 2.5.6.1* oben jedoch relativ leicht zu er-klären. Durch die massive Zunahme in der Zahl der jungen FTEs, insbesondere derer, die formell verwarnt wurden, wurden große Mengen vor allem jüngerer Kinder und Jugendlicher früh in den Apparat des *final warning scheme* und somit in den Sog der Gerichte gezogen.[489] Der Anstieg in der Zahl der jungen FTEs wurde begleitet von einer kongruenten Zunahme in der Zahl der formellen Wiederholungstäter (siehe *Tabelle 10* unten).

Wurde zuvor bei bagatellhaftem Verhalten entgegen der Anweisung aus dem Jahr 1994 (siehe bereits *Kapitel 2.4* oben) dennoch informell verfahren, so wurden von 2003 bis 2007 immer mehr Kinder und Jugendliche formell bestraft,

---

486 Vgl. *Ministry of Justice* 2010a, ergänzende Pivottabellen.

487 Vgl. *Ministry of Justice* 2010a, ergänzende Pivottabellen, sowie geschätzte Bevölke-rungsdaten des *Office for National Statistics* und eigene Berechnungen.

488 Vgl. *Ministry of Justice* 2010a, ergänzende Pivottabellen.

489 Vgl. *Allen* 2011, S. 14 f.

um die Leistungsindikatoren zu erfüllen. In der Folge resultiert jeder weitere Rechtsbruch erneut in einer formellen, den Leistungsvorgaben entgegenkommenden Sanktionierung, welche den Täter immer einen Schritt näher an die Schwelle der Gerichte gebracht hat, und anscheinend auch oft darüber hinaus. Da vergangene Verwarnungen im Rahmen der Strafzumessung für erneute Straftaten als strafschärfender Faktor berücksichtigt werden können, ist vor den Gerichten auch von einer gewissen Interventionsintensität auszugehen.

Tab. 10: **Entwicklung in der Zahl der Ersttäter und Wiederholungstäter sowie prozentualer Zuwachs, 2001/02-2006/07**

Jahr	Ersttäter	Wiederholungstäter	Gesamt
2001/02	89.277	93.990	183.267
2002/03	83.621	94.140	177.761
2003/04	88.635	97.074	185.709
2004/05	96.252	100.280	196.532
2005/06	107.680	110.392	218.072
2006/07	110.815	116.688	227.503

Quelle: *Ministry of Justice/Youth Justice Board* 2012, ergänzende Tabelle Ch2.1.

Der zunehmend höhere Anteil leichterer Straffälligkeit wurde in der Entwicklung der gerichtlichen Sanktionspraxis nicht widergespiegelt (siehe *Tabelle 11* unten). Zwar hat der Anteil der Freiheitsstrafen abgenommen (siehe hierzu unten). Jedoch sind parallel zu Abnahmen in den Anteilen weniger invasiver Interventionsformen (Geldstrafen, unbedingtes Absehen von Strafe, sonstige Rechtsfolgen) zunehmend eingriffsintensivere Sanktionen verhängt worden (*reparation order*, *referral order* und *community sanctions*). Der Anteil der *summary offences* an allen Sanktionskategorien ist dabei überall gestiegen, interessanterweise jedoch am wenigsten bei den Formen des Absehens von Strafe und den „sonstigen Rechtsfolgen".
Der Anteil freiheitsentziehender Sanktionen ist von 2003 bis 2007 von 6,7% auf 6,0% gesunken. Dabei war ein signifikanter Rückgang im Gebrauch des Freiheitsentzugs auch in den absoluten Zahlen festzustellen. Wurden 2003 noch 6.200 Freiheitsstrafen verhängt, war der Wert bis 2007 um 6,1% auf 5.820 gesunken.[490] Dieser Rückgang könnte zum einen in der gesetzlichen Verankerung neuer Straf- und Sanktionierungszwecke sowie des Verhältnismäßigkeitsprin-

---

490 *Ministry of Justice* 2010a, ergänzende Pivottabellen, sowie eigene Berechnungen.

110

zips in den Sections 142A bzw. 152 (2) CJA 2003 seine Begründung finden (siehe hierzu *Kapitel 3.6.1* unten).[491] Weiterhin wurde durch Section 167 CJA 2003 der sogenannte „Strafzumessungsrat" (*Sentencing Council*) gegründet. Inzwischen geregelt in Section 118 des „Gesetzes über Untersuchungsrichter und die Justiz 2009" (*Coroner's and Justice Act 2009*, CoJA 2009), besteht ihre Aufgabe darin, durch die Formulierung allgemeiner sowie straftatbestandsspezifischer Strafzumessungsrichtlinien Gerichte in ihrer Entscheidungsfindung zu unterstützen, die Transparenz des Strafzumessungsprozesses zu erhöhen und landesweite Einheitlichkeit in der Strafzumessung zu fördern.[492]

Tab. 11: **Entwicklung der gerichtlichen Sanktionspraxis, Anteile verschiedener Sanktionen, 2003, 2005 und 2007, in Prozent**

	2003	2005	2007
Sonstige Rechtsfolgen	3,9	3,1	3,0
Unbedingtes Absehen von Strafe	6,0	3,2	3,0
Bedingtes Absehen von Strafe	9,2	9,3	9,5
Reparation order	2,9	2,8	3,5
Geldstrafe	14,6	14,6	10,7
Referral order	22,9	25,3	26,7
Community sanctions	33,8	35,4	37,5
Freiheitsentzug	6,7	6,3	6,0

Quelle: *Ministry of Justice* 2012, ergänzende Tabelle A5.4; *Ministry of Justice* 2010a, ergänzende Pivottabellen, sowie eigene Berechnungen.

Als Sanktionierungszwecke wurden „Bestrafung", „Wiedergutmachung", „Resozialisierung" und der „Schutz der Öffentlichkeit" gesetzlich normiert, während parallel dazu die Strafzumessungsrichtlinien unter anderem das häufigere Heranziehen von Gerichtshilfeberichten empfahlen, aus denen die im Individualfall einschlägigen Risikofaktoren hervorgehen. In der Folge könnten die verschiedenen ambulanten *community sanctions* (wie gemeinnützige Arbeit, die *action plan order* oder die *supervision order*) zunehmend als adäquate Mittel betrachtet worden sein, um diese verschiedenen Sanktionierungszwecke zu erfüllen und somit die in Section 152 (2) CJA 2003 normierte „Schwelle zur Haft"

---

491 So beispielsweise *Allen* 2011 m. w. N.

492 Siehe *Sentencing Guidelines Council* 2004a, S. i.

(siehe auch *Kapitel 3.6.2.6* unten) höher gehängt worden sein. Den Daten zufolge könnte der Rückgang im Gebrauch des Freiheitsentzugs (von 6,7% auf 6,0%) durch den Anstieg in den *community sanctions* (von 33,8% auf 37,5%) durchaus aufgefangen worden sein.

Nichtdestotrotz war die Zahl der Kinder und Jugendlichen, die im Jahr 2007 pro 100.000 der gleichaltrigen Gesamtbevölkerung zu Freiheitsentzug verurteilt wurden, mit 109/100.000 immer noch auf einem hohen Niveau, diese konstant hohe Belastung war angesichts der Entwicklungen im Gesamtkriminalitätsaufkommen nicht wirklich gerechtfertigt. Nicht zu vergessen ist auch der Fakt, dass der Anteil der Freiheitsstrafen, die für die Begehung von *summary offences* verhängt wurden, von 10,9% auf 12,8% gestiegen ist. Ihre absolute Zahl nahm von 2003 bis 2007 um 21% zu, verglichen mit nur 1% bei den *indictable offences*. Die Belastung pro 100.000 der gleichaltrigen Gesamtbevölkerung weicht nur wenig davon ab (+23,1% bzw. 3%).[493]

Hinsichtlich der durchschnittlichen Länge der verhängten Freiheitsstrafen war von 2002 bis 2007 ein leichter Rückgang zu verzeichnen, von 11,2 auf 10,3 Monate, welcher insbesondere auf die Sanktionspraxis der *Crown Courts* zurückzuführen ist.[494] Während die durchschnittliche Haftdauer der durch Jugendgerichte verhängten Haftstrafen von 2003 bis 2007 bei konstanten 6,6 Monaten gelegen hat, fielen die Strafen des *Crown Court* im Durchschnitt 2,8 Monate kürzer aus. Das kann damit begründet werden, dass die *Crown Courts* aufgrund sich überschneidender Zulässigkeitsvoraussetzungen die durch den CJA 2003 eingeführten Freiheitsstrafen zum Schutz der Öffentlichkeit den anderen Formen des Langfreiheitsentzugs vorgezogen haben. Diese zeitlich unbestimmten Strafen werden in den Daten hinsichtlich der durchschnittlichen Haftdauer nicht berücksichtigt, wodurch der Durchschnitt entsprechend sinken müsste.[495] Zum anderen spricht es auch dafür, dass die Jugendgerichte in Grenzfällen wieder vermehrt Kinder und Jugendliche an den *Crown Court* verwiesen haben.

Das Endergebnis dieser Mechanismen war ein weiterer Anstieg in der durchschnittlichen Jugendhaftpopulation von 2.771 im Finanzjahr 2003/04 auf 2.932 im Jahr 2007/08 (+5,8%). Die Zahl der inhaftierten Kinder und Jugendlichen pro 100.000 der gleichaltrigen Gesamtbevölkerung stieg von 48 auf 54/100.000 an.[496] Im Oktober 2008 äußerte sich das UN-Kinderrechtskomitee kritisch über

---

493 *Ministry of Justice* 2010a, ergänzende Pivottabellen; geschätzte Bevölkerungsdaten des *Office for National Statistics*, sowie eigene Berechnungen.

494 *Ministry of Justice* 2010a, ergänzende Pivottabellen.

495 Vgl. *NACRO* 2007, S. 3. Siehe auch die Daten des YJB in *Youth Justice Board* 2004b, S. 53; 2005b, S. 53; 2006a, S. 13; 2007a, S. 16; 2008e, S. 22; 2009a, S. 23.

496 Daten des Justizministeriums (*Ministry of Justice*), abrufbar unter *https://www.gov.uk/ government/publications/youth-custody-data* (zuletzt aufgerufen am 19.03.2014), sowie

die Zahl der Kinder und Jugendlichen, die in Justizvollzugsanstalten untergebracht waren, und dass England/Wales es versäumt habe, den Jugendfreiheitsentzug als *ultima ratio* gemäß Artikel 37 (b) UNKRK zu behandeln, wie von
den Kinderbeauftragten des Vereinigten Königreichs in ihrem Bericht an das
UN-Kinderrechtskomitee bemängelt wurde.[497] Im Jahr 2008 hatte England/
Wales hinter den Niederlanden die zweithöchste Inhaftierungsrate bei Nichter-
wachsenen in Westeuropa.[498]

In Anbetracht der jugendstrafrechtlichen und –kriminalpolitischen Entwicklungen von Mitte der 1990er Jahre bis Mitte des ersten Jahrzehnts des neuen
Jahrtausends, die von einer „punitiven Wende" (*punitive turn*) und einem Anstieg in der Anzahl verhängter Freiheitsstrafen gekennzeichnet waren, herrschte
unter Kommentatoren und Akademikern ein gewisser Pessimismus über die zu
erwartende Fortentwicklung des Umgangs mit straffälligen Kindern und Jugendlichen im Allgemeinen und dem Jugendfreiheitsentzug im Besonderen.[499] Nicht
zum ersten Mal in der Geschichte der englischen Jugendkriminalpolitik wurden
derartige Negativerwartungen jedoch unverhofft und ohne explizite Vorankün-
digung eines entsprechenden Vorhabens seitens der Zentralregierung regelrecht
aus dem Nichts entkräftet.

2.6 Die erneute Kehrtwende im englischen Jugendstrafrecht

Seit 2007/08 sind sowohl die durchschnittliche Zahl der sich in Jugendvollzugsanstalten befindlichen Kinder und Jugendlichen als auch die Zahl der gegen 10-
bis einschließlich 17-Jährige verhängten Freiheitsstrafen stark rückläufig. Neben
Rückgängen in der Gesamtbevölkerung dieser Altersgruppe und möglichen Abnahmen im Jugendkriminalitätsaufkommen scheinen die Hauptursachen für
diese Entwicklung darin zu liegen, dass immer weniger Kinder und Jugendliche
vor den Gerichten erscheinen, und dass insgesamt die Zahl der Täter, die in das
formelle System hineingebracht werden (OBTJ), signifikante und anhaltende
Rückgänge erlebt haben. Durch strategische Umstellungen auf zentraler und lokaler Ebene kombiniert mit jüngeren Gesetzesreformen wurden die Möglichkeiten (und der Wille), Kinder und Jugendliche außerhalb der Gerichte sowie
außerhalb des formellen Jugendjustizsystems insgesamt abzuhandeln, stark ausgeweitet. Das Ergebnis ist eine Strategie, die stark an das *minimum intervention
model* der 1980er Jahre erinnert, und in welcher der Freiheitsentzug zunehmend

---

geschätzte Bevölkerungsdaten des *Office for National Statistics* und eigene Berechnungen.

497 Vgl. *United Nations Committee on the Rights of the Child* 2008; *United Kingdom
Children's Commissioners* 2008.

498 Vgl. *Muncie* 2009, S. 366.

499 Vgl. *Bateman* 2012, S. 37.

als *ultima ratio* betrachtet zu werden scheint. Bevor die für diese Trendwende ursächlichen Mechanismen untersucht werden (*Kapitel 2.6.2*), werden die oben angedeuteten Entwicklungen in der Jugendstrafrechtspraxis zunächst etwas genauer betrachtet.

2.6.1 Die jüngsten Entwicklungen in der Jugendstrafrechtspraxis

2.6.1.1 Die durchschnittliche Jugendhaftbelegung

Von 2007/08 bis 2012/13 ist die durchschnittliche Zahl der sich in Jugendvollzugsanstalten befindenden 10- bis einschließlich 17-Jährigen (einschließlich Untersuchungshäftlinge) von 2.932 auf 1.601 gesunken, ein Rückgang von 43%.[500] Die Zahl der inhaftierten Kinder und Jugendlichen pro 100.000 der gleichaltrigen Gesamtbevölkerung ist um 40,7% gesunken.

Im November 2012 befanden sich durchschnittlich „nur" 1.485 Kinder und Jugendliche in geschlossenen Institutionen. Der prozentuale Rückgang war dabei größer für jüngere Kinder und Jugendliche (10 bis einschl. 14) als für ältere (15 bis einschl. 17), jedoch in beiden Fällen anhaltend und durchaus signifikant. Lag die durchschnittliche Zahl bei den Jüngeren im Finanzjahr 2005/06 bei 208, war diese 2012/13 bereits auf 70 gesunken, ein Rückgang von über 66% (pro 100.000: -66,7%). Für 15- bis einschließlich 17-Jährige war dagegen eine Abnahme von „lediglich" 39% festzustellen (pro 100.000: -38,1%).

---

500 Vgl. *Allen* 2011, S. 6; siehe auch *Tabelle 12*.

Tab. 12: **Durchschnittliche Zahl 10- bis einschließlich 17-Jähriger in geschlossenen Institutionen, 2000/01 bis 2012/13**

Finanzjahr*	10- bis unter 18-Jährige		10- bis unter 15-Jährige***		15- bis unter 18-Jährige***	
	Abs.	/100k	Abs.	/100k	Abs.	/100k
2000/01	2.807	53	-		-	
2001/02	2.801	52	-		-	
2002/03	3.029	55	-		-	
2003/04	2.771	51	-		-	
2004/05	2.745	50	-		-	
2005/06	2.830	52	208	6	2.622	126
2006/07	2.914	53	196	6	2.718	130
2007/08	2.932	54	190	6	2.742	129
2008/09	2.881	53	169	5	2.712	128
2009/10	2.418	45	133	4	2.285	109
2010/11	2.040	38	98	3	1.942	94
2011/12	1.979	37	87	3	1.892	91
2012/13**	1.671	32	70	2	1.601	78

*   Ein Finanzjahr läuft vom April bis zum März des Folgejahres.
**   Von April 2012 bis November 2012.
***   Eine vergleichbare statistische Differenzierung nach Altersuntergruppen ist erst ab dem Finanzjahr 2005/06 verfügbar.
Quelle: Daten des Justizministeriums (*Ministry of Justice*), verfügbar unter *http://www.justice.gov.uk/statistics/youth-justice/custody-data*, zul. eingesehen am 19.03.2014.

Abbildung 5 unten zeigt die Trendentwicklung in den Untergruppen der Jugendhaftpopulation, differenziert nach den gesetzlichen Grundlagen, auf welchen der Freiheitsentzug beruht. So ist zu erkennen, dass sowohl die durchschnittliche Zahl der Strafhäftlinge, als auch die durchschnittliche Zahl der 10- bis einschließlich 17-Jährigen, die im Rahmen der Prozesssicherung (*remand prisoners,* Untersuchungshäftlinge) in geschlossenen Anstalten untergebracht sind, seit 2007/08 rückläufig sind.

Abb. 5:   **Entwicklung der Zusammensetzung der durchschnittlichen Population in Jugendhaftanstalten, differenziert nach gesetzlicher Grundlage der Unterbringung, 2005/06-2012/13**

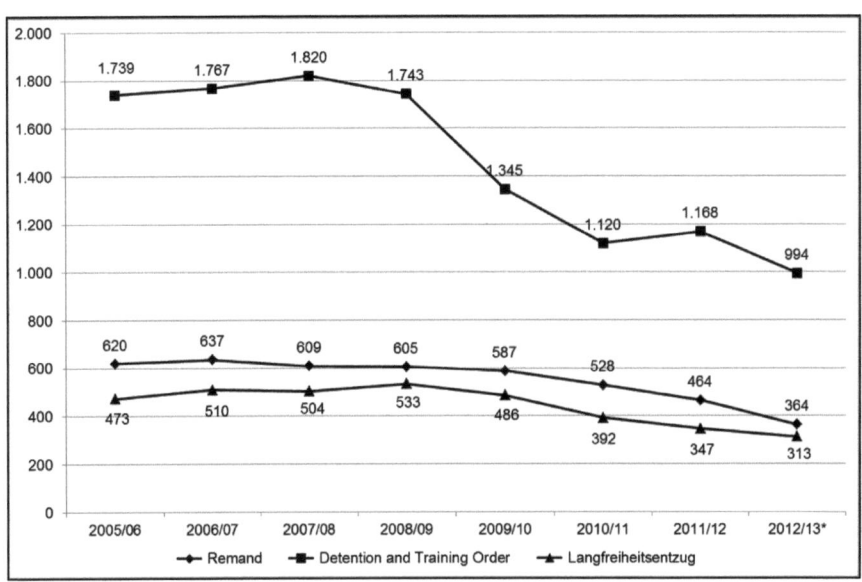

*:   Von April 2012 bis November 2012.
Quelle: Daten des Justizministeriums (*Ministry of Justice*), verfügbar unter *http://www. justice.gov.uk/statistics/youth-justice/custody-data*, zul. einges. am 19.03.2014.

Von 2007/08 bis 2012/13 ist die durchschnittliche Zahl der Kinder und Jugendlichen, die eine Haftstrafe in einer Jugendhaftanstalt verbüßten, von 2.323 auf 1.307 gesunken, ein Rückgang von 43,8%. Dabei ist insbesondere die durchschnittliche Zahl der 10- bis einschließlich 17-Jährigen, die eine Haft- und Erziehungsstrafe (*detention and training order*) verbüßen, um fast 43% zurückgegangen. Mit der Ausnahme vom Finanzjahr 2011/12 war der Rückgang von 2007/08 bis 2012/13 in dieser Untergruppe kontinuierlich, verlor jedoch etwas an Tempo – von 2007/08 bis 2010/11 war eine Abnahme von mehr als 38% zu verzeichnen, von 2010/11 bis 2012/13 dagegen „lediglich" von 11,3%. Der Rückgang in der durchschnittlichen Zahl junger Gefangener, die eine lange Freiheitsstrafe verbüßen, betrug im selben Zeitraum „nur" 33,8%.

Die Entwicklung der durchschnittlichen Zahl der Kinder und Jugendlichen, die im Rahmen prozesssichernder Maßnahmen in geschlossenen Institutionen untergebracht waren, nahm dagegen einen etwas anderen Verlauf. Zwar ist diese Haftpopulationsgruppe von 2007/08 bis 2012/13 um 41,4% gesunken. Jedoch kam dieser Rückgang im Vergleich zu den Trendentwicklungen bei den Strafgefangenen nur verzögert, so dass eine zwischenzeitige Verschiebung im Verhältnis von Strafgefangenen zu Untersuchungsgefangen stattgefunden hat. Befanden sich 2007/08 für jeden Untersuchungsgefangenen durchschnittlich 3,8 Strafgefangene in Haft, war dieses Verhältnis bis 2010/11 auf 2,9 : 1 gesunken. Bis 2012/13 konnten jedoch signifikante Reduktionen auch in der Untersuchungshaftpopulation beobachtet werden, so dass sich das Verhältnis wieder auf 3,6 : 1 „eingependelt" hat.

Obgleich nicht geplant, war dieser Trend signifikant und anhaltend, was den *Youth Justice Board* dazu bewogen hat, die Gesamtjugendhaftkapazität zu reduzieren.[501] Von August 2008 bis April 2011 wurden mehr als 700 Haftplätze „stillgelegt" und manche Jugendhaftanstalten wurden in Erwachsenenjustizvollzugsanstalten umfunktioniert. Pläne für den Bau einer neuen Jugendhaftanstalt in Glen Parva wurden sogar gänzlich aufgegeben.[502]

2.6.1.2 Entwicklungen der formellen Sanktionspraxis

Die absolute Zahl der Freiheitsstrafen, die gegen Kinder und Jugendliche verhängt wurden, ist von 2004 bis 2011 um 35,1% zurückgegangen (von 6.325 auf 4.104, siehe *Abbildung 6* unten).

Der Grad des Rückgangs unterlag dabei regionalen Schwankungen. Insgesamt war in urbanisierten Ballungsgebieten prinzipiell ein starker Abwärtstrend zu verzeichnen. Laut Daten des YJB ist die Zahl der Freiheitsstrafen allein von 2008/09 bis 2009/10 in London um ein Drittel, in Wales um ein Viertel, in Liverpool um 36%, in Manchester um 28%, in Leeds um 35% (73 weniger als ein Jahr zuvor) und in Northamptonshire gar um 80% (von 67 auf 13) zurückgegangen.[503] In kleineren, oft ländlichen Kommunen waren die Rückgänge weniger stark, und in 27 YOT-Regionen ist die Zahl sogar gestiegen. Jedoch sind die Fallzahlen in den meisten dieser Regionen so klein, dass diese Schwankungen als insignifikant zu bezeichnen sind (in Cornwall hat sich die absolute Zahl von 12 auf 25, und in Powys von 5 auf 10 verdoppelt).

501   Vgl. *Ministry of Justice/Youth Justice Board* 2011, Tabelle 3; *Bateman* 2012, S. 38.

502   Vgl. *Allen* 2011, S. 4.

503   Vgl. *Allen* 2011, S. 8.

Abb. 6: Gegen Kinder und Jugendliche verhängte Freiheitsstrafen, absolute Zahlen und pro 100.000 der gleichaltrigen Gesamtbevölkerung, 2003-2011

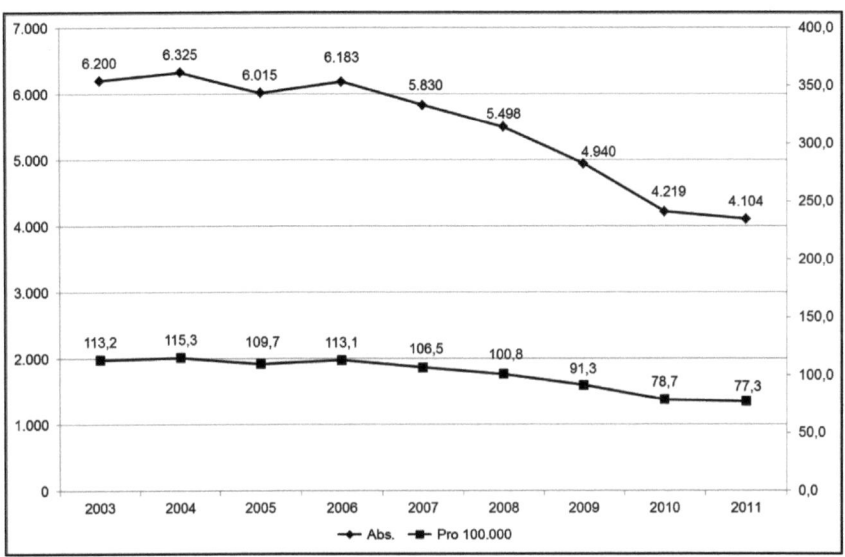

Quelle: *Ministry of Justice* 2010a, ergänzende Pivot Tabellen; *Ministry of Justice* 2012, ergänzende Tabelle A5.4; geschätzte Bevölkerungsdaten entstammen dem *Office for National Statistics*.

Bemerkenswerterweise hat dieser Rückgang im Gebrauch des Freiheitsentzugs nicht auf die Inhaftierungsquote (prozentual bezogen auf die insgesamt Sanktionierten) niedergeschlagen. Der Stellenwert des Freiheitsentzugs ist vielmehr zwischen 2004 und 2011 mit durchschnittlich 6,3% aller gerichtlichen Sanktionen vergleichsweise stabil geblieben (siehe *Tabelle 13* unten). Innerhalb der Sanktionspraxis der Gerichte hat es den reinen absoluten Zahlen nach zu urteilen demnach keine signifikanten Verschiebungen weg von Freiheitsentzug in Richtung anderer Interventionsformen gegeben – der Freiheitsentzug nahm 2011 im Rahmen der gerichtlichen Sanktionspraxis dieselbe Rolle ein wie bereits 2004. Folglich muss der Rückgang in der absoluten Zahl verhängter Haftstrafen in erster Linie durch einen entsprechenden Rückgang in der Gesamtzahl der durch die Strafgerichte verurteilten Kinder und Jugendlichen insgesamt bedingt gewesen sein.

Tab. 13:   Entwicklung der gerichtlichen Sanktionspraxis bei
            Kindern und Jugendlichen, 2001-2011, in Prozent

Jahr	Absehen von Strafe	Geldstrafe	*Community sanctions*	Unbedingte Haftstrafen	Sonstige
2001	18,3	23,1	44,9	8,0	5,7
2002	15,0	16,0	57,3	7,8	3,8
2003	15,3	14,6	59,4	6,7	4,1
2004	13,2	16,3	59,0	6,6	5,0
2005	12,5	14,6	63,5	6,3	3,1
2006	12,4	12,4	65,6	6,6	3,1
2007	12,5	10,7	67,8	6,0	3,0
2008	12,4	10,2	67,9	6,2	3,2
2009	12,3	9,8	68,6	6,1	3,3
2010	13,7	8,8	64,6	5,7	7,2
2011	13,8	8,2	65,7	6,6	5,6

Quelle: *Ministry of Justice* 2012, ergänzende Tabelle A5.4.

Abbildung 7 unten zeigt die Trendentwicklung der Zahl der 10- bis einschließlich 17-Jährigen, die im Zeitraum von 2001 bis 2011 durch Strafgerichte
verurteilt und sanktioniert wurden. Auf einen Peak von 98.387 im Jahr 2007
folgte ein bezeichnender und kontinuierlicher Rückgang. Im Jahr 2011 wurden
mit 62.510 Straftätern 35,8% weniger Kinder und Jugendliche durch die Gerichte strafrechtlich sanktioniert als nur vier Jahre zuvor. Die Differenz in den
Sanktioniertenbelastungsziffern betrug 34,8%. Dieser Rückgang in der Zahl junger Rechtsbrecher, die durch die Gerichte sanktioniert wurden, lässt die Vermutung zu, dass Verschiebungen weg von den Gerichten in außergerichtliche
Interventionssysteme stattgefunden haben und der Anteil gerichtlich Sanktionierter an allen Kindern und Jugendlichen, die eine formelle Intervention erhalten haben (sogenannte *offenders brought to justice*, OBTJ), gesunken und
formelle Diversionsraten gestiegen sein könnten.

Abb. 7: **Entwicklung der Zahl 10- bis einschließlich 17-Jähriger die durch Strafgerichte Sanktioniert wurden, absolute Zahlen und pro 100.000 der gleichaltrigen Gesamtbevölkerung, 2001-2011**

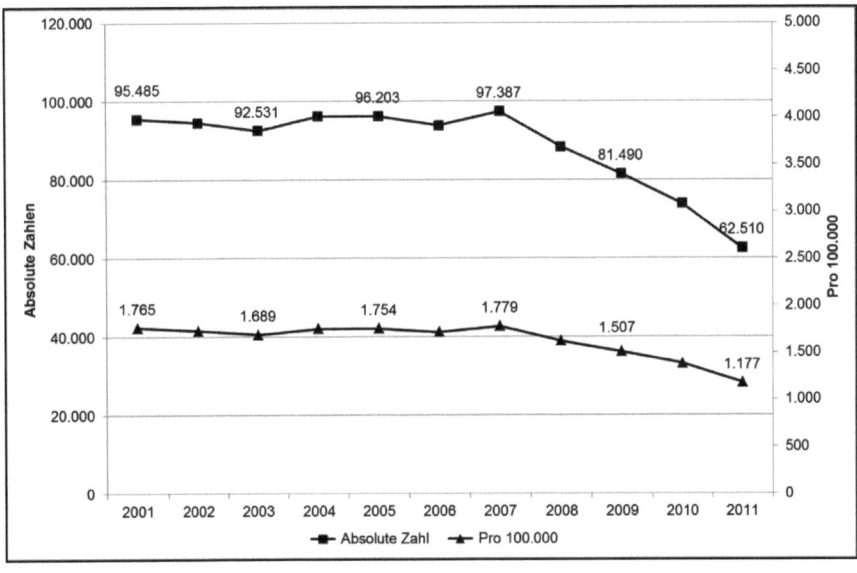

Quelle: *Ministry of Justice* 2012, ergänzende Tabelle A5.4; geschätzte Bevölkerungsdaten des *Office for National Statistics*, sowie eigene Berechnungen.

In Wahrheit trifft jedoch genau das Gegenteil zu: Der Anteil gerichtlich Sanktionierter unter allen OBTJ ist von 38,7% im Jahr 2006 auf 55,5% im Jahr 2011 kontinuierlich gestiegen (siehe *Abbildung 8* unten). Demnach ist die formelle Diversionsrate innerhalb von fünf Jahren von 61,3% auf 44,5% gesunken. Wurden 2006 noch 129.061 straffällige Kinder und Jugendliche mittels *reprimands* und *final warnings* formell verwarnt, war der Wert bis 2011 um 65,9% auf 43.993 zurückgegangen.[504]

---

504 *Ministry of Justice* 2012, ergänzende Tabelle A2.2

Abb. 8:   **Formelle Sanktionierung 10- bis einschließlich**
              17-Jähriger nach der Sanktionskategorie, 2003-2011

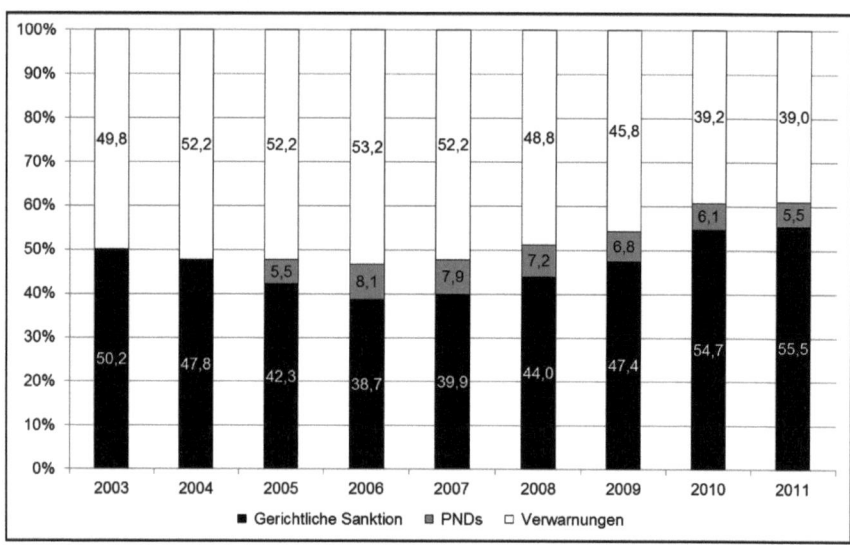

Quelle: *Ministry of Justice* 2012, ergänzende Tabellen A2.2, A5.5 und Q2.1

    Wenn die absolute Anzahl gerichtlich Sanktionierter innerhalb von vier Jahren um mehr als 35% sinkt und der Anteil dieser Täter an allen OBTJ parallel von 38,7% auf 55,5% steigt, kann dies nur bedeuten, dass insgesamt signifikant weniger Kinder und Jugendliche eine formelle Intervention erhalten haben – oder anders ausgedrückt, dass immer weniger Kinder und Jugendliche in das Jugendjustizsystem gebracht worden sind, und wenn ja, dann vermehrt solche, die eine Straftat begangen haben, die ein Gerichtsverfahren erforderlich scheinen ließ. In der Tat ist von 2007 bis 2011 die Zahl der OBTJ von 243.959 auf 112.732 gesunken, ein Rückgang von 53,8% (siehe *Abbildung 9* unten). Die OBTJ-Belastungsziffer hat um 52,4% abgenommen.

Abb. 9: **Gesamtzahl formell sanktionierter Kinder und Jugendlicher, absolute Zahlen und pro 100.000 der gleichaltrigen Gesamtbevölkerung, 2001-2011**

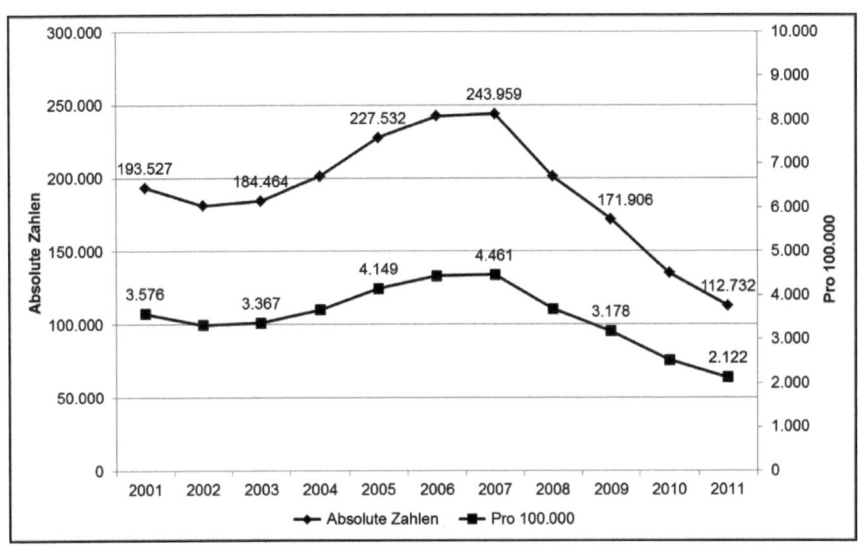

Quelle: *Ministry of Justice* 2012, ergänzende Tabellen A2.2, A5.4 und Q2.1; geschätzte Bevölkerungsdaten des *Office for National Statistics*, sowie eigene Berechnungen.

2.6.2 Ursachen für die Entwicklungen der Jugendstrafrechtspraxis

Bemerkenswerterweise wurden diese Entwicklungen nicht von entsprechenden Trendentwicklungen bei Erwachsenen begleitet. Von 1 Juni 2003 bis 1 Juni 2012 ist die Zahl der erwachsenen Gefangenen, sowohl Straf- als auch Untersuchungshäftlinge, von 73.700 auf 86.457 gestiegen, eine Zunahme von 17,3%.[505] Die Zahl der erwachsenen Gefangenen pro 100.000 der gleichaltrigen Gesamtbevölkerung hat einen Zuwachs von 8,4% in diesem Zeitraum erfahren (von 179,3 auf 194,3). Von 2006 bis 2011 stieg die absolute Zahl der gegen Erwachsene (18 Jahre und älter) verhängten Freiheitsstrafen von 89.834 auf 98.594, eine Zunahme von 9,8%.[506] Korrigiert man diese Daten, um die 4,8% Zunahme in der Gesamterwachsenenbevölkerung zu berücksichtigen, bleibt ein Zuwachs

---

505 *Ministry of Justice* 2009, S. 2 ff.; 2010, S. 3; 2012a, S. 3 Tabelle 1; 2012b, S. 4 Tabelle 1.

506 *Ministry of Justice* 2012, ergänzende Tabelle A5.4; geschätzte Bevölkerungsdaten entstammen dem *Office for National Statistics*.

von 4,8%.[507] Es scheinen demnach jugendspezifische Ursachen für die Entwicklungen in der Jugendstrafrechtspraxis ursächlich zu sein.

2.6.2.1 Demografische Veränderungen

Auch sind Veränderungen in der Gesamtbevölkerung der 10- bis einschließlich 17-Jährigen allein nicht für den vollen Umfang dieser Entwicklungen ursächlich gewesen. Für den Zeitraum von 2004/05 bis 2010/2011 ist ein geschätzter Bevölkerungsrückgang dieser Altersgruppe von 3,2% festzustellen.[508] Setzt man die durchschnittlichen Jugendhaftpopulationen ins Verhältnis zu der entsprechenden Gesamtbevölkerung, um somit diese Bevölkerungsveränderungen zu kompensieren, wird der Rückgang zwar teilweise relativiert. Jedoch bleibt das Bild sinkender Haftpopulationen dennoch bestehen.[509] Selbiges gilt für die Entwicklung der gerichtlichen Sanktionspraxis. Die Zahl der gegen Kinder und Jugendliche verhängten Freiheitsstrafen pro 100.000 der gleichaltrigen Gesamtbevölkerung ist von 2006 bis 2011 von 113,1 auf 77,3 gesunken, ein Rückgang von 31,7% (verglichen mit 35,1% bei den absoluten Zahlen).[510] Auch die Trends in der Zahl der gerichtlich Sanktionierten (absolute Zahlen: 35,8% Rückgang; pro 100.000: 34,8% Rückgang)[511] sowie der Zahl der OBTJ (absolute Zahlen: 53,8% Rückgang; pro 100.000: 52,4% Rückgang)[512] bleiben nach Berücksichtigung demografischer Veränderungen signifikant rückläufig.

Veränderungen in der Altersstruktur der Gesamtbevölkerung relativieren demnach die beobachteten Entwicklungen in der Jugendstrafrechtspraxis und in der durchschnittlichen Jugendhaftpopulation zu einem gewissen Grad, lenken

---

507 Für eine genauere Untersuchung der Ursachen für diese Entwicklungen, siehe beispielsweise *Ministry of Justice* 2009; 2010.

508 Zum Zeitpunkt des Verfassens waren Bevölkerungsdaten nur bis einschließlich 2010/11 verfügbar. Entsprechend können die Entwicklungen in den darauffolgenden Jahren nicht in diese Untersuchung mit eingebunden werden. Geschätzte Bevölkerungsdaten entstammen dem *Office for National Statistics*.

509 Von 2005/06 bis 2010/11 ist die Zahl der inhaftierten Kinder und Jugendlichen pro 100.000 der gleichaltrigen Gesamtbevölkerung kontinuierlich von 51,7 auf 38,4 gesunken, ein Rückgang von 25,7% (verglichen mit 28% bei den absoluten Zahlen). Siehe Daten des Justizministeriums (*Ministry of Justice*), verfügbar unter *http://www.justice. gov.uk/statistics/youth-justice/custody-data*, zuletzt eingesehen am 19.03.2014. Geschätzte Bevölkerungsdaten entstammen dem *Office for National Statistics*.

510 *Ministry of Justice* 2007a, ergänzende Pivottabellen; 2012, ergänzende Tabelle A5.4; geschätzte Bevölkerungsdaten entstammen dem *Office for National Statistics*.

511 *Ministry of Justice* 2012, ergänzende Tabelle A5.4; geschätzte Bevölkerungsdaten entstammen dem *Office for National Statistics*.

512 *Ministry of Justice* 2012, ergänzende Tabellen A2.2, A5.4 und Q2.1; geschätzte Bevölkerungsdaten entstammen dem *Office for National Statistics*.

aber nicht von dem signifikanten Abwärtstrend ab. Bevölkerungsrückgänge in der für das Jugendstrafrecht relevanten Altersspanne waren insbesondere in großen urbanisierten Ballungszentren größer als in ländlichen Regionen. Die 10- bis einschließlich 17-jährige Bevölkerung Liverpools hat von 2004 bis 2009 um 16%, die in Manchester um 13% und in Leeds um 8% abgenommen.[513] Wie oben angeführt ist in eben diesen Regionen auch der Rückgang im Gebrauch freiheitsentziehender Sanktionen im nationalen Vergleich deutlich höher gewesen. Jedoch ist auch hier anzumerken, dass die Bevölkerungsrückgänge allein nicht ausreichen, um die stark rückläufige Verhängung von Haftstrafen und die sinkende Jugendhaftpopulation zu erklären.

2.6.2.2 Veränderungen im Kriminalitätsaufkommen

Manche Kommentatoren führen die Hypothese an, dass der Rückgang der Jugendhaftpopulation sowie in der Zahl der OBTJ einen entsprechenden Rückgang im Umfang der Jugendkriminalität widerspiegeln oder durch einen solchen bedingt gewesen sein könnte.[514] In der Tat sind parallel zum Rückgang der OBTJ, der durchschnittlichen Jugendhaftpopulation und der Zahl gegen Kinder und Jugendliche verhängter Freiheitsstrafen Rückgänge im *Gesamt*kriminalitätsaufkommen im Hell- und Dunkelfeld zu verzeichnen. Nach auf Ergebnissen des *British Crime Survey* basierenden Studien ist die Kriminalität im Dunkelfeld von 2006/07 bis 2010/11 um 12 % zurückgegangen.[515] Hellfelddaten weisen auf einen Rückgang von 22,7% im Umfang polizeilich registrierter Kriminalität hin. Auch im Bereich der Jugendkriminalität deuten die Ergebnisse der Dunkelfeldforschung in keiner Weise auf eine Abnahme in einem Ausmaß hin, welches diese Entwicklungen in der Jugendstrafrechtspraxis hätte allein erklären können.[516]

Betrachtet man längerfristige Trends in der Entwicklung der Kriminalität und vergleicht diese mit der entsprechenden Entwicklung der Jugendhaftpopulation, der Inhaftierungsquote und der Zahl der OBTJ, so wird ersichtlich, dass der Zusammenhang zwischen diesen Variablen durchaus komplexer ist, als die obige Hypothese vermuten lässt und ihre Verläufe in der Vergangenheit nur selten kongruent gewesen sind.[517] Der Abwärtstrend im Gesamtkriminalitätsaufkommen ist bereits seit 1993 erkennbar gewesen. Die Zahl der Kinder und Jugendlichen, die für die Begehung eines *indictable offence* eine formelle Inter-

---

513 Vgl. *Allen* 2011, S. 12.

514 So beispielsweise *National Audit Office* 2010 m. w. N.

515 Siehe hierzu *Nicolas/Kershaw/Walker* 2007; *Walker u. a.* 2009; *Chaplain/Flatley/Smith* 2011; *Office for National Statistics* 2012.

516 Vgl. *Allen* 2011, S. 12.

517 Vgl. *Allen* 2011, S. 12.

vention erhalten haben, ist bereits von 1992 bis 2003 um 27% gesunken. Jedoch sind in dieser Periode die durchschnittliche Jugendhaftpopulation sowie die absolute Zahl der verhängten Freiheitsstrafen dramatisch gestiegen.[518] Andersherum waren die 1980er Jahre gekennzeichnet vom stark rückläufigen Gebrauch des Freiheitsentzugs, während sich parallel dazu die Gesamtkriminalität in Hell- und Dunkelfeld in einem kontinuierlichen Aufwärtstrend befanden (siehe hierzu bereits *Kapitel 2.3* oben). Nicht zuletzt ist auch anzumerken, dass trotz des rückläufigen Gesamtkriminalitätsumfangs über die letzten Jahre die durchschnittliche Erwachsenenhaftpopulation weiter gestiegen ist.

Zu behaupten, dass Veränderungen im Umfang und in der Qualität des Gesamtkriminalitätsaufkommens in keiner Weise für die jüngsten Entwicklungen in der Jugendstrafrechtspraxis mitursächlich gewesen sind, wäre andererseits naiv und nie zweifelsfrei belegbar. Jedoch erscheint es ebenso naiv anzunehmen, dass Veränderungen in der Jugendkriminalität plötzlich in einem direkten und hauptursächlichen Zusammenhang zu Veränderungen der Jugendstrafrechtspraxis stehen, während dies in den 1980er und 1990er Jahren nicht der Fall gewesen ist. Obgleich ein potentiell sinkendes Kriminalitäts-aufkommen den Rückgang im Gebrauch freiheitsentziehender Sanktionen mitbewirkt haben könnte, scheint es höchst unwahrscheinlich, dass dieses allein ursächlich dafür gewesen sein kann. Die Tatsache, dass die Rückgänge in der durchschnittlichen Haftpopulation und im Gebrauch freiheitsentziehender Sanktionen nur bei Kindern und Jugendlichen zu erkennen ist, ist ein Indiz dafür, dass weitere jugendspezifische Faktoren eine Rolle gespielt haben müssen.

2.6.2.3 *Strategische und organisatorische Veränderungen*

Besonderer Stellenwert in den Trends der Jugendstrafrechtspraxis ist strategischen und organisatorischen Reformen und Veränderungen einzuräumen. Dabei muss betont werden, dass die Zentralregierung niemals eine Strategie der Haftvermeidung explizit öffentlich angekündigt oder gar zielstrebig verfolgt hat.[519] Vielmehr sind diese Veränderungen im Lichte der seit Mitte des ersten Jahrzehnts des neuen Jahrtausends herrschenden Wirtschaftskrise und der durch diese Krise resultierenden Notwendigkeit, öffentliche Haushalte zu schonen und die Kosten der öffentlichen Verwaltung zu senken, zu betrachten.

Hauptmerkmale der strategischen und organisatorischen Reformen sind die Dezentralisierung und Entbürokratisierung gewesen. Durch das vom „Ministerium für Kommunen und Kommunalregierungen" (*Department for Communities and Local Government*) verfasste Konsultationspapier *Strong and Prosperous*

---

518 Vgl. *Bateman* 2012, S. 39, sowie *Kapitel 2.5.6* oben.

519 Vgl. *Bateman* 2012.

Communites („Starke und wohlhabende Kommunen")[520] wurde den Lokalregierungen mehr Verantwortung in vielen Rechts- und Lebensbereichen mit der Begründung gegeben, dass lokale Verwaltungen besser in der Lage seien, Bedürfnisse und Probleme vor Ort einzuschätzen, entsprechend anzupacken und so die Kosteneffektivität zu steigern. Parallel dazu sah selbiges Konsultationspapier einen Abbau bürokratischer Hürden vor. Dieser erfolgte insbesondere in einer Reform der für Kommunalregierungen bestehenden Leistungsindikatoren, die in ihrer Zahl von über 800 auf 200 reduziert wurden.[521] Unter anderem wurde den Kommunalregierungen mehr Verantwortung für die Jugendkriminalpolitik in der Form des „Leistungsindikators 43" zuteil, welcher eine jährliche Senkung in der Zahl der gegen Kinder und Jugendliche verhängten Haftstrafen einfordert.[522] Das Ziel der Haftvermeidung war bereits in der Vergangenheit vom YJB schon einmal aufgestellt worden, wurde jedoch 2007/08 wieder aufgegeben (ironischerweise genau dann, als die Kehrtwende einzutreten begann).[523] Als Leistungsindikator für Kommunalregierungen wird das Ziel auf der lokalen Ebene erheblich signifikanter, weil es nicht nur YOTs sondern eben auch die Kommunalregierungen in die Pflicht nimmt, die entsprechend notwendigen Mittel und Infrastrukturen bereitzustellen.[524]

Es muss an dieser Stelle erneut betont werden, dass diese Veränderungen nicht Teil einer expliziten oder integriert verfolgten jugendkriminalpolitischen Haftvermeidungsstrategie waren, sondern vielmehr im Lichte der Notwendigkeit der Haushaltssanierung zu verstehen sind. Die Rolle des wirtschaftlichen Blickwinkels wird auch in der Überlegung der Regierung reflektiert, die aus Freiheitsstrafen und Untersuchungshaft resultierenden Kosten an die Kommunalregierungen zu übertragen, wie aus ihrem *Youth Crime Action Plan 2008* hervorgeht.[525] So könnten lokale Behörden dazu bewegt werden sich Gedanken zu machen, wen sie in Haft schicken, damit diese Kosten nur anfallen, wenn sie wirklich notwendig sind. Dadurch bekommt das Prinzip von „Haft als *ultima ratio*" eine ökonomische Perspektive. Bereits die Androhung einer Übertragung der Finanzierung entsprechender Haftkosten auf die Kommunen könnte durchaus bewirkt haben, dass sich Kommunalregierungen sofort darauf eingestellt ha-

520 *Department for Communities and Local Government* 2006.

521 Siehe *Department for Communities and Local Government* 2006; *Bateman* 2012, S. 43.

522 Vgl. *Allen* 2011, S. 11; *Department for Communities and Local Government/HM Government* 2008, S. 35.

523 Vgl. *Allen* 2011, S. 9.

524 Vgl. *Bateman* 2012, S. 43.

525 Vgl. *HM Government* 2008, S. 69 f. Die *Youth Crime Action Plan* wurde 2008 vom Innenministerium und dem Justizministerium gemeinsam entworfen und legt den Plan der Regierung dar, wie sie mit Kommunen, Schulen, Eltern und anderen gegen Jugendkriminalität vorgehen will, vgl. *Bateman* 2012a, S. 267.

ben, falls diese Gedanken in die Tat umgesetzt würden, und effektive, nachhaltige Wege gesucht haben, um eine seltenere Verhängung freiheitsentziehender Sanktionen bei Kindern und Jugendlichen zu erwirken.

In diesem Kontext zunehmender Verantwortung der Kommunalregierungen für die Entscheidungen der in ihrem Einzugsbereich sitzenden Gerichte haben Veränderungen im YJB zu Beginn des Untersuchungszeitraums eine besonders wichtige Rolle gespielt. Im Rahmen der Reorganisation der Regierung wurde 2007 die Zuständigkeit für den YJB vom Innenministerium an das „Ministerium für Kinder, Schulen und Familien" (*Department for Children, Schools and Families*, inzwischen in *Department of Education* umbenannt) übertragen – ein Ministerium, das für den Alltag der Kommunalregierungen weitaus präsenter und relevant ist und folglich vom Aufgabenbereich her eine engere Kooperation pflegt.[526] Als Folge dessen war der YJB unter seiner neuen Führung besser in der Lage, den Kommunalbehörden mit ihrem Auftrag zur Senkung des Gebrauchs freiheitsentziehender Sanktionen bei Kindern und Jugendlichen Hilfestellung zu leisten.

Da Strafzumessungsentscheidungen von unabhängigen Gerichten getroffen werden, musste allerdings am unteren Ende – an der Tür zum Jugendjustizsystem – angesetzt werden. In ihrem *Youth Crime Action Plan 2008* führte die Regierung an, dass eine Senkung der Zahl der jungen Menschen, die mit dem formellen Strafverfolgungsapparat in Kontakt geraten, zu einer Senkung des Kriminalitätsaufkommens beitrage.[527] Der Grundgedanke dabei war, dass der Kontakt mit dem formellen Jugendjustizsystem an sich „kriminogen" wirken kann und die abträglichen Auswirkungen derartiger Begegnungen zunehmen, je „tiefer" Kinder und Jugendliche in das System „hineingesogen" werden.[528] Es wären folglich positive Auswirkungen zu vermuten, wenn eine Ausdehnung der *informellen* Diversionsmöglichkeiten die Messlatte für die formelle Strafverfolgung weiter nach oben schiebt und somit der Eintritt in das System obligatorischer Intervention möglichst lange verzögert wird.[529]

Um dies zu erreichen hat der YJB im Jahr 2008 das zuvor verfolgte Ziel, so viele bekannt gewordene Tatverdächtige wie möglich einer Intervention des formellen Jugendjustizsystems zu unterwerfen (OBTJ-Indikator, siehe *Kapitel 2.5.6.2* oben), außer Kraft gesetzt. An seine Stelle trat das neue Ziel, die Zahl der „formellen Ersttäter" (sogenannte *first time entrants*, FTEs) zu senken – also die Zahl derjenigen, die für die Begehung einer ersten Straftat mittels des *final*

---

526 Vgl. *Allen* 2011, S. 10 f.; *Bateman* 2012, S. 43.

527 Vgl. *HM Government* 2008, S. 14.

528 Vgl. *McAra/McVie* 2007, S. 315 ff. Vgl. auch *Evans* 2008b, S. 147 f.

529 Vgl. *Department for Communities and Local Government* 2008, S. 35.

warning scheme oder gerichtlicher Sanktionen formell sanktioniert werden.[530] Dies stellt quasi eine 180°-Wende dar, von einer formellen Interventionspflicht zu einer Stärkung informeller Prozesse und Maßnahmen, um das formelle Jugendjustizsystem zu vermeiden, was wiederrum eine „Entkriminalisierung" und somit eine Senkung der Rückfallkriminalität zur Folge hätte.[531] Der vermehrte Einsatz informeller Diversion kann, wie im weiteren Verlauf dieses Kapitels erarbeitet wird, auch positive Folgen auf die Verhängung freiheitsentziehender Sanktionen haben. Aber zunächst widmen wir uns den Entwicklungen am Rande des formellen Systems.

2.6.2.4   Vermehrte informelle Diversion

Um den Leistungsvorgaben der Regierung und des YJB zu genügen, sind seit 2007 eine Reihe informeller Maßnahmen und Interventionsprogramme an der Tür zum Jugendjustizsystem etabliert worden.[532] Neben einer ganzen Reihe lokaler Initiativen wurden zwei Ansätze durch die Regierung im *Youth Crime Action Plan 2008* zentralisiert geplant und anschließend vom YJB auf Pilotbasis und ohne gesetzliche Grundlage ins Leben gerufen – sogenannte *triage* Programme und das *youth restorative disposal* – die sich beide der Vorzüge des *restorative justice*-Ansatzes bedienen (siehe *Kapitel 2.5.4.1* oben) und im Folgenden etwas genauer beschrieben werden.[533]

2.6.2.4.1 „Triage" Programme

Das *triage*-Konzept (zu Deutsch „Auswahl", „Selektierung", „Sichtung") hat seine Wurzeln in der Notfallmedizin. Das Hauptziel im klinisch-medizinischen Zusammenhang liegt in der zügigen Einschätzung über die Schwere von Verletzungen und des aus diesen hervorgehenden Risikos, um anschließend Prioritäten in der Behandlungsreihenfolge und -weise zu setzen.[534]

---

530 Siehe *HM Government* 2008, S. 14; *Bateman* 2012, S. 42.

531 Vgl. *Bateman* 2012, S. 45.

532 Siehe *Association of Chief Police Officers* 2007. Die *Association of Chief Police Officers* („Verband führender Polizeibeamter") ist ein 1948 gegründeter Verband der Führungsebene der Polizeiorganisationen von England und Wales. Ihr Zweck liegt in der Entwicklung von Strategien zur Optimierung und landesweiten Vereinheitlichung der Polizeipraxis, sowie in der Funktion als Bindeglied zwischen dem Innenministerium und den verschiedenen lokalen Polizeieinheiten Englands. Siehe *http://www.acpo. police.uk/* (zuletzt aufgerufen am 19.03.2014).

533 Vgl. *Bateman* 2012a, S. 267.

534 Vgl. *Home Office* 2012a, S. 9.

Im jugendkriminalpolitischen Zusammenhang hat *triage* den Zweck, unmittelbar nach der Verhaftung eines jungen Rechtsbrechers eine Tatschwere- und Täterrisikoeinschätzung durchzuführen und entsprechend des Ausgangs dieser Untersuchung eine Entscheidung zu treffen, ob – und falls ja welche – Intervention erforderlich und angemessen ist. Der dahinterstehende Gedanke ist es, unnötige frühe Kriminalisierung von Bagatellkriminalität, vor allem bei jungen Ersttätern, zu verhindern[535] und dadurch einen Beitrag dazu zu leisten, dass formelle Verfahren sowie Sanktionen zunehmend auf schwerere Formen der Straffälligkeit beschränkt werden, Gerichte ihre Zeit und Ressourcen auf solche Fälle konzentrieren.[536] Zudem soll somit die Entstehung einer kriminellen Karriere „auf dem Papier" (durch den ansonsten drohenden Erhalt einer formellen Verwarnung) aufgeschoben werden.

Die Gründung derartiger Ansätze wurde 2008 im *Youth Crime Action Plan* der Regierung erstmals angedacht, obgleich nicht unter dem Namen *triage*.[537] Vielmehr wurde der allgemeine Gedanke geäußert, YOT-Mitarbeiter zu designieren, die eng mit der Polizei zusammenarbeiten und bei der Verhaftung eines jungen Tatverdächtigen auf dem Polizeirevier eine zeitnahe verkürzte Risikoeinschätzung durchführen. Basierend auf den identifizierten Risiko- und Bedürfnisfaktoren könnten Täter im Anschluss zügig an einschlägige Interventionsprogramme und Dienste weitergeleitet werden.

In der Praxis wurde *triage* zunächst in 55 Polizeibezirken praktiziert, die genaue Implementierung des Prozesses unterscheidet sich von Bezirk zu Bezirk. Es gibt keine klaren verbindlichen Vorgaben in diesem Zusammenhang – nicht zuletzt um genug Flexibilität zu erlauben, um das Programm an lokale Kontexte und Infrastrukturen anpassen zu können. Jedoch hat sich der folgende Ablauf in den meisten Bezirken etabliert:[538] Wird ein junger Tatverdächtiger verhaftet und auf das Polizeirevier gebracht, wird im Rahmen eines ersten Treffens mit Täter, YOT-Mitarbeiter, Polizei und den sonstigen zur Anwesenheit auf dem Revier berechtigten bzw. verpflichteten Personen[539] ermittelt, ob die Voraussetzungen für eine informelle Intervention mittels *triage* erfüllt sind, sowie welche Faktoren im Rahmen einer solchen Intervention berücksichtigt werden müssten, um dem Rückfallrisiko des Täters entgegenzuwirken.[540]

Dabei stehen drei Wege offen, die jeweils eigene Zulässigkeitsvoraussetzungen haben. Die erste Interventionsform ist für junge Ersttäter vorgesehen, de-

---

535 Vgl. *Bateman* 2012a, S. 267.

536 Vgl. *Home Office* 2012a, S. 11.

537 Vgl. *HM Government* 2008, Rn. 1.15 f.

538 Vgl. *Home Office* 2012a, S. 9.

539 Siehe hierzu *Kapitel 3.2* unten.

540 Vgl. *Home Office* 2012a, S. 10.

ren Straffälligkeit einen bestimmten Schweregrad nicht überschreitet und als leicht einzustufen ist.[541] In diesen Fällen wird primär auf die zügige Durchführung restorativer Prozesse und Praktiken gesetzt, wie einen Täter-Opfer-Ausgleich, die Verfassung einer schriftlichen Entschuldigung oder die Erbringung nicht-finanzieller Wiedergutmachungsleistungen.[542] Sofern die verkürzte Risikoeinschätzung besonders stark ausgeprägte Risikofaktoren bzw. schwach ausgeprägte protektive Faktoren ermittelt, kann – sollten die erhofften reintegrativen Effekte restorativer Interventionen allein für nicht ausreichend befunden werden – der Täter zudem an einschlägige Dienstleister und Behörden weitergeleitet werden, um freiwillig an Programmen teilzunehmen, um dem zusätzlich entgegenzuwirken (beispielsweise Elternberatungen, Anti-Aggressionstraining, Drogenberatungen, Berufsberatungen oder Frühinterventionsprogramme). So kann frühinterventive Arbeit geleistet werden, ohne dass dabei gleichzeitig das formelle Jugendjustizsystem involviert werden muss.[543] In gewisser Weise kann man also sagen, dass *triage* darauf abzielt, der Kriminalisierung bedürftiger Kinder und Jugendlicher entgegenzuwirken.[544]

Die zweite Interventionsform von *triage* steht einem breiteren Tatschwerespektrum offen,[545] sowie solchen Tätern, die bereits in der Vergangenheit einmal formell verwarnt worden sind. In solchen Fällen wird der Täter innerhalb kurzer Zeit einer vollen Risikoeinschätzung unterstellt. Ergibt die volle ASSET-Risikoeinschätzung, dass das vom Täter ausgehende Rückfallrisiko zu groß ist, um es im Rahmen der informellen Möglichkeiten zu beheben, wird der Täter an das formelle System übergeben. Ist ein solches Risiko zu verneinen, folgt Intervention in derselben Weise wie bei der ersten *triage*-Form. Der einzige Unterschied ist, dass bei der zweiten Interventionsform neben restorativen Maßnahmen zusätzlich *immer* erzieherische und/oder präventive Interventionsmaßnahmen (wie die o. a. Eltern-, Sucht-, Anti-Aggressionsberatungen u. s. w.) bereitgestellt werden.[546]

---

541 Straftatbestände der Tatschweregrade 1 und 2 im Rahmen des Tatschwerekataloges der *Association of Chief Police Officers*. Dieser Katalog ist für formelle Diversionsentscheidungen von zentraler Bedeutung und wird im Zusammenhang polizeilicher Verwarnungen in *Kapitel 3.3* unten dargestellt. An dieser Stelle reicht es anzuführen, dass die Tatschweregrade 1 und 2 auf einer Skala von 1 - 4 den Bereich der Bagatell- bzw. Massendelinquenz abdecken und somit synonym für leichte Verfehlungen sind.

542 Vgl. *Bateman* 2012a, S. 268.

543 Vgl. *Bateman* 2012a, S. 267.

544 Die Teilnahme an *triage* wird nicht im Strafregister festgehalten. Lediglich in den Akten des YOT wird es vermerkt.

545 Straftatbestände der Tatschwerekategorie 1 bis 3. Für eine Beschreibung des Tatschwerekatalogs, siehe *Kapitel 3.3.4* unten.

546 Vgl. *Home Office* 2012a, S. 10.

Die dritte und letzte Interventionsform ist der direkte Weg in das formelle Strafverfolgungssystem, wenn die Voraussetzungen für Form 1 und 2 nicht erfüllt sind.[547]

Bislang wurden noch keine Daten veröffentlicht, die einen Eindruck darüber bieten können, wie viele Kinder und Jugendliche durch die *triage* Projekte vor formeller Intervention bewahrt werden. Obgleich die Indizien dafür sprechen, dass derartige Initiativen eine große Rolle gespielt haben in der Entwicklung der Jugendjustizpraxis seit 2006/07, bleibt abzuwarten, welches Bild die ersten harten Zahlen zeichnen.

2.6.2.4.2 *„Youth restorative disposal"*

Neben *triage* stehen Polizeibeamten seit 2008 in acht Polizeibezirken auf Pilotebene[548] (darunter große Stadtbezirke wie London Metropolitan, Greater Manchester und Nottinghamshire) sogenannte *youth restorative disposals* (YRDs) zur Verfügung.[549] Die YRDs sollen der Polizei ermöglichen, schnell (meist an Ort und Stelle unmittelbar nach der Tat), unbürokratisch und effektiv auf Fälle besonders leichter (Massen-) Delinquenz zu reagieren, um somit das formelle System zu entlasten.[550]

Dabei sind die Zulässigkeitsvoraussetzungen der YRDs mit denen der *reprimands* (formelle Erstverwarnungen) deckungsgleich.[551] Daraus wird ersichtlich, dass die YRDs sich unmittelbar vor dem formellen Verwarnungssystem als zusätzliche Alternative zum formellen Prozess einreihen und insbesondere den Gebrauch formeller Erstverwarnungen zunehmend verdrängen sollen.

---

547 Das System erscheint dem abgestuften Diversionsmodell des deutschen JGG in § 45 Abs. 1-3 sehr ähnlich, indem zunächst die Diversion ohne Intervention bei Bagatelldelikten (§ 45 Abs. 1 JGG), danach die Diversion in Verbindung mit erzieherischen Maßnahmen (§ 45 Abs. 2 JGG) und schließlich das formlose jugendrichterliche Erziehungsverfahren (§ 45 Abs. 3 JGG, ebenfalls mit geringfügigen erzieherischen Sanktionen) geprüft werden, ehe es zu einer formalen Anklage und einem jugendrichterlichen Verfahren kommt, vgl. zusammenfassend *Ostendorf* 2013, Rn. 103 ff.; *Meier/Rössner/Schöch* 2007, S. 148 ff.; *Dünkel* 2011, S. 562 ff., 569 ff.

548 Entsprechend fehlt jegliche primärgesetzliche Grundlage. Geregelt werden YRDs hinsichtlich der Zielsetzungen, Zulässigkeitsvoraussetzungen und des Verfahrens in den Praxisrichtlinien des ACPO, siehe hierzu *Association of Chief Police Officers/Home Office* 2010.

549 Vgl. *HM Court Service/Youth Justice Board* 2010, S. 10; *Hopkins* 2009, S. 164; *Arthur* 2010, S. 83; *Easton/Piper* 2012, S. 183.

550 Vgl. *HM Court Service/Youth Justice Board* 2010, S. 10; *Easton/Piper* 2012, S. 183; *Association of Chief Police Officers/Home Office* 2010, Rn. 1.7; *Rix u. a.* 2011, S. 7.

551 Zu den Zulässigkeitsvoraussetzungen für die verschiedenen formellen Verwarnungsformen, siehe *Kapitel 3.3* unten

Ein YRD ist dann anwendbar, wenn der Täter formeller Ersttäter ist – er darf keine vorangegangenen Verurteilungen, Verwarnungen oder YRDs haben. Folglich kann ein Täter nur einmal eine YRD erhalten.[552] Zudem kommt ein YRD nur dann in Frage, wenn ein 10- bis einschließlich 17-Jähriger eine Tat begangen hat, die einen bestimmten Tatschweregrad nicht überschreitet.[553] Ausgenommen sind dabei solche Delikte, für die ein restoratives Verfahren nicht angemessen oder angebracht erscheint (z. B. Sexualdelikte, Straftaten mit Todesfolge, Straftaten, in denen eine Waffe eine Rolle gespielt hat, oder Drogendelikte).[554] Weiterhin müssen die allgemeinen Diversionsvoraussetzungen erfüllt sein (siehe *Kapitel 3.3.2* unten) und der Täter darf seine Verantwortung für die Tat oder den daraus resultierten Schaden nicht abstreiten.[555] Der Täter muss in der Lage sein, das YRD-Verfahren und die Situation im Allgemeinen zu verstehen. Steht er beispielsweise unter Alkohol- oder Drogeneinfluss, kann die Durchführung des YRD bis zu seiner Ausnüchterung verzögert werden. Abschließend darf eine YRD nur dann durchgeführt werden, wenn sowohl Täter als auch Opfer sich bereit erklären an dem Verfahren teilzunehmen.[556]

In zulässigen Fällen moderieren speziell in restorativen Prinzipien und Praktiken ausgebildete Polizeibeamte einen Austausch zwischen Täter und Opfer, meist an Ort und Stelle unmittelbar nach der Tat.[557] Diese Form der „Polizeimediation" zielt darauf ab, Täter mit den Konsequenzen ihres Verhaltens zu konfrontieren und sie somit zur Verantwortung zu ziehen.[558] Er erhält dabei die Möglichkeit, sich für sein Benehmen zu entschuldigen oder den verursachten Schaden wiedergutzumachen. Die Erbringung dieser Wiedergutmachung kann

---

552 Vgl. *HM Court Service/Youth Justice Board* 2010, S. 10; *Easton/Piper* 2012, S. 183; *Hopkins* 2009, S. 164.

553 Der Tatschwerekatalog der ACPO, welcher auch für die Wahl der im Einzelfall tatschwereangemessenen Verwarnungs- bzw. Verfahrensform maßgebend ist, wird in *Kapitel 3.3.4* unten beschrieben. An dieser Stelle reicht es aus anzuführen, dass im Falle der YRD gerade Formen der Bagatell- und Massendelinquenz zur Zielgruppe gehören.

554 Vgl. *Association of Chief Police Officers/Home Office* 2010, Rn. 6.1.

555 Vgl. *Association of Chief Police Officers/Home Office* 2010, Rn. 5.1 Ein Bekenntnis zur Verantwortung darf in diesem Zusammenhang nicht mit einem formellen Geständnis gleichgesetzt werden. Folglich dürfen derartige Aussagen des Täters nicht als Beweise für seine Schuld angeführt im Rahmen möglicher für die Tat doch folgende Gerichtsverfahren, vgl. *Association of Chief Police Officers/Home Office* 2010, Rn. 4.1.

556 Vgl. *Association of Chief Police Officers/Home Office* 2010, Rn. 5.1; *HM Court Service/Youth Justice Board* 2010, S. 10; *Easton/Piper* 2012, S. 183.

557 Hinsichtlich der Ausbildung dieser Polizeibeamte, siehe *Rix u. a.* 2011.

558 Vgl. *HM Court Service/Youth Justice Board* 2010, S. 10; *Hopkins* 2009, S. 164; *Easton/Piper* 2012, S. 183.

entweder sofort erfolgen, oder aber im Rahmen einer Abmachung zwischen Täter und Opfer nachträglich geleistet werden.

Neben einer Senkung des im Umgang mit leichter Delinquenz aufkommenden bürokratischen Aufwands und der Möglichkeit, zeitnah und positiv auf derartige Kriminalität zu reagieren, haben YRDs zum Zweck (und zudem auch zur Folge), dass weniger Kinder und Jugendliche durch einen Einbezug in das formelle Strafverfahren kriminalisiert werden, und dabei durch restorative Maßnahmen lernen, Verantwortung für ihr eigenes Verhalten und Empathie für die Opfer ihres Fehlverhaltens zu entwickeln.[559] YRDs werden lediglich auf kommunaler Ebene registriert[560] und haben somit keine Eintragung in das Zentralregister zur Folge – ganz im Gegensatz zu den formellen Erstverwarnungen, die bei Nichtverfügbarkeit des YRDs in den meisten Fällen die am ehesten zu erwartende Interventionsalternative wären.[561]

2.6.2.4.3 Entwicklung der Gruppe der formellen Ersttäter („first time entrants")

Unter anderem infolge dieser und ähnlicher informellen Diversionsinitiativen,[562] kombiniert mit den zuvor angeführten Faktoren, ist die Zahl der FTEs über die letzten fünf Jahre dramatisch zurückgegangen.[563] Betrug die Zahl der FTEs 2006/07 noch 110.826 Personen, so war der Wert bis 2010/11 auf nur noch

---

559 Vgl. *Rix u. a.* 2011, S. 7; *Association of Chief Police Officers/Home Office* 2010, S. 5.

560 Diese kommunale Registrierung dient in erster Linie dazu, nachvollziehen zu können, ob eine Person noch „Anspruch" auf einen YRD hat oder nicht.

561 Vgl. *Rix u. a.* 2011, S. 15; *HM Court Service/Youth Justice Board* 2010, S. 10; *Easton/Piper* 2012, S. 183.

562 Nach der Evaluation des *Home Office* war der Rückgang in der Zahl der FTEs zwischen 2008/09 und 2009/10 in denjenigen Regionen höher, in denen *triage* Programme etabliert worden waren – Gegenden mit *triage*: -28,5%, ohne: -23%. Vgl. *Home Office* 2012a, S. 25; siehe auch *Bateman* 2012a, S. 268. Auch eine Evaluation von *Rix u. a.* 2011 über YRDs hat ergeben, dass die Trends in den Zahlen der verhängten *reprimands* und der Zahl der YRDs im Untersuchungszeitraum vom April 2008 bis September 2009 gegenläufig gewesen sind, vgl. *Rix u. a. 2011*, S. 16 f. Die Autoren beider Evaluationen weisen jedoch darauf hin, dass die angewandten Untersuchungsmethoden nicht geeignet waren, um aus den Ergebnissen zuverlässige Schlussfolgerungen hinsichtlich der genauen Rolle dieser informellen Maßnahmen am Rückgang im Gebrauch polizeilicher Verwarnungen zu ziehen und inwieweit andere Faktoren für die positiven Entwicklungen in der Jugendjustizpraxis, die durchaus schon vor Einführung von *triage* und YRDs begonnen haben, verantwortlich gewesen sein könnten. Einigkeit herrscht jedoch dahingehend, dass derartige Initiativen *überhaupt* einen nicht unbeträchtlichen Einfluss gehabt haben.

563 Vgl. *Allen* 2011, S. 13.

45.910 gesunken, ein Rückgang von 58,6%.[564] Dabei wurde das Ziel, ihre Zahl bis 2020 um 20% zu senken, bereits im ersten Jahr erreicht.[565] 2006/07 wurden 2.160 FTEs pro 100.000 der gleichaltrigen Gesamtbevölkerung registriert, 2010/11 waren es nur noch 857 (Rückgang: 61,4%).[566] Der Anteil von FTEs an allen OBTJ lag 2006/07 noch bei 47,9%, im Finanzjahr 2010/11 dagegen nur noch bei 35,3%.[567]

Dabei wird erkennbar, dass FTEs im Jahr 2010/11 im Durchschnitt deutlich älter waren als 2006/07, also die erste formelle Sanktionierung später im Leben junger Rechtsbrecher erfolgte als zuvor (siehe *Tabelle 14* unten). Waren 2006/07 45,7% aller FTEs zwischen 10 und einschließlich 14 Jahre alt, lag ihr Anteil 2010/11 nur noch bei 35,9%.[568] Parallel ist der Anteil der 16-Jährigen von 16,8% auf 21,5%, und der der 17-Jährigen von 15,3% auf 22,3% gestiegen.

Tab. 14: **Anteile verschiedener Altersgruppen an allen jungen FTEs, 2006/07 und 2010/11 in Prozent**

	2006/07	2010/11
10- bis 14-Jährige	45,7	35,9
15-Jährige	20,8	20,3
16-Jährige	16,8	21,5
17-Jährige	15,3	22,3

Quelle: *Ministry of Justice/Youth Justice Board* 2012, ergänzende Tabelle Ch2.4

Während 2006/07 die Anteile mit zunehmendem Alter abgenommen haben, scheint 2010/11 das Gegenteil der Fall zu sein. Eine Aufschlüsselung der 10- bis einschließlich 14-Jährigen in einzelne Jahrgänge würde diese Vermutung vermutlich bestätigen, ist jedoch aufgrund der Datensituation nicht möglich.

2006/07 erhielten 91,6% aller FTEs eine Verwarnung. 2010/11 waren es dagegen nur 80,2%. Das ist ein Indiz für die Entwicklung der Verwarnungspraxis, die von stark rückläufigen Zahlen gekennzeichnet ist. Zwischen 2006 und 2011

---

564 *Ministry of Justice/Youth Justice Board* 2012, ergänzende Tabelle Ch2.4.

565 Vgl. *Allen* 2011, S. 13.

566 *Ministry of Justice/Youth Justice Board* 2012, ergänzende Tabelle Ch2.4, sowie geschätzte Bevölkerungsdaten des *Office for National Statistics*, verfügbar unter http:// www.ons.gov.uk/ons/taxonomy/index.html?nscl=Population+Estimates, zuletzt eingesehen am 19.03.2014.

567 *Ministry of Justice/Youth Justice Board* 2012, ergänzende Tabellen 1.6, 1.9, 2.4 und 5.3.

568 *Ministry of Justice/Youth Justice Board* 2012, ergänzende Tabelle Ch2.4.

ist die Zahl der gegen Kinder und Jugendliche ausgesprochenen, formellen Verwarnungen von 129.061 auf 43.993 zurückgegangen (-65,9%).[569] Im Vergleich dazu ist die Zahl der gerichtlich Sanktionierten nur um 34,8% gesunken. Die Rückgänge sind dabei insbesondere in den niedrigen Altersgruppen hochsignifikant gewesen. Die Zahl der 10- und 11-Jährigen, die eine Verwarnung erhalten haben, ist um 82,8% gesunken. Bei den 12- bis einschließlich 14-jährigen Verwarnten war ein Rückgang von 73,6%, bei den 15- bis einschließlich 17-Jährigen von 58,5% zu verzeichnen. Waren 2006 55,3% aller Verwarnten zwischen 15 und einschließlich 17 Jahre alt, lag ihr Anteil fünf Jahre später bereits bei 66,9%. Die Anteile der 10- und 11-Jährigen sind von 5,4% auf 2,7% gesunken, die der 12- bis einschließlich 14-Jährigen von 39,3% auf 30,4%. Es hat demnach eine Verschiebung des durchschnittlichen Alters verwarnter Kinder und Jugendliche in höhere Altersgruppen stattgefunden. Im Übrigen hat sich dieser Trend auch bis zur Ebene der Gerichte fortgesetzt.[570]

In Anbetracht dieser Entwicklungen kann als Zwischenfazit gezogen werden, dass ein großer Teil der Diversionspraxis, gerade bei jungen Kindern und Jugendlichen, in die informelle Sphäre verlegt worden zu sein scheint, wodurch das formelle System mit zunehmend älteren Jugendliche zu tun hat. Formelle strafrechtliche Intervention erfolgt später im Leben junger Menschen. Durch die Ausdehnung informeller Initiativen ist letztlich die Zahl der Straffälligwerdungen, für die ein Kind oder Jugendlicher „geahndet" oder „erwischt" werden konnte, bevor das in England/Wales bis Herbst 2013 noch begrenzte Verwarnungskontingent erschöpft war und gerichtliche Sanktionen für zum Teil höchst bagatellhafte Verfehlungen „unvermeidbar" wurden, gestiegen. Zudem werden ihnen durch Maßnahmen wie *triage* und YRDs Türen zu positiven Interventionen und Dienstleistungen geöffnet, ohne dass formelle strafrechtliche Folgen damit verknüpft sind. Sie bewirken demnach eine Aufschiebung der institutionalisierten Kriminalisierung junger Menschen.

Diese Entwicklung wurde zudem auch im Bereich der formellen Diversion durch die Einführung einer neuen formellen Verwarnungsform fortgesetzt. Der CJIA 2008 hat sogenannte „bedingte Verwarnungen für Kinder und Jugendliche" eingeführt (*youth conditional cautions*, YCC). YCCs räumen der Staatsanwaltschaft bei Erfülltheit bestimmter Tatschwerevoraussetzungen die Möglichkeit ein, anstelle einer formellen Anklage vor Gericht eine mit risikoorien-

---

569 *Ministry of Justice/Youth Justice Board* 2012, ergänzende Tabelle A2.2.

570 Zwischen 2006/07 und 2010/11 hat sich der Anteil der 15- bis einschließlich 17-Jährigen an allen gerichtlich sanktionierten Kindern und Jugendlichen von 77,7% auf 83,4% erhöht. Parallel dazu ist selbigem Zeitraum der Anteil der 12- bis einschließlich 14-Jährigen von 21,4% auf 16,2% zurückgegangen. 2006/07 machten 10- und 11-Jährige 0,9% aller gerichtlich sanktionierten Kinder und Jugendliche aus, verglichen mit einem Anteil von nur 0,4% im Jahr 2010/11, vgl. *Youth Justice Board* 2008e, S. 22; *Ministry of Justice/Youth Justice Board* 2012, ergänzende Tabelle 5.5.

tierten Auflagen verbundene YCC zu verhängen. Dadurch ist eine gänzlich neue Diversionsebene geschaffen worden, die auch dann anwendbar ist, wenn ein Täter sein Kontingent an *reprimands* und *final warnings* aufgebraucht hatte.[571] Obgleich zurzeit nur für 16- und 17-Jährige in fünf großen Pilotbezirken verfügbar, scheinen erste Erfahrungen mit der YCC positiv gewesen zu sein, so dass eine Einführung im ganzen Land großes Diversionspotential bergen kann.

Durch die Einführung des YCC wurde das formelle Verwarnungskontingent also um noch eine Interventionsebene erweitert, durch die eine erste Verurteilung erneut aufgeschoben werden konnte. Derartiges *down-tariffing*[572] räumt jungen Menschen „mehr Zeit" ein, um auf „natürlichem Wege" aus der Delinquenz herauszuwachsen, bevor der Verlauf ihrer Straffälligkeit eine Gerichtsverhandlung oder gar eine Freiheitsstrafe erforderlich oder gar unumgänglich macht.[573]

2.6.2.5 Veränderungen auf gerichtlicher Ebene

2.6.2.5.1 Der Zusammenhang zwischen Diversion und gerichtlicher Sanktionierung

Die Ausweitung informeller sowie auch formeller Diversionspraktiken und der unter anderem daraus folgende Rückgang in der absoluten Zahl formeller Ersttäter (FTEs) könnten durchaus auch Auswirkungen auf die Strafzumessungsentscheidungen der Gerichte insgesamt gehabt haben.[574] Werden mittels Diversion in erster Linie leichte Formen der Delinquenz abgefangen, so dass sich die Gerichte vorwiegend auf schwerere Formen der Delinquenz oder auf Wiederholungstäter konzentrieren, wäre zu erwarten, dass bei gleichbleibenden Strafzumessungsgrundlagen der Anteil freiheitsentziehender Sanktionen an allen gerichtlichen Sanktionen steigt.[575] Aus *Tabelle 12* oben konnte jedoch bereits abgeleitet werden, dass dies im Untersuchungszeitraum nicht eingetreten ist – der Anteil freiheitsentziehender Sanktionen an allen gerichtlichen Sanktionen ist seit 2003 mit durchschnittlich 6,3% beinahe unverändert geblieben.[576]

Auf der Suche nach einer Erklärung für dieses Phänomen liegt natürlich die Vermutung nahe, dass die Gerichte im Untersuchungszeitraum mit weniger schwerer Delinquenz konfrontiert gewesen sein könnten – dass die Stagnation

---

571 Die YCC wird im Detail in *Kapitel 3.3.3.2* unten besprochen.

572 Vgl. *Haines* 2008, S. 351.

573 Vgl. *Farrall* 2010, zitiert in *Bateman* 2012, S. 41.

574 Vgl. *Bateman* 2012, S. 40 f.

575 Vgl. *Allen* 2011, S. 3.

576 Vgl. *Allen* 2011, S. 17; *Bateman*, 2012, S. 41.

der Inhaftierungsrate auf Veränderungen in der Tatschwere zurückzuführen war. Vorweg ist anzuführen, dass die verfügbaren statistischen Quellen nur sehr begrenzt einen Rückschluss auf die Tatschwere zulassen, wird letztere doch in jedem Einzelfall durch Abwägung der zum Teil gesetzlich vorgegebenen straferschwerenden und strafmildernden Faktoren ermittelt (siehe hierzu *Kapitel 3.6.3.2* unten). Ein häufig verwendeter Anhaltspunkt ist jedoch das Verhältnis von *summary offences* zu *indictable offences*, wobei letztere als Oberbegriff für schwere Rechtsbrüche verstanden werden. Geht man davon aus, dass die Gerichte mit weniger schwerer Delinquenz konfrontiert gewesen sind, so wäre zu erwarten, dass der Anteil der *summary offences* an allen gerichtlich sanktionierten jungen Straftätern im Untersuchungszeitraum gestiegen ist. Jedoch ist ein gegenläufiger Trend zu verzeichnen. Wurden 2007 fast 48% aller gerichtlich sanktionierten jungen Straftäter für die Begehung eines *summary offence* verurteilt, lag der entsprechende Anteil 2011 bei nur 41,8%.[577] Ein weiterer Anhaltspunkt wäre beispielsweise, dass die Anteile eher schwererer Formen der Delinquenz – wie Gewalt- und Sexualdelikte, Einbruchsdiebstähle und Raub – zurückgegangen sind. Jedoch ist auch hier festzustellen, dass dies eher nicht eingetreten ist (siehe *Tabelle 15* unten).

Zwar ist der Anteil der Gewaltdelikte leicht gesunken. Jedoch sind die Anteile von Einbruchsdiebstählen, Sexualdelikten, Raubdelikten und Drogendelikten gestiegen, parallel zu Abnahmen in den jugendtypischen Kategorien Sachbeschädigung und Diebstahl. Wie bereits erwähnt lassen sich basierend auf diesen Zahlen nur bedingt Aussagen über Veränderungen in der tatsächlichen Tatschwere machen. Jedoch scheinen sich die Gerichte zunehmend auf *schwerere* Erscheinungsformen der Delinquenz zu konzentrieren, so dass die Stagnation der Inhaftierungsrate umso bemerkenswerter ist.

Dass die Inhaftierungsrate nicht gestiegen ist liegt nach Auffassung von *NACRO*[578] vielmehr daran, dass gerichtliche Entscheidungsträger ihre Sanktionspraxis an die vor ihnen erscheinende Population anzupassen tendieren – den Sanktionskatalog also, wo gesetzlich zulässig, auszuschöpfen versuchen.[579] Wenn durch eine ausgedehntere (informelle) Diversionspraxis eine große Menge leichter Straftaten von den Gerichten ferngehalten wird, tendierten letztere dazu, eingriffsschwächere Sanktionsformen (wie das Absehen von Strafe oder *repa-*

---

577   Vgl. *Ministry of Justice* 2012, ergänzende Tabelle 5.5.

578   NACRO ist das Akronym für *National Association for the Care and Resettlement of Offenders*, eine bereits 1924 gegründete gemeinnützige Organisation, die sich das Ziel gesetzt hat, der Kriminalitätsvorbeugung zu dienen, beispielsweise durch die Bereitstellung von freiwilligen Frühinterventionsprogrammen, die Arbeit mit Strafgefangenen und Bewährungsprobanden und die Unterstützung ihrer Wiedereingliederung in die freie Gesellschaft (*resettlement*). Siehe *http://www.nacro.org.uk/* (zuletzt aufgerufen am 19.03.2014).

579   Vgl. *NACRO* 2005.

ration orders) zu verhängen, wo zuvor eine *community sanction* angemessen oder verhältnismäßig gewesen wäre, was wiederrum eine deflationäre Wirkung auf eingriffsintensivere Sanktionsformen einschließlich des Freiheitsentzugs haben wird.

Tab. 15: **Anteile verschiedener Kategorien von *indictable offences* an allen jungen Straftätern, die für eine *indictable offence* verurteilt wurden, 2007 und 2011, in Prozent**

Deliktsgruppe	2007	2011
Gewaltdelikte	15,1	14,0
Sexualdelikte	1,0	1,4
Einbruchsdiebstähle	12,1	13,1
Raub	8,1	10,3
Diebstahl	35,8	33,2
Sachbeschädigung	7,1	3,9
Drogen	10,4	14,2
Betrug/Fälschung	1,3	1,0
Straßenverkehr	0,8	0,4
Sonstige *Indictable*	8,2	8,5

Quelle: *Ministry of Justice* 2012, ergänzende Tabelle 5.5.

2.6.2.5.2 Strafzumessungsrichtlinien für unter 18-Jährige

Hinsichtlich der Strafzumessungspraxis der Gerichte könnten weiterhin auch die 2009 vom Strafzumessungsrat veröffentlichten „Strafzumessungsrichtlinien für Kinder und Jugendliche"[580] eine Rolle gespielt haben, vor allem wenn es darum geht zu erklären, warum der Anteil der Freiheitsstrafen an allen gerichtlichen Sanktionen konstant geblieben ist, obwohl die Gerichte im Durchschnitt mit schwererer Delinquenz konfrontiert wurden.

Im Rahmen der Strafzumessungsrichtlinien für Kinder und Jugendliche wurden die Normen und Regeln über die Notwendigkeit eines zurückhaltenden Umgangs mit Freiheitsstrafen konsolidiert und als besonders wichtige Faktoren bei der Verhängung von Strafe bei 10- bis einschließlich 17-Jährigen hervorge-

---

580 Vgl. *Sentencing Guidelines Council* 2009.

hoben.[581] Sie machen die Gerichte unter anderem darauf aufmerksam, dass: Freiheitsstrafen *ultima ratio* sind; im Vergleich zu Erwachsenen deutlich restriktivere Tatschwerevoraussetzungen erfüllt sein müssen, damit eine Freiheitsstrafe zulässig ist; Freiheitsstrafen bei Kindern einschließlich 14-Jährigen nur sehr selten in Erwägung zu ziehen sein sollten, Gerichte gemäß Section 44 CYPA 1933 dazu verpflichtet sind, im Rahmen der Strafzumessung die Wohlfahrt des Kindes/Jugendlichen zu berücksichtigen und im Falle eines Wiederholungstäters die neue Sanktion nicht schärfer ausfallen muss als die Vorangegangenen. Nur weil die Tatschwere eine Freiheitstrafe prinzipiell erlaubt, muss eine Freiheitsstrafe nicht zwingend auch tatsächlich auferlegt werden. Im Gegenteil, Haft darf nur dann angewandt werden, wenn so besser einer erneuten Straffälligkeit vorgebeugt werden kann.[582]

Gerichte sind durch Section 125 CoJA 2009 dazu verpflichtet, Richtlinien des Strafzumessungsrats in ihren Entscheidungen zu berücksichtigen. Angesichts des weit verbreiteten Einsatzes von Laienrichten (*lay magistrates, justices of the peace*, siehe *Kapitel 3.4.1* unten in Detail) in englischen Jugendgerichten sind diese Richtlinien eine wertvolle Stütze wenn es darum geht, das komplexe Strafzumessungsverfahren sowie alle dabei zu berücksichtigenden Normen und Faktoren angemessen und proportional in die Entscheidungsfindung einfließen zu lassen. Der Fokus der jugendspezifischen Richtlinie auf die Notwendigkeit, Freiheitsstrafen bei Kindern und Jugendlichen bestmöglich zu vermeiden, sowie das intensive Voraugenführen der zum Teil bereits lange bestehenden einschlägigen Normen und ihrer Begründungen, dürften zu einer Milderung der gerichtlichen Sanktionspraxis beigetragen haben.[583]

2.6.2.5.3 Neue Alternativen zum Freiheitsentzug

Im Jahr 2003 hatte das Innenministerium angekündigt, ISS-Programme (siehe *Kapitel 2.5.3.1* oben) gesetzlich zu regeln und als echte Option für Fälle schwerer Straffälligkeit einzuführen.[584] Ein Jahr später knüpfte der „nationale Rechnungshof" (*National Audit Office*) an diesen Gedanken an und empfahl die Bereitstellung neuer Sanktionsformen, die für die Gerichte eine flexible, „robuste" (also gegebenenfalls eingriffsintensive), glaubwürdige und vor allem attraktive Alternative zum Freiheitsentzug darstellen.[585] Motiviert waren diese Aussagen weniger von einer Abkehr vom Freiheitsentzug an sich, als von der Notwendig-

---

581 Für eine detaillierte Darstellung des Strafzumessungsverfahrens bei Kindern und Jugendlichen, siehe *Kapitel 3.6.3* unten.

582 Vgl. *Sentencing Guidelines Council* 2009; *Allen* 2011, S. 18.

583 Vgl. *Allen* 2011, S. 18.

584 Vgl. *Home Office* 2003b, S. 4.

585 Vgl. *National Audit Office* 2004, S. 2; 2010, S. 7.

keit, der Auslastung der verfügbaren Haftplätze und einer potentiellen Überfüllung entgegenzuwirken.

Wie bereits aus *Kapitel 2* ersichtlich wurde, wurde im Laufe der englischen jugendkriminalpolitischen Reformgeschichte eine ganze Reihe verschiedener ambulanter Sanktionen (sogenannter *community sanctions*) als Alternativen zum Freiheitsentzug entwickelt und gesetzlich eingeführt. Darunter fanden sich verschiedene Formen der Bewährungsaufsicht (*probation order, supervision order*), aber auch Anordnungen zur Erbringung von gemeinnütziger Arbeit (*community punishment order*), zur Teilnahme an strukturierten Aktivitäten und Programmen (*action plan order, attendance centre order*) und an Drogensuchtbehandlungen (*drug treatment and testing order*). Zudem konnte im Rahmen von ISSP die elektronische Überwachung junger Rechtsbrecher angeordnet werden.

Um das Rechtsfolgensystem zu vereinfachen und eine flexiblere Sanktionierung zu ermöglichen, wurde jüngst durch Teil 1 des CJIA 2008 der Großteil der bereits bestehenden *community sanctions* abgeschafft und durch eine allgemeine Sanktion der „Anordnung zur Resozialisierung Jugendlicher" (*youth rehabilitation order*, YRO) ersetzt.[586] Im Rahmen einer YRO kann das Gericht, basierend auf den aus der Risikoexploration des YOTs hervorgegangenen Erkenntnissen ein individualisiertes Interventionsprogramm aus verschiedenen Auflagen zusammenstellen, die alle einem oder mehreren der unter *Kapitel 3.6.1* unten angeführten, in Section 142A CJA 2003 geregelten Sanktionierungszwecke dienen, den identifizierten Risikofaktoren entgegenwirken und protektive Faktoren fördern.[587] Zu den Auflagen gehören beispielsweise Betretungsverbote, Ausgangssperren, Drogenscreening-Programme, Suchttherapien, gemeinnützige Arbeit und die Teilnahme an resozialisierungsförderlichen Trainingskursen.[588] Zudem können elektronische Überwachung, die Unterbringung in Pflegefamilien (das sogenannte *intensive fostering*) und *intensive supervision and surveillance* (ISS) als Auflagen einer YRO verhängt werden. Durch die große Auflagenvielfalt und ihre Kombinierbarkeit untereinander kommt die YRO für ein breites Tatschwerespektrum in Frage. Sind die Gerichte und YOTs sorgfältig in ihrer Sanktionsplanung, bietet die YRO nicht nur großes Resozialisierungspotential – durch intensive Auflagen wie ISS, *intensive fostering* und elektronische Überwachung könnte sie für die Gerichte zudem auch eine attraktive Alternative zum Freiheitsentzug darstellen und somit einer Senkung der Haftpopulation zuträglich sein.[589]

Schon 1998 wurde der Katalog der verfügbaren *community sanctions* stark ausgedehnt. Das konnte jedoch dem Gebrauch von Freiheitsstrafen und der

---

586 Vgl. hierzu *Youth Justice Board* 2010c; 2010b, S. 61 ff.

587 Vgl. *Youth Justice Board* 2010c, S. 8 f.

588 Section 1 (1) sowie Schedule 1 CJIA 2003. Vgl. auch *Youth Justice Board* 2010c, S. 9.

589 Vgl. *Youth Justice Board* 2010c, S. 9.

durchschnittlichen Jugendhaftpopulation nicht effektiv entgegenwirken. Es stellt sich folglich die Frage, warum das bei der YRO anders sein sollte. Der Unterschied bei den jüngsten Reformen liegt zum einen darin, dass die YRO eine flexible, risikoorientierte Interventionsgestaltung zulässt. Dadurch steigt die Wahrscheinlichkeit, dass die identifizierten Risikofaktoren angemessen angesteuert werden können, und dass in der Folge die Gerichte der Überzeugung sind, dass eine Freiheitsstrafe nicht das einzige Mittel ist, mit welchem die Öffentlichkeit vor dem vom Täter ausgehenden Risiko geschützt werden kann. Durch die Einführung von ISS als Auflage einer YRO, kombiniert mit der Verpflichtung der Gerichte, diese Alternative vor der Auferlegung einer Freiheitsstrafe in Erwägung zu ziehen und bei Ablehnung zu begründen, wurde zudem eine echte Alternative für Fälle schwererer Delinquenz bereitgestellt, eine Alternative die zuvor gefehlt hatte oder die die Gerichte nicht überzeugte.

Die Verfügbarkeit von angemessenen Alternativen ist bloß die eine Seite der Medaille. Auf der anderen Seite müssen die Gerichte auch davon überzeugt sein, dass sie in einem jeden Fall auch angemessen sind. Im Rahmen dieser Abwägung und somit für das Vertrauen der Gerichte in die Haftalternativen, spielen die Kommunikation mit den lokalen YOTs und die von ihnen verfassten Gerichtshilfeberichte eine wichtige Rolle. Es gibt jüngst Anzeichen dafür, dass sich die Qualität der Zusammenarbeit zwischen den Gerichten und den YOTs sowie auch die Qualität der verfassten PSRs verbessert haben.[590] Durch die Ausweitung der informellen Diversionspraxis, welche für die YOTs einen vergleichsweise geringen Zeitaufwand bedeutet, können die YOTs mehr Zeit und Ressourcen in Fälle schwererer Delinquenz investierten, somit die Gerichte besser beraten. Aufgrund der neuen Leistungsindikatoren, die von YOTs und Kommunalregierungen eine Senkung des Gebrauchs des Freiheitsentzugs verlangen, ist auch zu erwarten, dass erstere besonderes Augenmerk auf die Angemessenheit einer Haftalternative werfen werden (ist dies doch ihre einzige wirkliche Möglichkeit, Strafzumessungsentscheidungen der Gerichte zu beeinflussen) und die Kommunalregierungen Sorge dafür tragen, dass diese Alternativen infrastrukturell auch verfügbar sind.[591]

Die YRO wurde erst 2009 verfügbar. Der Rückgang in der durchschnittlichen Jugendhaftpopulation sowie in der Zahl der verhängten Freiheitsstrafen hatte also vor Einführung der Sanktion begonnen. Jedoch wäre es denkbar, dass die YRO einen Beitrag dazu geleistet hat, dass der Rückgang fortbestanden hat bzw. dass der Rückgang weiterhin so konstant gewesen ist.[592]

Durch die Einführung der YRO hat sich nichts am Stellenwert der *community sanctions* im Rahmen der gerichtlichen Sanktionspraxis geändert. Wie be-

---

590 Vgl. *Allen* 2011, S. 20 f.

591 Vgl. *Bateman* 2012, S. 42 ff.

592 Vgl. *Allen* 2011, S. 10

reits in *Tabelle 12* in *Kapitel 2.6.1.2* oben dargestellt lag der Anteil im Jahr 2006 bei 65,6% und 2011 bei 65,7%. Korrigiert man diese Daten, um nur solche *community sentences* zu berücksichtigen, die mit der YRO vergleichbar sind (*referral orders* und *reparation orders* waren von der Einführung des YRO nicht betroffen), zeigt sich ein ähnliches Bild. 2006 lauteten 29,5% aller gerichtlichen Sanktionen auf eine *community sanction* – 2009 und 2011 waren es je 29,7%.[593]

Untersucht man die Schwere der Delikte, für deren Begehung eine *community sentence* verhängt wurde, zeigt sich von 2008 bis 2011 insgesamt eine leichte Verschiebung in Richtung schwerer Straffälligkeit (siehe *Tabelle 16*).

Zum einen hat der Anteil der *indictable offences* zugenommen (2008: 58,3%; 2011: 63,6%). Zum anderen hat es innerhalb der Gruppe der *indictable offences* Veränderungen gegeben. Die Anteile der Gewaltdelikte, der Diebstahlsdelikte und der Sachbeschädigungen – allesamt jugendtypische Deliktskategorien – haben alle von 2008 bis 2011 signifikant abgenommen, während im Jahr 2011 schwerere Formen der Kriminalität wie Raub, Einbruchsdiebstähle und Sexualdelikte einen größeren Stellenwert hatten als noch 2008. Dabei muss noch einmal betont werden, dass die absoluten Zahlen in allen Unterkategorien signifikant gesunken sind.

Tab. 16: **Anteil der Deliktsarten, für die 10- bis unter 18-Jährige gerichtlich sanktioniert wurden – 2008 und 2011 (ohne Straßenverkehrsdelikte), differenziert nach Rechtsfolgen, in Prozent**

	2008			2011		
	Alle	**CS***	**Haft**	**Alle**	**CS***	**Haft**
Summary offences	42,8	41,7	10,7	37,9	36,4	10,3
Indictable offences	57,2	58,3	89,3	62,1	63,6	89,7
Gewaltdelikte	16,1	17,1	25,7	14,1	15,7	18,1
Sexualdelikte	1,1	1,1	2,5	1,4	1,6	1,9
Einbruchsdiebstahl	11,8	12,6	19,4	13,2	13,9	24,2
Raubdelikte	7,9	7,4	22,2	10,4	10,3	25,0
Diebstahl/Hehlerei	34,7	37,1	13,2	33,3	35,6	14,6
Betrugsdelikte	1,1	1,1	0,6	1,0	1,0	0,3
Sachbeschädigungen	5,7	6,2	1,8	3,9	4,2	1,3

---

593 Vgl. *Ministry of Justice* 2012, ergänzende Tabellen A5.4 und Q5.7.

	2008			2011		
	Alle	**CS***	**Haft**	**Alle**	**CS***	**Haft**
Drogendelikte	13,9	10,3	5,9	14,2	10,3	5,0
Sonstige	7,7	7,1	8,6	8,5	7,3	9,7

*: *Community sanctions.*
Quelle: *Ministry of Justice* 2010a, ergänzende Pivot-Tabellen; *Ministry of Justice* 2012, ergänzende Tabelle 5.5.

Dieses Muster setzt sich auch im Bereich der freiheitsentziehenden Sanktionen fort. Während das Verhältnis zwischen *summary offences* und *indictable offences* sich nicht signifikant verschoben hat, ist im Bereich der *indictable offences* ein deutlicher Rückgang im Anteil der Gewaltdelikte zu erkennen, parallel zu einer Zunahme der Einbruchsdiebstähle und der Raubdelikte. Der Eindruck, dass die eingriffsintensiveren Sanktionsformen zunehmend für die Begehung schwererer Deliktsarten verhängt werden, wird auch in der durchschnittlichen Länge verhängter Freiheitsstrafen reflektiert (siehe *Abbildung 10*).

Abb. 10:   **Durchschnittliche Länge von gegen Kinder und Jugendliche verhängten Freiheitsstrafen, in Monaten, von 1996-2011**

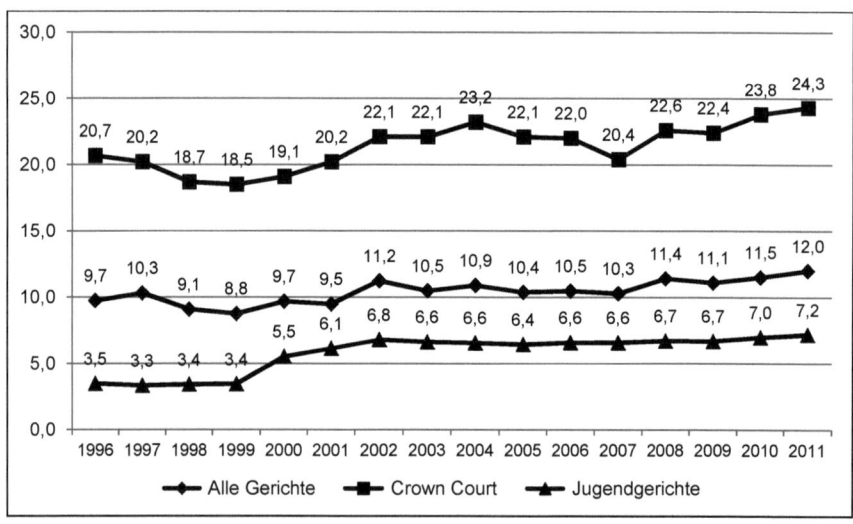

Quelle: *Ministry of Justice* 2007a, ergänzende Pivot Tabellen; 2012, ergänzende Tabellen A5.21 bis A5.23.

Von 2006 bis 2011 ist die durchschnittliche Länge freiheitsentziehender Sanktionen von 10,5 auf 12 Monate gestiegen (+14,3%). Die Länge von durch die Jugendgerichte verhängten DTOs ist von 6,6 auf 7,2 Monate (+9,1%), die Dauer von durch den *Crown Court* verhängten zeitlich bestimmten Freiheitsstrafen von 22 auf 24,3 Monate (+10,5%) gestiegen. Insgesamt ist dabei ein Rückgang im Gebrauch kurzer DTOs zu verzeichnen, was wiederum die Zunahme der Kategorien schwererer Delikte wie Raub und Einbruchsdiebstahl im Bereich der *community sanctions* ansatzweise erklären könnte.

Somit können Veränderungen in der Länge verhängter Freiheitsstrafen als Ursache für sinkende Haftpopulationsziffern ausgeschlossen werden. Sie sind jedoch – in Anbetracht der sonstigen Entwicklungen in der Jugendstrafrechtspraxis – ein Hinweis darauf, dass der Freiheitsentzug zunehmend als letztes Mittel betrachtet wird, und zunehmend nur solche Täter eine Haftstrafe erhalten, für die kein anderes Mittel angemessen oder verhältnismäßig wäre.

2.7 Zusammenfassung und Reformausblick

Das aktuelle Bild der Jugendstrafrechtspraxis ist das Resultat eines langanhaltenden, dynamischen jugendstrafrechtlichen Reformprozesses, welcher in schneller Folge von ideologischen und strategischen Kehrtwenden geprägt gewesen ist, sowie auch von Komplikationen, die aus den inhärenten Konflikten zwischen diesen verschiedenen Ansätzen hervorgegangen sind. Auf eine Periode, in welcher das Wohlfahrtsprinzip vorgeherrscht hat, folgte in den 1970er Jahren eine Phase, in welcher Rechtsstaatlichkeitsprinzipien, Verhältnismäßigkeit und Verantwortung zu den zentralen Leitprinzipien ernannt wurden. In den 1980er Jahren wurde dagegen eine Strategie der Minimalintervention verfolgt, gefolgt von einem *punitive turn* in Richtung einer *zero tolerance* Strategie des Jugendkriminalitätsmanagements in den 1990er Jahren. Begleitet wurden diese theoretischen Richtungswechsel – die mal plötzlich, mal graduell von statten gegangen sind – von ähnlich variierenden Tendenzen im Gebrauch von Freiheitsstrafen und in der durchschnittlichen Jugendstrafvollzugspopulation. Dabei ist nicht immer klar, ob die Reformen zu Verschärfungen bzw. Milderungen in der Praxis geführt haben, oder ob die Kausalität in die andere Richtung gegangen ist.

Was im Laufe dieses Kapitels aber deutlich geworden ist, ist dass diese Entwicklungen in der Jugendstrafrechtspraxis nur selten den Entwicklungen des Kriminalitätsaufkommens entsprochen haben. In den 1980er Jahren wurden steigende Kriminalitätsraten von einem sinkenden Gebrauch des Freiheitsentzugs begleitet. Dagegen ist von 1993 bis 2007 die Zahl der formellen Straftäter (OBTJ), die Zahl der Freiheitsstrafen, die durchschnittliche Haftdauer und die durchschnittliche Jugendstrafvollzugsbelegung rapide gestiegen, obwohl die Entwicklungen in der Gesamtkriminalität nur wenig Anlass dazu geboten hatten. Vor allem die Entwicklungen von 2003 bis 2011 liefern ein ideales Beispiel dafür, wie die Jugendstrafrechtspraxis durch veränderte Praxisrichtlinien und -vorgaben maßgeblich beeinflusst werden kann, die gänzlich unabhängig vom Gesamtkriminalitätsaufkommen gestaltet wurden.

Vielmehr haben sich im Laufe dieses Kapitels andere zentrale Faktoren herauskristallisiert, die alle wiederum im Zusammenhang mit dem *Penal Climate* zusammenhängen – also dem zu einer gegebenen Zeit herrschenden politischen und öffentlichen Klima sowie der in diesem Klima bestehenden (oder aus diesem Klima entstehenden) Einstellungen gegenüber dem Thema Jugendkriminalität insgesamt. Senkungen im Gebrauch des Freiheitsentzugs und der vermehrte Gebrauch informeller Kanäle, um auf das delinquente oder abweichende Verhalten von Kindern und Jugendlichen zu reagieren, erfolgten immer eher dann, wenn das Thema der Jugendkriminalität im öffentlichen und politischen Diskurs einen geringeren Stellenwert eingenommen hat. Sowohl in den Jahren der *Thatcher*-Regierung als auch seit 2007 bis heute waren zunehmend wirtschaftliche Sorgen vordergründig. Zum einen hat dies die Folge, dass aufgrund einer weniger extensiven öffentlichen Auseinandersetzung mit dem Thema „Jugendkriminalität" die entsprechenden Sorgen der Allgemeinbevölkerung durch wirtschaftliche Unsicherheiten verdrängt werden und die negativen Einstellungen gegenüber jungen Rechtsbrechern weniger präsent sind. Zum anderen hat eben der ökonomische Aspekt in den 1980er Jahren und seit 2007 zur Notwendigkeit der Einsparung von öffentlichen Ausgaben geführt, was wiederum die Tür für „Reforminitiativen durch die Praxis", welche auf informelle Prozesse und eine Entkriminalisierung junger Menschen abzielen, aufgestoßen hat.

Wurde aber die Jugendkriminalität popularisiert, politisiert und als Wahlkampfthema in den öffentlichen Diskurs getragen, wie in den 1970er und in den 1990er Jahren, folgte zumeist eine deutliche Schärfung der Jugendstrafrechtspraxis, die weniger an Ergebnissen empirischer Forschung als an politischen Prioritäten orientiert war.[594] Zielsetzungen lagen vielmehr in der Stärkung des öffentlichen Vertrauens in die Justiz sowie auch in die Regierung, dass sie etwas unternehme, um die Öffentlichkeit zu schützen. Die brisante englische Medienlandschaft hat vor allem in den 1990er Jahren zur Entstehung einer moralischen Panik in der Gesellschaft geführt, die die fortgesetzte Schärfung des Umgangs mit Kindern und Jugendlichen noch weiter vorangetrieben und vor allem legitimiert hat. Strafe wurde also mit politischer Kompetenz gleichgesetzt.

Das englische Jugendstrafrecht war lange Zeit Synonym für eine härtere Gangart mit straffälligen Kindern und Jugendlichen, insbesondere seit Anfang der 1990er Jahre. *Cavadino* und *Dignan* (2006) haben dafür den Begriff des *Correctionalist Model* geprägt. Jedoch hat sich in jüngster Zeit eine klare Abkehr von dieser Rolle abgezeichnet, die durch wachsende Ermessensspielräume seitens wichtiger Entscheidungsträger, seltenere formelle Intervention und die zunehmende Betrachtung des Freiheitsentzugs als *ultima ratio* charakterisiert gewesen ist. Derartige Reformbemühungen werden bereits seit einiger Zeit an-

---

594 Vgl. *Goldson* 2006, S. 391; *Pickford* 2008, S. 106.

gestrebt, vor allem durch die Lobbyarbeit von Nichtregierungsorganisationen wie NACRO, des *Prison Reform Trust* oder dem *Independent Commission on Youth Crime and Anti-Social Behaviour* der *Police Foundation*. Letzterer veröffentlichte im Jahr 2010 seinen Bericht *Time for a Fresh Start* („Zeit für einen Neuanfang"),[595] in welchem ein gänzliches Umdenken in der verfolgten Jugendstrafrechtsstrategie verlangt wurde.[596] Dabei sollte der Fokus staatlicher Reaktionen auf das straffällige Verhalten von Kindern und Jugendlichen auf eine positive Verantwortlichmachung abzielen, die ihnen dabei hilft, aus der Straffälligkeit herauszuwachsen.[597] Die zentralen Schlagwörter sollten dabei Prävention, Wiedergutmachung und Reintegration sein.

Die *Police Foundation* lehnte sich in ihren Vorschlägen stark an der in Nordirland verfolgten Strategie an, die Formen des *restorative justice* in den Mittelpunkt staatlicher Reaktionen auf delinquentes Verhalten stellt.[598] Auf der Ebene der Polizei wurde ein Diversionssystem eingeführt, in dessen Rahmen alle polizeilichen Verwarnungen entlang restorativer Prinzipien abgehalten werden.[599] Ist eine Straftat zu schwer für eine Diversion, steht der Staatsanwaltschaft die Möglichkeit offen, anstelle einer Anklage vor dem Gericht eine Familiengruppenkonferenz anzuberaumen, an der der Täter, seine Familie, das Opfer und seine Familie und/oder Freunde sowie ein unabhängiger Mediator teilnehmen.[600] Ziel einer Konferenz ist es, einen auf Austausch und aktiver Teilnahme aller Beteiligten beruhenden Aktionsplan oder Vertrag zu entwerfen, in welchem dargelegt wird, welchen Folgen der Täter ausgesetzt sein sollte (z. B. gemeinnützige Arbeiten, (nicht)materielle Widergutmachungsleistungen, Teilnahmen an sozialen Trainingskurses oder an Drogentherapien). Erst bei Nichterfüllung des Vertrags kommt eine weitere Strafverfolgung in Betracht. Die Besonderheit des nordirischen Ansatzes liegt aber insbesondere darin, dass die Jugendgerichte bis auf Ausnahmen schwerster Kriminalität dazu verpflichtet sind, eine Familiengruppenkonferenz in Erwägung zu ziehen. Erst bei Nichteignung eines Täters für eine Konferenz oder bei Scheitern der Konferenz kann das Gericht auf sonstige Rechtsfolgen wie Freiheitsstrafen zurückgreifen. In der Praxis hat diese Strategie zu einem erheblichen Rückgang im Gebrauch des Freiheitsentzugs

---

595 Vgl. *Police Foundation* 2010.

596 Siehe hierzu im Detail auch *Smith* 2010a.

597 Vgl. *Police Foundation* 2010, S. 5.

598 Siehe hierzu vor allem *O'Mahony* 2011; *O'Mahony/Doak* 2009.

599 Vgl. *O'Mahony/Doak* 2004; *O'Mahony* 2008, S. 300 f.

600 Für eine detaillierte Auseinandersetzung mit Familiengruppenkonferenzen als Mittel zur Lösung aus Straftaten entstehender zwischenmenschlicher Konflikte, siehe *Zinstag/ Vanfraechem* 2012; in deutscher Sprache, vgl. *Wiese* 2010; *Hansbauer u. a.* 2009.

beigetragen. Zudem weisen Rückfalluntersuchungen auf positivere Ergebnisse für Konferenzen hin als für traditionelle Rechtsfolgen.[601]

Die jüngsten Praxisentwicklungen in England und Wales (*triage* Programme und *youth restorative disposals*) stellen einen ersten Schritt in diese Richtung dar und hatten ersten Einschätzungen nach zu urteilen auch eine positive Wirkung auf die Jugendstrafrechtspraxis. Inwieweit eine gänzliche Orientierung entlang des restorativen Gedankens in England und Wales tatsächlich umsetzbar sein wird, bleibt jedoch fraglich. Das rührt insbesondere daher, dass der nordirische Kontext von einem lang anhaltenden Konflikt geprägt gewesen ist, durch den das Vertrauen in die Justiz erhebliche Schäden genommen hat. Restorative Prozesse, die den tatsächlich von der Straftat betroffenen Parteien einen deutlich höheren Mitwirkungsgrad zusprechen, steigern die Wahrscheinlichkeit, dass Täter und Opfer sich gerecht behandelt fühlen und mit den Folgen der Tat „zufrieden" sind.

Dagegen scheint in der englischen Gesellschaft eher die Einstellung zu herrschen, dass straffälliges Verhalten mittels repressiver Strafe erwidert werden sollte und der Staat den Auftrag hat, sein Volk vor Rechtsbrechern zu schützen.[602] Rechtsbrüche durch Kinder erwecken erfahrungsgemäß Abscheu und erhebliche Verunsicherung in der Bevölkerung (der Fall *Bulger* ist ein klassisches Beispiel dafür), da sie als Bedrohung für die Werte einer gesunden Gesellschaft wahrgenommen werden – eine Bedrohung, an dessen Genese sie jedoch keinen Anteil zu haben glauben. Es ist höchst unwahrscheinlich, dass eine der großen Parteien sich öffentlich für einen milderen Umgang mit jungen Rechtsbrechern einsetzen wird, könnte das doch als „weich" aufgefasst werden, eine (Wieder)wahl gefährden und zu einer erneuten Politisierung der Thematik führen, was in der Vergangenheit nur selten gute Konsequenzen für straffällige Kinder und Jugendliche gehabt hat.

Eine Strategie zur gesetzlichen Reform des Jugendstrafrechts, die auf eine Fortsetzung der jüngsten positiven Praxisentwicklungen abzielt, wird vorsichtig, unauffällig und graduell erfolgen müssen. Erste leise legislative Schritte wurden bereits getan, durch die Verabschiedung des „Gesetzes über Rechtsbeistand, Prozesskostenhilfe, Strafzumessung und die Bestrafung von Rechtsbrechern" von 2012 (*Legal Aid, Sentencing and Punishment of Offenders Act 2012*, LASPOA 2012). Das Gesetz hat das Verwarnungssystem reformiert, wodurch die Zahl der Verwarnungen, die ein Kind oder Jugendlicher erhalten darf, bevor eine Anklage vor Gericht unvermeidbar wird, nicht mehr begrenzt ist (siehe hierzu auch *Kapitel 4.3.3* unten). Weiterhin sind neue Regelungen zur Verfahrenssicherung und der Vermeidung von Untersuchungshaft eingeführt worden (aber zum Zeitpunkt des Verfassens noch nicht in Kraft getreten, siehe *Kapitel*

---

601 Vgl. *Campbell u. a.* 2005; *Lyness/Tate* 2011.

602 Vgl. insbesondere *Hough/Roberts* 2012; *Greer/Reiner* 2012, jew. m. w. N.

4.3.4) und die zeitlich unbestimmten „Freiheitsstrafen zum Schutz der Öffentlichkeit" sind für Kinder und Jugendliche abgeschafft worden (siehe hierzu *Kapitel 4.3.6)*.[603] Auch wird die Abschaffung des ASBO angedacht (siehe *Kapitel 4.3.2* unten). Diese Regelungen versprechen einer Fortsetzung der positiven Praxistrends zuträglich zu sein.

Die Zukunft des englischen Jugendstrafrechts sowie der Jugendstrafrechtspraxis bleibt ungewiss, da es keinen Grund zur Annahme gibt, dass die Reformen des Systems von einer plötzlichen Reform der Wahrnehmungen der Öffentlichkeit begleitet sein werden, die weitreichendere Milderungen ermöglichen würden (wie beispielsweise eine Anhebung der Strafmündigkeitsgrenze, die Abschaffung lebenslanger Freiheitsstrafen für Kinder ab zehn Jahren, Transfers an Erwachsenengerichte, und gesetzlich bindende Einschränkungen in der Anwendbarkeit von Freiheitsstrafen insgesamt). Einen Lichtblick stellen (paradoxerweise) die Ausschreitungen in London und anderen englischen Großstädten im August 2011 dar, nämlich insoweit, als sie nicht als Auslöser für einen erneuten „Punitivitätshüftschuss" fungiert zu haben scheinen. Obgleich Premierminister *Cameron* die Gerichte zu einem harten Durchgreifen aufgefordert hat und dieser Aufforderung auch entsprochen wurde, sind keine langfristigen Schärfungstendenzen geblieben.[604]

Das Jugendstrafrecht kann als Ebenbild der Rolle und der Wahrnehmung von Kindern in einer Gesellschaft verstanden werden. Die Erfahrungen in England haben dabei gezeigt, dass die Öffentlichkeit junge Menschen durchaus als Problemgruppe zu betrachten scheint. Besonders deutlich wird dies am Kampf gegen antisoziales Verhalten, welcher das Bestehen eines Generationskonflikts zwischen den jüngeren und älteren Mitgliedern der Gesellschaft belegt und zudem auch noch gestärkt hat.[605] Obgleich ASBOs abgeschafft werden soll, bleibt die Thematik dennoch brisant, da sie durch eine neue, ähnliche Maßnahme ersetzt werden sollen (siehe hierzu *Kapitel 4.3.2* unten). Im Moment hat sich der öffentliche Diskurs zur Jugenddelinquenzthematik beruhigt, liegt der Fokus zurzeit in anderen Bereichen wie der Wirtschaftskrise. Es bleibt abzusehen, ob die Situation für straffällige Kinder und Jugendliche schlechter werden wird, sobald es der Wirtschaft wieder besser geht, und ob bis dahin genug Zeit bleibt, um die Gesetzeslage insoweit zu verändern, dass sie die jüngsten Praxisentwicklungen nicht wie nur eine von vielen Abweichungen von der „punitiven Norm" der letzten 20 Jahre zurücklässt, sondern eher nachhaltig zur neuen Norm macht.

---

603 Die genauen Details dieser neuen Regelungen werden im Rahmen des *Kapitel 4* unten erörtert.

604 Vgl. hierzu *Stone* 2012.

605 Siehe hierzu *Kapitel 4.3.2* im Detail.

3. Das gegenwärtige Jugendstrafrecht in England und Wales

Durch die komplexe, vielfältige und sich in ständiger Entwicklung befindende jugendstrafrechtliche und jugendkriminalpolitische Reformgeschichte Englands kann es für den Außenstehenden durchaus schwierig sein zu erfassen, wie das englische Jugendstrafrecht heute genau aussieht, welche gesetzlichen Grundlagen noch maßgebend sind und wie die vielen verschiedenen Institutionen, Akteure, Vorschriften, Vorgaben, Rechtsfolgen und Prozesse miteinander im Zusammenhang stehen.

Im Rahmen von *Kapitel 3* wird eine umfassende Momentaufnahme des aktuell geltenden englischen Jugendstrafrechts geliefert. Vorweg werden einige Grundlagen dargestellt (*Kapitel 3.1*), um die gesetzlichen Grundlagen, den sachlichen und persönlichen Geltungsrahmen und die jugendkriminalpolitischen und jugendstrafrechtlichen Zielsetzungen zu beleuchten, und um einen kurzen Überblick über das Jugendstrafverfahren im Allgemeinen zu liefern. Im Anschluss werden die einzelnen Verfahrensstadien sowie die damit verbundenen Rechtsfolgen und Prozesse genauer untersucht. *Kapitel 3.2* ist den Besonderheiten des polizeilichen Umgangs mit jungen Rechtsbrechern einschließlich polizeilicher Maßnahmen zur Verfahrenssicherung gewidmet. Anschließend wird in *Kapitel 3.3* die Entscheidung zwischen Anklage und Diversion untersucht, einschließlich der verfügbaren Formen der Diversion. *Kapitel 3.4* hat gerichtliche Zuständigkeiten, Besonderheiten der Hauptverhandlung und Transfers an Erwachsenengerichte zum Inhalt, während in *Kapitel 3.5* die Maßnahmen zur Prozesssicherung dargestellt werden. Abschließend hat das *Kapitel 3.6* die Zwecke der Sanktionierung, die verfügbaren Rechtsfolgen sowie den Strafzumessungsprozess zum Thema.

An dieser Stelle ist noch anzuführen, dass sich diese Darstellungen auf das Jugend*straf*recht beziehen, weswegen die vielfältigen *zivil*rechtlichen Interventionen wie ASBOs, Kinderausgangssperren und Versammlungsverbote (wie im Laufe des *Kapitel 2.5* oben beschrieben) nicht erneut erörtert werden. Ebenso wird die strategische Organisation des Jugendjustizsystems einschließlich der in *Kapitel 2.5.2.1* beschriebenen *Jugendkriminalitätsteams* nicht erneut angeführt.

3.1 Grundlagen

3.1.1 Gesetzliche Grundlagen

„*Grundlage für den strafrechtlichen Umgang mit Kindern und Jugendlichen ist in England das Erwachsenenstrafrecht,*" welches „*im Hinblick auf die speziellen Bedürfnisse Jugendlicher aufgrund mangelnder Reife und Einsichtsfähigkeit modifiziert bzw. [...] abgewandelt wird.*"[606] Es gelten demnach für Kinder und Jugendliche die allgemeinen Vorschriften des Erwachsenenstrafrechts und Strafprozessrechts, sofern diese nicht durch Sondervorschriften aufgehoben bzw. modifiziert werden.[607]

Im Gegensatz zu Deutschland sind diese kinder- und jugendspezifischen Besonderheiten nicht in einem mit dem deutschen JGG vergleichbaren Sonderrecht geregelt. Ebenso wenig verfügt England über eine allgemeine Strafprozessordnung oder über ein Strafgesetzbuch. Vielmehr finden sich die für das Strafrecht, den Strafprozess und das Jugendstrafrecht maßgeblichen Gesetzesbestimmungen einschließlich der gesetzlich definierten Straftatbestände in *„zahlreichen [...] einander modifizierenden und ergänzenden Gesetzen"*[608] und Parlamentsbeschlüssen.

Die zum gegenwärtigen Zeitpunkt für den besonderen Umgang mit Kindern und Jugendlichen maßgeblichen Gesetze sind vor allem: Das „Gesetz über Kinder und Jugendliche" vom 1933 (*Children and Young Persons Act 1933*, CYPA 1933); das „Gesetz über Kriminalität und gesellschaftliche Unordnung" vom 1998 (*Crime and Disorder Act 1998*, CDA 1998); das „Gesetz über die Jugendjustiz und Beweise in Strafsachen" von 1999 (*Youth Justice and Criminal Evidence Act 1999*, YJCEA 1999); das „Gesetz über die Strafzumessungsbefugnisse der Strafgerichte" von 2000 (*Powers of Criminal Courts (Sentencing) Act 2000*, PCC(S)A 2000); das „Strafjustizgesetz" von 2003 (*Criminal Justice Act 2003*, CJA 2003); das „Gesetz über die Strafjustiz und Einwanderung" von 2008 (*Criminal Justice and Immigration Act 2008*, CJIA 2008) und das „Gesetz über Rechtsbeistand, Prozesskostenhilfe, Strafzumessung und die Bestrafung von Rechtsbrechern" von 2012 (*Legal Aid, Sentencing and Punishment of Offenders Act 2012*, LASPOA 2012). Die durch diese Parlamentsbeschlüsse abgewandelten allgemeinen Rechtsvorschriften, sowie jene, die ohne jugendspezifische Anpassung Geltung haben, werden im Laufe dieses Kapitels an gegebener Stelle vorgestellt.

Zudem sehen verschiedene Parlamentsbeschlüsse die Herausgabe von verbindlichen „Verfahrensregeln" (*codes of practice*) und Rahmen- bzw. Praxisrichtlinien (*guidelines*) vor, um die durch das *Common Law* System bedingten weiten Ermessensspielräume der strafrechtspflegenden Institutionen (wie Polizei, Staatsanwaltschaft aber auch Richterschaft) etwas einzuschränken und einen gewissen Grad an Uniformität und Auslegungsgleichheit in der Strafrechtspraxis

---

606 *Herz* 2002, S. 83.

607 In Deutschland hat das JGG Vorrang vor den allgemeinen Vorschriften. Gemäß § 2 Abs. 2 JGG sind die allgemeinen Vorschriften subsidiär, gelten demnach nur, soweit im JGG nichts anderes bestimmt ist, vgl. *Ostendorf* 2013, Rn. 28. Siehe auch *Eisenberg* 2012, § 2 Rn. 17 ff.

608 *Herz* 2002, S. 81.

zu erwirken. So sieht beispielsweise Section 10 des „Gesetzes über die strafrechtliche Verfolgung von Rechtsbrüchen" von 1985 (*Prosecution of Offences
Act 1985*, POA 1985) vor, dass der Generalstaatsanwalt Richtlinien für die Arbeit und Verfahrensweisen der Staatsanwaltschaft erlässt. Neben den „Verfahrensregeln für Staatsanwälte" (*Code for Crown Prosecutors*)[609] hat der Generalstaatsanwalt auch *Guidance of the Director of Public Prosecutions* (zu Deutsch
„Leitlinien des Generalstaatsanwalts") herausgegeben, welche verschiedene Bereiche und Kontexte der staatsanwaltlichen Tätigkeit betreffen, beispielsweise
die Anklageerhebung,[610] das Verfahren für die Verhängung bestimmter Verwarnungsformen[611] oder die Gewährleistung der Anonymität von Zeugen.[612]
Section 66 des „Gesetzes über die Polizei und Beweise in Strafsachen" von 1984
(*Police and Criminal Evidence Act 1984*, PACE 1984) bestimmt, dass der Innenminister Berufs- und Verhaltenskodizes herausgibt, welche die Befugnisse
und Ermächtigungen der Polizei, sowie die den Tatverdächtigen zustehenden
Schutzrechte regeln. Gemäß Section 45 CYPA 1933 ist der Lordoberrichter
dazu angehalten, Regeln über die Zusammensetzung von Jugendgerichten und
die Auswahl von Laienrichtern zu erlassen, die sogenannten „Jugendgerichtsre-
geln" (*Youth Court Rules*), zuletzt im Jahr 2007 herausgegeben. Abschließend
sieht der Großteil dieser verbindlichen Richtlinien besondere Vorgaben für Kinder und Jugendliche vor.

3.1.2 Zielsetzungen des Jugendstrafrechts

Bei Kindern und Jugendlichen werden andere strafrechtliche Ziele verfolgt als
bei erwachsenen Straftätern. Das oberste Ziel jeglichen jugendjustiziellen
Handelns ist die Prävention:

> „*It shall be the principal aim of the Youth Justice System to prevent
> offending by children and young people. In addition to any other duty to
> which they are subject, it shall be the duty of all persons and bodies
> carrying out functions in relation to the youth justice system to have
> regard to that aim.*"[613]

Obgleich nicht ausdrücklich erwähnt, ist Section 37 so auszulegen, dass das
Verhindern von Wiederholungsstraftaten eingeschlossen ist. Dies geht aus

---

609 Siehe *Director of Public Prosecutions* 2010.
610 Siehe *Director of Public Prosecutions* 2011.
611 Siehe *Director of Public Prosecutions* 2010a.
612 Siehe *Director of Public Prosecutions* 2009.
613 Wortlaut des Section 37 CDA 1998.

Section 142A (2) des CJA 2003 („Ziele der Sanktionierung bei Kindern und Jugendlichen", siehe *Kapitel 3.6.1* unten) hervor, wo ausdrücklich steht, dass ein Gericht in seinen Entscheidungen immer die Prävention von Straftaten einschließlich Wiederholungsstraftaten berücksichtigen muss – seine Entscheidungen also der Legalbewährung junger Rechtsbrecher förderlich sein müssen.[614]

Neben dem Ziel der Prävention sind Gerichte zudem durch Section 44 CYPA 1933 dazu verpflichtet, in ihrem Umgang mit Kindern und Jugendlichen immer im Sinne ihrer Wohlfahrt zu handeln und sie falls erforderlich aus für sie unzuträglichen Lebensumständen herauszunehmen und Vorkehrungen für ihre Erziehung und Entwicklung zu treffen:

> *„Every court in dealing with a child or young person who is brought before it [...] shall have regard to the welfare of the child or young person, and shall in a proper case take steps for removing him from undesirable surroundings and for securing that proper provision is made for his education and training."*[615]

Es stellt sich die Frage, wie Section 37 CDA 1998 (Präventionsgebot) und Section 44 CYPA 1933 (Kindeswohlgebot) rechtlich im Zusammenhang zueinander stehen. Dem reinen Wortlaut der Normen kann entnommen werden, dass das Präventionsgebot des Section 37 CDA 1998 als ein das gesamte Jugendjustizsystem betreffender und somit vereinender Daseinszweck zu begreifen ist. Section 44 CYPA 1933 betrifft dagegen lediglich die Entscheidungsfindung der Gerichte. Die Rechtsprechung legt die Lage so aus, dass das Präventionsgebot das Kindeswohlgebot durchbricht, letzterem also übergeordnet ist.[616] Das rührt daher, dass – im Gegensatz zum reinen „Gerechtigkeitsmodell" – Prävention nicht zwingend der Wohlfahrt des Kindes entgegenstehen muss. Im Gegenteil: Es sei im Sinne des Kindes ihm dabei zu helfen nicht erneut straffällig zu werden, und die Förderung des Kindeswohls sei an sich ein Mittel der Straffälligkeits- und Rückfallvermeidung.

Im Rahmen der Sanktionierung junger Rechtsbrecher müssen sich Gerichte zusätzlich zu den oben aufgeführten Zielen der Prävention und der Wohlfahrtswahrung an den in Section 142A (2) CJA 2003[617] bestimmten Sanktionierungszwecken orientieren: Bestrafung (*punishment*); Besserung und Resozialisierung (*reform and rehabilitation*); Schutz der Öffentlichkeit (*protection of the public*);

---

614 Wortlaut des Section 142A (2) CJA 2003: „*The court must have regard to the principal aim of the youth justice system (which is to prevent offending (or re-offending) by persons aged under 18).*"

615 Wortlaut des Section 44 (1) CYPA 1933.

616 Vgl. *Herz* 2002, S. 87.

617 Eingeführt durch Section 9 CJIA 2008.

Wiedergutmachung für die Opfer (*reparation*). Diese werden im *Kapitel 3.6* unten im Zusammenhang mit der Strafzumessung und den für Kinder und Jugendlichen verfügbaren Rechtsfolgen dargestellt. An dieser Stelle darf jedoch angeführt werden, dass sich diese Regelung für den deutschen Leser, verglichen mit der klaren Regelung des § 2 JGG von 2008, durchaus als strafrechtsdogmatische Konzeptionslosigkeit darstellen mag, zumal eine Priorisierung einzelner Zielsetzungen nicht gewollt ist.

3.1.3 Der Anwendungsbereich des Jugendstrafrechts

3.1.3.1 Persönlicher Anwendungsbereich

Das englische Jugendstrafrecht findet Anwendung bei Kindern und Jugendlichen, die 10 aber noch nicht 18 Jahre alt sind.[618] Die obere Altersgrenze ergibt sich aus dem gesetzlich festgelegten Zuständigkeitsbereich der Jugendgerichte, welcher durch Schedule 8 des CJA 1991 um 17-Jährige erweitert wurde. Die Untergrenze des jugendstrafrechtlichen Geltungsbereichs ist die durch Section 16 (1) CYPA 1963 festgelegte Strafmündigkeitsgrenze von 10 Jahren.[619] Für Kinder unter 10 Jahren gilt die unwiderlegbare Vermutung, dass sie strafrechtlich nicht verantwortlich und schuldunfähig sind.[620]

Innerhalb der Altersspanne der 10- bis einschließlich 17-Jährigen sind gewisse altersspezifische Unterteilungen festzustellen, durch welche die niedrige Strafmündigkeitsgrenze teilweise relativiert wird und eine altersabhängige Eingriffsintensität und -weise ermöglicht wird. So erfahren beispielsweise 10- bis einschließlich 16-Jährige aufgrund zusätzlicher Schutznormen einen anderen

---

618 Gemäß § 1 Abs. 2 JGG ist in Deutschland Jugendlicher, „*wer zur Zeit der Tat vierzehn, aber noch nicht achtzehn [...] Jahre alt ist.*" Im Vergleich zu Deutschland, sowie wie auch im europäischen Vergleich, gilt in England eine deutlich niedrige Strafmündigkeitsgrenze, vgl. *Pruin* 2011b; *Dünkel u. a* 2011; *Dünkel/Pruin* 2012; *Dünkel* 2013). „*Maßgebend für die Einordnung als Jugendlicher [bzw. Heranwachsender, siehe unten] ist das Alter zurzeit der Begehung der Verfehlung, d. h derjenige Zeitpunkt, in dem die für die Erfüllung des Straftatbestands entscheidende Willensbetätigung stattgefunden hat oder (bei Unterlassensdelikten) spätestens hätte stattfinden müssen.*" Siehe *Eisenberg* 2012, § 1 Rn. 7.

619 Zuvor hatte diese Grenze bei 8 Jahren gelegen. Siehe Section 16 (1) CYPA 1963 (alte Fassung).

620 In Deutschland ist Kind, wer noch nicht 14 Jahre alt ist. Kinder sind strafunmündig, so dass „*tatbestandmäßige und rechtswidrige Taten von Kindern nicht schuldhaft und als keine Straftaten*" zu begreifen sind, siehe *Eisenberg* 2012, § 1 Rn. 1. Die Schuldunfähigkeit von Kindern geht aus § 19 StGB hervor.

Umgang durch die Polizei.[621] Auch gelten hinsichtlich der Anwendbarkeit prozesssichernder Zwangsmaßnahmen für 10- bis einschließlich 16-Jährige andere Bestimmungen als für 17-Jährige.[622] Ein wichtiges Beispiel einer vom chronologischen Alter eines Tatverdächtigen/Täters abhängigen Andersbehandlung findet sich im Bereich der Strafzumessung, wo das geringe Alter eines Täters strafmildernd zu berücksichtigen ist – mit zunehmendem Alter hat der Grad der Milderung entsprechend abzunehmen.[623] Abschließend ist die Zulässigkeit bestimmter Sanktionsformen vom Alter des Täters abhängig. So können beispielsweise Auflagen zur Erbringung gemeinnütziger Arbeit im Rahmen einer *youth rehabilitation order* nur dann eingebunden werden, wenn der Täter mindestens 16 Jahre alt ist.[624] Zudem ist die Anwendbarkeit freiheitsentziehender Sanktionen gewissen Einschränkungen unterstellt. Zehn- und Elfjährige können nur bei besonders schweren Straftaten zu einer Freiheitsstrafe verurteilt werden;[625] 12- bis einschließlich 14-Jährige zusätzlich dann, wenn sie unter die Definition eines „Intensivtäters" (*persistent young offender*) fallen.[626]

Hinsichtlich des strafrechtlichen Umgangs mit Heranwachsenden[627] (*young adults*, 18 bis einschließlich 20-Jährige) ist anzuführen, dass bis zum Juni 2011 bis auf die Unterbringung in Jugendhaftanstalten (*detention in a young offender institution*) keinerlei Andersbehandlung dieser Altersgruppe gegenüber Erwachsenen gesetzlich vorgesehen war.[628] Die Möglichkeit des Bestehens einer „Rei-

---

621 § 1.5 des *Code C* zu PACE 1984. Zu den Besonderheiten des polizeilichen Umganges mit jungen Tatverdächtigen, siehe *Kapitel 3.2.2* unten.

622 Vgl. *NACRO* 2003a, S. 2. Prozesssichernde Maßnahmen werden unter *Kapitel 3.2.3* sowie *3.5* unten gesondert im Detail betrachtet.

623 Vgl. *Sentencing Guidelines Council* 2009, Rn. 2.2, 3.1. Die Strafzumessung bei Kindern und Jugendlichen wird im Rahmen der Darstellung des Rechtsfolgensystems in *Kapitel 3.6.3* unten behandelt.

624 Section 1 (1) (c) CJIA 2008; Vgl. auch *Youth Justice Board* 2010c, S. 20. Die *youth rehabilitation order* wird in *Kapitel 3.6.2.5* im Detail dargestellt.

625 10- und 11-Jährige können nur zu „Langfreiheitsentzug" (*long-term detention*) durch den *Crown Court* verurteilt werden. Das Jugendgericht hat keine Kompetenz, Kinder dieser Altersgruppe zu Freiheitsentzug zu verurteilen. Siehe *Kapitel 3.4.1* sowie *3.6.2.6* unten.

626 Section 100 (2) PCC(S)A 2000.

627 In Deutschland ist „*Heranwachsender, wer zur Zeit der Tat achtzehn, aber noch nicht einundzwanzig Jahre alt ist*", § 1 Abs. 2 JGG. Für Heranwachsende richtet sich das Verfahren nach dem JGG. Ob im Rahmen der Sanktionierung Jugendstrafrecht oder allgemeines Strafrecht Anwendung findet, entscheidet sich nach § 105 JGG (siehe unten), vgl. *Ostendorf* 2013, Rn. 25.

628 Vgl. *Dignan* 2011, S. 382. Für eine aktuelle und detaillierte Auseinandersetzung mit der Heranwachsendenthematik in England, siehe *Barrow Cadbury Trust* 2005; *Transition to Adulthood Alliance* 2009; *Criminal Justice Alliance* 2011.

feverzögerung"[629] bei jungen Erwachsenen fand keinerlei Berücksichtigung, so dass eine fakultative „Öffnung" der Anwendbarkeit jugendstrafrechtlicher Sondervorschriften, um junge Erwachsene unter bestimmten Umständen mit einzuschließen, nicht möglich war. Die englische Gesetzeslage machte somit keinerlei Vorkehrung für einen Einbezug Heranwachsender in das Jugendstrafrecht, wie es beispielsweise in Deutschland im § 105 JGG vorgesehen ist,[630] und die Reformen von *New Labour* Ende der 1990er Jahre widmeten sich dieser Altersgruppe in keiner Weise.

Seit Juni 2011 hat die Situation für Heranwachsende vielversprechende Veränderungen erfahren, obgleich ohne entsprechende Gesetzesgrundlage. Zwar ist die Anwendbarkeit jugendspezifischer Sanktionsformen unberührt geblieben – für Heranwachsende kommen nach wie vor nur die nach den allgemeinen Bestimmungen für Erwachsene vorgesehenen Rechtsfolgen in Frage. Jedoch wurde im Rahmen der Rechtsprechung der individuelle geistige Reifegrad Heranwachsender erstmalig als im Rahmen der Strafzumessung zu berücksichtigender Strafmilderungsgrund für bestimmte Deliktsarten ausdrücklich genannt. So hat der Strafzumessungsrat[631] im Juni 2011 eine neue Richtlinie für die Strafzumessung in Fällen Erwachsener, die der Begehung verschiedener Formen von *Assault* (verschiedene Formen der Körperverletzung) für schuldig befunden werden, herausgegeben.[632] Im Rahmen dieser Richtlinie wird unter den Strafmilderungsgründen „*age and/or lack of maturity where it affects the responsibility of the offender*" angeführt.[633] Im Januar und Februar 2012 wurden weitere neue Richtlinien herausgegeben, in welchen ebenfalls der geistige Reifegrad als Strafmilderungsgrund für Einbruchsdiebstahl bzw. Drogendelikte genannt wird.[634] Im März 2012 wurde eine aktualisierte Version der *Sentencing Guidelines for Magistrates' Courts* herausgegeben,[635] um diese Entwicklungen zu berücksichtigen. In der Praxis hat dies zur Folge, dass – wie auch bei 10- bis einschließlich 17-Jährigen – der geistige Reifegrad junger Heranwachsender eine Strafmilderung rechtfertigen kann, wodurch die Länge einer Haftstrafe verkürzt oder die Zu-

---

629 Wie in Deutschland gem. § 105 I Nr. 1 JGG. Für eine detaillierte Untersuchung zur Heranwachsendenregelung in Deutschland, siehe insbesondere *Pruin* 2007. Für eine international vergleichende Perspektive, siehe *Dünkel/Pruin* 2011; 2012, vgl. auch *Lösel/Bottoms/Farrington* 2012.

630 Vgl. *Dünkel* 2011, S. 587 ff.

631 *Sentencing Guidelines Council* 2004a, S. i.

632 Siehe *Sentencing Guidelines Council* 2011.

633 Siehe *Sentencing Guidelines Council* 2011, S. 5 ff.

634 *Sentencing Guidelines Council* 2012; 2012a.

635 *Sentencing Guidelines Council* 2012b.

lässigkeit des Freiheitsentzugs im Einzelfall gänzlich entkräftet werden kann.[636] Folglich bedeutet dies – zumindest für diese Deliktsarten – eine Distanzierung von Bestrafung entlang starrer Altersgrenzen in Richtung einer individualisierten, am Reifegrad des Täters orientierten Strafzumessung. Es bleibt abzuwarten, inwieweit sich diese Vorgaben in der Sanktionspraxis der Gerichte niederschlagen und ob eine Angleichung an den Umgang mit Kindern und Jugendlichen stattfinden wird.[637]

3.1.3.2 Sachlicher Anwendungsbereich

Wie nach dem deutschen Verständnis wird auch in England „an Straftaten angeknüpft [...], d. h. an Straftatbestände, mit denen für vom Gesetzgeber als sozialschädlich eingestufte Verhaltensweisen Strafe angedroht wird."[638] Auch wenn England weder über ein Strafgesetzbuch noch über eine konsolidierte jugendspezifische Gesetzgebung verfügt, geht dies dennoch aus den einschlägigen englischen Gesetzestexten hervor.[639] Wie in Deutschland „gibt es auch keine jugendspezifische Auslegung des Strafgesetzes"[640] – auch in England gelten für Kinder und Jugendliche die für Erwachsene gesetzlich definierten Straftatbestände.[641] Anzumerken ist jedoch, dass das Gesetz in England/Wales sogenannte status offences vorsieht, also Straftatbestände, die nur für Kinder und Jugendliche gelten, z. B. das Kaufen von Alkohol durch Minderjährige.[642]

In Deutschland ist die Anwendbarkeit jugendstrafrechtlicher Sonderbestimmungen auf bestimmte gegen Verbotsgesetze verstoßende Verhaltensweisen be-

---

636 Die Strafzumessung bei Kindern und Jugendlichen auch im Vergleich zu Erwachsenen ist auch Thema von *Kapitel 3.6.3* unten.

637 Die Thematik der Heranwachsenden wird in *Kapitel 4.3.1.2* unten noch weiter diskutiert.

638 Vgl. *Ostendorf* 2013, Rn. 22.

639 So wird in den unterschiedlichen Gesetzen, beispielsweise im Zusammenhang mit der Anwendbarkeit bestimmter Sanktionen, die Voraussetzung „where a person under the age of 18 has committed a criminal offence" genannt.

640 Siehe *Streng* 2013, Rn. 41.

641 „Da im JGG keine jugendspezifischen Straftatbestände formuliert sind, gilt insoweit das allgemeine Strafrecht, d. h. es kommen alle Straftatbestände auch für Jugendliche und Heranwachsende in Betracht, soweit hierin nicht ausnahmsweise Altersbegrenzungen vorgesehen sind (siehe §§ 174 Abs. 1 Nr. 3, 176a Abs. 2 Nr. 1, 182 Abs. 1, Abs. 2 StGB)", siehe *Ostendorf* 2013, Rn. 28.

642 Jugendspezifische Straftatbestände sind im deutschen StGB nicht vorgesehen. Das Fehlen von Sonderregelungen bezüglich der Straftatbestände rührt unter anderem daher, dass „das [Jugendstrafrecht] gerade der Einübung von Legalverhalten [im Sinne der] einheitlich geltenden Legalordnung dient." Siehe *Eisenberg* 2012, § 1 Rn. 23.

schränkt. So muss „*gemäß § 1 Abs. 1 JGG [...] eine Verfehlung begangen worden sein, die nach den allgemeinen Vorschriften mit Strafe bedroht ist.*"[643] Demnach greifen die Bestimmungen des JGG bei Vergehen und Verbrechen (rechtswidrige Taten i. S. v. § 12 StGB), jedoch nicht bei Ordnungswidrigkeiten.[644] In England dagegen ist der sachliche Anwendungsbereich des Jugendstrafrechts nicht auf bestimmte Formen von Verstößen gegen Verbotsgesetze begrenzt.

In England werden Straftatbestände in die Verstoßkategorien der sogenannten *summary offences, triable-either-way offences* und *indictable offences* unterteilt, die allesamt unter das Jugendstrafrecht fallen. Diese Klassifizierung orientiert sich daran, welches Gericht im Falle einer Anklage für die Abhaltung des Hauptverfahrens bei *erwachsenen Tatverdächtigen* zuständig wäre.[645]

Summary offences sind all jene Verstöße, die vor einem *Magistrates' Court* summarisch zur Anklage gebracht werden müssen. Darunter fallen insbesondere Straßenverkehrsdelikte, aber auch geringfügige Eigentumsdelikte und leichte Gewaltdelikte wie *common assault* (einfache Körperverletzung).[646] *Indictable offences* dagegen können im Falle Erwachsener nur vor dem *Crown Court* vor einem Richter und Geschworenen verhandelt werden und werden als Oberbegriff für schwerere Rechtsbrüche verstanden. Beispiele wären Mord, Totschlag, Vergewaltigung, Raub oder schwere Körperverletzung.[647] Im Falle von *triable-either-way offences* kann die Hauptverhandlung entweder vor dem *Magistrates' Court* oder dem *Crown Court* abgehalten werden. Ein Verweis ist immer dann zwingend, wenn die Strafzumessungskompetenz des *Magistrates' Court* voraussichtlich nicht ausreichen wird, um eine verhältnismäßige Sanktionierung zuzulassen.[648] Bekennt sich ein Angeklagter im Rahmen der ersten Anhörung im Vorverfahren „schuldig", bleibt das *Magistrates' Court* zuständig, sofern die Strafzumessungskompetenz für die Verhängung der in dem Fall zu erwartenden Strafe ausreichend ist. Bekennt er sich „nicht schuldig", *kann* er an den *Crown Court* verwiesen werden. Letztlich kann eine Person, die der Begehung eines

---

643 Siehe *Laubenthal/Baier* 2006, Rn. 53.

644 Vgl. *Eisenberg* 2012, § 1 Rn. 21. „*Für Ordnungswidrigkeiten hat der Gesetzgeber im OWiG eigenständige Regelungen für Jugendliche und Heranwachsende getroffen (§§ 12 Abs. 1, 46 Abs. 4, 68 Abs. 2, 78 Abs. 3, 91, 97, 98 Abs. 1, Abs. 2, 104, 105 OWiG).*" Siehe *Ostendorf* 2013, Rn. 24.

645 Vgl. *Keenan* 2007, S. 23 ff.; *Ashworth* 2007, S. 1.000; *Cavadino/Dignan* 2007, S. 3.

646 Vgl. *Gibson/Cavadino* 2002, S. 24.

647 Vgl. *Coleman/Moynihan* 1996, S. 26. Anzumerken ist, dass auch bei *indictable offences* bei Erwachsenen die erste Anhörung meist vor dem *Magistrate's Court* erfolgt, siehe *Coleman/Moynihan* 1996, S. 147.

648 Vgl. *Gibson/Cavadino* 2002, S. 78.

triable-either-way offence beschuldigt wird, immer ein Recht auf ein Verfahren vor dem *Crown Court* geltend machen.[649]

An dieser Stelle ist anzumerken, dass die strafgerichtliche Zuständigkeit bei Kindern und Jugendlichen anders gehandhabt wird als bei Erwachsenen. Bis auf gewisse Ausnahmen zumeist schwerer Delinquenz werden alle 10- bis einschließlich 17-Jährigen vor dem Jugendgericht angeklagt, verhandelt und verurteilt, unabhängig davon, ob ihnen eine *summary offence*, *indictable offence* oder *triable-either-way offence* vorgeworfen wird. Die gerichtliche Zuständigkeit bei Kindern und Jugendlichen wird unter *Kapitel 3.4* unten beschrieben.

Abschließend ist noch zwischen sogenannten *imprisonable offences* – Straftatbestände, für die das Gesetz die Verhängung einer Freiheitsstrafe zulässt – und *non-imprisonable offences* zu differenzieren. Wie im weiteren Verlauf dieses *Kapitels 3* ersichtlich wird, spielt diese Differenzierung an mehreren Stellen durchaus eine wichtige Rolle, und das nicht nur wenn es um Entscheidungen für oder gegen eine Freiheitsstrafe geht.

3.1.4 Überblick über das Jugendstrafverfahren

Ausgangspunkt des Jugendstrafverfahrens ist in den meisten Fällen die Polizei. Neben den für Erwachsene festgelegten Bestimmungen über die Befugnisse der Polizei in ihrem Umgang mit Tatverdächtigen sieht die aktuelle Gesetzeslage eine Reihe jugendspezifischer Schutzrechte vor, welche eine an den geringeren Reifegrad angepasste Behandlung junger Angeklagter durch die Polizei gewährleisten sollen.[650]

Die Polizei ist dazu befugt, im Rahmen des Ermittlungsverfahrens Zwangsmaßnahmen anzuordnen.[651] Diese sind zum einen vor der Anklageerhebung zulässig, um eine reibungslose Durchführung der für die Anklageerhebung erforderlichen Ermittlungen zu ermöglichen. Zum anderen finden sie auch nach der Anklageerhebung Anwendung, um die Anwesenheit des Verdächtigen vor Gericht zu gewährleisten, den Prozess somit zu sichern. Die Polizei kann dabei einen Tatverdächtigen mit oder ohne Auflagen „vorläufig auf freien Fuß setzen" (*release on bail*) oder aber stationär unterbringen, wenn eine Haftverschonung unzulässig oder unangemessen wäre. Unter gewissen Umständen ist für eine Unterbringung von Kindern und Jugendlichen die Zustimmung des Gerichts erforderlich.

Neben den klassischen polizeilichen Aufgaben der Ermittlung und der Wahrung öffentlicher Ordnung ist die englische Polizei neben der Staatsanwaltschaft

---

649   Vgl. *Gibson/Cavadino* 2008, S. 111; *Keenan* 2007, S. 24.

650   Zu Besonderheiten des polizeilichen Umgangs mit Kindern und Jugendlichen, siehe *Kapitel 3.2.2* unten.

651   Zu Zwangsmaßnahmen im Rahmen des Ermittlungsverfahrens, siehe *Kapitel 3.2.3* unten.

zur Erhebung der öffentlichen Anklage befugt.[652] Um Anklage erheben zu dürfen, muss ein hinreichender Tatverdacht bestehen und das öffentliche Interesse muss für die Strafverfolgung des Tatverdächtigen sprechen.[653] Im Rahmen der Entscheidung für oder gegen eine Anklageerhebung kann die Polizei nach dem Opportunitätsprinzip Diversionsmaßnahmen anordnen und vollziehen.[654] Dabei stehen für Kinder und Jugendliche besondere informelle (*triage* Programme, YRDs) sowie formelle[655] Interventionsformen (verschiedene Formen polizeilicher Verwarnungen) zur Verfügung, welche eine individualisierte, spezialpräventive Einwirkung auf junge Rechtsbrecher auch außerhalb der gerichtlichen Strafzumessung ermöglichen sollen.[656] Die Staatsanwaltschaft ist dazu befugt, Kinder und Jugendliche für die Durchführung von Verwarnungen an die Polizei zu verweisen. Abschließend können Polizei und Staatsanwaltschaft unter bestimmten Umständen das Verfahren interventionsfrei einstellen.[657] Im Rahmen dieser Entscheidungen von Polizei und Staatsanwaltschaft wird kein Gericht herangezogen.

Ist eine Diversion nicht möglich, wird die Strafverfolgung fortgesetzt und der Tatverdächtige vor Gericht angeklagt. Anklagen gegen Kinder und Jugendliche erfolgen prinzipiell vor dem Jugendgericht. Nur im Falle einer gemeinsamen Anklage mit einem Erwachsenen kann die erste Anhörung vor dem Erwachsenengericht (dem *Magistrates' Court*) erfolgen. Das erstinstanzliche Jugendgericht ist eine besondere Form des *Magistrates' Courts*, welches in seiner Zusammensetzung, seiner Strafzumessungskompetenz, den ihm zur Verfügung stehenden Rechtsfolgen, sowie in Einzelheiten der Verfahrensweise an die vor ihm erscheinende Klientel junger Rechtsbrecher angepasst wurde.[658]

---

652   In manchen Fällen ist jedoch nur die Staatsanwaltschaft zur Entscheidung über eine Anklageerhebung befugt, insbesondere bei schweren Rechtsbrüchen. Zu der Rolle der Polizei als anklagebefugte Behörde, siehe *Kapitel 3.3.1.1* unten.

653   Zu den allgemeinen Anklagevoraussetzungen, siehe *Kapitel 3.3.1.2* unten.

654   Zur Diversion, siehe *Kapitel 3.3* unten.

655   Im Vergleich zu Deutschland ist der Begriff der „formellen Intervention" in England/ Wales nicht auf gerichtliche Sanktionen begrenzt. Vielmehr sind die registerlichen Folgen für den Täter maßgebend. In England/Wales sind solche Sanktionen und Interventionen als formell zu begreifen, dessen Verhängung im Strafregister festgehalten wird. Wie in den *Kapiteln 3.3.3* und *3.6.2* unten angeführt wird, fallen somit nicht nur gerichtliche Sanktionen, sondern auch polizeiliche Verwarnungen im Rahmen des *final warning schemes* sowie die „Bußgeldbescheide für geringfügige Vergehen" (siehe *Kapitel 3.3.5.1* unten) in die Gruppe der formellen Sanktionen.

656   Polizeiliche Verwarnungen werden unter *Kapitel 3.3.3* unten genauer dargestellt.

657   Siehe hierzu *Kapitel 3.3* unten.

658   Das Jugendgericht sowie die kinder- und jugendspezifischen Besonderheiten bei vor ihm abgehaltenen Verhandlungen werden in *Kapitel 3.4.1* dargestellt.

Im Rahmen der ersten Anhörung wird das für die Hauptverhandlung (*trial*) zuständige Gericht ermittelt – unter bestimmten Umständen kann ein Kind oder Jugendlicher zur Hauptverhandlung an den *Crown Court* transferiert werden.[659] Zudem bekommt der Angeklagte bei der ersten Anhörung die Gelegenheit, sich „schuldig" oder „nicht schuldig" zu bekennen, was wiederum Auswirkungen auf die zu erwartende Strafe und demnach auch auf die zuständige Gerichtsbarkeit haben kann.[660] Abschließend wird auch im Rahmen der ersten Anhörung über die Notwendigkeit prozesssichernder, möglicherweise geschlossener Maßnahmen entschieden. Dabei ist für Kinder und Jugendliche eine Reihe von (Unterbringungs-) Alternativen zur echten „Untersuchungshaft" vorgesehen, unter anderem der elektronisch überwachte Hausarrest als Auflage einer Haftverschonung.[661] Zudem gelten für junge Angeklagte andere Vorgaben hinsichtlich der maximal zulässigen Dauer, für die sie zum Zweck der (Prozess-)Sicherung untergebracht werden dürfen.

Bis auf Fälle besonders schwerer Straffälligkeit, die an den *Crown Court* transferiert werden können bzw. müssen, erfolgt die Hauptverhandlung prinzipiell vor dem Jugendgericht. Die Hauptverhandlung dient der Feststellung, ob der Angeklagte mit an Sicherheit grenzender Wahrscheinlichkeit die ihm vorgeworfene Tat begangen hat. Verfahren vor dem Jugendgericht sind summarische Parteiverfahren (*adversarial principle*) vor einer Richterbank, bestehend aus bis zu drei Laienrichtern (*lay magistrates*, oder *lay justices of the peace*), die in ihren Entscheidungen von Gerichtshelfern (sogenannten *justices' clerks*) beraten werden.[662] Verfahren vor dem *Crown Court* erfolgen dagegen vor einem Berufsrichter und Geschworenen, die über die Schuld des Angeklagten entscheiden.[663]

Wird ein Angeklagter für „schuldig" befunden, erfolgt gegebenenfalls in einer gesonderten Anhörung (dem sogenannten *sentencing hearing*) die Strafzumessung, also die Sanktionierung. In manchen Fällen erfolgt die Sanktionierung direkt im Anschluss an die Hauptverhandlung, sofern das Gericht für seine Entscheidung hinsichtlich der angemessenen Sanktion keine weiteren Informationen (beispielsweise in der Form von Gerichtshilfeberichten) benötigt. In anderen Fällen wiederum können Kinder und Jugendliche nach dem Schuldspruch für das *sentencing hearing* an den *Crown Court* verwiesen werden, wenn aller Voraussicht nach die Strafzumessungskompetenz des Jugendgerichts nicht ausrei-

---

659 Für eine Untersuchung der für derartige Transfers erforderlichen Voraussetzungen und Umstände, siehe *Kapitel 3.4.2.2* unten.

660 Siehe hierzu *Kapitel 3.4.2.2* und *3.6.3.2* unten.

661 Untersuchungshaft und die dafür vorgesehenen Alternativen werden in *Kapitel 3.5* unten beschrieben.

662 Siehe *Kapitel 3.4.1* unten.

663 Für die Besonderheiten des Verfahrens vor dem *Crown Court*, siehe *Kapitel 3.4.2* unten.

chend sein wird.[664] Zur Überbrückung des Zeitraums zwischen *trial* und *sentencing hearing* kann das Gericht erneut über die Notwendigkeit prozesssichernder Maßnahmen entscheiden und diese gegebenenfalls anordnen. Hat sich der Angeklagte im Rahmen der ersten Anhörung bereits „schuldig" bekannt, wird eine Hauptverhandlung hinfällig, so dass diese übersprungen wird und der nächste Schritt gleich das *sentencing hearing* ist.

Im Rahmen der Sanktionierung müssen Gerichte jugendspezifische Strafzumessungsgrundsätze berücksichtigen.[665] Diese beziehen sich zum einen auf besondere Sanktionierungszwecke (*purposes of sentencing*), die von jenen für Erwachsene zum Teil abweichen. Die Sanktionierung junger Rechtsbrecher muss entweder der Bestrafung, der Resozialisierung, dem Schutze der Öffentlichkeit und/oder der Leistung von Wiedergutmachung an Verbrechensopfer dienen.[666] Zum anderen beziehen sich die Strafzumessungsvorgaben auf die Notwendigkeit, im Rahmen der Sanktionierung den individuellen Reifegrad sowie das chronologische Alter junger Rechtsbrecher zu berücksichtigen. In der Praxis bedeutet dies, dass die Auswirkung des Alters und mangelnder Reife auf die zu erwartende Sanktion mit zunehmendem Alter abnimmt, und dass somit „*die Sonderbehandlung Jugendlicher in einem abgestuften System zugunsten des Erwachsenenstrafrechts aufgegeben*" wird.[667] So bleiben zwar die verfügbaren Sanktionsformen dieselben, da diese gesetzlich vorgeschrieben sind. Jedoch wird die Intensität und/oder Dauer der strafenden Elemente einer Sanktion immer mehr jenen angepasst, die für Erwachsene zulässig und verhältnismäßig wären. Folglich gilt im Rahmen der Sanktionierung auch das Verhältnismäßigkeitsprinzip.

Jugendgerichte können auf einen besonderen für Kinder und Jugendliche vorgesehenen Rechtsfolgenkatalog zurückgreifen.[668] Das englische Jugendstrafrecht ist bereits seit geraumer Zeit von einer großen Interventionsvielfalt charakterisiert, was England für manche Politiker auf dem europäischen Kontinent als eine Art „Paradies postmodernen Strafens" erscheinen lässt.[669] Seit 1999 sind Jugendgerichte bis auf gewisse Ausnahmen dazu verpflichtet, geständige Erstverurteilte im Rahmen einer „Verweisungsanordnung" (*referral order*, RefO) an sogenannte „Jugendstraftätergremien" (*youth offender panels*, YOP) zu übergeben.[670] Gremium und Täter beleuchten die Tat und entwerfen einen individuali-

---

664 Siehe hierzu *Kapitel 3.4.2.2* unten.

665 *Kapitel 3.6.3* unten widmet sich der Strafzumessung bei Kindern und Jugendlichen.

666 Section 142A CJA 2003.

667 *Herz* 2002, S. 83.

668 Der Rechtsfolgenkatalog wird in *Kapitel 3.6.2* unten untersucht.

669 *Kilchling* 2002, S. 480 f.

670 Zur *referral order* siehe *Kapitel 3.6.2.4* unten.

sierten Aktionsplan, welcher eine Reihe von Elementen zum Inhalt haben kann, die die verschiedenen Sanktionierungszwecke (Bestrafung, Resozialisierung, Schutz der Öffentlichkeit, Wiedergutmachung) ansprechen sollen. Auch wurde eine Vielzahl ambulanter, gemeindebezogener Alternativen zum Freiheitsentzug eingeführt (sogenannte *community sanctions*), die jeweils unterschiedliche Zwecke verfolgten (beispielsweise Bestrafung durch gemeinnützige Arbeit im Rahmen einer *community punishment order*, Resozialisierung durch die *action plan order*, oder der Schutz der Öffentlichkeit durch *supervision orders* und *community rehabilitation orders*).[671] Im Jahr 2008 wurden die vielen *community sanctions* zu einer allgemeinen *youth rehabilitation order* zusammengefasst, welches den Gerichten ermöglicht, die genaue Zusammensetzung der Sanktionselemente tat- und täterspezifisch auf den jeweiligen Individualfall anzupassen. So können nun mehrere Elemente der zuvor verfügbar gewesenen verschiedenen gemeindebezogenen Sanktionen, die nur einzeln angeordnet werden konnten, im Rahmen einer einzigen Sanktion verhängt werden. In der Folge ist es den Gerichten möglich, die verschiedenen Sanktionierungszwecke im Rahmen einer einzigen Sanktion zu berücksichtigen, und die im jeweiligen Fall maßgebenden Risikofaktoren anzusteuern.

Kann den Sanktionszwecken (insbesondere dem Schutze der Öffentlichkeit) sowie der tatproportionalen Sanktionierung nicht mittels ambulanter Interventionsformen gedient werden, kommt nur noch der Freiheitsentzug in Betracht.[672] In der Theorie ist der Freizeitentzug demnach *ultima ratio*. Während das Jugendgericht maximal 24 Monate Jugendhaft ausschütten darf (in Form der sogenannten „Haft und Erziehungsstrafe"), können Kinder und Jugendliche, die vor dem *Crown Court* sanktioniert werden, zu verschiedenen Formen des Langfreiheitsentzugs verurteilt werden, einschließlich lebenslanger Haftstrafen. Seit 2003 können Kinder und Jugendliche (wie Erwachsene auch) im Falle einer prognostizierten Gefährlichkeit (*dangerousness*) auch besonderen Formen des Freiheitsentzugs „zum Schutze der Öffentlichkeit" verurteilt werden (*public protection sentences*).[673]

3.2 Besonderheiten des polizeilichen Umgangs mit tatverdächtigten Kindern und Jugendlichen

Die Befugnisse der englischen Polizei gehen über die klassischen Aufgaben der Ermittlung, des Schutzes und der Sicherung öffentlicher Ordnung hinaus. Die Polizei in England spielt auch eine aktive Rolle in der Entscheidung und Durch-

---

671 *Community sanctions* werden in *Kapitel 3.6.2.5* unten beschrieben.

672 Für einen Überblick über die bei Kindern und Jugendlichen anwendbaren Freiheitsstrafen sowie der Voraussetzungen für die Verhängung solcher, siehe *Kapitel 3.6.2.6* unten.

673 Siehe hierzu *Kapitel 3.4.2.2.3* sowie *Kapitel 3.6.2.6.2* unten.

führung der Anklageerhebung und ist befugt, ohne richterliche oder gar staatsanwaltschaftliche Zustimmung Diversionsmaßnahmen anzuordnen und zu vollziehen. Dies steht in starkem Kontrast zur deutschen Rechtslage, wo zur Erhebung der öffentlichen Anklage allein die Staatsanwaltschaft berufen ist.[674] In Deutschland untersteht die Polizei strengstens dem Legalitätsprinzip, wonach sie keine Diversionspraxis üben darf, sondern alle Fälle an die Staatsanwaltschaft weiterleiten muss.[675] Die Rolle der Polizei im Rahmen der Anklageerhebung und der Diversion wird in *Kapitel 3.3* unten genauer betrachtet. An dieser Stelle soll der Fokus zunächst auf die Befugnisse der Polizei im Rahmen ihrer Ermittlungen, sowie die Einschränkungen dieser Befugnisse und die damit verbundenen Schutzrechte Tatverdächtiger beschränkt werden. Die Polizei ist dazu befugt, im Rahmen des Ermittlungsverfahrens Zwangsmaßnahmen anzuordnen, mittels derer der erfolgreiche Abschluss der Ermittlungen und/oder das gegebenenfalls notwendige Erscheinen des Tatverdächtigen vor Gericht gewährleistet werden sollen.

Die Befugnisse der Polizei und die Schutzrechte Tatverdächtiger sind im sogenannten „Gesetz über die Polizei und Beweise in Strafsachen" von 1984 (*Police and Criminal Evidence Act 1984*, PACE 1984) sowie den dazugehörigen verbindlichen Praxisvorschriften (*codes of practice*) geregelt.[676] Verhaftungen und darauffolgende Ermittlungen (z. B. Befragungen und Verhöre, die Abnahme von Fingerabdrücken und Proben, Ingewahrsamnahmen zur Verfahrenssicherung) müssen die durch die *codes of practice* gewährleisteten Rechte und vorgeschriebenen Prozesse berücksichtigen.[677] Neben den allgemeinen Vorschriften sehen PACE 1984 sowie die Praxisvorschriften auch besondere Vorkehrungen für Kinder und Jugendliche vor.

---

674 § 152 Satz 1 StPO.

675 Vgl. *Ostendorf* 2013, Rn. 103 ff.

676 Vgl. hierzu *Pierpoint* 2008, S. 261 f.; 2008a.

677 Vgl. *Monaghan* 2008, S. 23; *Sanders/Young/Burton* 2010, S. 196. Siehe ausführlich *Ozin/Norton/Spivey* 2010. Insgesamt gibt es acht unterschiedliche Praxisvorschriften (*Codes*). Jede dieser *Codes* regelt besondere Bereiche polizeilicher Befugnisse – beispielsweise regelt PACE Code A die Ermächtigung der Polizei, Personen in der Öffentlichkeit anzuhalten und zu durchsuchen (*stop and search*); PACE Code H regelt die Befugnisse der Polizei im Zusammenhang mit dem „Terrorismusgesetz" von 2000 (*Terrorism Act 2000*). Im Zusammenhang mit dem Umgang mit Kindern und Jugendlichen sind insbesondere der PACE Code C (Polizeihaft, Befragung von Tatverdächtigen, Entnahme von Proben) und der PACE Code G (über die Verhaftung von Tatverdächtigen) relevant.

3.2.1 Allgemeine Vorschriften zum Umgang mit Tatverdächtigen

Gesetzliche Grundlage für die polizeiliche Befugnis, Tatverdächtige überhaupt zu verhaften, ist Section 24 PACE 1984.[678] Eine Verhaftung ist unter verschiedenen Umständen zulässig, insbesondere wenn ein gerichtlicher Haftbefehl vorliegt, eine Person gegen Haftverschonungsauflagen im Rahmen prozesssichernder Maßnahmen verstoßen hat (siehe *Kapitel 3.2.3* sowie *Kapitel 3.5* unten) oder die Polizei den begründeten Verdacht hat, dass eine Person eine Straftat begeht, begangen hat oder zu begehen geplant hat.[679] Dabei darf der „begründete Verdacht" nicht allein auf persönlichen Faktoren beruhen, sondern muss durch zuverlässige Informationen oder besonderes Verhalten seitens der verdächtigten Person erhärtet sein.[680]

Tatverdächtige werden verhaftet, um eine zweifelsfreie Identifizierung zu ermöglichen (zum Beispiel durch das Sichern von Fingerabdrücken und fotografische Ablichtungen) und um Beweise zu sammeln, insbesondere mittels Befragungen und Verhören und falls notwendig auch durch die Abnahme persönlicher Proben (DNA, Haarproben).

Gemäß Section 30 (1) PACE 1984 ist ein Tatverdächtiger nach seiner Verhaftung unverzüglich auf eine Polizeistation zu bringen, wo ihm ein sogenannter „Gewahrsamsbeamter" (*custody officer*) die Gründe für die Verhaftung erklären muss.[681] Der Gewahrsamsbeamte (geregelt in Sections 34-38 PACE 1984) ist für die Gewährleistung des Wohlergehens verhafteter Tatverdächtiger zuständig. Er überwacht die Einhaltung der aus PACE 1984 und den Praxisvorschriften hervorgehenden Prozesse und Tatverdächtigenrechte und ist nicht direkt an den Ermittlungen beteiligt.[682] Der Gewahrsamsbeamte ist zudem für die Anordnung von Polizeihaft (*police detention* als Form der Verfahrenssicherung im Ermittlungsverfahren, siehe *Kapitel 3.2.3.1.1* unten) zuständig und dokumentiert den

---

678 Zuletzt geändert durch Section 110 des „Gesetzes über schwere organisierte Kriminalität und die Polizei" von 2005 (*Serious Organised Crime and Police Act* 2005, SOCPA 2005).

679 „*A police officer may arrest without a warrant anyone who is about to commit an offence; anyone who is in the act of committing an offence; anyone whom he has reasonable grounds for suspecting to be about to commit a offence; anyone whom he has reasonable grounds suspecting to be committing an offence.*" Section 24 PACE 1984. Siehe hierzu auch *Sanders/Young* 2007, S. 956 ff.

680 Vgl. *Sanders/Young* 2007, S. 957; siehe auch § 2.2 PACE Code A.

681 Section 28 PACE 1984; siehe auch *Rozel* 2009, S. 944.

682 Section 36 (5) PACE 1984.

gesamten Verbleib eines Verdächtigen während seiner Zeit auf dem Polizeirevier (bzw. in Polizeihaft) in einem „Gewahrsamsprotokoll" (*custody record*).[683] PACE 1984 und die *codes of practice* räumen verhafteten Tatverdächtigen zahlreiche Rechte ein, welche ihnen ein gerechtes und faires polizeiliches Vorgehen zusichern sollen. § 3.1 PACE Code C verpflichtet den Gewahrsamsbeamten dazu, verhaftete Tatverdächtige über folgende Rechte in Kenntnis zu setzen:

- Das Recht, jemanden über ihre Verhaftung informieren zu dürfen (Section 56 PACE 1984 und § 5.1 PACE Code C);
- das Recht auf kostenlose Rechtsberatung und auf private Konsultation mit einem Verteidiger (Section 58 und 59 PACE 1984 sowie § 6 PACE Code C);
- das Recht auf Vorlage einer vollständigen Kopie der PACE Praxisvorschriften (§ 1.2 PACE Code C).

Tatverdächtige können diese Rechte jederzeit während ihres Verbleibes auf dem Polizeirevier/in Polizeihaft geltend machen, was nur unter besonderen Ausnahmebedingungen verzögert oder aufgeschoben werden darf.[684] Gemäß § 3.2 PACE Code C muss das Bestehen dieser und anderer Rechte jedem Tatverdächtigen schriftlich mitgeteilt werden.[685]

---

683 Vgl. *Rozel* 2009, S. 944; *Monaghan* 2008, S. 23; *Herz* 2002, S. 95 f.; *Sanders/Young/Burton* 2010, S. 197 ff.

684 Die Ausnahmebedingungen sind in Anhang B von PACE Code C angeführt. Das Recht, jemanden über die Verhaftung in Kenntnis zu setzen, das Recht auf kostenlose Rechtsberatung und das Recht, die Teilnahme an Interviews vor Eintreffen eines Verteidigers (oder des *appropriate adult* in Fällen von Kindern und Jugendlichen, siehe unten) abzulehnen, können verweigert werden, wenn: 1.) die Verhaftung wegen der (mutmaßlichen) Begehung eines *indictable offence* erfolgte; 2.) der Tatverdächtige noch nicht angeklagt worden ist, und 3.) ein ranghoher Polizeibeamter vernünftige Gründe zur Annahme hat, dass andernfalls: Beweise manipuliert oder zerstört werden könnten, Zeugen manipuliert und/oder eingeschüchtert werden könnten, andere Personen, die der Begehung einer *indictable offence* verdächtigt, aber noch nicht verhaftet wurden, gewarnt werden könnten und/oder die Wiedergewinnung von im Rahmen der Straftat entwendetem Eigentum (Beute) behindert werden könnte. Siehe auch *Sanders/Young/Burton* 2010, S. 199 ff.

685 Die Pflicht zur schriftlichen Mitteilung geht aus § 3.2 sowie Bemerkungen 3A und 3B PACE Code C hervor. Verhafteten Tatverdächtigen muss folgendes schriftlich mitgeteilt werden: Wie sie Zugang zu kostenloser Rechtsauskunft bekommen; ihr Anspruch auf eine Kopie des *custody record*; eine Belehrung gemäß Section 10 PACE Code C („*You do not have to say anything. But it may harm your defence if you do not mention when questioned something which you later rely on in Court. Anything you do say may be given in evidence*"); Ansprüche auf den Empfang von Besuch und Kontakt mit Außenstehenden; ihr Anspruch an angemessenem körperlichem Wohlbefinden (Personen in Polizeihaft sollten in Einzelzellen untergebracht werden gem. § 8.1 PACE Code C; für angemessene Reinheit, Beleuchtung und Heizung muss gesorgt werden gem. § 8.2 PACE Code C; gem. § 8.3 müssen saubere und hygienische Schlafbedingungen vorlie-

3.2.2 Besondere Vorschriften zum polizeilichen Umgang mit Kindern und Jugendlichen

Neben diesen Abwehr- und Schutzrechten, welche für alle Tatverdächtigen gelten, enthalten PACE 1984 und die *codes of practice* eine Reihe von jugendspezifischen Vorschriften. An dieser Stelle ist eine interessante Anomalie anzuführen. Der persönliche Anwendungsbereich dieser Sondervorschriften ist auf Kinder und Jugendliche beschränkt, die 10- aber noch nicht *17* Jahre alt sind.[686] 17-Jährige fallen zwar in die Zuständigkeit des Jugendgerichts, werden jedoch aus den Vorschriften, die jungen Tatverdächtigen im Rahmen des Ermittlungsverfahrens mehr Schutz einräumen sollen, ausgeklammert.[687] Während die im Folgenden geschilderten Vorschriften bei 10 bis einschließlich 16-Jährigen obligatorisch zu berücksichtigen sind, liegt ihre Anwendung bei 17-Jährigen im Ermessen des Gewahrsamsbeamten.

Die wichtigste für Kinder und Jugendliche geltende Sondervorschrift ist die, dass die Polizei so schnell wie möglich die Anwesenheit eines „geeigneten Erwachsenen" (*appropriate adult*) sicherstellen muss.[688] Der *appropriate adult* ist ein Elternteil, Vormund, Sozialarbeiter der lokalen Kommunalbehörden oder ein anderer „verantwortungsbewusster Erwachsener", der nicht als Polizeibeamter oder als sonstiger Angestellter der Polizei tätig ist.[689] Hauptaufgabe des *appropriate adult* ist es dafür Sorge zu tragen, dass das Kind oder der Jugendliche versteht, was mit ihm auf dem Polizeirevier passiert und warum es so passiert.[690] Dabei sollte er eine aktive Rolle einnehmen und dem jungen Tatverdächtigen beratend und unterstützend zur Seite stehen. Der „geeignete Erwachsene" ist im Laufe des gesamten Ermittlungsverfahrens zur Anwesenheit berechtigt, zum Beispiel bei Befragungen und Verhören, bei der Anklageerhebung, Durchsuchungen, Verfahren zur Identitätsfeststellung und Haftprüfungen. Im Rahmen einer Befragung liegt die Rolle des *appropriate adult* vor allem darin, die Kom-

---

gen); ihr Anspruch auf angemessene Ernährung; das aus § 8.4 PACE Code C hervorgehende Recht auf Zugang zu Toiletten und Wascheinrichtungen, Kleidung, medizinische Versorgung und körperliche Bewegung; das Recht auf einen Übersetzer gemäß §§ 3.5 und 3.12 PACE Code C; das Recht auf ein weiteres Telefonat neben der gemäß § 5.1 des PACE Code C kontaktierten Person.

686 § 1.5 PACE Code C.

687 Vgl. *Herz* 2002, S. 95; Bemerkung 11B PACE Code C.

688 §§ 3.13 bis 3.20 PACE Code C.

689 § 1.7 PACE Code C. Eine Person ist dann für die Rolle des *appropriate adult* ungeeignet, wenn sie: der Mitwirkung in der ihr Kind betreffenden Strafsache verdächtigt wird; Opfer oder Zeuge der ihrem Kind vorgeworfenen Straftat ist; anderweitig einen Teil der Ermittlungen darstellt. Bemerkung 1B PACE Code C.

690 Vgl. *Sanders/Young/Burton* 2010, S. 201 ff.

munikation zwischen Polizei und verdächtigtem Kind/Jugendlichen zu fördern (zum Beispiel sicherzustellen, dass alle Fragen richtig verstanden werden, und dass der Verdächtige sich über die Folgen seiner Aussagen im Klaren ist). Zugleich liegt es auch in den Händen des *appropriate adult* zu überwachen, ob die Polizei sich vorschriftsgemäß und gerecht verhält.

Sofern die in *Fußnote 684* oben angeführten Ausnahmebedingungen nicht vorliegen, dürfen von Kindern und Jugendlichen keine Einwilligungen oder Unterschriften verlangt werden und sie dürfen keinen Befragungen oder Verhören ausgesetzt werden, bevor der *appropriate adult* anwesend ist.[691] Auch dürfen vor seinem Eintreffen keine Maßnahmen zur Identitätsfeststellung (Fingerabdrücke, DNA oder Haarproben, Durchsuchungen) durchgeführt werden. Folglich darf die oben beschriebene schriftliche Mitteilung über die Rechte verhafteter Tatverdächtiger erst nach Eintreffen des *appropriate adult* an das Kind/ den Jugendlichen übermittelt werden.[692]

Neben dem *appropriate adult* muss die Polizei im Falle 10- bis einschließlich 16-jähriger verhafteter Tatverdächtiger zusätzlich eine Person bestimmen und unverzüglich kontaktieren, die für „die Wohlfahrt des Kindes/Jugendlichen" (*the welfare of the child*, in deutscher Terminologie das „Kindeswohl") verantwortlich ist.[693] Für diese Rolle kommen dieselben Personen in Betracht wie bei der Wahl des *appropriate adult*. Insgesamt hat ein junger Tatverdächtiger nach seiner Verhaftung also Anspruch darauf:

- Eine beliebige Person zu kontaktieren (gemäß Section 56 PACE 1984 und § 5.1 PACE Code C),
- eine weitere Person telefonisch zu benachrichtigen (ebenfalls § 5.1 PACE Code C),
- einen „geeigneten Erwachsenen" an seiner Seite zu haben (gem. §§ 3.13 bis 3.20 PACE Code C), und
- dass eine Person, die für die Wohlfahrt des Kindes/Jugendlichen verantwortlich ist, über die Verhaftung informiert wird (gem. § 3.13 PACE Code C).

Section 58 (1) PACE 1984 räumt allen Tatverdächtigen das Recht ein, jederzeit mit einem Verteidiger sprechen zu dürfen. Unmittelbar nach der Ankunft auf dem Polizeirevier müssen Tatverdächtige gefragt werden, ob sie einen Verteidiger und/oder eine kostenlose Rechtsberatung wünschen.[694] Bei Kindern und Jugendlichen muss vor dem Stellen dieser Frage der *appropriate adult* anwesend sein. Die Antwort auf diese Frage wird im Gewahrsamsprotokoll festgehalten, und sobald das Recht auf einen Verteidiger oder eine kostenlose Bera-

---

691   Section 63B (5A) PACE 1984 sowie § 11.15 PACE Code C.

692   § 3.17 PACE Code C.

693   § 3.13 PACE Code C.

694   § 3.1 PACE Code C.

tung geltend gemacht wurde, dürfen Befragungen nicht mehr angesetzt oder fortgesetzt werden, bevor der Verteidiger eingetroffen und/oder die Rechtsberatung erfolgt ist.[695] Unabhängig vom Willen des Kindes/Jugendlichen kann der *appropriate adult* entscheiden, dass ein Verteidiger bestellt werden soll, obwohl das Kind dies ablehnt.[696] In diesen Fällen ist der Verteidiger anwesend, das Kind/der Jugendliche kann jedoch nicht dazu gezwungen werden, mit ihm direkt zu sprechen. Kinder und Jugendliche können gemäß Bemerkung 1E PACE Code C verlangen, mit ihrem Verteidiger in Abwesenheit des *appropriate adult* zu sprechen.

3.2.3 Polizeiliche Maßnahmen zur Verfahrenssicherung[697]

Verhaftete Tatverdächtige sind gemäß Section 30 (1) PACE 1984 unverzüglich auf ein Polizeirevier zu bringen. Unmittelbar nach ihrer Ankunft muss durch den Gewahrsamsbeamten ermittelt werden, ob die Beweislage für eine Anklage ausreicht.[698] Sind die Anklagevoraussetzungen nicht erfüllt, muss der Gewahrsamsbeamte entscheiden, ob der Tatverdächtige ohne jegliche Bedingungen freigelassen werden soll, „vorläufig freigelassen" werden soll (*release on police bail*) oder aber in Polizeihaft (police detention) genommen werden sollte (*Kapitel 3.2.3.1.1*). Dieselbe Abwägung zwischen vorläufiger Freilassung (oder „Haftverschonung") und Polizeihaft erfolgt auch nach der Anklageerhebung, zur Überbrückung der Zeit bis zur ersten Gerichtsanhörung. Jedoch müssen andere Voraussetzungen erfüllt sein, damit die Anordnung von Polizeihaft nach Anklageerhebung zulässig ist (*Kapitel 3.2.3.2*).

3.2.3.1   Vor der Anklagerhebung

Kann die Polizei noch nicht Anklage erheben (zu den Anklagevoraussetzungen siehe *Kapitel 3.3.1.2* unten), kann sie einen Tatverdächtigen ohne jegliche Bedingungen oder Auflagen „auf freien Fuß" setzen.[699] In diesem Falle wird die Polizei aller Voraussicht nach das Verfahren interventionsfrei einstellen (*no further action*, siehe *Kapitel 3.3* unten), oder aber die Ermittlungen fortsetzen

---

695   § 6.6 PACE Code C.

696   § 6.5A sowie Bemerkung 1 (I) PACE Code C.

697   Chapter 3 LASPOA 2012 hat Veränderungen der Voraussetzungen für die geschlossene Unterbringung junger Rechtsbrecher im Rahmen der Prozesssicherung erwirkt, die jedoch zum Zeitpunkt des Verfassens noch nicht in Kraft getreten waren. Zu diesen Veränderungen siehe *Kapitel 4.3.4*.

698   Die Anklagevoraussetzungen werden unter *Kapitel 3.3.1.2* unten beschrieben.

699   Section 37 PACE 1984. Siehe hierzu *Thomas/Hucklesby* 2005, S. 17 ff.; *NACRO* 2008, S. 2 f.

und den Verdächtigen gegebenenfalls wieder verhaften, sollten die Ermittlungen neue Beweise hervorbringen. Section 37 PACE 1984 räumt der Polizei jedoch auch die Möglichkeit ein, Verdächtige unter bestimmten Umständen in Polizeihaft zu nehmen (*police detention*), oder aber sie mit oder ohne Auflagen „vorläufig" freizulassen („*Police Bail*"), bevor Anklage erhoben wird.

3.2.3.1.1 Polizeihaft – „police detention"

Gemäß Section 37 PACE 1984 ist die polizeiliche Ingewahrsamnahme vor Anklageerhebung dann zulässig, wenn die Beweislage für eine Anklage noch nicht ausreicht und der zuständige Gewahrsamsbeamte der begründeten Auffassung ist, dass Polizeihaft angemessen und erforderlich ist, um weitere Beweise zu sichern, insbesondere hinsichtlich einer zweifelsfreien Identifikation des Verdächtigen, der Durchführung von Befragungen und Verhören und der Entnahme von persönlichen Proben.[700] Die für die Ingewahrsamnahme einschlägigen Gründe müssen im Gewahrsamsprotokoll festgehalten werden.[701]

Die Dauer, für die ein Tatverdächtiger ohne Anklage in Polizeihaft genommen werden darf, ist zunächst auf 24 Stunden beschränkt.[702] Die Zeitmessung beginnt dabei ab dem Moment, in dem der Gewahrsamsbeamte die Ankunft des Verdächtigen auf dem Polizeirevier im Gewahrsamsprotokoll vermerkt. Dies ergibt sich aus Section 29 PACE 1984. Die Norm besagt, dass jede Person, die auf eine Polizeistation gebracht wird oder die sich dort aus anderen Gründen befindet, entweder nach eigenem Wunsch wieder die Station verlassen darf oder sich in Polizeihaft befindet.[703]

Das Gesetz sieht verschiedene Szenarien vor, in welchen eine Verlängerung dieser Periode von 24 Stunden zulässig ist. Zunächst kann gemäß Section 42 (1) PACE 1984 ein ranghoher Polizeibeamter eine Verlängerung um 12 Stunden auf insgesamt 36 Stunden anordnen.[704] Voraussetzung ist, dass die Ermittlungen nach Auffassung des Polizeibeamten „sorgfältig und rasch" durchgeführt werden, und dass das weitere Festhalten des Verdächtigen ohne Anklage notwendig ist, um weitere Beweise zu sichern und/oder um die Identität des Verdächtigen zweifelsfrei festzustellen.[705]

---

700 Vgl. *Sanders/Young* 2007, S. 963; *Rozel* 2009, S. 944; *Keenan* 2007, S. 119 ff.

701 Vgl. *Rozel* 2009, S. 944.

702 Section 41 (1) PACE 1984.

703 Vgl. *Sanders/Young* 2007, S. 963.

704 Section 42 PACE 1984.

705 „*Where a police officer of the rank of superintendent or above who is responsible for the police station at which a person is detained has reasonable grounds for believing that the detention of that person without charge is necessary to secure or preserve evidence relating to the offence for which he is under arrest or to obtain such evidence by*

Weitere Verlängerungen von Polizeihaft ohne Anklage, die über 36 Stunden hinausgehen, sind nur noch mit Zustimmung eines *Magistrates' Courts* zulässig.[706] So kann die Polizei einen Haftbefehl (*warrant for further detention*) beantragen, welcher bei Bewilligung die Dauer um weitere 36 Stunden verlängert.[707] Es gelten dabei dieselben Voraussetzungen wie jene des Section 42 (1) PACE 1984, mit dem Unterschied, dass eben das Gericht über die Erfüllung der Voraussetzungen entscheidet, und nicht die Polizei. Insgesamt darf eine solche gerichtlich bewilligte Verlängerung nur zwei Mal angeordnet werden, und die Gesamtdauer in Polizeihaft darf dabei zusammengenommen 96 Stunden nicht überschreiten.[708] Nach Ablauf der zulässigen Maximaldauer müssen Tatverdächtige entweder vor Gericht gebracht und angeklagt werden (woraufhin gegebenenfalls weitere Untersuchungshaft durch das Gericht angeordnet werden kann, siehe *Kapitel 3.5* unten) oder bedingt/unbedingt vorläufig *on bail* freigelassen werden.

Entscheidungen, Tatverdächtige ohne Anklage in Polizeihaft zu nehmen, müssen in gesetzlich festgelegten Zeitabständen geprüft werden. Durchgeführt werden Haftprüfungen durch ranghohe Polizeibeamte, die nicht direkt an den Ermittlungen im jeweiligen Fall beteiligt sind. Die erste Haftprüfung muss innerhalb von sechs Stunden erfolgen.[709] Eine zweite Prüfung muss dann innerhalb von weiteren 9 Stunden und alle darauf folgenden Haftprüfungen binnen 12 Stunden erfolgen.[710] Ergibt die Prüfung, dass weder die ursprünglichen Gründe noch neue Gründe für die Anordnung von Polizeihaft gegeben sind, muss ein Tatverdächtiger angeklagt oder aus der Polizeihaft entlassen werden.[711]

Mit der Ausnahme 17-Jähriger, die unter PACE 1984 sowie dem „Gesetz über Untersuchungshaftverschonungen" von 1976 (*Bail Act 1976*, BA 1976) Erwachsenen gleichgestellt sind und somit im Rahmen der Polizeihaft in Polizeizellen festgehalten werden, müssen Kinder und Jugendliche prinzipiell in ei-

---

questioning him [...][and that] the investigation is being conducted diligently and expeditiously, he may authorize the keeping of that person in police detention for a period expiring at or before 36 hours after [having been taken into police detention]", Section 42 (1) PACE 1984. Vgl. auch *Rozel* 2009, S. 944; *Sanders/Young/Burton* 2010, S. 208 ff.

706 Vgl. *Keenan* 2007, S. 121.

707 Section 43 PACE 1984. Vgl. *Sanders/Young/Burton* 2010, S. 208 ff. Die Anhörung erfolgt in nichtöffentlicher Sitzung, und der Tatverdächtige muss anwesend sein. Dabei hat der Tatverdächtige einen Anspruch auf rechtliche Vertretung.

708 Section 44 PACE 1984; Vgl. *Rozel* 2009, S. 944.

709 Section 40 (3) (a) PACE 1984.

710 Section 40 (3) (b) und (c) PACE 1984, sowie § 15.2 PACE Code C.

711 Section 34 (2) PACE 1984.

ner sogenannten *local authority accommodation* untergebracht werden.[712] Unter den Oberbegriff *local authority accommodation* (LAA, zu Deutsch: „Unterkünfte der Kommunalbehörden") fallen eine Vielzahl von Unterbringungsformen, die in erster Linie für bedürftige Kinder vorgesehen sind, die durch Interventionen des Jugendwohlfahrtsystems aus Gründen der Wohlfahrt aus dem Familien- oder sonstigen Lebensumfeld herausgenommen werden müssen. Zum einen sind das Kinder- und Erziehungsheime (*childrens' homes*), Pflegefamilien (*foster families*) oder betreutes Wohnen (*hostels*).[713] Zum anderen können die Kommunalbehörden auf anderem Wege ihrer Verpflichtung nachkommen, Unterkünfte zu stellen. So können Kinder und Jugendliche bei Verwandten, in vorübergehend angemieteten Pensionen (*bed and breakfasts*) oder gar bei den eigenen Eltern untergebracht werden,[714] sofern diese Varianten die in Teil III des *Children Act 1989* gestellten Anforderungen erfüllen.[715] Die lokale Kommune ist nach Section 21 (2) des *Children Act 1989* dazu verpflichtet, eine entsprechende Unterbringung in angemessener Unterkunft zu gewährleisten; Section 39 CDA 1998 legt die Verantwortung für die Bereitstellung einer Unterkunft in die Hände der YOTs.

Eine Ausnahme zu dieser Regelung ist, wenn ein Transfer zu LAA „nicht praktikabel" wäre. Gemäß Anmerkung 16B PACE Code C wird die Praktikabilität nicht durch das Verhalten des Verdächtigen oder die ihm vorgeworfene Tat bestimmt, ebenso wenig durch die Verfügbarkeit von LAA vor Ort. Vielmehr ist die Praktikabilität beschränkt auf Ausnahmeumstände, die einen Transfer zu LAA „physisch unmöglich machen", wie zum Beispiel extreme Wetterbedin-

---

712 Section 38 (6) PACE 1984.

713 Vgl. *Herz* 2002, S. 96; *Dignan* 2011, S. 385; *Thomas/Hucklesby* 2005, S. 48; *Thomas* 2008b, S. 287.

714 In der Praxis wird im Kontext der Prozesssicherung eine Unterbringung bei den Eltern nicht erfolgen, nicht zuletzt, weil die Polizei den Verdächtigen nicht freigelassen hat, und somit eine Herausnahme aus dem üblichen Wohnumfeld für erforderlich erachtet hat.

715 Vgl. *NACRO* 2008a, S. 3; *Thomas/Hucklesby* 2005, S. 48 ff. Die Kommune ist dazu verpflichtet, Kindern und Jugendlichen, die in LAA untergebracht sind, Rahmenbedingungen zu gewährleisten, die für ihre Gesundheit und Entwicklung förderlich sind, siehe § 4 (1) der *Care Planning, Placement and Review Regulations 2010*. In diesem Sinne muss innerhalb von 10 Tagen nach Aufnahme eines Kindes oder Jugendlichen in LAA ein „Fürsorgeplan" (*care plan*) entworfen werden. Dieser Plan muss insbesondere darauf abzielen, die Gesundheit, den Bildungsgrad, den emotionalen Entwicklungsstand, die Selbstwahrnehmung, den Grad der Selbstständigkeit und die Familienbeziehungen zu stärken, § 5 der *Care Planning, Placement and Review Regulations 2010*. Die gewählte Form der LAA-Unterkunft muss die Erfüllung dieser Auflagen ermöglichen.

gungen oder die Unmöglichkeit trotz anhaltender Versuche, die zuständige Stelle der Kommunalbehörden zu erreichen.[716]

Eine weitere Ausnahme zur Obligation, Kinder und Jugendliche zwischen 12- und einschließlich 16 Jahren in LAA unterzubringen liegt vor, wenn die Polizei der festen Überzeugung ist, dass eine ungesicherte, „offene" Unterbringung nicht ausreichend wäre, um die Öffentlichkeit vor „erheblichem Übel" (*serious harm*) zu schützen.[717] „Erhebliches Übel" wird dabei in Section 38 (6A) PACE 1984 als *„Tod oder erheblicher körperlicher oder geistiger Schaden"* definiert. Im Rahmen ihrer Einschätzung muss die Polizei den kurzen Zeitraum berücksichtigen, in welchem die Öffentlichkeit diesem Risiko ausgesetzt wäre (maximal 96 Stunden vor der Anklage, maximal 24 Stunden nach der Anklage). In solchen Fällen kann die Polizei bei den Kommunalbehörden eine Unterbringung in „gesicherten Unterkünften der Kommunalbehörden" (*secure local authority accommodation*) beantragen. In der Praxis werden Kinder und Jugendliche zwischen 10- und einschließlich 16 Jahren in sogenannten *secure children's homes* (zu Deutsch: „geschlossene Kinderheime") untergebracht.[718]

Bevor die lokalen Kommunalbehörden eine derartige geschlossene Unterbringung durchführen dürfen, müssen sie zudem der Überzeugung sein, dass eine andere Unterbringungsform nicht ausreichend wäre, um das Kind/den Jugendlichen an einer Flucht zu hindern und um ihn oder andere Personen vor ihm zu schützen.[719] Kann die Kommunalbehörde eine Unterbringung in gesicherter LAA nicht gewährleisten (entweder weil keine Plätze vorhanden sind oder weil die o. a. Bedingungen nicht erfüllt sind), können Kinder und Jugendliche zwischen 12- und einschließlich 16 Jahren ausnahmsweise in Polizeizellen festgehalten werden.[720]

---

716 Vgl. *NACRO* 2008, S. 4.

717 Section 38 (6) (b) PACE 1984. Vgl. auch *Thomas/Hucklesby* 2005, S. 19, 31 ff.

718 *Secure children's homes* (SCH) dienen als Unterbringungsmöglichkeit für 10- bis einschließlich 16-Jährige, die nach Section 25 *Children Act 1989* (siehe hierzu *Kapitel 3.5.2* unten) aus dringenden Wohlfahrtsgründen, oder aber im Rahmen stationärer prozesssichernder Maßnahmen in Strafsachen außerhalb des gewohnten Umfelds untergebracht werden müssen. Betrieben werden sie durch die Kommunalbehörden, den Freiwilligensektor und zunehmend auch durch den Privatsektor. SCHs rangieren in Größe zwischen fünf und 38 Betten, wobei die größeren Institutionen in kleinere Wohneinheiten unterteilt sind. Insgesamt kümmern sich mehr Angestellte um weniger Kinder und Jugendliche (verglichen mit dem Verhältnis in Jugendstrafhaftanstalten), was die vielfältigen und vielschichtigen Problemlagen des dort untergebrachten Klientels widerspiegelt. Vgl. im Detail *Walker* 2008, S. 317 f. Zurzeit gibt es 17 SCHs in England und Wales, siehe die Internetseite des *Secure Children's Homes Network*, abrufbar unter *http://www.securechildrenshomes.org.uk/* (zuletzt aufgerufen: 20.03.2014).

719 Regel 6 der *Children (Secure Accommodation) Regulations 1991*.

720 Vgl. *NACRO* 2008, S. 5.

3.2.3.1.2 Vorläufige Freilassung/Haftverschonung – „police bail"

Entscheidungen für eine Ingewahrsamnahme sind immer Entscheidungen gegen eine vorläufige Freilassung *on bail*. Dabei gilt prinzipiell die Vermutung, dass Tatverdächtige gemäß Section 4 BA 1976 ein Recht auf *bail* haben,[721] welches im Rahmen des Ermittlungsverfahrens nur durchbrochen werden darf, wenn die oben angeführten Ausnahmebedingungen erfüllt sind.[722] Eine Freilassung *on bail* kann unbedingt sein (*unconditional bail*) – dem Tatverdächtigen wird lediglich auferlegt, zu einem bestimmten Zeitpunkt oder Datum auf dem Polizeirevier zu erscheinen, wo dann gegebenenfalls Anklage erhoben, eine Diversionsmaßnahme angeordnet, oder das Verfahren eingestellt werden kann.[723] Versäumt es ein Kind oder Jugendlicher ohne angemessene Begründung, sich zu dem angegebenen Termin der Polizei zur Verfügung zu halten, macht es/er sich strafbar und kann in der Folge – unabhängig von dem Delikt, für welches er vorläufig freigelassen wurde – eine Geldstrafe von bis zu £ 1.000 erhalten oder eine andere Sanktion, die für eine Freiheitstrafe von bis zu sechs Monaten verhältnismäßig wäre.[724]

Seit dem CJPOA 1994 können bestimmte Auflagen und Verbote an eine vorläufige Freilassung angehängt werden (sogenanntes *conditional bail*), welche es einem Tatverdächtigen beispielsweise untersagen, mit bestimmten Personen in Kontakt zu treten oder bestimmte Orte aufzusuchen, oder welche von einem Kind oder Jugendlichen erfordern, dass er sich einer Risikoeinschätzung des YOT unterzieht hinsichtlich der Angemessenheit einer *final warning*.[725] Ein Verstoß gegen *bail*-Auflagen stellt allein keine Straftat dar. Jedoch ist die Polizei dazu befugt, Personen, die gegen ihre Auflagen verstoßen haben oder von denen sie berechtigt annehmen, dass sie gegen ihre Auflagen verstoßen haben oder verstoßen werden, ohne Haftbefehl zu verhaften. In solchen Fällen findet eine erneute Entscheidung über prozesssichernde Maßnahmen statt; der Verstoß gegen die *bail*-Auflagen erhöht jedoch in der Praxis die Wahrscheinlichkeit, dass im Rahmen der erneuten Entscheidung eine Haftverschonung abgelehnt wird.

---

721 Vgl. *Ashworth/Redmayne* 2010, S. 238 f.

722 Der *Bail Act 1976* (BA 1976) regelt zudem auch die Prozesssicherung im Rahmen des Hauptverfahrens, worauf unter *Kapitel 3.5* unten genauer eingegangen wird.

723 Vgl. *NACRO* 2008, S. 2.

724 Section 46A PACE 1984 i. V. m. Sections 3 (1), 6 (1) und 6 (2) BA 1976.

725 Vgl. *Sanders/Young* 2007, S. 977. Festzuhalten ist, dass sich die zulässigen Bedingungen und Auflagen insoweit von denen unterscheiden, die ein Gericht bei Entscheidungen über prozesssichernde Maßnahmen anordnen darf (siehe *Kapitel 3.5* unten), als der elektronisch überwachte Hausarrest (*electronic monitoring*) und ISSP nicht zulässig sind, Vgl. *NACRO* 2008, S. 3 f.

3.2.3.2 Nach der Anklageerhebung

Ist die Beweislage für eine Anklage des Tatverdächtigen ausreichend, muss er prinzipiell durch den Gewahrsamsbeamten ohne Auflagen vorläufig freigelassen werden (*unconditional bail*).[726] Einzige Bedingung für seine Freilassung ist, dass er zur ersten Anhörung vor Gericht erscheint. Die gesetzlich vorgeschriebene Vermutung seines Erscheinens darf nur in Ausnahmen durchbrochen werden.

Eine dieser Ausnahmen hängt mit der dem Verdächtigten vorgeworfenen Straftat zusammen. Wird ihm Mord, Totschlag, Vergewaltigung oder eine bestimmte Form des schweren sexuellen Missbrauchs (oder der Versuch dieser Straftatbestände) zur Last gelegt und wurde er bereits in der Vergangenheit für eine dieser Straftaten verurteilt, gilt die umgekehrte Vermutung, dass eine vorläufige Freilassung *on bail* nur in begründeten Ausnahmefällen zulässig ist.[727]

Für alle anderen Straftatbestände darf *unconditional bail* nur dann abgelehnt werden, wenn eine der in Section 38 (1) PACE 1984 erfassten Ausnahmen zutrifft:

1. Der Name und/oder die Anschrift des Angeklagten konnten nicht zweifelsfrei festgestellt werden;
2. Eine Verweigerung von *unconditional bail* ist notwendig, um der Begehung weiterer Straftaten vorzubeugen;
3. Eine Verweigerung von *unconditional bail* ist notwendig, um die Anwesenheit des Angeklagten vor Gericht zu gewährleisten;
4. Eine Verweigerung von *unconditional bail* ist notwendig, um zu verhindern, dass Zeugen eingeschüchtert und/oder beeinflusst werden oder, dass die Justiz behindert wird;
5. der Angeklagte ist 14 Jahre alt oder älter, und eine Verweigerung von *unconditional bail* ist erforderlich, um Drogenscreenings durchzuführen;
6. Eine Verweigerung von *unconditional bail* ist notwendig, um Angeklagte vor sich selbst zu schützen;
7. Eine Verweigerung von *unconditional bail* ist im besten Interesse des Angeklagten (bei Kindern und Jugendlichen).[728]

Das Vorliegen eines oder mehrerer dieser Umstände hat nicht zwingend eine gänzliche Verweigerung einer Haftverschonung zur Folge. Vielmehr muss die Polizei zunächst erwägen, ob diesen Umständen durch die Auferlegung von Auflagen oder Bedingungen angemessen begegnet werden kann.[729] Dabei ste-

---

726 Section 4 (1) BA 1976. Vgl. *NACRO* 2008, S. 2 f.

727 Vgl. *NACRO* 2008, S. 3.

728 Section 38 (1) PACE 1984. Siehe auch *Sanders/Young/Burton* 2010, S. 206; *Rozel* 2009, S. 944 f.

729 Section 3A BA 1976.

hen dieselben Auflagenformen zur Verfügung, wie bei einer Anordnung von *conditional bail* vor der Anklageerhebung. Erst wenn diese zu verneinen sind, kommt Polizeihaft in Betracht. Die Gründe für eine Ingewahrsamnahme nach der Anklage müssen im Gewahrsamsprotokoll festgehalten werden[730] und der Angeklagte muss so schnell wie möglich vor Gericht gebracht werden, spätestens 24 Stunden nach Anklageerhebung.[731]

Versäumt es ein Kind oder Jugendlicher, der *on bail* freigelassen wurde, zu dem angegebenen Termin vor Gericht zu erscheinen, macht er sich strafbar und kann in der Folge eine Geldstrafe von bis zu £ 1.000 erhalten, oder eine andere Sanktion, die zu einer Freiheitsstrafe von maximal sechs Monaten verhältnismäßig ist.[732] Zudem kann ihn das Gericht im Falle von *summary offences* oder *either-way offences* in seiner Abwesenheit für das ursprüngliche Delikt für schuldig befinden, wobei die Entscheidung des Gerichts nicht von der Säumnis zu erscheinen beeinflusst sein darf. Für Verstöße gegen gegebenenfalls angehängte Auflagen gelten dieselben gesetzlichen Bestimmungen wie oben in *Kapitel 3.2.3.1* oben bereits angeführt.

3.3 Diversion und Anklage

Bei Bekanntwerden einer Straftat sind die Strafverfolgungsbehörden nicht dazu verpflichtet, junge Tatverdächtige formell anzuklagen und einem förmlichen Strafverfahren auszusetzen oder gar die Ermittlungen aufzunehmen. Vielmehr können sie aus Opportunitätsgründen auf eine Reihe von Diversionsmaßnahmen zurückgreifen, die durch die Vermeidung der formellen Strafverfolgung vergleichsweise leichter Straftaten eine Überlastung der Gerichte vermeiden und jungen Straftätern eben diesen Strafverfolgungsprozess ersparen sollen.[733]

Während manche Formen der Diversion bereits der Vermeidung eines Ermittlungsverfahrens dienen, wie die „Bußgeldbescheide für geringfügige Vergehen" (*penalty notices for disorder*) oder die sogenannte *youth restorative disposal* (zu beiden siehe *Kapitel 3.3.5.1* unten), sind andere dann in Erwägung zu ziehen, wenn im Rahmen des Ermittlungsverfahrens eine Entscheidung darüber getroffen wird, ob ein Tatverdächtiger vor Gericht angeklagt werden sollte oder nicht (siehe *Kapitel 3.3* unten). Sind gewisse Voraussetzungen erfüllt, kann von einer Anklage abgesehen und anstelle dessen eine formelle polizeiliche Verwarnung ausgesprochen werden, die gegebenenfalls an ein individualisiertes Interventionsprogramm gekoppelt ist (siehe *Kapitel 3.3.3* unten).

---

730 Section 38 (3) PACE 1984.

731 Section 46 PACE 1984; Vgl. *Rozel* 2009, S. 945.

732 Section 46A PACE 1984 i. V. m. Sections 3 (1), 6 (1) und 6 (2) BA 1976.

733 Vgl. *Graham/Moore* 2006, S. 74; *Home Office/Youth Justice Board* 2002, Rn. 1.3 ff. Ähnlich zu Deutschland, siehe *Ostendorf* 2013, Rn. 103 ff.

Auch kann das Verfahren gegen ein Kind oder einen Jugendlichen ohne Zustimmung eines Richters durch Polizei oder Staatsanwaltschaft interventionsfrei eingestellt werden (sogenanntes *no further action*, NFA). NFA kommt für jene Fälle in Betracht, wo der Rechtsbruch bagatellhaften Charakters ist, die Untersuchung der Diversionsvoraussetzungen (Tatschwere und das öffentliche Interesse, siehe *Kapitel 3.3.1.2* unten) deutlich gegen eine Anklage spricht und bereits die Entdeckung der Tat und der anschließende Kontakt mit dem Justizsystem als ausreichender Eingriff betrachtet werden.[734] Diese Regelung, die auch für Erwachsene gilt, ähnelt stark der der deutschen Staatsanwaltschaft zur Verfügung stehenden Möglichkeit der interventionsfreien Verfahrenseinstellung im Vorverfahren nach § 45 Abs. 1 JGG i. V. m. § 153 StPO (Einstellung wegen Geringfügigkeit).[735]

Durch die Reformen des polizeilichen Verwarnungssystems seit der Jahrtausendwende wurde die praktische Anwendbarkeit von NFA als Diversionsalternative jedoch weitestgehend aufgehoben. Die Einführung neuer, für geständige Ersttäter nahezu obligatorischer Verwarnungsformen, sowie die strikten gesetzlichen Vorgaben hinsichtlich der Häufigkeit, mit welcher Verwarnungen noch bis vor Kurzem ausgesprochen werden durften, haben die Szenarien, in denen NFA zulässig wäre, stark beschnitten. Insgesamt muss noch hinzugefügt werden, dass NFA nicht nur als Form der Diversion zu verstehen ist. Vielmehr spricht man auch von *taking no further action*, wenn die Strafverfolgungsbehörden aufgrund mangelnder Beweise ein Verfahren einstellen. Demnach ist NFA als Oberbegriff zu verstehen für solche Fälle, in denen keinerlei formelle Rechtsfolgen angeordnet werden müssen.[736]

Der Fokus dieser Darstellung der für Kinder und Jugendliche verfügbaren Diversionsmöglichkeiten liegt daher auf den verschiedenen Formen polizeilicher Verwarnungen. Bevor diese zusammen mit ihren Anwendbarkeitsvoraussetzungen genauer dargestellt werden, lohnt sich ein Blick auf die allgemeinen Anklagevoraussetzungen, welche für die Anwendbarkeitsvoraussetzungen polizeilicher Verwarnungen maßgeblich sind.

---

734 Vgl. *O'Mahony/Campbell* 2006, S. 94; *Director of Public Prosecutions* 2011, Rn. 4 und 11. Ähnlich schreibt *Ostendorf* (2007, Rn. 98), „*dass das Ermittlungsverfahren [in Deutschland] mit seinem ungewissen Ausgang schon Strafcharakter hat.*"

735 „*Nach § 45 Abs. 1 JGG kann der Jugendstaatsanwalt bei Vorliegen der Voraussetzungen des § 153 StPO unter Verzicht auf jede Sanktionierung von der Verfolgung absehen. Für eine solche Einstellung mit Non-Intervention bedarf es [...] keiner richterlichen Zustimmung.*" Siehe *Laubenthal/Baier* 2006, Rn. 281.

736 „*No Further Action [...] is not so much a method of disposal for an admitted case of a young offender, as an acknowledgement that no action is appropriate or warranted in a particular case.*" *Home Office/Youth Justice Board* 2002, S. 33.

3.3.1 Grundlagen der Anklageerhebung

3.3.1.1 Zuständigkeit für die Anklageerhebung

Im Vergleich zu Deutschland, wo die Zuständigkeit zur Anklageerhebung zwingend bei der Staatsanwaltschaft liegt,[737] kann in England neben der Staatsanwaltschaft auch die Polizei in bestimmten Fällen Anklage erheben. Maßgeblich für die Bestimmung der Anklagebefugnis ist der Straftatbestand, dessen Erfüllung eine Person verdächtigt wird.

Die Polizei darf Anklage erheben bei den meisten *summary offences*, sowie bei allen *either-way offences*, in denen ein Schuldbekenntnis (*guilty plea*) zu erwarten ist.[738] Ein Schuldbekenntnis ist dann zu erwarten, wenn ein Verdächtiger im Rahmen der Ermittlungen klare und unmissverständliche Geständnisse gemacht hat und nichts gesagt hat, was als Verteidigung verwendet werden könnte, oder wenn der Verdächtige die Tat nicht abgestritten hat bzw. in keiner anderen Weise angedeutet hat, dass der Sachverhalt umstritten sei und die Beweislage eine an zweifelsfrei grenzende Identifizierung des Verdächtigen zulässt.[739] Zudem ist die Polizei bei solchen *either-way offences* zur Anklagestellung befugt, welche unter Berücksichtigung der individuellen Tatschwere aller Voraussicht nach im Rahmen der Strafzumessungskompetenz des *Magistrates' Court* sanktioniert werden können. Der *Magistrates' Court* ist prinzipiell für jene Fälle zuständig, in denen der verursachte Schaden £ 5.000 nicht überschreitet und in denen eine Haftstrafe von über sechs Monaten (bei Jugendlichen £ 1.000 bzw. 24 Monate) nicht zu erwarten ist.[740] Jedoch sehen die Richtlinien zur Anklageerhebung gewisse Ausnahmen vor. Demnach dürfen bestimmte *summary offences* und bestimmte *either-way offences* nur durch die Staatsanwaltschaft zur Anklage gebracht werden.[741] Für alle anderen *either-way offences* und für alle *indictable offences* liegt die Entscheidungskompetenz, ob Anklage erhoben wird oder nicht, zwingend bei der Staatsanwaltschaft.

---

737 Siehe § 152 Satz 1 StPO: *„Zur Erhebung der öffentlichen Klage ist die Staatsanwaltschaft berufen"*.

738 Vgl. *Director of Public Prosecutions* 2011, Rn. 19.

739 Vgl. *Director of Public Prosecutions* 2011, Rn. 21.

740 Section 31 des *Magistrates' Courts Act 1980* (MCA 1980).

741 Fälle mit Todesfällen; terroristische Straftatbestände; Straftatbestände Amts- und/oder Dienstgeheimnisse betreffend; aus Hass und Vorurteil begangene Straftaten (*hate crimes*); häusliche Gewalt; *violent disorder*; *affray*; schwere/vorsätzliche Körperverletzung; Straftatbestände des „Gesetzes über Sexualstraftaten" von 2003 (*Sexual Offences Act 2003*) sowie des „Gaststättengesetzes" von 2003 (*Licensing Act 2003*), siehe *Director of Public Prosecutions* 2011, Rn. 19.

Die Anklageentscheidungen der Polizei bleiben jedoch nicht ohne staatsanwaltliche Involvierung. Vielmehr ist die Staatsanwaltschaft dazu verpflichtet, alle durch die Polizei angeklagten Fälle vor der ersten Gerichtsanhörung zu prüfen.[742] Die Prüfung befasst sich dabei mit den Fragen, ob die Anklagevoraussetzungen auch tatsächlich erfüllt sind (siehe *Kapitel 3.3.1.2* unten), und ob die Polizei auch wirklich befugt ist, den Fall zur Anklage zu bringen.[743] Demnach wird jede Anklage vor der ersten Gerichtsanhörung durch die Staatsanwaltschaft geprüft.[744]

3.3.1.2 Anklagevoraussetzungen

Die Anklagevoraussetzungen sind in den sogenannten „Staatsanwaltsvorschriften 2010" (*Code for Crown Prosecutors 2010*) sowie den „Anklageleitlinien des Generalstaatsanwalts 2011" (*Director's Guidance on Charging 2011*) geregelt, und gelten sowohl für Anklagen durch die Polizei als auch für jene, die durch die Staatsanwaltschaft erhoben werden.[745] Die Anklageerhebung setzt gewisse Bedingungen voraus, deren Erfüllung im Rahmen eines Prüfverfahrens – dem sogenannten *full code test* (FCT) – ermittelt wird. Der FCT ist in zwei Phasen unterteilt. Im Rahmen der ersten Phase, dem sogenannten *evidential stage* des FCT, erfolgt eine Überprüfung des Bestehens eines hinreichenden Tatverdachts. Der zweite Teil des FCT untersucht, inwieweit ein ausreichendes öffentliches Interesse an einer weiteren Strafverfolgung besteht (der *public interest test*, PIT).[746] Bis auf strenge Ausnahmen (siehe *Kapitel 3.3.1.3* unten) müssen beide Etappen des FCT erfüllt sein, damit eine Anklage (und gegebenenfalls ein weiterer Verbleib in Polizeihaft, siehe *Kapitel 3.2.3* oben) zulässig ist.[747]

---

742 Section 10 POA 1985; Section 37B PACE 1984.

743 War die Polizei nicht anklagebefugt, die Anklagevoraussetzungen aber erfüllt, wird das Verfahren fortgesetzt. Waren sie nicht erfüllt, muss die Strafverfolgung vorübergehend eingestellt werden, bis die Beweislage einen Verweis an die Staatsanwaltschaft zur Anklageerhebung zulässt, vgl. *Director of Public Prosecutions* 2011, Rn. 25. Rechtswidrige Anklageerhebung durch die Polizei kann vor Gericht angefochten und einer richterlichen Überprüfung unterzogen werden, was eine zivilrechtliche Haftung zur Folge haben kann (insbesondere dann, wenn ein Verdächtiger fälschlich in Untersuchungshaft genommen wurde). Selbiges gilt, wenn die Staatsanwaltschaft trotz Feststellung der Unrechtmäßigkeit der polizeilichen Anklage nicht entsprechend dieser Erkenntnis handelt, siehe *Director of Public Prosecutions* 2011, Rn. 26.

744 Vgl. *Dignan* 2011, S. 365.

745 Sowohl der *Code for Crown Prosecutors* als auch die *Director's Guidance on Charging* sind verbindliche Vorschriften, deren Erlass und Rechtscharakter in Section 10 POA 1985 geregelt sind.

746 Vgl. *Director of Public Prosecutions* 2011, Rn. 4, 8 und 9; *Graham/Moore* 2006, S. 75.

747 Vgl. *Director of Public Prosecutions* 2010, Rn. 3.4; *Sanders/Young* 2007, S. 973.

Zunächst wird die Beweislage geprüft hinsichtlich der Frage, ob sie einen hinreichenden Tatverdacht und somit eine reelle Aussicht auf eine Verurteilung zulässt.[748] Nach den Staatsanwaltsrichtlinien besteht eine reelle Aussicht auf eine Verurteilung dann, wenn nach Auffassung der anklagenden Behörde ein objektives, unparteiisches Gericht, welches im Einklang mit dem Gesetz entscheidet, mit einer größeren Wahrscheinlichkeit den Tatverdächtigen für die Begehung der ihm vorgeworfenen Tat verurteilen würde, als dies nicht zu tun:

> „*[A realistic prospect for conviction means] that an objective, impartial and reasonable jury or bench of magistrates or judge hearing a case alone, properly directed and acting in accordance with the law, is more likely than not to convict the defendant of the charge alleged.*"[749]

Erfordert wird insbesondere, dass die Beweise eine Identifikation des Verdächtigen hinreichend zulassen, glaubwürdig sind (z. B. bei Zeugenaussagen), im Rahmen der gesetzlichen Voraussetzungen zulässig sind, mit angemessener Wahrscheinlichkeit zu einer Verurteilung durch eine unabhängige Jury/Gericht führen werden, für den zur Anklage gebrachten Straftatbestand relevant sind und über begründete Zweifel hinaus die Begehung der Tat durch den Verdächtigen belegen.[750]

Ergibt die Beweisprüfung, dass kein hinreichender Tatverdacht besteht, darf der Fall zunächst weder vor Gericht gebracht noch im Rahmen der Diversion abgehandelt werden. An dieser Stelle wird der Fall an die Polizei zur Durchführung weiterer Ermittlungen zurückverwiesen, oder die Ermittlungen werden eingestellt.[751] Zudem müsste ein Verdächtiger gegebenenfalls aus der Polizeihaft entlassen werden, sofern die unter *Kapitel 3.2.3.1.1* sowie *Kapitel 3.2.3.2* oben beschriebene maximale Dauer, die ohne Anklage zulässig ist, abgelaufen ist. Eine vorläufige Freilassung des Tatverdächtigen (*release on police bail*, siehe *Kapitel 3.2.3.1.2* oben) bleibt jedoch zulässig, sofern das Verfahren nicht eingestellt wird.

Besteht ein hinreichender Tatverdacht, muss in einem zweiten Schritt ermittelt werden, ob ein öffentliches Interesse an einer Anklage besteht. Prinzipiell gilt die Vermutung (obgleich nicht gesetzlich vorgeschrieben), dass das öffentliche Interesse eine weitere Strafverfolgung in jedem Fall, in welchem gegen

---

748 Vgl. *Department for Children, Schools and Families/Ministry of Justice* 2010, S. 3 Fn. 7; *Director of Public Prosecutions* 2010, Rn. 4.5.

749 Siehe *Director of Public Prosecutions* 2010, Rn. 4.6.

750 Vgl. *Director of Public Prosecutions* 2010, Rn. 4.7.

751 Unter bestimmten Ausnahmeumständen könnte eine Anklage trotz mangelnder Beweislage dennoch möglich sein. Dies wird im Rahmen eines besonderen Verfahrens ermittelt (der *threshold test*, siehe *Kapitel 3.3.1.3* unten).

Strafgesetze verstoßen wurde, erfordert.[752] Diese Vermutung bildet den Ausgangspunkt eines jeden Falles, von welchem ausgehend die fallspezifischen Argumente für und gegen das Bestehen eines öffentlichen Interesses an Anklage und formeller Strafverfolgung abgewogen werden.[753] Die Staatsanwaltsrichtlinien listen Beispiele für Faktoren auf, die für oder gegen eine Anklage sprechen können. Aus einer Betrachtung der dort vorgegebenen Beispiele wird deutlich, dass insbesondere die Tatschwere, Einzelheiten des Tathergangs, die strafrechtliche Vorgeschichte und die Angemessenheit von Diversionsmaßnahmen in die Entscheidung der anklagenden Behörde einfließen sollten.[754]

Diese Abwägung erfordert mehr als lediglich einen Abgleich der Gesamtsumme der Faktoren, die für und gegen eine Anklage sprechen. Vielmehr müssen die Faktoren dem jeweiligen Einzelfall entsprechend gewichtet werden. Wird trotz des Bestehens mehrerer Faktoren, die gegen eine Anklage sprechen, dennoch Anklage erhoben, müssen letztere dem Gericht mitgeteilt werden, damit sie im Rahmen der Strafzumessung strafmildernd berücksichtigt werden können.[755]

Ist das Bestehen eines öffentlichen Interesses zu verneinen, kann das Verfahren eingestellt (*no further action*, siehe *Kapitel 3.3* oben) oder die Anordnung einer Diversionsmaßnahme erwogen werden. Ist es zu bejahen, wird der Verdächtige im Rahmen des normalen Jugendstrafverfahrens vor Gericht angeklagt und im Falle einer Schuldfeststellung verurteilt und sanktioniert. In der Zeit zwischen Anklageerhebung und erster Gerichtsverhandlung kann erneut über prozesssichernde Maßnahmen entschieden werden.

In den Fällen, in denen die Polizei Anklage erhebt, wird der gesamte *full code test* durch die Polizei durchgeführt.[756] Sie kann dabei auf beratende Unterstützung der Staatsanwaltschaft zurückgreifen. Die polizeiliche Entscheidung zur Anklage wird vor der ersten Gerichtsanhörung durch die Staatsanwaltschaft

---

752 Vgl. *Doherty* 2004, S. 145 ff.

753 Vgl. *Director of Public Prosecutions* 2010, Rn. 4.12.

754 Vgl. *Director of Public Prosecutions* 2011, Rn. 10. Beispiele, die für eine Anklage sprechen: Bei Verurteilung wäre eine nicht unerhebliche Strafe zu erwarten; es wurde eine Waffe verwendet; die Tat war geplant; die Tat wurde durch eine Gruppe begangen; Tat war motiviert durch Fremdenfeindlichkeit oder ähnliche diskriminierende Haltungen; eine Machtposition wurde ausgenutzt; der Verdächtige wurde zuvor in ähnlicher Weise straffällig. Faktoren, die gegen eine Anklage sprechen: Bei Verurteilung wäre eine geringfügige Bestrafung zu erwarten; eine Diversionsmaßnahme wäre angemessen; Tat folgte aus einem Missverständnis oder einer Fehleinschätzung; der Verdächtige hat bereits Wiedergutmachung geleistet; *mental health* Probleme; seit Tatzeitpunkt wurde eine zivilrechtliche Anordnung erfolgreich absolviert. Siehe *Director of Public Prosecutions* 2010, Rn. 4.16 und 4.17. Siehe auch *Gibson/Cavadino* 2002, S. 66 ff.

755 Vgl. *Director of Public Prosecutions* 2010, Rn. 4.13.

756 Vgl. *Director of Public Prosecutions* 2011, Rn. 9.

überprüft – der FCT wird also wiederholt, um die Angemessenheit der Anklage zu gewährleisten. Ist die Staatsanwaltschaft der Überzeugung, dass dem öffentlichen Interesse mittels einer Diversionsmaßnahme (*out-of-court disposal*) besser gedient wäre, kann sie die Polizei zur Durchführung einer solchen beauftragen – die polizeiliche Entscheidung somit kippen. Bei solchen Anklageentscheidungen, welche in den Zuständigkeitsbereich der Staatsanwaltschaft fallen und somit von der Polizei an diese weitergeleitet werden müssen, muss die Polizei lediglich das Bestehen eines hinreichenden Tatverdachts und somit einer reellen Aussicht auf eine Verurteilung prüfen (die *evidential phase* des FCT).[757] Anschließend werden die Zulässigkeit und Notwendigkeit einer Anklage vollständig durch die Staatsanwaltschaft geprüft.

Kinder und Jugendliche werden prinzipiell vor dem Jugendgericht angeklagt. Nur im Falle einer gemeinsamen Anklage mit einem Erwachsenen kann die erste Anhörung vor dem Erwachsenengericht (dem *Magistrates' Court*) erfolgen. Die Besonderheiten des Jugendgerichts sowie von Verfahren vor dem Jugendgericht werden in *Kapitel 3.4.1* unten behandelt.

3.3.1.3 Vorgezogene Anklageerhebung in Ausnahmefällen

Es gibt gewisse Ausnahmesituationen, in denen Anklage erhoben werden darf, obwohl die für eine Anklage üblicherweise erforderlichen Beweisanforderungen noch nicht erfüllt sind.[758] Diese treten dann auf, wenn eine Person, gegen die kein hinreichender Tatverdacht vorliegt, nicht länger ohne Anklage in Polizeihaft genommen werden darf (durch Ablauf der maximal zulässigen Dauer), mit einer Freilassung *on bail* jedoch ein signifikantes Risiko verbunden wäre.[759] In solchen Fällen kann die sogenannte „Grenzfallprüfung" (*threshold test*, TT) durch die Polizei oder die Staatsanwaltschaft durchgeführt werden. Sind die Anforderungen dieses besonderen Prüfverfahrens erfüllt, dürfen die an die Beweislage geknüpften Anklagevoraussetzungen auch nach der Anklageerhebung erfüllt werden. Dieses Prüfverfahren darf nur dann angewandt werden, wenn die folgenden vier Bedingungen kumulativ erfüllt sind:

- Die Beweislage lässt einen hinreichenden Tatverdacht und eine reelle Aussicht auf eine Verurteilung nicht zu;
- es gibt eine begründete Vermutung, dass weitere Beweise innerhalb eines angemessenen und absehbaren Zeitraums verfügbar sein werden;

---

757 Vgl. *Director of Public Prosecutions* 2011, Rn. 5.

758 Der *threshold test* darf nicht bei *non-imprisonable summary offences* angewandt werden, da diese Straftatbestände nicht schwer genug sind, um eine solche prozessuale Sonderbehandlung zu würdigen, siehe *Director of Public Prosecutions* 2011, Rn. 18.

759 Vgl. *Gibson/Cavadino* 2008, S. 98 f.; *Director of Public Prosecutions* 2010, Rn. 5.1; 2011, Rn. 12.

- die Schwere der Tat und/oder die Umstände des Falls rechtfertigen eine vorgezogene Anklage, und
- es bestehen erhebliche Gründe, eine Freilassung *on bail* zu verweigern und eine solche Verweigerung wäre ordnungsgemäß und gerechtfertigt, wäre die maximal zulässige Dauer, die eine Person ohne Anklage in Polizeihaft genommen werden darf, nicht bereits abgelaufen.[760]

Ist nur eine dieser Bedingungen nicht erfüllt, muss der Verdächtige *on bail* freigelassen werden, sobald die gesetzlich festgelegte Maximaldauer, für die eine Person in Polizeihaft genommen werden darf, abgelaufen ist.[761]

Im Rahmen des TT muss die anklagende Behörde bezugnehmend auf die Beweislage zunächst der Auffassung sein, dass ein *berechtigter* Tatverdacht gegen eine Person vorliegt.[762] Zudem muss sie der Überzeugung sein, dass es Gründe für die Annahme gibt, dass durch die weiteren Ermittlungen die bestehende Beweislage in absehbarer Zeit durch neue Beweise insoweit ergänzt werden wird, dass die resultierende Gesamtbeweislage eine reelle Aussicht auf eine Verurteilung zulassen wird.[763] Die neuen Beweise müssen bestimmt sein (zum Beispiel ausstehende DNA-Analysen, bereits terminierte Zeugenbefragungen, Dokumentanalysen) – Spekulation allein ist nicht zulässig.[764] Sind diese beiden Schritte erfüllt, folgt der *public interest test* des FCT.

Scheitert der TT, ist eine frühzeitige Anklage nicht zulässig und der Verdächtige wird an die Polizei zurückverwiesen, die dann entscheidet, ob er (sofern zulässig) noch länger in Polizeihaft gehalten, *on bail* freigelassen oder aber das Verfahren durch *no further action* eingestellt wird.[765] Ist der TT erfüllt, das Bestehen eines öffentlichen Interesses an einer Strafverfolgung jedoch zu verneinen, kommen eine Verfahrenseinstellung oder Diversionsmaßnahmen in Frage. Sind sowohl TT und PIT erfüllt, kann Anklage erhoben und gegebenenfalls weitere Polizeihaft bis zur ersten Gerichtsanhörung angeordnet werden. Der volle FCT muss unter Berücksichtigung der angekündigten Beweisgewinne

---

760 Vgl. *Director of Public Prosecutions 2010*, Rn. 5.3; 2011, Rn. 13.

761 Vgl. *Gibson/Cavadino* 2008, S. 98 f.; *Director of Public Prosecutions* 2010, Rn. 5.4; 2011, Rn. 14.

762 „*The prosecutor must be satisfied that there is at least a reasonable suspicion that the person to be charged has committed the offence*",*Director of Public Prosecutions* 2010, Rn. 5.6 und 5.7.

763 „*The prosecutor must be satisfied that there are reasonable grounds for believing that the continuing investigation will provide further evidence, with a reasonable period of time, so that all the evidence taken together is capable of establishing a realistic prospect of conviction in accordance with the full code test*", siehe *Director of Public Prosecutions* 2010, Rn. 5.9.

764 *Director of Public Prosecutions* 2011, Rn. 15.

765 *Director of Public Prosecutions* 2011, Rn. 16.

schnellstmöglich durchgeführt werden, spätestens bis vor Ablauf der zulässigen Polizeihaftdauer.[766]

3.3.2 Diversionsvoraussetzungen

Vorweg muss darauf hingewiesen werden, dass die durch das „Gesetz über Rechtsbeistand, Prozesskostenhilfe, Strafzumessung und die Bestrafung von Rechtsbrechern" von 2012 (*Legal Aid, Sentencing and Punishment of Offenders Act 2012*, LASPOA 2012) bedingte Reform des Diversionssystems, die im Herbst 2013 in Kraft getreten ist und in *Kapitel 2.7* oben bereits angesprochen wurde, in diesem *Kapitel 3.3* nicht berücksichtigt wird.

Dies rührt zum einen daher, dass die verfügbaren offiziellen und wissenschaftlichen Quellen zwar die grundlegenden Änderungen beschreiben – die genauen Auswirkungen der Reformen auf die Voraussetzungen, Abläufe, Zuständigkeiten und Entscheidungsverfahren im Kontext der Polizeidiversion werden darin jedoch nicht im Detail erörtert. Beispielsweise wurden zum Zeitpunkt des Verfassens bereits neue Verwarnungspraxisrichtlinien für die Polizei und YOTs veröffentlicht[767] – aktualisierte Staatsanwaltschafts- und Strafzumessungsrichtlinien jedoch nicht, so dass eine lückenlose, akkurate und umfassende Darstellung des neuen Systems noch nicht möglich war und sehr hypothetisch gewesen wäre. Ebenso liegt noch keine detaillierte das *case law* und die Praxis berücksichtigende Rechtskommentierung vor, die diese Wissenslücken hätte schließen können.

Ebenso maßgebend für die Entscheidung, die „alten" Rechtsgrundlagen zu erarbeiten und darzustellen, war, dass gerade die Feinheiten des jüngst abgeschafften *final warning schemes* eine zentrale Rolle in den Entwicklungen der Jugendstrafrechtspraxis der letzten 15 Jahre gespielt haben (wie bereits in *Kapitel 2.5.6* und *2.6* erarbeitet wurde) und integraler Grund für die Wahrnehmung des englischen Jugendstrafrechts als europäischer Vorreiter einer punitiven Strafpolitik waren. Eine detaillierte Darstellung des alten Systems ist im Kontext dieser Arbeit als wertvoller zu betrachten als eine oberflächliche Auseinandersetzung mit einer neuen Strategie, die noch nicht in der Praxis erprobt worden ist und dessen genauen theoretischen und rechtlichen Grundlagen nicht vollständig und zuverlässig dargestellt werden können.

Deswegen wird im weiteren Verlauf dieses Kapitels, solange nicht anders ausgewiesen, das Verwarnungssystem beschrieben, wie es *bis Herbst 2013* (dem Inkrafttreten der relevanten Normen des LASPOA 2012) galt. Die genauen durch die Reformen von 2013 erwirkten Veränderungen werden in *Kapitel 4.3.3* unten dargestellt.

---

766 *Director of Public Prosecutions* 2011, Rn. 17.

767 Siehe hierzu *Ministry of Justice/Youth Justice Board* 2013.

Damit eine polizeiliche Verwarnung ausgesprochen werden durfte, mussten mehrere Kriterien erfüllt sein.[768] Zunächst mussten die Beweisanforderungen des *full code test* erfüllt sein.[769] Erst durch das Vorliegen eines hinreichenden Tatverdachts war und ist eine strafrechtliche Intervention überhaupt gerechtfertigt. Dies erscheint durchaus logisch, sollen Diversionsinterventionen doch echte Alternativen zur formellen Strafverfolgung darstellen und nicht als Hintertür zur Sanktionierung von Fällen mit mangelnder Beweislage dienen.

Waren die Beweisanforderungen erfüllt, musste der Verdächtige zudem geständig sein.[770] Ein Geständnis führte nicht dazu, dass von der Prüfung des Bestehens eines hinreichenden Tatverdachtes abgesehen wurde – die Tatverdachtsvoraussetzungen blieben im Falle einer Diversion dieselben. Ohne Geständigkeit wäre der Fall aber noch umstritten gewesen, und eine Klärung der Schuldfrage im Rahmen des normalen Jugendstrafverfahrens notwendig. Zudem konnte ein Geständnis durchaus als Bereitschaft zur Verantwortungsübernahme und als Wille zur Besserung des eigenen Verhaltens ausgelegt werden, was wiederum für die Eignung eines jungen Täters für Diversion spräche.

Als dritte Voraussetzung musste das öffentliche Interesse gegen eine Anklage des Tatverdächtigen vor Gericht tendieren.[771] Eine polizeiliche Verwarnung kam also erst dann in Frage, wenn absehbar war, dass eine Anklage aufgrund eines Mangels an öffentlichem Interesse hätte scheitern können. Befand sich ein Fall auf der Schwelle zur Anklage, konnte die Polizei den Verdächtigen an das YOT verweisen, welches im Rahmen einer Risikoeinschätzung seine Eignung für die verschiedenen verfügbaren Verwarnungsformen untersuchen sollte.[772] Eine zu bejahende Eignung des Täters war im Rahmen des PIT als Faktor, der gegen eine Anklage spricht, zu bewerten. Demzufolge konnte das Ergebnis dieser Untersuchung ausschlaggebend dafür sein, ob der PIT überhaupt erfüllt war oder nicht.

---

768 Siehe Section 65 (1) CDA 1998; *Home Office/Youth Justice Board* 2002, S. 8; *Keightley-Smith/Francis* 2007.

769 Section 65 (1) (a) CDA 1998. Vgl auch kurz *Evans* 2008c, S. 294.

770 *Department for Children, Schools and Families/Ministry of Justice* 2010, Rn. 2.1; Section 65 (1) (b) CDA 1998.

771 „*A suspect should not be charged where the public interest in the case can be met by an appropriate out of court disposal*", *Director of Public Prosecutions* 2011, Rn. 9 f. Siehe auch *Herz* 2002, S. 93. Dies galt (und gilt) nicht zwingend für sogenannte *youth conditional cautions* (siehe *Kapitel 3.3.3.2* unten). Diese waren auch dann zulässig, wenn die Anklagevoraussetzungen erfüllt waren, der PIT jedoch grenzwertig war, siehe *Department for Children, Schools and Families/Ministry of Justice* 2010, Rn. 5.3.

772 Vgl. *Home Office/Youth Justice Board* 2002, Rn. 4.28.

Die vierte Voraussetzung war, dass der Verdächtige keine vorangegangenen Verurteilungen aufweisen durfte.[773] Lagen Verurteilungen bereits vor, waren Verwarnungen unzulässig.[774] Polizei oder Staatsanwaltschaft standen in diesem Falle lediglich die interventionsfreie Einstellung des Verfahrens (NFA) oder die weitere Strafverfolgung als weitere Verfahrensmöglichkeiten zur Verfügung. Weiterhin durfte der Verdächtige sein Verwarnungskontingent noch nicht ausgeschöpft haben – weitere Verwarnungen mussten also gesetzlich überhaupt zulässig sein. Hatte er in der Vergangenheit bereits zu viele Verwarnungen erhalten, so schlug sich dies auf die Verfügbarkeit der verschiedenen Verwarnungsformen nieder.

Abschließend ist anzuführen, dass die Anwendbarkeit von Verwarnungen von der Tatschwere, allen im Einzelfall vorliegenden erschwerenden und mildernden Faktoren, sowie von dem mutmaßlich erfüllten Straftatbestand abhängig war.[775] Während Verwarnungen für alle *summary offences* und die meisten *either-way offences* vorbehaltlos in Frage kamen, war eine Zulässigkeit bei *indictable offences* nur dann möglich, wenn die mildernden Faktoren klar überwogen. In manchen Fällen war eine Diversion wiederum gänzlich ausgeschlossen. Das Thema der Tatschwere im Kontext von Verwarnungen wird in *Kapitel 3.3.4* unten genauer untersucht.

3.3.3 Die verfügbaren Verwarnungsformen

Die verschiedenen Verwarnungsarten wurden in *Kapitel 2.5* oben im Rahmen der Darstellung der Reformen von *New Labour* bereits vorgestellt. Der Vollständigkeit halber werden die für sie maßgebenden rechtlichen Grundlagen und Praxisvorschriften an dieser Stelle erneut zusammengetragen.

10- bis einschließlich 17-Jährige konnten entweder eine *reprimand* („Erstverwarnung") oder ein *final warning* („Letzte Verwarnung") erhalten. Für 16- und 17-Jährige kam zudem eine „bedingte Verwarnung für Jugendliche" (*youth conditional caution*, YCC) in Betracht. Seit dem CDA 1998 war die Polizei nicht mehr dazu befugt, informelle Verwarnungen auszusprechen, obgleich dies in der Praxis nur schwer gänzlich zu unterbinden ist.

---

773 Section 65 (1) (c) CDA 1998; *Home Office/Youth Justice Board* 2002, S. 9; *Department for Children, Schools and Families/Ministry of Justice* 2010, Rn. 1.5.

774 Section 65 (1) (d) CDA 1998.

775 Vgl. *Association of Chief Police Officers* 2009, S. 5; *Home Office/Youth Justice Board* 2002, Rn. 4.21; siehe auch die Internetseite des *Ministry of Justice*, unter *http://www.justice.gov.uk/youth-justice/courts-and-orders/disposals/youth-conditional-caution-pilot-scheme#4* (zuletzt aufgerufen: 20.03.2014).

3.3.3.1 „Reprimands" und „final warnings"

Reprimands und *final warnings* waren in Sections 65 und 66 CDA 1998 gesetzlich geregelt. Zudem sahen Sections 65 (6) und 66 (3) CDA 1998 die Herausgabe von Richtlinien durch den Justizminister vor, auf welche sich die Polizei und die YOTs beziehen sollten, wenn sie Entscheidungen über die Verhängung bzw. Ausgestaltung einer *reprimand* oder eines *final warning* treffen wollten.[776] Die Richtlinien beschrieben insbesondere den Entscheidungsprozess sowie die Rolle der Tatschwere bei der Wahl der für den Einzelfall angemessenen bzw. zulässigen Verwarnungsform (siehe hierzu *Kapitel 3.3.4* unten), in welcher Form und wo *reprimands* und *final warnings* erteilt werden sollten, die Zusammenarbeit zwischen Polizei und YOTs, und die Zusammensetzung und Grundlage für mögliche an *final warnings* angehängte Interventionsprogramme (siehe unten).

Die Polizei durfte eine *reprimand* verhängen, wenn die Diversionsvoraussetzungen erfüllt waren und der Täter in der Vergangenheit noch nicht polizeilich verwarnt worden war.[777] Sie waren demnach vorgesehen für Kinder und Jugendliche, die erstmalig straffällig wurden, und wo diese erste Straffälligkeit von einer Schwere war, die eine *final warning* nicht rechtfertigte.[778] Im Rahmen einer *reprimand* wurde der Täter in Anwesenheit seiner Eltern formell gerügt. Dabei wurden ihm die negativen Folgen seines Verhaltens sowie seine Verantwortlichkeit für diese Folgen aufgezeigt mit dem Hinweis, dass eine Fortsetzung des Verhaltens schwerere strafrechtliche Konsequenzen haben konnte.

Sollte eine *reprimand* bereits erteilt worden sein, oder war ein erstes Delikt zu schwer, um eine solche zu rechtfertigen (siehe *Kapitel 3.3.4* unten), wurde ein *final warning* ausgesprochen. Gemäß Section 66 (1) CDA 1998 musste jeder Fall, in dem ein *final warning* verhängt werden sollte, an das lokale YOT verwiesen werden, welches anhand einer ASSET-Risikoeinschätzung die für das delinquente Verhalten ursächlichen Faktoren sowie das Risiko zukünftiger Straffälligkeit ermitteln sollte.[779] Sofern diese Prognose die Erforderlichkeit einer erzieherischen oder rehabilitativen Einwirkung hervorbrachte, wurde der letzten Verwarnung ein individualisiertes „Resozialisierungsprogramm" (*Change Pro-*

---

776 Siehe *Home Office/Youth Justice Board* 2002.

777 Section 65 (2) CDA 1998.

778 Section 65 (4) CDA 1998. Für die Kriterien die bestimmten, wann diese Schwelle der Tatschwere überschritten war, siehe *Kapitel 3.3.4* unten.

779 Vgl. *Cavadino/Dignan* 2007, S. 331; *Graham/Moore* 2006, S. 74; *Doherty* 2004, S. 239; *Evans* 2008c, S. 294; *Dignan* 2011, S. 365; *Home Office/Youth Justice Board* 2002, Rn. 1.7. Laut der Richtlinien des Innenministeriums sollte diese Risikoeinschätzung innerhalb von 10 Arbeitstagen nach Verweis durch die Polizei an das YOT durchgeführt werden, siehe *Home Office/Youth Justice Board* 2002, Rn. 10.5.

gramme) angehängt.[780] Die Wahl und Intensität der in diesen Programmen ent-haltenen Elemente sowie die Dauer des Interventionsprogramms wurden durch den Ausgang der ASSET-Einschätzung und die dadurch ermittelten Risikofakto-ren bestimmt.[781] Dabei sollte beachtet werden, dass regelmäßig restorative Ele-mente vorgesehen waren, wie beispielsweise ein Täter-Opfer-Ausgleich oder die Erbringung von Wiedergutmachungsleistungen. Die Teilnahme an solchen Pro-grammen war gänzlich freiwillig. Eine Verweigerung konnte jedoch, sollte der Täter für eine andere Tat verurteilt werden, strafverschärfend berücksichtigt werden.[782]

Prinzipiell durfte ein Kind oder Jugendlicher nur einmal ein *final warning* erhalten. Die einzige Ausnahme zu dieser Regelung konnte dann gemacht wer-den, wenn die vorangegangene letzte Verwarnung mindestens zwei Jahre zu-rücklag, und die Polizei der Auffassung war, dass die Tatschwere eine Anklage nicht zwingend erforderlich machte.[783] Im Falle einer Anklage für eine erneute Straffälligkeit musste das Gericht gemäß Section 66 (5) CDA 1998 vorangegan-gene *reprimands* und *final warnings* so straferschwerend berücksichtigen, als wären sie vorangegangene Verurteilungen.[784] Diese Obligation erlosch, sobald die Verwarnungen zwei Jahre oder länger zurücklagen. Hatte ein Kind oder Ju-gendlicher eine *final warning* erhalten, wirkte sich dies auch auf die Rechtsfol-gen aus, die im Falle einer Verurteilung für eine weitere Straftat verfügbar ge-wesen wären. Erfolgte die Verurteilung innerhalb von zwei Jahren nach Erhalt der letzten Verwarnung, durfte das Gericht nur unter besonderen Umständen be-dingt von Strafe absehen (*conditional discharge*, siehe *Kapitel 3.6.2.1* unten). Prinzipiell wurden beide Verwarnungsformen bis zum 18. Geburtstag des Täters oder für mindestens fünf Jahre im Strafregister festgehalten, je nachdem welcher Zeitraum der längere war.[785] Jedoch waren Kinder und Jugendliche seit dem CJIA 2008 bis auf gewisse Ausnahmen nicht mehr dazu verpflichtet, diese Ver-warnungen bei der Arbeitssuche potentiellen Arbeitgebern mitzuteilen.[786] Wur-

---

780 Section 66 (2) (b) CDA 1998; Vgl. *Dignan* 2011, S. 365; *Graham/Moore* 2006, S. 74; *Evans* 2008c, S. 294.

781 Vgl. *Home Office/Youth Justice Board* 2002, Rn. 10 ff.

782 Section 66 (5) (c) CDA 1998; Vgl. auch *Home Office/Youth Justice Board* 2002, Rn. 1.8, 10.6.

783 Section 65 (3) (b) CDA 1998.

784 Vgl. auch *Doherty* 2004, S. 239.

785 Siehe *Home Office/Youth Justice Board* 2002, Rn.12.10.

786 Diese Ausnahmen traten ein, wenn im Rahmen einer Bewerbung für Berufe, in denen man primär mit Kindern (z. B. als Lehrer) oder anderweitig vulnerablen Menschen (bei-spielsweise als Altenpfleger) zu tun hat, ein erweiterter Registerauszug erforderlich wurde, vgl. *Flacks* 2012, S. 21.

de die Verwarnung für bestimmte Sexualdelikte ausgesprochen, so wurde der Täter zudem für zwei Jahre im Sexualstraftäterregister eingetragen.[787]

Für die Verhängung von sowohl *reprimands* als auch *final warnings* war die Einwilligung des Kindes/Jugendlichen nicht erforderlich. Dies stand im Gegensatz zu Verwarnungen für Erwachsene (*police cautions*), die nur dann ausgesprochen werden durften, wenn neben den sonstigen Diversionsvoraussetzungen auch die freiwillige Teilnahme des Täters gewährleistet war. Erreichte ein Jugendlicher, der zum Tatzeitpunkt 17 Jahre alt war das 18. Lebensjahr, bevor die Verwarnung ausgesprochen werden konnte, sollte eine Verwarnung für Erwachsene verhängt werden, sofern der Täter zustimmte.[788]

Reprimands und *final warnings* konnten auf dem Polizeirevier oder auch in den Räumlichkeiten des zuständigen YOT ausgesprochen werden, aber auch an anderen Örtlichkeiten, sofern diese für alle Teilnehmer gut erreichbar waren und angesichts der begangenen Straftat möglicherweise eine positive Wirkung auf den Täter haben konnten.[789] Eine Verwarnung an Ort und Stelle (*on the street*) oder am Wohnsitz des Täters war nicht zulässig. Im Rahmen der Übermittlung der Verwarnung musste der Polizeibeamte dem Täter die Folgen der Verwarnung erklären.[790] Wenn das Kind/der Jugendliche zum Zeitpunkt der Verwarnung jünger als 17 Jahre war, musste ein *appropriate adult* (siehe *Kapitel 3.2.2* oben) anwesend sein.

---

787 Section 82 i. V. m. Section 80 (1) (d) *Sexual Offences Act 2003*. Wird ein Täter in das Sexualstraftäterregister eingetragen (*sex offenders register*), ist er dazu verpflichtet, der Polizei eine ganze Reihe persönlicher Daten mitzuteilen (z. B. Reisepass- und Sozialversicherungsnummer, Kontodaten, Kreditkartendaten, dauerhafte Adresse, Adressen an welchen er sich für gewöhnlich sieben Tage oder mehr im Jahr aufhält). Veränderungen dieser Daten müssen unter Androhung von bis zu fünf Jahren Haft binnen drei Tagen mitgeteilt werden. Zudem muss jedes Verlassen des Vereinigten Königreichs sieben Tage vor Abreise mitgeteilt werden. Jede Person, die im Sexualstraftäterregister eingetragen wurde, muss einmal pro Jahr auf einem Polizeirevier erscheinen und die Aktualität der Daten bestätigen. Versäumnis wird ebenfalls mit bis zu fünf Jahren Haft bestraft. Siehe hierzu Sections 80-88I *Sexual Offences Act 2003*.

788 Vgl. *Home Office/Youth Justice Board* 2002, Rn. 4.33. Ob eine *reprimand* oder *final warning* verhängt werden durfte, wenn diese Zustimmung ausblieb, wurde weder im Gesetz noch in den Richtlinien des Innenministeriums definiert.

789 Hatte der Täter beispielsweise eine Sachbeschädigung an einer Schule oder einem Jugendclub begangen, konnte die Verwarnung am „Ort des Geschehens" ausgesprochen werden, um eine restorative Wirkung beim Täter zu erzielen, ihn mit der Schule zu versöhnen, vgl. *Home Office/Youth Justice Board* 2002, Rn. 9.19.

790 Section 65 (5) CDA 1998.

3.3.3.2 Bedingte Verwarnungen für Kinder und Jugendliche – „youth conditional cautions"

Durch das „Gesetz über die Polizei und die Justiz" von 2006 (*Police and Justice Act 2006*) wurde der CJA 2003 insoweit ergänzt, dass dieser „bedingte Verwarnungen für erwachsene Straftäter" eingeführt hat. Section 48 und Schedule 9 des CJIA 2008 sieht eine Ausweitung der Anwendbarkeit dieser sogenannten *conditional cautions* vor, so dass sie auch auf 10- bis 17-jährige Straftäter anwendbar sein sollen. 2013 waren lediglich Pilotprojekte in fünf Landkreisen[791] vorgesehen für 16- und 17-jährige Täter, aus welchen Rückschlüsse für eine landesweite Einführung der Maßnahme sowie für die notwendigen Anpassungen für 10- bis 15-Jährige erhofft wurden. Zurzeit sind *youth conditional cautions* (YCC) in Section 66A bis 66H CDA 1998 (eingefügt durch § 3 Schedule 9 CJIA 2008), sowie in den nach Section 66G (2) CDA 1998 (eingefügt durch § 3 Schedule 9 CJIA 2008) vom Justizminister herausgegebenen Praxisvor-schriften[792] geregelt. Zudem hat der Generalstaatsanwalt eine entsprechende Praxisrichtlinie herausgegeben.[793] YCCs sind von den Reformen im Jahr 2012/13 unberührt geblieben. Das in diesem *Kapitel 3.3.3.2* beschriebene ist demnach als aktuelle Rechtslage zu begreifen.

Eine YCC darf dann verhängt werden, wenn – neben der Erfüllung der o. g. Diversionsvoraussetzungen – der Täter dem Erhalt des YCC zustimmt.[794] YCCs erlauben der Staatsanwaltschaft, anstelle einer Anklageerhebung eine mit Bedingungen und Auflagen verknüpfte Verwarnung zu verhängen.[795] Sie sind für diejenigen 16- und 17-jährigen Täter vorgesehen,[796] die eine Straftat begangen haben, welche aufgrund der Tatschwere nicht für eine andere, bereits etablierte Verwarnungsform geeignet ist, oder bei denen bereits alle anderen Verwarnungsmöglichkeiten ausgeschöpft sind.[797]

---

791 In Cambridgeshire, Hampshire, Humberside, Merseyside und Norfolk.

792 *Department for Children, Schools and Families/Ministry of Justice* 2010.

793 *Director of Public Prosecutions* 2010a.

794 Section 66B CDA 1998, eingeführt durch § 3 Schedule 9 CJIA 2008.

795 Section 66A (2) CDA 1998, eingeführt durch § 3 Schedule 9 CJIA 2008. Vgl. auch *Arthur* 2010, S. 83.

796 Das Alter zum Zeitpunkt der Verwarnung, nicht zum Tatzeitpunkt, siehe *Department for Children, Schools and Families/Ministry of Justice* 2010, Rn. 5.2.

797 Vgl. *Arthur* 2010, S. 83; *Department for Children, Schools and Families/Ministry of Justice* 2010, Rn. 5.4.

Durch die Verhängung einer YCC wird die Strafverfolgung für eine bestimmte Dauer von maximal 16 Wochen[798] vorübergehend ausgesetzt und dem Verwarnten die Möglichkeit eingeräumt, in diesem Zeitraum die Bedingungen der Verwarnung zu erfüllen. Bei Erfüllung gilt der Fall als abgeschlossen, das Verfahren wird eingestellt. Verstößt der Täter jedoch unbegründet und wiederholt gegen seine Auflagen, kann die YCC aufgehoben und für das ursprüngliche Delikt vor Gericht Anklage erhoben, die Strafverfolgung also wieder aufgenommen werden.[799]

Die Auflagen der Verwarnung basieren auf den Ergebnissen einer vom YOT durchgeführten ASSET-Risikoeinschätzung und müssen die Rehabilitation (*rehabilitation*), Wiedergutmachung (*reparation*) und/oder Bestrafung (*punishment*) zum Zweck haben.[800] Dabei sollten punitive Elemente nur dann Anwendung finden, wenn rehabilitative und reparative Auflagen in einem Fall unangemessen sind oder allein nicht ausreichen, um verhältnismäßig auf die Tat zu reagieren.[801] Rehabilitativ ausgerichtete Auflagen sind solche, die auf eine Verhaltensänderung, Rückfallvermeidung und die Reintegration des Täters abzielen, beispielsweise Anti-Aggressionstherapien, Drogentherapien oder soziale Trainingskurse.[802] Wiedergutmachung (*reparation*) dagegen kann durch Entschuldigung, Mediation, die Beseitigung des verursachten Schadens (bei Zustimmung des Opfers), gemeinnützige Arbeit zur Beseitigung von Schäden an öffentlichem Eigentum oder aber finanzielle Kompensation erreicht werden.[803] Strafende Elemente können beispielsweise bis zu 20 Stunden gemeinnütziger Arbeit, die Zahlung einer finanziellen Strafe bis zu £ 100 oder bis zu 20 Stunden Teilnahme in einem *attendance centre* sein.[804] Ergänzend können der Verwarnung auch

---

798 Vgl. *Department for Children, Schools and Families/Ministry of Justice* 2010, Rn. 8.5. Die Zeitmessung beginnt dabei ab dem Zeitpunkt der Tat, und nicht ab dem Zeitpunkt, zu dem die YCC ausgesprochen wird, vgl. *Director of Public Prosecutions* 2010a, Rn. 6.1.

799 Section 66E (1) CDA 1998, eingeführt durch § 3 Schedule 9 CJIA 2008. Vgl. auch *Department for Children, Schools and Families/Ministry of Justice* 2010, Rn. 1.4; *Goldson* 2008b, S. 109; *Director of Public Prosecutions* 2010a, Rn. 2.

800 Section 66A (3) CDA 1998, eingeführt durch § 3 Schedule 9 CJIA 2008; Vgl. auch *Department for Children, Schools and Families/Ministry of Justice* 2010, Rn. 7.1.

801 Vgl. *Department for Children, Schools and Families/Ministry of Justice* 2010, Rn. 8.2.

802 Vgl. *Department for Children, Schools and Families/Ministry of Justice* 2010, Rn. 7.1 f.; *Director of Public Prosecutions* 2010a, Rn. 5.11 und 5.12.

803 Vgl. *Director of Public Prosecutions* 2010a, Rn. 5.5; *Department for Children, Schools and Families/Ministry of Justice* 2010, Rn. 7.1. und 7.3.

804 Section 66A (5) und 66C (3) CDA 1998, eingeführt durch § 3 Schedule 9 CJIA 2008. Finanzielle Strafelemente können nicht zwangsvollstreckt werden. Nichtzahlung hat demnach lediglich die Folge, dass die YCC aufgehoben und der Täter vor Gericht ange-

Restriktionen angehängt werden, sofern diese der Rehabilitation, der Erbringung von Wiedergutmachung oder der Bestrafung des Täters förderlich sind, zum Beispiel Kontaktverbote oder Betretungsverbote.[805]

Die Auflagen müssen den Umständen der Tat angemessen, in ihrer Gesamtheit verhältnismäßig und für den Täter praktisch umsetzbar sein.[806] Auch sollten die Auflagen und Verbote zusammen genommen keine Benachteiligung darstellen im Vergleich zu den sonst für den Einzelfall zu erwartenden gerichtlichen Rechtsfolgen.[807] Folglich dürfen sie nicht mit Ausbildungs- oder Arbeitszeiten kollidieren und müssen unter Berücksichtigung der Umstände des Täters sowie seines körperlichen und geistigen Entwicklungsgrads ausgewählt werden.[808]

YCCs können in einer Reihe von Lokalitäten durch einen Polizeibeamten ausgesprochen werden, beispielsweise auf einem Polizeirevier, in einem Gerichtsgebäude, in den Räumlichkeiten des YOT oder der Staatsanwaltschaft oder an einem anderen Ort, den der zuständige Staatsanwalt für angemessen befindet.[809] Dabei muss im Falle eines unter-17-Jährigen der *appropriate adult* anwesend sein. Zudem muss gewährleistet werden, dass der Täter sich über seinen Anspruch auf rechtlichen Beistand, über die registerrechtlichen Folgen des YCC sowie über die Folgen einer unbegründeten Nichterfüllung der Auflagen bewusst ist.[810]

Verstößt ein Täter ohne angemessene Begründung gegen die Auflagen seiner YCC, macht er sich zwar nicht strafbar. Jedoch kann die YCC in diesem Fall widerrufen und für das ursprüngliche Delikt vor Gericht Anklage erhoben werden. Gemäß Section 24A (1) CJA 2003 ist die Polizei in diesem Falle dazu befugt, den Täter zu verhaften, und gegebenenfalls bis zur Anklageerhebung in Polizeigewahrsam zu nehmen.[811] Befindet der Staatsanwalt, dass der Täter nachvollziehbare Gründe dazu hatte, die Auflagen des YCC nicht zu erfüllen, kann er entscheiden: 1.) Die YCC als erfüllt zu betrachten, sofern ein nach seinem Ermessen ausreichender Teil des Auflagenpakets erfüllt worden ist; 2.) dass die YCC nicht erfüllt worden ist, dass aber angesichts des bereits Geleisteten

---

klagt wird, siehe *Department for Children, Schools and Families/Ministry of Justice* 2010, Rn. 9.3.

805 *Department for Children, Schools and Families/Ministry of Justice* 2010, Rn. 7.5.

806 Vgl. *Director of Public Prosecutions* 2010a, Rn. 5.3; *Department for Children, Schools and Families/Ministry of Justice* 2010, Rn. 8.1 f.

807 Vgl. *Director of Public Prosecutions* 2010a, Rn. 5.18.

808 *Department for Children, Schools and Families/Ministry of Justice* 2010, Rn. 8.3 f.

809 Vgl. *Arthur* 2010, S. 83 f.; *Department for Children, Schools and Families/Ministry of Justice* 2010, Rn. 12.2.

810 Vgl. *Department for Children, Schools and Families/Ministry of Justice* 2010, Rn. 12.4.

811 Vgl. *Department for Children, Schools and Families/Ministry of Justice* 2010, Rn. 14.1-14.3; *Director of Public Prosecutions* 2010a, Rn. 11.5-11.8.

kein öffentliches Interesse an einer Anklage besteht (*no further action*); 3.) den für die Erfüllung der Auflagen vorgesehenen Zeitraum zu verlängern (dabei darf die Gesamtdauer nach der Verlängerung die zulässigen 16 Wochen nicht überschreiten); 4.) die Zusammensetzung der Auflagen zu verändern sofern der Täter dem zustimmt.[812]

YCCs werden für fünf Jahre im *criminal record* gespeichert und müssen unter Umständen bestimmten potentiellen Arbeitgebern mitgeteilt werden (z. B. für Berufe, in denen man mit Kindern oder anderen vulnerablen Menschen arbeitet).[813] Im Gegensatz zu anderen Verwarnungsformen müssen YCCs für drei Monate nach ihrer Verhängung in *allen* Registerauszügen aufgeführt werden.[814] Der Erhalt einer YCC ist keine Verurteilung, kann jedoch im Rahmen der gerichtlichen Sanktionierung zukünftiger Straftaten wie eine solche strafverschärfend berücksichtigt werden. Zudem darf das Gericht in solchen Fällen keine *conditional discharge* verhängen, wenn die YCC weniger als zwei Jahre zurückliegt.[815] Auch YCCs, wenn sie für die Begehung bestimmter Sexualdelikte verhängt werden, haben einen Eintrag in das Sexualstraftäterregister zur Folge, welcher nach zwei Jahren erlischt.

Die Zahl der YCCs, die gegen eine Person verhängt werden können, ist gesetzlich auf eine pro Person begrenzt. Die einzige zulässige Ausnahme von dieser Regel kann dann gemacht werden, wenn die erste YCC für die erste registrierte Straffälligkeit des Täters verhängt wurde. Somit sind maximal zwei YCCs erlaubt.[816] Ist neben den anderen Verwarnungsformen auch eine YCC in einem Fall entweder nicht geeignet oder unzulässig, kommen nur noch eine interventionsfreie Verfahrenseinstellung (NFA) oder eine Anklage in Betracht.

3.3.4 „Reprimand", „final warning", „youth conditional caution" oder Anklage?

Reprimands, final warnings und *youth conditional cautions* konnten bis auf wenige Ausnahmen je nur ein Mal pro Person verhängt werden. So war bis Herbst 2013 davon auszugehen, dass üblicherweise nach spätestens dem vierten ermit-

---

812   Section 66D CDA 1998, eingeführt durch § 3 Schedule 9 CJIA 2008. Vgl. auch *Department for Children, Schools and Families/Ministry of Justice* 2010, Rn. 13.7; *Director of Public Prosecutions* 2010a, Rn. 11.1-11.4.

813   Siehe die Internetseite des *Ministry of Justice*, unter *http://www.justice.gov.uk/ youth-justice/courts-and-orders/disposals/youth-conditional-caution-pilot-scheme#4* (zuletzt aufgerufen: 20.03.2014).

814   Vgl. *NACRO* 2010, S. 5.

815   Section 66F CDA 1998, eingefügt durch § 3 Schedule 9 CJIA 2008.

816   Vgl. *Department for Children, Schools and Families/Ministry of Justice* 2010, Rn. 5.5; *Director of Public Prosecutions* 2010a, Rn. 4.2.

telten Rechtsbruch eine formelle Anklage erfolgen musste. Die Verwarnungsvergangenheit des Täters diente demnach nicht nur als Faktor in der Entscheidung, ob Diversion mittels polizeilicher Verwarnungen überhaupt zulässig war, sondern bestimmte auch, welche der verschiedenen Verwarnungsformen im Einzelfall angewendet werden durfte.

Zudem hing die Entscheidung, welche Verwarnungsform in einem jeweiligen Fall angemessen war, oder ob angeklagt werden sollte, insbesondere auch von der Schwere der begangenen Tat ab. Um landesweite Einheitlichkeit in der Verwarnungspraxis zu fördern und um die Entscheidungsfindung zu vereinfachen, hat die *Association of Chief Police Officers* (ACPO)[817] einen Tatschwerefaktorenkatalog entwickelt (*gravity factor system*).[818] In diesem Katalog wurde jedem prinzipiell für eine Verwarnung in Frage kommenden Straftatbestand ein Wert von eins bis vier zugewiesen, wobei eins für die geringste und vier für die höchste Tatschwere stand. Mit jedem dieser Werte waren Vorgaben für die weitere Verfahrensweise verknüpft, die in *Tabelle 17* unten zusammengefasst sind.[819]

Bei der Ermittlung des Tatschweregrades mussten erschwerende und mildernde Faktoren berücksichtigt werden – ob beispielsweise eine Waffe verwendet wurde, die Tat geplant war, der Grad des entstandenen Schadens, ob eine Provokation vorangegangen war, ob Bemühungen zur Wiedergutmachung geleistet wurden – wodurch der Tatschweregrad im Endergebnis um einen Punkt nach oben oder nach unten verschoben werden konnte.[820] Dabei wurde in den Verwarnungsrichtlinien des Innenministeriums auf die in den Staatsanwaltsleitlinien vorgegebenen Faktoren verwiesen, welche im Rahmen der Prüfung des öffentlichen Interesses an einer Anklage berücksichtigt werden sollten (siehe *Kapitel 3.3.1.2* oben). Anzumerken ist, dass Diversion mittels polizeilicher Verwarnungen im Falle von *indictable offences* prinzipiell abzulehnen war, es sei denn, die mildernden Faktoren überwogen deutlich.[821]

Zur praktischen Anwendung folgendes Beispiel: Eine Person wurde der einfachen Körperverletzung (*common assault*) verdächtigt, laut ACPO-Katalog ein Straftatbestand der Stufe 2. Der Täter war jedoch erheblich provoziert worden und das Opfer hatte nur leichte Verletzungen erlitten. Der Täter hatte in der Ver-

---

817 Für eine kurze Beschreibung der ACPO, insbesondere hinsichtlich ihrer Zielsetzungen, Zusammensetzung und Rolle, siehe bereits *Kapitel 2.6.2.4* oben.

818 Vgl. *Association of Chief Police Officers* 2009. Siehe hierzu auch *Stone* 2007; *Evans* 2008c, S. 294 f.

819 Vgl. *Home Office/Youth Justice Board* 2002, Rn. 4.21; *Association of Chief Police Officers* 2009, S. 5.

820 Vgl. *Home Office/Youth Justice Board* 2002, Rn. 4.22.

821 Für eine Auflistung der Straftatbestände, für die eine polizeiliche Verwarnung grundsätzlich abzulehnen war, siehe *Home Office/Youth Justice Board* 2002, S. 34.

gangenheit noch keine polizeilichen Verwarnungen erhalten, war nicht bereits zuvor verurteilt worden und sonstige erschwerende Faktoren lagen nicht vor. Angesichts dieser Umstände hielt es die Polizei für gerechtfertigt, den Schweregrad abzustufen, so dass prinzipiell eine Erstverwarnung in diesem Falle angemessen gewesen wäre.

Tab. 17: **Tatschweregrade und die entsprechende weitere Verfahrensweise**

Grad der Tatschwere	Weitere Verfahrensweise
1	Immer die in Anbetracht der Verwarnungsvergangenheit des Verdächtigen eingriffsschwächste zulässige Interventionsform (*reprimand, final warning*, YCC, Anklage);
2	*Reprimand* bei erster Straffälligkeit; ansonsten die in Anbetracht der Verwarnungsvergangenheit des Verdächtigen eingriffsschwächste zulässige Interventionsform (*final warning*, YCC, Anklage);
3	*Final warning* bei erster Straffälligkeit; ansonsten YCC oder formelle Anklage; *reprimand* nur in Ausnahmefällen.*
4	Formelle Anklage, oder YCC in Ausnahmefällen*

*: Ausnahmefälle lagen insbesondere dann vor, wenn das öffentliche Interesse klar gegen eine Anklage sprach.

Quelle: *Association of Chief Police Officers* 2009, S. 5; *Director of Public Prosecutions* 2010a, Abschnitt 3.2.

Verändert man dieses Szenario insoweit, dass der Täter nicht provoziert worden war, die Körperverletzung geplant hatte und nicht zu vernachlässigende Verletzungen hervorgerufen hatte, wäre eine Heraufsetzung des Tatschweregrades von Stufe 2 auf Stufe 3 durchaus denkbar gewesen. War dies seine erste registrierte Straffälligkeit, kam im dem Falle ein *final warning* in Betracht. Hatte der Täter in der Vergangenheit bereits eine solche erhalten, wäre die nächste Alternative ein YCC gewesen, sofern der Täter für diese Interventionsform für geeignet befunden wurde. Falls nicht, blieb als letzte Alternative eine Anklage vor dem Jugendgericht.

Zuletzt ist noch anzuführen, dass die endgültige Entscheidung für eine der verschiedenen Interventionsformen auch von dem Ergebnis der Risikoeinschätzungen des YOT abhängen konnte. Ermittelte das YOT beispielsweise, dass lediglich ein YCC für einen Fall angemessen wäre (z. B. wegen der Verpflichtung des Täters, die Auflagen zu erfüllen, verglichen mit der freiwilligen Teilnahme an einem mit einer *final warning* verbundenen *change programme*), konnte trotz eines Mangels an vorangegangenen Verwarnungen bereits bei einem ersten Rechtsbruch eine YCC verhängt werden, obwohl die Tatschwere dies nicht zwingend erforderte.[822]

Entscheidungen, Kinder und Jugendliche (nicht) zu verwarnen, konnten mittels eines Antrages auf „Normenkontrolle" (*judicial review*) an die Beschwerdekammer (*divisional court*) des *High Court of Appeal* angefochten werden.[823] Das Gericht überprüfte dabei, inwieweit administrative Entscheidungen entsprechend der primär- und sekundärgesetzlichen Vorschriften getroffen worden waren und konnte bei einer festgestellten Abweichung die Entscheidung aufheben, wodurch eine neue Entscheidung seitens der entscheidungsbefugten Behörde erforderlich wurde.[824]

3.3.5 Diversion außerhalb des formellen Strafprozesses

Die Empfehlung des Innenministeriums hinsichtlich der Verwarnungspraxis der Polizei (Home Office Circular 18/94) machte – wie in *Kapitel 2.5* oben bereits angedeutet – ausdrücklich darauf aufmerksam, dass die Polizei in geeigneten Fällen besonders leichter Straffälligkeit auf informelle Interventionsformen zurückgreifen durfte, die eine zeitnahe, unmittelbare Reaktion auf das straffällige Verhalten erlaubten.[825] Informell sind diese Formen der Intervention insoweit, als sie keine strafregisterlichen Folgen haben, und außerhalb des Entscheidungsprozesses hinsichtlich der Zulässigkeit einer Anklage bzw. formeller Diversion Anwendung finden. Das hier Beschriebene ist von den Reformen in den Jahren 2012 und 2013 unberührt geblieben, und stellt somit die aktuelle Rechtslage dar.

---

822 Vgl. *Home Office/Youth Justice Board* 2002, Kapitel 8.

823 Vgl. *Stone* 2007.

824 Aus der Rechtsprechung des *Divisional Court* geht jedoch hervor, dass Gerichte nur widerwillig und entsprechend selten die Entscheidungen der Polizei und der Staatsanwaltschaft aufheben, indem sie auf die „*Unabhängigkeit der Staatsanwaltschaft als anklagebefugte Institution*" hinweisen. Problem ist dabei vor allem das weite Ermessen der Polizei/Staatsanwaltschaft in ihrer Abwägung, ob eine Person angeklagt werden sollte oder nicht, vgl. *Stone* 2003; *Stone* 2007; *Flacks* 2012 alle m. w. N. sowie relevanter Rechtsprechung.

825 Vgl. *Home Office* 1994, § 13.

3.3.5.1 Bußgeldbescheide für geringfügige Vergehen –„penalty notices for disorder"

Durch Sections 1 bis 11 des „Gesetzes über die Strafjustiz und die Polizei" von 2001 (*Criminal Justice and Police Act 2001*, CJPA 2001) wurden so genannte „Bußgeldbescheide für geringfügige Vergehen" (*penalty notices for disorder*, PND) eingeführt.[826] Ursprünglich nur für Erwachsene als Mittel zur Eindämmung geringfügiger (oft mit Alkohol in Verbindung stehender) Delinquenz in den Stadtzentren vorgesehen,[827] wurde ihre Anwendbarkeit durch Section 87 ASBA 2003 ausgedehnt, um auch 10- bis einschließlich 17–Jährige mit einzubeziehen.[828]

PNDs ermöglichen die sofortige Verhängung eines Bußgeldes für bestimmte Straftatbestände, sogenannte *penalty offences*. Wird eine dieser insgesamt 25 *penalty offences* begangen, kann die Polizei in einem summarischen Verfahren an Ort und Stelle ein Bußgeld verhängen, sofern die Beweislage die Anklagevoraussetzungen offensichtlich erfüllt.[829] Vorgesehen sind sie für geringfügige Formen von Delinquenz, die den mit einer formellen Strafverfolgung einhergehenden Arbeitsaufwand seitens der Polizei und der Gerichte nicht würdigen, aber im Sinne der Frühintervention dennoch einer Sanktionierung bedürfen.[830]

Zu den *penalty offences* gehören beispielsweise Diebstähle bis zu einem Wert von £ 500, geringfügige Sachbeschädigungen bis zu einem Schadenswert von £ 300, unbefugtes Betreten von Bahneinrichtungen (Gleisanlagen), das Werfen von Feuerwerkskörpern, sowie verschiedene den Kauf, Verkauf und Konsum von Alkohol betreffende Straftatbestände.[831]

Penalty offences sind allesamt *summary offences* und sind in zwei Schwerekategorien unterteilt – *upper tier penalty offences* und *lower tier penalty offences*. Die Höhe des zu entrichtenden Bußgeldes richtet sich nach der Schwere-

---

826 Vgl. einführend *Cadman* 2008c; 2008d.

827 Vgl. *Kraina/Carroll* 2006, S. 3; *Halligan-Davis/Spicer* 2004, S. 1.

828 Ab 20 Januar 2004 standen PNDs für 16 und 17-Jährige zur Verfügung. Für 10- bis einschließlich 15-Jährige wurden in verschiedenen Polizeibezirken zunächst Pilotprojekte eingerichtet, die ab Mitte 2005 angelaufen sind. Aufbauend auf den aus einer Evaluation dieser Pilotprojekte hervorgehenden Erkenntnissen sollen die für 10- bis einschließlich 15-Jährigen einschlägigen Rechtsnormen gegebenenfalls angepasst, altersspezifische Praxisrichtlinien veröffentlicht und der persönliche Anwendbarkeitsbereich von PNDs entsprechend geändert werden, siehe *Home Office* 2005; *NACRO* 2007a, S. 1. Bis heute ist dies jedoch nicht erfolgt.

829 Vgl. *Home Office* 2005c, S. 8; *NACRO* 2007a, S. 2.

830 Vgl. *Kraina/Carroll* 2006, S. 3.

831 Für eine vollständige Auflistung der *penalty offences* sowie der den Straftatbestand regelnden Rechtsnormen, siehe Section 1 CJPA 2001; *Home Office* 2005a, S. 5 ff.

kategorie, der der erfüllte Straftatbestand angehört. *Lower tier penalty offences* ziehen ein Bußgeld von £ 50, *upper tier penalty offences* eines von £ 80 nach sich.[832]

PND-Empfänger haben 21 Tage Zeit, um das Bußgeld zu begleichen oder aber eine gerichtliche Anhörung zu verlangen. Durch letztere Option kann ein Empfänger einer PND die Entscheidung der Polizei anfechten und ein formales Strafverfahren verlangen, zum Beispiel wenn der Täter seine Involvierung abstreitet oder der Überzeugung ist, dass die Verhängung der PND nicht ordnungsgemäß von Statten gegangen ist.[833] Da Personen für die Verhängung eines PND nicht geständig sein müssen, ist die Möglichkeit gerichtlicher Involvierung eine willkommene Absicherung.

Wird die PND fristgerecht beglichen, gilt der Fall als abgeschlossen, und der Täter kann nicht weiter für die Tat belangt werden.[834] Ordnungsgemäß beglichene PNDs haben keine strafregisterrechtlichen Einträge zur Folge.[835] Sie gelten nicht als Vorstrafen, und müssen somit beispielsweise potentiellen Arbeitgebern nicht offengelegt werden. Auch haben PNDs keinerlei Auswirkungen auf den Anspruch eines jeden Straffälligen an dem polizeilichen Verwarnungssystem.[836] Jedoch werden PNDs in den Akten vermerkt sowie dem YOT mitgeteilt, und können in zukünftigen Verfahren als Indikator vorangegangener Straffälligkeit und somit als Strafschärfungsgrund berücksichtigt werden.[837]

Bleibt eine ordnungsgemäße Zahlung aus, folgt ein formelles Vollstreckungsverfahren, welches zu der gerichtlich angeordneten Verhängung einer Geldstrafe führt. Die Summe der Geldstrafe lautet auf das Anderthalbfache der nicht bezahlten PND.[838] Gemäß Section 9 (5) CJPA 2001 werden solche Geldstrafen im Strafregister festgehalten, als sei der Täter durch das Gericht zu Geldstrafe verurteilt worden.

Wie auch bei Geldstrafen und allen anderen finanziellen Sanktionen müssen PNDs gegen 10- bis einschließlich 15-Jährige (sobald die entsprechenden Rechtsnormen in Kraft treten) von den Eltern beglichen werden. Entsprechend geht die Verantwortlichkeit für die Nichtbezahlung des PNDs auf die Eltern über, so dass

---

832   Für 10- bis einschließlich 15-Jährige sind andere Summen vorgesehen (£ 30 bzw. £ 40), siehe *Home Office* 2005, S. 10 ff.; *NACRO* 2007a, S. 2.

833   Section 4 CJPA 2001.

834   „*Penalty notice means a notice offering the opportunity, by paying a penalty [...] to discharge any liability to be convicted of the offence to which the notice relates.*" Section 2 (4) CJPA 2001. Siehe auch *NACRO* 2004, S. 3; 2007a, S. 1 f..

835   Vgl. *Kraina/Carroll* 2006, S. 3.

836   Vgl. *Home Office* 2005c, S. 4.

837   Vgl. *Home Office* 2005c, S. 7; *Ministry of Justice* 2007, S. 14.

838   Section 4 (5) CJPA 2001.

darauf folgende Geldstrafen gegen die Eltern als Verurteilungen verhängt werden.[839] Dagegen sind keine rechtlichen Vorkehrungen getroffen worden, um eine Übertragung auf die Eltern bei 16- und 17-Jährigen zu erlauben.[840]

3.3.5.2 „Youth restorative disposal"

Seit 2008 stehen Polizeibeamten zunächst in acht Polizeibezirken auf Pilotebene[841] (darunter große Bezirke wie London Metropolitan, Greater Manchester und Nottinghamshire) sogenannte *youth restorative disposals* (YRD) als informelle (also nicht an das formelle Strafverfahren gebundene und somit nicht registrierungspflichtige) Interventionsalternative zur Verfügung.[842] Die YRD soll der Polizei ermöglichen, schnell (meist an Ort und Stelle unmittelbar nach der Tat), unbürokratisch und effektiv auf Fälle besonders leichter (Massen-) Delinquenz zu reagieren.[843] Zu den Zulässigkeitsvoraussetzungen der YRD gehört, dass der Täter formeller Ersttäter sein muss – er darf keine vorangegangenen Verurteilungen, Verwarnungen oder YRDs haben. Folglich kann ein Täter nur ein Mal eine YRD erhalten.[844] Die YRD reiht sich somit unmittelbar vor dem formellen Verwarnungssystem als zusätzliche Alternative zum formellen Prozess ein.

Eine YRD ist auch nur dann zulässig, wenn ein 10- bis einschließlich 17-Jähriger eine Tat begangen hat, die in die erste oder zweite Kategorie des Tatschwerefaktorenkatalogs des ACPO fällt (siehe *Kapitel 3.3.4* oben), mit der Ausnahme von Sexualdelikten, Taten in denen Waffen eine Rolle spielen, Fällen mit Todesfolge, Straßenverkehrsdelikten und Drogendelikten.[845] Weiterhin müssen die in *Kapitel 3.3.2* oben erörterten Diversionsvoraussetzungen erfüllt sein, und der Täter darf seine Verantwortung für die Tat oder den daraus resul-

---

839 Vgl. *Home Office* 2005, S. 2.

840 Vgl. *NACRO* 2004, S. 3.

841 Entsprechend fehlt jegliche primärgesetzliche Grundlage. Geregelt werden YRDs hinsichtlich der Zielsetzungen, Zulässigkeitsvoraussetzungen und des Verfahrens in den Praxisrichtlinien des ACPO, siehe hierzu *Association of Chief Police Officers/Home Office* 2010.

842 Vgl. *HM Court Service/Youth Justice Board* 2010, S. 10; *Hopkins* 2009, S. 164; *Arthur* 2010, S. 83; *Easton/Piper* 2012, S. 183.

843 *HM Court Service/Youth Justice Board* 2010, S. 10; *Easton/Piper* 2012, S. 183; *Association of Chief Police Officers/Home Office* 2010, Rn. 1.7.

844 Vgl. *HM Court Service/Youth Justice Board* 2010, S. 10; *Easton/Piper* 2012, S. 183; *Hopkins* 2009, S. 164.

845 Vgl. *Association of Chief Police Officers/Home Office* 2010, Rn. 6.1.

tierten Schaden nicht abstreiten.[846] Der Täter muss in der Lage sein, das YRD-Verfahren und die Situation im Allgemeinen zu verstehen. Steht er beispielsweise unter Alkohol- oder Drogeneinfluss, kann die Durchführung des YRD bis zu seiner Ausnüchterung verzögert werden. Abschließend darf eine YRD nur dann durchgeführt werden, wenn sowohl Täter als auch Opfer sich bereit erklären, an dem Verfahren teilzunehmen.[847]

In zulässigen Fällen moderieren speziell in restorativen Prinzipien und Praktiken ausgebildete Polizeibeamte einen Austausch zwischen Täter und Opfer, meist an Ort und Stelle unmittelbar nach der Tat.[848] Diese Form der „Polizeimediation" zielt darauf ab, Täter mit den Konsequenzen ihres Verhaltens zu konfrontieren und sie somit zur Verantwortung zu ziehen.[849] Er erhält dabei die Möglichkeit, sich für sein Benehmen zu entschuldigen oder den verursachten Schaden wiedergutzumachen. Die Erbringung dieser Wiedergutmachung kann entweder sofort erfolgen, oder aber im Rahmen einer Abmachung zwischen Täter und Opfer nachträglich geleistet werden.

YRDs werden lediglich auf kommunaler Ebene registriert[850] und haben somit keine Eintragung in das Zentralregister zur Folge – ganz im Gegensatz zu den formellen Erstverwarnungen, die bei Nichtverfügbarkeit des YRDs in den meisten Fällen die am ehesten zu erwartende Interventionsalternative wären.[851]

3.4 Gerichtliche Zuständigkeiten und Besonderheiten der Hauptverhandlung

Maßgebend für die gerichtliche Zuständigkeit ist nicht das Alter des Verdächtigen zum Zeitpunkt der *Tatbegehung*, sondern sein Alter zu *Beginn des Gerichts-*

---

846 Vgl. *Association of Chief Police Officers /Home Office* 2010, Rn. 5.1 Ein Bekenntnis zur Verantwortung darf in diesem Zusammenhang nicht mit einem formellen Geständnis gleichgesetzt werden. Folglich dürfen derartige Aussagen des Täters im Rahmen möglicher für die Tat doch folgende Gerichtsverfahren nicht als Beweise für seine Schuld verwertet werden, vgl. *Association of Chief Police Officers /Home Office* 2010, Rn. 4.1.

847 Vgl. *Association of Chief Police Officers /Home Office* 2010, Rn. 5.1; *HM Court Service/Youth Justice Board* 2010, S. 10; *Easton/Piper* 2012, S. 183.

848 Hinsichtlich der Ausbildung dieser Polizeibeamte, siehe *Rix u. a.* 2011.

849 Vgl. *HM Court Service/Youth Justice Board* 2010, S. 10; *Hopkins* 2009, S. 164; *Easton/Piper* 2012, S. 183.

850 Diese kommunale Registrierung dient in erster Linie dazu, nachvollziehen zu können, ob eine Person noch „Anspruch" auf einen YRD hat oder nicht.

851 Vgl. *HM Court Service/Youth Justice Board* 2010, S. 10; *Easton/Piper* 2012, S. 183.

verfahrens.[852] Wo genau der Beginn des Verfahrens liegt ist Auslegungssache, aber nach der Rechtsprechung ist der Verfahrensbeginn mit dem ersten Erscheinen des Angeklagten vor dem Gericht (der „ersten Anhörung") gleichzusetzen.[853] Ist beispielsweise ein Tatverdächtiger 17 Jahre alt zum Zeitpunkt seiner Verhaftung und der Anklage durch die Polizei/Staatsanwaltschaft, vollendet aber das 18. Lebensjahr vor seiner ersten Gerichtserscheinung, wird Section 29 CYPA 1963 so ausgelegt, dass das Erwachsenengericht zuständig ist.

Anklagen gegen Kinder und Jugendliche erfolgen prinzipiell vor dem Jugendgericht. Nur im Falle einer gemeinsamen Anklage mit einem Erwachsenen kann die erste Anhörung vor dem Erwachsenengericht (dem *Magistrates' Court*) erfolgen. Auch wird die Hauptverhandlung (*trial*) prinzipiell vor dem Jugendgericht abgehalten. Jedoch sieht das Gesetz gewisse Ausnahmen vor, bei denen Kinder und Jugendliche ab dem vollendeten 10. Lebensjahr zur Hauptverhandlung an den *Crown Court* transferiert werden können (siehe *Kapitel 3.4.2* unten).[854]

Das für die Hauptverhandlung zuständige Gericht wird im Rahmen der ersten Anhörung ermittelt. Unter bestimmten Umständen kann ein Kind oder Jugendlicher nach der Schuldfeststellung zur Strafzumessung an das *Crown Court* verwiesen werden. Ebenso kann der *Crown Court* einen 10- bis einschließlich 17-Jährigen nach einem Schuldspruch zur Strafzumessung an das Jugendgericht zurückverweisen, wenn er der Auffassung ist, dass eine verhältnismäßige Sanktionierung des Täters im Rahmen der Strafzumessungskompetenz des Jugendgerichts möglich ist.

3.4.1 Das Jugendgericht

Das erstinstanzliche Jugendgericht ist eine besondere Form des *Magistrates' Courts*, welcher in seiner Zusammensetzung, seiner Strafzumessungskompetenz sowie in Einzelheiten der Verfahrensweise an die vor ihm erscheinende Klientel junger Rechtsbrecher angepasst wurde.[855] Es gelten demnach, sofern keine jugendstrafrechtlichen Sonderbestimmungen existieren, die für *Magistrates' Courts* geltenden gesetzlichen Grundlagen. Gesetzlich geregelt ist das Jugendgericht

---

852 Section 29 (1) CYPA 1963. Im Wortlaut: „*Where proceedings in respect of a young person are begun for an offence and he attains the age of eighteen before the conclusion of the proceedings, the court may continue to deal with the case and make any order which it could have made if he had not attained that age.*"

853 Für einen Einblick in relevante Fälle, siehe *Hungerford-Welch* 2009. S. 351 f.

854 Derartige „Transfers" sind in Deutschland nicht zulässig – über Verfehlungen Jugendlicher (§§ 33 Abs. 1, 39 - 42 JGG) und Heranwachsender (§§ 39-42 i. V. m. § 108 Abs. 1 und 2 JGG) entscheiden immer Jugendgerichte, vgl. *Dünkel* 2011, S. 593.

855 Vgl. *Cavadino/Dignan* 2007, S. 325; *Goldson* 2008d, S. 375. Einen umfangreichen Überblick über die Gerichte Englands liefert *Keenan* 2007, S. 18 ff.

insbesondere im CA 1908, dem CYPA 1933, dem „Gesetz über *Magistrates'
Courts*" von 1980 (*Magistrates' Courts Act 1980*, MCA 1980), dem „Gerichts-
gesetz" von 2003 (*Courts Act 2003*, CA 2003) sowie den „Jugendgerichtsvor-
schriften" von 2007 (*Youth Court Rules 2007*).

Zusammengesetzt ist das Jugendgericht prinzipiell aus drei Laienrichtern
(*lay magistrates*), unter denen bis auf gewisse Ausnahmen mindestens ein Mann
und eine Frau vertreten sein müssen.[856] Die Laienrichter werden aus einem lokalen Richtergremium (*magistrates' panel*) ausgewählt, und haben besondere
Erfahrungen und Qualifikationen (oder ein „Interesse") an der Arbeit mit jungen
Menschen.[857] Sie arbeiten freiwillig, sind nicht bezahlt (es werden lediglich Spe-
sen und Reisekosten erstattet)[858] und werden in Rechtssachen von sogenannten
„Justizverwaltungsbeamten" (*justice's clerks*) beraten, insbesondere im Bereich
der Strafzumessung.[859] Alternativ kann auch ein mit dem Bezirksrichter (*district
judge*) vergleichbarer Berufsrichter allein entscheiden, was jedoch in der Praxis
zumeist auf Großstädte oder langwierige, komplexe Fälle beschränkt ist.[860]

Entgegen dem im Allgemeinen gültigen Grundsatz der Öffentlichkeit des
Verfahrens gilt vor dem Jugendgericht die Vermutung der Nichtöffentlich-

---

856   Regel 10 (1) (b) *Youth Court Rules* 2007; siehe auch *Goldson* 2008d, S. 375; *Hester*
      2008, S. 221. Die gesetzliche Vorgabe hinsichtlich des Vertretenseins beider Ge-
      schlechter in der Zusammensetzung des Jugendgerichts findet sich auch in § 33a
      Abs. 1 JGG, wonach in Jugendschöffengerichten „*als Jugendschöffen [...] zu jeder
      Hauptverhandlung ein Mann und eine Frau herangezogen werden [sollen].*" Selbiges
      gilt auch für Jugendkammern (i. V. m. § 33b Abs. 7 JGG).
      Im Vergleich zu England/Wales sieht das deutsche JGG in § 33 Abs. 2 verschiedene Ju-
      gendgerichtskonstellationen vor: „*Jugendgerichte sind der Strafrichter als Jugendrich-
      ter, das Schöffengericht (Jugendschöffengericht) und die Strafkammer (Jugendkam-
      mer).*" Die Besetzung des Jugendschöffengerichts ist in § 33a JGG, die der Jugend-
      kammer in § 33b JGG geregelt, und die sachlichen Zuständigkeiten von Jugendrichtern,
      Jugendschöffengerichten und Jugendkammern sind in den §§ 39 bis 41 JGG normiert.

857   Vgl. *Cavadino/Dignan* 2007, S. 325; *Graham/Moore* 2006, S. 71. In England und Wa-
      les sind zurzeit knapp 30.000 solcher Laienrichter registriert, obgleich nicht alle für das
      Jugendgericht zugelassen sind, siehe *Hester* 2008, S. 221; *Ashworth* 2007, S. 1.000. In
      Deutschland werden Jugendschöffen „*auf Vorschlag des Jugendhilfeausschusses für die
      Dauer von vier Jahren gem. § 40 GVG gewählt*", und sollen gemäß § 35 Abs. 2 S. 2
      JGG „*erzieherisch befähigt und in der Jugenderziehung erfahren sein*", siehe *Ostendorf*
      2013, Rn. 79. Sowohl in Deutschland als auch in England ist also in der Zusammenset-
      zung der Jugendgerichte eine Spezialisierung gesetzlich vorgesehen.

858   Section 15 CA 2003.

859   Vgl. *Graham/Moore* 2006, S. 71; *Hester* 2008, S. 221; Section 28 (4) CA 2003.

860   Regel 10 (1) (a) *Youth Court Rules* 2007; *Graham/Moore* 2006, S. 71; *Hester* 2008,
      S. 221.

keit.[861] Section 47 CYPA 1933 besagt, dass in Jugendgerichtsverfahren nur das Gericht, die Gerichtshelfer, die Prozessparteien mitsamt ihrer rechtlichen Vertretung, Zeugen und andere direkt von dem jeweilig zu verhandelnden Fall Betroffene, sowie *bona fide* Journalisten und Medienvertreter anwesend sein dürfen.[862] Anderen Personen darf auf besondere Anordnung des Gerichts Zutritt gewährt werden.

Hinsichtlich der Verfahrensbeteiligten ist noch zu erwähnen, dass bei Angeklagten, die unter 16 Jahre alt sind, die Eltern zur Anwesenheit verpflichtet sind, sofern das Gericht dies nicht für kontraproduktiv oder entgegen der Wohlfahrt des jungen Angeklagten auslegt.[863] Die Verpflichtung zur Anwesenheit soll die elterliche Verantwortung für das Verhalten des eigenen Kindes stärken. Zudem können gegen die Eltern unter Umständen bestimmte Sanktionen verhängt werden, so dass durch ihre Anwesenheit vertagungsbedingte Verzögerungen vermieden werden können. Bei 16- und 17-jährigen Jugendlichen ist die Anwesenheit der Eltern fakultativ.

Gemäß Section 49 CYPA 1933 wird der Presse zwar Zugang gewährt, jedoch unter der Bedingung, dass ihre Berichterstattung eine Identifizierung des jungen Angeklagten nicht zulässt.[864] Das Jugendgericht kann gemäß Section 44 YJCEA 1999 eine teilweise oder vollständige Aufhebung dieses Berichterstattungsverbots anordnen, wenn es der Überzeugung ist, dass es im Sinne der Gerechtigkeit wäre und nicht mit der in Section 44 CYPA 1933 verankerten Verpflichtung des Gerichts, die Wohlfahrt des Kindes oder Jugendlichen zu berücksichtigen, in Konflikt steht. Der Gedanke hinter einer solchen Aufhebung ist sowohl die Spezial- als auch die Generalprävention.[865] Steht ein Kind oder Jugendlicher vor einem Erwachsenengericht, gilt die Vermutung der Berichterstattungsfreiheit – die Medien dürfen insoweit über den Fall und den Angeklagten berichten, als dies nicht durch eine in Section 39 CYPA 1933 geregelte gerichtliche Anordnung untersagt wird.

Verhandlungen vor dem Jugendgericht werden in der Geschäftsverteilung so gelegt, dass ein Kontakt zwischen jungen und erwachsenen Angeklagten bestmöglich vermieden wird. Zudem werden Jugendgerichtsverhandlungen in der Praxis insoweit anders gestaltet als Erwachsenenverfahren, als die Umgebung und die Vorgehensweisen an das geringe Alter der vor dem Gericht erscheinenden Angeklagten angepasst werden. Ziel ist es, das Verfahren für das Kind/den

---

861 Vgl. *Cavadino/Dignan* 2007, S. 325; *Graham/Moore* 2006, S. 71; *Goldson* 2008d, S. 375; *Yates* 2008, S. 239.

862 Siehe auch *Judicial Studies Board* 2010, S. 1.

863 Vgl. *Judicial Studies Board* 2010, S. 1.

864 Das Gesetz listet insbesondere Angaben über den Namen, die Heimadresse, die Schule, den Arbeitsplatz sowie stehende oder bewegte Bilder.

865 Vgl. *Graham/Moore* 2006, S. 71.

Jugendlichen verständlich zu machen, Einschüchterungen zu vermeiden und jungen Angeklagten die Möglichkeit einzuräumen, aktiv am Verfahren mitzuwirken.[866] Die einschlägigen Richtlinien des Innenministeriums,[867] obgleich nicht gesetzlich bindend (die genaue Ausgestaltung des Verfahrens liegt im Ermessen des Gerichts), sehen Anpassungen des Gerichtslayouts vor. Beispielsweise sollen junge Angeklagte zusammen mit ihren Eltern sitzen; die *Magistrates* sollen keine Perücken oder Roben tragen und sollten auf Augenhöhe mit den Angeklagten sitzen, um den Eindruck eines Machtgefälles zu vermeiden und um ein kommunikationsförderliches, weniger einschüchterndes Klima zu schaffen.[868] Der Eindruck eines Machtgefälles soll auch dadurch verhindert werden, dass das Gericht direkt mit dem Angeklagten spricht, und nicht nur mit der rechtlichen Vertretung, wie es in Erwachsenenverfahren der Fall ist.[869] Es sollte insbesondere darauf Acht gegeben werden, dass junge Angeklagte verstehen, was mit ihnen geschieht, warum es geschieht, und dass sie dazu in der Lage sind, an ihrem eigenen Verfahren mitzuwirken. So soll die verwendete Sprache komplexe rechtliche Terminologien vermeiden und immer an das Auffassungsvermögen des jeweiligen jungen Angeklagten angepasst sein.[870]

Das Gesetz legt zeitliche Beschränkungen fest hinsichtlich der maximal zulässigen Dauer von Verfahren vor dem Jugendgericht.[871] Kinder und Jugendliche müssen innerhalb von 36 Tagen nach ihrer Verhaftung zur ersten Anhörung vor das Jugendgericht gebracht werden. Nach längstens 99 weiteren Tagen muss die Hauptverhandlung eröffnet worden sein. Maximal 29 Tage nach dem Schuldspruch muss die Strafzumessung erfolgt sein.[872]

Das Jugendgericht hat eine eingeschränkte Strafzumessungskompetenz, welche jedoch über jene der normalen *Magistrates' Courts* hinausgeht. Während letztere Haftstrafen von bis zu sechs Monaten verhängen dürfen, darf das Ju-

---

866 Siehe insbesondere *Judicial Studies Board* 2010; *Home Office* 2001b.

867 Diese Empfehlungen des Innenministeriums bauen primär auf einer Evaluationsstudie von *Allan/Crow/Cavadino* (2000) auf, in welchem im Rahmen eines Pilotprojekts Möglichkeiten einer jugendadäquaten Gestaltung von Jugendgerichtsverfahren untersucht wurden. Interessanterweise war die Studie auch ausschlaggebend dafür, dass auch Erwachsenengerichte zu einer solchen Anpassung an die Bedürfnisse und Charakteristika junger Angeklagter angehalten wurden. Siehe *Kapitel 3.4.2.1* unten.

868 Vgl. *Home Office* 2001b, S. 8 f.

869 Vgl. *Judicial Studies Board* 2010, S. 2.

870 Vgl. *Home Office* 2001b, S. 8.

871 Geregelt in den „Regeln über Zeitbeschränkungen im Rahmen des Jugendgerichtsverfahrens" von 1999 (*Prosecution of Offences (Youth Court Time Limits) Regulations 1999*).

872 Vgl. auch *Keenan* 2007, S. 126.

gendgericht Jugendstrafen von bis zu 24 Monaten aussprechen.[873] Diese im Vergleich zu den normalen *Magistrates' Courts* erweiterte Kompetenz ist der Tatsache geschuldet, dass das Jugendgericht potentiell auch mit schwereren Formen der Straffälligkeit konfrontiert ist, da nur bestimmte *indictable offences* nicht prinzipiell vor dem Jugendgericht verhandelt werden, während normale *Magistrates' Courts* auf *summary offences* und *either-way offences* beschränkt sind.[874] Daraus erschließt sich jedoch gleichzeitig, dass Kinder und Jugendliche unter bestimmten Umständen zur Hauptverhandlung bzw. zur Strafzumessung an ein Erwachsenenstrafgericht überstellt werden können.

3.4.2 Der „Crown Court"

Der *Crown Court* ist das höhere erstinstanzliche Strafgericht Englands, welches für Fälle schwererer Rechtsbrüche in Strafsachen zuständig ist. Nach den allgemeinen Bestimmungen ist der *Crown Court* zuständig für *indictable offences*, solche *either-way-Offences*, die vom *Magistrates' Court* zur Durchführung der Hauptverhandlung übertragen werden, Berufungen gegen Entscheidungen von Jugendgerichten und *Magistrates' Courts* sowie Strafzumessungsentscheidungen in Fällen, welche nach einer Hauptverhandlung vor dem Jugendgericht oder dem *Magistrates' Court* eine über die Strafzumessungskompetenzen dieser Gerichte hinausgehende Sanktionierung erfordern.[875] Aufgrund der Schwere der vor dem *Crown Court* verhandelten bzw. abzuurteilenden Straftaten, erfolgen Verfahren vor einem Berufsrichter und mehreren Geschworenen. Im Vergleich zu den Jugendgerichten hat der *Crown Court* prinzipiell uneingeschränkte Strafzumessungskompetenz – er ist dazu befugt, die gesetzlich vorgesehenen Strafen gegebenenfalls voll auszuschöpfen, auch bei Kindern und Jugendlichen. So sind bereits für Kinder ab dem Alter von 10 Jahren verschiedene Formen des Langfreiheitsentzuges bis hin zur lebenslangen Freiheitsstrafe möglich (siehe *Kapitel 3.6.2.6.2* unten).

3.4.2.1 Jugendspezifische Besonderheiten bei Verhandlungen vor dem „Crown Court"

Für Kinder und Jugendliche gelten vor dem *Crown Court* prinzipiell dieselben gesetzlichen und prozessualen Vorgaben hinsichtlich der Gestaltung und Durch-

---

873 Vgl. *Goldson* 2008d, S. 375. Das Jugendgericht darf 10- und 11-Jährige jedoch nicht zu Freiheitsentzug verurteilen, und 12- bis einschließlich 14-Jährige nur, wenn sie Intensivtäter sind (*persistent young offenders*) sind, siehe *Kapitel 3.6.2.6* unten.

874 Section 24 MCA 1980. Zu den verschiedenen Deliktskategorien, siehe bereits *Kapitel 3.1.3.1* oben.

875 Vgl. *Goldson* 2008c, S. 117; *Keenan* 2007, S. 39 ff.

führung von Strafverfahren wie für Erwachsene. Jedoch sind Richter des *Crown Court* seit dem Jahr 2000 durch eine Praxisanweisung (*practice direction*) des Lordoberrichters (*Lord Chief Justice*) dazu angehalten (aber nicht verpflichtet), Verfahren an solche vor dem Jugendgericht anzupassen.[876] Die Veröffentlichung dieser Praxisrichtlinie war die unmittelbare Folge einer Entscheidung des EGMR hinsichtlich der Menschenrechtswidrigkeit des Verfahrens im Falle der zwei zum Zeitpunkt ihrer Verurteilung 11-jährigen Kinder, die für die Ermordung von *James Bulger* zu lebenslanger Haft verurteilt worden waren.[877] Der EGMR befand, dass die den Angeklagten in den Artikeln 5 (Recht auf Freiheit und Sicherheit) und 6 (Recht auf ein faires Verfahren) EMRK gewährleisteten Rechte verletzt wurden.[878] Kritisiert wurde dabei insbesondere, dass das Verfahren vor einem Erwachsenengericht abgehalten wurde und nicht dem Entwicklungs- und Reifegrad der Angeklagten angepasst worden war, wodurch die aktive Teilnahme der beiden Jungen deutlich erschwert, und das Verfahren einschüchternd gewesen sei.[879] Zudem trugen die Öffentlichkeit des Verfahrens, die Verhängung zeitlich unbestimmter Freiheitsstrafen sowie die Festlegung der Mindestverbüßungsdauer dieser Strafen durch die Exekutive (und nicht durch ein unabhängiges Tribunal) zur Entscheidung des EGMR bei.[880]

Die Richtlinie sieht vor, dass das Verfahren vor dem *Crown Court* dem Alter, der geistigen Reife sowie dem emotionalen und intellektuellen Entwicklungsstand des im jeweiligen Einzelfall vor ihm erscheinenden Angeklagten angepasst werden soll. Ziel dabei sollte sein, das Verfahren für den jungen Angeklagten weniger einschüchternd zu gestalten und die Fähigkeit des Angeklagten zu verbessern, das mit ihm Geschehende zu verstehen und informiert aktiv am

---

876 Inzwischen findet sich die Praxisanweisung in den Abschnitten III.30.1 bis III.30.18 der „Konsolidierten Praxisanweisung für Strafsachen" von 2011 (*Consolidated Criminal Practice Direction* 2011, CCPD 2011).

877 *V. v. United Kingdom* (No. 24888/94), 16 Dezember 1999; *T. v. United Kingdom* (No. 24724/94), 16. Dezember 1999.

878 Vgl. *Graham* 2010, S. 133 und 138.

879 Vgl. *Elliot/Quinn* 2006, S. 297.

880 Der vorsitzende Richter hatte eine Mindestverbüßungsdauer von acht Jahren festgelegt. Diese wurde durch den Lordoberrichter auf 10 Jahre angehoben. Anschließend machte der damalige Innenminister *Michael Howard* von seinem damals noch bestehenden Recht, die Mindestverbüßungsdauer lebenslanger Freiheitstrafen zu bestimmen Gebrauch, und hob diese auf 15 Jahre an. Vgl. *Scraton/Haydon* 2006, S. 313 f. Infolge der Entscheidung des EMRK wurde dieses Recht der Innenministers in Fällen unter 18-Jähriger aufgehoben, vgl. die Mitteilung des Lordoberrichters vom 26. Juli 2002: „*Review of Minimum Terms set for Young Offenders detained at her Majesty's Pleasure*", online abrufbar unter *http://webarchive.nationalarchives.gov.uk /20110218200720/http:/www .hmcourts-service.gov.uk/cms/619.htm* (zuletzt aufgerufen: 20.03.2014).

Verfahren teilzunehmen.[881] Die in der Praxisrichtlinie geäußerten Vorschläge sind dabei nicht verbindlich – jedoch senkt eine Umsetzung die Wahrscheinlichkeit, dass erneut ein Fall durch den EGMR für menschenrechtswidrig erklärt wird.

Beispielsweise sieht Abschnitt III.30.9 CCPD 2011 vor, dass alle im Gerichtssaal Anwesenden auf Augenhöhe zueinander sitzen, während Abschnitt III.30.10 empfiehlt, dass junge Angeklagte zusammen mit ihren Eltern und in unmittelbarer Nähe zu ihrem Verteidiger sitzen dürfen. Um Einschüchterung zu vermeiden, sollte der Grad an Formalität weitestgehend verringert werden, beispielsweise durch das Absehen von ansonsten vor dem *Crown Court* üblichen Perücken und Roben und durch den Einsatz nicht-uniformierter Polizeibeamter.[882] Der zeitliche Ablauf des Verfahrens sollte an die Konzentrationsfähigkeit des Angeklagten angepasst sein (beispielsweise durch das häufigere Einlegen von Verhandlungspausen), und im Rahmen von Kreuzverhören gestellte Fragen sollten kurz und in einfacher, für den jeweiligen Angeklagten verständlicher Sprache formuliert sein.[883]

Auch sollte das Gericht eine Einschränkung des Zugangs der Öffentlichkeit sowie der Medienberichterstattung in Erwägung ziehen.[884] Im Vergleich zu der vor dem Jugendgericht geltenden grundsätzlichen Einschränkung in der Zulässigkeit von Medienberichterstattungen, gilt vor dem *Crown Court* die umgekehrte Vermutung, nämlich dass eine uneingeschränkte Berichterstattung prinzipiell zulässig ist. Während das Jugendgericht gemäß Section 44 CYPA 1933 eine Aufhebung der Einschränkungen auf Antrag der Staatsanwaltschaft anordnen kann, kann der *Crown Court* auf Antrag der angeklagten Partei eine Einschränkung der Berichterstattung nach Section 39 CYPA 1933 aussprechen. In der Praxis bedeutet dies, dass Medien den Namen, die Adresse, die Schule, Fotos oder sonstige eine Identifikation des Angeklagten (sowie auch junger Zeugen und Opfer) ermöglichende Informationen veröffentlichen dürfen, es sei denn das Gericht verbietet dies. Im Rahmen der Entscheidung, eine Anordnung nach Section 39 auszusprechen, muss das Gericht das öffentliche Interesse gegen die Wohlfahrt des Kindes/Jugendlichen abwägen. Sofern ein unter 18-Jähriger für ein schweres Verbrechen verurteilt wird, gilt prinzipiell die Vermutung, dass das öffentliche Interesse, die Identität des Täters zu erfahren sowie das Erfordernis einer generalpräventiven Wirkung überwiegen.[885]

---

881 Abschnitt III.30.3 CCPD 2011.

882 Abschnitt III.30.14 CCPD 2011.

883 Abschnitt III.30.12 CCPD 2011.

884 Abschnitte III.30.15 bis III.30.17 CCPD 2011.

885 Vgl. *Judicial Studies Board* 2009, S. 17.

3.4.2.2   Transfers an den „Crown Court"

Verweise an den *Crown Court* können zum einen bereits zu Beginn des Verfahrens erfolgen (und sind in manchen Fällen sogar obligatorisch), so dass die Hauptverhandlung vor dem Erwachsenengericht abgehalten wird und die Zuständigkeit für die Feststellung der Schuld des Angeklagten an das Erwachsenengericht übertragen wird. Derartige Transfers werden als *committal for trial* bezeichnet. Zum anderen kann ein durch das Jugendgericht für schuldig befundener Täter in bestimmten Fällen zur Strafzumessung an ein Erwachsenengericht verwiesen werden – sogenanntes *committal for sentencing*. Das dritte Szenario, welches einen Transfer an ein Erwachsenengericht vorsieht, ist gegeben, wenn ein Kind oder Jugendlicher gemeinsam mit einem Erwachsenen für die Begehung eines *indictable offence* angeklagt wird.

3.4.2.2.1   Obligatorisches „committal for trial"

Committal for trial ist dann obligatorisch, wenn ein 10- bis einschließlich 17-Jähriger wegen eines Tötungsdelikts (*homicide*) angeklagt wurde.[886] Obgleich *homicide* als Deliktskategorie nicht gesetzlich definiert ist, wird es vom *Youth Court Bench Book*[887] so verstanden, dass es Mord und Totschlag umfasst.[888]

Neben Tötungsdelikten muss die Hauptverhandlung bei 16- und 17-Jährigen zudem auch bei bestimmten in Section 51A (1) *Firearms Act 1968* definierten Schusswaffendelikten vor dem *Crown Court* erfolgen.[889] Diese Obligation rührt daher, dass für diese Straftatbestände gesetzliche Mindeststrafen von drei Jahren vorgesehen sind, welche die Strafzumessungskompetenz des Jugendgerichts von vornherein überschreiten.[890]

---

886   Section 24 MCA 1980.

887   Das *Youth Court Bench Book* ist eine Konsolidierung der materiell- und prozessrechtlichen Vorgaben, die von das Jugendgericht bildenden Laienrichtern befolgt werden sollen. Es ist demnach eine Praxisanleitung für den rechtlich korrekten Umgang mit Kindern und Jugendlichen, die vor dem Jugendgericht angeklagt und gegebenenfalls verurteilt werden. Das *Bench Book* ist insoweit verbindlich, als dass es letztendlich eine Zusammenfassung verbindlicher Rechtsvorschriften darstellt.

888   Vgl. *Judicial Studies Board* 2010, S. 28. Das *Youth Court Bench Book* von 2002 definierte die Gruppe der Tötungsdelikte deutlich weiter, indem es versuchten Mord, versuchten Todschlag, Kindsmord (*infanticide*) und sogar Genozid mit einschloss, siehe *NACRO* 2004a, S. 4.

889   Section 24 MCA 1980.

890   Vgl. *NACRO* 2004a, S. 3 f.

3.4.2.2.2 Verweise an den „Crown Court" für „schwere Straftaten" („grave crimes")

Fakultativ ist ein *committal for trial* dann, wenn ein Kind oder Jugendlicher für die Begehung einer Straftat angeklagt wird, für die das Gesetz für erwachsene Straftäter eine Höchststrafe von 14 Jahren oder mehr vorsieht, oder[891] für die mutmaßliche Begehung bestimmter im *Sexual Offences Act 2003*[892] unter Strafe gestellter Straftatbestände.[893] Diese beiden Deliktsgruppen bilden die sogenannten *grave crimes*, für deren Begehung das Gesetz die Verhängung von „Langfreiheitsstrafen" (*long-term detention*, LTD. siehe *Kapitel 3.6.2.6.2* unten) auch bei 10- und 11-Jährigen zulässt.

Ein Verweis an den *Crown Court* sollte dann erfolgen, wenn das Gericht der Auffassung ist, dass die zu erwartende und verhältnismäßige Strafe die im Rahmen der Strafzumessungskompetenz des Jugendgerichts maximal zulässigen 24 Monate Freiheitsentzug deutlich überschreiten wird.[894] Hierzu bildet das Gericht eine „vorläufige Strafe" mittels des in *Kapitel 3.6.3.2* unten beschriebenen Tatschwereprüfverfahrens. Obgleich „deutlich" nicht gesetzlich definiert wird, verweist das *Youth Court Bench Book* auf relevante Rechtsprechung, welche befindet, dass die Wahrscheinlichkeit, mit der eine Strafe von mehr als 24 Monaten zu erwarten ist, über eine lediglich theoretische hinausgehen muss – angesichts der Fakten muss es eine reelle Wahrscheinlichkeit geben, die ein Verfahren vor dem *Crown Court* und die dort möglichen Strafen rechtfertigt.[895]

Die Begründung, dass die Strafzumessungskompetenz des Jugendgerichts nicht ausreicht, ist allein nicht zulässig, auch wenn die oben angeführten Kriterien dies vermuten lassen könnten. Dies rührt daher, dass das Jugendgericht nicht dazu befugt ist, 10- und 11-Jährige Kinder überhaupt zu Freiheitsentzug zu verurteilen.[896] Wäre mangelnde Strafzumessungskompetenz der Maßstab für den Verweis eines *grave crimes* an den *Crown Court*, könnte jedes 10- und 11-Jährige Kind, für das eine Haftstrafe überhaupt in Frage kommt, entsprechend an den *Crown Court* geschickt werden, wodurch die zum Schutze dieser jungen Kinder geschaffenen Einschränkungen in der Strafzumessungskompetenz des

---

891 Section 24 MCA 1980 i. V. m. Section 91 PCC(S)A 2000. Unter diese Kategorie fallen beispielsweise Raub, Vergewaltigung, Drogenhandel, Einbruchsdiebstahl und vorsätzliche schwere Körperverletzung, siehe *Bateman* 2008a, S. 185; *NACRO* 2004a, S. 2 f.

892 Sections 3, 13, 25 und 28 des *Sexual Offences Act 2003*.

893 Section 24 MCA 1980 i. V. m. Section 91 PCC(S)A 2000.

894 Vgl. *NACRO* 2004a, S. 4.

895 Vgl. *Judicial Studies Board* 2010, S. 29 ff.; siehe auch *NACRO* 2004a, S. 4.

896 Gemäß Section 100 (2) CDA 1998.

Jugendgerichts völlig ausgehebelt würden.[897] In der Praxis hat dies zur Folge, dass die Schwelle, die überschritten sein muss, damit ein 10- oder 11-jähriges Kind zu Freiheitsentzug verurteilt werden kann, deutlich höher liegt als bei älteren Kindern und Jugendlichen.

Wird ein Kind oder Jugendlicher durch den *Crown Court* für schuldig befunden, kann das Verfahren zur Strafzumessung an das Jugendgericht zurückverwiesen werden (*remittal to Youth Court*), wenn der *Crown Court* der Auffassung ist, dass der Fall doch im Rahmen der Strafzumessungskompetenz des Jugendgerichts liegt, eine Strafe von 24 Monaten oder weniger also verhältnismäßig wäre.[898]

Entscheidet sich das Jugendgericht, einen Fall nicht an den *Crown Court* zu geben, kann der Angeklagte im Falle einer Verurteilung nicht nachträglich zur Strafzumessung an den *Crown Court* verwiesen werden, auch wenn sich herausstellt, dass die für die Tat verhältnismäßige Strafe eine solche wäre, die über 24 Monate Jugendhaft hinausgeht.[899] Die einzige Ausnahme zu dieser Regel ist dann gegeben, wenn das Gericht nach dem Schuldspruch im Rahmen der Strafzumessung ermittelt, dass der Verurteilte als „gefährlich" (*dangerous*) einzustufen ist.

3.4.2.2.3 Verweise im Falle einer prognostizierten Gefährlichkeit („dangerousness")

Kapitel 5 von Teil 12 CJA 2003 hat das Konzept der „Gefährlichkeit" in das englische Strafrecht und Strafprozessrecht eingeführt.[900] So ist das Jugendgericht[901] dazu befugt, einen für die Begehung bestimmter Gewalt- und Sexualdelikte für schuldig befundenen 10- bis einschließlich 17-Jährigen zur Verhängung einer besonderen Form des Langfreiheitsentzugs[902] an den *Crown Court* zu verweisen, wenn es der Auffassung ist, dass er eine erhebliche Bedrohung für die Allgemeinheit darstellt.[903] Die für „gefährliche" Straftäter vorgesehenen „Frei-

---

897 Siehe hierzu *NACRO* 2004a, S. 3 m. w. N.

898 Section 8 (2) PCC(S)A 2000.

899 Vgl. *Judicial Studies Board* 2010, S. 29.

900 Sections 224-236 sowie Schedule 15 CJA 2003. Siehe hierzu insbesondere *NACRO* 2005c; 2006a; *Cadman* 2008a, *Sentencing Guidelines Council* 2008.

901 *Dangerousness* ist nicht auf Kinder und Jugendliche beschränkt. Jedoch gelten für sie andere gesetzliche Vorgaben als für Erwachsene hinsichtlich der Ausgestaltung der neuen Sanktionsformen, siehe *Sentencing Guidelines Council* 2008, sowie *Kapitel 3.6.2.6.2* unten.

902 Für eine genauere Darstellung dieser Sanktionsformen, siehe *Kapitel 3.6.2.6.2* unten.

903 Sections 226 und 228 CJA 2003 i. V. m. Section 8 (2) PCC(S)A 2000.

heitsstrafen zum Schutze der Öffentlichkeit" (*sentences for public protection*, siehe *Kapitel 3.6.2.6.2* unten) erlauben demnach ein auf prognostiziertem Straffälligkeitsrisiko basiertes Abweichen von einer tatproportionalen Bestrafung, wenn dadurch dem Schutz der Öffentlichkeit gedient wird.[904]

Da das Jugendgericht nur zeitlich bestimmte Freiheitsstrafen von bis zu maximal 24 Monaten verhängen darf, müssen Fälle, in denen die Gefährlichkeit des Täters prognostiziert wurde, zur Strafzumessung an den *Crown Court* verwiesen werden.[905] Für eine derartige Zuständigkeitsübertragung müssen folgende Kriterien erfüllt sein: 1. Ein Kind oder Jugendlicher wird der Begehung bestimmter Gewalt- oder Sexualdelikte (*specified offences*) für schuldig befunden; 2. das Jugendgericht ist der Überzeugung, dass von dem Kind oder Jugendlichen die „wesentliche Gefahr" (*significant risk*) ausgeht, der Öffentlichkeit durch die Begehung weiterer *specified offences* „erhebliches Übel" (*serious harm*) zuzufügen; 3. würde die Tat mittels einer zeitlich bestimmten Freiheitsstrafe sanktioniert werden, müsste die Tatschwere eine Freiheitstrafe von mindestens vier Jahren rechtfertigen.[906] Im Rahmen seiner Entscheidungssuche muss das Gericht einen *pre-sentence report* des YOT heranziehen.[907]

Die Straftatbestände, für deren mutmaßliche Begehung ein Angeklagter einer Gefährlichkeitsprognose unterzogen werden muss (*specified offences*), sind in Schedule 15 CJA 2003 aufgeführt.[908] Insgesamt sind in Schedule 15 über 150

---

904 Vgl. *Monaghan* 2008a, S. 137.

905 Vgl. *NACRO* 2006a, S. 1.

906 Vgl. *Judicial Studies Board* 2010, S. 35; *Sentencing Guidelines Council* 2008, S. 10; 2009, S. 28.

907 Section 156 (3) bis (5) CJA 2003. Für eine detaillierte Darstellung des Entscheidungsprozesses sowie aller im Detail zu berücksichtigenden Informationen und Faktoren, siehe *Sentencing Guidelines Council* 2008 sowie die Internetpräsens der Staatsanwaltschaft (*Crown Prosecution Service*) unter *http://www.cps.gov.uk/legal/s_to_u/sentencing_ and_dangerous_offenders/* (zuletzt aufgerufen: 20.03.2014).

908 Im Herbst 2013 ist Chapter 5 LASPOA 2012 in Kraft getreten. Vor dieser Reform wurde in Schedule 15 CJA 2003 zwischen *specified offences* und *serious specified offences* differenziert. Erstere waren solche Gewalt- und Sexualdelikte, für die das Gesetz für Erwachsene eine Höchststrafe von zwei Jahren oder mehr vorschreibt. Letztere waren schwerere Sexual- und Gewaltdelikte mit einer gesetzlich festgelegten Höchststrafe von 10 Jahren oder mehr, vgl. *NACRO* 2006a, S. 2; *Cadman* 2008a, S. 124. Die Kategorie, der eine mutmaßlich begangene Straftat angehörte, war bis zu den jüngsten Reformen maßgebend für die dem Gericht im Falle einer Gefährlichkeitsfeststellung mit anschließender Verurteilung zur Verfügung stehenden Sanktionsformen. Für *specified offences* konnte das Gericht eine sogenannte „erweiterte Strafe" (*extended sentence*) verhängen, für *serious specified offences* dagegen kam neben der *extended sentence* auch zeitlich unbestimmter „Freiheitsentzug zum Schutz der Öffentlichkeit" (*detention for public protection*) und sogar die lebenslange Freiheitsstrafe (nach Section 91 PCC(S)A 2000) in Betracht (siehe *Kapitel 3.6.2.6.2* unten), vgl. Cadman 2008a, S. 124;

verschiedene Gewalt- und Sexualstraftatbestände aufgelistet. Hat das Jugendgericht jemanden der Begehung eines *specified offence* für schuldig befunden, obliegt es ihm zu ermitteln, ob der Angeklagte „gefährlich" ist. Gefährlich ist er dann, wenn das Gericht der Überzeugung ist, dass von ihm die „wesentliche Gefahr" ausgeht, der Öffentlichkeit durch die Begehung weiterer *specified offences* „erhebliches Übel" zuzufügen.[909] In der Praxis muss das Gericht befinden, dass: 1.) eine wesentliche Gefahr (*significant risk*) besteht, dass das Kind oder der Jugendliche weitere *specified offences* begeht und 2.) dass die wesentliche Gefahr besteht, dass diese potentiellen Straffälligkeiten der Öffentlichkeit ein erhebliches Übel (*serious harm*) zufügen würden.[910] Im Rahmen dieser Gefährlichkeitsprognose gelten für Kinder/Jugendliche und Erwachsene dieselben gesetzlichen Bestimmungen, jedoch mahnen die Strafzumessungsrichtlinien dazu, dass diese Prüfung den Reifegrad junger Menschen berücksichtigen muss und dass Kinder und Jugendliche in viel kürzerer Zeit zu einer Anpassung und Veränderung von Einstellungen und Verhaltensweisen imstande sind.[911] Folglich müsse die Messlatte für potentielle Gefährlichkeit bei unter 18-Jährigen höher gehängt werden.[912]

3.4.2.2.4 Gemeinschaftliche Anklage mit einem Erwachsenen

Kinder und Jugendliche, denen die mutmaßliche Begehung einer Straftat gemeinsam mit einem Erwachsenen vorgeworfen wird, werden prinzipiell vor dem *Magistrates' Court* für Erwachsene angeklagt.[913] Bekennt sich der junge Angeklagte im Rahmen der ersten Anhörung „nicht schuldig", ist der *Magistrates' Court* dazu befugt, ihn zur Hauptverhandlung an das Jugendgericht zu verweisen.[914] Verbleibt der junge Angeklagte im Erwachsenengericht, muss dieses ihn nach dem Schuldspruch zur Strafzumessung an das Jugendgericht verweisen, sofern die angemessene Sanktion nicht ein unbedingtes oder bedingtes Absehen von Strafe (*absolute and conditional discharge*, siehe *Kapitel 3.6.2.1* unten),

---

Sentencing Guidelines Council 2008. Chapter 5 LASPOA 2012 hat diese Differenzierung zwischen *specified offences* und *serious specified offences* aufgehoben, und *detention for public protection* (Sicherungsverwahrung, siehe *Kapitel 3.6.2.6.2*) für Kinder und Jugendliche abgeschafft. Für alle *specified offences* kommt seit Inkrafttreten von Chapter 5 LASPOA 2012 im Herbst 2013 nur noch die *extended sentence* in Betracht (*ebenfalls Kapitel 3.6.2.6.2*).

909 Sections 226 (1) (b) und 228 (1) (b) CJA 2003.

910 Siehe *NACRO* 2006a, S. 2; *Sentencing Guidelines Council* 2008, S. 15.

911 Siehe *Sentencing Guidelines Council* 2009, S. 28.

912 Vgl. *Sentencing Guidelines Council* 2008, S. 18.

913 Section 46 (1) CYPA 1933.

914 Section 29 MCA 1980.

eine Geldstrafe (*fine*, siehe *Kapitel 3.6.2.2* unten) oder eine elterliche Zwangs-bürgschaft (*parental bind-over*, siehe *Kapitel 3.6.2.7.2* unten) ist.[915]

Wird dem Angeklagten die Begehung eines *indictable offence* gemeinsam mit dem Erwachsenen zur Last gelegt, kann ihn den *Magistrates' Court* zur Hauptverhandlung an den *Crown Court* verweisen, sofern dies im Sinne der Gerechtigkeit wäre.[916] Nach dem Schuldspruch durch den *Crown Court* muss letzterer das Kind oder den Jugendlichen zur Strafzumessung an das Jugendgericht übergeben, sofern das Gericht dies für angemessen befindet.[917]

3.5 Maßnahmen zur Verfahrenssicherung

Nach der Anklageerhebung können alle Formen der Verfahrenssicherung nur noch durch das zuständige Gericht angeordnet werden. Prozesssichernde Maßnahmen kommen zu verschiedenen Zeitpunkten in Betracht, basieren jedoch unabhängig vom Verfahrenszeitpunkt immer auf denselben gesetzlichen Grundlagen und unterstehen somit immer denselben Bedingungen.[918] Sie können zur Überbrückung zwischen der ersten Anhörung und der Hauptverhandlung angeordnet werden, zwischen Hauptverhandlungsterminen (sofern Vertagungen erforderlich sind), zwischen Abschluss der Hauptverhandlung (symbolisiert durch den Schuldspruch durch das Gericht) und der Strafzumessungsanhörung (*sentencing hearing*), gegebenenfalls zwischen Strafzumessungsanhörung und Antritt des Vollzugs einer Freiheitsstrafe und zur Überbrückung eines Verweises an den *Crown Court, vice versa.*[919]

Während die Gerichte bei Erwachsenen lediglich eine Entscheidung für oder gegen Untersuchungshaft (*remand to prison custody*) fällen müssen, ist für Kinder und Jugendliche eine Reihe von Alternativen zur Unterbringung in Untersuchungsgefängnissen gesetzlich vorgesehen und zum Teil auch vorgeschrieben. Dabei gilt der Grundsatz, dass immer die am wenigsten eingriffsintensive Maß-

---

915 Sections 8 (6)-8 (8) PCC(S)A 2000.

916 Section 24 MCA 1980 i. V. m. Section 51 CDA 1998.

917 Section 8 (2) PCC(S)A 2000.

918 Sections 98 und 99 sowie Schedule 12 LASPOA 2012, zum Zeitpunkt des Verfassens noch nicht in Kraft getreten, sehen Reformen der Verfahrenssicherung bei Kindern und Jugendlichen in der nahen Zukunft vor. Die Zulässigkeitsvoraussetzungen für die Anordnung geschlossener Formen der Verfahrenssicherung werden verändert, 17-Jährige in den Anwendungsbereich der kinder- und jugendspezifischen Regelungen einbezogen und die Kosten der Untersuchungshaft auf die Kommunen übertragen. Für einen kurzen Überblick über die Reform der Verfahrenssicherung bei Kindern und Jugendlichen sowie der Notwendigkeit dieser Reform, siehe *Kapitel 4.3.4* unten.

919 Siehe hierzu Sections 5 (1) und 6 (3) MCA 1980, vgl. auch *Cavadino/Dignan* 2007, S. 94.

nahme Vorrang hat.[920] Die Anwendbarkeit der Alternativen ist primär vom Alter des Angeklagten bzw. Verurteilten abhängig. Daneben spielen auch die (mutmaßlich) begangene Straftat, die strafrechtliche Vergangenheit des Angeklagten/Verurteilten und die Einschätzung des Gerichts über die Wahrscheinlichkeit, dass ein Angeklagter/Verurteilter vor Gericht erscheinen wird, eine Rolle. Dabei ist anzumerken, dass 17-Jährige im Kontext der Verfahrenssicherung Erwachsenen gleichgestellt sind. Die im Laufe dieses Kapitels präsentierten Alternativen zu *bail* und *remand to prison custody* gelten demnach nur für Kinder und Jugendliche bis zum 16. Lebensjahr.[921]

Wie bereits bei der Prozesssicherung im Rahmen des Ermittlungsverfahrens (siehe *Kapitel 3.2.3* oben) muss auch das Gericht eine Entscheidung fällen zwischen einer vorläufigen Freilassung (oder „Haftverschonung") des Angeklagten (*release on bail*), gegebenenfalls verknüpft mit Auflagen und Verboten und einer stationären Prozesssicherungsmaßnahme (*remand*). Dabei stehen den Gerichten für Kinder und Jugendliche verschiedene alternative Unterbringungsformen zur Verfügung, mittels derer ein Verbleib in geschlossenen Justizvollzugs- oder Untersuchungshaftanstalten vermieden werden soll (siehe *Kapitel 3.5.2* unten).

3.5.1 Vorläufige Freilassung „on bail"

Bail ist im „Gesetz über Untersuchungshaftverschonung" von 1976 (*Bail Act 1976*, BA 1976) geregelt und wird definiert als die vorläufige Freilassung eines Angeklagten unter der Bedingung, dass er sich zu einem bestimmten zukünftigen Zeitpunkt der Aufsicht des Gerichts unterstellt.[922] Dabei gelten für Kinder/ Jugendliche und für Erwachsene dieselben gesetzlichen Grundlagen.[923]

Laut Section 4 BA 1976 besteht die allgemeine gesetzliche Vermutung, dass Personen nicht in Gewahrsam genommen, sondern vorläufig freigelassen werden, sofern bestimmte Voraussetzungen für eine Verweigerung der Haftverschonung nicht erfüllt sind.[924] Das Gesetz sieht gewisse Ausnahmen zu dieser allgemeinen Vermutung vor, welche in erster Linie von der Art der mutmaßlich begangenen Straftat abhängen.[925]

---

920 Vgl. *Thomas* 2008b, S. 287.

921 Vgl. *NACRO* 2003a, S. 2.

922 Section 3 (1) BA 1976. Im Wortlaut: „*A person granted bail in criminal proceedings shall be under a duty to surrender to custody*".

923 Siehe hierzu beispielsweise *NACRO* 2003a; *Hucklesby* 2008; 2008c; *Rozel* 2009, alle m. w. N.

924 Vgl. *Hucklesby* 2008c, S. 31 f.; 2008, S. 33.

925 Schedule 1 BA 1976; *NACRO* 2003a, S. 2.

Jungen Angeklagten, die wegen der mutmaßlichen Begehung einer Straftat vor Gericht stehen, die nicht mit Freiheitsstrafe bedroht ist (*non-imprisonable offence*), kann eine Haftverschonung verweigert werden, wenn sie bereits in der Vergangenheit versäumt haben wieder vor Gericht zu erscheinen und das Gericht der Überzeugung ist, dass dies bei einer erneuten Freilassung *on bail* wieder eintreten würde.[926] Wird einer Person die Begehung einer Straftat vorgeworfen, für die das Gesetz die Verhängung einer Freiheitsstrafe zulässt (*imprisonable offence*), kann das Gericht *bail* verweigern, wenn es wesentlichen Grund zur Annahme gibt, dass der Angeklagte nicht wie vorgeschrieben vor Gericht erscheinen würde oder in der Zwischenzeit erneut straffällig werden würde. Gleiches gilt bei der Vermutung, dass er versuchen wird, Zeugen zu beeinflussen oder auf andere Weise die Justiz zu behindern.[927] Gemäß Section 56 CDA 1998 gilt in Fällen von Mord, Totschlag, Vergewaltigung, versuchten Mordes und versuchter Vergewaltigung der Grundsatz, dass *bail* verweigert wird, es sei denn, das Gericht ist der Auffassung, dass besondere Ausnahmebedingungen ein Absehen von dieser Verweigerung zulassen.[928] Ein Anspruch auf Haftverschonung besteht nicht, wenn der Täter bereits für schuldig befunden wurde und auf die Strafzumessungsanhörung wartet, es sei denn, er wurde Zwecks der Verfassung eines *pre-sentence report* an das YOT verwiesen.[929]

In seiner Abwägung, ob die Bedingungen für eine Verweigerung einer Haftverschonung erfüllt sind oder nicht, muss das Gericht gemäß Teil II § 9, Schedule 1 BA 1976 folgende Faktoren berücksichtigen: Die Straftat (die Tatschwere, die Tatbegehungsumstände und die zu erwartende Sanktion); die Hintergründe des Angeklagten (beispielsweise Vorstrafen, Grad seiner Einbindung in gesellschaftliche Netzwerke, Bildungs- oder Berufstätigkeit, Familienumstände); sofern der Angeklagte in der Vergangenheit im Rahmen anderer Strafver-

---

926 Teil II § 2 von Schedule 1 BA 1976. Vgl. auch *Dignan* 2011, S. 385 f.; *Cavadino/ Dignan* 2007, S. 94.

927 Teil I § 2, Schedule 1 BA 1976.

928 Vgl. *Dignan* 2011, S. 385 f.

929 Section 10 (3) MCA 1980. *Bail* ist in solchen Fällen nicht gänzlich ausgeschlossen. Jedoch müssen Angeklagte in solchen Fällen einen Antrag auf *bail* stellen, der normalerweise nur dann erforderlich wird, wenn die Staatsanwaltschaft sich gegen *bail* ausgesprochen hat. Gemäß Section 154 CJA 1988 können zwei Anträge auf *bail* gestellt werden. Dabei gilt die Vermutung, dass der Anspruch auf einen dieser Anträge nach Durchführung der ersten Anhörung automatisch erlischt – die automatische Gewährung von *bail* nimmt demnach dem Angeklagten das Stellen eines Antrages ab. Nach zwei Anträgen ist das Gericht nicht mehr dazu verpflichtet, weitere Anträge anzuhören, die auf in vorherigen Anträgen bereits angeführten Begründungen basieren. In der Praxis bedeutet das, dass weitere Anträge auf *bail* eine Veränderung in den Lebensbedingungen und -umständen des Angeklagten erfordern, um zulässig zu sein, vgl. *NACRO* 2003a, S. 7; 2003b, S. 1.

fahren *on bail* freigelassen wurde, ob er die an diese Freilassung geknüpften Bedingungen erfüllt hat; die Beweislage im aktuellen Fall sowie alle anderen Faktoren, die nach Ansicht des Gerichts von Relevanz sind.[930]

§§ 3 bis 7 von Teil I Schedule 1 BA 1976 definieren weitere Ausnahmen zur Vermutung einer Freilassung *on bail*:

- Das Gericht ist der Auffassung, dass das Kind oder der Jugendliche im Sinne seiner eigenen „Wohlfahrt" (Kindeswohl) vorläufig untergebracht werden sollte;
- der Angeklagte befindet sich bereits im Strafvollzug;
- das Gericht ist der Auffassung, dass ihm für eine *bail*-Entscheidung nicht genügend Informationen vorliegen;
- ein Angeklagter wurde bereits *on bail* freigelassen und anschliessend wegen Verstößen gegen die an seine Freilassung gebundenen Auflagen oder wegen Flucht (*absconding*)[931] verhaftet;
- das Verfahren wurde Zwecks der Anfertigung von Gerichtshilfeberichten vertagt und die erfolgreiche Anfertigung dieser Berichte würde bei einer Freilassung des Angeklagten erheblich erschwert.[932]

Gerichte müssen ihre Entscheidungen für oder gegen die vorläufige Freilassung eines Angeklagten schriftlich rechtfertigen. Dadurch wird Angeklagten, denen eine solche Haftverschonung verweigert wird, ermöglicht, die Entscheidung des Gerichts in der nächst höheren Gerichtsinstanz anzufechten.[933] Entsprechend muss das Gericht auch gegenüber der Staatsanwaltschaft eine schriftliche Rechtfertigung für eine vorläufige Freilassung erbringen, wenn jene einen Antrag auf Verweigerung derselben gestellt hatte.[934]

Versäumt es ein Angeklagter, sich dem Gericht zur Verfügung zu halten, macht er sich strafbar und kann mit Geldstrafe bis zu £ 1.000 (£ 5.000 für Erwachsene) oder maximal drei Monaten Freiheitsentzug bestraft werden.[935]

Wie schon die Polizei kann auch das Gericht gewisse Auflagen an eine Freilassung *on bail* anknüpfen (*conditional bail*).[936] Die Auflagen müssen dazu

---

930 Beispielsweise erlaubt Section 58 CJCSA 2000 den Gerichten, eine Vergangenheit des Drogenmissbrauchs als Faktor in dieser Entscheidung zu berücksichtigen, siehe hierzu *NACRO* 2003a, S. 3.

931 Section 7 BA 1976.

932 Vgl. *NACRO* 2003a, S. 3.

933 Gemäß Section 60 CJA 1982 kann die Entscheidung eines *Magistrates' Court* vor dem *Crown Court*, Entscheidungen des *Crown Court* vor dem *High Court of Appeal* angefochten werden.

934 Section 129 (1) CJPA 2001, siehe auch *NACRO* 2003a, S. 3 f.

935 Sections 3 (1), 6 und 7 BA 1976; *Hucklesby* 2008, S. 33. Da die zulässige Mindestdauer einer Freiheitsstrafe bei unter 18-Jährigen auf vier Monate lautet, kommen für 10- bis unter 18-Jährige andere Rechtsfolgen des Sanktionskatalogs in Betracht.

beitragen, dass der Angeklagte wie aufgefordert vor Gericht erscheint, während seiner Freilassung nicht straffällig wird, keine Zeugen beeinflusst, die Justiz nicht behindert und sich Zwecks der Verfassung von Gerichtshilfeberichten den entsprechenden Behörden „zur Verfügung hält".[937] Dabei differenziert der BA 1976 zwischen „Bürgschaften" (*sureties*),[938] „Kautionen" (*securities*)[939] und sonstigen gerichtlichen Auflagen (*court requirements*).

Hinsichtlich der sonstigen Auflagen, die ein Gericht als Bedingung für eine Freilassung *on bail* festlegen kann, macht das Gesetz keine genauen Vorgaben.[940] In der Folge haben die Gerichte ein weites Ermessen in der Zusammensetzung der an *conditional bail* angehängten Auflagen und diese hängen stark von den Dienstleistungsinfrastrukturen vor Ort ab. In der Praxis bestehen die Auflagen in erster Linie aus Meldepflichten (*reporting requirements*), Ausgangssperren/Hausarrest (*curfew requirements*), Betretungsverboten (*exclusion requirements*), Umgangsverboten (*non-association requirements*) und Auflagen hinsichtlich des dauerhaften Aufenthaltsortes (*residence requirements*).[941]

Verstößt ein Angeklagter gegen die im Rahmen von *conditional bail* bestimmten Auflagen, macht er sich nicht strafbar. Jedoch kann er ohne Haftbefehl verhaftet werden, wenn ein Verstoß gegen seine Auflagen vorliegt oder die Polizei der Auffassung ist, dass der Angeklagte Gefahr läuft, dies zu tun.[942] Unter solchen Umständen kann das Gericht unter Berücksichtigung der für die Nichteinhaltung ursächlichen Faktoren entscheiden, ob es den Angeklagten erneut *on bail* freilässt (gegebenenfalls mit denselben oder aber mit neuen Auflagen), oder ob diese Verstöße eine ausreichende Begründung darstellen, um *bail* zu verwei-

---

936 Vgl. *Cavadino/Dignan* 2007, S. 94.

937 Section 3 (6) BA 1976. Siehe auch *NACRO* 2003a, S. 4.

938 Eine Bürgschaft wird von einer Person erbracht, die sich bereit erklärt, eine bestimmte Summe an das Gericht zu zahlen, sollte es der Angeklagte versäumen, vor Gericht zu erscheinen, vgl. Section 3 (4) BA 1976. Siehe auch *NACRO* 2003a, S. 4; 2005b, S. 3 f. Bei Angeklagten, die noch nicht 17 Jahre alt sind, können die Eltern eine zusätzliche Bürgschaft dafür ablegen, dass ihr Kind mögliche sonstige gerichtliche Auflagen erfüllen wird. In diesem Falle darf die Bürgschaft £ 50 nicht überschreiten, siehe Section 7 (3) BA 1976.

939 Im Vergleich zur Bürgschaft erfordert die in Section 3 (5) BA 1976 vorgesehene Kaution (*securities*), dass ein Angeklagter einen tatsächlichen Sachwert beim Gericht hinterlegt, beispielsweise in der Form von Bargeld, eines Reisepasses oder Reisechecks, vgl. *NACRO* 2003a, S. 4. Aus dem Gesetz geht jedoch nicht hervor, ob nur der Angeklagte eine solche Kaution hinterlegen kann, oder ob sie auch an andere Personen (die Eltern) übertragen werden kann. Vgl. *NACRO* 2005b, S. 3 f.

940 Vgl. *Hucklesby* 2008c, S. 32.

941 Vgl. *NACRO* 2003a, S. 5 f.; *Hucklesby* 2008c, S. 32.

942 Section 7 (3) (b) BA 1976.

gern und auf eine stationäre (gegebenenfalls geschlossene) Maßnahme zurück-zugreifen.[943] Es gibt Freilassungsauflagen, die speziell für solche Kinder und Jugendliche entwickelt wurden, die Gefahr laufen, aufgrund ihrer kriminellen Vergangenheit, der Schwere der ihnen vorgeworfenen Tat oder anderen Faktoren in ihrem Leben, die gegen eine vorläufige Freilassung sprechen, in geschlossene stationäre Unterbringung geschickt zu werden. Durch die Einführung eines elektronisch überwachten Hausarrests (*curfew with an electronic monitoring requirement*, oder *home detention curfew*), von sogenannten *bail supervision and support programmes* und *bail with intensive supervision and surveillance* stehen den Gerichten zum Teil robuste Alternativen zur Verfügung, mittels derer die für Erwachsene recht trennscharfe Grenze zwischen einer vorläufigen Freilassung und einer geschlossenen Unterbringung für Kinder und Jugendliche etwas entschärft wird.

Was diese drei Auflagenformen gemeinsam haben, ist, dass sie darauf abzielen, an den Gründen für eine Verweigerung von *bail* anzusetzen und diesen entgegenzuwirken, um somit den Gebrauch stationärer (geschlossener) Zwangsmaßnahmen zu reduzieren. Der elektronisch überwachte Hausarrest[944] ist für Kinder und Jugendliche zwischen 12- und einschließlich 16 Jahren vorgesehen, die die folgenden drei Bedingungen erfüllen:

1. Das Kind/der Jugendliche wurde angeklagt oder verurteilt für die (mutmaßliche) Begehung eines Gewalt- oder Sexualdelikts oder einer Straftat, für die das Gesetz im Falle eines Erwachsenen eine Maximalstrafe von 14 Jahren oder mehr vorschreibt,[945] bzw. das Kind/der Jugendliche wurde im Rahmen des für diese Entscheidung relevanten Strafverfahrens der Begehung von einem oder mehreren *imprisonable offences* angeklagt oder verurteilt, welche – zusammen genommen mit vorangegangenen Verurteilungen für *imprisonable offences* – auf ein Muster der Straffälligkeit *on bail* hindeuten,[946] und

2. elektronisch überwachter Hausarrest ist im Rahmen der lokalen Dienstleistungsinfrastruktur verfügbar,[947]

3. das lokale YOT ist nach Durchführung einer Risikoeinschätzung zu dem Ergebnis gekommen, dass der elektronisch überwachte Hausarrest

---

943 Teil I § 6 sowie Teil II § 5 von Schedule 1 BA 1976.

944 Sections 3 (6ZAA) und 3A BA 1976

945 Section 3AA (3) (a) BA 1976.

946 Section 3AA (3) (b) BA 1976.

947 Section 3AA (4) BA 1976

für den jeweiligen Angeklagten/Verurteilten und für das von ihm dargestellte Risiko angemessen ist.[948]

Die Tatsache, dass der elektronisch überwachte Hausarrest als direkte Alternative zu geschlossenen stationären Unterbringungen zu verstehen ist, lässt sich daraus ableiten, dass die Voraussetzungen dieselben sind wie jene, die für die Zulässigkeit geschlossener Zwangsmaßnahmen erfüllt sein müssen.[949]

Das Gesetz trifft keinerlei Aussage darüber, dass elektronische Überwachung nur im Zusammenhang mit Hausarrest angeordnet werden darf. Nach dem Wortlaut von Section 3 (6ZAA) BA 1976 steht es den Gerichten vielmehr offen, die elektronische Überwachung auch an andere Auflagenarten anzuhängen.[950] Jedoch macht der Gebrauch dieser Technologie im Zusammenhang mit Hausarrest am meisten Sinn, ist doch dadurch der zulässige Aufenthaltsbereich für den der Überwachung Unterstellten leicht zu definieren, zu verstehen und technisch zu überwachen (verglichen mit Betretungs- und Kontaktverboten beispielsweise). Wichtig an diesem allgemein gehaltenen Wortlaut ist aber, dass er die gesetzliche Grundlage für die Einbindung elektronischer Überwachung in lokal entwickelte *bail supervision and support programmes* schafft.

Die Bereitstellung von *bail supervision and support programmes* (Programme für die Betreuung und Unterstützung von vorläufig freigelassenen Kindern und Jugendlichen, BSSPs) gehört zu den gesetzlich vorgeschriebenen Aufgaben der YOTs.[951] Laut YJB haben diese Programme zum Ziel, die Begehung von Straftaten während einer vorläufigen Freilassung zu verhindern, das Erscheinen junger Angeklagter vor Gericht bestmöglich zu gewährleisten und die Anwendung (geschlossener) stationärer Zwangsmaßnahmen so weit als möglich zu senken.[952] In der Praxis bedeutet dies, dass BSSPs Kinder und Jugendliche in der Einhaltung der Auflagen einer bedingten vorläufigen Freilassung (*conditional bail*) unterstützen sollen. Kinder und Jugendliche werden einer Exploration durch das lokale YOT unterzogen und basierend auf den daraus resultierenden Erkenntnissen wird – bei Eignung des Angeklagten/Verurteilten[953] – ein „Auflagenpaket" entworfen, welches darauf abzielt, den gegen eine vorläufige Freilassung sprechenden Faktoren individualisiert entgegenzuwirken und somit dem

---

948 Section 3AA (5) BA 1976; Vgl. *NACRO* 2003a, S. 5 f. Siehe hierzu auch *Youth Justice Board* 2009; *NACRO* 2005b, S. 4.

949 Siehe Section 23 (5) CYPA 1969. Siehe auch *Kapitel 3.5.2 unten*.

950 Section 3 (6ZAA) BA 1976 im Wortlaut: „[...] *the child or young person [...] may be required to comply with requirements imposed for the purpose of securing the electronic monitoring of his compliance with any other requirement imposed on him as a condition of bail."*

951 Section 38 (4) (c) CDA 1998. Vgl. *Youth Justice Board* 2001, S. 5; *Rozel* 2009, S. 959.

952 Vgl. *Youth Justice Board* 2001, S. 9; *Morgan/Newburn* 2007, S. 1.051.

953 Siehe hierzu insbesondere *Youth Justice Board* 2009, S. 4 ff.

Gericht zuzusichern, dass mit einer Freilassung *on bail* kein erhebliches Risiko verbunden ist.[954]

Stimmt das Gericht dem Vorschlag des YOT zu, wird der Angeklagte bedingt vorläufig freigelassen mit der Auflage, das BSSP einzuhalten. Üblicherweise erfordert ein BSSP regelmäßige Treffen des Angeklagten mit dem YOT (mindestens dreimal pro Woche) und Unterstützung in der Einhaltung von Gerichtsterminen.[955] Zudem kann ein BSSP weitere Auflagen vorsehen, unter anderem auch den elektronisch überwachten Hausarrest, sofern die gesetzlichen Bedingungen für ihre Zulässigkeit erfüllt sind.[956]

Während BSSPs (mit der Ausnahme der elektronischen Überwachung als Teilelement) prinzipiell für alle Kinder und Jugendlichen in Frage kommen, bei denen eine Haftverschonung in Frage gestellt wird, können seit 2001 sogenannte *intensive supervision and surveillance programmes* (Intensive Supervision und Überwachung, ISSP) als Element eines BSSP angehängt werden, wenn die einzige Alternative eine stationäre (gesicherte) Unterbringung ist, eine „normale" BSSP nach Einschätzung des YOT somit nicht ausreichend wäre.[957] ISSPs sind robuste, gemeindeorientierte Interventionsprogramme, die umfangreiche Supervision, Einwirkung und Überwachung zum Inhalt haben. Sie sehen 25 Stunden an strukturierter Supervision und Aktivität pro Woche vor, auch an Abenden und Wochenenden.[958] Dazu gehören Bildungskurse (insbesondere zur Förderung von Lese-, Schreib- und Rechenfähigkeiten), soziale Trainingskurse, Abstinenzprogramme, Kurse zur Förderung zwischenmenschlicher Fähigkeiten (*social skills training*) und strukturierte Freizeitaktivitäten.[959] Die Supervision ist mit einem elektronisch überwachten Hausarrest gekoppelt.

Aufgrund der hohen Eingriffsintensität sind die Voraussetzungen für die Zulässigkeit von ISSP entsprechend rigide. Um ISSP als Auflage einer vorläufigen Freilassung *on bail* anzuordnen, muss eine der folgenden Bedingungen erfüllt sein:

954　Vgl. *Youth Justice Board* 2009, S. 1 ff.; *NACRO* 2005b, S. 5.

955　Vgl. *Hucklesby* 2008b, S. 34.

956　*NACRO* 2005b, S. 5.

957　Für eine detaillierte Darstellung von ISSP, siehe beispielsweise *Moore* 2005; *Youth Justice Board* 2008. Für eine Evaluation von ISSP, siehe *Youth Justice Board* 2007.

958　Vgl. *Youth Justice Board* 2010b, Rn. 3.23 f.; *Rozel* 2009, S. 959.

959　Vgl. *Youth Justice Board* 2010b, Rn. 3.24; *Moore* 2008, S. 197. Der Supervisionsumfang kann auf fünf Stunden pro Woche verringert werden, wenn innerhalb eines gewissen Zeitraumes keine Verstöße gegen Auflagen des ISSP registriert wurden, gewisse Teilelemente des Programms erfolgreich abgeschlossen wurden (beispielsweise ein Anti-Aggressionstraining oder ein Abstinenzprogramm) und das Gericht einer solchen Senkung zustimmt, siehe *Youth Justice Board* 2010b, Rn. 3.23.

1. Das Kind/der Jugendliche wurde angeklagt oder verurteilt für die (mutmaßliche) Begehung eines Gewalt- oder Sexualdelikts, oder einer Straftat, für die das Gesetz bei Erwachsenen eine Maximalstrafe von 14 Jahren oder mehr vorschreibt,[960] oder

2. das Kind/der Jugendliche wurde im Rahmen des für diese Entscheidung relevanten Strafverfahrens der Begehung von einem oder mehreren *imprisonable offences* angeklagt oder verurteilt, welche – zusammen genommen mit vorangegangenen Verurteilungen für *imprisonable offences* – auf ein Muster der Straffälligkeit *on bail* hindeuten,[961] oder

3. ein Kind oder Jugendlicher wurde innerhalb der letzten 12 Monate viermal für die Begehung eines *imprisonable offence* angeklagt, verwarnt oder verurteilt, davon mindestens einmal zu Freiheitsentzug oder zu einer *community sanction*,[962] oder

4. ein Kind oder Jugendlicher hat in der Vergangenheit bereits eine Freiheitsstrafe verbüßt, die Entlassung liegt weniger als 12 Monate zurück und es besteht eine konkrete Wahrscheinlichkeit, dass der Angeklagte im aktuellen Verfahren im Falle eines Schuldspruchs erneut zu Freiheitsstrafe verurteilt werden wird.[963]

In seiner Entscheidung, ob eine bedingte vorläufige Freilassung angemessen ist, sowie bei der Wahl der anzuhängenden Auflagen, ist das Gericht sehr stark von der Mitarbeit des YOT abhängig. Die Exploration/Risikoeinschätzung des YOTs und die darauf basierende Empfehlung sind maßgebend dafür, dass die in jedem Einzelfall adäquaten Auflagen gewählt werden. Adäquanz wird gemessen nicht nur an der Geeignetheit der Auflagenelemente, ein Erscheinen des Angeklagten vor Gericht und eine Vermeidung von Straffälligkeit während der Freilassung zu gewährleisten, sondern auch daran, dass die Intensität der Freilassungsauflagen nicht höher ist als notwendig, um diese Ziele zu erreichen.[964] Insgesamt sollte nur dann auf stationäre (freiheitsentziehende) Zwangsmaßnah-

---

960 Section 3AA (3) (a) BA 1976.

961 Section 3AA (3) (b) BA 1976.

962 Diese Auflage ist nicht gesetzlich geregelt, sondern durch den *Youth Justice Board* festgelegt worden, siehe *NACRO* 2003a, S. 5; 2005b, S. 5; *Morgan/Newburn* 2007, S. 1.051; *Moore* 2005.

963 *NACRO* 2005b, S. 5.

964 Damit das Gericht von den jugendspezifischen Alternativen zu freiheitsentziehenden Zwangsmaßnahmen bestmöglichen Gebrauch machen kann, ist eine ausgeklügelte und strukturierte Kommunikation zwischen dem YOT und den Gerichten notwendig. Die *National Standards for Youth Justice Services* machen die Empfehlung, dass YOTs sogenannte *Bail Information Schemes* gründen sollen, um die Qualität und Quantität der Informationen, die das Gericht im Rahmen seiner Entscheidung einbeziehen kann, zu maximieren. Vgl. *Youth Justice Board* 2010b, Rn. 3.1 ff. Siehe hierzu auch *Hucklesby* 2008a, S. 33 f.; *Thomas/Hucklesby* 2005, S. 36 ff.

men zurückgegriffen werden, wenn die Adäquanz der verfügbaren Alternativen nicht zu bejahen ist und die durch die jugendspezifischen Auflagen gebotenen Ausweichmöglichkeiten ausgeschöpft sind.[965]

3.5.2 Stationäre Maßnahmen zur Verfahrenssicherung

Stationäre Maßnahmen kommen immer dann in Betracht, wenn das Gericht *bail* ablehnt. Während für Erwachsene in solchen Fällen zwingend die Anordnung von Untersuchungshaft in einer geschlossenen Anstalt zu erfolgen hat, sieht das Gesetz für unter-17-Jährige gewisse Alternativen vor, mittels derer Unterbringungen in Haftanstalten vermieden werden können, wenngleich nicht gänzlich.[966] Insgesamt stehen den Gerichten drei Möglichkeiten zur Verfügung:

- Eine Unterbringung in offenen kommunalen Wohnunterkünften (*remand to local authority accommodation*, LAA),
- eine gesicherte Unterbringung in geschlossenen kommunalen Einrichtungen (*remand to secure local authority accommodation*, oder *court-ordered secure remand*, COSR) oder
- die Unterbringung in einer Jugendhaftanstalt (*remand to custody*).[967]

Prinzipiell gilt bei allen Kindern und Jugendlichen, die 10- aber noch nicht 17 Jahre alt sind, dass sie im Falle einer Ablehnung von *bail* durch das Gericht in offenen kommunalen Unterkünften (LAA) untergebracht werden.[968] In der Folge ist die Kommune nach Section 21 (2) CA 1989 dazu verpflichtet, eine entsprechende Unterbringung in angemessener Unterkunft zu gewährleisten; Section 39 CDA 1998 legt die Verantwortung für die Bereitstellung einer Unterkunft in die Hände der YOTs.[969]

An Unterbringungen in LAA können nach Absprache mit dem lokalen YOT Auflagen gebunden werden,[970] einschließlich der elektronischen Überwachung bei 12- bis einschließlich 16-Jährigen, sofern die Zulässigkeitsvoraussetzungen

---

965 Vgl. *NACRO* 2008a, S. 1. Siehe auch *Thomas* 2005.

966 Vgl. *Rozel* 2009.

967 Vgl. *NACRO* 2008a, S. 1.

968 Section 23 (1) CYPA 1969. Zu einer Darstellung der unter dem Oberbegriff *local authority accommodation* einbezogenen Unterbringungsformen, siehe bereits *Kapitel 3.2.3.1.1* oben.

969 Vgl. *NACRO* 2008a, S. 3; *Thomas/Hucklesby* 2005, S. 48 ff. Siehe bereits *Kapitel 3.3.2.1.1* oben.

970 Section 23 (7) CYPA 1969 i. V. m. Section 3 (6) BA 1976. Vgl. auch *Thomas/Hucklesby* 2005, S. 50.

erfüllt sind.[971] Jedoch kann das Gericht nicht die Hinterlegung einer Kaution oder die Erbringung einer Bürgschaft verlangen, wie im Falle einer bedingten Haftverschonung (in *Kapitel 3.5.1* oben bereits beschrieben).[972] Wie für *conditional bail* müssen die Auflagen in solchen Fällen der „Unterbringung in LAA mit Auflagen" dazu beitragen, die Anwesenheit des Angeklagten vor Gericht zu gewährleisten, weiterer Straffälligkeit vorzubeugen, den Angeklagten daran zu hindern, Zeugen zu beeinflussen oder die Justiz zu behindern oder, dass der Angeklagte sich für die Verfassung von Gerichtshilfeberichten und für die dafür erforderlichen Risikoprognosen/Explorationen „zur Verfügung hält".[973]

Wie bereits angesprochen gilt für alle 10- bis einschließlich 16-Jährigen die Vermutung, dass sie bei einer Ablehnung von *bail* in LAA untergebracht werden.[974] Jedoch gibt es eine Reihe von geschlechts- und altersspezifischen Normen, die diese Vermutung durchbrechen und bei Erfüllung gewisser Voraussetzungen eine geschlossene Unterbringung zulassen.[975]

10- und 11-jährige Kinder werden prinzipiell in LAA untergebracht, entweder mit oder ohne zusätzliche Auflagen.[976] Das Gericht hat unter keinen Umständen die Befugnis, jegliche Art von geschlossener Unterbringung bei 10- und 11-Jährigen aus eigenem Willen heraus anzuordnen.[977] Jedoch kann die Kommune nach Section 25 CA 1989 eine Erlaubnis für die geschlossene Unterbringung in kommunalen Unterkünften vor dem Gericht beantragen, solange die Voraussetzungen der „Regeln über die Unterbringung von Kindern in geschlossenen Unterkünften" von 1991 (*Children (Secure Accommodation) Regulations*

971 Section 23 (7) (b) CYPA 1969. Siehe auch *Thomas* 2008b, S. 287. Für die Zulässigkeitsvoraussetzungen, siehe Section 23AA CYPA 1969.

972 Vgl. *NACRO* 2008a, S. 2.

973 Section 3 (6) BA 1976. Verstöße gegen die Auflagen stellen keine Straftat dar. Jedoch kann der Angeklagte im Falle eines Verstoßes verhaftet und binnen 24 Stunden dem Gericht vorgeführt werden, welches dann darüber entscheidet, ob es die Auflagen anpasst oder ergänzt, oder – bei 12- bis einschließlich 16-Jährigen – eine gesicherte Unterbringung anordnet. Da das Kind durch die Unterbringung in LAA in die Verantwortung der Kommune überstellt wird, macht er sich (im Vergleich zu *bail*) nicht strafbar, sollte er nicht vor Gericht erscheinen. Siehe *NACRO* 2008a, S. 2.

974 Vgl. *Herz* 2002, S. 96 ff.

975 Vgl. *NACRO* 2008a, S. 1; *Dignan* 2011, S. 385.

976 Vgl. *Directorate of Secure Accommodation Placement and Casework Service* 2010, S. 6.

977 Vgl. *Directorate of Secure Accommodation Placement and Casework Service* 2008, Rn. 2.1; 2010, S. 6.

1991) erfüllt sind.[978] Die Kommune kann eine solche Erlaubnis (*secure accommodation order*) beantragen, wenn

1. das Kind/der Jugendliche für die (mutmaßliche) Begehung eines *grave crime* angeklagt oder verurteilt wurde oder das Kind/der Jugendliche in der Vergangenheit bereits für die Begehung eines Gewaltdelikts verurteilt wurde,
2. eine gesicherte Unterbringung erforderlich ist, weil es Anlass zur Annahme gibt, dass das Kind/der Jugendliche flüchten oder sich oder andere verletzen könnte, wenn es/er nicht gesichert untergebracht wird, und[979]
3. der Gesundheitsminister eine solche gesicherte Unterbringung im Einzelfall bewilligt.[980]

Wenn das Gericht einen solchen Antrag bewilligt, ermächtigt es die Kommune dazu, ein Kind (oder einen Jugendlichen, siehe unten) in gesicherten Kommunaleinrichtungen unterzubringen. Dies stellt jedoch keine Anordnung und somit keine Verpflichtung für die Kommune dar.[981] Kinder (und Jugendliche, siehe unten), die nach Section 25 CA 1989 gesichert untergebracht werden, werden in gesicherten Kinderheimen (*secure children's homes*, siehe bereits *Kapitel 3.2.3.1.1* oben) einquartiert.

12- bis einschließlich 14-jährige Jungen sowie 12- bis einschließlich 16-jährige Mädchen können, zusätzlich zu den für 10- und 11-Jährige geltenden Bestimmungen,[982] gemäß Section 23 (4) CYPA 1969 auf Anordnung des Gerichts in gesicherten Unterkünften untergebracht werden (*court-ordered secure remand*, COSR).[983] Im Vergleich zur geschlossenen Unterbringung nach Section 25 CA 1989 ist diese Anordnung bindend.[984]

Neben dem Alter und dem Geschlecht der Kinder und Jugendlichen stellen Sections 23 (5) und 23 (5AA) CYPA 1969 die folgenden Zulässigkeitsvoraussetzungen für eine COSR auf, die kumulativ erfüllt sein müssen:

---

978 Section 25 (7) CA 1989; Vgl. *Directorate of Secure Accommodation Placement and Casework Service* 2010, S. 6.

979 Section 25 (1) CA 1989 i. V. m. § 6 der *Children (Secure Accommodation) Regulations 1991*. Vgl. auch *Rozel* 2009, S. 958.

980 § 4 der *Children (Secure Accommodation) Regulations 1991*.

981 Vgl. *NACRO* 2008a, S. 4.

982 Einziger Unterschied ist, dass eine gesicherte Unterbringung nach Section 25 CA 1989 bei Kindern und Jugendlichen ab 13 Jahren nicht der Zustimmung des Gesundheitsministers bedarf, vgl. *Thomas/Hucklesby* 2005, S. 48 ff.

983 Vgl. *Directorate of Secure Accommodation Placement and Casework Service* 2008, Rn. 2.2; 2010, S. 6.

984 Vgl. *NACRO* 2008a, S. 4; *Walker* 2008, S. 317.

1. Das Kind/der Jugendliche wurde angeklagt oder verurteilt für die (mutmaßliche) Begehung eines Gewalt- oder Sexualdelikts oder eines *grave crime* oder das Kind/der Jugendliche wurde im Rahmen des für diese Entscheidung relevanten Strafverfahrens für die Begehung von einem oder mehreren *imprisonable offences* angeklagt oder verurteilt, welche – zusammen genommen mit vorangegangenen Verurteilungen für *imprisonable offences* – auf ein Muster der Straffälligkeit „*on bail*" hindeuten;[985]

2. ein COSR ist das einzig adäquate Mittel, um die Öffentlichkeit vor erheblicher Übelzufügung[986] durch den Angeklagten zu schützen oder den Täter an der Begehung weiterer *imprisonable offences* zu hindern;[987]

3. der Angeklagte/Verurteile verfügt über einen Rechtsbeistand,[988] und

4. ein Austausch zwischen Gericht und Kommune hat stattgefunden um zu ermitteln, welche Alternativen zu einer geschlossenen Unterbringung verfügbar sind, mittels derer eine solche vermieden werden könnte.[989]

Gemäß Section 133 CJPA 2001 können COSR sowohl in „*secure children's homes*" (siehe bereits *Kapitel 3.2.3.1.1* oben), als auch in sogenannten „*secure training centres*" vollzogen werden (zu Deutsch „geschlossene Erziehungsanstalten").[990]

---

985 Section 23 (5) CYPA 1969.

986 „Erhebliche Übelzufügung" (*serious harm*) ist definiert als „*death or serious personal injury, whether physical or psychological*", Section 23 (13) (c) CYPA 1969.

987 Section 23 (5AA) CYPA 1969, vgl. *Rozel* 2009, S. 958 f.

988 Vgl. *Herz* 2002, S. 97.

989 Vgl. *NACRO* 2008a, S. 4 f.; *Directorate of Secure Accommodation Placement and Casework Service* 2008, Rn. 3.2; *Thomas/Hucklesby* 2005, S. 47 ff.

990 Vgl. *NACRO* 2008a, S. 2; *Directorate of Secure Accommodation Placement and Casework Service* 2008, S. 4; *Rozel* 2009, S. 957. Geschlossene Erziehungsanstalten haben ihre gesetzlichen Wurzeln im CJPOA 1994, welcher wie bereits in *Kapitel 2.4* oben beschrieben die *secure training order* für 12- bis einschließlich 14-jährige Intensivtäter eingeführt hat. Nach Ablösung der *secure training order* durch die Haft- und Erziehungsstrafe (siehe bereits *Kapitel 2.5.6.1* oben sowie im Detail *Kapitel 3.6.2.6.1* unten) im Jahr 2000 wurde die für eine Unterbringung in STCs zulässige Altersspanne nach oben ausgedehnt, um 15- bis 17-Jährige mit einzuschließen. STCs unterscheiden sich insoweit von üblichen Jugendhaftanstalten, als sie insgesamt geringere Kapazitäten haben, und ein deutlich besseres Zahlenverhältnis zwischen Bediensteten und Untergebrachten herrscht (drei Bedienstete für acht Untergebrachte). Zudem gibt es in STCs 25 Stunden „Training" pro Woche, mit besonderem Fokus auf Bildung, Erziehung, Berufbildung und Besserung. Es gibt zurzeit vier durch den Privatsektor betriebene *secure training centres* in England, mit insgesamt 274 Betten. Circa 50% aller dort Unterge-

Für 15- und 16-jährige Jungen gelten dieselben Bestimmungen wie für 15- und 16-jährige Mädchen, jedoch mit der Ausnahme, dass eine COSR nur dann zulässig ist, wenn das Gericht der Auffassung ist, dass der Jugendliche – neben den allgemeinen Voraussetzungen für die gerichtliche Anordnung einer COSR (siehe oben) – als „vulnerabel" einzuschätzen ist und ein Platz in einer entsprechenden Einrichtung oder Unterkunft der lokalen Kommune im Vorfeld als verfügbar bekannt ist.[991] Vulnerabel ist ein Jugendlicher dann, wenn das Gericht der Auffassung ist, dass er *wegen physischer oder psychischer Unreife oder wegen der Gefahr der Selbstgefährdung*" nicht für eine Unterbringung in einer Jugendhaftanstalt geeignet ist.[992] Ist die Vulnerabilität zu verneinen oder ist es nicht möglich, sofort einen angemessenen Unterkunftsplatz zu finden, werden 15- und 16-jährige Jungen im Rahmen eines *remand to custody* in einer Jugendhaftanstalt untergebracht (*young offender institution*).[993] Wo kein Unterkunftsplatz verfügbar, der Jugendliche aber als vulnerabel einzustufen ist, wird er aus der Haftanstalt in die gesicherte Unterkunft der Kommune übergeben, sobald ein entsprechender Platz frei wird.[994]

17-jährige Jugendliche werden prinzipiell in Jugendhaftanstalten festgehalten.[995] Die einzige Ausnahme zu dieser Regel ergibt sich aus Schedules 7 und 8

---

brachten sind nicht verurteilt, vgl. *Muncie/Goldson* 2008a, S. 319 ff. Haftbedingungen in STCs sind in den *Secure Training Centre Rules 1998* gesetzlich geregelt.

991 Vgl. *Directorate of Secure Accommodation Placement and Casework Service* 2008, Rn. 1.4, 2.3; 2010, S. 6. Siehe auch *Thomas/Hucklesby* 2005, S. 53 ff.

992 *Herz* 2002, S. 98. Zuständig für die Durchführung dieser Einschätzung ist das YOT, vgl. *Directorate of Secure Accommodation Placement and Casework Service* 2008, Rn. 3.4. Die Vulnerabilität eines Jugendlichen wird mit dem *Asset Bail Supervision and Support Profile* gemessen. Dabei werden insbesondere die Gesundheit, der Bildungsgrad, die Selbstwahrnehmung, die Familiensituation, der emotionale Entwicklungstand, die Verhaltensentwicklung und die Fähigkeit zur Selbstversorgung/der Grad der Selbstständigkeit gemessen. Siehe *NACRO* 2008a, S. 6. Relevant ist zudem in Erfahrung zu bringen, ob der Jugendliche aufgrund des Verhaltens anderer, oder aufgrund bestimmter Ereignisse oder Umstände vulnerabel ist. Leitlinien des YJB für die *Asset Bail Supervision and Support Profile* verweist beispielsweise auf in der Vergangenheit liegende oder noch gegenwärtige Erfahrungen mit *bullying*, Einschüchterung, Vernachlässigung, Ausbeutung, Missbrauch, oder traumatische Verlusterlebnisse, vgl. *Youth Justice Board* 2009, S. 7 f. Ergibt die Exploration, dass der Jugendliche insgesamt dem für sein Alter üblichen Reifegrad nachsteht, oder eine Neigung zur Selbstverletzung zeigt, spricht dies gegen eine Unterbringung in einer Jugendhaftanstalt.

993 Vgl. *NACRO* 2008a, S. 2; *Directorate of Secure Accommodation Placement and Casework Service* 2008, Rn. 1.4, 4.3; *Thomas/Hucklesby* 2005, S. 55.

994 Vgl. *Directorate of Secure Accommodation Placement and Casework Service* 2008, Rn. 3.11 f.

995 Section 27 CJA 1948. Vgl. *Directorate of Secure Accommodation Placement and Casework Service* 2008, Rn. 2.4; *Herz* 2002, S. 96 ff.; *Dignan* 2011, S. 385.

PCC(S)A 2000. Unterbringungen in kommunalen Einrichtungen kommen hiernach nur dann auch für 17-Jährige in Betracht, wenn sie wegen eines Verstoßes gegen die Auflagen einer Verweisungsanordnung[996] oder einer gemeindeorientierten Sanktion[997] vor Gericht gebracht werden. Zudem ist anzuführen, dass ein Jugendlicher, der zum Zeitpunkt der Anordnung eines COSR 16 Jahre alt war, aber während des Aufenthalts in der geschlossenen Unterkunft 17 Jahre alt wird, bei seiner nächsten Gerichtsanhörung in einer Jugendhaftanstalt unterzubringen ist, sofern im Rahmen der Anhörung eine Notwendigkeit für eine Fortsetzung stationärer Zwangsmaßnahmen festgestellt wird.[998]

3.5.3 Zeitliche Beschränkungen

Die Dauer, für die ein Kind oder Jugendlicher zwischen erster Anhörung und Beginn der Hauptverhandlung in Einrichtungen untergebracht bzw. festgehalten werden darf, ist gesetzlich vorgeschrieben.[999] Gemäß Section 22 (11) (b) POA 1985 greifen diese Fristen sowohl für Kinder und Jugendliche in Haftanstalten, als auch für jene, die in geschlossener oder offener LAA untergebracht werden.[1000] Die Fristen für Kinder und Jugendliche unterscheiden sich zum Teil von jenen für Erwachsene. Anzumerken ist dass, während 17-Jährige nicht in den Genuss der für 10- bis einschließlich 16-Jährige verfügbaren Alternativen zur Untersuchungshaft kommen können, sie sehr wohl in den Anwendungsbereich der jugendspezifischen Zeitbegrenzungen fallen.[1001]

Die gesetzlich vorgesehene Maximaldauer ist in erster Linie von der mutmaßlich begangenen Straftat und demzufolge von dem für den Fall zuständigen Gerichtsstand abhängig, jedoch nicht ausschließlich.[1002] Anfangspunkt der Maximaldauer ist der erste Tag, an dem eine Person sich in der jeweiligen Unterbringung befindet. Die Dauer gilt dann als beendet, wenn der Tatverdächtige vor Gericht erscheint.

---

996   Zur Verweisungsanordnung, siehe *Kapitel 3.6.2.4* unten.

997   Gemeindeorientierte Sanktionen werden unter *Kapitel 3.6.2.5* unten genauer betrachtet.

998   Vgl. *NACRO* 2008a, S. 5.

999   Geregelt in Section 22 POA 1985 i. V. m. den *Prosecutions of Offences (Custody Time Limits) Regulations* 1987, sowie in Sections 128 und 128A MCA 1980.

1000   Ebenso wird in LAA verbrachte Zeit im Rahmen der Strafzumessung strafmildernd angerechnet, siehe *Kapitel 3.6.3* unten.

1001   Vgl. *Director for Public Prosecutions, „Legal Guidance on Custody Time Limits"*, unter: *http://www.cps.gov.uk/legal/a_to_c/custody_time_limits/#a01* (zuletzt aufgerufen: 20.03.2014).

1002   Vgl. *NACRO* 2008a, S. 2.

- In solchen Fällen, in denen die Hauptverhandlung zwingend vor dem *Crown Court* erfolgen muss (Tötungsdelikte, bestimmte Schusswaffendelikte, siehe *Kapitel 3.4.2.2* oben), darf die Gesamtdauer 70 Tage nicht überschreiten;
- im Falle eines *summary offence* darf ein Kind oder ein Jugendlicher zwischen 10- und einschließlich 17 Jahren nicht länger als 56 Tage festgehalten werden;
- bei *grave crimes* (siehe *Kapitel 3.4.2.2.2* oben), die nicht an den *Crown Court* verwiesen werden, beträgt die Maximaldauer ebenfalls 56 Tage. Wird der Fall an den *Crown Court* übergeben, gilt eine Maximaldauer von 70 Tagen; wird die Wahl des zuständigen Gerichtsstands innerhalb von 56 Tagen nicht getroffen, gilt ebenfalls die verlängerte Frist von insgesamt 70 Tagen;
- bei *indictable offences* und *either-way offences*, die nicht *grave crimes* sind, liegt die maximal zulässige Frist bei 56 Tagen. Einzige Ausnahme ist, wenn der Angeklagte innerhalb dieses Zeitraums kein *plea* verkündet hat (also noch nicht auf „schuldig" oder „nicht schuldig" plädiert hat), in welchem Falle die Frist auf 70 Tage verlängert wird;
- wird ein Kind oder Jugendlicher gemeinsam mit einem Erwachsenen für die mutmaßliche Begehung eines *indictable offence* vor dem *Magistrates' Court* angeklagt, und unter Section 51 CDA 1998 zur Hauptverhandlung an den *Crown Court* verwiesen, gilt die für Erwachsene greifende Maximaldauer von 182 Tagen.[1003]

Ein Gericht ist nicht dazu befugt, diese Maximaldauer im Rahmen einer einzigen Entscheidung zu verhängen. Vielmehr darf ein Gericht nach Section 128 MCA 1980 prinzipiell bis zu acht Tage Untersuchungshaft anordnen.[1004] Nach Ablauf dieser Periode muss ein Verwahrter wieder vor Gericht gebracht werden, wo erneut über eine Verlängerung der Unterbringung entschieden wird. Der Gedanke hinter dieser Regelung ist, dass die Zeitabstände zwischen den dem Angeklagten eingeräumten Möglichkeiten, von seinem Recht auf Antrag auf Haftverschonung Gebrauch zu machen (und somit der Dauer, die er in Untersuchungshaft verbringen muss) nicht länger sind als unbedingt nötig.

Unter bestimmten Umständen kann eine Dauer angeordnet werden, die acht Tage überschreitet, sofern der Angeklagte dem zustimmt und über einen Rechtsbeistand verfügt.[1005] Im Rahmen dieser Norm erhält das Gericht die Erlaubnis des Angeklagten, in seiner Abwesenheit über Verlängerungen der Unterbrin-

---

1003 Vgl. *Director for Public Prosecutions*, *„Legal Guidance on Custody Time Limits"*, unter: *http://www.cps.gov.uk/legal/a_to_c/custody_time_limits/#a01* (zuletzt aufgerufen: 20.03.2014).

1004 Vgl. auch *Thomas* 2008b, S. 287.

1005 Section 128 (3A) MCA 1980.

gungsdauer zu entscheiden. In der Praxis bedeutet dies, dass nach wie vor alle acht Tage eine gerichtliche Anordnung zur Verlängerung des Aufenthalts in Untersuchungshaft erfolgen muss, der Angeklagte jedoch nicht jedes Mal vor Gericht gebracht werden muss, also nicht anwesend sein muss.

3.6 Das Rechtsfolgensystem – Strafzwecke, Sanktionen und Strafzumessung

Kann ein Fall nicht außergerichtlich zum Abschluss gebracht werden, wird er vor dem zuständigen Gericht verhandelt, und im Falle eines Schuldspruchs oder eines Schuldbekenntnisses im Rahmen der jeweils zulässigen Strafzumessungsgrenzen sanktioniert. Dabei sieht das Gesetz besondere Sanktionierungszwecke für Kinder und Jugendliche vor, die die Gerichte dazu verpflichten, im Rahmen ihrer Entscheidungen immer dem Ziel der Prävention zu dienen, und dadurch die Öffentlichkeit zu schützen (*Kapitel 3.6.1*). Entsprechend dieser besonderen Zwecke (*purposes of sentencing*) steht den Gerichten für die Sanktionierung junger Rechtsbrecher auch eine größere Rechtsfolgenvielfalt zur Verfügung, die eine individualisierte, an das Rückfallrisiko und an die dieses Risiko bestimmenden Faktoren angepasste Intervention ermöglichen soll (*Kapitel 3.6.2*). Abschließend bedingen die besonderen Sanktionierungszwecke und die gesetzliche Ausgestaltung dieser Rechtsfolgen zusammengenommen auch eine andere Herangehensweise in der Strafzumessung bei Kindern und Jugendlichen (*Kapitel 3.6.3*).

3.6.1 Zwecke der gerichtlichen Sanktionierung 10- bis einschließlich 17-Jähriger

Im Rahmen der Strafzumessung müssen die Gerichte bestimmte gesetzlich definierte Sanktionierungszwecke berücksichtigen. Dabei macht das Gesetz für Erwachsene und unter-18-Jährige unterschiedliche Vorgaben. Gemäß Section 142 (1) CJA 2003 muss jede durch ein Gericht gegen Erwachsene verhängte Sanktion, sofern keine bestimmte Sanktion gesetzlich vorgegeben ist, der Bestrafung des Täters (*punishment*), der Senkung des Kriminalitätsaufkommens auch durch Generalprävention (*reduction of crime including its reduction by deterrence*), der Resozialisierung des Täters (*reform and rehabilitation*), dem Schutz der Öffentlichkeit (*protection of the public*) und/oder der Erbringung von Wiedergutmachungsleistungen an die Verbrechensopfer (*reparation*) dienlich sein. Das Gesetz sieht dabei keinerlei Priorisierung dieser Zwecke vor, vielmehr sind sie dem jeweiligen Einzelfall entsprechend individualisiert zu berücksichtigen.[1006]

1006   Vgl. *Sentencing Guidelines Council* 2004a, Rn. 1.2.

Section 142A CJA 2003, die die bei Kindern und Jugendlichen zu berücksichtigenden Eingriffszwecke definiert, ist dagegen etwas anders strukturiert. Der wichtigste Unterschied zu den für Erwachsene geltenden Bestimmungen ist der, dass die Sanktionierung junger Rechtsbrecher zunächst immer der (Spezial-) Prävention, also der Verhinderung von durch Kinder und Jugendlichen begangenen (Wiederholungs-)Straftaten zuträglich sein muss.[1007] Wie alle anderen Akteure des Jugendjustizsystems sind somit auch die Strafgerichte dazu verpflichtet, das in Section 37 CDA 1998 kodifizierte Ziel der Prävention im Rahmen ihrer Entscheidungen zu berücksichtigen.

Das Gesetz macht dabei klare Vorgaben hinsichtlich der Art und Weise, mit welcher dieses Ziel erreicht werden soll. Laut Section 142A (3) CJA 2003 müssen Gerichte dafür Sorge tragen, dass die durch sie verhängten Sanktionen der Bestrafung (*punishment*) und Resozialisierung (*reform and rehabilitation*) junger Rechtsbrecher, der Erbringung von Wiedergutmachungsleistungen an die Verbrechensopfer (*reparation*) sowie dem Schutz der Öffentlichkeit (*protection of the public*) dienen. Demnach sind die Prävention und der Schutz der Öffentlichkeit nach den Vorgaben des Gesetzgebers durch spezialpräventive Einwirkung, aber auch durch Wiedergutmachung, Vergeltung und „Unschädlichmachung" (*incapacitation*) anzustreben.

Diese jugendspezifischen Zwecke sind mit denen des Section 142 CJA 2003 weitgehend deckungsgleich. Einzig das Ziel der Senkung des Kriminalitätsaufkommens mittels Generalprävention findet für Kinder und Jugendliche dem ersten Anschein nach keine Anwendung oder wird zumindest als solches nicht explizit genannt. Ausdrücklich verboten sind generalpräventive Gedanken im Rahmen der Strafzumessung jedoch nicht (wie zuletzt im Rahmen der als Folge der Londoner Ausschreitungen 2011 verhängten Rechtsfolgen belegt wurde).[1008] Bei genauerer Betrachtung liefert Section 142A (2) (a) CJA 2003 durchaus eine gesetzliche Grundlage dafür, indem er zwischen der Vermeidung von durch unter 18-Jährige begangenen Rechtsbrüchen, und der Vermeidung von Rückfallkriminalität bei unter 18-Jährigen differenziert:

„*The court must have regard to the principle aim of the youth justice system (which is to prevent offending (and re-offending) by persons aged under 18).*"[1009]

1007 Section 142A (2) (a) CJA 2003.

1008 So wurden die Gerichte durch die Regierung dazu angehalten, bei der Sanktionierung der im Rahmen der Londoner Ausschreitungen begangenen Straftaten von den üblichen Strafzumessungsrichtlinien abzuweichen und härtere Strafen zu verhängen, unter anderem um eine generalpräventive Wirkung zu erzielen und zu verdeutlichen, dass derartiges Verhalten mit harter Strafe erwidert wird. Siehe hierzu u. a. *Bowcott/ Bates* 2011; *Stone* 2012 mit einer Aufarbeitung der relevanten Rechtsprechung.

1009 Section 142A (2) (a) CJA 2003.

Wäre lediglich die Individualabschreckung das Ziel, so wäre diese Differenzierung nicht erforderlich, ist doch straffälliges Verhalten die Voraussetzung für eine jede strafgerichtliche Sanktionierung. Die Zulässigkeit generalpräventiver Gedanken wird zudem dadurch bekräftigt, dass durch die Sanktionierung nicht nur eine fortgesetzte Straffälligkeit des jeweiligen Täters, sondern dem Wortlaut der Norm nach auch das kriminelle Verhalten aller unter 18-Jährigen verhindert werden soll.[1010]

Die Möglichkeit der Gerichte, generalpräventive Motivationen in ihre Sanktionierungsentscheidungen einfließen zu lassen, wird jedoch insoweit eingeschränkt, als dass sie durch Sections 148 (1) und 152 (2) CJA 2003 dazu verpflichtet sind Sanktionen zu verhängen, die verhältnismäßig zur Tatschwere sind.[1011] Demnach müssen bestimmte Tatschweregrenzen überschritten werden, bevor eingriffsintensivere ambulante Sanktionen und Freiheitsstrafen verhängt werden dürfen. Zudem müssen die strafenden Elemente im Rahmen der für solche ambulanten Sanktionen entworfenen Interventionspläne sowie die Länge verhängter Freiheitsstrafen bis auf gewisse Ausnahmen[1012] in ihrer Gesamtheit der Schwere der Tat entsprechen.

Die Gesamtheit dieser Vorgaben hat zunächst Folgen für den Entscheidungsprozess. Zum einen muss jede verhängte Sanktion verhältnismäßig zum Grad des verursachten Schadens (*harm*) sowie zur Schwere der Schuld (*culpa-*

1010   In Deutschland ist die Generalprävention als Strafzweck unzulässig. Bereits im Gesetzesentwurf vom 04.09.2007 für das Zweite Gesetz zur Änderung des Jugendgerichtsgesetzes wurde wie folgt klarifiziert: „*Unzulässig bleibt bei der konkreten Anwendung des Jugendstrafrechts im Einzelfall entsprechend der ganz herrschenden Meinung die eigenständige Verfolgung generalpräventiver Zwecke im Sinne der Abschreckung anderer potenzieller Täter, auch wenn generalpräventive Nebeneffekte einer konsequenten Anwendung des jugendstrafrechtlichen Instrumentariums – insbesondere im Sinne der Normverdeutlichung – nicht ausgeschlossen sind. § 2 Abs. 1 Satz 1 bestimmt es deshalb als Ziel, „erneuten" Straftaten „eines Jugendlichen oder Heranwachsenden" entgegenzuwirken, und verwendet nicht etwa eine allgemeinere Formulierung wie „Straftaten von Jugendlichen und Heranwachsenden entgegenwirken". Damit bringt er – übereinstimmend mit der spezialpräventiven Täterorientierung des Jugendstrafrechts – zum Ausdruck, dass Maßstab für dessen Anwendung allein der erzieherische Bedarf und gegebenenfalls die Schuld des konkret wegen einer Straftat vor Gericht stehenden jungen Menschen zu sein hat und nicht etwa eine intendierte Auswirkung auf andere.*" Siehe Bundestagsdrucksache 16/6293, S. 10. Siehe auch *Dünkel* 2008a, S. 2 f.

1011   Vgl. *Sentencing Guidelines Council* 2004a, Rn. 1.4.

1012   Die Erforderlichkeit tatproportionaler Sanktionierung wird dann durchbrochen, wenn ein Täter im Rahmen der „Gefährlichkeitsbestimmungen" der Sections 224-236 CJA 2003 verurteilt und sanktioniert wird, siehe *Kapitel 3.4.2.2.3* oben sowie *Kapitel 3.6.2.6.2* und *3.6.3.1* unten.

bility) des Täters sein.[1013] Zum anderen muss sie so gewählt und konzipiert sein, dass sie unter Berücksichtigung dieser Tatschwere dem durch den Täter dargestellten Kriminalitätsrisiko entspricht und an den dieses Risiko bestimmenden Risikofaktoren ansetzt, um einem Rückfall bestmöglich vorzubeugen. Folglich spielen die in *Kapitel 2.5.3* oben beschriebenen Risikoeinschätzungen und Rückfallprognosen gerade im Rahmen der Strafzumessung eine wichtige Rolle.

3.6.2 Überblick über die für Kinder und Jugendliche verfügbaren strafgerichtlichen Sanktionen

Zudem stellen diese Ziele, Zwecke und Prinzipien auch gewisse Anforderungen an den Sanktionskatalog. Zum einen muss er tatproportionale Rechtsfolgen für ein großes Tatschwerespektrum bereithalten. Die Gerichte müssen in der Lage sein, Kinder und Jugendliche zu sanktionieren, die aufgrund eines ausgeschöpften Verwarnungskontingents wegen bagatellhafter Delikte angeklagt wurden, aber gleichzeitig auch solche, die wegen schwerer Rechtsbrüche sanktioniert werden müssen. Zum anderen muss er den Gerichten eine Vielfalt an Interventionsformen zur Verfügung stellen, mittels derer sie den verschiedenen Sanktionszwecken genügen, der Straffälligkeit von Kindern und Jugendlichen vorbeugen und die Öffentlichkeit schützen können. Zudem erfordert die Orientierung an Risikoprognosen sowohl in der Sanktionsbestimmung als auch in der Sanktionsgestaltung einen gewissen Grad an Flexibilität, um eine effektive individualisierte Sanktionierung zu ermöglichen.

3.6.2.1 Das Absehen von Strafe – „discharge"

Befindet das Gericht eine Bestrafung für unzweckmäßig, kann es bedingt (*conditional discharge*) oder unbedingt (*absolute discharge*) von Strafe absehen.[1014] Das unbedingte Absehen von Strafe ist die leichteste den Gerichten zur Verfügung stehende „Intervention", und ist für geringfügige Delinquenz vorgesehen.[1015] Es hat keine weiteren Folgen für den Täter, als dass die Entscheidung des Gerichts statistisch sowie in den Gerichtsakten registriert wird, und bei zukünftigen Anklagen als Beweis vorangegangener Delinquenz verwendet werden kann.[1016] Die Entscheidung des Gerichts ist rechtskräftig und die Schuld des Verurteilten gilt als festgestellt. Jedoch wird der Schuldspruch an sich schon als

---

1013 Section 143 (1) CJA 2003, siehe auch *Kapitel 3.6.3.2* unten.

1014 Vgl. *Bandalli* 2008; 2008a; *Doherty* 2004, S. 281. Das Absehen von Strafe ist aktuell in Teil 2 des PCC(S)A 2000 geregelt.

1015 Vgl. *Judicial Studies Board* 2010, S. 4.

1016 Vgl. *Bandalli* 2008, S. 3.

ausreichende Intervention betrachtet, wodurch keine weitere Intervention notwendig sei.[1017]

Die *conditional discharge* dagegen kommt dann in Frage, wenn ein *absolute discharge* für zu nachsichtig befunden wird, und wo vielmehr dem Kind oder Jugendlichen verdeutlicht werden muss, dass bei einer Fortsetzung des delinquenten Verhaltens eine Bestrafung droht.[1018] Sie unterscheidet sich insoweit von der *absolute discharge*, als dem Täter die Bedingung auferlegt wird, innerhalb eines im Urteil festzuhaltenden Zeitraumes, der drei Jahre nicht überschreiten darf, nicht erneut straffällig zu werden.[1019] Sollte ein Täter durch ein Gericht für eine erneute Straftat verurteilt und sanktioniert werden kann er im Rahmen der Strafzumessungskompetenz des ursprünglich urteilenden Gerichts für die ursprüngliche Tat erneut sanktioniert werden.[1020] Dies kann dabei in Form einer Einheitsstrafe erfolgen.

Gemäß Section 14 PCC(S)A 2000 gelten beide Formen des Absehens von Strafe aus registerrechtlicher Hinsicht nicht als Verurteilungen, was zur Folge hat, dass Kinder und Jugendliche im Falle einer erneuten Straftat nicht ihren „Anspruch" auf Sanktionierung nach dem polizeilichen Verwarnungssystem verlieren. *Absolute discharges* werden für sechs Monate im Vorstrafenregister vermerkt, *conditional discharges* für mindestens ein Jahr und maximal für die im Urteil festgelegte Dauer der Anordnung.[1021] Nach Ablauf dieser Zeiträume müssen sie potentiellen Arbeitgebern, die einen Registerauszug verlangen, bis auf gewisse Ausnahmen nicht mitgeteilt werden.

Andersherum darf eine *conditional discharge* nur unter besonderen Umständen verhängt werden, wenn ein Verurteilter zuvor bereits eine *final warning* erhalten hat.[1022] Wenn ein junger Täter, der bereits eine *final warning* erhalten hat, innerhalb von zwei Jahren nach Anordnung dieser *final warning* durch ein Gericht der Begehung einer weiteren Straftat für schuldig befunden wird, darf das Gericht nur unter Ausnahmeumständen bedingt von Strafe absehen.[1023] Betrachtet man diese Vorschrift in Zusammenhang mit der ebenfalls zur Jahrtausendwende eingeführten, für geständige Erstverurteilte weitgehend obligatorisch zu verhängenden *referral order* (siehe *Kapitel 3.6.2.4* unten), wird schnell deutlich, dass die Szenarien, in denen eine *conditional discharge* zulässig wäre, doch

---

1017 Vgl. *Judicial Studies Board* 2010, S. 4.

1018 Vgl. *Bandalli* 2008a, S. 84.

1019 Vgl. *Bandalli* 2008a, S. 84; *Doherty* 2004, S. 281; *Graham/Moore* 2006, S. 80.

1020 Section 12 (4) PCC(S)A 2000. Siehe auch *Doherty* 2004, S. 281.

1021 Vgl. *NACRO* 2010, S. 4.

1022 Diese Regelung soll die Kontinuität der Eingriffsintensität bei anhaltender Delinquenz gewährleisten, siehe *Home Office/Youth Justice Board* 2002, Rn. 1.8.

1023 Section 66 (4) CDA 1998.

recht überschaubar sind.[1024] Auch muss vor dem bedingten Absehen von Strafe zunächst geprüft werden, ob eine *reparation order* (siehe *Kapitel 3.6.2.3* unten) zulässig, verhältnismäßig und angemessen wäre. Ist dies zu bejahen, verhängt das Gericht aber dennoch eine *conditional discharge*, muss es diese Entscheidung in offener Sitzung begründen. Infolgedessen ist wie bereits unter *Kapitel 2.5.6* oben beschrieben der Anteil des bedingten Absehens von Strafe an allen strafgerichtlichen Sanktionen seit der Jahrtausendwende stark zurückgegangen.

3.6.2.2   Geldstrafen – „fines"

Geldstrafen (*fines*) sind in Teil VI PCC(S)A 2000 und Schedule 4 MCA 1980 gesetzlich geregelt. Sie kommen für die Fälle in Frage, in denen das Gericht die mit einer *community sanction* oder einer Haftstrafe einhergehenden Freiheitseinschränkungen für unverhältnismäßig, aber eine zeitnahe Bestrafung dennoch für notwendig befindet.[1025]

Allgemein betrachtet gelten für junge Straftäter dieselben Regelungen wie für Erwachsene. Die Höhe der Geldstrafe muss die Zahlungsfähigkeit und das Vermögen[1026] des jeweiligen Täters berücksichtigen. Folglich muss eine Geldstrafe sowohl bezüglich der Schwere des begangenen Delikts als auch der finanziellen Situation des Täters verhältnismäßig sein.[1027] Des Weiteren sind deliktsspezifische Maxima gesetzlich festgelegt. Geldstrafen sollten in ihrer Ganzheit am Tag ihrer Verhängung beglichen werden. Jedoch kann das Gericht in Fällen von Geringverdienern eine Ratenzahlung zulassen über einen Zeitraum, der zumeist ein Jahr nicht überschreiten sollte, der aber wiederum einkommensabhängig ist und innerhalb eines Jahres bezahlbar sein muss.[1028] Bei einer Ratenzahlung legt das Gericht einen Zeitpunkt fest, an dem der Fortschritt der Geldstrafentilgung überprüft wird.

Die erste erwähnenswerte kinder- und jugendspezifische Regelung liegt darin, dass die gesetzlich festgelegten, deliktsspezifischen Geldstrafenobergrenzen herabgesetzt sind. Während die Maxima für Erwachsene, die durch das *Magist-*

1024   Vgl. *Graham/Moore* 2006, S. 80.

1025   Vgl. *Judicial Studies Board* 2010, S. 52; *Cadman* 2008b, S. 173.

1026   Die Berechnung des „Vermögens" berücksichtigt das Einkommen, die Ausgänge, Rücklagen und das freie Vermögen sowie bereits bestehende (auch aus anderen bereits verhängten Geldstrafen entstehenden) Verbindlichkeiten, siehe *Cadman* 2008b, S. 173. Für eine detaillierte Aufschlüsselung der allgemeinen Ermittlung von Geldstrafenhöhen, siehe *Sentencing Guidelines Council* 2012b, S. 148 ff.

1027   Vgl. *Judicial Studies Board* 2010, S. 53; *Sentencing Guidelines Council* 2012b, S. 148.

1028   Vgl. *Sentencing Guidelines Council* 2012b, S. 148.

rates' Court sanktioniert werden, zwischen £ 200 und £ 5.000 rangieren, sind sie – sofern das für das jeweilige Delikt gesetzlich vorgesehene Maximum nicht niedriger ist – für 10 bis einschließlich 13-Jährige auf £ 250, und für 14- bis einschließlich 17-Jährige auf maximal £ 1.000 beschränkt.[1029] Der *Crown Court* ist dagegen nicht an diese herabgesetzten Maxima gebunden.

Eine zweite nur für Kinder und Jugendliche greifende Eigenart ist, dass die Verantwortung zur Geldstrafentilgung bei 10- bis einschließlich 15-Jährigen zwingend bei den Eltern liegt, sofern das Gericht dies nicht für unzweckmäßig erachtet.[1030] Dementsprechend werden bei der Bestimmung der Höhe der Geldstrafe die finanziellen Umstände der Eltern berücksichtigt. Jedoch gelten die kinder- und jugendspezifischen Maxima. Bei 16- und 17-jährigen Straffälligen ist die Heranziehung der Eltern fakultativ, und liegt im Ermessen des Gerichts.

Sollte eine Geldstrafe nicht den Vorgaben des Gerichts entsprechend entrichtet werden, kann eine Ersatz- oder Zusatzstrafe verhängt, oder aber unter bestimmten Umständen die Geldstrafe erlassen werden.[1031] So kann nach Section 85 MCA 1980 beispielsweise ein Straferlass erteilt werden, wenn ein Verurteilter aufgrund von aus weiteren Geldstrafen stammenden, bei der ursprünglichen Strafzumessung nicht bekannt gewesenen Verbindlichkeiten nur sehr unwahrscheinlich die Strafe begleichen kann.

Dem Gericht stehen auch Möglichkeiten zur Verfügung, die Bezahlung einer Geldstrafe tatsächlich durchzusetzen oder zu erzwingen.[1032] Diese sind im jugendstrafrechtlichen Kontext insbesondere für 16- und 17-Jährige relevant. Beispielsweise kann eine *deduction of benefit order* und/oder eine *attachment of earnings order* verhängt werden, welche bewirken, dass ein Anteil möglicher Sozialhilfebezüge und/oder des Einkommens einbehalten und direkt an das Gericht transferiert werden.[1033] In Fällen von unter 21-Jährigen ist das Gericht jedoch durch Section 88 MCA 1980 zunächst zum Erlass einer sogenannten *money payment supervision order* (MPSO) verpflichtet, sofern keine Umstände gegeben sind, welche eine solche Anordnung als ungeeignet oder nicht wünschenswert erscheinen lassen. Unter einer MPSO wird dem Täter ein Erwachsener zugeteilt (meist ein Mitarbeiter des YOT oder der Bewährungshilfe bei Personen über 18), der bei der Einhaltung von Zahlungsfristen und -umfängen

---

1029   Vgl. *Judicial Studies Board* 2006, S. 29 f.

1030   Vgl. *Judicial Studies Board* 2005, S. 35; 2006, S. 30; *Cadman* 2008b, S. 173.

1031   Für eine Zusammenfassung der Straferlassgründe sowie der vollständigen Liste anwendbarer Vollstreckungshilfen, siehe *Sentencing Guidelines Council* 2012b, S. 156 ff.

1032   Versäumt es ein Kind oder Jugendlicher, die Geldstrafe zu begleichen, wird er vor das Jugendgericht gebracht. Obliegt die Pflicht zur Zahlung den Eltern des Kindes, werden diese vor ein *Magistrates' Court* gebracht, siehe *Judicial Studies Board* 2006, S. 30.

1033   § 8 von Schedule 5 CA 2003.

Beistand und Unterstützung bietet.[1034] Erst wenn sich diese Maßnahme als erfolglos erweist kann auf andere Interventionen zurückgegriffen werden. Unter 25-Jährigen kann nach Section 60 PCC(S)A 2000 eine *attendance centre order* auferlegt werden, eine Form von Freizeitbeschränkung für bis zu drei Stunden an Samstagen, wobei die maximale Gesamtdauer für unter 16-jährige Schuldner 24, und für über 16-Jährige 36 Stunden nicht überschreiten darf.[1035] Ersatzfreiheitsstrafen sind bei Kindern und Jugendlichen unter 18 Jahren nicht zulässig.[1036] Nach Section 81 MCA 1980 kann das Gericht in Fällen, in denen es eine Ersatzfreiheitsstrafe verhängen würde, wäre der Täter 18 oder älter, die Pflicht zur Zahlung der Geldstrafe nachträglich an die Eltern übertragen.

Verurteilungen zu Geldstrafen werden bei Kindern und Jugendlichen für zweieinhalb Jahre im Vorstrafenregister festgehalten (für Erwachsene liegt die Dauer bei fünf Jahren). Nach Ablauf dieses Zeitraums müssen sie bis auf gewisse berufsspezifische Ausnahmen potentiellen Arbeitgebern nicht mehr mitgeteilt werden.[1037]

1034 Siehe *Cadman* 2008b, S. 173.

1035 Die Verfügbarkeit dieser Ersatzstrafe bleibt von der durch die Einführung des *youth rehabilitation order* bedingten Abschaffung der *attendance centre order* als alleinstehende gerichtliche Rechtsfolge unberührt. Siehe *Youth Justice Board* 2010c, S. 8, Fußnote 4.

1036 Vgl. *Judicial Studies Board* 2006, S. 30. Bei Erwachsenen dürfen Ersatzfreiheitsstrafen erst dann angewandt werden, wenn alle anderen Vollstreckungshilfen ausgeschöpft wurden. Dabei muss nach Section 82 (4) (b) MCA 1980 eine erneute Vermögensprüfung ergeben, dass schuldhaftes Unterlassen oder eine eindeutige Zahlungsverweigerung vorliegt. Die Dauer des Haftaufenthaltes muss so kurz gehalten werden wie es die Umstände eines jeden Falles zulassen, und darf die in Schedule 4 MCA 1980 festgelegten Maxima nicht überschreiten: Ein noch ausstehender Betrag von £ 200 ergibt maximal sieben Tage; zwischen £ 200 und £ 500 entsprechen 14 Tagen; zwischen £ 500 und £ 1.000 entsprechen maximal 28 Tagen; zwischen £ 1.000 und £ 2.500 entsprechen maximal 45 Tagen; zwischen £ 2.500 und £ 5.000 entsprechen bis zu drei Monate; zwischen £ 5.000 und £ 10.000 wären maximal sechs Monate; mehr als £ 10.000 maximal ein Jahr. Die Ersatzfreiheitsstrafe kann zur Bewährung ausgesetzt werden. Die Dauer dieser Strafaussetzung muss so kurz gehalten werden, als dass sie zum einen auch erfüllbar ist, und zum anderen dennoch Zahlungsdruck beim Schuldner erzeugt. Auflage während dieser Bewährungszeit ist die Gewährleistung regelmäßiger Zahlungen an das Gericht, siehe hierzu *Sentencing Guidelines Council* 2012b, S. 157 ff.

1037 Vgl. *NACRO* 2010, S. 4.

*3.6.2.3   Anordnung zur Erbringung von Wiedergutmachungsleistungen –
die „reparation order"*

Durch Section 67 CDA 1998 wurde die sogenannte *reparation order* für Kinder und Jugendliche von 10- bis einschließlich 17 Jahren gesetzlich eingeführt. Inzwischen in Sections 73-75 sowie Schedule 8 PCC(S)A 2000 geregelt, versieht diese Sanktionsform einen verurteilten Straftäter mit der Auflage, praktische Leistungen an die Opfer der Tat bzw. an die geschädigte Gemeinde zu leisten.[1038] Dadurch steht den Gerichten eine Sanktionsform zur Verfügung, welche unter verstärkter Berücksichtigung der Opferinteressen kriminellem Verhalten durch die Verantwortlichmachung junger Delinquenter entgegenwirken soll.[1039]

Die Sanktion hat eine Laufzeit von drei Monaten, wobei insgesamt nicht mehr als 24 Stunden Wiedergutmachungszeitaufwand anfallen dürfen.[1040] Dabei wird im Gesetz die Art der Leistungen explizit von finanzieller Kompensation abgegrenzt, für die bereits die *compensation order* (siehe *Kapitel 3.6.2.7.3* unten) vorgesehen ist.[1041] Vielmehr gibt das Innenministerium vor, dass die Inhalte der *reparation order* mit dem in jedem Einzelfall verübten kriminellen Verhalten im Bezug stehen sollten, um dieses gezielt anzusprechen, und um durch diese Konfrontation eine Verantwortungsübernahme und daraus erhoffte Verhaltensbesserung beim Täter zu bewirken.[1042] So könnte von einem Straftäter verlangt werden, Graffiti zu entfernen, oder aber regelmäßig das Auto des Opfers zu waschen, welches er beschädigt hat. Andere oder zusätzliche Wiedergutmachungsleistungen könnten beispielsweise das Aufsammeln von Abfällen, die eigenhändige Behebung der durch die Straftat entstandenen Schäden, oder aber die Erbringung einer schriftlichen oder persönlichen Entschuldigung sein.[1043]

Neben einem direkten Zusammenhang mit der Straftat ist die genaue Form der zu erbringenden Leistungen auch von dem Opfer der Straftat abhängig. Stimmt das Opfer dem „Erhalt" von Reparationsleistungen durch den Täter nicht

---

1038   Section 73 (1) PCC(S)A 2000; Vgl. auch *Cavadino/Dignan* 2007, S. 332; *Home Office* 2000a, Rn. 2.1, 3.9; *Allen* 2008, S. 293.

1039   Vgl. *Graham/Moore* 2006, S. 80.

1040   Vgl. *Home Office* 2000a, Rn. 3.10; Section 74 (1) und (8) PCC(S)A 2000.

1041   „*Make reparation [...] means make reparation for the offence otherwise than by the payment of compensation*", Section 73 (3) PCC(S)A 2000. Jedoch kann der *reparation order* eine *compensation order* angehängt werden, siehe *Home Office* 2000a, Rn. 3.11; *Allen* 2008, S. 293.

1042   Vgl. *Home Office* 2000a, Rn. 2.4, 3.6.

1043   Vgl. *Allen* 2008, S. 293.

zu, werden die Leistungen zu Gunsten der lokalen Kommune geleistet.[1044] Willigt das Opfer ein, müssen die Inhalte der Wiedergutmachungsleistungen die Erwartungen und Interessen des Opfers berücksichtigen.[1045]

Die zu erbringenden Leistungen müssen in jedem Fall zur Schwere der Tat verhältnismäßig sein,[1046] und dürfen – auch hinsichtlich ihrer zeitlichen Durchführung – nicht mit den Anforderungen anderer Gerichtsanordnungen, mit dem religiösen Glauben, der Arbeit oder der Ausbildung des Täters im Konflikt stehen.[1047] Versäumt es ein Täter, den Auflagen der *reparation order* ordentlich nachzukommen, kann er erneut vor Gericht gebracht werden, welches eine Fortsetzung der Anordnung beschließen, die Inhalte der Anordnung ändern, und/oder eine Geldstrafe von bis zu £ 1.000 anordnen, oder eine *attendance centre order* verhängen kann.[1048] Dabei muss das Gericht jedoch den Grad, zu dem der Täter bis dahin der Anordnung nachgekommen ist, berücksichtigen.[1049] *Reparation orders* werden für zweieinhalb Jahre im Vorstrafenregister aufgeführt, müssen jedoch unter Umständen auch nach Ablauf dieser Frist potentiellen Arbeitgebern mitgeteilt werden.[1050]

In der Ermittlung der für den jeweiligen Einzelfall angemessenen Wiedergutmachungsleistungen wird das Gericht durch einen Wiedergutmachungsbericht unterstützt, welcher von einem Bewährungshelfer, einem Sozialarbeiter der Kommunalbehörden oder einem Mitglied des lokalen YOT verfasst wird, und Vorschläge für Wiedergutmachungsleistungen und die Haltung des Opfers zu diesen Vorschlägen enthält.[1051] Dieser Bericht ist nicht mit einem *Pre-Sentence Report* zu verwechseln – welcher in jedem Fall erforderlich ist, in dem das Gericht eine *community sanction* verhängen möchte – da die *reparation order* keine *community sanction* ist.[1052] Eine *reparation order* darf angeordnet wer-

---

1044 Section 74 (1) PCC(S)A 2000. Somit ist die Verhängung der *reparation order* an sich nicht von der Zustimmung des Opfers abhängig.

1045 Vgl. *Home Office* 2000a, 3.6; *Allen* 2008, S. 293.

1046 Section 74 (2) PCC(S)A 2000; vgl. *Home Office* 2000a, Rn. 3.12; *Cavadino/Dignan* 2007, S. 332.

1047 Section 74 (3) PCC(S)A 2000; vgl. *Home Office* 2000a, Rn 3.13.

1048 Schedule 8 § 2 (2) PCC(S)A 2000; *Home Office* 2000a, Rn. 9.1. Die *attendance centre order* als alleinstehende Rechtsfolge wurde im Rahmen der Einführung der *youth rehabilitation order* im Jahr 2008 abgeschafft. Jedoch sieht das Gesetz ein *attendance centre requirement* als mögliches Element einer *youth rehabilitation order* vor. Diese wird unter *Kapitel 3.6.2.5* unten genauer erläutert.

1049 Schedule 8 § 2 (7) PCC(S)A 2000; Siehe auch *Home Office* 2000a, Rn. 9.7.

1050 Vgl. *NACRO* 2010, S. 4.

1051 Section 73 (5) PCC(S)A 2000; Siehe auch *Home Office* 2000a, Rn. 3.6.

1052 Vgl. *Home Office* 2000a, Rn. 3.1, 3.7.

den, wenn ein 10- bis einschließlich 17-Jähriger der Begehung einer Straftat für schuldig befunden wurde, für die das Gesetz keine bestimmte Strafe vorsieht.[1053] Sie war somit nicht explizit als zusätzliche ambulante Alternative zu freiheitsenziehenden Strafen angedacht, und kann daher nicht als *community sanction* definiert werden.[1054] Zudem müssen die Tatschwerevoraussetzungen für die Verhängung einer *community sanction* (siehe *Kapitel 3.6.2.5* sowie *Kapitel 3.6.3.3* unten) nicht erfüllt sein.

Vielmehr war die *reparation order* als neue „Einstiegssanktion" angedacht für Fälle geringfügiger Delinquenz,[1055] die aufgrund eines ausgeschöpften Verwarnungskontingents nicht durch das Diversionssystem abgefangen werden können und für die aufgrund der in Section 66 (4) CDA 1998 geregelten Einschränkungen ein bedingtes Absehen von Strafe nicht in Frage kommt.[1056] Das Innenministerium merkte in seinen im Jahr 2000 herausgegeben Praxisleitlinien ausdrücklich an, dass davon auszugehen sei, dass die *reparation order* das bedingte Absehen von Strafe in Fällen geringfügiger Delinquenz weitgehend verdrängen würde.[1057] Angesichts der Tatsache, dass das bedingte Absehen von Strafe zum Zeitpunkt der Reformen mehr als 30% aller gerichtlich angeordneten Sanktionen ausmachte, wird der Stellenwert deutlich, den die Erbringung von Wiedergutmachung und die damit einhergehende Verantwortlichmachung junger Täter (insbesondere auch in Fällen geringfügiger Delinquenz) einnehmen sollte. Die Einführung der *referral order* nur zwei Jahre später führte jedoch dazu, dass die *reparation order* nie den ursprünglich angedachten Stellenwert in der gerichtlichen Sanktionspraxis erlangt hat.[1058]

1053   Section 73 (1) PCC(S)A 2000.

1054   Vgl. *Home Office* 2000a, Rn. 2.2.

1055   Vgl. *Dignan* 2011, S. 367.

1056   Wenn ein junger Täter, der bereits eine *final warning* erhalten hat, innerhalb von zwei Jahren nach Anordnung dieser *final warning* durch ein Gericht der Begehung einer weiteren Straftat für schuldig befunden wird, darf das Gericht nur unter Ausnahmeumständen bedingt von Strafe absehen, siehe *Kapitel 3.6.2.1* oben.

1057   „*It is expected that the reparation order will substantially displace the conditional discharge for less serious offences*", *Home Office* 2000a, Rn. 2.2.

1058   Die Entwicklungen der Sanktionspraxis haben verdeutlicht, dass der erwartete Rückgang zwar eingetreten ist, die *reparation order* dafür jedoch nur eingeschränkt ursächlich war. Für die Auswirkungen des Zusammenspiels der verschiedenen Reformelemente (*reparation order, referral order, final warnings*), siehe bereits *Kapitel 2.5.6* oben.

3.6.2.4 Gerichtlicher Verweis an ein Jugendstraftätergremium – die „referral order"

Die *referral order*[1059] ist als obligatorische Rechtsfolge für all jene 10- bis einschließlich 17-Jährigen vorgesehen, die sich der Begehung einer mit Haft bedrohten Straftat (*imprisonable offence*) für schuldig bekennen (*guilty plea*), und keine vorangegangenen Verurteilungen haben.[1060] In diesen Fällen darf das Jugendgericht (*Crown Courts* können *referral orders* nicht verhängen) nur dann von einer Verweisungsanordnung absehen, wenn es aufgrund der Tatschwere ein unbedingtes Absehen von Strafe oder aber eine Haft- und Erziehungsstrafe (*detention and training order*, DTO, siehe *Kapitel 3.6.2.6.1* unten) für geeigneter befindet.[1061] Sind also die Bedingungen für eine obligatorische Verweisungsanordnung erfüllt, sind die einzigen Alternativen das unbedingte Absehen von Strafe oder eine Freiheitsstrafe.[1062] Auch darf das Gericht keine Verweisungsanordnung verhängen, wenn eine Straftat begangen wurde, für die eine bestimmte Strafe gesetzlich vorgesehen ist (beispielsweise Straftatbestände mit gesetzlicher Mindestverbüßungsdauer, oder lebenslange Freiheitsstrafen). Unter bestimmten Umständen ist die Verhängung einer Verweisungsanordnung fakultativ:

1059   Die Verweisungsanordnung wurde durch Part II YJCEA 1999 gesetzlich eingeführt. Das Gesetz ist durch offizielle Anmerkungen des Gesetzgebers ergänzt (*Explanatory Notes to the YJCEA 1999*), die bei der Auslegung der Rechtsvorschrift unterstützen sollen. Die Verweisungsanordnung ist inzwischen in Part III PCC(S)A 2000 geregelt. Das Justizministerium hat eine Orientierungsanleitung („*Guidance*", siehe *Ministry of Justice/Department of Children, Schools and Families/Youth Justice Board* 2009) veröffentlicht, welche sowohl den Gerichten als insbesondere auch den mit der Durchführung der Sanktion beauftragten YOTs Hilfestellung und Anleitung bietet. Abschließend wird das YOP-Verfahren auch in den *National Standards for Youth Justice Services* behandelt, siehe *Youth Justice Board* 2010b, S. 68 ff.

1060   Section 17 (1) PCC(S)A 2000. Wurde ein Kind oder Jugendlicher zuvor bereits verurteilt, jedoch von Strafe abgesehen, wird er so behandelt, als wäre er zuvor nicht verurteilt worden. Siehe *Judicial Studies Board* 2010, S. 61, sowie *Kapitel 3.6.2.1* oben.

1061   Section 16 (1) PCC(S)A 2000 sowie *Explanatory Notes to the YJCEA 1999*, Nr. 34. Im Falle einer Abwägung zwischen einer *referral order* und einer freiheitsentziehenden Sanktion muss das Gericht einen *pre-sentence report* des YOT anfordern, siehe *Ministry of Justice/Department of Children, Schools and Families/Youth Justice Board* 2009, Rn. 3.7.

1062   Eine Verweisungsanordnung kann mit einer *compensation order* sowie mit einer Anordnung zur Übernahme von Verfahrenskosten, jedoch nicht mit einer *parenting order* oder einem *parental bind-over* verbunden werden, siehe Section 19 (5) PCC(S)A 2000; *Explanatory Notes to the YJCEA 1999*, Nr. 44.

1. Wenn ein Täter sich der Begehung eines *non–imprisonable offence* für schuldig bekennt, und keine vorangegangenen Verurteilungen aufweist;

2. wenn ein Täter zeitgleich der Begehung mehrerer Straftaten für schuldig befunden wurde, jedoch nicht bei allen auf schuldig plädiert hat (*mixed pleas*), und keine vorangegangenen Verurteilungen aufweist;[1063]

3. wenn ein geständiger Täter einmal zuvor durch ein Gericht verurteilt wurde, jedoch nicht zu einer *referral order*;[1064] oder

4. wenn ein geständiger Täter eine oder mehrere vorangegangene Verurteilungen hat, von denen jedoch nur eine auf eine *referral order* lautete, das YOT eine erneute Verweisungsanordnung empfiehlt und das Gericht der Überzeugung ist, dass aussergewöhnliche Umstände eine erneute Verhängung einer *referral order* rechtfertigen.[1065]

Entscheidet sich das Gericht trotz des Vorliegens dieser Umstände gegen die Verweisungsanordnung, kann es auf den vollen Sanktionskatalog zurückgreifen und ist in seiner Entscheidungs- und Strafzumessungskompetenz nicht auf eine DTO oder ein unbedingtes Absehen von Strafe beschränkt, wie es im Falle der Ablehnung eines obligatorischen Verweises der Fall wäre.

Die „Absicherung" nach unten (durch den Vorbehalt eines *absolute discharge*) und nach oben (durch den Vorbehalt des Freiheitsentzugs) ist ein Indikator dafür, dass die *referral order* für ein breites Spektrum der Tatschwere in Frage kommt:

> „*The referral order is made for minor offences that are not serious enough for a community sentence as well as for the more serious offences at the cusp of custody.*"[1066]

Dies wird weiter untermauert durch die Tatsache, dass die Dauer der Anordnung zwischen drei Monaten und einem Jahr liegen kann.[1067] Dabei muss die Dauer, die das Gericht festlegt, proportional zur Tatschwere sein und dementsprechend angepasst werden.[1068] Im Rahmen seiner Entscheidung muss das Ge-

---

1063 Sections 17 (2) und (2A) PCC (S) A 2000; vgl. *Judicial Studies Board* 2010, S. 61.

1064 Section 17 (2B) PCC(S)A 2000; vgl. *Judicial Studies Board* 2010, S. 62.

1065 Section 17 (2C) PCC(S)A 2000. „Außergewöhnliche Umstände" werden jedoch nicht näher definiert, siehe auch *Judicial Studies Board* 2010, S. 62.

1066 *NACRO* 2005d, S. 2.

1067 Section 18 (1) (c) PCC(S)A 2000.

1068 Siehe *Explanatory Notes to the YJCEA 1999*, Nr. 42. Eine Verweisungsanordnung kann zudem verlängert werden, wenn ein Täter für die Begehung einer weiteren Straftat verurteilt wird, bevor er für das ursprüngliche Delikt an das Jugendkriminalitätsgremium verwiesen worden ist. Erfolgt die erneute Verurteilung nach dem Verweis an das Gremium, ist eine solche Verlängerung nur unter besonderen Ausnah-

richt ein PSR heranziehen, aus welchem das Rückfallrisiko sowie das Risiko von *serious harm* hervorgehen.

Abb. 11: **Voraussetzungen für die Anwendbarkeit einer** ***referral order***

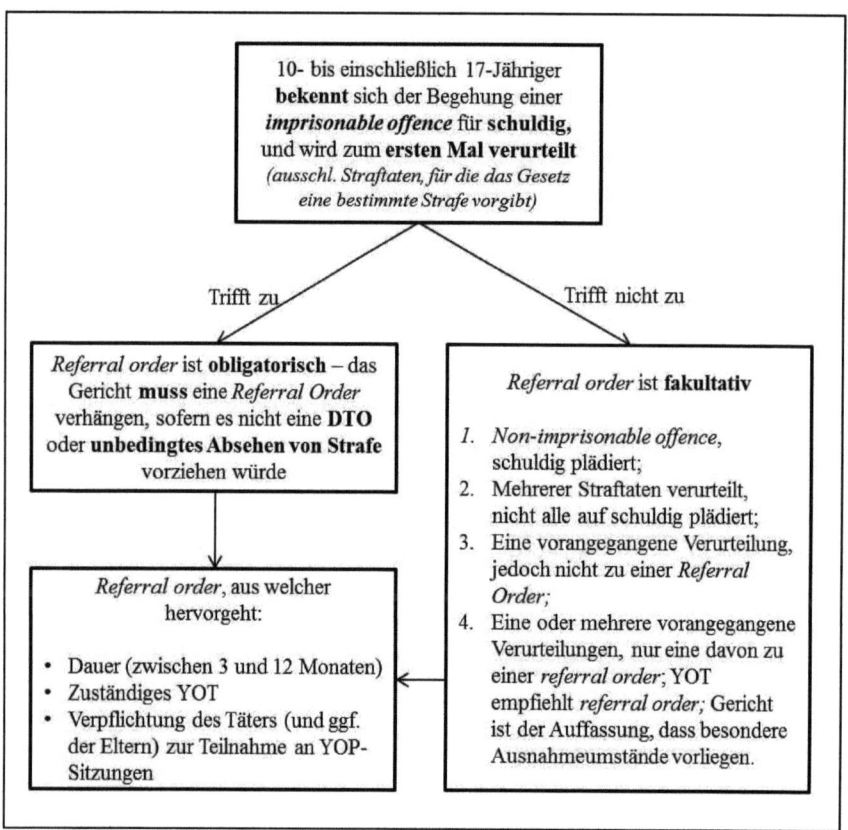

Verhängt das Gericht eine *referral order*, wird der Fall an das lokale YOT verwiesen, welches mit der Aufgabe betraut ist, ein „Jugendkriminalitätsgremium" (ein sogenanntes *youth offender panel*, YOP) einzuberufen und innerhalb von 20 Tagen das erste Treffen des Gremiums (*Initial Panel Meeting*) mit dem

---

meumständen zulässig. In jedem Falle darf durch die Verlängerung die Gesamtlaufzeit der ursprünglichen *referral order* 12 Monate nicht überschreiten, siehe §§ 10-13 Schedule 1 PCC (S) A 2000.

Täter sowie den weiteren Teilnehmern vorzubereiten.[1069] Das YOP ist zusammengesetzt aus mindestens einem Mitglied des zuständigen YOTs sowie mindestens zwei freiwilligen Repräsentanten der lokalen Gemeinde.[1070] Neben dem Täter, seinen Eltern[1071] und den Mitgliedern des YOP sind weitere Personen teilnahmeberechtigt, müssen jedoch nicht zwingend vertreten sein, damit eine Gremiumssitzung abgehalten werden kann: Der Täter darf eine weitere erwachsene Person bestimmen, die ihn zu dem Treffen begleiten soll (*offender's supporter*); das Opfer oder andere von der Straftat betroffene Personen sind teilnahmeberechtigt; ein Begleiter des Opfers (*victim supporter*); jeder andere Erwachsene, von dem der YOP eine positive Wirkung auf den Täter erhofft.[1072]

1069 Sections 18 (2) sowie 21 (1) PCC(S)A 2000; Vgl. *Ministry of Justice/Department of Children, Schools and Families/Youth Justice Board* 2009, Rn. 8.1; *NACRO* 2005d, S. 2.

1070 Section 21 (3) PCC(S)A 2000; *Ministry of Justice/Department of Children, Schools and Families/Youth Justice Board* 2009, Rn. 1.6. Die freiwilligen Repräsentanten (*voluntary panel members*) werden durch das lokale YOT angeworben und ausgebildet. Dabei werden keine bestimmten Berufsqualifikationen vorausgesetzt. Vielmehr werden Freiwillige hinsichtlich ihres Charakters untersucht, wobei insbesondere motivierte, zuverlässige und engagierte Menschen mit gutem Charakter, solidem Temperament und guten Kommunikationsfähigkeiten gesucht werden. Freiwillige müssen mindestens 18 Jahre alt sein und dürfen in den vorangegangenen zwei Jahren nicht verurteilt worden sein. Sie erhalten einen siebentägigen Trainingskurs sowie jährliche Fortbildungen. Siehe *Ministry of Justice/Department of Children, Schools and Families/Youth Justice Board* 2009, Rn. 5.2-5.26.

1071 Gemäß Section 20 (1) PCC(S)A 2000 kann das Gericht die Eltern eines verurteilten Kindes oder Jugendlichen per Gerichtsbeschluss zur Teilnahme an den Treffen verpflichten. Ein solcher Beschluss ist bei unter 16-Jährigen obligatorisch, siehe Section 20 (2) PCC(S)A 2000. Versäumen es die Eltern, diesem Beschluss nachzukommen, können sie einer *parenting order* unterstellt werden, siehe *Ministry of Justice/ Department of Children, Schools and Families/Youth Justice Board* 2009, Rn. 3.17.

1072 Section 22 PCC(S)A 2000. Das Gesetz enthält keine Erwähnung hinsichtlich der rechtlichen Vertretung des Täters. Die *guidance* des Justizministeriums besagt jedoch, dass junge Täter bei Gremiumstreffen nicht aktiv rechtlich vertreten sein werden: „*Young offenders will not be legally represented at panel meetings and supporters should not act as legal representatives*", siehe *Ministry of Justice/ Department of Children, Schools and Families/Youth Justice Board* 2009, Rn. 8.8. Durch die Mitwirkung eines Anwalts würde die direkte Involvierung des Täters am Prozess und somit seine Verantwortungsübernahme für sein straffälliges und zukünftiges Verhalten behindert werden. Zwar dürften Anwälte als Eltern oder Begleiter anwesend sein, jedoch sollten Täter im Rahmen der YOP-Sitzungen immer für sich selbst sprechen. Ob rechtliche Vertreter, die als Begleiter anwesend sind, in beratender Rolle tätig sein dürfen, wird weder im Gesetz noch in der Auslegung der Leitlinien klargestellt.

Wurden das YOP und die weiteren Teilnehmer ermittelt, wird das erste Treffen abgehalten.[1073] Das Ziel dieses Treffens ist es, die Ursachen, Folgen und Konsequenzen des straffälligen Verhaltens zu beleuchten, und gemeinsam (unter Mitwirkung aller Anwesenden) eine Strategie zur Wiedergutmachung des entstandenen Schadens und zur Minimierung des Risikos einer erneuten Straffälligwerdung zu entwerfen.[1074] Im Rahmen des Treffens soll das Opfer Gelegenheit bekommen, seine Sicht des Vorfalls darzulegen und vom Täter Wiedergutmachung einzufordern, während der Täter die Verantwortung für das eigene Verhalten (sowohl vergangenes und zukünftiges) übernehmen und seine Bereitschaft zur Erbringung dieser eingeforderten Wiedergutmachung zeigen kann. Endprodukt des Treffens sollte sein, dass ein Vertrag zwischen dem Täter und dem YOP zustande kommt (ein *youth offender contract*, YOC), in welchem die ermittelte Strategie zur Wiedergutmachung und Senkung des Rückfallrisikos festgehalten wird, und zu deren Erfüllung sich der Täter verpflichtet.

Nach der Richtlinie (*guidance*) des Justizministeriums sollte jeder YOC zwei Hauptelemente zum Inhalt haben: Wiedergutmachung und spezialpräventive Intervention.[1075] Zudem ist Supervision durch das YOT in jedem Fall in den YOC einzugliedern. Der Supervisionsumfang ist dabei vom Ausgang der ASSET-Risikoeinschätzung abhängig. Dazu wird seit 2010 eine Strategie angewandt, die als *scaled approach* (zu Deutsch: „abgestufter Ansatz") bezeichnet wird.[1076] Im Rahmen des *scaled approach* werden verschiedene Grade der Supervisionsintensität identifiziert, die auf der Gesamtpunktzahl der ASSET-Einschätzung basieren.[1077] Diese Kategorien und die entsprechend vorgesehenen Supervisionsumfänge sind in *Tabelle 18* unten zusammengetragen.

1073   In der Bestimmung des Austragungsortes sollte das YOT die Bedürfnisse des Opfers besonders berücksichtigen. Prinzipiell kommen informelle Gemeindelokalitäten infrage, wie beispielsweise Gemeindezentren, Familienzentren, Jugendklubs und Schulen, und nicht institutionelle Räumlichkeiten wie eine Polizeistation oder die Räume des YOT, siehe *Ministry of Justice/Department of Children, Schools and Families/Youth Justice Board* 2009, Rn. 8.10.

1074   *Ministry of Justice/Department of Children, Schools and Families/Youth Justice Board* 2009, Rn. 1.4 und 8.4; Section 23 (1) PCC(S)A 2000. Siehe auch Nr. 46 der *Explanatory Notes to the YJCEA 1999*: „*Referral to a youth offender panel is intended to provide an opportunity for the young offender to consider, with his or her parents and the panel, how best to address the offending behaviour and prevent its re-occurrence.*"

1075   *Ministry of Justice/Department of Children, Schools and Families/Youth Justice Board* 2009, Rn. 8.18.

1076   Siehe hierzu im Detail *Youth Justice Board* 2010d.

1077   Zu ASSET, siehe bereits *Kapitel 2.5.3.1* oben.

Tab. 18:   Der „*scaled approach*": Risikokategorien und der entsprechende Supervisionsumfang

Kategorie	ASSET-Ergebnis	Supervisionsumfang (Anzahl der monatlichen Treffen mit dem YOT)	
		Erste 3 Monate	Ab 4. Monat
Standard	0 bis 14 Punkte UND geringes Risiko von *serious harm*	2 Treffen pro Monat	1 Treffen pro Monat
Enhanced	15 bis 32 Punkte ODER mittleres Risiko von *serious harm*	4 Treffen pro Monat	2 Treffen pro Monat
Intensive	33 bis 64 Punkte ODER hohes oder sehr hohes Risiko von *serious harm*	12 Treffen pro Monat	4 Treffen pro Monat

Quelle: *Youth Justice Board* 2010d, S. 7 und 12; 2010a, S. 18.

    Neben Supervision müssen im Rahmen von YOCs Abmachungen und Vorkehrungen zur Erbringung von Wiedergutmachungsleistungen (*reparation*) getroffen werden. Diese können zum einen direkt für das Opfer oder sonstige von der Tat Betroffene geleistet werden, z. B. durch die Behebung des entstandenen Schadens, die Erbringung einer schriftlichen oder persönlichen Entschuldigung, regelmäßige Gartenarbeit o. Ä. für das Opfer usw., aber auch finanzielle Wiedergutmachung.[1078] Die Art der Wiedergutmachung muss dabei den Vorstellungen des Opfers entsprechen, und das Opfer muss dem Erhalt dieser Aufwendungen zustimmen.[1079] Zum anderen kann die Wiedergutmachung in der Form sinn- und bedeutungsvoller Arbeit erbracht werden (z. B. Entfernung von Graffiti, Aufsammeln von Abfällen, Arbeit mit alten/behinderten Menschen, oder in

---

1078   *Ministry of Justice/Department of Children, Schools and Families/Youth Justice Board* 2009, Rn. 8.20.

1079   Section 23 (4) PCC(S)A 2000.

Präventionsprojekten),[1080] entweder wenn das Opfer dies wünscht, dem Erhalt persönlicher Wiedergutmachung nicht zustimmt oder wenn angesichts des gezeigten straffälligen Verhaltens eine solche am angemessensten zu sein scheint. Der Umfang der verlangten Wiedergutmachungsleistungen, ob an das Opfer oder die Allgemeinheit gerichtet, ist abhängig von der durch das Gericht festgelegten Gesamtdauer der Intervention, die wiederum als Tatschwereindikator für das YOP dient. Je länger die Interventionsdauer, umso mehr Stunden sollen vom Täter verlangt werden.[1081]

Auch muss ein YOC spezialpräventive Intervention vorsehen.[1082] Dabei kommen vielfältige Auflagen in Betracht, die unter Berücksichtigung der Tatschwere und der Einzelheiten eines jeden Falls sorgfältig ausgewählt werden müssen. Unterstützt wird das YOP in diesem Zusammenhang durch das zuständige YOT, welches bereits im Vorfeld des Treffens eine ASSET-Risikoeinschätzung mit dem Täter vollzieht und die Ergebnisse dieser Untersuchung anschließend in der Form eines Berichts dem YOP zukommen lässt, aus welchem die Kernrisikofaktoren hervorgehen.[1083] Mögliche spezialpräventive Auflagen wären beispielsweise: Konstruktive Freizeitprogramme; kognitiv-verhaltensorientierte Trainingskurse; *mentoring* Programme; Drogen- und Alkoholberatung; Familienberatung; Aggressions- und Wutmanagementkurse; Kurse zur Förderung des Bewusstseins für Opferbelange; Jugendarbeit; soziale Trainingskurse; Unterrichtung in Brand-, Waffen- und Straßenverkehrssicherheit; Berufs- und Bildungsberatung; psychiatrische/psychologische Begutachtung; die Auflage des regelmäßigen Schulbesuchs.[1084] In Fällen, in denen das Gericht kurz vor der Verhängung einer freiheitsentziehenden Sanktion gestanden hatte, sollte der

---

1080 *Ministry of Justice/Department of Children, Schools and Families/Youth Justice Board* 2009, Rn. 8.26.

1081 3 bis 4 monatige Laufzeit: 3 bis 9 Stunden; 5 bis 7 Monate: 10 bis 19 Stunden; 8 bis 9 Monate: 20 bis 29 Stunden; 10 bis 12 Monate: mindestens 30 Stunden, siehe *Ministry of Justice/Department of Children, Schools and Families/Youth Justice Board* 2009, Rn. 8.28. In Fällen, in denen das Gericht nur knapp von einer Freiheitsstrafe abgesehen hat (*custody threshold cases*), sollte die Anzahl der erforderten Stunden dem Umfang entsprechen, der im Rahmen eines YRO (siehe *Kapitel 3.6.2.5* unten) verlangt werden würde, siehe *Ministry of Justice/Department of Children, Schools and Families/Youth Justice Board* 2009, Rn. 8.29.

1082 *Ministry of Justice/Department of Children, Schools and Families/Youth Justice Board* 2009, Rn. 8.30; Section 23 (1) PCC(S)A 2000.

1083 *Ministry of Justice/Department of Children, Schools and Families/Youth Justice Board* 2009, Rn. 4.2, 7.1, 7.2 und 8.32.

1084 Section 23 (2) PCC(S)A 2000, sowie *Ministry of Justice/Department of Children, Schools and Families/Youth Justice Board* 2009, Rn. 8.31.

YOC auch restriktive Elemente vorsehen, wie beispielsweise Ausgangssperren, Betretungs- und Kontaktverbote und Meldepflichten.[1085] Weder das Gesetz noch die Leitlinien des Justizministeriums machen Vorgaben hinsichtlich der zulässigen Anzahl an Auflagen, die zusammen in einem YOC kombiniert werden dürfen. Es wird lediglich wiederholt darauf hingewiesen, dass die Dauer und der Gesamtumfang der Inhalte eines YOC im Verhältnis zur Schwere der Tat stehen müssen. Insgesamt sollte sich die Wahl der Elemente des YOC ebenfalls an den im *scaled approach* definierten Vorgaben orientieren, die in *Tabelle 19* unten zusammengetragen wurden.

Tab. 19: **Der „*scaled approach*": Interventionsstufen, ihre jeweiligen Ziele und empfohlenen Inhalte**

Interventionsstufe	Ziele	Empfohlene Elemente des YOC
Standard	Schadenswiedergutmachung und Unterstützung in der Erfüllung der Auflagen	Wiedergutmachung, Supervision, gemeinnützige Arbeit
Enhanced	Wie „Standard", zusätzlich spezialpräventive Intervention	Wiedergutmachung, Supervision und/oder spezialpräventive Auflagen; gemeinnützige Arbeit
Intensive	Wie „Enhanced", zusätzlich Maßnahmen zur Kontrolle	Wiedergutmachung, Supervision, gemeinnützige Arbeit, spezialpräventive Auflagen, Auflagen zur Kontrolle.

Quelle:*Youth Justice Board* 2010d, Tabelle 1, S. 11.

Ein YOC tritt ab dem Moment in Kraft, in dem der Täter und ein Vertreter des Gremiums den YOC unterzeichnen.[1086] Kommt im Rahmen des ersten Gremiumstreffens kein Vertrag zustande, kann die Sitzung vertagt und eine zweite Sitzung anberaumt werden. Befindet das YOP jedoch, dass keine Aussicht auf

---

1085   *Ministry of Justice/Department of Children, Schools and Families/Youth Justice Board.* 2009, Rn. 8.18. Gemäß Section 23 (3) PCC(S)A 2000 darf ein YOC keine physische Einschränkung der Bewegungsfreiheit bedingen, weshalb ein elektronisch überwachter Hausarrest nicht infrage kommt.

1086   Section 23 (6) PCC(S)A 2000.

eine Einigung besteht oder wird eine Einigung erreicht, der Täter verweigert jedoch seine Unterschrift, wird der Täter an das Gericht zurückverwiesen mit einer schriftlichen Stellungnahme des YOP hinsichtlich der Gründe für das Ausbleiben einer Einigung.[1087] Selbiges gilt, wenn der Täter ohne zulässige Begründung der Sitzung fern bleibt. Das Gericht kann in der Folge entgegen der Ansicht des YOP eine Fortsetzung der Sitzungsbemühungen anordnen oder aber die Begründung des YOP annehmen, die *referral order* widerrufen und den Täter im Rahmen seiner üblichen Strafzumessungskompetenz sanktionieren.[1088] Dabei muss das Gericht den Umfang, in dem der Täter den Inhalten des YOC gegebenenfalls nachgekommen ist, berücksichtigen.[1089]

Kommt ein YOC zustande, obliegt die Überwachung und Betreuung der Erfüllung der vertraglichen Verpflichtungen dem YOT.[1090] Der zuständige YOT-Sachbearbeiter führt dabei Aufzeichnungen hinsichtlich des Fortschritts des Täters, welcher im Rahmen mindestens alle drei Monate abzuhaltender Fortschrittssitzungen (*progress meetings*) diskutiert wird.[1091] Eine solche Sitzung kann jederzeit entweder vom Täter oder dem YOP beim YOT beantragt werden und *muss* einberufen werden, wenn der Täter eine Vertragsänderung oder aber einen Verweis an das Gericht erwünscht, oder wenn das YOP der Auffassung ist, dass der Täter seinen Verpflichtungen nicht ordentlich nachkommt.[1092] Faktengrundlage derartiger Sitzungen ist ein vom YOT-Sachbearbeiter verfasster Fortschrittsbericht.

Ergibt die Sitzung, dass der Täter seine Auflagen bis zu dem Zeitpunkt ordnungsgemäß erfüllt hat, sollte die Sitzung genutzt werden, um ihn positiv zu bestärken. Bei besonders „guter Führung" kann das YOP vor dem Gericht eine frühzeitige Aufhebung der *referral order* schriftlich beantragen (*revocation in the interest of justice*), durch welche die Vertragsdauer um bis zu drei Monate verkürzt werden darf.[1093] Eine frühzeitige Aufhebung kommt auch dann in Frage, wenn Veränderungen in den Lebensumständen des Täters die Erfüllung der Vertragsauflagen unmöglich machen, beispielsweise wenn er mit seiner Fa-

---

1087 Section 25 (3) PCC(S)A 2000.

1088 § 5 Schedule 1 PCC(S)A 2000. Gem. § 6 Schedule 1 kann der Täter vor dem *Crown Court* Berufung gegen den Ausgang der neuen Strafzumessung einlegen.

1089 § 5 (5) Schedule 1 PCC(S)A 2000.

1090 *Ministry of Justice/Department of Children, Schools and Families/Youth Justice Board* 2009, Rn. 9.1.

1091 *Ministry of Justice/Department of Children, Schools and Families/Youth Justice Board* 2009, Rn. 9.2.

1092 *NACRO* 2005d, S. 5; *Ministry of Justice/Department of Children, Schools and Families/Youth Justice Board* 2009, Rn. 9.5.

1093 *Ministry of Justice/Department of Children, Schools and Families/Youth Justice Board* 2009, Rn. 9.16.

milie ins Ausland zieht. Hebt das Gericht in diesem Falle die Sanktion auf, kann es – unter Berücksichtigung des bis zu jenem Zeitpunkt geleisteten Fortschritts – den Täter erneut sanktionieren. Die Entscheidung, eine *referral order* vorzeitig aufzuheben, liegt zwingend beim Gericht.

Geht aus der Sitzung hervor, dass der Täter die vertraglichen Verpflichtungen nicht ordnungsgemäß erfüllt, stehen dem YOP mehrere Möglichkeiten offen, deren Anwendung davon abhängt, ob die Versäumnisse des Täters hinreichend begründet sind. Ist dies zu bejahen, kann das YOP den Vertrag in Zusammenarbeit mit dem Täter nachträglich abändern.[1094] Eine nachträgliche Änderung ist dann zulässig, wenn der Täter begründete Schwierigkeiten mit der Erfüllung bestimmter Aspekte des Vertrags hat (beispielsweise mit der Durchführung eines Täter-Opfer-Ausgleichs); wenn Veränderungen in den Lebensumständen des Täters die erfolgreiche Absolvierung bestimmter Elemente erschweren (beispielsweise ein neuer Beruf/Ausbildung bzw. andere Unterrichts- oder Arbeitszeiten); wenn nachträglich festgestellt wird, dass die Gesamtheit aller Vertragselemente eine zu große Belastung darstellt.[1095] Einigt man sich auf eine Variation des Vertrages, muss ein entsprechender neuer Vertrag von YOP und Täter unterschrieben werden.

Zum anderen kann das YOP zu der Auffassung gelangen, dass der Täter ohne hinreichende Begründung die Erfüllung seiner vertraglichen Verpflichtungen wiederholt oder massiv versäumt hat. Die Folge wäre üblicherweise ein Verweis an das Gericht[1096] mit einer schriftlichen Begründung seiner Auffassung. Teilt das Gericht die Auffassung des YOP, kann es die Verweisungsanordnung aufheben und den Täter unter Berücksichtigung der bis dahin erbrachten Leistungen im Rahmen seiner normalen Strafzumessungskompetenzen erneut sanktionieren.[1097] Der Täter muss bei dieser Entscheidung anwesend sein, und kann gegen die neue Strafzumessung Revision einlegen.[1098] Teilt das Gericht die Auffassung des YOP nicht, bleibt der YOC bestehen und rechtskräftig.

1094   *Ministry of Justice/Department of Children, Schools and Families/Youth Justice Board* 2009, Rn. 9.7.

1095   Section 26 (3) PCC(S)A 2000. *Ministry of Justice/Department of Children, Schools and Families/Youth Justice Board* 2009, Rn. 9.13. Eine Veränderung des Vertrages unter denselben Bedingungen bzw. Umständen kann auch vom Täter beim YOT beantragt werden.

1096   Hat der Täter inzwischen das 18. Lebensjahr vollendet, erfolgen Verweise vom YOP prinzipiell an den *Magistrates' Court* für Erwachsene, *Ministry of Justice/ Department of Children, Schools and Families/Youth Justice Board* 2009, Rn. 9.8.

1097   § 5 Schedule 1 PCC(S)A 2000.

1098   *Ministry of Justice/Department of Children, Schools and Families/Youth Justice Board* 2009, Rn. 9.8 und 9.10.

Hat der Täter Versäumnisse zu verantworten, die jedoch einen vollständigen Widerruf der *referral order* mit anschließender erneuter Strafzumessung nicht rechtfertigen, kann das YOP vor dem Gericht eine nachträgliche Verlängerung der Vertragsdauer um bis zu drei Monate beantragen, wobei durch die Verlängerung die gesetzlich bestimmte Maximaldauer von 12 Monaten nicht überschritten werden darf.[1099]

Kurz vor Ablauf der Vertragslaufzeit (meist im Laufe des letzten Monats, spätestens eine Woche vor Ablauf)[1100] wird das YOP zu einer Abschlusssitzung (*final panel meeting*) einberufen um zu ermitteln, ob und inwieweit der Täter seine vertraglichen Verpflichtungen erfüllt hat.[1101] Ist er seinen Auflagen ordnungsgemäß nachgekommen, beschließt das YOP, die *referral order* nach Ablauf der restlichen Vertragslaufzeit aufzuheben.[1102] Es entsteht dabei kein Eintrag im Strafregister, so dass – bis auf gewisse Ausnahmen (Arbeit mit Kindern usw.) – potentiellen Arbeitgebern keine Auskunft über die Verurteilung erteilt werden muss. Jedoch wird die Verurteilung in den Gerichts- und Täterakten vermerkt und kann folglich im Rahmen der Strafzumessung erneuter Rechtsbrüche erschwerend berücksichtigt werden.[1103]

Ist das YOP der Auffassung, dass die Auflagen des Vertrages nicht zufriedenstellend und ordnungsgemäß erfüllt worden sind, wird dies dem Gericht schriftlich mitgeteilt. Bestätigt das Gericht die Auffassung des YOP, wird der Täter einer erneuten Strafzumessung ausgesetzt, welche den Umfang berücksichtigen muss, in dem der Täter den Auflagen seines Vertrags bis dahin nachgekommen ist. Befindet das Gericht jedoch, dass der Täter durchaus den Verpflichtungen ausreichend nachgekommen ist, kann es die *referral order* nach Ablauf der Vertragslaufzeit aufheben.[1104]

Die Zusammensetzung der Teilnehmer der Abschlusssitzung braucht nicht mit der der ersten Sitzung kongruent zu sein. So müssen das Opfer, *victim supporters* und *offender supporters* (sofern diese an der ersten Sitzung teilgenom-

---

1099   *Ministry of Justice/Department of Children, Schools and Families/Youth Justice Board* 2009, Rn. 9.12. Eine solche Verlängerung kommt auch dann in Frage, wenn die Versäumnisse des Täters auf unvorhersehbare oder unvermeidbare Umstände zurückzuführen sind (Krankheit; Krankheit in der Familie; etc.)

1100   *Ministry of Justice/Department of Children, Schools and Families/Youth Justice Board* 2009, Rn. 11.1.

1101   Section 27 PCC(S)A 2000. *NACRO* 2005d, S. 5.

1102   Section 27 (2) und (3) PCC(S)A 2000.

1103   Vgl. *NACRO* 2010, S. 4; *Ministry of Justice/Department of Children, Schools and Families/Youth Justice Board* 2009, Rn. 3.23-3.26. Wurde zusätzlich zu der *referral order* eine Zusatzstrafe verhängt, bleiben die für diese Sanktion geltenden strafregisterlichen Vorgaben einschließlich der Löschungsperiode unberührt.

1104   Section 27 (4) sowie Schedule 1 PCC(S)A 2000.

men hatten) oder der Täter selber nicht an der Abschlusssitzung teilnehmen.[1105] Auch die genaue Zusammensetzung des YOP muss nicht identisch sein mit der der ersten Sitzung, wenngleich die *guidance* einen gewissen Grad an Überschneidung für wünschenswert erachtet.[1106]

3.6.2.5 Ambulante Alternativen zum Freiheitsentzug – die „youth rehabilitation order"

Wie bereits in *Kapitel 2.6.2.5.3* oben beschrieben wurde 2009 die *youth rehabilitation order* eingeführt, um das Rechtsfolgensystem zu vereinfachen und eine flexiblere Interventionsgestaltung zu ermöglichen. Im Rahmen einer YRO kann das Gericht, basierend auf den aus der Risikoexploration des YOTs hervorgegangenen Erkenntnissen, ein individualisiertes Interventionsprogramm aus verschiedenen Auflagen zusammenstellen, die alle einem oder mehreren der unter *Kapitel 3.6.1* oben angeführten, in Section 142A CJA 2003 geregelten Sanktionierungszwecke dienen.[1107] Die YRO hat gemäß § 32 (1) Schedule 2 CJIA 2008 eine maximale Dauer von drei Jahren, wobei das Gericht für verschiedene Auflagen verschiedene Erfüllungs- oder Einhaltungszeiträume festlegen kann (§ 32 (2)).

Die Anwendbarkeit der YRO ist an gewisse Voraussetzungen gebunden. Allem voran muss das Gericht zu der Auffassung gelangen, dass die Tatschwere – unter Berücksichtigung aller strafschärfenden und strafmildernden Faktoren – die Verhängung einer *community sanction* rechtfertigt.[1108] Jedoch sind Gerichte gemäß Section 148 (5) CJA 2003 nicht zur Verhängung einer YRO verpflichtet, wenn diese Schwelle überschritten wurde. Eine YRO ist jedoch nicht zulässig, wenn die Vorrausetzungen für die Verhängung einer obligatorischen *referral order* erfüllt sind (erste Verurteilung eines Täters, der sich der Begehung einer *imprisonable offence* für schuldig bekennt).[1109] Weiterhin muss ein Gericht, bevor es eine YRO anordnen darf, einen *pre-sentence report* vom lokalen YOT einholen,[1110] aus welchem – neben einer Prüfung der Geeignetheit des Täters für eine YRO – Vorschläge für die genaue Ausgestaltung eines Sanktionsplans hervorgehen sollen, die die lokalen Dienstleistungsinfrastrukturen und die Lebensumstände des Täters berücksichtigen. Hinsichtlich der Frage, wie häufig ein

---

1105   *NACRO* 2005d, S. 5.

1106   *Ministry of Justice/Department of Children, Schools and Families/Youth Justice Board* 2009, Rn. 11.2.

1107   Vgl. *Youth Justice Board* 2010c, S. 8 f.

1108   Section 148 (1) CJA 2003. Siehe auch *Kapitel 3.6.3.2* unten.

1109   Vgl. *Sentencing Guidelines Council* 2009, S. 14.

1110   Section 156 (3) CJA 2003.

Kind oder Jugendlicher zu einer YRO verurteilt werden darf, macht das Gesetz keinerlei Einschränkungen. Vielmehr ist die Sanktion so konzipiert, dass im Falle einer erneuten Straffälligkeit die Zusammensetzung der Auflagen angepasst werden kann, um ein Interventionsprogramm zu bieten, welches die Rückfälligkeit bzw. strafrechtliche Vergangenheit des Täters berücksichtigt. Aus den Leitlinien des YJB geht sogar hervor, dass von den Gerichten „erwartet" wird, dass sie die vielfältigen Möglichkeiten der YRO bestmöglich ausschöpfen, bevor sie zu freiheitsentziehenden Sanktionen greifen (gesetzlich verpflichtet sind sie dazu jedoch nicht).[1111]

Zu den Auflagen gehören beispielsweise Betretungsverbote, Ausgangssperren, Drogenscreening-Programme, Suchttherapien, gemeinnützige Arbeit und die Teilnahme an resozialisierungsförderlichen Trainingskursen.[1112] Zudem können elektronische Überwachung, die Unterbringung in Pflegefamilien (sogenanntes *intensive fostering*) und *intensive supervision and surveillance* (ISS) als Auflagen einer YRO verhängt werden. Dabei gelten für bestimmte Auflagenformen besondere Anwendbarkeitsvoraussetzungen, beispielsweise dass der Täter für die Begehung eines *imprisonable offence* verurteilt wurde (für die Zulässigkeit von ISS oder *intensive fostering*), der Täter mindestens 16 Jahre alt sein muss (für die Zulässigkeit gemeinnütziger Arbeit) oder dass eine Auflage die Voraussetzung für eine andere Auflage ist (z. B. kann elektronische Überwachung nur gemeinsam mit einer Ausgangssperre angeordnet werden).

1111   Vgl. *Youth Justice Board* 2010c, S. 8 f.

1112   Section 1 (1) sowie Schedule 1 CJIA 2008. Vgl. auch *Youth Justice Board* 2010c, S. 9.

Tab. 20: Überblick über die im Rahmen einer *Youth Rehabilitation Order* verfügbaren Auflagen

Auflage	Inhalt der Auflage
Activity Requirement – Auflage, eine vorgeschriebene Tätigkeit zu erfüllen	Die Auflage verpflichtet den Täter, an insgesamt bis zu 90 Tagen an bestimmten Tätigkeiten teilzunehmen, zum Beispiel spezialpräventive Programme, soziale Trainingskurse, aber auch die Erbringung von Wiedergutmachungsleistungen an die Opfer. Die genauen Tätigkeiten müssen nicht alle zum Zeitpunkt der Sanktionierung bestimmt werden, sondern können auch nachträglich vom zugewiesenen YOT-Supervisor bestimmt werden. Dabei muss auf die Verhältnismäßigkeit und Angemessenheit geachtet werden. Geregelt in Section 1 (1) (a) sowie §§ 6-8 Schedule 1 CJIA 2008.
Attendance Centre Requirement – Auflage zur Anwesenheit in einem *Attendance Centre*	Diese Auflage erfordert die regelmäßige Anwesenheit des Täters in einem *Attendance Centre*. Voraussetzung ist, dass die Verfügbarkeit eines Platzes in einem für den Täter angemessen erreichbaren *Attendance Centre* im Vorfeld gewährleistet ist. Die Gesamtzahl an Stunden, die der Täter im *Attendance Centre* anwesend sein muss richtet sich nach dem Alter des Täters zum Zeitpunkt der Verurteilung: - 16- und 17-Jährige: zwischen 12 und 36 Stunden; - 14- bis unter 16-Jährige: 12 bis 24 Stunden; - unter-14-Jährige: 12 Stunden. Ziel dieser Auflage ist zum einen der Freizeitentzug, und zum anderen die Förderung von Struktur im Leben junger Rechtsbrecher. Geregelt in Section 1 (1) (e) sowie § 12 Schedule 1 CJIA 2008.

Auflage	Inhalt der Auflage
Curfew Requirement – Ausgangssperre	Die Ausgangssperre erfordert die Anwesenheit des Täters an einem bestimmten Ort zu bestimmten Zeiten. Dabei kann die Sperre je nach Wochentag variieren. Jedoch darf die tägliche bzw. zusammenhängende Dauer der Ausgangssperre nicht kürzer als zwei und nicht länger als zwölf Stunden sein. Ein *Curfew Requirement* darf für maximal sechs Monate angeordnet werden. Besteht eine YRO lediglich aus einer *Curfew Requirement*, darf die Dauer der YRO sechs Monate nicht überschreiten. Die Ausgangssperre kommt dann in Betracht, wenn die Straffälligkeit des Täters zu bestimmten Uhr- oder Tageszeiten in Zusammenhang steht, und durch die Ausgangssperre negative Verhaltensmuster durchbrochen werden könnten. Bevor eine *Curfew Requirement* angeordnet wird, muss das Gericht die Zustimmung derjenigen Personen einholen, die durch den Ausgangsverbot zur Nähe zum Täter gezwungen würden (Mitbewohner, Familienmitglieder, ggf. Nachbarn). Geregelt in Section 1 (1) (g) sowie § 14 Schedule 1 CJIA 2008.
Drug Testing Requirement – Auflage, sich regelmäßigen Drogenscreenings zu unterziehen	Der Täter verpflichtet sich dazu, regelmäßig Proben zur Analyse einzureichen, um zu untersuchen, ob sich illegale Betäubungsmittel in seinem Körper befinden. Der Täter muss im Vorfeld einwilligen. Die *Drug Testing Requirement* kann verhängt werden, wenn ein Täter der Auflage zur Teilnahme an einer Drogentherapie untersteht, und soll ihm dabei helfen, vom Gebrauch illegaler Drogen abzusehen. Ein *Drug Treatment Requirement* ist somit vorausgesetzt. Geregelt in Section 1 (1) (m) sowie § 23 Schedule 1 CJIA 2008.

Auflage	Inhalt der Auflage
Drug Treatment Requirement – Teilnahme an einer Drogentherapie	Diese Auflage erfordert die Teilnahme des Täters an einem ambulanten oder stationären Drogentherapieprogramm mit dem Ziel, die Abhängigkeit des Täters (oder seine Neigung, Drogen zu missbrauchen) zu senken bzw. gänzlich zu beseitigen. Voraussetzung für diese Auflage ist die Einwilligung des Täters, eine festgestellte Abhängigkeit von illegalen Drogen oder eine klare Neigung zum Missbrauch illegaler Drogen, die Empfänglichkeit bzw. Notwendigkeit für eine Therapie, sowie die Gewährleistung eines entsprechenden Therapieplatzes im Vorfeld. Eine Drogentherapie sollte nur dann angeordnet werden, wenn ein klarer Zusammenhang zwischen der Straffälligkeit des Täters und seinem Drogenmissbrauch besteht, und folglich durch die Therapie einer weiteren Straffälligkeit vorgebeugt werden könnte. YOTs sind dazu angehalten, alle anderen Möglichkeiten auszuschöpfen, bevor auf diese formelle Auflage zurückgegriffen wird. Geregelt in Section 1 (1) (l) sowie § 22 Schedule 1 CJIA 2008.
Education Requirement – Auflage, seiner Bildung ordentlich nachzugehen	Das *Education Requirement* soll den regelmäßigen Schulbesuch bzw. die formelle Schulbildung (ggf. auch Hausunterricht) des Täters gewährleisten. Diese Auflage kommt dann in Betracht, wenn die Straffälligkeit des Täters in einem Zusammenhang zu einem unregelmäßigen oder gänzlich ausbleibenden Schulbesuch steht (z. B. wenn die Tat(en) für die er verurteilt wurde im Rahmen des Schulschwänzens begangen wurde oder zu Uhrzeiten, bei denen er eigentlich in der Aufsicht einer Schule hätte sein sollen). Voraussetzung für die Anordnung eines *Education Requirement* ist, dass der Täter schulpflichtig ist (bis einschließlich 16 Jahre alt). Geregelt in Section 1 (1) (o) sowie § 25 Schedule 1 CJIA 2008.
Electronic Monitoring Requirement – elektronisch überwachter Hausarrest	Ordnet das Gericht eine Ausgangssperre im Rahmen des YRO an, muss es die elektronische Überwachung des Täters in Erwägung ziehen. Dabei gilt die Vermutung zugunsten der elektronischen Überwachung, die nur durchbrochen wird, wenn das Gericht eine solche Supervisionsintensität angesichts der Tatschwere und des aus dem PSR hervorgehenden Rückfallrisikos für unangemessen befindet. Geregelt in Section 1 (2) sowie §§ 2 und 26 Schedule 1 CJIA 2008.

Auflage	Inhalt der Auflage
Exclusion Requirement – Betretungsverbot	Die Auferlegung eines Betretungsverbots kommt dann in Betracht, wenn die Straffälligkeit des Täters zu bestimmten geografischen Orten oder Lokalitäten in einem Zusammenhang zu stehen scheint. Durch das *Exclusion Requirement* kann dem Täter für bis zu drei Monate untersagt werden, bestimmte Orte aufzusuchen. Für jeden Wochentag können unterschiedliche Uhrzeiten festgelegt werden, zu denen der Täter diesen Orten fernbleiben muss. Dabei müssen die Orte klar definiert und für den Täter begreifbar sein. Geregelt in Section 1 (1) (h) sowie § 15 Schedule 1 CJIA 2008.
Intoxicating Substance Treatment Requirement – Auflage zur Teilnahme an einer Rauschmitteltherapie	Diese Auflage sieht die Teilnahme des Täters an einer ambulanten oder stationären Therapie vor, die der Bekämpfung oder Behebung einer Abhängigkeit (oder einer Neigung zum Missbrauch) von Suchtmitteln wie Alkohol, Klebstoffen oder anderen Mitteln, die mit dem Ziel eines Rausches inhaliert oder anderweitig eingenommen werden. Eine derartige Therapie sollte nur dann angeordnet werden, wenn ein klarer Zusammenhang zwischen der Straffälligkeit des Täters und seinem Rauschmittelmissbrauch besteht, und folglich durch die Therapie einer weiteren Straffälligkeit vorgebeugt werden kann. Voraussetzung für ein *Intoxicating Substance Treatment Requirement* ist, dass der Täter: einer derartigen Behandlung zustimmt, eine Rauschmittelabhängigkeit oder eine klare Neigung zum Rauschmittelmissbrauch hat, eine Therapie benötigt und für eine solche empfänglich wäre. Zudem muss ein entsprechender Therapieplatz im Vorfeld gewährleistet sein. Geregelt in Section 1 (1) (n) sowie § 24 Schedule 1 CJIA 2008.

Auflage	Inhalt der Auflage
Local Authority Residence Requirement – Unterbringung in Wohnunterkünften der lokalen Kommunalbehörden	Die Auflage sieht die Herausnahme des Täters aus seinem Wohn- und Lebensumfeld vor, sowie seine Unterbringung in einer *Local Authority Accommodation* (LAA). Die Dauer derartiger Unterbringungen darf sechs Monate nicht überschreiten, und muss enden, sobald der Täter das 18. Lebensjahr beendet hat. Für die Dauer seiner Unterbringung gelten für den Täter die Vorgaben von Section 23 CA 1989, die die lokale Kommune dazu verpflichtet, für die Wohlfahrt des Untergebrachten zu sorgen, seine Bedürfnisse zu ermitteln und einen Fürsorgeplan für die Dauer seines Aufenthaltes zu entwerfen und zu vollziehen. Ein *Local Authority Residence Requirement* sollte insbesondere dann angeordnet werden, wenn ein Zusammenhang zwischen der Straffälligkeit des Täters und seiner aktuellen Wohnsituation und –Umgebung zu bestehen scheint, und strukturierte Fürsorgevorkehrungen erforderlich sind, um der Resozialisierung des Täters angemessen dienen zu können. Da diese Auflage einen erheblichen Eingriff darstellen kann, gilt die Voraussetzung, dass der Täter bei der Strafzumessungsverhandlung anwaltlich vertreten ist, oder eine solche Vertretung ihm angeboten wurde, jedoch abgelehnt oder anschließend nicht beantragt wurde. Abschließend müssen die Eltern/Erziehungsberechtigten im Vorfeld konsultiert werden, sofern dies praktikabel und/oder im Einzelfall wünschenswert ist. Geregelt in Section 1 (1) (j) sowie §§ 17 und 19 Schedule 1 CJIA 2008.

Auflage	Inhalt der Auflage
Mental Health Treatment Requirement – Behandlung/Therapie einer psychischen/geistigen Störung	Im Rahmen eines *Mental Health Treatment Requirement* muss sich ein Täter in die ambulante oder stationäre Behandlung eines registrierten Arztes oder Psychologen begeben mit dem Ziel, das geistige/psychische Befinden/den Zustand des Täters zu verbessern und vorliegenden Störungen entgegenzuwirken. Um diese Auflage verhängen zu können, muss der Täter dieser Behandlung zustimmen, es muss im Vorfeld ein entsprechender Therapieplatz gewährleistet werden und der psychische Zustand des Täters darf nicht so gravierend sein, dass eine zwangsweise Unterbringung in einer psychiatrischen Klinik erforderlich scheint. Weitere Voraussetzung ist, dass das Vorliegen der Störung vor Gericht durch einen fachlich kompetenten Arzt attestiert wird. Angemessen wäre die Anordnung einer *Mental Health Treatment Requirement* dann, wenn der geistige oder psychische Zustand des Täters als maßgeblich ursächlicher Faktor für das straffällige Verhalten des Täters identifiziert worden ist. Geregelt in Section 1 (1) (k) sowie §§ 20f. Schedule 1 CJIA 2008.
Programme Requirement – Teilnahme an einem spezialpräventiven Interventions- oder Trainingskurs	Im Rahmen dieser Auflage nimmt der Täter an einem systematischen spezialpräventiven Interventionskurs teil, beispielsweise einem Wutmanagementkurs, Suchtvermeidungskurs oder einem sogenannten *Knife Crime Prevention Programme*. Das YOT ist zuständig für die Empfehlung des Kurses. Die Dauer der Auflage ist bestimmt durch die Länge des entsprechenden Kurses. Geregelt in Section 1 (1) (d) sowie § 11 Schedule 1 CJIA 2008.
Prohibited Activity Requirement – Auflage, bestimmte Verhaltensweisen zu unterlassen	Die Auflage untersagt es dem Täter, gewissen Tätigkeiten nachzugehen oder sich in bestimmten Weisen zu verhalten. Das Verbot kann auf bestimmte Uhrzeiten oder bestimmte Wochentage beschränkt werden. Diese Auflage sollte in Betracht kommen, wenn die Straffälligkeit des Täters mit bestimmten Tätigkeiten oder bestimmten Personen im Zusammenhang zu stehen scheint. Sie dient demnach der Eindämmung von Tatgelegenheiten, beispielsweise durch Kontaktverbote zu bestimmten Personen. Geregelt in Section 1 (1) (f) sowie § 13 Schedule 1 CJIA 2008.

Auflage	Inhalt der Auflage
Residence Requirement – Unterbringungsauflage	Ein *Residence Requirement* erfordert, dass ein Täter für eine bestimmte Dauer bei einer bestimmten ihm bekannten Person untergebracht wird (z. B. bei den Großeltern), solange diese Person/en dem zustimmt/zustimmen. Unter Umständen kann eine Unterbringung in einer Herberge oder bei einer Pflegefamilie notwendig sein. Diese Auflage sollte insbesondere dann angeordnet werden, wenn ein Zusammenhang zwischen der Straffälligkeit des Täters und seiner aktuellen Wohnsituation und -umgebung besteht. Sie sollte auch dann in Betracht gezogen werden, wenn ein Täter in der Vergangenheit bereits gegen Auflagen einer YRO verstoßen hat, und diese Verstöße auch auf die Wohnsituation des Täters zurückzuführen waren. Geregelt in Section 1 (1) (i) sowie § 16 Schedule 1 CJIA 2008.
Supervision Requirement – Auflage, sich der Supervision eines YOT-Mitarbeiters zu unterstellen	Verpflichtet den Täter zu regelmäßigen Treffen mit einem Supervisor, der üblicherweise Mitarbeiter des lokalen YOTs ist. Im Rahmen solcher Treffen wird der Fortschritt in der Erfüllung des YRO besprochen und spezialpräventiv mit dem Kind/Jugendlichen gearbeitet. Wird eine Supervisionsauflage angeordnet, gilt sie für die Gesamtdauer der YRO. Die Supervisionsintensität (Häufigkeit der Treffen mit dem Supervisor) richtet sich nach dem Ergebnis der ASSET-Exploration. Es gelten dieselben Vorgaben wie für die *Referral Order* (siehe *Tabellen 18* und *19* oben). Geregelt in Section 1 (1) (b) sowie § 9 Schedule 1 CJIA 2008.

Auflage	Inhalt der Auflage
Unpaid Work Requirement – Auflage zur Erbringung gemeinnütziger Arbeiten	Das *Unpaid Work Requirement* verpflichtet einen zum Zeitpunkt der Verurteilung 16- oder 17-jährigen Jugendlichen zur Leistung von zwischen 40 und 240 Stunden gemeinnütziger Arbeit, die innerhalb eines 12-monatigen Zeitraums zu erbringen sind. Die Auflage dient primär der Bestrafung und sekundär der Resozialisierung des Täters. Arbeitsplätze werden von gemeinnützigen Organisationen und Träger in Zusammenarbeit mit dem YOT bereitgestellt. Die Arbeit sollte der lokalen Gemeinde zugutekommen (Bearbeitung von Grünanlagen, Graffitibeseitigung, ggf. Arbeit in Pflegeheimen usw.), und es muss im Vorfeld sichergestellt sein, dass der Täter die für die Durchführung der Arbeiten erforderliche körperliche und geistige Reife besitzt. Geregelt in Section 1 (1) (c) sowie § 10 Schedule 1 CJIA 2008.
Intensive Fostering – Unterbringung in einer Pflegefamilie verbunden mit YOT-Supervision und ggf. anderen Auflagen	Diese Auflage sieht die Unterbringung eines Kindes oder Jugendlichen in einer Pflegefamilie vor. Die Dauer der Unterbringung ist dabei auf maximal 12 Monate beschränkt, oder bis der Täter das 18. Lebensjahr vollendet hat. Sie kommt dann in Frage, wenn nach Auffassung des Gerichts die Lebens- und Wohnumstände und -bedingungen des Jugendlichen maßgeblich ursächlich für das straffällige Verhalten gewesen sind, und von dem Täter ein erhöhtes Rückfallrisiko und/oder ein erhöhtes Risiko von *serious harm* ausgehen. Neben der Unterbringung in einer Pflegefamilie wird der Täter auch einer Supervisionsauflage sowie auch anderen Auflagen unterstellt, sofern diese für erforderlich erachtet werden und verhältnismäßig sind. „*Intensive Fostering*" ist neben ISS (siehe unten) die eingriffsintensivste Form einer YRO. Folglich gelten schärfere Zulässigkeitsbedingungen: 1. der Täter muss wegen eines *Imprisonable Offence* verurteilt worden sein. Bei Kindern unter 14 Jahren müssen zudem die Kriterien für Intensivtäter erfüllt sein; 2. eine weniger intensive YRO wäre unverhältnismäßig und/oder nicht ausreichend, um die Öffentlichkeit vor erneuter Straffälligkeit seitens des Täters zu schützen; 3. die Ermittlung der Tatschwere muss ergeben, dass eine Freiheitsstrafe sonst die angemessene Sanktion wäre. *Intensive Fostering* darf also nur als echte und letzte Alternative zum Freiheitsentzug verhängt werden. Geregelt in Sections 1 (3) (b) und 1 (4) sowie §§4, 5, 18 und 19 Schedule 1 CJIA 2008.

Auflage	Inhalt der Auflage
Intensive Supervision and Surveillance – Intensive Supervision und Überwachung	*Intensive Supervision and Surveillance* ist die eingriffsintensivste Form einer YRO. Sie wird entweder für sechs oder für zwölf Monate angeordnet, und besteht automatisch aus vier Elementen:

- einem erweiterten *Activity Requirement*;
- einem *Supervision Requirement*;
- einem *Curfew Requirement*;
- einem *Electronic Monitoring Requirement*.

Die erweiterte *Activity Requirement* sieht einen erhöhten Tätigkeitsumfang von zwischen 90 und 180 Tagen vor (im Vergleich zu sonst maximal 90 Tagen). Im Rahmen dieser Tätigkeiten sollte insbesondere Wert auf die Förderung der Bildung, der Lese-, Schreib- und Rechenstärke, sowie zwischenmenschlicher Fähigkeiten geachtet werden. Zudem sollte für Wiedergutmachung an die Opfer oder die lokale Gemeinde gesorgt werden, und wo erforderlich familienunterstützende Arbeit erbracht werden. Auch gelten im Rahmen des „Supervision Requirement" andere Vorgaben bezüglich der Häufigkeit, mit der der Täter sich mit seinem Supervisor treffen muss. Diese Häufigkeit, wie auch die Länge der YRO mit ISS, ist von dem Ausgang einer ASSET-Exploration abhängig:

- ASSET-Wertung von 24-32 und/oder hohes Risiko von *serious harm* → sechs Monate Laufzeit; in den ersten zwei Monaten 20 Stunden Kontakt mit dem Supervisor pro Woche. Im dritten Monat zehn Stunden pro Woche, und in den letzten beiden Monaten fünf Stunden pro Woche (sogenanntes „Band 2 ISS").

- ASSET-Wertung von 24-32 und/oder hohes Risiko von *serious harm* (wie „Band 2 ISS"), UND „Band 2 ISS" nicht ausreichend, um unter Berücksichtigung des Verhältnismäßigkeitsprinzips eine Freiheitsstrafe zu vermeiden → sechs Monate Laufzeit; in den ersten drei Monaten 25 Stunden Kontakt mit dem Supervisor pro Woche, und in den restlichen drei Monaten fünf Stunden pro Woche (sogenanntes „Band 1 ISS").

Auflage	Inhalt der Auflage
Fortführung *Intensive Supervision and Surveillance* – Intensive Supervision und Überwachung	- ASSET-Wertung von 36-64 und/oder sehr hohes Risiko von *serious harm* UND „Band 1 ISS" wäre ausreichend, um eine Freiheitsstrafe zu vermeiden → „Band 1 ISS". - ASSET-Wertung von 36-64 und/oder sehr hohes Risiko von *serious harm* UND „Band 1 ISS" nicht ausreichend, um eine Freiheitsstrafe zu vermeiden → 12 Monate Laufzeit; in den ersten vier Monaten 25 Stunden Kontakt mit dem Supervisor pro Woche. In den Monaten fünf und sechs jeweils 15 wöchentliche Kontaktstunden. Die restlichen sechs Monate erfordern fünf Stunden Kontakt mit dem Supervisor pro Woche. Weitere Auflagen können ebenfalls angeordnet werden, solange dadurch die Verhältnismäßigkeit gewahrt wird und die Auflagen in ihrer Summe nicht so beschwerlich sind, dass der Täter sie nur sehr schwer bewältigen kann. Für eine YRO mit ISS gelten dieselben Zulässigkeitsvoraussetzungen wie für *Intensive Fostering*. Sind diese Voraussetzungen erfüllt, und entscheidet sich das Gericht dennoch für eine Freiheitsstrafe, so ist diese Entscheidung gemäß Section 148 CJA 2003 in offener Sitzung zu begründen. Geregelt in Sections 1 (3) (a) und 1 (4) sowie §§ 3 und 5 Schedule 1 CJIA 2008.

Quelle: *Youth Justice Board* 2010c, S. 17 ff.; 2010a, S 15 ff.; Schedule 1 CJIA 2008.

Durch die große Auflagenvielfalt und ihre Kombinierbarkeit untereinander kommt die YRO für ein breites Tatschwerespektrum in Frage. Sind die Gerichte und YOTs sorgfältig in ihrer Sanktionsplanung, bietet die YRO nicht nur ein großes Resozialisierungspotential – durch intensive Auflagen wie ISSP, *intensive fostering* und elektronische Überwachung könnte sie für die Gerichte zudem auch eine attraktive Alternative zum Freiheitsentzug darstellen und somit einer Senkung der Haftpopulation zuträglich sein.[1113]

Durch die Bereitstellung verschiedenster Auflagen soll den Gerichten ermöglicht werden, individualisiert den in Section 142A CJA 2003 kodifizierten Sanktionierungszwecken (Bestrafung, Wiedergutmachung, Schutz der Öffentlichkeit, Rehabilitation) tat- und täterangemessen zu genügen.[1114] Während man jede Einzelauflage einer oder mehreren dieser Sanktionszwecke zuordnen könnte (Gemeinnützige Arbeit als strafendes Element, Teilnahmen an Therapien als Mittel zur Resozialisierung, Ausgangssperren zum Schutz der Öffentlichkeit usw.), ist eine scharfe Trennung in der Praxis nicht möglich. Beispielsweise soll die Resozialisierung junger Rechtsbrecher der Rückfallvermeidung dienen, was wiederum dem Schutz der Öffentlichkeit zuträglich wäre. Nach Ansicht des Gesetzgebers dient auch die individualabschreckende, verantwortungsfördernde Bestrafung des Täters der Prävention und somit auch der Resozialisierung (gemessen an der Legalbewährung des Täters). Insgesamt ist auch die These zulässig, dass jede einzelne der bereitgestellten Auflagen durch den Täter als strafendes Element wahrgenommen werden kann, da sie ihm allesamt auferlegt werden und die Nichtbefolgung sanktioniert werden kann, gegebenenfalls auch mittels freiheitsentziehender Sanktionen (unter bestimmten Umständen auch bei solchen Taten, die an sich nicht *imprisonable offences* sind).[1115]

Bei der Zusammensetzung des Sanktionsplans sowie in der Bestimmung der Dauer der Sanktion muss das Gericht darauf achten, dass er täterangemessen ist, und dass die freiheitseinschränkenden Elemente des Plans in ihrer Gesamtheit proportional zur Tatschwere sind.[1116] Eine gesetzliche Beschränkung hinsichtlich der zulässigen Anzahl der Auflagen besteht nicht. Zudem muss der Plan das Rückfallrisiko des Täters sowie lokale Dienstleistungsinfrastrukturen berücksichtigen. Hierzu nimmt das Gericht Bezug auf den PSR des YOT, welches entsprechende Vorschläge liefern soll. So kann das *risk assessment* des YOT zum einen für die Schwerpunktsetzung rehabilitativ ausgerichteter Interventionselemente (z. B. ob Drogen- oder Suchttherapien, Wutmanagement, Bildungsförderung oder eine Herausnahme aus dem heimischen Umfeld notwendig sind), zum anderen auch für die Eingriffsintensität strafender und überwachender Elemente

---

1113   Vgl. *Youth Justice Board* 2010c, S. 9.

1114   Vgl. *Sentencing Guidelines Council* 2009, S. 14.

1115   Die Folgen von Verstößen gegen die Auflagen eines YRO werden unten beschrieben.

1116   Section 148 (2) CJA 2003. Vgl. auch *Sentencing Guidelines Council* 2009, S. 14.

maßgebend sein (z. B. der Umfang zu leistender gemeinnütziger Arbeiten, die Supervisionsintensität oder die Notwendigkeit elektronischer Überwachung).[1117] Dabei gilt es, ein für den Einzelfall angemessenes Gleichgewicht zwischen Tatschwere, Rückfallrisiko und den Bedürfnissen des Täters zu erreichen.

Wie bereits bei der *referral order* orientieren sich auch die Zusammensetzung des YRO-Plans sowie die Supervisionsintensität an dem *scaled approach*. Dabei empfiehlt das YOT, abhängig vom Ausgang der ASSET-Exploration, eines von drei Interventionsniveaus mit entsprechenden Detailgestaltungsvorschlägen (siehe *Tabelle 21* unten).

Tab. 21: **Interventionsstufen bei** *youth rehabilitation orders* **nach dem** *„scaled approach"*

Kategorie	ASSET-Ergebnis	Interventionsschwerpunkte
Standard	0 bis 14 Punkte sowie geringes Risiko von *serious harm*	Schadenswiedergutmachung Unterstützung in der Erfüllung der Auflagen
Enhanced	15 bis 32 Punkte oder mittleres Risiko von *serious harm*	Wie „Standard" zusätzlich spezialpräventive Intervention
Intensive	33 bis 64 Punkte oder hohes oder sehr hohes Risiko von *serious harm*	Wie „Enhanced" zusätzlich intensivere Maßnahmen zur Kontrolle und Überwachung

Quelle: *Youth Justice Board* 2010c, S. 7 ff.; *Sentencing Guidelines Council* 2009, S. 15 f.

Verstößt ein verurteilter Straftäter gegen die Auflagen seiner YRO (z. B. das Versäumen von Terminen mit dem Supervisor, Missachtung von Betretungs- und Kontaktverboten oder Ausgangssperren, Fernbleiben von Drogentherapien oder sozialen Trainingskursen) hat der ihm zugewiesene Mitarbeiter des lokalen YOT die Aufgabe zu ermitteln, inwieweit dies angemessen zu begründen war.[1118] Sind die Versäumnisse des Täters nicht angemessen zu begründen, muss der YOT-Mitarbeiter eine Verwarnung aussprechen. Im Rahmen der Verwarnung wird dem Täter das Fehlverhalten verdeutlicht, sowie die Tatsache, dass er bei Fortbestehen derartiger Versäumnisse an das Gericht zurückverwie-

---

1117   Vgl. *Youth Justice Board* 2010d, S. 6 ff.

1118   Schedule 2, Teil II, § 3 (1) CJIA 2008. Vgl. auch *Youth Justice Board* 2010c, S.13.

sen werden kann.[1119] Ein Täter darf zwei derartige Verwarnungen innerhalb eines zwölfmonatigen Zeitraums erhalten – ein dritter unbegründeter Verstoß gegen die Auflagen des YRO hat die Überweisung an das Gericht zur Folge. Gemäß § 4 Schedule 2 CJIA 2008 muss ein Täter nach einem dritten unbegründeten Verstoß verwiesen werden – ein Verweis bereits nach der zweiten Verwarnung liegt im Ermessen des YOT-Mitarbeiters und wird vom Grad und Umfang der Versäumnisse abhängen.

Erscheint ein Täter wegen Verstoßes gegen die Auflagen des YRO vor Gericht, stehen Letzterem mehrere Handlungsalternativen offen. Zunächst kann das Gericht entscheiden, die YRO unverändert weiterlaufen zu lassen. Denkbar wäre dies, wenn der Täter aufgrund wiederholter leichter Verstöße verwiesen wurde und die Restdauer des YRO nur kurz ist, oder wenn das Gericht zu dem Schluss kommt, dass das Verhalten des Täters nicht als unbegründet zu begreifen ist, der Verweis somit nicht notwendig war. Ist das Gericht der Auffassung, dass das Fehlverhalten sanktioniert werden sollte, kann es eine Geldstrafe verhängen (in diesem Falle bleibt die YRO unverändert, und es gelten die in *Kapitel 3.6.2.2* oben beschriebenen altersspezifischen Geldstrafenobergrenzen), die „Zusammensetzung" der YRO verändern bzw. erweitern (gegebenenfalls durch strafende Elemente),[1120] oder aber die YRO widerrufen und den Täter erneut sanktionieren, gegebenenfalls auch zu einer Freiheitsstrafe.[1121]

1119   Vgl. *Sentencing Guidelines Council* 2009, S. 19.

1120   §§ 6 und 8, Teil II zu Schedule 2 CJIA 2008. Verändert das Gericht die YRO, stehen ihm alle Möglichkeiten zur Verfügung, auf die es zum Zeitpunkt der ursprünglichen Strafzumessung zurückgreifen durfte. Dabei muss das Gericht berücksichtigen, dass die Kombination der Auflagen innerhalb der ursprünglich verhängten Dauer der YRO erfüllt werden können, und zumutbar ist. Waren die Voraussetzungen für eine YRO mit ISSP oder eine YRO mit *intensive fostering* nicht erfüllt, dürfen diese auch nicht nachträglich angeordnet werden. Befindet das Gericht diese Alternativen für notwendig, muss es das YRO widerrufen und den Täter erneut sanktionieren, siehe §§ 6 (8) und 8 (8), Teil II zu Schedule 2 CJIA 2008. Entscheidet das Gericht, eine Auflage zur Erbringung gemeinnütziger Arbeit nachträglich anzuhängen, ist die Mindestsumme zu erbringender Arbeitsstunden gemäß §§ 6 (7) und 8 (7), Teil II zu Schedule 2 CJIA 2008 auf 20 Stunden reduziert. Zweck dieser Regelung ist die Gewährleistung erhöhter Flexibilität bei geringfügigeren Verstößen, in Fällen in denen nur eine kurze Restdauer der YRO verbleibt oder in denen der Täter bereits einem nicht unerheblichen Auflagenumfang unterstellt ist, vgl. *Sentencing Guidelines Council* 2009, S. 20; *Youth Justice Board* 2010c, S. 13 ff.

1121   §§ 6 und 8, Teil II zu Schedule 2 CJIA 2008. Bei willentlichem und anhaltendem Fehlverhalten des Täters räumt das Gesetz den Gerichten die zusätzliche Befugnis ein, nach Widerruf der ursprünglichen Sanktion eine YRO mit ISSP zu verhängen, obwohl die ursprüngliche Tat nicht ein *imprisonable offence* gewesen ist. Verstöße gegen diese neue Sanktion können wiederrum mit einer *detention and training order* von vier Monaten (siehe *Kapitel 3.6.2.6.1* unten) bestraft werden, auch wenn die ursprüngliche Tat nicht eine solche war, für die normalerweise eine Haftstrafe zulässig

Wird ein Straftäter, der zu einer YRO verurteilt worden ist, während der Verbüßung der YRO erneut der Begehung einer Straftat verurteilt, darf das für die jüngste Verurteilung zuständige Gericht die YRO wiederrufen und den Täter sowohl für das ursprüngliche als auch für das neue Delikt sanktionieren.[1122] Dabei muss das Gericht berücksichtigen, inwieweit der Täter der Erfüllung seiner Auflagen nachgekommen ist. Andernfalls kann das Gericht auch entscheiden, dass die YRO bestehen bleibt und nur die neue Straftat sanktionieren. Jedoch darf ein Täter, der gegenwärtig einer YRO untersteht, nicht erneut zu einer YRO verurteilt werden.

Gemäß Teil III zu Schedule 2 CJIA 2008 können der Täter und/oder der Supervisor einen Antrag auf Widerruf der YRO stellen, beispielsweise wenn der Täter gute Fortschritte in der Erfüllung seiner Auflagen macht oder wenn eine Drogen,- oder Suchttherapie gut anschlägt.[1123] Zudem kann gemäß Teil IV zu Schedule 2 CJIA 2008 ein Änderungsantrag gestellt werden, beispielsweise wenn der Täter aufgrund eines Wohnortwechsels und anderer lokaler Dienstleistungsinfrastrukturen am neuen Wohnort nicht mehr in der Lage ist eine Auflage zu erfüllen. Ein anderes Beispiel wäre, wenn eine Auflage aufgrund einer körperlichen oder geistigen Erkrankung des Täters nicht mehr zumutbar wäre.[1124]

YROs werden für mindestens 12 Monate nach der Verurteilung, oder – sofern die Dauer der YRO 12 Monate überschreitet – für die Dauer der YRO im Vorstrafenregister aufgeführt. Wie bei allen anderen gerichtlichen und außergerichtlichen Rechtsfolgen müssen auch Verurteilungen zu YRO unter bestimmten, berufsspezifischen Umständen auch nach Ablauf dieser Frist potentiellen Arbeitsgebern mitgeteilt werden (Berufe, in denen man mit Hilfs- und/oder Schutzbedürftigen arbeitet).[1125]

3.6.2.6   Freiheitsentziehende Sanktionen – „custodial sentences"

Am „schweren Ende" des englischen Rechtsfolgenspektrums stehen den Strafgerichten verschiedene Formen des Freiheitsentzugs zur Verfügung. Die Jugendgerichte dürfen zeitlich bestimmte „Haft- und Erziehungsstrafen" von vier bis maximal 24 Monaten verhängen. Der *Crown Court* kann dagegen in besonderen Fällen zusätzlich auf zeitlich bestimmte Langfreiheitsstrafen (bei *grave*

---

wäre, vgl. *Sentencing Guidelines Council* 2009, S. 20; *Youth Justice Board* 2010c, S. 14.

1122   Vgl. *Youth Justice Board* 2010c, S. 16.

1123   § 11, Teil III, Schedule 2 CJIA 2008.

1124   Siehe *Youth Justice Board* 2010c, S. 16.

1125   Section 5 (5) (da) des „Gesetzes über die Resozialisierung von Straftätern" von 1974 (*Rehabilitation of Offenders Act 1974*, ROA 1974), eingefügt durch §§ 20-22 Schedule 4 CJIA 2008. Vgl. *NACRO* 2010, S. 4.

crimes), auf besondere Formen des Freiheitsentzugs bei „gefährlichen Straftätern" und lebenslange Freiheitsstrafen (*life sentences*) zurückgreifen (bestimmte *grave crimes*, Mord). Diese drei Formen des Freiheitsentzugs werden unter dem Oberbegriff *long-term detention* zusammengefasst.

Freiheitsstrafen kommen (logischerweise) nur in solchen Fällen überhaupt in Betracht, in denen ein Täter für die Begehung eines *imprisonable offence* verurteilt worden ist. Der Freiheitsentzug ist bei 10- und 11-Jährigen auf die verschiedenen Formen der Langfreiheitsstrafen und *life sentences* beschränkt – Jugendgerichte haben keine Befugnis, Haftstrafen gegen Kinder dieser Altersgruppe zu verhängen und bei 12- bis unter-15-Jährigen nur in Fällen von Intensivtätern (*persistent young offenders*).[1126]

Für die Verhängung einer Freiheitsstrafe, sofern eine solche nicht gesetzlich vorgeschrieben ist und das Gericht folglich Ermessen hat, muss das Gericht der Überzeugung sein, dass aufgrund der Tatschwere eine Geldstrafe allein oder eine YRO allein als Rechtsfolge unangemessen wären.[1127] Folglich werden gesetzliche Tatschwereanforderungen gestellt, die dem Freiheitsentzug die Rolle als *ultima ratio* zukommen lassen.[1128] Diese Tatschwereschwelle wird als *custody threshold* bezeichnet. Die Bestimmung der Tatschwere ist ein komplexer Prozess und wird an späterer Stelle im Rahmen der Darstellung des Strafzumessungsprozesses detaillierter betrachtet (*Kapitel 3.6.3*).

Je nach Alter und Geschlecht verbüßen junge Rechtsbrecher ihre Freiheitsstrafen in einem von drei verschiedenen Institutionsformen – *secure childrens homes* (SCH), *secure training centres* (STC) und *young offender institutions* (YOI),[1129] die sich hinsichtlich ihrer Größe, ihrer Betreiber (staatlich oder privat betrieben) und des Verhältnisses zwischen der Zahl der Bediensteten und Haftplatzkapazitäten unterscheiden.

3.6.2.6.1 Die Haft- und Erziehungsstrafe – „detention and training order"

Die für Kinder und Jugendliche gängigste Form des Freiheitsentzugs ist die in Sections 100 ff. PCC(S)A 2000 geregelte „Haft- und Erziehungsstrafe" – die *detention and training order* (DTO) – welche die einzige den englischen Jugendgerichten zur Verfügung stehende Form des Freiheitsentzugs darstellt.[1130] Eingeführt durch Section 73 CDA 1998, steht die DTO den Gerichten seit

---

1126   Vgl. *Cavadino/Dignan* 2007, S. 342; *Herz* 2002, S. 122.

1127   Section 152 (2) CJA 2003.

1128   Siehe *Sentencing Guidelines Council* 2009, Rn. 11.5.

1129   Vgl. *Dignan* 2011, S. 386 ff.

1130   Vgl. *Herz* 2002, S. 122.

1. April 2000 zur Verfügung, als Ablösung der zuvor verfügbar gewesenen *secure training order* und *detention in a young offender institution.*

Eine DTO ist zulässig, wenn die allgemeinen Voraussetzungen für die Verhängung einer Haftstrafe erfüllt sind (siehe *Kapitel 3.6.3.3* unten), eine YRO mit ISS oder *intensive fostering* nicht besser geeignet wären[1131] und der Täter 12 aber noch nicht 18 Jahre alt ist.[1132] Zudem ist die Anwendbarkeit bei unter-15-Jährigen durch Section 100 (2) (a) PCC(S)A 2000 auf Intensivtäter (*Persistent Offenders*) beschränkt, wenngleich eine genaue gesetzliche Definition für „Intensivtäter" bislang fehlt.[1133] Zwar in Section 100 (2) (b) (ii) PCC(S)A 2000 gesetzlich vorgesehen, ist eine Ausdehnung der Anwendbarkeit einer DTO, um 10- und 11-Jährige mit einzuschließen, noch nicht in Kraft getreten, „*da das Parlament den Innenminister noch nicht per Entscheid zur Festlegung des Ausführungsbeginns ermächtigt hat*".[1134]

Die maximal zulässige Dauer ist gemäß Section 101 (1) PCC(S)A 2000 auf 24 Monate beschränkt. Dabei ist das Gericht hinsichtlich der Bestimmung der genau zu verhängenden Dauer der Sanktion an bestimmte gesetzliche Vorgaben gebunden. Section 101 (1) PCC(S)A 2000 schreibt vor, dass eine DTO für eine feste Dauer von 4, 6, 8, 10, 12, 18 oder 24 Monaten angeordnet werden muss.[1135]

In der Bestimmung der Dauer einer DTO muss die in Polizei- und/oder Untersuchungshaft verbrachte Zeit berücksichtigt werden (Section 101 (8) PCC(S)A 2000). Im Gegensatz zu anderen Formen des Freiheitsentzuges bedeutet dies jedoch nicht eine direkte Anrechnung oder eine Verkürzung der Haftstrafendauer um genau die Zeit, was darauf zurückzuführen ist, dass die Dauer einer DTO nicht frei wählbar ist.[1136] Wurden beispielsweise nur wenige Tage in Polizei- oder Untersuchungshaft verbracht, würde eine direkte Anrechnung automatisch zu einer Strafreduktion von mindestens zwei Monaten führen, was nicht im Sinne der Verhältnismäßigkeit wäre. Inwieweit sich längere Auf-

---

1131 Vgl. *Judicial Studies Board* 2010, S. 79.

1132 Vgl. *NACRO* 2007b, S. 1.

1133 Vgl. *Cavadino/Dignan* 2007, S. 342; *Herz* 2002, S. 122. Für eine Auseinandersetzung hinsichtlich der Frage, wie die Gerichte „*persistence*" auszulegen haben, siehe *NACRO* 2007b, S. 2; *Sentencing Guidelines Council* 2009, S. 11.

1134 Siehe *Herz* 2002, S. 122; vgl. auch *Graham/Moore* 2006, S. 86 f.; *Goldson* 2006a, S. 144; *NACRO* 2007b, S. 1. Im Falle einer solchen Ausdehnung, um 10- und 11-Jährige mit einzuschließen, wäre eine DTO bei dieser Altersgruppe nur dann zulässig, wenn zusätzlich zu den allgemeinen Zulässigkeitsvoraussetzungen der Schutz der Öffentlichkeit nur durch die Verhängung einer Freiheitsstrafe gewährleistet werden kann, siehe Section 100 (2) (b) (ii) PCC(S)A 2000.

1135 Vgl. auch *Bateman* 2008, S. 135; *Graham/Moore* 2006, S. 86; *Goldson* 2006a, S. 143.

1136 Vgl. *NACRO* 2007b, S. 3.

enthalte in Polizei- und/oder Untersuchungshaft – mehrere Wochen oder Monate beispielsweise – auf die Strafdauer niederschlagen, ist von der ursprünglich angedachten Strafdauer abhängig. Wurden sechs Wochen in U-Haft verbracht, wird jedoch eine 24-monatige DTO angedacht, wird in der Regel keine Anrechnung erfolgen, weil dies automatisch eine Reduktion der Gesamtstrafe um ein halbes Jahr zur Folge hätte. Würde andersherum eine sechsmonatige DTO für angemessen befunden, könnte eine Berücksichtigung der Zeit in Polizei- und Untersuchungshaft durchaus eine Senkung der Gesamtstrafe auf eine viermonatige DTO rechtfertigen. Wurde ursprünglich eine viermonatige DTO angedacht, könnte die Anrechnung sogar dazu führen, dass das Gericht gänzlich von einer Haftstrafe absieht und eine ambulante Sanktion verhängt.[1137]

Die DTO ist keine reine Freiheitsstrafe, sondern besteht vielmehr aus zwei gleichlangen Phasen – einer Haft- und Erziehungsphase und einer Supervisions- oder Aufsichtsphase in Freiheit.[1138] Während des Aufenthaltes im Vollzug – innerhalb von 10 Tagen nach Aufnahme in die Vollzugsanstalt – wird in Zusammenarbeit mit den sozialen Diensten der Anstalt, einem dem Täter zugewiesenen Mitarbeiter des YOT (*supervising officer*) sowie anderen Vertretern nicht in der Anstalt ansässiger Sozialdienstleister und Behörden[1139] ein Interventions- oder Vollzugsplan entworfen, welcher sich an den Ergebnissen der ASSET-Risikoprognose orientiert.[1140] Dabei soll im Rahmen des Vollzugsplans möglichen Bildungsdefiziten und Gesundheits- sowie Suchtproblemen entgegengewirkt und *personal and social skills* gefördert werden. Zudem sollen Vollzugspläne nicht nur die Zeit im Vollzug betreffen, sondern sich auch mit der Ausgestaltung der anschließenden Supervisionsphase und der Entlassungsvorbereitung des Täters befassen.[1141] Demnach müssen die Anstalt und die o. g. Beteiligten bereits von Beginn an zukunftsorientiert mit dem Täter arbeiten und sich mit Fragen der Integration in das Bildungssystem und in den Arbeitsmarkt nach der Entlassung befassen.

Im Verlauf des Vollzugs werden regelmäßige Treffen abgehalten, bei denen der Fortschritt untersucht, und der Interventionsplan gegebenenfalls nach einer erneuten Risikoeinschätzung an diesen Fortschritt angepasst wird.[1142] Das erste Treffen muss innerhalb eines Monats nach dem Treffen stattfinden, in welchem

---

1137   Vgl. *Ashford/Chard/Redhouse* 2006, zitiert in *NACRO* 2007b, S. 3.

1138   Section 102 (2) PCC(S)A 2000; *Morgan/Newburn* 2007, S. 1.040.

1139   Beispielsweise Vertreter der Bildungsbehörden, Gesundheitsämter, Jugendämter aus der lokalen Kommune, in die der Täter entlassen werden soll, siehe *Youth Justice Board* 2010b, Rn. 9.30.

1140   Vgl. *Youth Justice Board* 2010b, Rn. 9.22-9.36. Vgl. auch *NACRO* 2007b, S. 4.

1141   Vgl. *Youth Justice Board* 2010b, Rn. 9.29.

1142   Vgl. *NACRO* 2007b, S. 5 f.; *Youth Justice Board* 2010b, Rn. 9.53-9.66.

der Vollzugsplan beschlossen wurde. Die Häufigkeit darauffolgender Treffen ist von der Länge der verhängten Gesamtstrafe abhängig: Bei DTOs mit einer Gesamtlänge von vier, sechs und acht Monaten erfolgen alle weiteren Treffen im Zweimonatstakt, bei solchen mit einer längeren Dauer alle drei Monate. Einen Monat vor der Haftentlassung sollte ein *resettlement review* stattfinden, in dem konkrete notwendige Entlassungsvorkehrungen und -vorbereitungen getroffen werden. Zehn Werktage vor der Entlassung findet eine *final review meeting* statt, im Rahmen dessen untersucht wird, ob die im *resettlement review* beschlossenen Vorkehrungen bzw. Entlassungsvoraussetzungen erfüllt sind oder zum Entlassungszeitpunkt absehbar erfüllt sein werden und eine Entlassung tatsächlich erfolgen kann.[1143] Bei allen Treffen muss der zugeordnete YOT-Mitarbeiter anwesend sein.

Prinzipiell gilt die Vermutung, dass eine Entlassung automatisch nach Verbüßung der vollen Haft- und Erziehungsphase erfolgt.[1144] Jedoch sieht das Gesetz die Möglichkeit einer frühzeitigen Entlassung sowie auch einer Verlängerung der Haftphase vor.[1145] Macht das Kind/der Jugendliche gute Fortschritte in der Erfüllung seines Vollzugsplans, kann er bis zu einem Monat (bei DTOs von 8, 10 und 12 Monaten) oder bis zu zwei Monate (bei DTOs von 18 und 24 Monaten) früher entlassen werden. Die Länge der anschließenden Supervisionsphase wird um die entsprechende Dauer verlängert. Andersherum kann die Entlassung um dieselbe Dauer verschoben werden, wenn der Täter schlechte Fortschritte in der Erfüllung seines Vollzugsplans verzeichnet.[1146] Prinzipiell werden alle Kinder und Jugendliche, die frühzeitig entlassen werden, so lange einem elektronisch überwachten Hausarrest unterstellt (*home detention curfew*), bis der ursprünglich in Haft zu verbüßende Zeitraum abgelaufen ist.

Nach Verbüßung der Haft- und Erziehungsphase wird der Täter in die Supervisionsphase entlassen. Während dieser Phase untersteht der Entlassene der Aufsicht oder Supervision eines Mitarbeiters des YOT, eines Sozialarbeiters der

---

1143   Hierzu gehören insbesondere, dass eine Unterkunft identifiziert worden ist, in welcher der Täter nach seiner Entlassung leben kann, ferner Vorkehrungen für den Transport des Entlassenen aus der Anstalt, die Festlegung eines Ansprechpartners für die Supervisionsphase sowie ein Termin für ein erstes Treffen mit dieser Person, aber auch die Integration in das Bildungssystem oder den Arbeitsmarkt, siehe *NACRO* 2007b, S. 5.

1144   Section 102 (2) PCC(S)A 2000.

1145   Section 102 (4) und (5) PCC(S)A 2000. Vgl. auch *Goldson* 2006, S. 143; *NACRO* 2007b, S. 3.

1146   Entscheidungen über frühzeitige Entlassung liegen im Ermessen der Anstaltsleitung, die in ihrer Entscheidung vom YOT und den Angestellten der anstaltsinternen sozialen Dienste beraten werden. Verlängerungen der Haftphase bedürfen dagegen der Stellung eines entsprechenden Haftverlängerungsantrages beim Jugendgericht, siehe *NACRO* 2007b, S. 3.

lokalen Kommunalbehörden oder eines Bewährungshelfers.[1147] Dabei ist der Grad der Supervision (gemessen an der Regelmäßigkeit mit der der Täter seinen Supervisor treffen muss) von den Ergebnissen der ASSET-Risikoprognose abhängig. Es gelten dabei dieselben Vorgaben wie bei der YRO und der Verweisungsanordnung im Rahmen des *scaled approach* (siehe *Tabellen 18, 19* und *21* oben). Zudem ist er gemäß Section 103 (6) (b) PCC(S)A 2000 dazu verpflichtet, gewissen Auflagen Folge zu leisten, die bereits im Rahmen des Entlassungstreffens gegen Ende der Haftphase festgelegt werden. So soll eine Kontinuität zwischen den Resozialisierungsbemühungen innerhalb und außerhalb der Vollzugsanstalt gewährleistet werden und zudem Lücken in der Reintegrationsarbeit vermieden werden (*continuous care*).[1148]

Verstößt ein Entlassener gegen seine Supervisionsauflagen, kann ihn das Jugendgericht nach einer Anhörung für drei Monate oder für die verbleibende Supervisionszeit (sofern kürzer als drei Monate) zurück in die Jugendhaftanstalt schicken. Alternativ kann es eine Geldstrafe von bis zu £ 1.000 verhängen.[1149] Begeht ein in die Supervision Entlassener ein *imprisonable offence* während der Supervisionsphase und wird dessen für schuldig befunden, kann ihn das für die neue Tat zuständige Gericht (neben der Sanktionierung des neuen Rechtsbruchs) für einen Zeitraum wieder in Haft schicken, welcher die Länge des Zeitraums zwischen Begehung der neuen Tat und dem ursprünglich vorgesehenen Ende der Supervisionsphase nicht überschreiten darf.[1150]

3.6.2.6.2 Langfreiheitsentzug – „ long-term detention "

Unter bestimmten Umständen können Kinder und Jugendliche ab dem 10. Lebensjahr durch den *Crown Court* sanktioniert werden (siehe *Kapitel 3.4.2* oben). Dem *Crown Court* stehen Sanktionsformen zur Verfügung, welche eine Strafe zulassen, die über die 24 Monate Jugendhaft, zu deren Verhängung das Jugendgericht maximal berechtigt ist, deutlich hinausgehen können. Diese verschiedenen Formen des langen Freiheitsentzugs werden unter dem Oberbegriff *long-term detention* zusammengefasst.[1151] Vorweg ist anzuführen, dass alle Formen

---

1147   Section 103 (3) PCC(S)A 2000. Wer zuständig ist hängt in erster Linie vom Alter des Entlassenen ab: Hat er während der Haftphase das 18. Lebensjahr vollendet, wird die Zuständigkeit vom YOT an die Bewährungshilfe übertragen.

1148   Vgl. *NACRO* 2007b, S. 5.

1149   Section 104 PCC(S)A 2000. Vgl. auch *Hungerford-Welch* 2009, S. 881 f.

1150   Section 105 PCC(S)A 2000.

1151   Vgl. *Bateman* 2008b, S. 217.

von *long-term detention* auf Lebenszeit im Vorstrafenregister festgehalten werden, sofern sie 30 Monate überschreiten.[1152]

Lebenslange Freiheitsstrafe für Mord – „detention at Her Majesty's pleasure"

Zunächst sieht Section 90 PCC(S)A 2000 vor, dass Kinder und Jugendliche, die zum Tatzeitpunkt unter 18 Jahre alt gewesen sind und des Mordes für schuldig befunden werden, zu *detention at Her Majesty's pleasure* verurteilt werden müssen. Verurteilungen nach Section 90 sind das für Kinder und Jugendliche geltende Äquivalent zu einer automatischen lebenslangen Freiheitsstrafe für Erwachsene.

Zunächst verbüßt das Kind/der Jugendliche eine Mindestverbüßungsdauer (im Englischen: *the tariff*),[1153] nach Ablauf dessen der Täter in Haft verbleibt, bis der Bewährungsausschuss *(parole board)* beschließt, dass eine Freilassung kein Risiko für die Öffentlichkeit darstellt.[1154] Wird eine Freilassung abgelehnt, räumt Section 28 (7) des „Gesetzes über die Strafzumessung" von 1997 *(Crime (Sentences) Act 1997*, C(S)A 1997) Gefangenen einen Anspruch auf erneute Entlassungsanhörungen alle zwei Jahre nach der letzten Ablehnung ein. Im Gegensatz zu Erwachsenen sind *real life sentences* (lebenslange Haft ohne Aussicht auf Entlassung) bei Kindern und Jugendlichen nicht möglich.

Bei Entlassung wird der Täter bis an sein Lebensende der Supervision der Bewährungshilfe, eines Sozialarbeiters der Kommunalbehörden (bei unter 22-Jährigen) oder des lokalen YOT (bei unter 18-Jährigen) unterstellt *(release under license)*.[1155] Der Entlassene wird dabei bestimmten Bewährungsauflagen unterstellt, wobei zwischen obligatorischen und fakultativen Auflagen differenziert wird. Gemäß *Prison Service Order 6000*,[1156] Kapitel 14, Rn. 14.5.1 in

---

1152   Section 5 (1) ROA 1974; Vgl. auch *NACRO* 2010, S. 4.

1153   Section 269 i. V. m. Schedule 21 CJA 2003 legen den für die Strafzumessung anzuwendenden Strafausgangspunkt *(starting point)* für Kinder und Jugendliche auf 12 Jahre fest. Das Verfahren für die Bestimmung der verhältnismäßigen Strafe wird in *Kapitel 3.6.3.2* unten detailliert beschrieben.

1154   Section 28 C(S)A 1997 i. V. m. Section 82A PCC(S)A 2000. Siehe hierzu auch *NACRO* 2004a, S. 2.

1155   Section 31 C(S)A 1997. Vgl. auch *Bateman* 2008b, S. 217. Bei anhaltender „guter Führung" kann die Bewährungshilfe beim Justizministerium einen Antrag auf Aufhebung der Bewährungsauflagen stellen. Wird dieser Antrag bewilligt, bleibt nur noch die Auflage, nicht erneut straffällig zu werden, bestehen.

1156   Die *Prison Service Order 6000* (PSO 6000) regelt die Supervision aus der Haft entlassener Rechtsbrecher sowie ihre Bewährung, die Bewährungsauflagen und die Verfahren und Folgen von Verstößen gegen diese Auflagen. Sie ist geltendes Recht, und hat ihre Grundlage in Section 250 CJA 2003, welche den *Secretary of State* dazu verpflichtet, Richtlinien für die Supervision entlassener Gefangener sowie für im

Verbindung mit Kapitel 14, Anhang A muss jeder Entlassene den folgenden Auflagen unterstellt werden: Sich ordentlich zu benehmen, nicht straffällig zu werden and nichts zu tun, was die Zwecke der Supervision (Schutz der Öffentlichkeit, Rückfallvermeidung, erfolgreiche Reintegration in die freie Gesellschaft) unterminiert, ferner regelmäßigen Kontakt mit der zuständigen Bewährungshelfer bzw. YOT-Mitarbeiter zu halten unter Einhaltung der von dieser Person festgelegten Vorgaben, wo erforderlich, Hausbesuche vom Bewährungshelfer bzw. YOT-Mitarbeiter zuzulassen und zu ermöglichen, dauerhaft an einer vom Bewährungshelfer bzw. YOT-Mitarbeiter genehmigten Adresse residieren, und diesen über Adressänderungen oder Übernachtungen außerhalb dieser Adresse in Kenntnis zu setzen. Schließlich darf er nur solcher Arbeit (auch gemeinnütziger Arbeit) nachgehen, welcher der Bewährungshelfer bzw. YOT-Mitarbeiter zustimmt, und hat Letzteren rechtzeitig über Veränderungen zu informieren. Er darf das Vereinigte Königreich nicht ohne vorherige Zustimmung des Bewährungshelfers bzw. YOT-Mitarbeiters verlassen, außer im Rahmen einer Abschiebung.

Zusätzlich zu den obligatorischen Auflagen können unter bestimmten Umständen auch fakultativ zusätzliche Auflagen gestellt werden.[1157] Zulässig sind fakultative Auflagen nur dann, wenn sie notwendig und verhältnismäßig sind. Notwendig sind sie dann, wenn es keine anderen Mittel gibt, um das durch den Entlassenen dargestellte Risiko zu kompensieren. Verhältnismäßig sind sie dann, wenn die dadurch verursachten Einschränkungen in der Freiheit des Täters die geringst nötigen sind, um das dargestellte Risiko auszugleichen. Die fakultativen Bewährungsauflagen sind ebenfalls in PSO 6000, Kapitel 14, Anhang A gelistet, darunter Kontaktverbote, Ausgangsverbote, Betretungsverbote, Verhaltensverbote, Verpflichtungen zur Teilnahme an sozialen Trainingskursen, Suchttherapien oder Psychotherapien. Zusätzlich können die elektronische Überwachung des Täters (Section 62 CJCSA 2000) sowie eine Verpflichtung zu regelmäßigen Drogenscreenings (Section 64 CJCSA 2000) als Auflagen angeordnet werden. Die Wahl der zusätzlichen Auflagen erfolgt durch den Bewährungsausschuss unter Mitwirkung der Bewährungshilfe, und verschiedene Auflagen können verschiedene „Laufzeiten" haben.

Wenn ein Entlassener gegen die Bewährungsauflagen verstößt (z. B. indem er unentschuldigt Termine mit dem Bewährungshelfer versäumt,), kann er gemäß Section 254 CJA 2003 auf Entscheidung der Bewährungshilfe zurück in Haft genommen werden (sogenanntes *recall to prison*).[1158] Der Bewährungsausschuss muss dann innerhalb von 28 Tagen den Fall prüfen, einschließlich

---

Rahmen dieser Supervision zu befolgende Auflagen aufzustellen. Die Verpflichtung zur Erfüllung der Bewährungsauflagen ist in Section 252 CJA 2003 normiert. Siehe hierzu *HM Prison Service* 2012.

1157   *HM Prison Service* 2012, Kapitel 14, Rn. 14.6.1.

1158   Siehe hierzu insbesondere *Padfield* 2006.

möglicher begründeter Einwände seitens des Gefangenen, und den Gefangenen anhören.[1159] Dabei wird besonderes Augenmerk darauf gelegt, ob der Täter einer erneuten Risikoprognose nach ein Risiko für die Öffentlichkeit darstellt. Ist dies zu verneinen und wurde der Gefangene zuvor noch nicht im Rahmen des Vollzugs dieser Strafe zurück in Haft genommen, kann der Bewährungsausschuss auf eine sofortige Wiederentlassung entscheiden. Stellt der Gefangene ein signifikantes Risiko dar, kann der Ausschuss einen zukünftigen Entlassungstermin festlegen, oder aber eine Entlassung ablehnen und einen erneuten Anhörungstermin festlegen, der nicht später als ein Jahr nach der letzten Anhörung stattfinden darf.

Der Täter kann Entscheidungen des Bewährungsausschusses mittels einer Normenkontrolle (*judicial review*) durch die Beschwerdekammer des *High Court of Appeal* anfechten, was wiederrum den Weg zu Berufungen vor dem *Court of Appeal* und dem *Supreme Court* zulässt.[1160]

Freiheitsentzug nach Section 91 PCC(S)A 2000

Wurde ein Kind oder Jugendlicher durch den *Crown Court* der Begehung eines *grave crime* für schuldig befunden (siehe *Kapitel 3.4.2.2.2* oben), kann es/er nach Section 91 PCC(S)A 2000 sanktioniert werden, wenn das Gericht der Auffassung ist, dass keine der anderen ihm zur Verfügung stehenden Sanktionsmöglichkeiten besser geeignet ist. Dabei kann das Gericht die für die begangene Straftat maximal gesetzlich zulässige Strafdauer verhängen.[1161] Folglich kann eine Verurteilung gem. Section 91 eine lebenslange Freiheitsstrafe nach sich ziehen, für die dann dieselben Bestimmungen hinsichtlich der Mindestverbüßungsdauer, Entlassung und Bewährung gelten wie für Verurteilungen nach Section 90.

In allen anderen Fällen bedingt eine Verurteilung gem. Section 91 die Verhängung einer zeitlich bestimmten Freiheitsstrafe, deren Länge in Untersuchungshaft verbrachte Zeit berücksichtigen muss,[1162] im Verhältnis zur Tatschwere stehen muss und an das geringe Alter des Täters angepasst sein sollte.[1163]

Hinsichtlich der Möglichkeiten für eine frühzeitige Entlassung (*early release*) gelten dieselben gesetzlichen Bestimmungen wie für Erwachsene. Für Freiheitstrafen von *bis zu 12 Monaten* erfolgt die frühzeitige Entlassung auto-

---

1159   Geregelt in Section 255A bis 255E CJA 2003.

1160   Vgl. *Padfield* 2006, S. 37.

1161   Vgl. *Morgan/Newburn* 2007, S. 1.039.

1162   Gemäß Section 87 PCC(S)A 2000.

1163   Vgl. *NACRO* 2004a, S. 5.

matisch nach Verbüßung der halben Strafdauer.[1164] Widerruf der Entlassung ist nur im Falle einer erneuten Straffälligkeit vor Ablauf der Restdauer möglich. Bei Freiheitsstrafen die *länger als 12 Monate* sind, erfolgt die Entlassung ebenfalls automatisch nach Verbüßung der halben Strafdauer.[1165] Der Entlassene wird für die Dauer der Reststrafe der Supervision des YOTs (bei unter 18-Jährigen), eines Sozialarbeiters der Kommunalbehörden (bei unter 22-Jährigen) oder der Bewährungshilfe unterstellt.[1166] Die zulässigen Auflagen sind mit denen für Section 90 (s. o.) deckungsgleich. Ein Unterschied zu den Regelungen zur lebenslangen Haft nach Section 90 bzw. 91 ist, dass die zusätzlichen Auflagen durch den Anstaltsleiter in Zusammenarbeit mit der Bewährungshilfe (bzw. dem YOT, sofern der zu Entlassende noch unter 18 Jahre alt ist) bestimmt werden, und nicht durch den Bewährungsausschuss.[1167] Es dürfen nur Auflagen gemacht werden, denen die Bewährungshilfe oder das YOT zustimmt.[1168]

Wenn ein Entlassener gegen die Bewährungsauflagen verstößt, kann er gemäß Section 254 CJA 2003 auf Entscheidung der Bewährungshilfe zurück in Haft genommen werden. Prinzipiell gilt gemäß Section 255A CJA 2003, dass der Täter nach 28 Tagen wieder freizulassen ist (sogenannte *automatic release*). Voraussetzung dafür ist zunächst, dass der Täter seine Strafe nicht für eine der in Schedule 15 CJA 2003 gelisteten Gewalt- und Sexualdelikte verbüßt[1169] und im Rahmen dieser Strafe das erste Mal zurück in Haft genommen worden ist (gem. Section 255A (4) CJA 2003). Weiterhin darf aus einer erneuten Risikoprognose nicht hervorgehen, dass der Täter ein signifikantes Risiko für die Öffentlichkeit darstellt (*risk of serious harm*). Ist eine Entlassung nach 28 Tagen aus einem dieser drei Gründe nicht zulässig, entscheidet der Bewährungsausschuss darüber, ob und falls ja wann eine erneute frühzeitige Entlassung zulässig und angemessen ist (Section 255B CJA 2003). Dabei muss der Täter innerhalb von 28 Tagen vor dem Ausschuss angehört werden, wo anschließend entweder ein Termin für die Entlassung festgelegt wird oder ein erneuter Anhörungstermin bestimmt wird, die nicht später als ein Jahr nach der letzten Anhörung stattfinden muss.

1164　Section 181 CJA 2003.

1165　Section 234 (3) (a) CJA 2003.

1166　Section 249 CJA 2003.

1167　PSO 6000, Kapitel 14, siehe *HM Prison Service* 2012.

1168　*HM Prison Service* 2012, Kapitel 14, Rn. 14.1.3.

1169　„Schedule 15"-Straftaten sind jene, für die das Gericht eine besondere Form des Freiheitsentzugs anordnen darf, sofern der Täter für gefährlich erachtet wird (siehe hierzu bereits *Kapitel 3.4.2.2.3* oben, sowie auch unten).

Freiheitsstrafen zum Schutze der Öffentlichkeit bei einer prognostizierten Gefährlichkeit des Täters

Wird ein junger Straftäter für die Begehung bestimmter Gewalt- oder Sexualdelikte für schuldig befunden und im Anschluss durch das Gericht für „gefährlich" befunden (siehe *Kapitel 3.4.2.2.3* oben), kann der *Crown Court* im Sinne des Schutzes der Öffentlichkeit vor weiterer schwerer Straffälligkeit des Täters eine besondere Form des Freiheitsentzugs verhängen. Diese sogenannte *extended sentence for public protection* dient demnach nicht dem vergeltenden, am Verhältnismäßigkeitsprinzip orientierten Tatausgleich, sondern richtet sich nach einer Prognose möglichen schweren Fehlverhaltens.[1170] Die Straftatbestände, die für die Zulässigkeit der *public protection sentences* erfüllt sein müssen (*specified offences*, siehe bereits *Kapitel 3.4.2.2.3* oben), sind in Schedule 15 CJA 2003 aufgeführt, und umfassen insgesamt über 150 Sexual- und Gewaltstraftatbestände, für die das Gesetz für Erwachsene eine Maximalstrafe von zwei Jahren oder mehr vorschreibt.[1171]

Im Falle einer Verurteilung wegen eines *specified offence* kann der *Crown Court* eine sogenannte *extended sentence for public protection* verhängen, sofern die Tatschwere eine Strafe von vier Jahren oder mehr rechtfertigen würde,[1172] und lebenslange Haft nach Section 91 PCC(SD)A 2000 unzulässig ist. Die *extended sentence* ist vereinfacht betrachtet nichts anderes als eine zeitlich bestimmte Freiheitstrafe mit einer verlängerten Bewährungsphase nach der Haftentlassung.[1173] Wie bei Freiheitsstrafen nach Section 91 (mit der Ausnahme der lebenslangen Freiheitsstrafe) bestimmt das Gericht den Strafumfang im Rahmen des normalen Strafzumessungsprozesses, unter Berücksichtigung aller strafmildernden und -schärfenden Faktoren, in Untersuchungshaft verbrachter Zeit und eines möglichen *guilty plea*. Das besondere an der *extended sentence* ist, dass an die bereits verhältnismäßige Freiheitsstrafe eine zusätzliche Bewährungszeit angehängt wird, die im Falle eines in Schedule 15 gelisteten Gewaltdelikts fünf Jahre, bei einem Sexualdelikt acht Jahre beträgt.[1174] Insgesamt darf die Gesamtdauer die für den jeweiligen Straftatbestand gesetzlich festgelegte Maximalstrafe für Erwachsene nicht übersteigen.[1175] Wird der Täter frühzeitig entlassen (es gelten dieselben gesetzlichen Bestimmungen wie für die frühzeitige Entlassung bei einer Freiheitstrafe nach Section 91, siehe oben), hat

---

1170   Vgl. *Cadman* 2008a, S. 124.

1171   Vgl. *Monaghan* 2008a, S. 137.

1172   Section 228 CJA 2003; *Sentencing Guidelines Council* 2008, S. 10.

1173   Vgl. *Cadman* 2008a, S. 124.

1174   Section 228 (4) CJA 2003.

1175   Section 228 (5) CJA 2003.

dies keine Auswirkungen auf die Gesamtdauer der *extended sentence*.[1176] Auch hinsichtlich der Bewährungsauflagen sowie der Folgen von Verstößen gegen diese Auflagen gelten dieselben gesetzlichen Bestimmungen wie für Freiheitsstrafen nach Section 91 PCC(S)A 2000.

Wie bereits in *Kapitel 3.4.2.2.3* oben angesprochen wurden die „Gefährlichkeitsbestimmungen" durch Sections 122-128 LASPOA 2012, die im Herbst 2013 in Kraft getreten sind, reformiert. Vor dieser Reform wurde noch zwischen *specified offences* und *serious specified offences* differenziert und es wurden jeweils eigene Sanktionsformen bereitgestellt. Befand ein Gericht einen 10- bis einschließlich 17-Jährigen der Begehung eines *serious specified offence* für schuldig, war die Gefährlichkeitsprognose zu bejahen und würdigte die Tatschwere eine Freiheitsstrafe von zwei Jahren oder mehr, konnte es ihn gemäß Section 226 CJA 2003 zu *indeterminate detention for public protection* (IDPP) verurteilen, wenn es eine *extended sentence* für nicht ausreichend befand.[1177] Im Rahmen der IDPP wurde die verhältnismäßige Mindestverbüßungsdauer ermittelt (wie in *Kapitel 3.6.3.2* unten beschrieben), auf die eine fortgesetzte, zeitlich unbestimmte Sicherungsverwahrung folgte.[1178] Eine Entlassung war erst dann möglich, wenn der Bewährungsausschuss (der *parole board*) der Überzeugung war, dass der Verurteilte kein erhebliches Risiko mehr für die Öffentlichkeit darstellte.[1179] Der Ausschuss erwartete dabei Belege dafür, dass der Täter „an seinen Risikofaktoren gearbeitet hat", insbesondere durch die erfolgreiche Teilnahme an Trainingskursen und anderen Interventionen.[1180] Entlassene wurden einer lebenslangen Aufsicht (im Englischen: *life license*) unterstellt (also lebenslanger Bewährung), die Aufhebung derer 10 Jahre nach der Entlassung erstmalig beantragt werden konnte. Hinsichtlich der zulässigen Bewährungsauflagen sowie der Folgen bei Verstößen gegen diese Auflagen galten dieselben Bestimmungen wie für lebenslange Haft nach Section 90 und 91 PCC(S)A 2000 (siehe oben). Alle zuvor in den Anwendungsbereich dieser Sanktion fallenden Täter (solche die zusätzlich zu den Voraussetzungen der *extended sentence for public protection* eine *serious specified offence* begangen haben) werden aufgrund der bei Inkrafttreten der Reform aufgegebenen Differenzierung zwischen *specified offences* und *serious specified offences* nun „lediglich" zu einer *extended sentence for public protection* verurteilt, sofern lebenslange Haft nach Sec-

---

1176   Vgl. *NACRO* 2005c; 2006a.

1177   Vgl. *Monaghan* 2008a, S. 137; *Sentencing Guidelines Council* 2008, S. 9.

1178   Vgl. *Cadman* 2008a, S. 124 f. Angesichts der zeitlichen Unbestimmtheit dieser Strafe erfolgte verständlicherweise keine frühzeitige Entlassung nach Verbüßung der halben Mindeststrafe, wie es bei der *extended sentence* und Haft nach Section 91 PCC(S)A 2000 der Fall ist.

1179   Vgl. *HM Chief Inspector of Prisons* 2008, S. 3.

1180   Vgl. *HM Chief Inspector of Prisons* 2008, Rn. 2.5.

tion 91 PCC(S)A 2000 nicht angemessen oder unzulässig ist. Für eine kurze kritische Auseinandersetzung mit der Reform, siehe *Kapitel 4.3.6* unten.

3.6.2.7   Nebenstrafen – „ancillary orders"

Die bislang aufgeführten Sanktionsformen können mit einer Reihe von Nebenstrafen kombiniert werden. Im Rahmen der Strafzumessung sind diese zusätzlichen Interventionen oder Interventionsmodalitäten hinsichtlich der Proportionalität von Straftat und Strafe mit zu berücksichtigen. Neben der in *Kapitel 2.5.4.2* oben beschriebenen *parenting order* können die Gerichte zudem eine Aussetzung der Strafzumessung (*Kapitel 3.6.2.7.1*) oder eine elterliche Zwangsbürgschaft (*Kapitel 3.6.2.7.2*) erwägen. Dagegen sind sie dazu verpflichtet, eine Anordnung zur Erbringung von Schadensersatz (*Kapitel 3.6.2.7.3*) auszusprechen.

3.6.2.7.1   Aussetzung der Strafzumessung – „deferred sentence"

Gemäß Section 1 PCC(S)A 2000 i. V. m. Schedule 23 CJA 2003 kann das Gericht die Strafzumessung für bis zu sechs Monate aussetzen.[1181] Die sogenannte *deferred sentence* ist keine alleinstehende Sanktion, sondern vielmehr eine Modalität, anhand welcher das Gericht Unsicherheiten bei der Strafzumessung auszuräumen erhofft. Dabei wird die Schuld des Täters durch eine rechtskräftige Verurteilung festgestellt. Lediglich die Sanktionierung des Täters wird „zur Bewährung ausgesetzt". Voraussetzung für eine Aussetzung der Strafzumessung ist zunächst die Zustimmung des Verurteilten, woraus eine gewisse Bereitschaft zur Besserung abgeleitet wird.[1182] Zum anderen muss das Gericht der Auffassung sein, dass eine genauere Auseinandersetzung mit der Strafzumessung im Sinne der Gerechtigkeit angezeigt ist (*in the interests of justice*).

Die Regelung ähnelt der in § 27 JGG normierten „Aussetzung der Verhängung der Jugendstrafe".[1183] Ihre Anwendbarkeit in England ist dabei jedoch nicht auf Zweifel hinsichtlich der Zulässigkeit einer Jugendfreiheitsstrafe beschränkt. Vielmehr ist die Aussetzung der Strafzumessung in allen Fällen zulässig, für die das Gesetz keine bestimmten Rechtsfolgen vorschreibt. Sind beispielsweise die Voraussetzungen für eine obligatorische Verweisungsanordnung oder für die Verhängung einer Langfreiheitsstrafe erfüllt, kommt die *deferred*

1181   Vgl. *Ireland* 2008b, S. 130.

1182   Vgl. *Sentencing Guidelines Council* 2004, S. 14 f.

1183   Der § 27 JGG im Wortlaut: „*Kann nach Erschöpfung der Ermittlungsmöglichkeiten nicht mit Sicherheit beurteilt werden, ob in der Straftat eines Jugendlichen schädliche Neigungen von einem Umfang hervorgetreten sind, dass eine Jugendstrafe erforderlich ist, so kann der Richter die Schuld des Jugendlichen feststellen, die Entscheidung über die Verhängung der Jugendstrafe aber für eine von ihm zu bestimmende Bewährungszeit aussetzen.*"

sentence nicht in Betracht. Sie steht den Gerichten demnach immer dann zur Verfügung, wenn die Tatschwere nicht eindeutig für eine bestimmte Sanktionsform spricht, sondern an der Schwelle zur *community threshold* oder zur *custody threshold* steht.[1184]

Im Urteil des Gerichts werden zum einen die Dauer der Aussetzung bestimmt, zum anderen die Auflagen, die der Täter – neben dem allgemeingültigen Erfordernis der Legalbewährung – in dieser Zeit erfüllen muss.[1185] Zudem wird er der Aufsicht der Bewährungshilfe oder des YOTs unterstellt, wobei der Supervisionsumfang wie bei der *referral order* im Rahmen des *scaled approach* (also abhängig vom Rückfallrisiko) bestimmt wird. Die zum Zeitpunkt der Aussetzung angedachte Sanktion ist ebenfalls im Urteil festzuhalten.[1186]

Sofern ein Verurteilter die Auflagen des Gerichts erfüllt und für die Dauer der Bewährungszeit nicht erneut straffällig wird, wird das Gericht dies positiv in seiner Strafzumessung berücksichtigen. Hierbei ist ein vom YOT oder der Bewährungshilfe verfasster Gerichtshilfebericht heranzuziehen.[1187] Dieser Erfolg wird als Beweis des Willens des Verurteilten betrachtet, sein Verhalten bessern und die im Rahmen der durch gerichtliche Auflagen angebotenen Chancen nutzen zu wollen.

Wird die Aussetzungsperiode nicht erfolgreich absolviert, wird meist die im ursprünglichen Urteil angedachte Sanktion verhängt. Dabei ist das Gericht nicht dazu verpflichtet, die verbleibende Dauer der Aussetzung abzuwarten. Wird ein Verurteilter während der Bewährungszeit erneut straffällig, kann er sowohl für das ursprüngliche als auch für das neue Delikt verurteilt werden.[1188]

3.6.2.7.2 Elterliche Zwangsbürgschaft – „parental bind-over"

Section 150 PCC(S)A 2000 verpflichtet Jugendrichter dazu, die Eltern gerichtlich verurteilter 10- bis einschließlich 15-jähriger Kinder und Jugendlicher zur Erbringung einer strafrechtlichen Zwangsbürgschaft anzuhalten, wenn, in An-

---

1184 Vgl. *Sentencing Guidelines Council* 2012b, S. 176.

1185 Die verfügbaren Auflagen sind weitestgehend mit denen, die im Rahmen einer *youth rehabilitation order* zulässig sind, deckungsgleich (siehe *Kapitel 3.6.2.5* oben). Zudem kann das Gericht jedoch andere, nicht per Gesetz festgelegte Auflagen erteilen, solange sie realistisch und „messbar" sind, siehe *Sentencing Guidelines Council* 2004, S. 14 f.

1186 Vgl. *Sentencing Guidelines Council* 2012b, S. 176.

1187 Vgl. *Sentencing Guidelines Council* 2004, S. 14 f.

1188 In der Praxis spielt die *Deferred Sentence* so gut wie gar keine Rolle. Zwischen 2002/03 und 2009/10 wurde pro Jahreszeitraum durchschnittlich 128 Mal die Strafzumessung ausgesetzt, ein durchschnittlicher Anteil von 0,1 %. Siehe *Youth Justice Board* 2004b; 2005b; 2006a; 2007a; 2008e; 2009a; *Youth Justice Board/Ministry of Justice* 2010; 2011; 2012.

betracht aller dem Gericht bekannten Tat- und Täterumstände, eine solche Anweisung im Sinne der Prävention erneuter Delinquenz wünschenswert ist.[1189]
Bei 16- und 17-Jährigen ist die Auferlegung fakultativ. Entscheidet sich das Gericht gegen ein *parental bind-over*, muss es diese Entscheidung in öffentlicher
Sitzung verkünden und begründen.[1190]

Im Rahmen einer solchen Bürgschaft verpflichten sich die Eltern gegen
Zahlung einer Summe von maximal £ 1.000, sich ordentlich um ihr Kind zu
kümmern und ordentliche elterliche Kontrolle über das Verhalten ihres Kindes
auszuüben, um die Einhaltung der aus gegen ihr Kind verhängten Sanktionen
hervorgehenden Auflagen bestmöglich zu gewährleisten und eine erneute Straffälligkeit zu verhindern.[1191] Die Dauer der Bürgschaft, die *Cavadino/Dignan*
als eine „zur Bewährung ausgesetzte Geldstrafe" (*suspended fine*) bezeichnen,[1192] ist auf maximal drei Jahre bzw. den 18. Geburtstag des Kindes/Jugend-
lichen begrenzt. Sollten die Auflagen nicht erfüllt werden, ist der elterliche Anspruch auf die hinterlegte „Kaution" verwirkt.

Eltern die sich unangemessen weigern, ein solches *bind-over* einzugehen,
droht die Verhängung einer Geldstrafe, deren Höhe die Summe von £ 1.000
nicht überschreiten darf. Gemäß Section 150 (6) PCC(S)A 2000 sind aus der
Verweigerung folgende Geldstrafen als Verurteilung zu bewerten.[1193] Eltern
können Revision gegen die Verhängung eines *bind overs* einlegen sowie auch
gegen eine aus der nach richterlichem Erachten unangemessenen Verweigerung
resultierende Geldstrafe, das *bind-over* anzunehmen.[1194]

1189   Siehe *Burney* 2008, S. 252. Das *bind-over* an sich existiert in England bereits seit geraumer Zeit. In England gibt es aktuell drei verschiedene Formen des *bind-over*. Zusätzlich zum *parental bind-over* können Personen seit dem *Justices of the Peace Act
1361* gegen Zahlung einer Bürgschaft zur Wahrung und Einhaltung des Friedens (*to
keep the peace*) verpflichtet werden. Dabei ist anzumerken, dass eine solche Intervention nicht auf verurteilte Straftäter oder Tatverdächtige beschränkt ist, sondern
auch auf Zeugen, Kläger und sonstige Verfahrensbeteiligte anwendbar ist, siehe
Cavadino/Dignan 2007, S. 134, *Dignan* 2011, S. 367. Als dritte Variante kann der
Crown Court verurteilte Straftäter mittels eines *bind-over* verpflichten, zur Verkün-
dung ihrer Strafe zu erscheinen, vgl. *Ireland* 2008, S. 37 f.

1190   Section 150 (1) (b) PCC(S)A 2000.

1191   Vgl. *Ireland* 2008, S. 38; Section 150 (2) und (3) PCC(S)A 2000.

1192   Vgl. *Cavadino/Dignan* 2007, S. 134.

1193   Diese Regelung dient insbesondere dem Zweck, die bei ordentlichen Geldstrafen verfügbaren Vollstreckungshilfen (siehe *Kapitel 3.6.2.2* oben) zulässig zu machen.

1194   Wurde das *Bind-Over* von einem Jugendgericht verhängt, wird die Revision vor dem
Crown Court eingelegt. Von dem *Crown Court* verhängte *Bind-Overs* werden zur
Revision vor den *Court of Appeal* gebracht, siehe Section 150 (8) und (9) PCC(S)A
2000.

3.6.2.7.3 Anordnung zur Leistung von Schadensersatz – „compensation orders"

Im Jahr 1972 wurde die *compensation order* eingeführt. Hatten die Belange von Opfern in der englischen Justiz lange Zeit eine bestenfalls untergeordnete Rolle eingenommen, sind sie durch die Einführung dieser Anordnung mehr in den Vordergrund der bei der Sanktionierung zu berücksichtigenden Faktoren gerückt. Zunächst als reine Nebenstrafe vorgesehen, wurde die *compensation order* durch das CJA 1982 auch als alleinstehende Sanktion zur Verfügung gestellt.

Inzwischen in Sections 130 bis 134 PCC(S)A 2000 geregelt, erfordert die *compensation order* die Zahlung von Schadensersatz an das Opfer.[1195] Die Gerichte sind gemäß Section 130 (1) PCC(S)A 2000 dazu verpflichtet, eine *compensation order* in all jenen Fällen zu erwägen, in denen das Opfer körperliche Verletzungen erlitten hat, das Eigentum des Opfers beschädigt oder vernichtet wurde oder in denen eine Person zu Tode gekommen ist.[1196] Falls eine solche Anordnung nicht erlassen wird, muss das zuständige Gericht eine Begründung liefern.

Wie auch der Fall bei Geldstrafen wird die Zahlung der Leistungen bei 10- bis einschließlich 15-Jährigen auf die Eltern übertragen.[1197] Entsprechend richtet sich die Höhe des Schadensersatzes in solchen Fällen nach den Mitteln der Eltern.[1198] Bei 16- und 17-Jährigen liegt eine solche Übertragung im Ermessen des Gerichts. Die Tilgung von Schadensersatzansprüchen, die im Rahmen einer *compensation order* entstehen, ist der von Geldstrafen und Verhandlungskosten vorangestellt.[1199] Die Höhe der Zahlung muss nach Ansicht des Gerichts angemessen sein und die Mittel des Täters berücksichtigen.[1200]

Der Erhalt von Schadensersatzleistungen durch eine *compensation order* hat Auswirkungen auf die Höhe des Schadensersatzes, auf welchen Opfer in zivilrechtlichen Verfahren (*civil claim for damages*) einen Anspruch haben. Gemäß Section 134 (2) PCC(S)A 2000 wird die Höhe des im zivilrechtlichen Verfahren fälligen Schadensersatzes unabhängig von der *compensation order* ermittelt. Jedoch wird die tatsächlich auszuzahlende Summe um die tatsächlich aus einer *compensation order* erhaltene Summe reduziert.

1195   Vgl. *Ireland* 2008a, S. 83.

1196   Vgl. *Ashworth* 2007, S. 1.015.

1197   Section 137 PCC(S)A 2000. Vgl. *Ireland* 2008a, S. 83; *Cavadino/Dignan* 2007, S. 333.

1198   Section 138 (1) PCC(S)A 2000.

1199   Section 130(12) PCC(S)A 2000. Siehe auch *Cavadino/Dignan* 2007, S. 135; *Ashworth* 2007, S. 1.015.

1200   Section 130 (4) und (11) PCC(S)A 2000.

3.6.3 Strafzumessung – die Bestimmung der am besten geeigneten zulässigen Sanktion

Die Entscheidung, welche Rechtsfolge in einem jeweiligen Einzelfall angemessen ist, wird von vielen Faktoren beeinflusst. Manche Straftatbestände ziehen unter bestimmten Voraussetzungen per Gesetz obligatorische Rechtsfolgen nach sich, so dass das gerichtliche Ermessen auf die Ausgestaltung der Rechtsfolge (Länge, Auflagen usw.) beschränkt ist. Wo Gerichte Ermessensspielräume behalten, wird die Wahl der Rechtsfolge bestimmt durch die Tatschwere (*community threshold, custody threshold*). Im Folgenden wird der Prozess zur Bestimmung der Rechtsfolge genauer dargestellt.

3.6.3.1 Obligatorische Rechtsfolgen

Erscheint ein junger Rechtsbrecher vor Gericht, muss zuallererst geklärt werden, ob eine obligatorische lebenslange Freiheitsstrafe nach Section 90 PCC(S)A 2000 in Frage kommt. Dies ist zu bejahen, wenn der Täter des Mordes angeklagt worden ist. Der Angeklagte wird dann zur Hauptverhandlung und zur Strafzumessung an den *Crown Court* verwiesen (siehe *Kapitel 3.4.2.2.1* oben) und bei einer Schuldfeststellung zu lebenslanger Haft nach Section 90 verurteilt. Dabei bestimmt das Gericht die Mindestverbüßungsdauer, die im Rahmen der in *Kapitel 3.6.3.2* unten beschriebenen Tatschwereprüfung ermittelt wird.

Sind die Kriterien für Section 90 nicht erfüllt, wird anschließend geprüft, ob Langfreiheitsentzug nach Section 91 PCC(S)A 2000 zulässig ist. Section 91 kommt dann in Betracht, wenn ein *grave crime* begangen wurde und das Gericht der Auffassung ist, dass die zu erwartende und unter Berücksichtigung der Tatschwere verhältnismäßige Strafe die im Rahmen der Strafzumessungskompetenz des Jugendgerichts maximal zulässigen 24 Monate Freiheitsentzug deutlich überschreiten wird.[1201] Ist dies zu bejahen, wird der Angeklagte zur Hauptverhandlung mit anschließender Strafzumessung an den *Crown Court* verwiesen (siehe *Kapitel 3.4.2.2.2* oben), wo eine zeitlich bestimmte Langfreiheitsstrafe nach Section 91 verhängt werden kann. Die Länge der zu verbüßenden Freiheitsstrafe wird dabei nach der unter *Kapitel 3.6.3.2* unten beschriebenen Tatschwereprüfung ermittelt. Kommt der *Crown Court* zu dem Schluss, dass trotz der Begehung eines *grave crime* eine Freiheitsstrafe von 24 Monaten oder weniger geeignet wäre, kann er eine DTO verhängen oder aber den Verurteilten zur Strafzumessung an das Jugendgericht zurückverweisen.

1201 Vgl. *NACRO* 2004a, S. 4.

Abb. 12: **Obligatorische Rechtsfolgen**

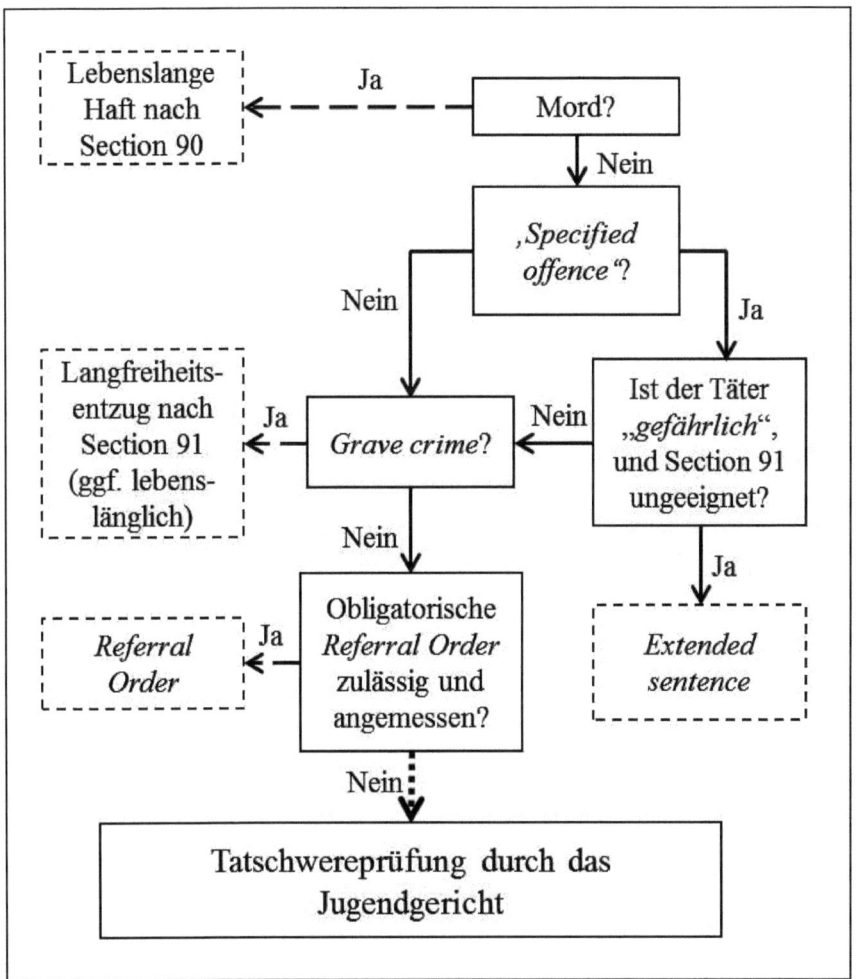

Im Rahmen der Prüfung hinsichtlich der Zulässigkeit einer Langfreiheits-strafe nach Section 91 für ein *grave crime* muss das Gericht zudem erwägen, ob der Täter nach Kapitel 5 CJA 2003 als „gefährlich" einzustufen ist (die meisten *grave crimes* fallen auch in die Liste der *specified offences*). Ist die Gefährlich-keit des Täters zu bejahen, wird der Täter zur Strafzumessung an den *Crown Court* verwiesen (sofern der Täter im Rahmen der *grave crimes*-Normen nicht bereits zur Hauptverhandlung übergeben worden ist), welcher ihn zu einer *ex-tended sentence for public protection* verurteilen kann. Eine *extended sentence*

kommt dann in Betracht, wenn der Täter der Begehung eines in Schedule 15 CJA 2003 gelisteten *specified offence* für schuldig befunden worden ist, eine Freiheitsstrafe von vier Jahren angemessen wäre und eine lebenslange Freiheitsstrafe nach Section 91 PCC(S)A 2000 nicht zulässig und/oder angemessen ist (gem. Section 228 CJA 2003). Das Gericht bestimmt dabei die zu verbüßende zeitlich bestimmte Strafdauer mittels der in *Kapitel 3.6.3.2* unten beschriebenen Tatschwereprüfung.

Sind weder Section 90 und 91 PCC (S) A 2000 noch Kapitel 5 CJA 2003 anwendbar, muss das Jugendgericht ermitteln, ob die Voraussetzungen für eine obligatorische *referral order* erfüllt sind. Eine *referral order* muss dann angeordnet werden, wenn ein Täter sich der Begehung einer mit Haft bedrohten Straftat (*imprisonable offence*) für schuldig bekennt (*guilty plea*) und keine vorangegangenen Verurteilungen aufweist.[1202] Sind diese Vorgaben allesamt erfüllt, wird das in *Kapitel 3.6.2.4* oben erörterte Verweisverfahren eingeleitet, sofern das Gericht eine Haft-und Erziehungsstrafe (*detention and training order*, siehe *Kapitel 3.6.2.6.1* oben) oder ein unbedingtes Absehen von Strafe (*absolute discharge*, siehe *Kapitel 3.6.2.1* oben) nicht für angemessener hält.

Sind die Voraussetzungen für eine obligatorische Verweisungsanordnung nicht erfüllt und somit alle obligatorischen Rechtsfolgen zu verneinen, obliegt es dem Jugendgericht mittels einer Tatschwereprüfung die für den jeweiligen Einzelfall angemessene und verhältnismäßige Sanktion zu ermitteln.

3.6.3.2 Prüfung der Tatschwere

Ob eine YRO oder eine Haftstrafe überhaupt zulässig sind, oder aber ob eine andere Rechtsfolge angemessen erscheint, wird zunächst durch die Tatschwere bestimmt. Sie ist zudem der Schlüsselfaktor in der Ermittlung der Länge einer Freiheitsstrafe, der Beschwerlichkeit vergeltungsorientierter Auflagen einer YRO[1203] und der Höhe einer Geldstrafe.

In England wird die Tatschwere zum einen bestimmt durch die Schwere der Schuld (*culpability*) des Täters und zum anderen durch die Schwere des Schadens (*harm*), den die Tat verursacht hat, verursachen sollte oder hätte verursachen können.[1204] Weiterhin spielen gesetzlich vorgeschriebene strafschärfende

---

1202   Section 17 (1) PCC(S)A 2000. Wurde ein Kind oder Jugendlicher zuvor bereits Verurteilt, jedoch von Strafe abgesehen, wird er so behandelt, als wäre er zuvor nicht verurteilt worden. Siehe *Judicial Studies Board* 2010, S. 61, sowie *Kapitel 3.6.2.1* oben.

1203   Diese Einschränkung auf vergeltungsorientierte Elemente einer YRO ist äußerst wichtig. Die von den YOTs verfassten *pre-sentence reports* spielen eine zentrale Rolle für die Ausgestaltung der erzieherischen, restorativen und supervisionellen Auflagenbereiche. Siehe hierzu *Kapitel 3.6.3.3* unten.

1204   Siehe Section 143 (1) CJA 2003. Im Original: „*In considering the seriousness of any offence, the court must consider the offender's culpability in committing the offence*

Faktoren (vorangegangene Verurteilungen; Taten die durch die Herkunft, Ethni-zität, den Religiösen Glauben oder die sexuelle Orientierung des Opfers moti-viert gewesen sind – *hate crime*; Straftaten die während einer Freilassung *on bail* begangen wurden) wie auch strafmildernde Faktoren (Schuldbekenntnis des Täters) eine Rolle, ebenso täterorientierte Milderungsgründe (Reue, Kooperati-onsbereitschaft mit den Behörden, Verhalten gegenüber dem Opfer).

An dieser Stelle sei angemerkt, dass die Strafzumessung in England und Wales nicht in einem einzelnen Gesetz geregelt ist. Zudem existiert in England kein mit dem deutschen StGB vergleichbares Gesetz, welches alle Straftatbe-stände in einem einheitlichen Regelwerk aufführt. Vielmehr sind auch die Straftatbestände weit in der unendlichen Landschaft der Parlamentsbeschlüsse verstreut. Zudem richtet sich die Strafzumessung nach dem *case law* des *High Court of Appeal*, dessen Entscheidungen für die Auslegung des Rechts und die Verhängung und Bemessung von Strafen maßgebend sind. Diese Tatsachen sind insbesondere im Zusammenhang mit dem Einsatz von Laienrichtern in engli-schen Jugendgerichten als problematisch zu betrachten, denen eine ordnungs-gemäße und angemessene Sanktionierung in Anbetracht dieser komplizierten Situation und der vielen zu berücksichtigenden Faktoren schwer fallen.

Unter anderem auch aus diesem Grund wurde durch Section 167 CJA 2003 der „Rat für Strafzumessungsrichtlinien" (*Sentencing Guidelines Council*, SGC) gegründet. Inzwischen in *Sentencing Council* umbenannt, ist der *Sentencing Council* sowie seine Aufgaben und Zuständigkeiten in Kapitel 1 CoJA 2009 ge-regelt. Seine Aufgabe besteht darin, Gerichte durch die Formulierung *allgemeiner* sowie *straftatbestandspezifischer* Strafzumessungsrichtlinien in ihrer Entschei-dungsfindung zu unterstützen, die Transparenz des Strafzumessungsprozesses zu erhöhen und die landesweite Einheitlichkeit in der Strafzumessung zu för-dern.[1205] Section 125 CoJA 2009 verpflichtet alle Gerichte dazu, diese Richt-linien im Rahmen der Strafzumessung zu berücksichtigen.

Die *allgemeinen* Richtlinien des SGC legen den Strafzumessungsprozess detailliert dar und berücksichtigen relevantes *case law*. Sie sind demnach als eine Art „Handbuch für die Strafzumessung" zu begreifen. Allgemeine Richtlinien wurden bisher herausgegeben beispielsweise für das allgemeine Strafzumessungs-verfahren.[1206] Ferner wurden Richtlinien zur Ermittlung der Tatschwere,[1207]

---

and any harm which the offence caused, was intended to cause or might forseeably have caused." Für eine detaillierte Auseinandersetzung mit Schadens- und Schuld-schwere im Rahmen der Strafzumessung, siehe *Sentencing Guidelines Council* 2004a; 2012b; *Ashworth/Roberts* 2012.

1205   Siehe *Sentencing Guidelines Council* 2004a, S. i.

1206   Siehe hierzu die „*Magistrates' Courts Sentencing Guidelines*", *Sentencing Guide-lines Council* 2012b.

1207   Siehe hierzu die „*Overarching Principles – Offence Seriousness*", *Sentencing Guide-lines Council* 2004a.

besondere Richtlinien für junge Straftäter,[1208] oder die Auswirkung eines Schuldbekenntnisses auf die zu erwartende Strafe erlassen.[1209]

Abb. 13: **Beispiel für eine straftatbestandsspezifische Strafzumessungsrichtlinie (Auszug)**

Theft Act 1968, s.1	Theft – person

Triable either way:
Maximum when tried summarily: Level 5 fine and/or 6 months
Maximum when tried on indictment: 7 years

Offence seriousness (culpability and harm)
A. Identify the appropriate starting point
Starting points based on first time offender pleading not guilty

Examples of nature of activity	Starting point	Range
Where the effect on the victim is particularly severe, the stolen property is of high value, or substantial consequential loss results, a sentence higher than the range into which the offence otherwise would fall may be appropriate		
Theft from the person not involving vulnerable victim	Medium level community order	Band B fine to 18 weeks custody
Theft from a vulnerable victim	18 weeks custody	High level community order to Crown Court
Theft involving the use of threat or force (falling short of robbery) against a vulnerable victim	Crown Court	Crown Court

Quelle: *Sentencing Guidelines Council* 2012b, S. 102a.

Abbildung 13 oben zeigt einen Auszug aus der Strafzumessungsrichtlinie für *theft from the person* als Beispiel für eine *straftatspezifische* Richtlinie. Sie nennt die einschlägige Straftatbestandsrechtsnorm (in diesem Fall Section 1 *Theft Act 1968*), die gerichtliche Zuständigkeit im Falle eines Erwachsenen (hier: *either-way*, also ab einer gewissen Tatschwere an den *Crown Court* ver-

---

1208   Siehe hierzu die „*Overarching Principles – Sentencing Youths*", *Sentencing Guidelines Council* 2009.

1209   Siehe hierzu „*Reduction in Sentence for a Guilty Plea*", *Sentencing Guidelines Council* 2007.

weisbar) sowie auch gegebenenfalls vorgeschriebene gesetzliche Mindest- und Maximalstrafen (in diesem Fall sieben Jahre Freiheitsentzug).

Straftatspezifische Richtlinien sind so konzipiert, dass sie es den Gerichten vereinfachen sollen, ein angemessenes Gleichgewicht sowie eine angemessene Gewichtung der Schwere der Schuld und der Schwere des Schadens und somit eine verhältnismäßige Einschätzung der Tatschwere zu treffen. Hierzu liefern sie mehrere Fallbeispiele, welche unterschiedliche Tatschweregrade des vorliegenden Straftatbestands darstellen. Die Richtlinie macht zu jeder dieser Szenarien Vorgaben hinsichtlich des angemessenen „Strafrahmens" (*range*), sowie hinsichtlich des „Strafausgangspunkts" (*starting point*). Im Falle von *theft against a person* differenziert die Richtlinie drei Szenarien: 1.) Diebstahl von einer nicht-schutzbedürftigen bzw. nicht-vulnerablen Person; 2.) Diebstahl von einer schutzbedürftigen bzw. vulnerablen Person; 3.) Diebstahl von einer schutzbedürftigen bzw. vulnerablen Person mit Gewalt oder unter Androhung von Gewalt. Von Szenario zu Szenario steigen die Tatschwere und parallel dazu folglich die zulässigen Strafrahmen. Im Vergleich zum ersten Fallbeispiel liegt im zweiten Beispiel ein höherer Grad an *culpability* vor, weil das Opfer eine schutzbedürftige bzw. vulnerable Person ist.[1210] Im dritten Fallbeispiel kommt noch erschwerend hinzu, dass der Täter Gewalt angedroht oder angewandt hat, was die Schwere der Schuld aber auch die Schwere des Schadens erhöht. Entsprechend können solche Fälle mit bis zu sieben Jahren Freiheitsentzug geahndet werden.[1211]

Der erste Schritt in der Ermittlung der Tatschwere liegt also darin, die Umstände und Fakten des jeweilig vorliegenden Sachverhaltes mit den in den deliktspezifischen Richtlinien aufgeführten Beispielen abzugleichen und somit den einschlägigen Strafrahmen sowie den Strafausgangspunkt zu ermitteln. Die Strafausgangspunkte beziehen sich dabei auf Täter, die 18 Jahre alt sind oder älter, die keine vorangegangenen Verurteilungen haben und die auf „nicht schuldig" plädiert haben. Für Kinder und Jugendliche sehen die Richtlinien vor, dass der geringe Reifegrad (*maturity*) und das geringe Alter eines Täters strafmildernd berücksichtigt werden sollte.[1212] Die Milderung soll dabei mit zuneh-

---

1210   Eine schutzbedürftige bzw. vulnerable Person (*vulnerable person*) wird definiert als eine Person, die der Täter bewusst als Opfer ausgesucht hat, weil er der Auffassung war, dass das Opfer sich aller Wahrscheinlichkeit nach nicht gegen den Diebstahl wehren kann oder wird. Beispiele wären ältere Menschen, Kinder und Menschen mit einer Behinderung. Siehe *Sentencing Guidelines Council* 2012b, S. 102.

1211   Es sei nocheinmal angemerkt an dieser Stelle, dass im Falle eines jugendlichen Straftäters der in der Diebstahlrichtlinie vorgegebene Transfer an den *Crown Court* einer höheren Tatschwereschwelle bedarf als bei Erwachsenen. Bei Erwachsenen kann der *Magistrates' Court* lediglich bis zu sechs Monate Haft verhängen, das Jugendgericht dagegen bis zu 24 Monate.

1212   Vgl. *Sentencing Guidelines Council* 2009, Rn. 4.1 f.

mendem Alter und zunehmender geistiger Reife des Täters abnehmen. Die allgemeinen Richtlinien für die Strafzumessung bei unter 18-Jährigen führen an, dass bei 15-, 16- und 17-Jährigen der Strafausgangspunkt zwischen 25% und 50% niedriger angesetzt werden sollte im Vergleich zu einem Erwachsenen.[1213] Bei unter 15-Jährigen wird keine genaue Angabe gemacht – es wird lediglich darauf verwiesen, dass ihre Strafen milderer ausfallen sollten als bei 15- bis einschließlich 17-Jährigen.[1214]

Sobald der Strafausgangspunkt ermittelt worden ist, wird das Gericht dazu angehalten, unter Berücksichtigung aller relevanten strafverschärfenden oder strafmildernden Tatbegehungsfaktoren, innerhalb des angegebenen Strafrahmens entweder nach oben oder unten vom Strafausgangspunkt abzuweichen, um eine „vorläufige Strafe" zu ermitteln (*provisional sentence*).[1215] Dabei wird differenziert zwischen Faktoren, die einen höheren Grad der Schuldschwere implizieren und solchen Faktoren, die auf einen überdurchschnittlichen Grad an Schaden hindeuten. Neben den in den Richtlinien gebotenen Fallbeispielen ist dies nun der zweite Moment, in dem Gerichte die Schuld- und Schadensschwere „kalibrieren" können.[1216]

Strafverschärfende Faktoren sind in den Richtlinien zur Ermittlung der Tatschwere gelistet (siehe *Tabelle 22* unten).

1213 Vgl. *Sentencing Guidelines Council* 2009, Rn. 11.16.

1214 Es sollte noch erwähnt werden, dass die reife- bzw. altersbedingte Strafmilderung bei Kindern und Jugendlichen nicht primärgesetzlich geregelt oder vorgeschrieben ist.

1215 Vgl. *Sentencing Guidelines Council* 2012b, S. 17. Dieses vorläufige Strafmaß ist die Grundlage für Entscheidungen hinsichtlich des Transfers junger Angeklagter an den *Crown Court* im Kontext der *grave crimes* (also wenn von einer Strafe auszugehen ist, die deutlich über 24 Monate hinausgeht), wie in *Kapitel 3.4.2.2.2* oben bereits beschrieben wurde.

1216 Strafmildernde- bzw. strafschärfende Faktoren, die bereits im Rahmen der in den Richtlinien gebotenen Fallbeispiele berücksichtigt wurden, dürfen an dieser Stelle nicht erneut in die Entscheidungsfindung mit einbezogen werden. Section 121 (6) CoJA 2009.

Tab. 22: **Beispiele für strafschärfende Faktoren im Rahmen der Tatschwereprüfung**

Höherer Grad der Schuldschwere (*culpability*)
Die Tat wurde geplant;
Tat wurde während einer Freilassung *on bail* verübt (*);
Vertrauensposition wurde missbraucht;
Machtposition wurde missbraucht;
Vorsätzliche und überflüssige Gewaltanwendung oder Sachbeschädigung, die über das hinausgeht, was für die erfolgreiche Durchführung der Tat erforderlich gewesen wäre;
Gebrauch einer Waffe zur Einschüchterung oder Verletzung des Opfers;
Tat unter Drogen- oder Alkoholeinfluss begangen;
Bewusste Wahl eines schutzbedürftigen bzw. vulnerablen Opfers;
Tat wurde während einer Freilassung zur Bewährung begangen;
Versuch, Beweise zu manipulieren oder zu zerstören, oder Zeugen einzuschüchtern;
Der Täter hat aus der Tat großen materiellen Profit gewonnen;
Tat wurde durch eine Gruppe begangen;
Rassistisch motivierte Tat (*);
Tat war motiviert durch die sexuelle Orientierung des Opfers (*);
Tat war motiviert durch den religiösen Glauben des Opfers (*);
Tat war motiviert durch eine geistige/körperliche Behinderung des Opfers (*);
Täter hat bereits für den vorliegenden Fall relevante Verurteilungen (*).
Höherer Grad der Schwere des Schadens (*harm*)
Mehrere Opfer;
Besonders schwere körperliche oder geistige Verletzung des Opfers, auch wenn diese in diesem Ausmaß nicht vorgesehen oder geplant war;
Anhaltender oder wiederholter Angriff auf dasselbe Opfer;
Das Opfer ist besonders vulnerabel;
Die Tat wurde an einem abgelegenen oder für andere nur schwer einsehbaren oder von anderen selten frequentierten Ort begangen;
Familienangehörige, Kinder des Opfers waren bei der Tat anwesend;
Zusätzliches das Opfer entwürdigendes oder erniedrigendes Verhalten (Fotografieren des Opfers eines Sexualdelikts z. B.);
Hoher (auch ideeller) Wert des beschädigten oder gestohlenen Eigentums, bzw. hohe Folgeschäden für das Opfer (Einkommensausfälle z. B.).

*: Gesetzlich vorgeschriebene strafschärfende Faktoren, siehe unten.
Quelle: *Sentencing Guidelines Council* 2004a, S. 6 ff.

Strafmildernde Faktoren werden weniger ausführlich gelistet und sind in den Richtlinien beschränkt auf: Die erhebliche Provokation seitens des Opfers; geistige Behinderung oder psychische Störung seitens des Täters; der Täter spielte nur eine nebensächliche Rolle in der Tatbegehung (bei Tatbegehung durch eine Gruppe).[1217] Die Richtlinien sind sehr explizit darin zu betonen, dass diese Listen in keiner Weise allumfassend bzw. abschließend seien. Sie dienen lediglich als Beispiele. Zudem sind in den deliktspezifischen Anleitungen für die jeweilige Deliktsart besonders zu berücksichtigende Faktoren aufgelistet.

Während es im Ermessen des Gerichts liegt, ob und inwieweit es die meisten strafschärfenden und strafmildernden Faktoren in seine Entscheidung einfließen lässt, gibt es eine Handvoll Faktoren, die laut Gesetz berücksichtigt werden müssen (*statutory aggravating and mitigating factors*).

Section 143 (2) CJA 2003 schreibt vor, dass sich vorangegangene Verurteilungen jeweils strafschärfend auswirken sollen, wenn die Art der begangenen Straftat sowie die Begehungsweise der Tat denen ähnelt, für die der Täter bereits vorbestraft ist. Eine Vorstrafe für einen Diebstahl wird beispielsweise eine geringere Strafschärfungswirkung haben als eine Vorstrafe für ein Gewaltdelikt, wenn im aktuellen Fall ebenfalls ein Gewaltdelikt begangen worden ist.[1218] Zudem ist der Zeitraum zu berücksichtigen, der seit den vorangegangenen Verurteilungen verstrichen ist, nämlich inwieweit darauf geschlossen werden kann, dass ein Muster der Straffälligkeit vorliegt. Das Gesetz macht dabei keinerlei Vorgaben hinsichtlich des zulässigen Grades der Strafschärfung, außer dass jede relevante vorangegangene Verurteilung einzeln berücksichtigt werden muss.

Weiterhin strafschärfend wirkt sich aus, wenn die Tat begangen worden ist, während der Täter im Rahmen des Strafprozesses für eine andere Straftat vorläufig *on bail* freigelassen worden war.[1219] Das ist auch dann der Fall, wenn die begangenen Straftaten sonst in keiner anderen Weise zu einander in Zusammenhang stehen, die Deliktsarten also nicht verwandt, die Tathergänge nicht ähnlich sind.[1220] Auch bleibt die verbindliche Anwendung von Section 143 (3) nach der Rechtsprechung des *Court of Appeal* davon unberührt, wenn der Täter für die erste Tat freigesprochen oder der Fall eingestellt wird.[1221] Auch hier macht das Gesetz keinerlei Vorgaben hinsichtlich des zulässigen Schärfungsgrades.

1217   Diese Unterrepräsentation strafmildernder Faktoren rührt vor allem daher, dass solche Variablen zumeist straftatspezifisch sind und entsprechend in den straftatspezifischen Richtlinien geführt werden.

1218   Siehe hierzu insbesondere *Hungerford-Welch* 2009, S. 776 ff.

1219   Section 143 (3) CJA 2003.

1220   *Hungerford-Welch* 2009, S. 778 f.

1221   *R v Thackwray* [2003] EWCA Crim 3362, zitiert in *Hungerford-Welch* 2009, S. 779.

Abb. 14:   **Die Tatschwereprüfung im Überblick**

---

1. Ermittlung des zulässigen Strafrahmens und des Strafausgangspunktes
Abgleich des vorliegenden Sachverhaltes mit den unterschiedlichen
Fallbeispielen der Strafzumessungsrichtlinien

---

2. Berücksichtigung von Strafschärfungs- und Strafmilderungsgründen
Einbezug von Tatbegehungsfaktoren, die die Schwere des Schadens (Harm) und
die Schwere der Schuld (Culpability) beeinflussen

---

3. Gesetzlich vorgeschriebene Strafschärfungsgründe
Prüfung auf das Vorliegen von Vorstrafen, fremdenfeindlichen Motivationen,
oder gegen eine körperliche/geistige Behinderung, den religiösen Glauben oder
die sexuelle Orientierung des Opfers diskriminierende Tatbegehungsmerkale

---

4. Täterbezogene Strafmilderungsgründe
Prüfung, inwieweit der Täter Reue gezeigt hat, sich seit der Tat dem Opfer
gegenüber verhalten hat, mit den Strafverfolgungsbehörden kooperiert hat,
oder anderweitig Bereitschaft zur Verantwortungsübernahme signalisiert hat

---

5. Strafgutschrift für ein Schuldbekenntnis (*Guilty Plea*)
Hat der Täter ein Schuldbekenntnis abgelegt, wirkt sich dies positiv auf die zu
erwartende Strafe aus. Je früher das Bekenntnis abgelegt wurde, umso größer
ist die Strafgutschrift

---

6. Prüfung der Angemessenheit von Nebenstrafen
Nebenstrafen sind im Rahmen der Einschätzung der Verhältnismäßigkeit der
Hauptstrafe zu berücksichtigen

---

7. Strafgutschrift für Zeit in stationären prozesssichernden Maßnahmen
Entsprechende Reduktion der strafenden Elemente einer Rechtsfolge (Länge
einer Freiheitsstrafe, Zahl der Stunden zu erbringender gemeinnütziger Arbeit,
Höhe einer Geldstrafe)

Ein weiterer gesetzlicher Schärfungsgrund ist der, dass eine Schärfung auch dann zwingend erfolgen muss, wenn die Straftat durch Feindseligkeit gegenüber der (vermuteten) sexuellen Orientierung oder der (vermuteten) körperlichen/ geistigen Behinderung des Opfers motiviert war.[1222] Der letzte gesetzliche Schärfungsgrund ist in Section 145 CJA 2003 normiert und sieht vor, dass die Strafe in allen Fällen zu schärfen ist, in denen die Tat fremdenfeindlich oder durch Feindseligkeit gegenüber der (vermuteten) religiösen Konfession des Opfers motiviert gewesen ist (*racially/religiously aggravated assault*). Zum einen sehen die Sections 28-32 CDA 1998 besondere Straftatbestände für derart motivierte Körperverletzungen, Sachbeschädigungen und Belästigungen vor, für die wiederrum besondere höhere zulässige Maximalstrafen normiert sind. Alle anderen Straftatbestände, in denen Section 145 erfüllt ist, erfahren eine Schärfung innerhalb der allgemein gültigen Strafrahmen, obgleich der Grad der Schärfung im Ermessen des Gerichts liegt. Nach der Rechtsprechung des *Court of Appeal* würdigt die Erfüllung der Voraussetzungen des Section 145 eine Erhöhung der Strafe um bis zu zwei Jahre Haft.[1223]

Um von der vorläufigen Strafe zur endgültigen Strafe zu gelangen, prüft das Gericht in einem nächsten Schritt, inwieweit täterbezogene Strafmilderungsgründe vorliegen. Die Richtlinien führen insbesondere die mögliche Reue des Täters (*remorse*) an, sowie Geständnisse im Rahmen polizeilicher Vernehmungen und sonstige Formen der Kooperation, welche die Arbeit der Justiz erleichtern und eine Bereitschaft zur Verantwortungsübernahme signalisieren.

Der letzte Schritt liegt dann darin zu untersuchen, inwieweit gemäß Section 144 CJA 2003 ein Schuldgeständnis (*guilty plea*) strafmildernd berücksichtigt werden kann. Dabei ist der empfohlene Grad der Strafmilderung abhängig vom Zeitpunkt, zu dem das Bekenntnis eingeräumt wird und rangiert zwischen einem Drittel und einem Zehntel der nach dem letzten Schritt vorgesehenen Strafe.[1224] Hat diese Strafreduktion keine Auswirkungen auf die Zulässigkeit bestimmter Sanktionskategorien (siehe unten), sehen die Richtlinien vor, dass die Milderung der Strafe in den *punitiven Elementen* der vorgesehenen Sanktion erfolgen muss.[1225] Im Falle einer Haftstrafe würde dies eine Senkung der vorgesehenen Haftdauer, bei einer *community sanction* beispielsweise eine Reduzierung der Zahl der zu leistenden Stunden gemeinnütziger Arbeit, oder bei einer Geldstrafe eben die Senkung der Höhe der Geldstrafe bedingen.

Die Summe der Auswirkungen dieser Strafmilderungs- und Strafschärfungsgründe kann durchaus dazu führen, dass die Tatschwere eine Sanktion zulässt, die außerhalb des ursprünglich gewählten Strafrahmens liegt. Nachdem die

---

1222 Section 146 (3) CJA 2003.

1223 *R v Saunders* [2000] 1 Cr App R 458, zitiert in *Hungerford-Welch* 2009, S. 779.

1224 Vgl. *Sentencing Guidelines Council* 2007, S. 7 ff.; 2008, S. 17.

1225 Vgl. *Sentencing Guidelines Council* 2007, S. 4.

Tatschwere ermittelt wurde muss das Gericht die Anordnung möglicher Nebenstrafen erwägen. Anzumerken ist, dass vorgesehene Nebenstrafen im Rahmen
der Einschätzung der Verhältnismäßigkeit von Tatschwere und Strafe zu berücksichtigen sind.[1226] Den Gerichten stehen mehrere Nebenstrafen zur Verfügung, unter anderem ein *bind-over*, eine Anordnung zur Beschlagnahmung der
aus straffälligem Verhalten gewonnenen Werte (*confiscation order*),[1227] eine
Anordnung zur Beschlagnahmung von Sachen, unter deren Verwendung eine
Straftat begangen wurde (*deprivation order*),[1228] ein Fahrverbot (*disqualification order*)[1229] oder eine *parenting order*.

Die deliktsspezifischen Richtlinien verweisen auf die für den jeweiligen
Straftatbestand besonders gut geeigneten Nebenstrafen. Die für Kinder und Jugendliche relevantesten Nebenstrafen sind das *bind-over* (entweder des Täters
oder der Eltern des Täters), die *parenting order* und die *compensation order*.

3.6.3.3 Schwellen der Tatschwere und die Rolle von Gerichtshilfeberichten

Im Rahmen der Tatschwereprüfung verschiebt das Gericht den Strafausgangspunkt innerhalb des gesetzlich zulässigen Strafrahmens, um die Schwere des
Schadens, die Schwere der Schuld, täterspezifische Strafmilderungsfaktoren und
ein gegebenenfalls abgelegtes Schuldbekenntnis zu reflektieren. Das Ergebnis
dieser Prüfung ist maßgebend dafür, welche Rechtsfolgen in einem Fall zulässig
sind. Das soll am Beispiel des Diebstahls erörtert werden.

Betrachtet man den für das erste Fallbeispiel in den Richtlinien festgelegten
Strafrahmen (siehe *Abbildung 15*), so sieht man, dass in Fällen geringer Tatschwere eine Geldstrafe, bei mittlerer Tatschwere (dem Strafausgangspunkt des
Strafrahmens) eine *community sanction* mittlerer Intensität (siehe bereits *Kapitel 3.6.2.5* oben) und bei hoher Tatschwere eine Freiheitsstrafe von bis zu 18
Wochen zu rechtfertigen wären. Demnach kommen theoretisch alle Rechtsfolgen des Jugendgerichts in Betracht.

1226 Siehe *Sentencing Guidelines Council* 2012b, S. 168 ff.

1227 Die *confiscation order* kann nur durch den *Crown Court* angeordnet werden, und
spielt für unter-18-Jährige auch aufgrund der den Gerichten zur Verfügung
stehenden, für junge Menschen besser geeigneten Nebenstrafen eine eher untergeordnete Rolle, vgl. auch *Sentencing Guidelines Council* 2012b, S. 169.

1228 Geregelt in Section 143 PCC(S)A 2000.

1229 Geregelt in Section 146 PCC(S)A 2000. Dabei ist anzumerken, dass die *disqualification order* entweder als Nebenstrafe oder aber als Ersatz für eine Hauptstrafe angewandt werden kann. Die begangene Straftat muss nicht im Zusammenhang mit dem
Gebrauch oder Führen eines Kraftfahrzeugs stehen. Der *Court of Appeal* hat in *R v
Sofekun* [2008] EWcA Crim 2035 befunden, dass die *disqualification order* als punitives Element einer Strafe auszulegen ist.

Abb. 15: **Beispiel für eine straftatbestandsspezifische Strafzumessungsrichlinie (Auszug)**

Theft Act 1968, s.1	Theft – person

Triable either way:
Maximum when tried summarily: Level 5 fine and/or 6 months
Maximum when tried on indictment: 7 years

Offence seriousness (culpability and harm)
A. Identify the appropriate starting point
Starting points based on first time offender pleading not guilty

Examples of nature of activity	Starting point	Range
Where the effect on the victim is particularly severe, the stolen property is of high value, or substantial consequential loss results, a sentence higher than the range into which the offence otherwise would fall may be appropriate		
Theft from the person not involving vulnerable victim	Medium level community order	Band B fine to 18 weeks custody
Theft from a vulnerable victim	18 weeks custody	High level community order to Crown Court
Theft involving the use of threat or force (falling short of robbery) against a vulnerable victim	Crown Court	Crown Court

Quelle: *Sentencing Guidelines Council* 2012b, S. 102a.

Der Moment, ab dem die ermittelte Tatschwere eine Freiheitsstrafe zulässt, wird als *custody threshold* (Schwelle zum Freiheitsentzug) bezeichnet.[1230] Erreicht oder überschreitet die Tatschwere diese Schwelle, darf das Gericht eine Freiheitsstrafe überhaupt erst in Erwägung ziehen. Anzumerken ist, dass diese Schwelle bei Kindern und Jugendlichen höher liegt als bei Erwachsenen.[1231] Dies rührt daher, dass das Jugendgericht nur Haftstrafen (DTOs) von mindestens

---

1230 Diese Manifestation des Verhältnismäßigkeitsprinzips ist in Section 152 (2) CJA 2003 normiert: „*The court must not pass a custodial sentence unless it is of the opinion that the offence, or the combination of the offence and one or more offences associated with it, was so serious that neither a fine alone nor a community sentence can be justified for the offence.*"

1231 Vgl. *NACRO* 2007b, S. 2, m. w. N.

vier Monaten verhängen darf.[1232] Daher liegt die *custody threshold* für unter 18-Jährige bei vier Monaten Haft.

Ist die Schwelle zum Freiheitsentzug nicht überschritten, obliegt es dem Gericht zu prüfen, ob die Tatschwere die Verhängung einer *community sentence* erlaubt (im Falle 10- bis einschließlich 17-Jähriger eine YRO) – ob also die *community threshold* (Schwelle zur Zulässigkeit gemeindebezogener Sanktionen) erreicht ist.[1233] Ist dies zu bejahen, darf das Jugendgericht eine *youth rehabilitation order* verhängen. Ist die *community threshold* nicht überschritten, stehen dem Jugendgericht alle verbleibenden Rechtsfolgen zur Verfügung.

Nur weil eine Tatschwereschwelle erreicht oder überschritten wird besteht keine Verpflichtung, die dadurch verfügbaren, eingriffsintensiveren Rechtsfolgen auch tatsächlich anzuordnen. Gerade in Grenzfällen, die auf der Kippe stehen zwischen Haft und YRO, oder zwischen YRO und einer anderen, eingriffsmilderen Rechtsfolge, spielen die in *Kapitel 2.5.3.1* oben angesprochenen *presentence reports* (PSR) eine wichtige Rolle.

Gerichte sind dazu verpflichtet einen PSR anzufordern, wenn sie in Erwägung ziehen, eine YRO, eine Verweisungsanordnung oder eine DTO zu verhängen.[1234] Diese Berichte werden von einem Mitarbeiter des lokalen YOT verfasst und liefern eine Zusammenfassung der Fakten der Tat und des Tathergangs, eine allgemeine und rückfallrisikoorientierte Einschätzung bzw. Prognose zum Täter (ASSET-Prognose) sowie eine auf diesen Fakten und Prognosen basierte Interventionsempfehlung, welche dem Schutz der Öffentlichkeit und der Senkung des Rückfallrisikos dienlich ist sowie im Verhältnis zur Tatschwere steht.[1235]

Die Ergebnisse der ASSET-Risikoprognose (insbesondere die Untersuchung, ob ein erhebliches Risiko zukünftiger Straffälligkeit vom Täter ausgeht) können ausschlaggebend für die Entscheidung für oder gegen eine Freiheitsstrafe sein. PSRs können in diesem Zusammenhang gleichzeitig wichtige Informationen liefern hinsichtlich der Frage, ob diesem Risiko ebenso mittels ambulanter Sanktionen angemessen entgegnet werden kann und falls ja, wie diese Sanktion zusammengesetzt sein sollte, um effektiv die identifizierten Risikofaktoren anzusteuern. Ebenso kann der PSR empfehlen, trotz der Zulässigkeit einer YRO auf andere Rechtsfolgen zurückzugreifen, weil der Täter trotz der vorliegenden Tatschwere ein niedriges Risiko darstellt. Zuletzt ist der PSR und das darin prognostizierte Risiko im Rahmen des *scaled approach* (siehe *Kapitel 3.6.2.4* und *3.6.2.5* oben) von zentraler Bedeutung, wenn es darum geht, die Supervisionsintensität einer YRO zu bestimmen. Schlussendlich ist die Wahl

---

1232   Section 101 (1) PCC(S)A 2000, siehe bereits *Kapitel 3.4.1* oben.

1233   Section 148 (1) CJA 2003.

1234   Vgl. *Bateman* 2008c, S. 269; *Youth Justice Board* 2010b, S. 43 ff.

1235   Vgl. *Youth Justice Board* 2010b, S. 43 ff.; *Ashworth* 2007, S. 1.004; *Doherty* 2004, S. 215 ff.; *Smith* 2007, S. 90.

und Ausgestaltung der für den jeweiligen Einzelfall angemessenen Rechtsfolge abhängig von der Tatschwere und von dem prognostizierten Risiko, das vom Täter für die Öffentlichkeit ausgeht.

Abb. 16: **Schwellen der Tatschwere und die entsprechend zulässigen Rechtsfolgen**

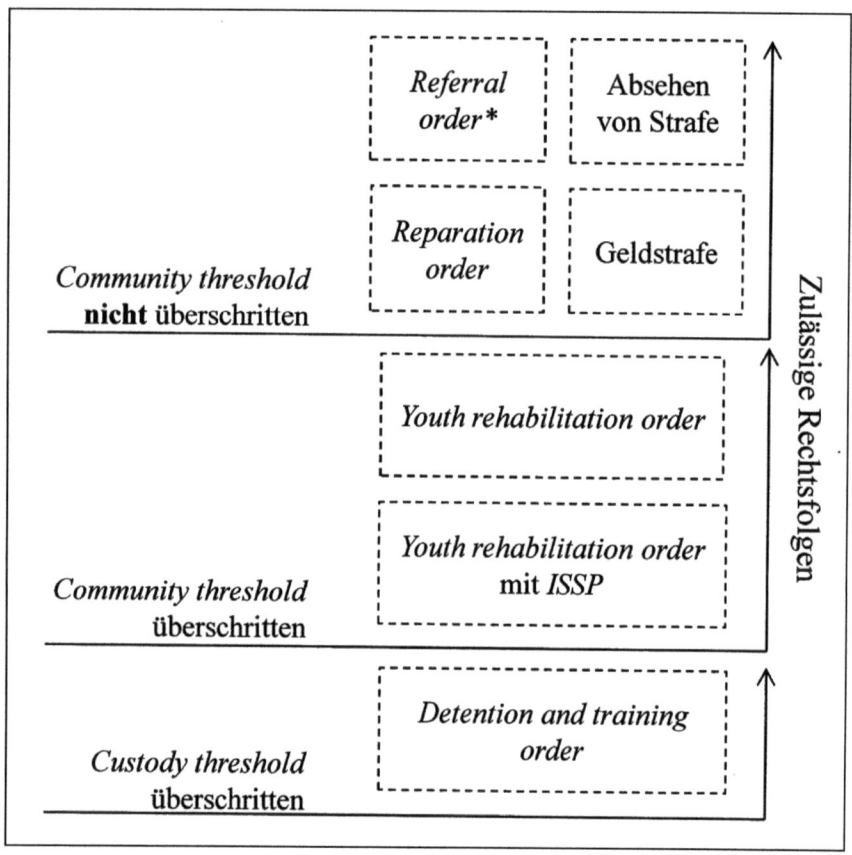

*:   Unter bestimmten Umständen (siehe *Kapitel 3.6.2.4* oben) kann das Gericht eine *referral order* anordnen, wenn nicht alle Voraussetzungen für eine obligatorische Verweisungsanordnung erfüllt sind.

3.7 Zusammenfassung

Das Jugendstrafrecht Englands vermag für den das deutsche Rechtssystem gewohnten Leser als durchaus kompliziert und undurchsichtig zu erscheinen. Im

Vergleich zu Deutschland, wo das Jugendstrafrecht im JGG geregelt ist, liegen die Rechtsgrundlagen des englischen Jugendstrafrechts über eine Vielzahl von Parlamentsbeschlüssen (*Acts of Parliament*) verteilt, die sich gegenseitig ändern, ergänzen und/oder aufheben. Allein im Rahmen dieser Arbeit werden insgesamt 50 *Acts* zitiert. Dazu kommen zahlreiche gesetzlich verbindliche Praxisanweisungen, Richtlinien und Kommentierungen der Regierung, der Polizei, der Staatsanwaltschaft und der Richterschaft sowie auch die Rechtsprechung des höchsten Berufungsgerichts. Setzt man diese Einzelteile zu einem Gesamtwerk zusammen, so werden einige Ähnlichkeiten zum deutschen Jugendstrafrecht sichtbar, vor allem jedoch gravierende Ungleichheiten, die das englische System nicht nur von Deutschland, sondern auch von den meisten anderen Ländern Europas erheblich unterscheiden und ihm einen besonderen Stellenwert in der europäischen Jugendstrafrechtslandschaft zuteil werden lassen.

Auffällig ist beispielsweise die Strafmündigkeitsgrenze von 10 Jahren, die im Vergleich zum europäischen Durchschnitt (um die 12-14 Jahre) sehr niedrig ist.[1236] Demnach sind jugendstrafrechtliche Interventionen bereits sehr früh zulässig, werden aber zum Teil in ihrer Anwendbarkeit für bestimmte Altersgruppen beschränkt (z. B. in der Zulässigkeit von gemeinnützigen Arbeiten, Freiheitsstrafen und Untersuchungshaft). Entgegen den jüngsten Entwicklungen in Europa sowie dem wissenschaftlichen Kenntnisstand ist in England eine Öffnung des persönlichen Anwendungsbereichs des Jugendstrafrechts nach oben, um Heranwachsende mit einzubeziehen, nicht möglich. Heranwachsende erfuhren noch bis vor kurzem keinerlei alters- oder reifebedingte Andersbehandlung. Ab 2011 wurden die Strafzumessungsrichtlinien insoweit angepasst, dass Gerichte seither im Rahmen der Strafzumessung die individuelle Reife des Täters strafmildernd berücksichtigen müssen. Anwendung finden dabei dennoch die Verfahrensvorschriften und zumeist repressiven Rechtsfolgen des Erwachsenenstrafrechts.

In Europa selten und in Deutschland historisch bedingt undenkbar ist die in England/Wales geübte Praxis, die Zuständigkeit für Anklageentscheidungen nicht auf die Staatsanwaltschaft zu beschränken, sondern bei bestimmten, zumeist leichten, Straftatbeständen auch auf die Polizei auszudehnen.[1237] Die Polizei darf in solchen Fällen entscheiden, ob sie ohne Bestätigung durch ein Gericht Diversion übt (die Ermittlungen also interventionsfrei einstellt bzw. eine Verwarnung ausspricht) oder aber vor Gericht Anklage erhebt. Das strikte Legalitätsprinzip herrscht demnach in England/Wales nicht. Die Polizei kann unter

---

1236   Zum persönlichen Anwendungsbereich (einschließlich Heranwachsender) des englischen Jugendstrafrechts siehe *Kapitel 3.1.3.1* oben. Für eine kritische Auseinandersetzung im Lichte internationaler Standards und Empfehlungen, siehe *Kapitel 4.3.1.* unten.

1237   Zur Zuständigkeit für die Anklageerhebung siehe *Kapitel 3.3.1.1* oben.

bestimmten Umständen polizeiliche Verwarnungen aussprechen.[1238] In manchen Regionen des Landes ist die Staatsanwaltschaft dazu befugt, so genannte *youth conditional cautions* anzuordnen, eine zusätzliche Verwarnungs- bzw. Diversionsstufe zwischen der Polizei und den Gerichten.[1239] Noch bis kürzlich erforderte das *final warning system* (inzwischen im Herbst 2013 abgeschafft) bei einem dritten bzw. vierten Rechtsbruch bis auf eng definierte Ausnahmen automatisch die Anklage vor Gericht.[1240]

Wie in weiten Teilen Europas sind auch in England/Wales besondere Gerichte für Kinder und Jugendliche vorgesehen.[1241] Das Youth Court ist ein modifiziertes Strafgericht mit eingeschränkter Strafzumessungskompetenz (maximal zwei Jahre Freiheitsentzug). Das Gericht muss zwingend aus besonders geeigneten, in Kinder- und Jugendsachen „spezialisierten" Personen zusammengesetzt sein. Das Jugendstrafverfahren ist angepasst, um die Reife junger Angeklagter adäquat zu berücksichtigen und ihre ungehemmte Teilnahme am Prozess bestmöglich zu fördern. Verfahren vor dem Jugendgericht erfolgen unter Ausschluss der Öffentlichkeit und die Medienberichterstattung ist stark eingeschränkt. Eine in Europa ansonsten sehr seltene Regelung ist jene, dass in bestimmten Fällen Kinder ab dem 10. Lebensjahr zur Hauptverhandlung und/oder zur Strafzumessung an Erwachsenengerichte verwiesen werden können.[1242] Derartige Transfers sind zumeist in solchen Fällen erforderlich, in denen ein gesetzlich definiertes Gewalt- oder Sexualverbrechen begangen wurde und die Strafzumessungskompetenz des Jugendgerichts für eine verhältnismäßige Strafe nicht ausreichend ist. Außerdem erfolgt ein Verweis an den *Crown Court* dann, wenn ein Täter – basierend auf den Ergebnissen einer Risikoprognose – für „gefährlich" befunden wird.[1243] Vor dem *Crown Court* (Richter und Geschworene) gelten ähnliche Vorgaben hinsichtlich der Gestaltung des Verfahrens wie vor dem Jugendgericht, nur mit dem Unterschied, dass – sofern das Gericht nicht anderweitig entscheidet – der Öffentlichkeit prinzipiell Zutritt gewährt wird und die Medienberichterstattung nicht eingeschränkt ist.[1244] Auch untersteht der *Crown Court* keinerlei Strafzu-

---

1238   Zum *final warning scheme* siehe *Kapitel 2.5.5* und *3.3.3* oben. Für eine kritische Betrachtung siehe *Kapitel 2.5.6* und *2.6.2* oben sowie *Kapitel 4.3.3* unten.

1239   *Youth conditional cautions* wurden in Kapitel *2.6.2.4.3* sowie *3.3.3.2* oben besprochen.

1240   Das Diversionsystem wurde in *Kapitel 3.3* oben im Detail beschrieben.

1241   Zu den Jugendgerichten siehe *Kapitel 3.4.1* oben.

1242   Diese Transfers an Erwachsenengerichte wurden in *Kapitel 3.4.2.2* erörtert und in *Kapitel 4.3.5* kritisch untersucht.

1243   Siehe hierzu *Kapitel 2.5.3.1* und *3.4.2.2.3* oben.

1244   Besonderheiten der Hauptverhandlung vor dem *Crown Court* wurden in *Kapitel 3.4.2.1* beschrieben.

messungseinschränkungen, er darf prinzipiell alle Strafen verhängen, welche die für Erwachsene geltenden gesetzlichen Höchststrafen nicht überschreiten. Die eingeschränkte Strafzumessungskompetenz der Jugendgerichte wird demnach durch einen Verweis schwerer Rechtsbrüche an Erwachsenengerichte kompensiert.

Im europäischen Vergleich besonders interessant ist das gerichtliche Rechtsfolgensystem, was seit geraumer Zeit als „Paradies postmodernen Strafens" betrachtet wird.[1245] Das Sanktionssystem Englands[1246] hält eine Reihe unterschiedlicher Sanktionen bereit, die in verschiedener Gewichtung Elemente der Wiedergutmachung, Rehabilitation, Aufsicht/Supervision und Strafe beinhalten und eine große Bandbreite der Tatschwere abdecken können. Die genaue Sanktionswahl bzw. Sanktionsgestaltung muss dabei durch das Hinzuziehen eines Gerichtshilfeberichts (*pre-sentence report*) bestmöglich und individuell an den Täter angepasst werden.[1247] Einige der Sanktionen lassen sich inhaltlich entsprechend flexibel gestalten, so beispielsweise die *youth rehabilitation order* (YRO).[1248] Im Rahmen der YRO kann das Gericht aus einer Vielzahl von Einzelauflagen, die der Wiedergutmachung, Resozialisierung, Aufsicht und Bestrafung junger Rechtsbrecher dienlich sind, ein individualisiertes Interventionsprogramm zusammenstellen. Dabei sind auch intensive Formen der Aufsicht, wie der elektronisch überwachte Hausarrest, verfügbar, so dass die YRO auch eine robuste und attraktive Alternative zum Freiheitsentzug darstellen kann. Durch die Einführung der obligatorischen *referral order*[1249] für junge Erstverurteilte wurde das Konzept des *restorative justice* mehr in den Mittelpunkt der Sanktionierung gerückt, ebenso durch die *reparation order.*[1250]

Am „schweren Ende" des Sanktionssystems steht den Jugendgerichten die „Haft und Erziehungsstrafe" (*detention and training order*, DTO) mit einer Maximaldauer von zwei Jahren zur Verfügung.[1251] Die erste Hälfte der Strafe wird in Haft, die zweite Hälfte unter Aufsicht in Freiheit vollzogen. Dabei wird besonderer Wert auf so genanntes *continuous care* gelegt, nämlich dass die Entlassungsvorbereitung sofort nach Antritt der Haftphase beginnt und nahtlos in ein System der Nachsorge in Freiheit übergeht. Für besonders schwere Verbrechen

---

1245 *Kilchling* 2002, S. 480 f.

1246 Für einen Überblick über das Rechtsfolgensystem siehe *Kapitel 3.6*. Eine Kritik wird in *Kapitel 4.3.6* geliefert.

1247 Siehe hierzu *Kapitel 2.5.3.1* sowie *3.6.3.3* oben.

1248 Die YRO wurde in *Kapitel 2.6.2.4.3* und *3.6.2.5* oben beschrieben.

1249 Siehe hierzu *Kapitel 2.5.4.1* und *3.6.2.4*.

1250 Siehe *Kapitel 2.5.4.1* und *3.6.2.3* oben.

1251 Die DTO wurde in *Kapitel 2.5.6.1* kurz und in *Kapitel 3.6.2.6.1* oben im Detail dargestellt. Siehe auch *Kapitel 4.3.6* unten.

können Kinder ab dem 10. Lebensjahr durch den *Crown Court* zu verschiedenen Formen des Langfreiheitsentzugs verurteilt werden, einschließlich lebenslanger Freiheitsstrafen und noch bis kürzlich (bis Herbst 2013) einer der deutschen Sicherungsverwahrung ähnelnden „Freiheitsstrafe zum Schutz der Öffentlichkeit", bei der ein für „gefährlich" erachteter Täter nach Verbüßung einer gerichtlich festgelegten Mindesthaftdauer auf unbestimmte Zeit in Sicherungsverwahrung genommen wurde, bis eine Risikoprognose ergab, dass er keine Gefahr mehr für die Öffentlichkeit darstellt.[1252] Derartige Rechtsvorschriften haben in Europa Seltenheitswert, vor allem aber ihre Anwendbarkeit bei Kindern ab dem 10. Lebensjahr.

Betrachtet man die gesetzlichen Grundlagen des englischen Jugendstrafrechts, kristallisieren sich Ansätze und Praktiken heraus, die durchaus vielversprechend und in Einklang mit Menschenrechtsstandards, Empfehlungen und Vorgaben internationaler Organisationen wie der UN und dem Europarat zu sein scheinen, beispielsweise der Einsatz interdisziplinärer Jugendkriminalitätsteams (*youth offending teams*, YOTs), die Bereitstellung von Möglichkeiten zur außergerichtlichen Verfahrensbeendigung, spezialisierte jugendadäquate Gerichte, flexible ambulante Alternativen zum Freiheitsentzug, ein am Verhältnismäßigkeitsprinzip orientiertes Strafzumessungsverfahren, die Bereitstellung integrierter Haftentlassungsvorbereitung mit anschließender Nachsorge (*continuous care*), der vermehrte Einsatz von Formen des *restorative justice* und die Betrachtung des Freiheitsentzugs als *ultima ratio*.

Auch die Jugendstrafrechtspraxis hat jüngst eine durchaus positive Entwicklung genommen, jedoch eher „trotz" als „aufgrund" der gesetzlichen Grundlagen.

Denn was bei dieser Betrachtung prominent heraussticht ist ein großes repressives Potential, das auch bereits in der Jugendstrafrechtspraxis der letzten 20 Jahre belegt wurde.[1253] Von 1993 bis 2007 hat eine massive Zunahme der Anzahl der formell sanktionierten (polizeilich verwarnten sowie gerichtlich verurteilten) Kinder und Jugendlichen stattgefunden und der Gebrauch des Freiheitsentzugs stark zugenommen – Entwicklungen, die vor allem in der Kombination der niedrigen Strafmündigkeitsgrenze mit dem *final warning system* ihre Ursache gehabt haben. Durch strenge Anwendung des polizeilichen Verwarnungssystems von Mitte der 1990er Jahre bis circa 2007 wurden immer jüngere Rechtsbrecher für immer leichtere Rechtsbrüche verwarnt. Erfolgte eine erste Verwarnung beispielsweise bereits mit dem 10. Lebensjahr, blieb noch ein großer Zeitraum straffrei zu überbrücken, wodurch wiederum die Wahrscheinlichkeit stieg, dass ein Täter für eine erneute Straffälligkeit vor Gericht ange-

---

1252   Die verschiedenen Formen des Langfreiheitsentzugs wurden in *Kapitel 3.6.2.6.2* oben beschrieben. Siehe auch Siehe auch *Kapitel 4.3.6* unten.

1253   Siehe *Kapitel 2.4, 2.5.6* und *2.6* oben.

klagt werden *musste*, selbst bei besonders leichten Straftaten, weil er bereits zu häufig verwarnt worden war. Das „alte" Verwarnungssystem hat also zu einer Beschleunigung bei der Entstehung krimineller Karrieren beitragen, da vergangener Kontakt mit dem Justizsystem – selbst im Bereich der formellen Diversion – zu einem späteren Zeitpunkt strafschärfend gegen den Rechtsbrecher verwendet werden kann.

Gerichte wiederum sind dazu verpflichtet, gegen junge Erstverurteilte eine *referral order* zu verhängen, sofern sie eine Freiheitsstrafe oder ein „unbedingtes Absehen von Strafe"[1254] nicht für angemessener befinden. Angesichts der Tatsache, dass die Gerichte von 1993 bis 2007 einer zunehmend jüngeren Klientel sowie leichterer Straffälligkeit gegenüberstanden,[1255] wird die *referral order* in vielen Fällen durchaus als eine vergleichsweise harte bzw. eingriffsintensive Sanktion aufgefasst worden sein. Dass eine zunehmend große Zahl von Kindern und Jugendlichen vor Gericht erschienen ist, die dort nicht zwingend hingehörte, wird auch durch die starke Zunahme im Gebrauch des „unbedingten Absehens von Strafe" in den späten 1990er Jahren bis 2003 widergespiegelt.

Die *referral order* kann durchaus eingriffsintensiv ausgestaltet werden und schließt Formen der Supervision bzw. Aufsicht nicht aus. Wie viele Stunden ein Täter pro Woche unter Aufsicht gestellt wird, wie häufig er sich mit seinem Supervisor persönlich treffen muss und über welchen Zeitraum die Aufsicht stattfinden soll, hängt von den Ergebnissen einer Risikoprognose ab. Vorangegangene formelle Verwarnungen gelten dabei als Anzeichen eines Musters der Straffälligkeit, welches wiederum ein Grund für intensivere Auflagen der *referral order* sein kann. Aufgrund der begrenzten Anwendbarkeit polizeilicher Verwarnungen kann dies in der Praxis bedeuten, dass ein Täter für die Begehung einer leichten Straftat vor Gericht erscheinen muss und zudem gerade wegen der vorangegangenen polizeilichen Verwarnungen auch härter bestraft wird. Entsprechend können durchaus belastende und für die Tatschwere an sich unverhältnismäßige Auflagen festgelegt werden. Sind die Auflagen nicht angemessen gewählt oder werden junge Rechtsbrecher nicht angemessen bei der Erfüllung ihrer Auflagen betreut, steigt die Wahrscheinlichkeit, dass der Täter gegen eine Auflage verstößt. Dies stellt eine Straftat dar und kann mit Freiheitsstrafe geahndet werden. Selbiges gilt auch für Verstöße gegen die Auflagen von *community sanctions* und ASBOs,[1256] was in der Praxis der letzten 20 Jahre einen

---

1254   Die verschiedenen Formen des „Absehens von Strafe" wurden in *Kapitel 3.6.2.1* beschrieben. Die Entwicklung ihrer Anwendung in der Praxis wurde in *Kapitel 2.5.6.1* untersucht.

1255   Zu dieser Entwicklung siehe *Kapitel 2.5.6.1* oben.

1256   ASBOs wurden in *Kapitel 2.5.3.2* beschrieben, und werden in *Kapitel 4.3.2* unten einer kritischen Betrachtung unterzogen.

messbaren Beitrag zu den steigenden durchschnittlichen Jugendhaftbelegungen und dem zunehmenden Gebrauch des Freiheitsentzugs geleistet hat.[1257] Durch die „Blockierung" der untersten Ebene des gerichtlichen Rechtsfolgensystems mit Fällen leichter Delinquenz sind Gerichte, wenn sie konsequent zueinander verhältnismäßige Entscheidungen treffen wollen, dazu genötigt, bei Wiederholungstätern oder weniger leichten Rechtsbrüchen auf intensivere Sanktionen zurückzugreifen (so genanntes *up-tariffing*), was sich auf das gesamte Rechtsfolgensystem bis in den Bereich des Freiheitsentzugs niederschlägt und im Untersuchungszeitraum 1993 bis 2007 auch niedergeschlagen hat.

Vervollständigt man dieses Bild mit der Verfügbarkeit (und dem Gebrauch) langer und lebenslanger Freiheitsstrafen, (bis Herbst 2013 auch der Sicherungsverwahrung), den Transfers an Erwachsenengerichte, dem Umgang mit Heranwachsenden und dem „Kampf gegen antisoziales Verhalten", so ergibt sich ein Jugendstrafrecht, das – wenn es konsequent und streng umgesetzt wird – höchst repressiv wirken kann, sehr früh robust interveniert und das in Sachen „Härte" zumindest in Europa seinesgleichen sucht. Ob die Praxis diesem Potential gerecht wird, hängt dabei schlussendlich von den Entscheidungen ab, die an Schlüsselstellen des Systems getroffen werden. Aufgrund von Praxisvorgaben hat die Polizei von Mitte der 1990er bis circa 2007 konsequent formelle, registrierungspflichtige Verwarnungen ausgesprochen, was inflationäre Folgen für die gerichtliche Sanktionierung und letztlich den Stellenwert des Strafvollzugs hatte.[1258] In den letzten fünf Jahren entschied die Polizei dagegen sehr häufig auf eine mit einem Verweis an informelle Maßnahmen der Jugend- und Sozialhilfe gekoppelte Verfahrenseinstellung, nicht zuletzt, weil durch neue Praxisanweisungen dazu aufgefordert wurde. Die Folge war ein starker Rückgang der Zahl der formellen Ersttäter sowie des Gebrauchs des Freiheitsentzugs.[1259] Die gesetzlichen Grundlagen waren dabei in beiden Epochen weitgehend deckungsgleich. Das bedeutet, dass die heutzutage durchaus als begrüßenswert zu bezeichnende Jugendstrafrechtspraxis auf einem sehr wackligen Fundament aufgebaut wurde, welches bei einer Veränderung der Entscheidungskontexte schnell wieder in sich zusammenfallen kann.

Nicht zuletzt aufgrund der brisanten Rechtsgrundlagen sowie der Praxis, die aus einer strengen Anwendung dieser Grundlagen resultieren kann, wurde das englische Jugendstrafrecht sowohl 2002 als auch 2008 vom UN-Kinderrechtskomitee scharf kritisiert. Worin diese Kritik genau bestand und wie das englische Jugendstrafrecht allgemein zu internationalen Standards im Verhältnis steht, wird im folgenden *Kapitel 4* im Detail untersucht.

1257   Siehe hierzu *Kapitel 2.5.6.1* oben.

1258   Siehe hierzu *Kapitel 2.5.6.1* und *2.5.6.2* oben.

1259   Für eine Beschreibung und Analyse dieser Entwicklungen siehe *Kapitel 2.6.1* und *2.6.2.4.3* oben.

4. Das englische Jugendstrafrecht und internationale Standards und Empfehlungen

„Seit den 1980er Jahren trägt die Entwicklung der Jugendstrafrechtssysteme [Europas] verstärkt internationale Züge.“[1260] Neben einem zunehmenden Fokus in der Literatur auf international rechtsvergleichende Analysen zur Bestimmung „guter Praxis"[1261] lässt sich diese Aussage vor allem daran festmachen, dass eine steigende Zahl von Standards, Empfehlungen und Leitlinien supranationaler Organisationen und Institutionen wie der UN und dem Europarat der Thematik gewidmet ist.

Derartige Instrumente haben einerseits zum Zweck, eine menschenrechtskonforme Gestaltung und Implementation jugendstrafrechtlicher Bestimmungen in den Mitgliedsstaaten zu fördern.[1262] Zudem legen sie auf „guter Praxis" basierende Mindeststandards fest und *„[bilden] den ‚kleinsten gemeinsamen Nenner‘, auf den sich die verschiedenen Staaten mit ihren unterschiedlichsten Interessen und (jugend)kriminalpolitischen Ansätzen einigen konnten.“*[1263] Sie definieren quasi den angemessenen Umgang mit jungen Rechtsbrechern sowie die Rechte, die ihnen in diesem Zusammenhang zustehen und dienen als „Bezugsnorm" oder *„benchmark"*, gegen welche Jugendstrafrechtssysteme mitsamt ihrer Praxis abgeglichen werden können.[1264]

4.1 Die für das Jugendstrafrecht relevanten internationalen Standards

4.1.1 *Instrumente der Vereinten Nationen*

Jugendstrafrechtlich relevante internationale Instrumente finden sich zum einen auf der Ebene der Vereinten Nationen, in der Form von Konventionen und Resolutionen der Generalversammlung. Vor allem die folgenden Instrumente der Vereinten Nationen sind für Jugendstrafrechtssysteme besonders relevant:[1265]

1260   *Bochmann* 2009, S. 21; siehe auch *Pruin* 2011.

1261   Beispiele finden sich bei *Dünkel/van Kalmthout/Schüler-Springorum* 1997; *Albrecht/ Kilchling* 2002; *Junger-Tas/Decker* 2006; *Muncie/Goldson* 2006a; *Junger-Tas/ Dünkel* 2009; *Dünkel u. a.* 2011.

1262   Vgl. *Kilkelly* 2008, S. 188 f.

1263   *Pruin* 2007, S. 196.

1264   Vgl. *Kilkelly* 2008, S. 191.

1265   *Neubacher* liefert einen detaillierten deutschsprachigen Überblick über die UN-Standards in *Neubacher* 2009, S. 275-284; vgl. auch *Höynck/Neubacher/Schüler-Springorum* 2001.

- Die „Mindestgrundsätze der Vereinten Nationen für die Jugendge-
  richtsbarkeit" 1985 (die sogenannten „*Beijing Rules*");[1266]
- Das „Übereinkommen der Vereinten Nationen über die Rechte des
  Kindes" 1989 (kurz: die UN-Kinderrechtskonvention, UNKRK);[1267]
- Die „Mindestgrundsätze der Vereinten Nationen für nicht-freiheits-
  entziehende Maßnahmen" 1990 (die sogenannten „Tokyo Rules");[1268]
- Die „Regeln der Vereinten Nationen zum Schutz von Jugendlichen unter Freiheitsentzug" 1990 (die sogenannten „Havana Rules");[1269]
- Die „Richtlinien der Vereinten Nationen für die Prävention von Ju-
  gendkriminalität" 1990 (die sogenannten „Riyadh-Guidelines");[1270]
- Der Allgemeine Kommentar No. 10 (2007) des UN-Kinderrechtskomitees (UNKRKom) über „Kinderrechte in Jugendkriminalrechtssys-
  temen".[1271]

Grob zusammengefasst zeichnen diese UN-Instrumente das folgende Bild
eines menschenrechtskonformen, an guter Praxis orientierten strafrechtlichen
und strafprozessualen Umgangs mit jungen Rechtsbrechern: Staaten sind dazu
aufgefordert, besondere und kinderadäquate Rechtssysteme bereitzustellen (*Beijing
Rules* 2.2 und 2.3), welche das Wohl des Kindes fördern (Art. 3 UNKRK, *Beijing
Rules* 5.1 und 17, *Riyadh Guideline Nr.* 5), ihre Rechte achten und ihre Kriminalisierung durch vermehrte Diversion (Art. 40 (3) (b) UNKRK, *Beijing Rules*
6.1 und 11) und ambulante bzw. alternative Sanktionen (Art. 40 (4) UNKRK,
Beijing Rule 18) minimieren. Staatliche Reaktionen müssten dabei immer zur
Tat und zum Täter verhältnismäßig sein (*Beijing Rule* 5.1 und 17). Die Todes-
strafe, Folter, Leibesstrafen und echte lebenslange Freiheitsstrafen sind für
Kinder und Jugendliche nicht zulässig (Artikel 37 UNKRK, *Beijing Rule* 17), und
der Freiheitsentzug (einschließlich Untersuchungshaft, Unterbringung in Ju-

---

1266 *United Nations Standard Minimum Rules for the Administration of Juvenile Justice.*
Siehe *United Nations* 1985.

1267 *United Nations Convention on the Rights of the Child.* Siehe *United Nations* 1989.

1268 *United Nations Standard Minimum Rules for Non-Custodial Measures.* Siehe *United
Nations* 1990.

1269 *United Nations Rules for the Protection of Juveniles Deprived of their Liberty.* Siehe
United Nations 1990b.

1270 *United Nations Guidelines for the Prevention of Juvenile Delinquency.* Siehe *United
Nations* 1990a.

1271 *General Comment of the Committee on the Rights of the Child on children's rights in
juvenile justice.* Siehe *United Nations Committee on the Rights of the Child* 2007.
Der Kommentar bezieht sich auf die Behandlung von Kindern in Strafsachen gemäß
der Vorgaben der UNKRK. Er soll den Vertragsstaaten als Auslegungshilfe der einschlägigen Normen (insbesondere Artikel 37 und 40 UNKRK) dienen, vgl. *Bochmann*
2009, S. 25.

gendhilfeinstitutionen) sollte letztes Mittel (*ultima ratio*) sein (Art. 37 UNKRK, *Havana Rules* 1 und 2, *Beijing Rules* 17 und 19.1). Die Gestaltung des Freiheitsentzugs sollte an das geringe Alter und die Lebensumstände junger Rechtsbrecher angepasst werden (hierzu insbesondere die *Havana Rules*), erzieherisch ausgerichtet sein (*Riyadh Guideline Nr.* 1) und – wie das Jugendstrafrecht insgesamt (Art. 40 UNKRK) – die Reintegration des Gefangenen in die freie Gesellschaft als normkonformer Bürger begünstigen (*Beijing Rule* 26.1). Zuletzt hat der Gesetzgeber dafür Sorge zu tragen, dass Kindern und Jugendlichen dieselben strafverfahrensrechtlichen Garantien (z. B. Unschuldsvermutung, die Achtung der Privatsphäre, Recht auf rechtlichen Beistand, Recht auf einen Dolmetscher, Einräumung von Rechtsmitteln, Recht auf ein faires Verfahren) zukommen wie Erwachsenen (Art. 37 und 40 UNKRK, *Beijing Rules* 7.1, 8.1 und 8.2).

Die für das Jugendstrafrecht und den menschenrechtskonformen Umgang mit straffälligen Kindern und Jugendlichen relevanten UN-Instrumente decken in ihrer Gesamtheit alle Aspekte ab, die sich in einem jugendstrafrechtlichen Verfahren ergeben können – von Prävention, Frühintervention und Diversion über ein gerechtes Verfahren hin zu ambulanten Sanktionen, Freiheitsentzug und gesellschaftlicher Reintegration.[1272] *Bochmann* schreibt treffend:

„Hatte die Prävention im Sinne der ‚Riyadh-Guidelines‘ keinen Erfolg, so kommt zunächst die von den ‚Beijing Rules‘ hervorgehobene Verfahrensumlenkung – Diversion – in Betracht, bevor das Jugendgericht in einem gemäß der ‚UN-Kinderrechtskonvention‘ mit strafverfahrensrechtlichen Garantien ausgestatteten Verfahren eine unter Beachtung der ‚Tokyo Rules‘ verhältnismäßige Sanktion verhängt, die sich im Falle von Freiheitsentzug an den ‚Havana Rules‘ zu orientieren hat.“[1273]

4.1.2 Instrumente des Europarats

Für Mitglieder des Europarats und somit für das „europäische Jugendstrafrecht" sind neben den UN-Instrumenten vor allem auch die Empfehlungen des Europarats von besonderer Relevanz. Die Empfehlungen des Europarats sind im Vergleich zu den Resolutionen der Vereinten Nationen um ein Vielfaches präziser und konkreter, nicht zuletzt *„aufgrund der vergleichsweise stärkeren Einheit der Systeme in Europa."*[1274] Insbesondere spielen die folgenden Empfehlungen aktuell eine wichtige Rolle für europäische Jugendstrafrechtssysteme:

1272 Vgl. *Kilkelly* 2008, S. 188.

1273 *Bochmann* 2009, S. 26.

1274 *Pruin* 2011, S. 127.

- Empfehlung No. R. (2003) 20 „zu neuen Wegen im Umgang mit Jugenddelinquenz und der Rolle der Jugendgerichtsbarkeit";[1275]
- Empfehlung No. R. (2008) 11 „über die Europäischen Grundsätze für inhaftierte und ambulant sanktionierte jugendliche Straftäter" (kurz: ERJOSSM).[1276]

Die Empfehlung No. R. (2003) 20, 24 Artikel umfassend, priorisiert die erzieherische Ausrichtung des Jugendstrafrechts, eine Strategie der Minimalintervention sowie die Ausdehnung ambulanter Alternativen zum Freiheitsentzug auch in Anbetracht neuer und gewalttätiger Formen der Jugendkriminalität, die Ausgangspunkt für die Überarbeitung der vorangegangenen Empfehlung Rec. (87) 20 über soziale Reaktionen auf Jugenddelinquenz von 1987 waren.[1277] Neben der Vorteilhaftigkeit der Diversion (No. 3 und No. 7), dem Ziel der Prävention durch Reintegration (No. 1 und No. 19) und der Wahrung der Verhältnismäßigkeit im Umgang mit jungen Rechtsbrechern (No. 7) lenkt die Empfehlung die Aufmerksamkeit insbesondere auf die Notwendigkeit evidenzbasierter Jugendkriminalpolitik (No. 5) sowie eine verbesserte Berücksichtigung der Opferbelange (No. 1) auch mittels restorativer bzw. wiedergutmachender Prozesse und Maßnahmen (No. 8). Zudem betont die Empfehlung die Eignung einer Ausdehnung des persönlichen Geltungsbereichs jugendspezifischer Normen und Verfahren um Heranwachsende mit einzubeziehen (No. 11), sowie den Stellenwert von durchgehenden Hilfen (*continuous care*), in deren Rahmen bereits zu Beginn einer Freiheitsstrafe die für die erfolgreiche Reintegration des Täters notwendigen erzieherischen und resozialisierenden Schritte eingeleitet werden sollten (No. 19). Zuallerletzt setzt die Empfehlung das Jugendstrafrecht in den Kontext einer größeren Präventionsstrategie, die engere Zusammenarbeit und Kooperation der in Jugendstraf- und Wohlfahrtssachen involvierten öffentlichen Stellen und Behörden (No. 2).

Die ERJOSSM sind mit insgesamt 142 „Regeln" im Vergleich zur Empfehlung von 2003 deutlich umfangreicher.[1278] Angesichts der Detailliertheit dieser

---

1275 *Council of Europe Recommendation* No. R. (87) 20 *concerning new ways of dealing with juvenile delinquency and the role of juvenile justice.* Siehe *Council of Europe* 2003.

1276 *Council of Europe Recommendation* No. R. (2008) 11 *on the European Rules for juvenile offenders subject to sanctions or measures.* Siehe *Council of Europe* 2008; 2009.

1277 Vgl. *Dünkel/Grzywa/Pruin/Šelih* 2011, S. 1.863; zum Text und Erläuterungen der Empfehlungen vgl. *Höynck/Neubacher/Schüler-Springorum* 2001; speziell zum Freiheitsentzug: *Bundesministerium der Justiz Berlin/Bundesministerium für Justiz Wien/ Eidgenössisches Justiz- und Polizeidepartement Bern* 2004.

1278 Sie umfassen zunächst, in Teil I, Grundprinzipien für den Gebrauch und Vollzug ambulanter sowie freiheitsentziehender Sanktionen und Maßnahmen (Rules 1 bis 20), und Regeln hinsichtlich des Anwendungsbereichs und einschlägige Definitionen

Empfehlung in allen für die gesetzlichen Grundlagen und den Vollzug ambulanter und freiheitsentziehender Sanktionen und Maßnahmen relevanten Bereichen können die ERJOSSM – zusammengenommen mit dem offiziellen Kommentar[1279] – als „Arbeitsgrundlage" oder „Handbuch" für Praktiker betrachtet
werden.[1280] Der Kontext, in dem die formulierten Regeln zu begreifen sind,
wird zum einen in der Präambel der Empfehlung klarifiziert. Der Zweck der Regeln liegt demnach in der Aufrechterhaltung der Rechte und der Sicherheit dem
Freiheitsentzug oder ambulanten Sanktionen oder Maßnahmen unterstellter junger Rechtsbrecher, sowie in der Förderung ihres körperlichen, seelischen und
gesellschaftlichen Wohlergehens während des Vollzugs dieser Sanktionen und
Maßnahmen.[1281]

Zum anderen wird der Grundtenor vor allem aus den in Teil I der ERJOSSM
angeführten „Grundprinzipien" (*Basic Principles*) deutlich.[1282] Diesen Grund-
sätzen zufolge sollte Kindern und Jugendlichen, die Freiheitsstrafen oder ambulanten Sanktionen und Maßnahmen ausgesetzt werden, ein menschenrechtskon-
former Umgang zuteil werden (Grundprinzip Nr. 1), welcher auf die Erziehung,
gesellschaftliche Reintegration und Verbrechensverhütung abzielt (Grundprinzip
Nr. 2). Das Jugendstrafrecht sollte als ein Teil einer größeren sozialpolitischen
Strategie verstanden werden, wodurch einem *multi-agency* Ansatz eine besondere Eignung zukommt (Grundprinzip Nr. 15). Sanktionen und Maßnahmen
sollten nach dem Prinzip der Minimalintervention zeitlich bestimmt und so kurz
wie möglich sein (Grundprinzipien Nr. 3 und Nr. 9). Das Gesetz sollte dabei ein

---

(Rules 21 bis 22). Teil II (Rules 23 bis 48) ist im Detail ambulanten Maßnahmen
gewidmet, Teil III (Rules 49 bis 119) dem Freiheitsentzug. Teil IV (Rule 120)
thematisiert Fragen hinsichtlich des Anspruchs junger Rechtsbrecher und ihrer Eltern
an Rechtsberatung und Rechtsbeistand im Kontext ambulanter und freiheitsentziehender Sanktionen und Maßnahmen, während im Teil V (Rules 121 bis 126) die
Themenbereiche „Beschwerdeverfahren, Inspektion und Überwachung" abhandelt.
Teil VI (Rules 127 bis 134) macht Empfehlungen im Zusammenhang der in der
Durchführung von Maßnahmen und Sanktionen involvierten Bediensteten, Teil VII
(Rules 135 bis 141) ist den Themenfeldern Evaluation, Forschung und Zusammenar-
beit mit den Medien und mit der Öffentlichkeit gewidmet, und Teil VIII (Rule 142)
erfordert die kontinuierliche Aktualisierung der ERJOSSM. Siehe *Dünkel/Grzywa/
Pruin/Šelih* 2011, S. 1.864; *Dünkel* 2009, S. 34 ff. Zur Entstehungsgeschichte der
ERJOSSM, siehe *Dünkel* 2014 m. w. N.

1279   Siehe *Council of Europe* 2009.

1280   So *Pruin* 2011, S. 127.

1281   Im Wortlaut: „*The aim of the present rules is to uphold the rights and safety of
juvenile offenders subject to sanctions or measures and to promote their physical,
mental and social well-being when subjected to community sanctions or measures, or
any form of deprivation of liberty.*" Siehe *Council of Europe* 2009.

1282   Siehe hierzu insbesondere *Dünkel* 2008a; *Dünkel* 2011a; *Council of Europe* 2009;
Dünkel/Baechthold/van Zyl Smit 2009; *Dünkel/Grzywa/Pruin/Šelih* 2011.

Mindestalter für die Anwendbarkeit strafrechtlicher Sanktionen und Maßnahmen vorsehen und diese Strafmündigkeitsgrenze sollte nicht zu niedrig angesetzt werden (Grundprinzip Nr. 4). Auch sollte eine Ausdehnung des Anwendungsbereichs jugendspezifischer Sanktionen und Maßnahmen, um Heranwachsende mit einzubeziehen, in Erwägung gezogen werden (Grundprinzip Nr. 17). Wo eine Sanktion oder Maßnahme gegen Kinder und Jugendliche ausgesprochen wird, sollten sich Verhängung, Vollstreckung und Vollzug nach dem besten Interesse des Kindes/Jugendlichen richten, verhältnismäßig zur Tatschwere sein und das geringe Alter, die fortwährende Reifeentwicklung, die Lebensbedingungen und den körperlichen und geistigen Zustand junger Rechtsbrecher berücksichtigen (Grundprinzip Nr. 5). Um eine derartige Individualisierung der Sanktionierung zu gewährleisten, sollte Gerichten und sonstigen Entscheidungsträgern entsprechende Ermessensspielräume eingeräumt werden (Grundprinzip Nr. 6). Sanktionen und Maßnahmen sollten nicht erniedrigend, degradierend oder menschenunwürdig gestaltet sein (Grundprinzipien Nr. 7 und Nr. 8) und sollten ohne Diskriminierung wegen des Geschlechts, Alters, des Glaubens oder der ethnischen Abstammung verhängt und vollzogen werden (Grundprinzip Nr. 11). Freiheitsentzug (auch im Rahmen der Prozesssicherung) sollte *ultima ratio* sein und nur für so kurz wie möglich angeordnet werden (Grundprinzip Nr. 10). Parallel dazu sollte der Gebrauch restorativer Prozesse und Maßnahmen angedacht werden (Grundprinzip Nr. 12). Die Eltern junger Rechtsbrecher sollten soweit wünschenswert in das Verfahren und in den Vollzug von Sanktionen und Maßnahmen involviert werden (Grundprinzip Nr. 14). Im Rahmen des Verfahrens sollten Kinder und Jugendliche alle verfahrensrechtlichen Garantien und Schutzrechte genießen wie sie auch für Erwachsene vorgesehen sind (Grundprinzip Nr. 13), insbesondere das Recht auf den Schutz ihrer Privatsphäre (Grundprinzip Nr. 16). Abschließend hebt Grundprinzip Nr. 18 die Wichtigkeit spezialisierter Rechts- und Sozialpraktiker hervor, während zugleich betont wird, dass Verstöße gegen die Menschenrechte nicht durch einen Mangel an Ressourcen begründet werden darf (Grundprinzip Nr. 19).[1283]

4.2 Rechtscharakter der internationalen Instrumente

Hinsichtlich des Rechtscharakters dieser Resolutionen und Empfehlungen ist zunächst anzuführen, dass sie bis auf die UNKRK allesamt als *soft law* zu betrachten sind.[1284] Während der an sich fakultative Charakter der Europaratsinstrumente aus ihrer Bezeichnung als „Empfehlungen" abgeleitet werden kann, vermitteln bei den UN Instrumenten Namen wie *Beijing Rules* oder *Havana*

1283   Vgl. *Council of Europe* 2009; *Dünkel* 2008a; 2011a; 2014.

1284   Siehe hierzu auch *Bochmann* 2009, S. 32; *Pruin* 2011, S. 127; *Pruin* 2011a, S. 15 ff., jew. m. w. N.

Rules einen Eindruck der Autorität oder verbindlicher Regelwerke – dabei erfordern sie keine Umsetzung in nationales Recht.[1285] Zudem können sie nicht als subjektive Rechte Einzelner eingefordert werden.[1286]

Auch können die Resolutionen der UN und die Empfehlungen des Europarats nicht zwingend als „Völkergewohnheitsrecht" betrachtet werden. „*Wenn man der traditionellen Auffassung folgt, Völkergewohnheitsrecht entstehe aus einer allgemeinen Rechtsüberzeugung und langandauernder Übung der Staaten, ist schon äußerst fraglich, ob die Bestimmungen [...] tatsächlich eine entsprechende praktische Akzeptanz genießen. In vielen Staaten wird dies allein aufgrund der ‚neuen' Materie rundweg zu verneinen sein.*"[1287] Nur weil die Resolutionen und Empfehlungen einstimmig von den Vertretern aller Mitgliedsstaaten beschlossen wurden, reicht eine „einheitliche Rechtsmeinung" nicht aus, um das Erfordernis verbreiteter Praxis zu ersetzen. Stellten die Resolutionen und Empfehlungen schon Völkergewohnheitsrecht dar, wären sie – angesichts ihrer Zweckbestimmung als an den jeweiligen sozialen, kulturellen und wirtschaftlichen Kontext eines Mitgliedsstaats anzupassende Leitlinien für ein effektives und menschenrechtskonform gestaltetes Jugendstrafrecht – in sich schon weitestgehend überflüssig.

Die Resolutionen und Empfehlungen sollten jedoch nicht auf den Status „*feierlicher Willensbekundungen*" der internationalen Organe reduziert und als romantische Belege völkerrechtlicher Einigkeit auf die Seite gelegt werden.[1288] Sie sind und bleiben Willenserklärungen anerkannter völkerrechtlicher Organe und Institutionen, entstanden aus intensiver Auseinandersetzung bedeutender und anerkannter Vertreter der in den Organen vertretenen Staaten. Der teilweise allgemein gehaltene, „weiche" Wortlaut spiegelt die Rolle der Instrumente als kleinster gemeinsamer Nenner wider und ist ein Indiz für die für das Erreichen solcher Kompromisse erforderlichen Diskussionen, Überprüfungen und Debatten. Zu behaupten, dass den Instrumenten jegliche Verbindlichkeit fehle, wäre mit einer Überflüssigkeit derartigen Austauschs gleichzusetzen. Vielmehr sind sie als Verhaltenserwartungen an die Mitgliedsstaaten zu begreifen, so dass die Mitgliedsstaaten bzw. Vertragsstaaten sich zuallermindest moralisch dazu verpflichten, das zu leben was sie lehren.[1289]

Beispiele aus Europa haben belegt, dass die *soft law* Instrumente der UN und des Europarats weitaus mehr sind als bloße moralische Verpflichtungen ohne Zwang zur Umsetzung. Vielmehr haben nationale Gerichte vermehrt be-

---

1285 Vgl. *Morgenstern* 2002, S. 79 ff. m. w. N.

1286 Vgl. *Pruin* 2011a, S. 16.

1287 *Morgenstern* 2002, S. 80.

1288 Vgl. *Pruin* 2011a, S. 16; *Pruin* 2011, S. 128.

1289 Siehe *Schwarze* 2011, S. 5; *Neubacher* 2009, S. 285 f.

tont, dass sie im Rahmen ihrer Entscheidungen und ihrer Auslegung geltenden nationalen Rechts auch nicht-bindende Empfehlungen und Resolutionen berücksichtigen (sollten). So entschied das deutsche Bundesverfassungsgericht am 31. Mai 2006 hinsichtlich des Erfordernisses einer gesetzlichen Grundlage für den Jugendfreiheitsentzug, dass es

> „auf eine den grundrechtlichen Anforderungen nicht genügende Berücksichtigung vorhandener Erkenntnisse oder auf eine den grundrechtlichen Anforderungen nicht entsprechende Gewichtung der Belange [...] [hindeuten kann], wenn völkerrechtliche Vorgaben oder internationale Standards mit Menschenrechtsbezug, wie sie in den im Rahmen der Vereinten Nationen oder von Organen des Europarats beschlossenen einschlägigen Richtlinien und Empfehlungen enthalten sind [...], nicht beachtet beziehungsweise unterschritten werden."[1290]

Das Bundesverfassungsgericht hat mittels dieser Formulierung die Verbindlichkeit der Empfehlungen und Resolutionen deutlich gesteigert. Die Indizwirkung der Verfassungswidrigkeit nationaler Regelungen, die internationale Standards unterschreiten, trägt damit zu einem Bedeutungsgewinn der Instrumente erheblich bei.[1291]

Zuletzt ist noch anzumerken, dass die die Anwendung bzw. Umsetzung der Richtlinien in jedem Mitgliedsstaat unter Berücksichtigung der vorherrschenden wirtschaftlichen, sozialen und kulturellen Umstände erfolgen soll (so *Beijing Rule* 1.5, *Havana Rule* 16, *Riyadh Guideline* 8). „*Derartige [...] Vorbehaltsklauseln relativieren viele verbindlich klingende Vorgaben*"[1292] noch weiter. Lediglich die UNKRK ist aufgrund ihrer Ratifizierung zwingendes Recht (*hard law*), die zu einer Anpassung nationaler Rechtsinstrumente verpflichtet. Jedoch fehlt der UNKRK ein Individualbeschwerdeverfahren, so dass „*das Rechtsschutzsystem weniger umfassend [ist] als dasjenige der Europäischen Menschenrechtskonvention, deren Einhaltung durch den Europäischen Gerichtshof für Menschenrechte überprüft werden kann,*"[1293] und im Falle junger Rechtsbrecher, wie in *Kapitel 4.3.5* unten ersichtlich wird, auch überprüft wird.

Nichtdestotrotz hat eine Erhebung des Europarats im Jahr 2011 ergeben, dass die als *soft law* zu bezeichnenden ERJOSSM in der jüngeren jugendstrafrechtlichen Reformgeschichte vieler Länder Europas durchaus eine treibende

---

1290   Entscheidung des Bundesverfassungsgerichts vom 31 Mai 2006, BVerfG NJW 2006, S. 2.093 ff., 2.095. Vgl. hierzu *Dünkel* 2006.

1291   Vgl. *Bochmann* 2009, S. 33; *Dünkel* 2011a.

1292   Vgl. *Bochmann* 2009, S. 32.

1293   *Pruin* 2011, S. 127 f.

Kraft gewesen sind.[1294] In anderen Ländern dagegen – darunter auch England und Wales – spielten die ERJOSSM eigenen Angaben nach keinerlei Rolle in der Gestaltung der jugendstrafrechtlichen Rechtsgrundlagen oder in der verfolgten jugendkriminalpolitischen Strategie. In England/Wales sei die Rechtslage nicht hinsichtlich ihrer Kompatibilität zu den ERJOSSM geprüft worden, da davon auszugehen sei, dass das Jugendstrafrecht alle internationalen Verpflichtungen angemessen berücksichtige. Ob diese Aussage stimmt oder nicht wird im restlichen Verlauf dieses Kapitels untersucht.

4.3 Das englische Jugendstrafrecht im Licht internationaler Standards, Leitlinien und Konventionen

So bleibt zu untersuchen, ob – und falls ja inwieweit – in England/Wales die (teilweise verbindlichen) Kinderrechtsvorgaben mit dem dort herrschenden kulturellen, ökonomischen, politischen und gesellschaftlichen Kontext vereinbart werden konnten. Werden die Kernaussagen der Empfehlungen und Resolutionen in der gesetzlichen Ausgestaltung des Jugendstrafrechts berücksichtigt? Kann man behaupten, dass die Praxis des Jugendstrafrechts und der Jugendkriminalpolitik in Einklang mit diesen „Vorgaben" stehen? Inwieweit kann man die englische Strategie kritisieren oder loben in diesem Zusammenhang?

Als Ausgangspunkt für diese Untersuchung bieten sich die jüngsten „abschließenden Beobachtungen" des UNKRKom an. Art. 44 UNKRK verpflichtet Vertragsstaaten dazu, binnen zwei Jahren nach Ratifizierung und im Anschluss daran alle fünf Jahre einen Rechenschaftsbericht an das Komitee abzuliefern, aus welchem der Fortschritt in der Umsetzung der UNKRK im Land hervorgeht. Im Anschluss daran analysiert das Komitee den Bericht und macht im Rahmen sogenannter „abschließender Beobachtungen" (*concluding observations*) Empfehlungen an den berichterstattenden Staat, wie er die Defizite in der Umsetzung bestmöglich beheben sollte.

Bereits 2002 hatte das UNKRKom in § 59 seiner abschließenden Beobachtungen vom 9. Oktober 2002 deutliche Kritik am englischen Jugendstrafrecht geäußert, und gab seine Besorgnis über eine Verschlechterung der Situation junger Rechtsbrecher seit dem letzten Rechenschaftsbericht im Jahr 1995 kund.[1295] Neben den von Kindern und Jugendlichen in Haft erfahrenen Bedingungen wurde zunächst die Strafmündigkeitsgrenze bemängelt, die mit 10 Jahren im europäischen Vergleich sehr niedrig war (und ist). Weiterhin meldete das Komitee erhebliche Bedenken an hinsichtlich des zunehmenden Gebrauchs freiheitsentziehender Sanktionen. Immer jüngere Kinder und Jugendliche, inzwischen auch 12- bis unter 14-Jährige, würden für die Begehung immer weniger schwe-

---

1294 Siehe hierzu insbesondere *Dünkel* 2014 m. w. N.

1295 Vgl. *United Nations Committee on the Rights of the Child* 2002, § 59.

rer Straftaten für immer längere Zeiten eingesperrt.[1296] Folglich würde der Freiheitsentzug nicht als *ultima ratio* behandelt, was einen Verstoß gegen Artikel 37 (b) UNKRK darstelle. Zudem wurde in § 60 kritisiert, dass durch den CDA 1998 Interventionsformen eingeführt wurden, die gegen die UNKRK verstoßen (insbesondere das *final warning scheme* und die *referral order*), aufgrund derer Kinder und Jugendliche an Erwachsenengerichte verwiesen werden könnten und dementsprechend ihre Privatsphäre nicht immer geschützt sei.[1297]

Die jüngsten abschließenden Beobachtungen für England und Wales wurden am 20. Oktober 2008 verfasst.[1298] Darin wurden alle oben angeführten Kritikpunkte erneut mit Besorgnis durch das UNKRKom problematisiert und England und Wales für das Versäumnis, sie seit 2002 zu beheben gerügt.[1299] Zusätzlich wurde die Konformität der zur Jahrtausendwende eingeführten „ASBOs" mit den Vorgaben der UNKRK stark angezweifelt,[1300] wie auch die hohe Zahl junger Untersuchungshäftlinge.[1301]

Seit dem letzten Rechenschaftsbericht Englands sind wieder fünf Jahre vergangen, so dass sich die Fragen stellen: Was waren die Gründe für diese Kritik? Ist den Empfehlungen des Komitees in der Zwischenzeit nachgekommen worden? Wie sieht die Situation dort aktuell aus?

Um diese Fragen zu beantworten, wird im Folgenden die Kritik des UNKRKom aufgegriffen und ihre Begründung durch eine Darstellung der zum Zeitpunkt der Kritik herrschenden rechtlichen und praktischen Situation sowie der einschlägigen internationalen Standards aufgearbeitet. Daran anschließend wird die aktuelle Situation mit den zuvor gewonnenen Erkenntnissen kontrastiert und ein Ausblick für die Zukunft geliefert.

Die weitere Struktur dieses Kapitels orientiert sich an den verschiedenen Kritikpunkten des UNKRKom. Die zentralen Themen sind demnach: Altersgrenzen im Jugendstrafrecht (*Kapitel 4.3.1*); der Kampf gegen „antisoziales" Verhalten (*Kapitel 4.3.2*); formelle und informelle Diversion (*Kapitel 4.3.3*); der Gebrauch der Untersuchungshaft (*Kapitel 4.3.4*); Transfers an Erwachsenengerichte (*Kapitel 4.3.5*), und das Sanktionssystem (*Kapitel 4.3.6*).

1296   Zu der Entwicklung der Sanktionspraxis in England und Wales, siehe insbesondere die *Kapitel 2.5.6* und *2.6* oben.

1297   Vgl. *United Nations Committee on the Rights of the Child* 2002, § 60.

1298   Siehe *United Nations Committee on the Rights of the Child* 2008.

1299   Vgl. *United Nations Committee on the Rights of the Child* 2008, § 77.

1300   Vgl. *United Nations Committee on the Rights of the Child* 2008, §§ 34, 36 (b) u. 79.

1301   Vgl. *United Nations Committee on the Rights of the Child* 2008, § 77.

4.3.1 Altersgrenzen im Jugendstrafrecht

Hinsichtlich des persönlichen Anwendungsbereichs des Jugendstrafrechts wird in den internationalen Instrumenten zum einen die Strafmündigkeitsgrenze thematisiert (*Kapitel 4.3.1.1*), zum anderen eine Öffnung des Anwendungsbereichs nach oben, um Heranwachsende gegebenenfalls fakultativ mit einzubeziehen (*Kapitel 4.3.1.2*).

4.3.1.1 Die Strafmündigkeitsgrenze

Artikel 40 (3) UNKRK erfordert die gesetzliche Bestimmung eines Mindestalters für das die Vermutung gilt, dass Kinder, die dieses Alter noch nicht erreicht haben, strafrechtlich nicht verantwortlich, strafunmündig sind. Regel 4.1 der *Beijing Rules* stellt die konkretisierende Empfehlung auf, dass diese Altersgrenze nicht „zu niedrig" sein sollte und die emotionale, geistige sowie intellektuelle Reife junger Menschen reflektieren sollte. Diese bestenfalls schleierhafte Maßgabe wird in den Artikeln 30–35 des Allgemeinen Kommentars No. 10 des UNKRKom von 2007 konkretisiert. Dabei sei eine Grenze unter 12 Jahren „international inakzeptabel,"[1302] eine solche zwischen 14 und 16 Jahren „vorbildlich".[1303]

In England und Wales liegt die Strafmündigkeitsgrenze bei 10 Jahren, was im internationalen Vergleich sehr niedrig ist.[1304] Demnach wird die Maßgabe „zu niedrig" (insoweit internationale Instrumente in der Festsetzung dieser Altersgrenze in England überhaupt eine Rolle gespielt haben) in England trotz wiederholter Aufforderung zur Reform anders interpretiert als durch das UNKRKom. Die Abschaffung von *doli incapax* für alle Kinder ab dem vollendeten 10. Lebensjahr im Jahr 1998 erfolgte mit der Begründung, dass Kinder dieses Alters durchaus in der Lage seien, zwischen Recht und Unrecht zu unterscheiden und Verantwortung für ihr Verhalten zu übernehmen.[1305] Die Reform stellte demzufolge eine bewusste Kriminalisierung junger Menschen dar.

Die Bemerkungen des UNKRKom von 2002 und 2008 zur Strafmündigkeitsgrenze basierten auf der Tatsache, dass die Zahl der formell sanktionierten unter 14-Jährigen hoch gewesen ist. 2002/03 wurden 28.206 formelle strafrecht-

---

1302   Siehe Artikel 32 *United Nations Committee on the Rights of the Child* 2007.

1303   Siehe Artikel 30 *United Nations Committee on the Rights of the Child* 2007. Ähnlich auch der Kommentar zu den ERJOSSM, vgl. *Council of Europe* 2009, S. 36; vgl. auch *Dünkel* 2011a; 2013, S. 155 ff.

1304   Für einen internationalen Vergleich zu den Strafmündigkeitsgrenzen in Europa, siehe *Pruin* 2011; *Dünkel/Stańdo-Kawecka* 2011; *Dünkel* 2013, S. 155 m. jew. w. N.

1305   Vgl. *Labour Party* 1996, § 5; *Graham* 2010, S. 113. Siehe auch bereits *Kapitel 2.5* oben.

liche Sanktionen gegen 10- bis einschließlich 13-Jährige verhängt (1.020 pro 100.000 der Gesamtbevölkerung), darunter 5.702 Kinder unter 12 (414 pro 100.000).[1306] Unter 12-Jährige machten 3,4%, unter 14-Jährige 16,9% aller formell sanktionierten Kinder und Jugendlichen im Jahr 2002/03 aus. 2006/07 wurden 37.898 formelle Sanktionen gegen Kinder und Jugendliche unter 14 verhängt (1.449 pro 100.000), davon 6.938 gegen 10- und 11-Jährige (536 pro 100.000). 2006/07 machten Kinder im Alter von unter 12 Jahren etwas über 3%, Kinder unter 14 17,5% aller formell Sanktionierten Kinder und Jugendlichen aus.[1307]

In der Zwischenzeit hat es wie in *Kapitel 2.6* oben bereits dargestellt einen Umschwung in der Jugendstrafrechtspraxis gegeben, wodurch die Zahl der jungen Rechtsbrecher, die eine formelle Strafrechtsintervention erhalten, stark zurückgegangen ist (von 243.959 bzw. 4.461/100.000 im Jahr 2007 auf 112.732 bzw. 2.122/100.000 im Jahr 2011).[1308] Diese unter anderem auf eine Ausweitung informeller Diversionspraktiken zurückzuführende, seit 2008 zu beobachtenden Entwicklung ist gerade in den untersten Altersgruppen besonders ausgeprägt gewesen (siehe bereits *Kapitel 2.6.2.3* oben). Angesichts dieser Entwicklungen stellt sich durchaus die Frage, inwieweit es sinnvoll oder erforderlich ist, die Strafmündigkeitsgrenze bei 10 Jahren zu belassen, sind doch schwere Rechtsbrüche vor allem bei den jüngsten strafmündigen Kindern die absolute Ausnahme. Aus einem präventionsorientierten Blickwinkel kommt in diesem Zusammenhang auch die Frage auf, ob die Kriminalisierung tausender junger Kinder ein angemessener Preis dafür ist, um auf diese wenigen schweren Fälle strafrechtlich reagieren zu können.

Trotz dieser Entkriminalisierungstendenzen bleibt die Kritik des UNKRKom hinsichtlich der Strafmündigkeitsgrenze dennoch bestehen, auch wenn der völkerrechtlich verbindliche Artikel 40 (3) UNKRK vom Wortlaut her erfüllt ist.

4.3.1.2 Heranwachsende

Regel 3.3 der *Beijing Rules* empfiehlt die Schaffung einer gesetzlichen Grundlage für den gegebenenfalls fakultativen Einbezug junger Erwachsener („Heranwachsender") in den Geltungsbereich des Jugendstrafrechts. Diese Thematik wird auch vom UNKRKom in § 38 seines allgemeinen Kommentars von 2007 betont.[1309] No. 11 der Europaratsempfehlung No. R. (2003) 20 empfiehlt, dass

---

1306 Siehe *Youth Justice Board* 2004b, S. 53, geschätzte Bevölkerungsdaten des *Office of National Statistics*, sowie eigene Berechnungen.

1307 Siehe *Youth Justice Board* 2008e, S. 22, geschätzte Bevölkerungsdaten des *Office of National Statistics* sowie eigene Berechnungen.

1308 *Ministry of Justice 2012*, ergänzende Tabellen A2.2, A5.4 und Q2.1.

1309 *United Nations Committee on the Rights of the Child 2007*, § 38.

unter Berücksichtigung der verlängerten Übergangsphase zum Erwachsensein die Möglichkeit bestehen sollte, mit jungen Erwachsenen, die das 21. Lebensjahr noch nicht vollendet haben, in einer Weise umzugehen, die dem Umgang mit Kindern und Jugendlichen vergleichbar ist und den Anwendungsbereich jugendspezifischer Maßnahmen sowie Sanktionen auszudehnen, um junge Erwachsene mit einzuschließen. Derartige Anwendungen des Jugendstrafrechts bei Heranwachsenden sollten auf der Grundlage erfolgen, dass ein Gericht zu der Einschätzung kommt, dass der heranwachsende Täter noch nicht den Reife- und Verantwortungsgrad eines Erwachsenen erreicht hat. Die ERJOSSM gehen noch weiter und legen den Mitgliedsstaaten des Europarats nah, die Anwendbarkeit jugendspezifischer Strafen und Maßnahmen „wo es angemessen erscheint" auf reife junge Erwachsene auszudehnen.[1310]

Der Grundgedanke eines Einbezugs junger Erwachsener in das Jugendstrafrecht hat seine Wurzeln in der Feststellung, dass die Übergangsphase von der Jugend in das Erwachsenenleben in den letzten Jahren Verlängerungen erfahren hat[1311] durch Verzögerungen des Eintritts in die gesellschaftlichen Lebenssphären Erwachsener (Eintritt in den Arbeitsmarkt, Familiengründung, Abschluss der Ausbildung u. s. w.), was wiederum einer Verzögerung der Reifeentwicklung gleichkommt.[1312] Insgesamt gibt es wissenschaftliche Belege, dass junge Menschen erst Mitte der Zwanziger ihre Reifeentwicklung abgeschlossen haben.[1313] Eine Studie zur Reifeentwicklung junger Menschen, durchgeführt von der Universität Birmingham, kam zu dem Schluss, dass die Entwicklung jener Hirnareale, die für höhere kognitive Prozesse und Ausführungsfunktionen zuständig sind, einschließlich der Impulskontrolle sowie der Regelung und Interpretation von Emotionen, bis in das Erwachsenenalter hinein anhält.[1314] Die Autoren treffen die Aussage, dass die Reifung des menschlichen Gehirns erst Anfang bis Mitte Zwanzig abgeschlossen ist.

Neben dieser physiologischen Komponente sei Reife zudem kontextuell zu bewerten:

> *„From a criminological perspective, research reveals that how an individual demonstrates maturity, for instance in decisions about whether to engage in particular courses of action, is heavily dependent on the social, economic and cultural context in which the decision is made, and*

1310   Basic Principle 17 der ERJOSSM.

1311   *Council of Europe* 2009, S. 42. *Crawford* 2009, S. 22; grundlegend *Pruin* 2007; *Dünkel/Pruin* 2012.

1312   Vgl. *Heylar-Cardwell* 2012.

1313   Siehe hierzu jüngst Vgl. *Prior u. a.* 2011; *Loeber u. a.* 2013; *Dünkel/Geng* 2013, m. jew. w. N.

1314   Vgl. *Prior u. a.* 2011, S. 35 ff.

*in particular on the 'moral rules' that operate in the particular context.
In other words, the same individual may act with varying degrees of
maturity from one social context to another.*"[1315]

Den Autoren zufolge ist also der Reifegrad einer Person, gemessen an seinen Entscheidungen für oder gegen bestimmte Verhaltensweisen, stark vom
gesellschaftlichen, ökonomischen und kulturellen Kontext abhängig, in dem die
Entscheidung getroffen wird.

Die Notwendigkeit einer Annäherung in der Verfahrensweise mit Heranwachsenden an jene für Kinder und Jugendliche und ein damit einhergehender
Einbezug in erzieherisch-reintegrativ ausgerichtete Prozesse und Maßnahmen
wird zudem verdeutlicht, wenn man einen Blick auf die Struktur der Delinquenz
wirft, für die Heranwachsende im Jahr 2011 formell sanktioniert wurden (formelle Verwarnungen und gerichtliche Sanktionen) und diese mit der sanktionierten Kriminalität Jugendlicher und Erwachsener vergleicht. Denn sie spiegelt
in gewisser Weise die persönliche Reifeentwicklung und die „*transition to
adulthood*" wider (siehe *Tabelle 23* unten).

Dabei zeigt sich, dass die Deliktsverteilung in den Bereichen Raub, Einbruchsdiebstahl, Gewaltdelikte und Sachbeschädigung (eher jugendtypische
Deliktsformen) mit zunehmendem Alter abnimmt, während solche Delikte, die
eher mit Erwachsenen assoziiert werden (beispielsweise die Betrugsdelikte, was
auf eine Zunahme der Tatgelegenheitsstrukturen in der Berufs- und Arbeitswelt
zurückzuführen sein dürfte), zunehmen. Die Deliktsstruktur der Heranwachsenden bildet quasi den Mittelwert der Anteile bei Erwachsenen und Jugendlichen.

Nimmt man diese Erkenntnisse als Grundlage für eine evidenzbasierte
Kriminalpolitik (wie sie auch in No. 5 der Empfehlung No. R. (2003) 20 des Europarats empfohlen wird), so müssten Regelungen geschaffen werden, die eine
Berücksichtigung körperlicher und geistiger Reife sowie der kontextuellen Tat-
begehungs- und Täterfaktoren auch bei jungen Erwachsenen erwirken. Viele
Heranwachsende bedürften eines erzieherischen, reintegrationsorientierten Umgangs. In Deutschland werden seit 1953 alle Heranwachsenden vor das Jugendgericht gebracht, unabhängig davon, ob die Gesamtwürdigung der Persönlichkeit des Täters bei Berücksichtigung auch der Umweltbedingungen ergibt, dass
Jugendstrafrecht (bei Reifeverzögerung gem. § 105 (1) 1 JGG, Jugendverfeh-
lung gem. § 105 (1) 2 JGG) oder die allgemeinen für Erwachsene geltenden
Vorschriften Anwendung finden.[1316]

1315   *Prior u. a.* 2011, S. 35.

1316   § 108 (2) JGG. Siehe auch *Dünkel* 2011, S. 587.

Tab. 23: **Struktur der Straffälligkeit, die eine formelle Sanktionierung zur Folge hatte, nach Altersgruppen, 2011, in Prozent**

	10 bis unter 18	18 bis unter 21	21 und älter
Summary offences	39,1	52,9	59,4
Indictable offences	60,9	47,1	40,6
Gewaltdelikte	14,1	13,5	12,3
Sexualdelikte	1,5	1,2	1,7
Einbruchsdiebstahl	10,2	8,2	5,0
Raubdelikte	6,4	3,2	1,1
Diebstahl/Hehlerei	37,7	31,5	36,1
Betrugsdelikte	1,3	3,4	6,5
Sachbeschädigungen	4,8	3,2	2,0
Drogendelikte	17,8	25,1	22,8
Sonstige	6,3	10,8	12,4

Quelle: *Ministry of Justice* 2012, ergänzende Tabellen S5.5 bis S5.7 sowie eigene Berechnungen.

Im Vergleich dazu hängt England in der „Heranwachsendenthematik" sehr weit hinterher. Wie bereits in *Kapitel 3.1.3.1* oben beschrieben wird lediglich eine besondere Form des Freiheitsentzugs – *detention in a young offender's institution* – gesetzlich geregelt. Junge Erwachsene verbüßen dabei ihre Haftstrafen in Jugendhaftanstalten, bis sie 21 Jahre alt sind, woraufhin ein Transfer in eine Erwachsenenstrafanstalt folgt. Jedoch finden ansonsten die für Erwachsene geltenden Bestimmungen hinsichtlich des Verfahrens und der Rechtsfolgen Anwendung.

Hinsichtlich der Strafrechtspraxis ist zunächst anzumerken, dass der hohe Anteil der Heranwachsenden, die 2011 für *summary offences* formell sanktioniert wurden (52,9%), ein Hinweis auf ein im Vergleich zu Jugendlichen spärliches Angebot an informellen Diversionsmaßnahmen ist. Das Opportunitätsprinzip hat für Heranwachsende eher geringen Stellenwert in der Strafrechtspraxis, was auch in der formellen Diversionsrate widergespiegelt wird.[1317] Entspre-

---

1317 Im Jahr 2011 lag die Verwarnungsrate für Heranwachsende bei 28,2%. Dagegen wurden 43% aller Kinder und Jugendliche, die 2011 formell sanktioniert wurden,

chend hoch ist der Anteil an Geldstrafen (44,2%) und am Absehen von Strafe (11,8%),[1318] die beide eher für leichte Formen der Delinquenz infrage kommen – 81% aller gegen Heranwachsende verhängten Geldstrafen betrafen die Begehung eines *summary offence*.[1319] Insgesamt spiegelt die gerichtliche Sanktionierung Heranwachsender die repressive und vergeltungsorientierte Erwachsenenpraxis wider (siehe *Tabelle 24* unten).

12,6% aller gerichtlich sanktionierten Heranwachsenden erhielten eine sofort zu vollstreckende Freiheitsstrafe, bei weiteren 5,1% wurde die Vollstreckung zur Bewährung ausgesetzt (*suspended sentence*).[1320] Dabei spielen kurze Freiheitsstrafen vor allem auch bei leichter Delinquenz eine nicht zu vernachlässigende Rolle. Im Jahr 2009 wurden 2.601 Heranwachsende für die Begehung eines *summary offence* zu durchschnittlich 2,3 Monaten Haft verurteilt.[1321] Entsprechend spielen *community sanctions* bei Heranwachsenden eine geringe Rolle im Vergleich zu Jugendlichen.

Im Jahr 2011 wurden insgesamt 130.184 Heranwachsende formell sanktioniert, und machten 12,3% aller formell Sanktionierten aus – dagegen aber nur 4,5% der strafmündigen Gesamtbevölkerung.[1322] Mit einer Sanktioniertenbelastungsziffer von 5.866 pro 100.000 der gleichaltrigen Gesamtbevölkerung laufen Heranwachsende die größte Gefahr aller Altersgruppen, für die Begehung einer Straftat formell sanktioniert zu werden (dagegen 10- bis unter 18-Jährige insgesamt: 1.957/100.000; 15- bis unter 18-Jährige: 3.771/100.000; Erwachsene: 1.926/100.000).[1323] Es läge an sich bei gesundem Menschenverstand nahe, gerade für diejenigen, die laut Hellfeld die größte Belastung für das Justizsystem darstellen, nach evidenzbasierten, effektiven Lösungen zu suchen.

polizeilich verwarnt. Erwachsene: 18,3%. Vgl. *Ministry of Justice* 2012, ergänzende Tabellen A2.1, S5.5 bis S5.7.

1318　*Ministry of Justice* 2012, ergänzende Tabellen A2.1 und S5.6

1319　*Ministry of Justice* 2012, ergänzende Tabelle S5.6.

1320　*Suspended sentences*, in Section 189 CJA 2003 geregelt, erlauben es Gerichten, die eine Haftstrafe von zwischen 28 und 51 Wochen verhängen, die Vollstreckung für zwischen 6 und 24 Monate zur Bewährung auszusetzen und den Verurteilten während dieser Periode zur Erfüllung bestimmter Auflagen verpflichten (wie beispielsweise gemeinnützige Arbeiten, Suchtberatungen, Supervision durch die Bewährungshilfe, soziale Trainingskurse oder Betretungs-, Kontakt- und Verhaltensverbote. Siehe hierzu insbesondere *Hungerford-Welch* 2009, S. 819 ff.

1321　*Ministry of Justice* 2012, ergänzende Tabellen 2K bis 2M, A5.5, A5.24.

1322　*Ministry of Justice* 2012, ergänzende Tabellen A2.1 und S5.5, sowie geschätzte Bevölkerungsdaten des *Office for National Statistics* und eigene Berechnungen.

1323　*Ministry of Justice* 2012, ergänzende Tabellen S5.4 bis S5.7 sowie A2.1, wie auch geschätzte Bevölkerungsdaten des *Office for National Statistics* und eigene Berechnungen.

Tab. 24:   Gerichtliche Sanktionierung im Jahr 2011 nach
            Altersgruppen, in Prozent

	10- bis unter 18-Jährige	18- bis unter 21-Jährige	21 Jahre und älter
Absehen von Strafe	13,8	11,8	10,1
Geldstrafen	4,9	44,2	54,3
Community sanctions	68,6	22,0	14,5
Suspended sentence	0,0	5,1	5,7
Freiheitsstrafe	7,0	12,6	12,3
Sonstige	5,7	4,2	3,1

Quelle: *Ministry of Justice* 2012, ergänzende Tabellen S5.5 bis S5.7 u. eigene Berechnungen.

Die jüngsten Entwicklungen in England sind dabei durchaus vielversprechend, haben sie doch eine Berücksichtigung der persönlichen geistigen Reife
im Rahmen der Strafzumessung bei jungen Erwachsenen zumindest bei bestimmten Deliktsarten gebracht.[1324] Diese Entwicklung, die eine Distanzierung
von Bestrafung entlang starrer Altersgrenzen in Richtung einer individualisierten, am Reifegrad des Täters orientierten Strafzumessung darstellt, ist jedoch
weder auf den Gesetzgeber noch auf die Zentralregierung zurückzuführen, sondern ist vielmehr das Ergebnis langjähriger Lobbyarbeit einschlägiger Nichtregierungsorganisationen.[1325] Das ist symptomatisch für die gänzlich fehlende
formelle Auseinandersetzung mit der Heranwachsendenthematik im englischen
Jugendstrafrecht, und in gewisser Weise auch in der Wissenschaft.[1326] Auf-

---

1324   Siehe hierzu bereits *Kapitel 3.1.3.1* oben.

1325   Siehe hierzu vor allem die *„Transition to Adulthood Alliance"* (T2A). Internetseite
        sow. einer Mehrzahl einschlägiger Veröffentlichungen und Studien (in englischer
        Sprache) sind abrufbar unter *http://www.t2a.org.uk/* (zuletzt aufgerufen am 20.03.2014).

1326   Nimmt man das 2008 veröffentlichte *„Dictionary of Youth Justice"* zur Hand, her-
        ausgegeben von *Goldson*, wird dieses Problem deutlich. Das Werk wirbt mit der Be-
        hauptung, eine *„einzigartige und umfangreiche erste Anlaufstelle für Forscher,
        Dozenten, Gesetzgeber, Studenten und Praktiker mit einem Interesse an Jugend-
        kriminalität, Jugendkriminalpolitik und verbundenen Tätigkeits- und Forschungs-
        feldern"* zu sein, welches *„die historischen, rechtlichen, theoretischen, praktischen
        und forschungsrelevanten Grundlagen, auf welchen heutige nationale und inter-
        nationale Jugendkriminalpolitik ruht, systematisch aufarbeitet"* (Übersetzung des
        Autors). Jedoch ist keiner der mehr als 300 Beiträge dem Thema der Heranwachs-
        enden gewidmet, und im Stichwortverzeichnis kommt „young adults" nicht ein ein-
        ziges Mal vor.

grund fehlender Strafzumessungsdaten für den Zeitraum seit Herausgabe der neuen Strafzumessungsrichtlinien bleibt abzuwarten, wie sich letztere auf den strafrechtlichen Umgang mit Heranwachsenden auswirken werden.

Auch bleibt abzuwarten, wann Gesetzgeber und Regierung die Reife besitzen werden zu akzeptieren, dass ein Reifegrad-angemessener Umgang mit jungen Erwachsenen Vorteile für ihre Reintegration und auch für die Öffentlichkeit bergen kann und auch entsprechend dieser Erkenntnis zu handeln. Zunächst sollten ähnlich wie bei Jugendlichen sowohl informelle als auch formelle Diversionsmöglichkeiten ausgedehnt werden, um die Zahl der vor Gericht verhandelten Fälle leichter Delinquenz zu senken. Welche Vorteile eine Senkung der Zahl der vor Gericht erscheinenden Personen auf Strafzumessungsentscheidungen und den Gebrauch von Freiheitsstrafen haben kann, wurde bereits in *Kapitel 2.6.2.5.1* oben ausgiebig erörtert, ebenso wie es in der Praxis bewerkstelligt werden kann. Hinsichtlich derer, die dennoch vor Gericht angeklagt werden: Gerichte sollten im Rahmen der ersten Anhörung (dem Zeitpunkt des Verfahrens, in dem die zuständige Gerichtsbarkeit bestimmt wird) dazu verpflichtet sein, einen Gerichtshilfebericht heranzuziehen, und bei festgestellter „Reifeverzögerung" die Zuständigkeit für die Hauptverhandlung an das Jugendgericht zu übertragen. Eine andere, in England wahrscheinlichere Alternative wäre es, die Erwachsenengerichte *gesetzlich* dazu zu *verpflichten*, im Rahmen der Strafzumessung einen PSR heranzuziehen – aktuell wird eine derartige Praxis lediglich *fakultativ* (und aufgrund der dafür nötigen Ressourcen und möglicherweise daraus resultierenden Verfahrensverzögerungen selten) geübt. Der PSR würde dem Gericht auf der einen Seite zu erkennen geben, dass eine Strafmilderung angemessen wäre, während es gleichzeitig die Eignung alternativer Maßnahmen hervorvorheben könnte, wodurch wiederum dem Gebrauch kurzer Freiheitsstrafen entgegengewirkt werden könnte. Auch sollte angedacht werden, die für Kinder und Jugendliche geltende Regel der Nichtöffentlichkeit des Verfahrens auf Heranwachsende auszudehnen.

4.3.2 Der Kampf gegen „anti-soziales Verhalten" und der sachliche Anwendungsbereich des Jugendstrafrechts

Die *Riyadh-Guidelines* stellen zur Vorbeugung weiterer Stigmatisierung, Viktimisierung und Kriminalisierung junger Menschen die Empfehlung auf, dass, gesetzlich gewährleistet werden sollte Kinder und Jugendliche nur für solche Verhaltensweisen strafrechtlich zu verfolgen, für die auch Erwachsene strafrechtlich verfolgt werden würden (Art. 56). Dieses Verbot jugendspezifischer Straftatbestände (*status offences*) wird auch in § 8 des allgemeinen Kommentars des UNKRKom von 2007 aufgegriffen.[1327] Dies ist in Verbindung mit dem Verbot der Altersdiskriminierung zu begreifen, welches neben Art. 14 der Euro-

---

1327 Siehe auch Rule 3.1 der *Beijing Rules*.

päischen Menschenrechtskonvention von 1953 (EMRK) auch aus Artikel 2 UNKRK hervorgeht, der die Vertragsstaaten zur Achtung und zum Schutz der Kindesrechte ohne jede Diskriminierung verpflichtet. *Status offences* stellen demnach eine Altersdiskriminierung dar und ihre strafrechtliche Verfolgung könnte durchaus als Verstoß gegen diese verbindlichen Völkerrechtsbestimmungen begriffen werden.

Das englische Strafrecht kennt durchaus jugendspezifische Straftatbestände, wie beispielsweise den Besitz bestimmter Feuerwerkskörper durch Minderjährige, den Kauf von Alkohol durch Minderjährige oder den öffentlichen Konsum von Alkohol durch Minderjährige. In der Praxis werden derartige Straftatbestände jedoch selten mittels Verwarnungen oder durch die Gerichte formell sanktioniert.[1328] Viel wichtiger in diesem Zusammenhang sind jedoch die Entwicklungen in England im Kontext des „Kampfes gegen anti-soziales Verhalten" (siehe auch bereits *Kapitel 2.5.3.2* oben), welche durchaus Implikationen für den sachlichen Anwendungsbereich haben.

Wie bereits in *Kapitel 2.5* beschrieben, wurden in den Jahren um die Jahrtausendwende weitreichende Strategien entwickelt und auch implementiert, um dem Phänomen des als „antisozial" beschriebenen Verhaltens in den Kommunen entgegenzuwirken. Auf der einen Seite wurden Kinder und Jugendliche, die durch antisoziales Verhalten auffallen, zur Zielgruppe primärpräventiver, positiver Maßnahmen und Sozialdienstleistungen (siehe *Kapitel 2.5.1* oben). Zum anderen wurde der Polizei eine ganze Bandbreite von Sanktionsmöglichkeiten bereitgestellt, um gegen einzelne Kinder und Jugendliche oder Gruppen junger Menschen vorgehen zu können, wenn sie sich antisozial verhalten oder Gefahr laufen, sich so zu benehmen. Prominentestes Beispiel dafür ist die sogenannte *anti-social behaviour order* (ASBO), gegenüber der das UNKRKom erhebliche Bedenken geäußert hat.

Hauptmerkmale der sog. ASBO sind: Die ASBO kann gegen Personen ab dem 10. Lebensjahr verhängt werden, die sich „antisozial" verhalten haben, d. h. in einer Weise, *„die bei Personen, die nicht demselben Haushalt angehören, Gefühle von Belästigung, Beängstigung, Beunruhigung oder Bedrängnis hervorruft oder hervorrufen könnte."*[1329] Weitere Voraussetzung für die Zulässigkeit einer ASBO ist, dass die Sanktion notwendig ist, um den Schutz der Öffentlichkeit vor weiterem antisozialen Verhalten zu gewährleisten.[1330] ASBOs haben keine rehabilitativen oder erzieherischen Elemente zum Inhalt. Vielmehr sind sie

1328 Vgl. dazu die Daten des Justizministerien zur Jugendstrafrechtspraxis, *Ministry of Justice* 2012.

1329 Übersetzung des Autors. Im Englischen: „*[Behaving in] a manner that caused or was likely to cause harassment, alarm or distress to one or more persons not of the same household*", Section 1 (1) (a) CDA 1998.

1330 Section 1 (1) (b) CDA 1998. Siehe auch *NACRO* 2003; 2004; 2005a; *Squires* 2008a, m. jew. w. N.

reine Verbotsinterventionen, welche den ihnen unterstellten Personen bestimmte Verhaltensweisen für einen bestimmten Zeitraum untersagen.[1331] Dabei macht das Gesetz keinerlei Vorgaben hinsichtlich der Form, die die Verbote annehmen sollen oder dürfen, außer, dass sie dem Schutz der Öffentlichkeit vor weiterem antisozialen Verhalten des „Täters" dienen.[1332] Verstöße gegen die in einer ASBO aufgeführten Verbote können mit bis zu zwei Jahren Haft bestraft werden. Da ASBOs zivilrechtlicher Natur sind, gelten keine Einschränkungen hinsichtlich der Medienberichterstattung, so dass häufig die Namen, Adressen, Fotos und Inhalte der Anordnung veröffentlicht werden.

Laut UNKRKom ist zunächst die Eingriffsgrundlage der ASBOs insoweit problematisch, als ein sehr breites Spektrum von Verhaltensweisen in die Definition antisozialen Verhaltens fällt.[1333] In verschiedenen Veröffentlichungen des Innenministeriums werden Beispiele für antisoziales Verhalten genannt, darunter: „rowdyhaftes", „proletenhaftes" Benehmen; Vandalismus und Graffiti; unerlaubtes Plakatieren; aggressives Betteln; öffentlicher Alkoholkonsum; der Gebrauch von Feuerwerkskörpern in den Nachtstunden; laute Musik; Fluchen in der Öffentlichkeit; Konsum von Tabak oder Alkohol durch Minderjährige; unbefugtes Klettern auf Gebäuden; einschüchternde Gruppen von Jugendlichen in der Öffentlichkeit; Spucken in der Öffentlichkeit.[1334] Aus diesen Beispielen wird deutlich, dass die Definition ein breites Spektrum an Verhaltensformen abdeckt, die zum einen eher jugendtypisch sind aber auch solche mit einschließt, die über die Grenze des Strafbaren oder zumindest von Ordnungswidrigen hinausgehen. In der Tat ist eine klare Grenzziehung zwischen antisozialem und kriminellem Verhalten nicht ohne weiteres möglich, nicht zuletzt, weil die Definition des Antisozialen viel subjektiven Wahrnehmungsspielraum lässt.[1335] Auch wenn (oder eben gerade weil) ASBOs „zivilrechtliche" Anordnungen sind, sind sie aufgrund dieser mangelnden Trennschärfe für den sachlichen Anwendungsbereich des Jugendstrafrechts besonders problematisch.[1336]

Auf der einen Seite wird durch die ASBO Verhalten kriminalisiert, welches nicht laut Gesetz verboten sein oder unter Strafe stehen muss – sowohl hinsichtlich des Verhaltens, welches als „Auslöser" für die ASBO dient, als auch hinsichtlich der Verhaltensweisen, die durch die ASBO unter Androhung des Freiheitsentzugs verboten werden. Aufgrund der schwammigen Definition von antisozialem Verhalten kann somit theoretisch jede denkbare Verhaltensweise

---

1331   Section 1 (4) CDA 1998.

1332   Section 1 (6) CDA 1998.

1333   Siehe *United Nations Committee on the Rights of the Child* 2008, § 79.

1334   Vgl. *Youth Justice Board* 2005, S. 5. Siehe auch *Home Office* 2006.

1335   Vgl. *Squires* 2008, S. 15 ff.; *Pople* 2010, S. 145. Siehe auch bereits *Kapitel 2.5.3.2.*

1336   Vgl. *Squires* 2008a, S. 18.

unter Strafe gestellt werden, solange der Entscheidungsträger, der über die Anordnung einer ASBO und ihrer Inhalte bestimmt, der Auffassung ist, dass jemand sich dadurch bedroht, belästigt oder eingeschüchtert fühlen *könnte*. In der Praxis hat dies zu fragwürdigen Verboten geführt, die – es kann nicht oft genug betont werden – eine bis zu 24-monatige Haftstrafe nach sich ziehen können, wenn sie nicht befolgt werden.[1337] Einem 17-Jährigen wurde verboten, in der Öffentlichkeit zu fluchen, während einem 16-Jährigen verboten wurde, in den nächsten fünf Jahren einen Kapuzenpullover zu tragen. Ein anderer 16-Jähriger darf in seiner Stadt nur an Wohnungs- oder Haustüren klopfen, wenn er zuvor die Erlaubnis des hinter der Tür lebenden Anwohners eingeholt hat.[1338] Durch diese Beispiele sollte erkennbar werden, dass ASBOs ein großes Potential für sogenannte *net-widening* Effekte haben.[1339]

Auf der anderen Seite sind ASBOs deswegen problematisch, weil sie in der Praxis sehr häufig als Reaktion auf Verhaltensweisen angeordnet werden, die schon die Schwelle zur Straffälligkeit überschreiten (zum Beispiel Vandalismus, Graffiti-sprühen).[1340] Jedoch werden sie durch Zivilgerichte verhängt, wodurch folglich die für Strafverfahren bestehenden Schutzrechte, die ein gerechtes Verfahren gewährleisten sollen, bei ASBOs nicht greifen. Unter diesen Schutzrechten ist insbesondere die für eine ASBO erforderliche Beweislage von zentraler Bedeutung.[1341] Im Vergleich zum Strafverfahren, wo die Schuld des Täters mit an Sicherheit grenzender Wahrscheinlichkeit bewiesen sein muss, sind ASBOs bereits dann zulässig, wenn das Gericht der Auffassung ist, dass es eher wahrscheinlich als unwahrscheinlich ist, dass der Beklagte sich antisozial verhalten hat.[1342] Somit besteht Grund zur Sorge, dass ASBOs als Ersatz- oder „Hintertürsanktion" verwendet werden in Fällen, in denen die Beweislage für ein Strafverfahren nicht ausreicht. Angesichts der Tatsache, dass 97% aller ASBO-Anträge zwischen 2000 und 2005 durch die Gerichte genehmigt wurden, erscheint diese Gefahr durchaus real.[1343] Auch erfolgt im Rahmen der Verhängung einer ASBO keinerlei Prüfung der Verhältnismäßigkeit der Verbote oder der Dauer der Anordnung, die zwischen zwei Jahren und einer unbestimmten Dauer liegen kann.

1337 Vgl. *Morgan/Newburn* 2007, S. 1.038.

1338 Für diese und weitere Beispiele für ASBOs sowie Links zur einschlägigen Medienberichterstattung, siehe *http://www.statewatch.org/asbo/ASBOwatch.html* (zuletzt aufgerufen am 20.03.2014). Ferner *Horsfield* 2006.

1339 Vgl. *Squires* 2008a, S. 18.

1340 Vgl. *Hughes* 2008, S. 93 f.

1341 *Graham/Moore* 2006, S. 84 f.

1342 *Squires* 2008a, S. 18.

1343 Vgl. *Pople* 2010, S. 154 ff.

Ein weiteres Schutzrecht, welches in zivilrechtlichen Verfahren nicht greift, ist das Prinzip der Nichtöffentlichkeit. Während Jugend*straf*verfahren vor dem Jugendgericht bis auf Ausnahmen unter Ausschluss der Öffentlichkeit stattfinden müssen, sind der Berichterstattung und dem öffentlichen Zugang zum Zivilverfahren keine Grenzen gesetzt.[1344] Folglich dürfen Zeitungen und andere Medien Details veröffentlichen, die eine Identifikation des der ASBO Unterstellten zulassen, wie Name, Fotos, Adresse, Alter, Schule, sowie die Auflagen der ASBO.[1345] Derartiges *naming and shaming* ist dabei kein unvorhergesehener und nicht bedachter Nebeneffekt, sondern vielmehr eine explizit verfolgte Vollstreckungsstrategie. Die Regierung hat bereits kurz nach der Jahrtausendwende die entsprechende Praxis gelobt, indem sie der Öffentlichkeit versicherte, dass etwas unternommen werde, das eine effektive abschreckende Wirkung habe.[1346] Ebenso wichtig ist, dass dadurch die Allgemeinbevölkerung in die Vollstreckung von ASBOs direkt involviert wird – sie „ermächtigt" wird, etwas zur Verbesserung der Lebensqualität in ihrer Nachbarschaft selbst beizutragen.[1347] Dagegen wurde *naming and shaming* durch das UNKRKom im Jahr 2008 stark kritisiert, weil Kinder und Jugendliche dadurch nicht entsprechend Artikel 40 (2) (vii) UNKRK angemessen vor negativen Mediendarstellungen und öffentlicher Stigmatisierung geschützt seien.[1348]

Von 2000 bis 2011 wurden insgesamt 21.440 ASBOs verhängt, davon 8.160 gegen Personen unter 18 Jahren (38,1%).[1349] Entsprechend waren unter 18-Jährige im Vergleich zu Erwachsenen in diesem Zeitraum einem signifikant erhöhten Risiko ausgesetzt, eine ASBO zu erhalten – 31,6 Erwachsene pro 100.000 der gleichaltrigen Gesamtbevölkerung erhielten zwischen 2000 und 2011 eine ASBO, verglichen mit 151,7 pro 100.000 bei Kindern und Jugendlichen.[1350] Bei Kindern und Jugendlichen wurden nur 31,7% dieser ASBOs erfolgreich, das heißt ohne einen einzigen registrierten Verstoß gegen die Auflagen absolviert.[1351] Diese Erfolgsrate ist im Vergleich zu den Erwachsenen deutlich niedriger (48,5%) und gerade bei den jüngsten Kindern und Jugendlichen besonders gering (10- bis unter 15-Jährige: 26,3%; 15- bis unter 18-Jährige: 33,6%). Insgesamt wurden Kinder und Jugendliche 17.249 Mal für Verstöße ge-

---

1344   *Squires* 2008a, S. 18.

1345   *Graham/Moore* 2006, S. 84 f.

1346   *Yates* 2008, S. 239. Eine derartige abschreckende Wirkung bleibt noch zu belegen.

1347   Vgl. *Morgan/Newburn* 2007, S. 1.038 f.

1348   *United Nations Committee on the Rights of the Child* 2008, § 36 (b).

1349   Siehe *Home Office* 2012, Tabelle 2(P).

1350   Siehe *Home Office* 2012, Tabelle 2(P), sowie Bevölkerungsdaten des *Office for National Statistics*.

1351   Siehe *Home Office* 2012, Tabelle 8.

gen ASBO-Auflagen durch Jugendstrafgerichte sanktioniert. Von ihnen erhielten 50,6% (8.723) eine gemeindeorientierte Sanktion, und weitere 26,1% (4.502) wurden zu Freiheitsstrafen verurteilt.[1352] Im Vergleich dazu erhielten 17,2% aller Erwachsenen, die für Verstöße gegen ihre Auflagen gerichtlich sanktioniert wurden, eine *community sanction*, und 44% eine Haftstrafe. Auf den ersten Blick mag dies durchaus den Anschein erwecken, dass die Gerichte mit Kindern und Jugendlichen milder umgegangen sind. Jedoch sollte bedacht werden, dass den Jugendgerichten eine Vielzahl an Alternativen zu kurzen Freiheitsstrafen bereitsteht. Nimmt man die Anteile für Haftstrafen und gemeindeorientierte Sanktionen zusammen als Synonym für eingriffsintensive Interventionen, zeigt sich, dass im Durchschnitt durchaus härter mit Kindern und Jugendlichen verfahren wurde als mit Erwachsenen (76,7% bei Kindern/Jugendlichen; 51,2% bei Erwachsenen). Dies wird auch in der durchschnittlichen Länge der verhängten Freiheitsstrafen deutlich, die mit 6,3 Monaten bei Kindern und Jugendlichen im Vergleich zu Erwachsenen (4,8 Monate) eindeutig länger gewesen sind.[1353] Dies bleibt auch nach Korrektur der Daten, um Haftstrafen von unter vier Monaten herauszurechnen (da solche Haftstrafen für Kinder und Jugendliche nicht in Frage kommen), bestehen. Für jedes Kind/jeden Jugendlichen, der von 2000 bis 2011 eine ASBO erhalten hat, wurden 2,1 wegen Verstößen gegen die Auflagen durch ein Strafgericht verurteilt, und im Durchschnitt hat jede zweite ASBO den reinen absoluten Zahlen nach zu urteilen eine Verurteilung zu einer Freiheitsstrafe nach sich gezogen.

Mit einer Strategie der Reintegration, der Minimalintervention, Entkriminalisierung und einem Fokus auf dem besten Interesse des Kindes sind ASBOs angesichts dieser Praxis nur schwer zu vereinbaren. Die ASBO ist ein rein repressives Instrument, welches das Verhalten vor allem junger Menschen ohne ein angemessenes oder faires Verfahren kriminalisiert und sie für „Fehlverhalten" aktiv und bewusst aus der Gesellschaft ausgrenzt. Sie tragen in keiner Weise dazu bei, dass die für das antisoziale Verhalten ursächlichen Faktoren behoben werden, und diese Faktoren schließen auch die subjektiven Wahrnehmungen der erwachsenen Öffentlichkeit hinsichtlich dessen, wie sich Kinder und Jugendliche zu benehmen haben, mit ein. Stattdessen drängen sie junge Menschen in das Jugendstrafrechtssystem und die Jugendgerichte, und haben häufig Haftstrafen zur Folge für Verhaltensweisen, die an sich nicht gesetzlich als kriminell definiert sind, oder für die das Gesetz ansonsten keine Haftstrafe zulassen würde.[1354] Sie lassen viel Spielraum für Ermessen, Interpretation und somit für Altersdiskriminierung und Missbrauch und senken die Toleranzschwelle der Er-

---

1352   Vgl. *Home Office* 2012, Tabelle 14.

1353   Vgl. *Home Office* 2012, Tabelle 13.

1354   Vgl. *Graham/Moore* 2006, S. 84 f.; *Squires* 2008a, S. 18.

wachsenenbevölkerung für Verhaltensweisen, die häufig kinder- und jugendtypische Manifestationen des Erwachsenwerdens darstellen.

Diese Problematik der Kriminalisierung, der gesellschaftlichen Ausgrenzung und Diskriminierung junger Menschen wird auch in anderen Aspekten des
Kampfes gegen antisoziales Verhalten widergespiegelt. Neben der ASBO hat
die UNKRKom auch die in *Kapitel 2.5.3.2* oben bereits angesprochene polizeiliche Befugnis kritisiert,[1355] bestimmte öffentliche Bereiche, welche durch an-
haltendes antisoziales Verhalten belastet sind, zu sogenannten *dispersal zones* zu
erklären und sich in solchen Zonen aufhaltende Gruppen von zwei oder mehr
Personen aufzulösen, wenn sie sich antisozial verhalten oder verhalten könnten.[1356] Zwar sind *dispersal zones* und *dispersal orders* nicht gesetzlich auf
Kinder und Jugendliche beschränkt, jedoch ist „grundloses Rumhängen" in der
Praxis eher jugendtypisches Verhalten. In Medienberichten werden nicht selten
„lästige Jugendliche" als Ursache für die Gründung der *dispersal zone* benannt,[1357] manchmal erweckt die Berichterstattung den fälschlichen Eindruck,
dass nur Gruppen von Kindern und Jugendlichen ein Platzverweis erteilt werden
kann, obwohl die polizeilichen Befugnisse prinzipiell keiner Altersbeschränkung
unterliegen.[1358]

Problematisch ist in diesem Zusammenhang die Verwendung der allumfas-
senden Definition antisozialen Verhaltens – und somit der subjektiven Wahr-

---

1355   Das UNKRKom hat gegenüber der *dispersal order* als Kritik angeführt, dass sie die
       in Artikel 15 UNKRK kodifizierte Vereinigungs- und Versammlungsfreiheit junger
       Menschen beeinträchtige. Siehe *United Nations Committee on the Rights of the Child*
       2008, § 34.

1356   Section 30 (1) ASBA 2003. Hält sich eine Gruppe von zwei oder mehr Personen in
       einer solchen Zone auf, kann die Polizei ihre Auflösung anordnen, wenn sich Mit-
       glieder der Öffentlichkeit durch ihre Anwesenheit oder ihr Verhalten bedroht, einge-
       schüchtert, belästigt oder genötigt fühlen (bzw. fühlen könnten) (Section 30 (3) und
       (4) ASBA 2003). Personen, die nicht in der *dispersal zone* wohnhaft sind, können in
       der Folge für 24 Stunden der Zone verwiesen werden. Diese Aufforderung zur Grup-
       penauflösung ist die sogenannte *dispersal order*. Wer ihr bewusst nicht nachkommt
       kann zu einer Geldstrafe von maximal £ 1.000 (oder £ 250 bei unter-14-Jährigen)
       oder einer Freiheitsstrafe von bis zu drei Monaten verurteilt werden (Section 32 (2)
       und (3) ASBA 2003). Da die kürzest zulässige Freiheitsstrafe bei Kindern und
       Jugendlichen vier Monate ist, kommen für sie stattdessen andere formelle Rechtsfol-
       gen in Betracht. Für Kinder und Jugendliche unter 16 Jahren dient die *dispersal
       order* zusätzlich als Ausgangssperre (Section 30 (6) ASBA 2003). So können
       unbeaufsichtigte Kinder und Jugendliche unter 16 Jahren zwischen 21 Uhr und 6 Uhr
       von der Polizei nach Hause gebracht werden, wenn sie Gefahr laufen, sich antisozial
       zu verhalten oder straffällig zu werden, und Gefahr laufen, der Straffälligkeit oder
       dem antisozialen Verhalten anderer ausgesetzt zu sein. Vgl. *Crawford* 2008, S. 145;
       Pople 2010, S. 167.

1357   Siehe *O'Neill* 2012a.

1358   Siehe beispielsweise *Hogg* 2012; *Casciani* 2005.

nehmung anderer über „gutes Benehmen" – als Eingriffsgrundlage.[1359] In der Praxis kann bereits die Anwesenheit oder das Auftreten/Aussehen einer Gruppe junger Menschen ausreichend sein, um Gefühle von Bedrohung, Bedrängnis, Einschüchterung oder Belästigung hervorzurufen und folglich einen (aus gesetzlicher Sicht berechtigten) polizeilichen Verweis bedingen, obwohl niemand in der Gruppe etwas getan zu haben braucht.[1360] Durch den Verweis wird es dann strafbar, die Zone in den nächsten 24 Stunden erneut zu betreten, was schlussendlich eine Kriminalisierung darstellt.

Die Praxis, Nachbarschaften oder sonstige Gegenden in öffentlichen Medien offiziell als Zonen zu deklarieren, in denen antisoziales Verhalten überhand nimmt, birgt die Gefahr, dass *dispersal zones* – obwohl sie eigentlich auf die Beruhigung der Bevölkerung abzielen – die Furcht und Unzufriedenheit in der Bevölkerung eher erhöhen und Vorurteile gegenüber jungen Menschen weiter bekräftigen. Dadurch werden ganze Nachbarschaften, Stadtgebiete und vor allem junge Menschen stigmatisiert, kriminalisiert und gesellschaftlich ausgegrenzt, was Spannungen zwischen den Generationen auf der einen Seite und zwischen jungen Menschen sowie der Polizei auf der anderen Seite zur Folge haben kann.[1361] Das Gefühl zu haben, ungerecht und vorurteilsbehaftet behandelt worden zu sein, kann sich noch in der Entwicklung befindliche, persönliche Auffassungen von Gerechtigkeit negativ beeinflussen und in der Folge zu Trotzreaktionen und einer Devianzverstärkung führen. *„Wenn wir jungen Menschen vermitteln, dass sie in bestimmten Sphären des öffentlichen Lebens nicht willkommen sind, kriminalisieren wir nicht nur ihre Geselligkeit auf der Grundlage der Ängste und Wahrnehmungen Erwachsener. Wir vermitteln ihnen möglicherweise auch ein verzerrtes Bild über ihren Status und ihren Wert in der Gesellschaft."*[1362] Die Popularität von Geräten wie dem *Mosquito Teen Deterrent* – einem Gerät, welches einen nur für Personen unter 20 hörbaren, stark irritierenden Hochfrequenzton abgibt – trägt signifikant zu diesem Bild bei.[1363] Dabei macht das Gerät keinerlei Differenzierung zwischen

---

1359 *Smith* 2006, S. 94.

1360 *Crawford* 2008, S. 145.

1361 Siehe hierzu *Bateman* 2008d; *Crawford* 2009.

1362 Übersetzung des Autors. Im Original: *„In effectively saying to our young people that they are not welcome in certain essential public places, we may not only be criminalizing youth sociability [...] on the basis of adult's anxieties and assumptions [...], we may also be conveying stark messages about the status and value of young people in society."* *Crawford* 2009, S. 23.

1363 Der *Mosquito Teen Deterrent* wird (wie Kinder und Jugendliche letztlich auch) durch „Compound Security Systems" vertrieben. Im ersten Verkaufsjahr wurden mehr als 3.500 solcher Geräte verkauft. Internetseite der Firma: *http://www.compoundsecurity. co.uk/security-equipment/mosquito-mk4-anti-loitering-device* (zuletzt aufgerufen:

Kindern und Jugendlichen, die alkoholisiert Passanten bedrängen und solchen, die mit ihren Großeltern einen Stadtbummel machen. Es zeigt vielmehr, dass Kinder und Jugendliche nicht aufgrund ihres tatsächlichen Verhaltens, sondern aufgrund der Vorurteile, die mit ihrem Alter verbunden sind, als lästiges gesellschaftliches Problem betrachtet werden, das in der Öffentlichkeit nur stört. *Crawford* schreibt weiterhin, dass, *„für viele junge Menschen, das Treffen mit Gleichaltrigen in der Öffentlichkeit in der Entwicklung von eigener Identität und Selbstkontrolle ein zentraler Faktor ist, nicht zuletzt weil es ihnen einen Kontext bietet, um die Fähigkeit zu entwickeln, mit Risiko und Gefahr umzugehen."*[1364] Es stellt sich die Frage, wie Kinder und Jugendliche den respektvollen Umgang mit anderen lernen sollen, wenn ihnen verboten wird, öffentlichen Raum mit der Restgesellschaft zu teilen und ihnen stattdessen mit derartiger Intoleranz begegnet wird.

Zum Zeitpunkt der Kritik des UNKRKom im Jahr 2008 befand sich der Gebrauch von ASBOs bereits seit einigen Jahren im Rückgang. Nach einer explosionsartigen Ausdehnung des Gebrauch von ASBOs bei unter 18-Jährigen von 2001 bis 2005 – von 193 auf 1.581 (+819%) – war die absolute Zahl im Jahr 2008 auf 719 gesunken.[1365] Dieser Trend hat sich bis zur Herausgabe der jüngsten Daten für das Jahr 2011 kontinuierlich fortgesetzt – im Jahr 2011 wurden nur 375 ASBOs gegen unter 18-Jährige verhängt. Parallel dazu fiel ein immer geringerer Anteil aller ASBOs auf die Altersgruppe der 10- bis unter 18-Jährigen – noch 2007 waren es 40%, verglichen mit 26,5% vier Jahre später. Dieser Rückgang ist unter anderem auf die Wahrnehmung der Ineffektivität der ASBO als frühpräventives Instrument zurückzuführen, gekennzeichnet durch die große Häufigkeit, in der vor allem junge Menschen gegen ihre Auflagen verstoßen und in der Folge formell bestraft werden.[1366]

Im Jahr 2010 hat die Regierung, vertreten durch Innenministerin *Theresa May*, erstmals die Möglichkeit einer Abschaffung der ASBO angedeutet. Durch die *New Labour*-Partei sei eine irrsinnige Interventionsvielfalt eingeführt worden, die unübersichtlich, bürokratisch und ineffektiv sei und vor allem junge Menschen unverhältnismäßig kriminalisiere sowie in das Jugendjustizsystem hineinziehe.[1367] Es sei eine Vereinfachung der Interventionsmöglichkeiten erforderlich, welche neben restriktiven Inhalten auch positive, rehabilitativ ausgerichtete Elemente haben sollten.

20.03.2014). Der Einsatz derartiger Geräte wurde durch das UNKRKom explizit kritisiert, siehe *United Nations Committee on the Rights of the Child* 2008, § 34.

1364   *Crawford* 2009, S. 22 (Übersetzung durch den Verfasser).

1365   Siehe *Home Office* 2012, Tabelle 2(P).

1366   Vgl. *Home Office* 2012c, S. 3; *Bateman* 2011, S. 188 f.

1367   Vgl. *Home Office* 2012c, S. 8. Siehe auch *Bateman* 2011, S. 189.

Die Reformvorhaben wurden im Jahr 2012 im Gesetzesentwurf (*White Paper*) „Die Opfer zuerst – Effektivere Reaktionen auf antisoziales Verhalten" (*Putting Victims First – More Effective Responses to Anti-Social Behaviour*)[1368] der Öffentlichkeit präsentiert. Das Dokument sieht unter anderem vor, dass ASBOs sowie eine Reihe anderer Interventionsformen durch sogenannte *crime prevention injunctions* (CPI) ersetzt werden. Obgleich CPIs auf den ersten Blick eine starke Kongruenz zu ASBOs aufweisen, sind einige durchaus positive Veränderungen hervorzuheben.[1369] Positiv anzumerken ist das Vorhaben der Regierung, im Rahmen der neuen CPIs neben restriktiven Verhaltensverboten auch positive Anforderungen zu bestimmen, wie beispielsweise die Teilnahme an Anti-Aggressions-Kursen, Beratungen oder Drogen- und Suchttherapien, um auch einen Beitrag zur Behebung der für das unerwünschte Verhalten ursächlichen Faktoren zu leisten.[1370] Weiterhin begrüßenswert und lange überfällig ist auch die Absicht, dass Verstöße gegen die Vorgaben der CPI nicht automatisch eine Straftat darstellen und strafregisterliche Folgen haben sollen. Vielmehr sollte Verstößen mit der gerichtlichen Anordnung von Supervision durch die YOTs oder die Bewährungshilfe begegnet werden. Erst bei anhaltenden Verstößen gegen diese Supervisionsanordnung könnte eine Freiheitsstrafe in Betracht kommen.[1371]

Obgleich Kindern und Jugendlichen, die einer CPI unterstellt werden, den Plänen der Regierung zufolge eine gewisse Hilfestellung zuteil werden soll – sowohl in der Erfüllung der CPI-Auflagen als auch in der Vermeidung des Freiheitsentzugs – birgt die CPI dennoch viel Potential für eine Fortsetzung der Kontroverse der ASBOs unter neuem Namen. Wie ASBOs auch sollen CJIs in Fällen antisozialen, also nicht zwingend straffälligen Verhaltens Anwendung finden.[1372] Die schwammige Eingriffsgrundlage der ASBOs soll demnach auch nach den Reformen bestehen bleiben. In diesem Zusammenhang bleibt dabei auch problematisch, dass CPIs zivilrechtliche Anordnungen sein werden, die – wie zuvor die ASBOs auch – im Rahmen zivilrechtlicher Verfahren verhängt werden. Es werden demnach weiterhin die für zivilrechtliche Fälle geltenden Beweislagevoraussetzungen gelten. Inwieweit die Zulässigkeit der Medienberichterstattung und die Öffentlichkeit des Verfahrens Veränderungen erfahren werden, geht nicht klar aus den Vorschlägen der Regierung hervor. Zwar ist vorgesehen, dass CPI-Verfahren nun vor dem Jugendgericht geführt werden

---

1368   Siehe hierzu *Home Office* 2012c.

1369   Vgl. *Bateman* 2011, S. 189.

1370   Vgl. *Stone* 2011, S. 169.

1371   Vgl. *Stone* 2011, S. 170.

1372   Vgl. *Bateman* 2011, S. 189.

sollten.[1373] Jedoch ist nicht eindeutig, ob die für Jugend*straf*verfahren greifenden Berichterstattungs- und Öffentlichkeitseinschränkungen greifen werden, wenn das Jugendgericht in seiner zivilrechtlichen Kapazität entscheidet. Auch das Vorhaben an sich, die Zuständigkeit für CPIs und somit für Reaktionen auf antisoziales Verhalten an Jugendgerichte zu übertragen, ist durchaus fragwürdig. Erst 1989 wurde die zivilrechtliche Schiene der Jugendgerichte aufgehoben und an neu gegründete *Family Proceedings Courts* übertragen, gerade aufgrund der Probleme, die eine Vermengung krimineller und nicht-krimineller Fälle vor der selben Gerichtsbarkeit mitverursacht hat (siehe *Kapitel 2.3* oben). Dadurch wird antisoziales Verhalten eher noch stärker mit tatsächlich kriminellem Verhalten in Verbindung gebracht. Das wird auch bereits in der Bezeichnung der neuen Anordnung reflektiert (*anti-social behaviour orders* im Vergleich zu *crime prevention injunction*). Im *White Paper* von 2012 hat die Regierung sogar antisoziales Verhalten definiert als einen „*breiten Begriff, der alltägliche Erscheinungsformen von Kriminalität, Belästigung und gesellschaftlicher Unordnung umfasst, die das Leben vieler Menschen [...] zu einem Elend werden lassen.*"[1374]

Insgesamt bleibt anti-soziales Verhalten nach Auffassung der Regierung ein „ernstes Problem",[1375] so dass nicht behauptet werden kann, dass eine Befreiung der Öffentlichkeit von ihrer moralischen Panik über das Verhalten junger Menschen einen nennenswerten Stellenwert in der nahen Zukunft haben wird. Gesetzliche Reform allein kann nur wenig an den Wahrnehmungen und vor allem an den Ängsten der Bevölkerung verändern. Inwieweit die geplanten Reformen zu einer tatsächlichen „formellen Entkriminalisierung" des Verhaltens junger Menschen führen können, bleibt daher abzusehen. Jedoch bleibt die Gefahr, dass junge Menschen weiterhin für Verhaltensweisen sanktioniert werden, die nicht die Grenze der Straffälligkeit überschreiten und junge Rechtsbrecher weiterhin durch die Hintertür des Zivilrechts für ihre Fehltritte sanktioniert werden, ohne Anspruch auf die für Strafverfahren geltenden Rechte eines gerechten Verfahrens. In diesem Zusammenhang bleibt England in der Zwischenzeit „konventionsfeindlich" und somit weiterhin zu kritisieren.

4.3.3 Diversion

Gemäß Artikel 40 (3) (b) UNKRK müssen die Vertragsstaaten, „*soweit dies angemessen und wünschenswert ist, Maßnahmen [treffen], um den Fall ohne ein gerichtliches Verfahren zu regeln, wobei jedoch die Menschenrechte und die Rechtsgarantien uneingeschränkt beachtet werden müssen.*" Angesichts der Tat-

---

1373   Vgl. *Home Office* 2012c, S. 24.

1374   Vgl. *Home Office* 2012c, S. 8 (Übersetzung durch den Verfasser).

1375   *Home Office* 2012c, S. 3.

sache, dass der Großteil der Kinder- und Jugendkriminalität eher bagatellhaft und episodenhaft ist, sollte es zudem nach Meinung des UNKRKom gängige Praxis sein, eine Reihe von Maßnahmen bereitzuhalten, mittels derer junge Rechtsbrecher aus dem formellen Strafverfolgungssystem herausgeholt werden können, gegebenenfalls in Kombination mit einem Verweis an die lokalen sozialen Dienste.[1376] Diversion wird auch in den Empfehlungen der *Beijing Rules* thematisiert. Regeln 11.1 und 11.2 der *Beijing Rules* spiegeln den Artikel 40 (3) (b) UNKRK wider, während Regel 11.3 die zusätzliche Empfehlung aufstellt, dass jeder im Rahmen der Diversion vollzogene Verweis eines Kindes in Diversionsmaßnahmen der Zustimmung des Kindes (und gegebenenfalls seiner Eltern) bedarf und einem Widerspruch offen stehen müsse. Diversion in informelle oder formelle außergerichtliche Prozesse dient der Vermeidung unnötiger Stigmatisierung und Kriminalisierung junger Menschen und ist integraler Bestandteil einer Strategie der Minimalintervention.[1377] Entsprechend sollten die Strukturen, Prozesse und Maßnahmen, die im Rahmen der Diversion zum Einsatz kommen, auch gestaltet sein.

Wie bereits im Verlauf des *Kapitel 2.5.6* beschrieben wurde, ist dies in England und Wales zumindest bis 2008 wenig geglückt, war das *final warning scheme* doch maßgeblich mitursächlich für anhaltend hohe Zahlen strafrechtlich sanktionierter junger Personen. Gerade aufgrund der engen Zulässigkeitsvoraussetzungen für *reprimands* und *final warnings* – in Kombination mit der Anweisung seitens des Innenministeriums, von informellen Abhandlungsmöglichkeiten abzusehen und so viele bekannt gewordene Täter mittels formeller Interventionen abzuhandeln wie möglich (die *„offenders brought to justice"*-Problematik, siehe *Kapitel 2.5.6.2* oben) – war die Sanktionspraxis bis 2007/08 von einer gewissen Interventionspflicht und entsprechender Schärfe gekennzeichnet. Diese Entwicklung kann durchaus als Bestätigung der Aussagen des *UNKRKom* 2007 gesehen werden, nämlich dass Diversion nicht auf Bagatelldelinquenz oder Ersttäter beschränkt werden sollte[1378] und die erfolgreiche Absolvierung einer Diversionsmaßnahme keine strafregisterlichen Folgen haben sollte.[1379]

Aber auch im Bereich der Diversion sind die jüngsten Entwicklungen in England/Wales dagegen aus dem Blickwinkel internationaler Standards durchaus vielversprechend. Wie bereits in *Kapitel 2.6* beschrieben, haben strategische und organisatorische Veränderungen im Jugendjustizsystem, Zuständigkeitsreformen zwischen Zentral- und Kommunalregierungen sowie ein angespanntes ökonomisches Klima zu einer Ausdehnung des Gebrauchs informeller Diversion

---

1376 Siehe Artikel 24, 68 u. 69 in *United Nations Committee on the Rights of the Child* 2007.

1377 Vgl. *Cavadino/Dignan* 2007, S. 317 f.

1378 Siehe Artikel 25 in *United Nations Committee on the Rights of the Child* 2007.

1379 Siehe Artikel 27 in *United Nations Committee on the Rights of the Child* 2007.

beigetragen. Seither ist die Zahl der formellen Verwarnungen stark rückläufig, vor allem bei den jüngsten Altersgruppen, und dies könnte sich bekanntlich auch positiv auf die Sanktionspraxis der Gerichte ausgewirkt haben (siehe *Kapitel 2.6.2* oben). Die Einführung der *youth conditional caution* im Jahr 2008 als zusätzliche Diversionsebene zwischen FWS und formeller Gerichtsverhandlung ist eine weitere vielversprechende Entwicklung in diesem Zusammenhang, von deren geplanten Ausdehnung von einem geografisch noch begrenzten Pilotprojekt zu landesweiter Verfügbarkeit noch weitere positive Auswirkungen auf die Sanktionierungspraxis insgesamt erhofft werden dürfen. Dieser Schritt bringt England und Wales auch näher in Richtung einer Umsetzung des Rule 9.1 der sog. *Beijing Rules*, welche empfiehlt, Entscheidungsträgern auf allen Ebenen des Strafverfolgungsprozesses ausreichendes Ermessen einzuräumen, um adäquat auf die Bedürfnisse eines Täters reagieren zu können.

Die „Erfolgsgeschichte" der letzten Jahre war maßgeblich davon abhängig, dass die richtigen Personen zur richtigen Zeit die richtigen Entscheidungen getroffen haben und auch treffen durften, um das *final warning scheme* mittels informeller Strategien quasi zu „umgehen". Interessanterweise hat der Gesetzgeber jüngst gehandelt und das Verwarnungssystem reformiert, um die durch das *final warning scheme* verkörperte Falltür in die Punitivität zu verriegeln und den Strafverfolgungsbehörden mehr Ermessen einzuräumen. Section 135 des „Gesetzes über Rechtsbeistand, Prozesskostenhilfe, Strafzumessung und die Bestrafung von Rechtsbrechern" von 2012 (*Legal Aid, Sentencing and Punishment of Offenders Act 2012*, LASPOA 2012) hat das System der *reprimands* und *final warnings* durch die allgemeine *youth caution* ersetzt.[1380] Sind die Zulässigkeitsvoraussetzungen erfüllt, werden junge Rechtsbrecher zwingend von der Polizei an das YOT übergeben. Wird ein Täter zum ersten Mal in diesem Zusammenhang an das YOT verwiesen, obliegt es letzterem zu entscheiden, ob eine vollständige Risikoprognose mittels ASSET durchgeführt und ein darauf aufbauendes „Rehabilitationsprogramm" (vergleichbar mit den *change programmes* der *final warning*) entworfen werden soll, oder ob eine gegebenenfalls restorativ ausgerichtete informelle Maßnahme als ausreichend erscheint. Wurde ein Täter zuvor bereits verwarnt, ist das YOT zu einer solchen Risikoeinschätzung mit anschließendem Interventionsprogramm verpflichtet.

Die wichtigste Veränderung ist, dass keine gesetzlichen Einschränkungen mehr hinsichtlich der Zahl von Verwarnungen, die eine Person erhalten darf, bestehen – eine deutliche Lockerung der Zulässigkeitsvoraussetzungen verglichen mit dem *final warning scheme*. Wann der Zeitpunkt in einem Fall gekommen ist, ab dem eine Anklage vor Gericht unumgänglich ist, wird nicht mehr entlang starrer gesetzlicher Vorgaben bestimmt, sondern unter Berücksichtigung der Fakten und Hintergründe eines jeden Einzelfalls. Im Einklang mit

---

1380 Section 66ZA CDA 1998, eingefügt durch Section 135 LASPOA 2012. Siehe hierzu ausführlich *Ministry of Justice/Youth Justice Board* 2013.

dieser Strategie wurden auch die gesetzlichen Grundlagen für *youth conditional cautions* (YCC) insoweit angepasst, dass vorangegangene Verurteilungen nicht mehr ein Ausschlusskriterium für die Zulässigkeit einer YCC sind.[1381]

Insgesamt hat die Diversion einen positiven Wandel erlebt, weg von einem *zero tolerance "three strikes"*-System in Richtung einer Strategie, die die Kriminalisierung junger Menschen weitestmöglich vermeidet und mehr an deren Bedürfnissen orientiert ist. Es bleibt abzuwarten, wie sich die Situation nach diesen jüngsten Gesetzesreformen weiterentwickelt. Möglich wäre, dass ein zunehmend großer Anteil junger Straffälliger aus den Gerichten ferngehalten wird. Jedoch ist zugleich zu hoffen, dass die Reform der formellen Diversionsmöglichkeiten aufgrund ihres weitergehenden Anwendungsbereichs keine negativen Auswirkungen auf den Umfang der informellen Bemühungen hat, die laut Art. 40 (3) (b) UNKRK vorzuziehen wären.

4.3.4 Untersuchungshaft und sonstige Maßnahmen zur Verfahrenssicherung

Gemäß Artikel 37 (b) UNKRK müssen Vertragsstaaten sicherstellen, *„dass keinem Kind die Freiheit rechtswidrig oder willkürlich entzogen wird. Festnahmen, Freiheitsentziehung oder Freiheitsstrafe darf bei einem Kind im Einklang mit dem Gesetz nur als letztes Mittel und für die kürzeste angemessene Zeit angewendet werden.“* Diese verbindliche Vorgabe wird auch in Artikel 16 der Europaratsempfehlung No. R (2003) 20, den Regeln Nr. 6.1 und 6.2 der *Tokyo Rules*, in der Regel 13.1 der *Beijing Rules* und in Grundprinzip Nr. 10 der ERJOSSM 2008 aufgegriffen und besonders betont. Diese Regelungen haben ihre Grundlage in der in Artikel 6 der Europäischen Menschenrechtskonvention sowie in Artikel 40 (1) (b) (I) der UNKRK verbindlich vorgeschriebenen Unschuldsvermutung. Personen, die in Untersuchungshaft genommen werden, erleiden trotz des Ausstehens einer Schuldfeststellung nach Auslegung der internationalen Instrumente eine Form der Bestrafung, weswegen die Unterbringung in Untersuchungshaft nur in den dringendsten Fällen angewandt werden sollte und nur für so kurz wie möglich.

Zudem ist der Gebrauch der Untersuchungshaft in dem Kontext zu begreifen, dass die Erfahrung des Freiheitsentzugs schädliche oder abträgliche Auswirkungen haben kann. Aufgrund ihrer alters- und reifebedingten Verletzbarkeit (Vulnerabilität) ist es gerade bei Kindern und Jugendlichen von besonderer Wichtigkeit, Gerichten und sonstigen Entscheidungsträgern eine Reihe von Alternativen zur Untersuchungshaft bereitzustellen, um einer *„kriminellen Kontaminierung"* durch das Erleben des Freiheitsentzugs vorzubeugen.[1382] So

---

1381 Section 66A (1) CDA 1998, geändert durch Section 136 LASPOA 2012.

1382 Siehe die Kommentierung des UNKRKom zu Regel 13 der *Beijing Rules*.

empfehlen die *Beijing Rules* in Regel 13.2 die Einführung und den Gebrauch alternativer Formen der Prozesssicherung, welche das Alter, die Reife und die Bedürfnisse junger Menschen berücksichtigen, wie beispielsweise Formen der ambulanten Überwachung, aber auch alternative Unterbringungsmöglichkeiten in Pflegefamilien, bei Verwandten oder in angemessenen Herbergen oder Heimen.[1383] Der Umgang mit jungen Menschen muss auch im Rahmen der Prozesssicherung im besten Interesse des Kindes erfolgen. Um dies zu gewährleisten, sollten Gerichte ihre Entscheidung für oder gegen Untersuchungshaft auf den Ergebnissen von Risikoprognosen und Gerichtshilfeberichten basieren, welche die Lebensbedingungen und die Persönlichkeit des Täters berücksichtigen.[1384]

Im Rahmen seiner abschließenden Bemerkungen an das Vereinigte Königreich im Jahr 2008 hat das UNKRKom die Situation in England und Wales kritisiert. Dabei galt diese Besorgnis nicht den gesetzlichen Grundlagen, auf denen der Umgang mit Kindern und Jugendlichen im Rahmen der Prozesssicherung basierte. Wie bereits in *Kapitel 3.2.3* und *3.5* oben beschrieben, sieht das Gesetz eine Reihe von jugendspezifischen Alternativen zur Untersuchungshaft vor – von verschiedenen Formen der vorläufigen Freilassung, über elektronische Überwachung und Supervisions- und Beistandsprogramme bis hin zu speziell für Kinder und Jugendliche vorgesehene offene und geschlossene Unterbringungen. Auch gilt die gesetzliche Vermutung, dass Untersuchungshaft *ultima ratio* ist und immer die geringst eingriffsintensive Maßnahme gewählt werden sollte, unter Berücksichtigung des Alters des Angeklagten, der mutmaßlich begangenen Deliktsart, der strafrechtlichen Vergangenheit des Angeklagten, der Wahrscheinlichkeit, zu der er/sie vor Gericht erscheinen wird, sowie des vom Angeklagten ausgehenden Risikos für sich oder für die Öffentlichkeit.[1385] In vielen Regionen werden Gerichte in ihrer Entscheidung durch YOTs unterstützt mittels der an anderer Stelle bereits beschriebenen *bail information-schemes* und der damit einhergehenden Gerichtshilfeberichte. Entscheidungen der Gerichte

---

1383   Siehe auch Artikel 17 der Europaratsempfehlung No. R (2003) 20, Regel 6.2 der *Tokyo Rules*, sowie *United Nations Committee on the Rights of the Child* 2007, § 80.

1384   Siehe Artikel 18 der Europaratsempfehlung No. R (2003) 20. Es sollte angeführt werden, dass die internationalen Standards auch spezifische Aussagen machen hinsichtlich der Bedingungen, unter denen (unschuldige) Kinder und Jugendliche ihrer Freiheit beraubt werden. Vor allem die ERJOSSM 2008 machen in den Regeln Nr. 109-113 Aussagen in diesem Zusammenhang. Diese Empfehlungen sind durchaus wichtig, sollen sie doch eine menschenrechtskonforme Unterbringung und Behandlung während des Vollzugs gewährleisten. Jedoch liegt der Schwerpunkt der Untersuchung an dieser Stelle in den rechtlichen Grundlagen sowie im Gebrauch des Freiheitsentzugs im Rahmen der Prozesssicherung in der Praxis. Eine detaillierte und aktuelle Untersuchung der Jugendhaftbedingungen in England und Wales wäre an anderer Stelle sehr begrüßenswert.

1385   Siehe *NACRO* 2008a, S. 2 ff.

können vor der nächst höheren Gerichtsinstanz angefochten werden und der Dauer der Untersuchungshaft oder anderer stationärer Maßnahmen sind zeitliche Beschränkungen gesetzt. Kinder sowie Jugendliche sollen in besonderen Anstalten oder sonstigen adäquaten Einrichtungen und getrennt von Erwachsenen untergebracht werden.

Auf dem Papier gibt es den internationalen Standards nach zu urteilen eigentlich wenig zu bemängeln.[1386] Die Sorge des UNKRKom galt vielmehr der Zahl der Kinder und Jugendlichen, die sich zum Zeitpunkt der Berichtsverfassung in England/Wales in Untersuchungshaft befanden.[1387] Im Finanzjahr 2007/08 wurden 86.108 Entscheidungen über prozesssichernde Maßnahmen in Fällen junger Angeklagter angeordnet.[1388] In 5.663 Fällen (6,6%) wurden geschlossene stationäre Maßnahmen verhängt, was einer Belastungsziffer von 104 pro 100.000 entspricht.[1389] 88% aller geschlossenen Maßnahmen lauteten auf Untersuchungshaft. Von April 2007 bis März 2008 befanden sich an einem jeden Tag durchschnittlich 608 Kinder und Jugendliche als Untersuchungshäftlinge in geschlossenen Haftanstalten.[1390] Problematisch ist auch, dass im Jahr 2010 mehr als 75% aller Kinder und Jugendlichen, die im Rahmen eines Strafverfahrens vor dem Jugendgericht in Untersuchungshaft genommen wurden, entweder freigesprochen oder nicht zu Freiheitsstrafen verurteilt wurden.[1391] Vor dem *Crown Court* lag der entsprechende Anteil bei immerhin 33%. In diesen Fällen stellt sich die Frage, ob die Untersuchungshaft tatsächlich unausweichlich bzw. verhältnismäßig war.

Es ist schwer vorstellbar oder zumindest nicht auf Anhieb begreifbar, dass Gerichte in so vielen Fällen keine andere Alternative gesehen haben, als junge Menschen in Untersuchungshaftanstalten unterzubringen, stehen ihnen doch weitreichende, zum Teil robuste Alternativen zur Verfügung. Gemäß Section 23 (1) CYPA 1969 gilt die Vermutung, dass Kinder und Jugendliche unter 17 Jahren in kommunalen Unterkünften (LAA) untergebracht werden, wenn eine vorläufige Freilassung *on bail* nicht zulässig ist. In der Praxis jedoch spielten derartige Unterbringungen im Zeitraum 2001/02 bis 2010/11 mit einem durchschnittlichen Anteil von 1,6% an allen Prozesssicherungsentscheidungen

---

1386 Dies gilt nicht zwingend für die internationalen Instrumente, die vorwiegend den „Vollzugsbedingungen" gewidmet sind.

1387 Siehe *United Nations Committee on the Rights of the Child* 2008, Art. 77 (d).

1388 Siehe *Youth Justice Board* 2009a, S. 18.

1389 Siehe *Youth Justice Board* 2009a, S. 18, sowie geschätzte Bevölkerungsdaten des *Office for National Statistics* und eigene Berechnungen.

1390 Daten des Justizministeriums (*Ministry of Justice*), verfügbar unter *http://www.justice.gov.uk/statistics/youth-justice/custody-data* (zuletzt aufgerufen: 20.03.2014).

1391 Vgl. *Prison Reform Trust* 2011, S. 1.

eher eine Nebenrolle.[1392] Lediglich 18,9% aller Unterbringungen erfolgten nicht in geschlossenen Unterkünften, was zeigt, dass der gesetzlichen Vermutung in der Praxis wenig Folge geleistet wird. Als nicht zu vernachlässigende Ursache für diese Praxis wird vor allem angeführt, dass die Kapazitäten in LAA bei weitem nicht ausreichen, so dass Gerichte keine andere Wahl haben, als eine Unterbringung in einer Haftanstalt anzuordnen.[1393]

Zudem liegt eine zentrale Ursache für diese Problematik darin, dass Entscheidungen für oder gegen Untersuchungshaft nicht durch die Tatschwere bestimmt werden, sondern durch das wahrgenommene Risiko, dass der Tatverdächtige nicht vor Gericht erscheint, Beweise oder Zeugen zu manipulieren versucht oder aber erneut straffällig wird. In der Praxis hat das Fehlen klar definierter, tatschwereorientierter Zulässigkeitsvoraussetzungen dazu geführt, dass Untersuchungshaft und andere geschlossene Unterbringungsformen zunehmend dafür verwendet werden, um „Risiken zu verwalten" während die Beweislage konsolidiert wird, ohne dabei den zu erwartenden Ausgang des Verfahrens auch nur ansatzweise zu berücksichtigen.[1394] Die hohe Zahl der Kinder und Jugendlichen, die im Anschluss an ihre Unterbringung in geschlossenen Anstalten im Rahmen der Prozesssicherung freigesprochen oder zu einer ambulanten Sanktion verurteilt werden, kann als Indiz hierfür gesehen werden.

Ein weiteres Problem liegt darin, dass die Gerichte ein klares Verständnis darüber benötigen, welche Haftalternativen die lokale Infrastruktur bietet und inwieweit diese Alternativen in einem jeden Einzelfall tat- und täteradäquat sind. Mit durchschnittlich 4,8% spielten die direkten Alternativen zu stationären Unterbringungen (wie ISSP, BSSP und elektronische Überwachung)[1395] von 2001/02 bis 2010/11 eine überraschend geringe Rolle. Dabei scheint es viele Fälle gegeben zu haben, in denen eine derartige Alternative durchaus angemessen gewesen wäre. Im Jahr 2009 wurden unter 17-Jährige in mehr als 1.100 Fällen für nicht mehr als eine Woche in geschlossenen Unterkünften untergebracht.[1396] Da Jugendstrafverfahren selten binnen einer Woche abgeschlossen werden liegt die Vermutung nahe, dass in diesen Fällen nach einer ursprünglichen Entscheidung für Untersuchungshaft die Entwicklung der Beweis- und Risikolage eine Verlängerung der Unterbringung nicht mehr gerechtfertigt hat. In der Praxis impliziert diese Tatsache die Notwendigkeit einer zügigeren und besser abgestimmten Zusammenarbeit zwischen Gerichten und YOTs, um bereits bei der ersten Verfahrenssicherungsentscheidung alle für diese Entscheidung

---

1392　Vgl. *Youth Justice Board* 2004b; 2005b; 2006a; 2007a; 2008e; 2009a; *Ministry of Justice/Youth Justice Board* 2011; 2012.

1393　Vgl. *NACRO* 2003b, S. 3 ff.; 2008a, S. 1 ff.

1394　Vgl. *Prison Reform Trust* 2011, S. 1.

1395　Siehe *Kapitel 3.2.3* und *3.5* oben.

1396　Vgl. *Prison Reform Trust* 2011, S. 1.

notwendigen Information zur Verfügung zu haben (beispielsweise in der Form eines Gerichtshilfeberichts oder psychologischer oder medizinischer Schnellgutachten). Die Möglichkeit, Untersuchungshaft anzuordnen, um die Zeit zu überbrücken, bis ein Gerichtshilfebericht vorliegt (wie in *Kapitel 3.2.3* und *3.5.2* oben beschrieben), ist in diesem Zusammenhang ohne Zweifel kontraproduktiv. Viel adäquater erscheint es, die für die Untersuchungshaft anfallenden Kosten in eine nachhaltige Stärkung der Informationssysteme sowie der Alternativen vor Ort umzuwidmen.

Die Tatsache, dass 75% aller Kinder und Jugendlichen, die im Rahmen des Strafverfahrens vor dem Jugendgericht (33% vor dem *Crown Court*) geschlossen untergebracht und im Anschluss nicht zu Freiheitsentzug verurteilt werden, ist ein Indiz dafür, dass die Untersuchungshaft und COSR – entgegen der Vorgaben und Empfehlungen der internationalen Instrumente – in vielen Fällen als eine Form der Bestrafung (und somit als Unterminierung der Unschuldsvermutung) zu begreifen ist. Obgleich nicht als eine solche vorgesehen (sondern als Mittel zur Risikoverwaltung), werden diejenigen, die „unnötig" zur Verfahrenssicherung geschlossen untergebracht werden, dies durchaus als Strafe wahrnehmen (insbesondere wenn ein Freispruch folgt). Es ist denkbar, dass die niedrige Rate einer auf die Untersuchungshaft folgenden Verurteilung zu Freiheitsentzug auch darauf zurückzuführen ist, dass Gerichte im Rahmen ihrer Strafzumessungsentscheidungen in Untersuchungshaft verbrachte Zeit anrechnen müssen (siehe *Kapitel 3.6.3* oben). Eine derartige Anrechnung kann zur Folge haben, dass die für die Tatschwere verhältnismäßige Strafe die *custody threshold* oder gar die *community threshold* unterschreitet. In diesem Zusammenhang kann Untersuchungshaft durchaus als Strafe begriffen werden, da sie eben als Teil der für verhältnismäßig erachteten Intervention angerechnet wird.

336

Tab. 25:   Gerichtliche Verfahrenssicherungspraxis 2006/07 und
2010/11, absolute Zahlen und Anteile in Prozent

	2006/07		2010/11	
	Absolut	Anteil	Absolut	Anteil
Vorläufige Freilassung *on bail* (mit und ohne Auflagen)	89.627	87,2	27.922	81,3
BSSP* und ISSP**	5.335	5,2	1.191	3,5
LAA***	1.493	1,5	1.726	5,0
COSR****	770	0,7	501	1,5
U-Haft	5.590	5,4	2.984	8,7
Gesamt	102.815		34.324	

*:   *Bail supervision and support programmes.*
**:   *Intensive supervision and surveillance programmes.*
***:   *Local authority accommodation.*
****: *Court-ordered secure remand.*
Quelle: Vgl. *Youth Justice Board* 2008e, S. 18; *Ministry of Justice/Youth Justice Board* 2012, ergänzende Tabelle Ch6.1.

Trotz dieser Kritikpunkte hat die Verfahrenssicherungspraxis eine bemerkenswerte Kehrtwende erfahren. Wie in *Kapitel 2.6.1.1* oben bereits erörtert, ist
die durchschnittliche Zahl der 10- bis einschließlich 16-Jährigen, die sich durchschnittlich in geschlossenen Formen der Prozesssicherung befunden haben, von
2007/08 bis 2012/13 von 609 auf 364 kontinuierlich zurückgegangen (ein Rückgang von 41%).[1397] Die absolute Zahl der angeordneten geschlossenen Unterbringungen ist von 6.360 im Finanzjahr 2006/07 auf 3.485 im Finanzjahr
2010/11 gesunken (ein Rückgang von 45,2% innerhalb von fünf Jahren, siehe
auch *Tabelle 25*).[1398] Insgesamt hat die Gesamtzahl aller eine Intervention mit
sich bringenden Verfahrenssicherungsentscheidungen um zwei Drittel abgenommen. Anordnungen von BSSP und ISSP sind in ihrer Häufigkeit am stärksten
gesunken (-77,7%), gefolgt von Anordnungen von *bail* (-68,8%). Dagegen hab-
en Unterbringungen in LAA um 15,6% zugenommen. Demnach ist die absolute
Zahl der angeordneten geschlossenen Formen der Verfahrenssicherung am lang-
samsten gesunken, was eine entsprechende Zunahme ihres Anteils an allen an-

1397   Daten des Justizministeriums (*Ministry of Justice*), verfügbar unter *http://www. justice.gov.uk/statistics/youth-justice/custody-data* (zuletzt aufgerufen: 20.03.2014).

1398   Vgl. *Youth Justice Board* 2008e, S. 18; *Ministry of Justice/Youth Justice Board* 2012, ergänzende Tabelle Ch6.1.

geordneten Prozesssicherungsmaßnahmen von 6,2% (2006/07) auf 10,2% (2010/11) zur Folge gehabt hat. Diese Entwicklungen sind dabei unter anderem als Folge des bereits an mehreren Stellen dieser Arbeit beschriebenen Rückgangs in der Zahl der jungen Angeklagten, die vor Gericht gebracht werden, und die Konzentration der Gerichte auf schwerere Formen der Delinquenz zu begreifen.

Jüngste Entwicklungen auf gesetzlicher Ebene zielen darauf ab, die oben erörterten Probleme zu revidieren und diesen positiven Trend im Gebrauch geschlossener Formen der Verfahrenssicherung fortzusetzen. Sobald Sections 98 und 99 LASPOA 2012 in Kraft treten werden neue Zulässigkeitsvoraussetzungen für die geschlossene Unterbringung von Kindern und Jugendlichen im Rahmen der Verfahrenssicherung wirksam. Auf der einen Seite sieht Section 98 LASPOA 2012 vor, dass Kinder und Jugendliche zwischen 12- und einschließlich 17 Jahren nur dann in geschlossenen Unterkünften oder Institutionen untergebracht werden dürfen, wenn: sie für die mutmaßliche Begehung eines Gewalt- oder Sexualdelikts oder eines *grave crime*[1399] angeklagt werden, *und*, in Anbetracht der verfügbaren Alternativen eine geschlossene Unterbringung die einzige Möglichkeit darstellt, um die Öffentlichkeit vor erheblichem Schaden (siehe *Kapitel 3.2.3.1.1* oben) oder vor der Begehung von *imprisonable offences* durch den Beschuldigten zu schützen *und*; der Angeklagte über einen Rechtsbeistand verfügt.

Alternativ wird das Gericht gemäß Section 99 LASPOA 2012 auch dann eine geschlossene Unterbringung anordnen dürfen, wenn: es zu vermuten ist, dass bei einer Schuldfeststellung eine Freiheitsstrafe verhängt werden wird, *und*; dem Beschuldigten die Begehung eines *imprisonable offence* vorgeworfen wird, *und* der Angeklagte bereits in der Vergangenheit nicht den Auflagen einer Haftverschonung *on bail* entsprechend vor Gericht erschienen ist, oder während einer Haftverschonung *on bail* weitere Straftaten begangen hat, *und* in Anbetracht der verfügbaren Alternativen eine geschlossene Unterbringung die einzige Möglichkeit darstellt, um die Öffentlichkeit vor erheblichem Schaden oder vor der Begehung von *imprisonable offences* durch den Beschuldigten zu schützen, *und* der Angeklagte über einen Rechtsbeistand verfügt.

Demzufolge sollen geschlossene Formen der Verfahrenssicherung *ultima ratio* sein und nur dann Anwendung finden, wenn eine Freiheitsstrafe zu erwarten ist, bestimmte Delikte begangen worden sind (Sexual-/Gewaltdelikte; *grave crimes*), oder der Angeklagte bereits in der Vergangenheit gezeigt hat, dass er für ambulante Alternativen ungeeignet ist. Diese geplanten Veränderungen deuten auf einen Wandel hin, weg von einer beinahe gänzlich prospektiven Risikoorientierung, und hin zu einer Orientierung an der begangenen Tat und der tatsächlichen Vergangenheit des Angeklagten.

Der LASPOA 2012 sieht noch zwei weitere für den Kontext der Verfahrenssicherung besonders relevante Gesetzesänderungen vor. Zum einen werden

---

1399   Straftaten, für die ein Erwachsener zu 14 Jahren oder mehr verurteilt werden könnte.

durch Schedule 12 LASPOA 2012, sobald er inkraft tritt, die zuvor wie Erwachsene behandelten 17-Jährigen in den Geltungsbereich der kinder- und
jugendspezifischen Verfahrenssicherungsregelungen einbezogen – international
vergleichend gesehen eine Besonderheit, die bereits 2002 durch das UNKRKom
kritisiert worden war.[1400] Zum anderen wird durch Schedule 12 LASPOA 2012
die Zuständigkeit für das Tragen der aus geschlossenen Unterbringungen
anfallenden Kosten von der Zentralregierung an die Kommunalregierungen
übertragen werden.[1401] Diese Strategie könnte die Kommunen durchaus dazu
anregen, vermehrt und nachhaltig in ambulante Alternativen (wie *bail supervision
and support programmes*, siehe *Kapitel 3.5.1* oben) und in Informations- und
Datenaustauschstragien zwischen YOTs und den Gerichten (*bail information
schemes*, siehe ebenfalls *Kapitel 3.5.1* oben) zu investieren. Dadurch könnte
Gerichten wiederum geholfen werden bei der Ermittlung, ob eine geschlossene
Unterbringung tatsächlich das einzig adäquate Mittel zum Schutze der Öffentlichkeit darstellt.

Die Änderungen, die durch das Inkrafttreten des LASPOA 2012 erfolgen
werden, erscheinen als adäquater Ansatz, um den unnötigen Gebrauch geschlossener Unterbringungsformen bei Kindern und Jugendlichen zu senken und
somit zu einer Fortsetzung der ohnehin schon sinkenden durchschnittlichen Untersuchungshaftpopulation beizutragen. Dies sollte jedoch nicht für eine bewusste menschenrechtsorientierte Strategie missverstanden werden. Welche Auswirkungen die Gesetzesreform auf die Verfahrenssicherungspraxis tatsächlich
haben wird, bleibt angesichts der langjährigen Gewohnheit der zuständigen
Entscheidungsträger, sich beinahe ausschließlich an vermeintlichen Risiken zu
orientieren, abzuwarten.

4.3.5 Transfers von Kindern und Jugendlichen an Erwachsenengerichte

Eine weitere durch das UNKRKom kritisierte Facette des englischen Jugendstrafrechts ist die Möglichkeit, Kinder und Jugendliche für die Hauptverhandlung und/oder die Strafzumessung an Erwachsenengerichte zu verweisen.[1402]
Wie bereits in *Kapitel 3.4.2.2* oben dargestellt liegt die Begründung für derartige
Übertragungen der gerichtlichen Zuständigkeit im Wesentlichen in der einge-
schätzten Notwendigkeit, die Öffentlichkeit in Fällen schwerer Rechtsbrüche
durch verlängerte Phasen der Freiheitsentziehung („Unschädlichmachung", *incapacitation*) vor weiterer Straffälligkeit des Täters zu schützen. Transfers an
den *Crown Court* sollen demnach dann erfolgen, wenn die Schwere der Tat

---

1400   Siehe *United Nations Committee on the Rights of the Child* 2002, § 60.

1401   Vgl. auch *Prison Reform Trust* 2011, S. 2.

1402   Siehe *United Nations Committee on the Rights of the Child* 2008, §§ 78 und 79.

und/oder das von dem Täter ausgehende Risiko eine Strafe rechtfertigen, die nur das Erwachsenengericht verhängen darf.

Neben der Tatsache, dass Kinder und Jugendliche durch derartige Zuständigkeitsübertragungen in den Anwendungsbereich der Langfreiheitsstrafen, der lebenslangen Haftstrafen und zeitlich unbestimmter Sicherungsverwahrung gebracht werden (zur Sanktionierung und dem Sanktionssystem im Kontext internationaler Instrumente, siehe *Kapitel 4.3.6* unten), hat die Kritik des UNKRKom ihre Grundlage vor allem in der Sorge, dass Strafverfahren vor einem Erwachsenengericht nicht ausreichend an das Alter und die Reife junger Angeklagter angepasst, also nicht jugendadäquat gestaltet sind.

Regel 14.1 der *Beijing Rules* betont, dass Kindern und Jugendlichen im Rahmen des Strafverfahrens alle strafprozessualen Rechte und Garantien eingeräumt werden sollten wie Erwachsenen auch. Zusätzlich legt Regel 14.2 der *Beijing Rules* den Vertragsstaaten nahe, Jugendstrafverfahren in einer Weise zu gestalten, die dem besten Interesse des Kindes förderlich ist (siehe auch Art. 3 UNKRK), und die eine „Atmosphäre des Verständnisses" schafft, die es Kindern und Jugendlichen ermöglicht, aktiv am Verfahren teilzunehmen und sich frei zu äußern. Es gilt demnach die zusätzliche Anforderung an ein gerechtes Verfahren, dass es an das niedrige Alter und den Reifegrad junger Angeklagter angepasst sein und dem besten Interesse des Kindes dienlich sein sollte.

Um ein Klima zu schaffen, in welchem Kinder und Jugendliche sich ausreichend akzeptiert fühlen, um aktiv mitzuwirken und sich frei zu äußern, könnten gegebenenfalls Veränderungen in den sonst für Erwachsenen üblichen Abläufen förderlich sein.[1403] So könnte beispielsweise die räumliche Ausgestaltung des Gerichtssaals so angepasst werden, damit alle Anwesenden auf Augenhöhe sitzen, und Richter sowie anwesende Polizisten könnten vom Tragen ihrer Uniformen bzw. Roben absehen, um eine mögliche Einschüchterung, die von den Fakten des Falls ablenken könnten, zu begrenzen. Weiterhin sollten Entscheidungsträger im Jugendjustizsystem eine gewisse Spezialisierung und/oder Erfahrung in kinder- und jugendrelevanten Fragen haben (beispielsweise Psychologie, Soziologie, Kriminologie, Verhaltenswissenschaften, Erziehung, soziale Arbeit), um diese besondere Gestaltung des Verfahrens (wie auch ihre Entscheidungen insgesamt) auch effektiv und angemessen umzusetzen.[1404] Art. 40 (2) (b) UNKRK schreibt vor, dass jedes Kind/jeder Jugendliche „*sein Privatleben in allen Verfahrensabschnitten voll geachtet [sieht]*", und Art. 16 UNKRK bestimmt, dass „*kein Kind [...] willkürlichen oder rechtswidrigen Eingriffen in sein Privatleben, seine Familie, seine Wohnung oder seinen Schriftverkehr oder rechtswidrigen Beeinträchtigungen seiner Ehre und seines Rufes ausgesetzt werden [darf].*" Das UNKRKom begründet diese Vorgaben damit, dass „öf-

---

1403   *United Nations Committee on the Rights of the Child* 2007, § 46.

1404   Regel 22 der *Beijing Rules*.

fentliche Verurteilungen" vor allem bei jungen Menschen stigmatisierende, „etikettierende" Wirkungen entfalten können, die zur „Akzeptanz einer devianten Identität" führen können.[1405] Zudem erschweren sie unnötig den Zugang junger Verurteilter zu Bildung, Beruf und Wohnraum, was widerum den Übergang in das Erwachsensein verhindert. Folglich sollten Jugendstrafverfahren prinzipiell unter Ausschluss der Öffentlichkeit (*in camera*) stattfinden,[1406] und jegliche Medienberichterstattung über den Fall sollte eine Identifizierung junger Rechtsbrecher nicht zulassen.[1407]

Bis zum Jahr 2000 waren derartige Schutzmechanismen in Verfahren von Kindern und Jugendlichen vor dem *Crown Court* nicht vorgesehen. Lediglich hinsichtlich der Öffentlichkeit des Verfahrens und der Einschränkungen in der Medienberichterstattung waren Ausnahmeregelungen vorgesehen (siehe unten). Dies änderte sich jedoch abrupt infolge zweier Entscheidungen des Europäischen Gerichtshofs für Menschenrechte (EGMR) im Jahr 1999.[1408] Kläger waren dabei die beiden zum Tatzeitpunkt 10-Jährigen, die im Jahr 1993 für den Mord an *James Bulger* vor dem *Crown Court* in einem öffentlichen und von beträchtlicher Medienberichterstattung begleiteten Verfahren zu lebenslanger Haft verurteilt worden waren. Der EGMR befand, dass die den Angeklagten in den Artikeln 5 (Recht auf Freiheit und Sicherheit) und 6 (Recht auf ein faires Verfahren) EMRK gewährleisteten Rechte verletzt wurden.[1409] Kritisiert wurde dabei insbesondere, dass das Verfahren vor einem Erwachsenengericht abgehalten wurde und nicht dem Entwicklungs- und Reifegrad der Angeklagten angepasst worden war, wodurch die aktive Teilnahme der beiden Jungen deutlich erschwert und das Verfahren einschüchternd gewesen sei.[1410] Zudem trugen die Öffentlichkeit des Verfahrens, die Verhängung zeitlich unbestimmter Freiheitsstrafen sowie die Festlegung der Mindestverbüßungsdauer dieser Strafen durch die Exekutive (und nicht durch ein unabhängiges Tribunal) zur Entscheidung des EGMR bei.[1411]

1405   *United Nations Committee on the Rights of the Child* 2007, § 64. Siehe auch Regel 8 der *Beijing Rules* sowie ihre offizielle Kommentierung.

1406   *United Nations Committee on the Rights of the Child* 2007, § 65.

1407   Regel 8.2 der *Beijing Rules*; *United Nations Committee on the Rights of the Child* 2007, § 64.

1408   *V. v. United Kingdom* (No. 24888/94), 16 Dezember 1999; *T. v. United Kingdom* (No. 24724/94), 16 Dezember 1999.

1409   Vgl. *Graham* 2010, S. 133 und 138.

1410   Vgl. *Elliot/Quinn* 2006, S. 297.

1411   Siehe bereits *Kapitel 3.4.2* oben.

Infolge dessen wurde im Jahr 2000 eine Praxisrichtlinie des Lordoberrichters (*Lord Chief Justice*) herausgegeben,[1412] welche vorsah, dass das Verfahren
vor dem *Crown Court* dem Alter, der geistigen Reife sowie dem emotionalen
und intellektuellen Entwicklungsstand des im jeweiligen Einzelfall vor ihm erscheinenden Angeklagten angepasst werden sollte. Ziel dabei sollte sein, das
Verfahren für den jungen Angeklagten weniger einschüchternd zu gestalten und
die Fähigkeit des Angeklagten zu verbessern, das mit ihm Geschehende zu verstehen und informiert aktiv am Verfahren teilzunehmen.[1413] Wie bereits in
Kapitel 3.4.2.1 oben beschrieben sehen die Praxisrichtlinien Veränderungen in
der räumlichen Ausgestaltung des Gerichtssaals (alle auf Augenhöhe, Eltern sitzen bei ihren Kindern), im Grad der Formalität (Absehen von Perücken und
Roben, nichtuniformierte Polizeibeamte) und in sonstigen Aspekten des Verfahrens vor (für Kinder verständliche Sprache, viele Verhandlungspausen).

Zwar stellen diese Anpassungen eine erhebliche Verbesserung dar, jedoch
bleibt aufgrund ihres unverbindlichen Rechtscharakters problematisch, dass die
im Jugendgericht herrschende Regel der Nichtöffentlichkeit in Verfahren vor
dem *Crown Court* nicht greift. Die Richtlinien sagen lediglich, dass das Gericht
eine Einschränkung des Zugangs der Öffentlichkeit sowie der Medienberichterstattung „in Erwägung ziehen sollte".[1414] Wer im Gerichtssaal anwesend sein
darf liegt somit im Ermessen des Gerichts. Hinsichtlich der Medienberichterstattung kann das Jugendgericht nur ausnahmsweise eine Aufhebung der Einschränkungen auf Antrag der Staatsanwaltschaft anordnen.[1415] Vor dem *Crown
Court* muss der Angeklagte einen Antrag an den *Crown Court* stellen, dass dieser (als Ausnahme vom Regelfall) eine Einschränkung der Berichterstattung
nach Section 39 CYPA 1933 ausspricht. In der Praxis bedeutet dies, dass Medien den Namen, die Adresse, die Schule, Fotos oder sonstige eine Identifikation
des Angeklagten (sowie auch junger Zeugen und Opfer) erlaubende Informationen veröffentlichen dürfen, es sei denn das Gericht verbietet dies durch gerichtliche Anordnung. Im Rahmen der Entscheidung, eine Anordnung nach
Section 39 CYPA 1933 auszusprechen, muss das Gericht das öffentliche Interesse gegen die Wohlfahrt des Kindes/Jugendlichen abwägen. Sofern ein unter
18-Jähriger für ein schweres Verbrechen verurteilt wird, gilt prinzipiell die
Vermutung, dass das öffentliche Interesse, die Identität des Täters zu erfahren,
sowie das Erfordernis einer generalpräventiven Wirkung überwiegen.[1416] Daten
über die Praxis in diesem Zusammenhang werden nicht veröffentlicht, sodass

1412   *CCPD* 2011, Abschnitte III.30.1 bis III.30.18.

1413   *CCPD* 2011, Abschnitt III.

1414   *CCPD* 2011, Abschnitte III.30.15 bis III.30.17.

1415   Gemäß Section 44 CYPA 1933.

1416   Vgl. *Judicial Studies Board* 2009, S. 17.

eine Einschätzung über das Ausmaß öffentlicher Verhandlungen mit freiem Medienzugang nicht getroffen werden kann. Für das UNKRKom wird das weniger relevant sein, ist doch jedes einzelne Verfahren, in welchem die Privatsphäre des Kindes/Jugendlichen nicht vor öffentlicher Aufmerksamkeit geschützt wird, eines zu viel.

Im Jahr 2008, dem Zeitpunkt der jüngsten Kritik des UNKRKom, wurden 2.798 10- bis unter-18-Jährige durch Erwachsenengerichte sanktioniert.[1417] Dabei ist diese Zahl seit einem Höhepunkt von 4.922 im Jahr 1997 bereits seit mehr als einem Jahrzehnt rückläufig (-43% von 1997 bis 2008). Bis zum Jahr 2011 ist der Wert noch weiter gesunken und betrug noch lediglich 2.173. Auch der Anteil der durch Erwachsenengerichte Sanktionierten an allen gerichtlich Sanktionierten hat abgenommen, von 6,5% im Jahr 1997 auf 3% im Jahr 2008. Der sinkende Anteil ist primär auf eine Inflation des Anteils leichter Straftaten vor den Jugendgerichten zurückzuführen – von 1996 bis 2008 ist der Anteil der *summary offences* an allen vor den Jugendgerichten verhandelten Fällen von 32,6% auf 44,2% gestiegen. Hinsichtlich der Frage, warum die *absoluten Zahlen* konstant rückläufig gewesen sind, können viele Faktoren eine Rolle gespielt haben. Neben möglichen Schwankungen in der Schwere der Jugendkriminalität insgesamt könnten demografische Entwicklungen zu diesem Rückgang beigetragen haben. Jedoch ist der gegenläufige Trend festzustellen – von 1997 bis 2011 ist die 10- bis unter-18-jährige Gesamtbevölkerung um 2,5% gewachsen.[1418] Ein weiterer Faktor könnte in der Einführung der „Haft- und Erziehungsstrafe" zur Jahrtausendwende liegen, wodurch die durch das Jugendgericht für eine einzelne Straftat maximal zumessbare Strafdauer von 12 auf 24 Monate verdoppelt wurde, wodurch wiederum weniger Fälle aufgrund nicht ausreichender Strafzumessungskompetenz an den *Crown Court* verwiesen werden mussten. In diesem Zusammenhang sollte die Rolle der seit 2003 herausgegebenen Strafzumessungsrichtlinien nicht vernachlässigt werden. Betrachtet man die Straftaten, für deren Begehung junge Angeklagte durch den *Crown Court* sanktioniert worden sind, werden signifikante Veränderungen deutlich, die diese These durchaus widerspiegeln.

Von 1996 bis 2011 hat eine klare Verschiebung in Richtung der *indictable* Gewalt- und Sexualdelikte stattgefunden, parallel zu einer starken Abnahme der Zahl der Täter, die für *indictable* Eigentumsdelikte durch den *Crown Court* sanktioniert wurden. Machten *indictable property offences* 1996 noch 38,9% aller durch den *Crown Court* sanktionierten Straftaten aus, lag der Anteil 2011 nur noch bei 19% (-51%). Der Anteil der *indictable* Gewalt- und Sexualdelikte

---

1417 Vgl. *Ministry of Justice* 2008, ergänzende Pivottabellen.

1418 Geschätzte Bevölkerungsdaten des *Office for National Statistics*. Die Zahl der durch den *Crown Court* veruteilten Kinder und Jugendlichen pro 100.000 der gleichaltrigen Gesamtbevölkerung ist von 1997 bis 2011 von 95 auf 59 gesunken, siehe *Ministry of Justice* 2008, ergänzende Pivottabellen; 2012, ergänzende Tabelle S2.1(E).

ist dagegen um 30,7% gewachsen (von 45% im Jahr 1996 auf 58,8% im Jahr 2011). Demnach scheint die Schwelle für einen Transfer von Eigentumsdelikten im Jahr 2011 im Vergleich zu 1996 deutlich größer geworden zu sein. Oder anders ausgedrückt: die Möglichkeiten der Jugendgerichte, Sanktionen zu verhängen, die hinsichtlich der Tatschwere und des vom Täter ausgehenden Rückfallrisikos angemessen sind, scheinen gerade bei Eigentumsdelikten gestiegen zu sein. Erstaunlich ist dabei der Rückgang im Bereich der Einbruchsdiebstähle (1996: 25,2%; 2011: 11,4%). Während im Jahr 1996 etwas mehr als 5% aller *indictable property offences* durch den *Crown Court* sanktioniert wurden, lag der Anteil 2011 nur noch bei 2,2%, ein Rückgang von 55,5%.[1419] Im Vergleich dazu ist der Anteil der vor dem *Crown Court* sanktionierten *indictable* Gewalt- und Sexualdelikte von 21,4% auf 13,6% gesunken, ein Rückgang von „nur" 36,6%. In diesem Zusammenhang ist gerade auch die Einführung der „Gefährlichkeitsprognose" durch den CJA 2003 von Relevanz (siehe *Kapitel 3.4.2.2.3* oben sowie *4.3.6* unten), findet diese doch gerade bei Gewalt- und Sexualdelikten statt.

Die Konzentration der Erwachsenengerichte auf schwerere Fälle wird zum Teil auch in der Entwicklung der Strafzumessungspraxis des *Crown Court* widergespiegelt. Zum einen sind die Anteile der Geldstrafen des Absehens, von Strafe und gemeindeorientierter Sanktionen gesunken, begleitet von einer relativen Zunahme des Gebrauchs freiheitsentziehender Strafen. Im Jahr 2001 machten gemeindeorientierte Sanktionen 40,2%, das Absehen von Strafe 4,6%, Geldstrafen 0,7% aller durch den *Crown Court* verhängten Sanktionen aus. 2011 betrugen die Anteile nur noch jeweils 38,5%, 2,7% und 0,3%. Dagegen lauteten im Jahr 2001 54,6% aller Sanktionen des *Crown Court* auf eine Freiheitsstrafe – 2011 waren es 58,4%.[1420] Zum anderen hat die durchschnittliche Länge durch den *Crown Court* verhängter Freiheitsstrafen klar zugenommen, von 18,5 Monaten im Jahr 1999 auf 24,3 Monate im Jahr 2011,[1421] was – in Anbetracht der sonstigen Entwicklungen – weniger auf eine Schärfung der Strafzumessungspraxis als auf eine Verbesserung der Auswahl angemessener Fälle hindeutet.

Eine Zukunftsprognose für die Fortentwicklung der Transferpraxis lässt sich nur schwer stellen, spielen neben der Quantität und Qualität des Gesamtkriminalitätsaufkommens doch so viele Faktoren in dieser Praxis eine Rolle. Insgesamt lässt sich festhalten, dass Transfers an Erwachsenengerichte über die letzten 15 Jahre den absoluten Zahlen nach zu urteilen seltener geworden sind (1997: 4.922; 2008: 2.798; 2011: 2.173, siehe oben) und wenn sie erfolgen, dann ver-

---

1419   *Ministry of Justice* 2008, ergänzende Pivottabellen; 2012, ergänzende Tabelle A5.4.

1420   Vgl. *Ministry of Justice* 2012, ergänzende Tabelle A5.4.

1421   Quelle: *Ministry of Justice* 2007a, ergänzende Pivot Tabellen; 2012, ergänzende Tabellen A5.21 bis A5.23.

mehrt in Fällen schwererer Delinquenz (insbesondere Gewalt- und Sexualdelikte, aber auch Drogendelikte, siehe bereits *Tabelle 26* unten).

Tab. 26: **10- bis unter 18-Jährige die 1996 bis 2011 durch den
Crown Court sanktioniert wurden, nach Deliktsart, in
Prozent**

	1996	2000	2004	2008	2011
Eigentumsdelikte	38,9	36,7	20,0	16,3	19,0
... Einbruchsdiebstahl	25,2	25,6	10,4	9,4	11,4
... Sachbeschädigung	3,7	4,6	3,5	2,9	1,6
... Diebstahl/Hehlerei	10,0	6,4	6,2	3,9	6,0
Gewalt/Sexualdelikte	45,0	46,7	57,4	60,5	58,8
... Raub	25,7	24,1	31,8	30,5	32,9
... sonst. Gewaltdelikte	15,5	17,6	20,1	23,3	20,7
... Sexualdelikte	3,8	5,0	5,5	6,7	5,2
Sonstige Delikte	16,1	16,6	22,6	23,2	22,3
... Drogendelikte	3,0	4,0	6,0	7,3	7,3
... Betrugsdelikte	0,5	0,3	0,5	0,4	0,2
... sonst. *ind. off.*	9,7	8,7	12,6	11,6	10,3
... *Summary offences*	2,9	3,6	3,5	3,9	4,5

Quelle: *Ministry of Justice* 2008, ergänzende Pivottabellen; 2012, ergänzende Tabelle S2.1(E).

Eine Fortsetzung in der Senkung der absoluten Zahl der Kinder und Jugendlichen vor dem *Jugendgericht* wäre prinzipiell denkbar – wie in *Kapitel
2.6.2.4* oben beschrieben befinden sich einige vielversprechende Mechanismen
zur informellen und formellen Diversion in der Pilotphase. Nach ihrer Ausdehnung auf nationaler Ebene und nach Abschaffung des *final warning scheme* im
Herbst 2013 sind weitere Rückgänge in der Zahl der Kinder und Jugendlichen,
die vor Gericht erscheinen, berechtigt zu erwarten. Die erwartete vermehrte
„Filterung" vor allem leichter Delinquenz durch die informellen und formellen
Diversionssysteme erlaubt zwar die Vermutung, dass die Gerichte insgesamt
schwererer Delinquenz gegenüberstehen werden, wodurch der *prozentuale
Anteil* der Kinder und Jugendlichen, die an Erwachsenengerichte verwiesen
werden, steigen könnte. Von 2010 bis 2011 ist er bereits von 3% auf 3,5% ge-

stiegen.[1422] Jedoch hat die Betrachtung der Geschichte der Jugendstrafrechtspraxis vor allem in den *Kapiteln 2.3, 2.5.6* und *2.6* gezeigt, dass die Gerichte dazu tendieren, ihre Strafzumessungspraxis (insbesondere im Rahmen der Ermittlung der Tatschwere) an den Umfang der jungen Rechtsbrecher, die vor ihnen erscheinen, anzupassen und den Rechtsfolgenkatalog nach unten voll auszuschöpfen (*down-tariffing*). Nur weil die Zahl der jungen Rechtsbrecher, die für Gewalt- oder Sexualdelikte sanktioniert werden, langsamer abnimmt als in anderen, leichteren Deliktskategorien, darf nicht davon ausgegangen werden, dass die subjektive Einschätzung der Tatschwere in Fällen schwererer Delinquenz gleich bleiben wird.

Insgesamt ist jedoch davon auszugehen, dass der über die letzten Jahre beobachtete Rückgang in der *absoluten Zahl* der Transfers an Erwachsenengerichte irgendwann einen Tiefpunkt erreichen *muss*; dass der Rückgang nur so weit gehen kann, denn die einschlägigen gesetzlichen Bestimmungen erlauben letztlich nur begrenzten Ermessensspielraum, so dass die Zahl der Transfers niemals null erreichen kann, so lange es diese Vorschriften gibt.

Gerade aus diesem Grund sollten die durchaus positiven Entwicklungen in England in den letzten Jahren nicht darüber hinwegtäuschen, dass im Jahr 2011 mehr als 2.000 Kinder und Jugendliche durch Erwachsenengerichte sanktioniert wurden. Weitere 765 wurden nach der Hauptverhandlung freigesprochen und weitere 151 wurden nach der Hauptverhandlung von dem *Crown Court* zur Sanktionierung an das Jugendgericht zurückverwiesen. Knapp 3.000 unter- 18-Jährige wurden demnach dem Erwachsenenstrafverfahren ausgesetzt,[1423] welches zwar teilweise jugendadäquat modifiziert werden kann, aber in keinem Falle so modifiziert werden muss. Fragwürdig ist die Tatsache, dass so viele Kinder und Jugendliche nach einem Transfer mit anschließendem Verfahren freigesprochen werden, ebenso auch, dass Sanktionen verhängt werden, die ebenfalls das Jugendgericht hätte verhängen können (zum Beispiel das Absehen von Strafe, *Community Sanctions*). Es drängt sich folglich die Frage auf, warum diese Kinder und Jugendlichen überhaupt vor dem *Crown Court* erscheinen mussten, sollten Transfers doch auf solche Fälle beschränkt sein, in denen die die Kompetenzen des Jugendgerichts nicht ausreichen (d. h. bei voraussichtlicher Freiheitsstrafe von mehr als zwei Jahren).

Die Angriffsfläche für die Kritik des UNKRKom aus dem Jahre 2008 hinsichtlich des Mangels an Schutz der Privatsphäre junger Angeklagter (die sogar bereits im Jahr 1999 in einer Entscheidung des EGMR bemängelt wurde) bleibt zum gegenwärtigen Zeitpunkt dieselbe. Noch immer werden Kinder und Jugendliche in Zeitungen abgelichtet, namentlich benannt und der aufgeheizten Masse „zum Fraß" vorgeworfen. Der in *Kapitel 1* genannte Fall des 14-jährigen

---

1422   *Ministry of Justice* 2012, ergänzende Tabelle A5.4.

1423   *Ministry of Justice* 2012, ergänzende Tabelle S2.1 (E).

Daniel Bartlam, der wegen des Mordes an seiner Mutter zu lebenslanger Haft nach Section 90 PCC(S)A 2000 verurteilt wurde, ist ein jüngstes Beispiel dafür. In Artikeln des *Mirror* im April 2012 wird der verurteilte Jugendliche als „bösartig", „Verbrecher", „Schläger", „Feigling" und „grausamer Killer" beschimpft.[1424] Kinder und Jugendliche einem solchen Hass auszusetzen, ganz unabhängig von ihren Fehltritten, grenzt an Fahrlässigkeit und kann unmöglich als „im besten Interesse des Kindes" oder als Bestandteil eines fairen Verfahrens verstanden werden.

Auch kann von einer Strategie der Reintegration, wie sie in den Standards empfohlen wird, nicht die Rede sein, wird noch 20 Jahre später regelmäßig über die *Bulger-Killers* berichtet,[1425] werden ihre Kindheitsfotos immer noch abgedruckt und somit die negativen Emotionen, die mit dem „Antlitz des Bösen" assoziiert werden, wieder in den Vordergrund geholt, wie auch die Unzufriedenheit mit der „milden Strafe", die sie erhalten hätten. Die *Bulger* Täter wurden zu ihrer Entlassung mit neuen Identitäten versehen, um sie vor drohender Selbstjustiz zu schützen. Durch derart nachhaltige Stigmatisierung werden jegliche Resozialisierungsversuche während des Vollzugs beinahe unmöglich gemacht. Ohne eine Rehabilitation der Öffentlichkeit ist eine Rehabilitation junger Rechtsbrecher kaum möglich. Wie *O'Neill* schreibt:

> „*Even if you find it hard to be concerned about Bartlam's welfare and future – I think we should be concerned about those things – you should worry about what the Bartlam-bashing says about modern British society. [...] Bartlam's behaviour suggests that he is very disturbed – but the media's reaction to it suggests society is rather sick, too.*"[1426]

4.3.6 Sanktionen und Maßnahmen

Die einschlägigen internationalen Instrumente der UN und des Europarats machen für die Sanktionierung von Kindern und Jugendlichen eine Vielzahl von Vorgaben sowie Empfehlungen.[1427] Diese betreffen zum einen die Grundprinzipien, die im Rahmen einer jeden Sanktionierung Berücksichtigung finden sollten (und in manchen Fällen müssen), zum anderen die Art und Weise, in der die

---

1424   Vgl. *Smith* 2012.

1425   Siehe beispielsweise *Moriarty* 2013, wo das Kindheitsfoto von *Jon Venables* abgelichtet wird mit der Unterschrift „Pervers – Jon Venables im Alter von 10 Jahren". Siehe auch *Williams* 2013; Der *Daily Mail* 2012 berichtet von wiederholten tätlichen Angriffen gegen die Familie von *Jon Venables*.

1426   *O'Neill* 2012.

1427   Für eine Auseinandersetzung mit dem Freiheitsentzug im internationalen europäischen Vergleich, siehe *Dünkel/Stańdo-Kawecka* 2011.

Strafzumessung und das Rechtsfolgensystem ausgestaltet werden sollten, um diesen Prinzipien bestmöglich zu genügen.

An erster Stelle zu nennen ist Artikel 40 UNKRK, welcher verbindlich vorschreibt, dass „*Vertragsstaaten [...] das Recht jedes Kindes [anerkennen], das der Verletzung der Strafgesetze [...] überführt wird, in einer Weise behandelt zu werden, die das Gefühl des Kindes für die eigene Würde und den eigenen Wert fördert, seine Achtung vor den Menschenrechten und Grundfreiheiten anderer stärkt und das Alter des Kindes sowie die Notwendigkeit berücksichtigt, seine soziale Wiedereingliederung sowie die Übernahme einer konstruktiven Rolle in der Gesellschaft durch das Kind zu fördern.*" Demnach sollte jede formelle strafrechtliche Sanktionierung der Reintegration junger Rechtsbrecher bestmöglich dienlich sein.[1428]

Weiterhin schreibt die UNKRK in Artikel 3 (1) vor, dass „*bei allen Maßnahmen, die Kinder betreffen [...], das Wohl des Kindes ein Gesichtspunkt ist, der vorrangig zu berücksichtigen ist.*" Folglich sollte eine jede strafgerichtliche Sanktionierung maßgeblich durch die Bedürfnisse junger Täter mitbestimmt werden, um eine erfolgreiche Rehabilitation und die zukünftige Integration in die Gesellschaft bestmöglich zu fördern. Die Wichtigkeit einer Orientierung an dem besten Interesse des Kindes wird auch in den Regeln 1.1 und 5.1 der *Beijing Rules*, Richtlinie 4 der *Riyadh Guidelines* und Grundprinzip Nr. 5 der ERJOSSM 2008 betont.

Das dritte fundamentale Prinzip, welches in den internationalen Standards eine starke Betonung erfährt, ist das rechtsstaatliche Prinzip, dass die verhängte Strafe zur Tat und zur Schuld des Täters verhältnismäßig sein sollte.[1429] Dabei empfehlen die Standards eine Strategie der Minimalintervention, die Ressourcen auf Fälle schwererer Straffälligkeit fokussiert und eine unnötige Kriminalisierung leichterer Verfehlungen vermeidet.[1430] Ganz besonderer Stellenwert kommt dabei der Vermeidung des Freiheitsentzugs zu: „*Festnahmen, Freiheitsentziehung oder Freiheitsstrafe darf bei einem Kind im Einklang mit dem Gesetz nur als letztes Mittel und für die kürzeste angemessene Zeit angewendet werden.*"[1431]

1428   Siehe auch § 1 der Europaratsempfehlung No. R (2003) 20, Grundprinzip Nr. 5 der ERJOSSM 2008 sowie Regel 1.2 der *Beijing* Rules und *United Nations Committee on the Rights of the Child* 2007, § 23.

1429   Regel 5.1 der *Beijing Rules*; Grundprinzip Nr. 5 der ERJOSSM 2008.

1430   Regel 5.1 der *Beijing Rules*; Grundprinzipien Nr. 3, 5 und 9 der ERJOSSM 2008; § 3 der Europaratsempfehlung No. R (2003) 20; Regel 2.6 der *Tokyo Rules*; Richtlinie Nr. 5 der *Riyadh Guidelines*.

1431   Artikel 37 (b) UNKRK. Siehe auch Regeln 17 und 19 der *Beijing Rules*; Grundprinzip Nr. 10 der ERJOSSM 2008.

Diese Vorgaben und Empfehlungen stellen gewisse Anforderungen an den Rechtsfolgenkatalog. Den Gerichten sollte eine ganze Bandbreite an innovativen, effektiven und flexiblen Alternativmaßnahmen zur Verfügung stehen,[1432] mittels derer eine individualisierte Sanktionsgestaltung ermöglicht wird, die der Reintegration des Kindes/Jugendlichen förderlich ist, verhältnismäßig ist und am besten Interesse des Kindes oder Jugendlichen orientiert ist. Darunter sollten beispielsweise *„Anordnungen über Betreuung, Anleitung und Aufsicht, Beratung, Entlassung auf Bewährung, Aufnahme in eine Pflegefamilie, Bildungs- und Berufsbildungsprogramme“*,[1433] aber auch soziale Trainingskurse, Behandlungsmaßnahmen und gemeinnützige Arbeit sowie Formen der *restorative justice*[1434] fallen.

Andererseits stellen die internationalen Instrumente Anforderungen an den Entscheidungsprozess an sich, der einer Berücksichtigung der oben angeführten Grundprinzipien offen stehen sollte. Gerichte sollten dabei durch die Bereitstellung von Gerichtshilfeberichten unterstützt werden, aus denen Informationen über die Lebensbedingungen, über den Tathergang, über den Täter und die strafrechtliche Vergangenheit des Täters hervorgehen, die Gerichten eine Empfehlung liefern hinsichtlich der angemessensten sowie verhältnismäßigen Sanktionsform und –intensität.[1435] Dabei sollte gegebenenfalls auch das vom Täter ausgehende Rückfallrisiko in die Sanktionsgestaltung (z. B. hinsichtlich der Länge, Intensität und Art der Sanktion) einfließen, ohne jedoch dabei die Verhältnismäßigkeit auf Kosten des öffentlichen Interesses aufzugeben.[1436]

Wie bereits in einigen der anderen abgehandelten Themenbereiche kann auch im Kontext des Rechtsfolgensystems und der Strafzumessung zunächst die These aufgestellt werden, dass die gesetzlichen Grundlagen des englischen Jugendstrafrechts diesen Anforderungen in vielen Facetten zu genügen scheinen. Section 44 CYPA 1933 verpflichtet die Gerichte dazu, im Rahmen ihrer Entscheidungen die Wohlfahrt des Kindes/Jugendlichen als zentralen Faktor zu berücksichtigen. Gemäß Sections 148 (1) und 152 (2) CJA 2003 sollte die Sanktionierung junger Rechtsbrecher verhältnismäßig zur Tatschwere, der Freiheitsentzug *ultima ratio* sein.[1437] Den Gerichten steht eine Vielfalt flexibler und zum Teil robuster Alternativen zum Freiheitsentzug zur Verfügung (wie insbesondere

1432   Siehe § 8 der Europaratesempfehlung No. R (2003) 20; Regeln 2.3, 2.7 und 8.1 der *Tokyo Rules*; Regel 18 der *Beijing Rules*; *Vereinte Nationen* 2007, § 71.

1433   Art. 40 (4) UNKRK.

1434   Siehe § 8 der Europaratsempfehlung No. R (2003) 20; Grundprinzip 12 der ERJOSSM 2008.

1435   Siehe Regel 7.1 der *Tokyo Rules*; Regel 16.1 der *Beijing Rules*; Grundprinzip Nr. 5 der ERJOSSM 2008.

1436   § 13 der Europaratsempfehlung No. R (2003) 20.

1437   Siehe auch *Sentencing Guidelines Council* 2009, Rn. 11.5.

die YRO), darunter auch restorativ ausgerichtete Interventionen wie die *referral order*, die *reparation order* und die obligatorisch in Erwägung zu ziehende *compensation order*. Entscheidungen basieren dabei auf obligatorisch heranzuziehenden Gerichtshilfeberichten (PSRs), welche auch eine Risikoprognose für das zukünftige Verhalten des Täters zum Inhalt haben. Im Rahmen des *scaled approach* (wie in *Kapiteln 3.6.2.4, 3.6.2.5* und *3.6.3.3* oben beschrieben) wird die Interventionsgestaltung und –intensität auch durch das vom Täter ausgehende Rückfallrisiko bestimmt.

Jedoch hat sich noch bis kürzlich gezeigt, dass die auf diesen Grundlagen beruhende Jugendstrafrechtspraxis alles andere als im Einklang mit den internationalen Vorgaben und Empfehlungen gewesen ist. Im Jahr 2008 bemängelte das UNKRKom (wie auch bereits 2002), dass das beste Interesse des Kindes im Rahmen der Strafzumessung einen zu geringen Stellenwert einzunehmen scheine.[1438] Dies sei nicht zuletzt an der Zahl der Kinder und Jugendlichen festzumachen gewesen, die zu Freiheitsentzug verurteilt wurden, wie auch an der Tatsache, dass Freiheitsentzug immer häufiger für immer weniger schwere Delinquenz und bei im Durchschnitt immer jüngeren Menschen Anwendung gefunden habe.[1439] Daten des Europarats – erhoben im Rahmen der SPACE 1-Studie 2008[1440] – zeigen, dass am 1 September 2008 kein anderes Land in Europa mehr Kinder, Jugendliche und Heranwachsende in Justizvollzugs- und Untersuchungshaftanstalten festgehalten hat als England/Wales. Am Stichtag befanden sich in England/Wales 2.526 unter 18-Jährige in Straf- oder Untersuchungshaft, weit vor der Türkei (1.690), den Niederlanden (1.414), Deutschland (1.221) und der Ukraine (1.147).[1441] Machten unter 18-Jährige in Europa durchschnittlich 1,6% aller Gefangenen aus, lag ihr Anteil in England/Wales mit 3%

1438   *United Nations Committee on the Rights of the Child* 2002, § 25; 2008, § 26.

1439   *United Nations Committee on the Rights of the Child* 2002, § 59; 2008, § 77 (c).

1440   Die SPACE 1 Studie ist Teil des SPACE-Projekts des Europarats. SPACE 1 liefert einen Überblick über die Zahl der Personen, die sich im Rahmen der Prozesssicherung und des Strafvollzugs in Europa in Haftanstalten befinden. SPACE II dagegen ist auf eine entsprechende Erhebung solcher Personen fokussiert, die eine ambulante Sanktion oder Maßnahme verbüßen. Ziel der Studien ist es, mittels einer uniformen Erhebungsmethodik ein statistisches Bild über den Gebrauch von Sanktionen und Maßnahmen in Europa zu liefern und dieses zu interpretieren. Vgl. *Council of Europe* 2013, S. 7. SPACE wurde erstmals 1997 durchgeführt und wird seit 1999 jährlich neu aufgelegt. Die entsprechenden Forschungsberichte können abgerufen werden unter *http://www3.unil.ch/wpmu/space/space-i/annual-reports* (zuletzt aufgerufen am 20.03.2014).

1441   Siehe *Council of Europe* 2010, Tabelle 2.1. Die Ukraine hat in den letzten Jahren ebenfalls sehr bemerkenswerte Praxisentwicklungen erfahren, gekennzeichnet von einem massiven Abbau in der Jugendhaftpopulation. Für eine detaillierte Betrachtung und Auseinandersetzung mit dem ukrainischen Jugendkriminalrecht, siehe ausführlich *Zaikina* 2012.

an zweiter Stelle hinter den Niederlanden, wo 8,3% aller Straf- und Untersuchungshäftlinge am 1 September 2008 unter 18 Jahre alt waren. Bei den Heranwachsenden (18 bis unter 21-Jährige) zeichnete sich ein ähnliches Bild ab. Am Stichtag befanden sich 8.825 Heranwachsende in England/Wales in Haft, klar mehr als in der Türkei (6.575), der Ukraine (5.534), Frankreich (4.858), Deutschland (4.669) und Polen (4.545). Machten Heranwachsende im Durchschnitt 5,3% aller Gefangenen in Europa am 1 September 2008 aus, lag ihr Anteil in England/Wales mit 10,6% an zweiter Stelle in Europa, hinter Lettland mit 11,1%.[1442]

Die entsprechenden Belastungsziffern (pro 100.000 der gleichaltrigen Gesamtbevölkerung) werden von der SPACE I Studie bedauerlicherweise nicht für Altersuntergruppen geliefert. Jedoch ergibt ein Blick auf andere Quellen, dass die Rate in England/Wales im europäischen Vergleich hoch gewesen zu sein scheint. Am 1 April 2008 lag die Belastungsziffer für 10- bis einschließlich 25-Jährige in England/Wales bei 100,6 – in Deutschland (Stichtag: 31. März 2008) dagegen bei nur 87,4.[1443] Im Jahr 2008 befanden sich in der Ukraine durchschnittlich 88 15- bis einschließlich 17-Jährige pro 100.000 der gleichaltrigen Gesamtbevölkerung in Vollzugsanstalten.[1444] Die Rate in England/Wales lag dagegen in 2007/08 bei durchschnittlich 129,5/100.000.[1445]

Wie bereits in *Kapitel 2.5.6.1* oben erörtert, war von 1994 bis 2002 die Zahl der zu Freiheitsstrafen verurteilten 10- bis einschließlich 17-Jährigen pro 100.000 der gleichaltrigen Gesamtbevölkerung von 95,5 auf 133,4 gestiegen und hat sich bis 2007 bei circa 115 pro 100.000 eingependelt.[1446] Von 1996 bis 2007 hat sich die durchschnittliche Strafdauer von durch Jugendgerichte verhängten Freiheitsstrafen von 3,5 Monaten auf 7,4 Monate mehr als verdoppelt, die durchschnittliche Zahl der in Justizvollzugsanstalten inhaftierten Kinder und Jugendlichen stieg von 1.328 (27/100.000) im Jahr 1993 auf über 2.900 (53,6/100.000) im Finanzjahr 2007/08.[1447] Diese Entwicklungen waren weniger in Verände-

---

1442　Siehe *Council of Europe* 2010, Tabelle 2.1.

1443　Vgl. *Council of Europe* 2010, Tabelle 2.1, Daten des *Office for National Statistics* sowie eigene Berechnungen; *Dünkel* 2011, S. 599.

1444　Vgl. *Zaikina* 2012, S. 201 m. w. N.

1445　Daten des Justizministeriums (Ministry of Justice), verfügbar unter *http://www. justice.gov.uk/statistics/youth-justice/custody-data* (zuletzt aufgerufen: 20.03.2014); geschätzte Bevölkerungsdaten entstammen dem *Office for National Statistics*; eigene Berechnungen.

1446　Siehe die ergänzenden Tabellen zu *Ministry of Justice* 2007a; 2010a; geschätzte Bevölkerungsdaten entstammen dem *Office for National Statistics*; Vgl. auch *Morgan/ Newburn* 2007, S. 1.045.

1447　Siehe *Dignan* 2011, S. 388, Tabelle 5; Daten des Justizministeriums (*Ministry of Justice*), abrufbar unter *https://www.gov.uk/government/publications/youth-custody-data*

rungen in der Gesamtjugendkriminalität als durch eine eindeutig verschärfte Jugendstrafrechtspraxis begründet (siehe bereits *Kapitel 2.5.6* oben im Detail). Vielmehr haben Reformen des Jugendstrafrechts zu einer massiven Ausdehnung der formellen Frühintervention geführt, gekennzeichnet durch Ermessenseinschränkungen seitens der Polizei, der Staatsanwaltschaft sowie auch der Gerichte, wodurch eine Art „Interventionspflicht" entstanden war, die die Entstehung formeller krimineller Karrieren beschleunigt und in der Folge nicht zu vernachlässigende Konsequenzen für den Gebrauch des Freiheitsentzugs gehabt hat.[1448] Gerade in den unteren Altersgruppen hat die Zahl der formellen Straftäter erheblichen Zuwachs erfahren (siehe *Tabelle 27* unten).

Dadurch wurde eine zunehmend große Zahl an jungen Straffälligen zu teilweise rigiden ambulanten Sanktionen verurteilt, gegen welche zunehmend häufig verstoßen wurde, was eine weitere Kriminalisierung der ihnen unterstellten Personen und einen Zuwachs im Gebrauch des Freiheitsentzugs zur Folge gehabt hat.[1449] In diesem Zusammenhang sollte zudem auf die inflationäre Wirkung der ASBOs für den Gebrauch freiheitsentziehender Sanktionen gegen Kinder und Jugendliche erneut angeführt werden (siehe hierzu bereits *Kapitel 2.5.6.1* oben). In der Periode von Mitte der 1990er Jahre bis 2007 kann von Minimalintervention und tatsächlich reintegrativen Absichten keine Rede sein. Im Gegenteil – die Periode unter *New Labour* war gekennzeichnet von starken Kriminalisierungstendenzen und einem *zero tolerance*-Ethos.

(zuletzt aufgerufen am 20.03.2014), sowie des *Office for National Statistics* und eigene Berechnungen.

1448   Vgl. *NACRO* 2005; *Bateman* 2010, sowie *Kapitel 2.5.6.1* oben.

1449   Im Finanzjahr 2008/09 machten Verstöße gegen gerichtliche Anordnungen 7,1% aller sanktionierten Straftaten von Kindern und Jugendlichen aus, verglichen mit „nur" 3,5% in 2002/03, vgl. *Youth Justice Board* 2004b, S. 5; *Youth Justice Board/ Ministry of Justice* 2010, S. 7. Siehe auch *Bateman* 2008, S. 267; 2011; sowie bereits *Kapitel 2.5.6.1.*

Tab. 27: Zahl der formell sanktionierten Kinder und Jugendlichen, 1996 und 2007, in absoluten Zahlen, pro 100.000
der gleichaltrigen Gesamtbevölkerung und %-Zuwachs

	1996		2007		Zuwachs in %	
	Absolute Zahlen	Pro 100.000	Absolute Zahlen	Pro 100.000	Absolute Zahlen	Pro 100.000
10 bis 12	1.305	66,8	2.858	143,3	+119,0	+114,7
13 bis 15	22.238	1.166,5	35.887	1739,3	+61,4	+49,1
16 und 17	51.054	4.011,5	58.642	4137,9	+14,9	+3,2

Quelle: *Ministry of Justice* 2008, ergänzende Pivot-Tabellen, sowie geschätzte Bevölkerungsdaten des *Office for National Statistics* und eigene Berechnungen.

Wie wir bereits im Laufe dieses Kapitels sowie des *Kapitels 2.6* gesehen haben, hat die Jugendstrafrechtspraxis in den letzten fünf Jahren eine bemerkenswerte Wende genommen. Von 2007/08 bis 2012/13 ist die durchschnittliche
Zahl der Kinder und Jugendlichen, die eine Haftstrafe in einer Jugendhaftanstalt
verbüßen, von 2.323 auf 1.307 gesunken, ein Rückgang von 43,8%.[1450] Die
absolute Zahl der Freiheitsstrafen, die gegen Kinder und Jugendliche verhängt
wurden, ist von 2006 bis 2011 um 33,6% zurückgegangen[1451] und Freiheitsentzug wird zunehmend für schwerere Formen der Straffälligkeit angewandt. Wie
im *Kapitel 2.6.2* oben bereits erörtert spielten unter anderem die Einführung der
vielseitigen *youth rehabilitation order* als Alternative zum Freiheitsentzug sowie
die Herausgabe einer besonderen Strafzumessungsrichtlinie für Kinder und
Jugendliche eine wichtige Rolle in dieser Entwicklung. In den letzten Jahren
scheint es so, als sei man in England/Wales der Devise „Freiheitsentzug als *ultima ratio*" einen großen Schritt näher gekommen, im internationalen Vergleich
steht England – obgleich noch unter den Ländern mit den höchsten Ge-
fangenenzahlen – nicht mehr ganz so schlecht da wie noch im Jahr 2008.[1452]
Trotz dieser vielversprechenden Entwicklungen bleiben einige Aspekte der
gesetzlichen Grundlagen des Sanktionssystems und der Strafzumessung aus dem
Blickwinkel der internationalen Instrumente dennoch problematisch. Zu allererst

1450 Daten des Justizministeriums (*Ministry of Justice*), verfügbar unter *http://www.
justice.gov.uk/statistics/youth-justice/custody-data*, (zuletzt aufgerufen: 20.03.2014).

1451 Die Zahl der Freiheitsstrafen pro 100.000 der gleichaltrigen Gesamtbevölkerung ist
von 113,1 auf 77,3 gesunken (-31,6%). Siehe *Ministry of Justice* 2007a, ergänzende
Pivot Tabellen; 2012, ergänzende Tabelle A5.4; geschätzte Bevölkerungsdaten
entstammen dem *Office for National Statistics*.

1452 Siehe hierzu *Council of Europe* 2013, Tabelle 2.1

ist der persönliche Anwendungsbereich des Freiheitsentzugs zu erwähnen, welcher die Inhaftierung junger Menschen prinzipiell ab dem 12 Lebensjahr (für Mord ab dem 10. Lebensjahr) zulässt. Ist doch in den Standards die Rede von einer Strategie der Minimalintervention, in welcher die Intervention individualisiert an das Alter und den geistigen Reifegrad junger Rechtsbrecher angepasst ist, die Schuldschwere mit zunehmendem Alter gleitend zunimmt und im besten Interesse des Kindes sein soll, ist die diesbezügliche Rechtslage in England zurzeit bedenklich. Im Jahr 2011 wurden immerhin 252 Kinder und Jugendliche unter 15 Jahren zu Freiheitsstrafen verurteilt.[1453] Darunter waren 16 Kinder, gegen die die Strafe des Langfreiheitsentzugs nach Section 91 verhängt wurde.

Zudem können Kinder ab dem 10. Lebensjahr in Fällen schwerster Kriminalität zu lebenslanger Haft verurteilt, oder (bis November 2013) im Rahmen der *sentences for public protection* (siehe *Kapitel 3.6.2.6.2* oben) in Sicherungsverwahrung genommen werden. Vom April 2011 bis März 2012 verbüßten durchschnittlich 344 Kinder und Jugendliche eine Langfreiheitsstrafe oder eine lebenslange Freiheitsstrafe.[1454] Lebenslange Freiheitsstrafen sind in Europa neben England/Wales nur in Schottland, Nordirland, Irland und den Niederlanden für unter 18-Jährige verfügbar, in England/Wales und Nordirland sogar bei Kindern ab dem 10. Lebensjahr.[1455]

Ein weiteres Problem ist der Stellenwert, den Prognosen über das individuelle Rückfallrisiko im Rahmen der Sanktionierung einnehmen und inwieweit eine Orientierung an diesen Prognosen die Verhältnismäßigkeit der Sanktion gefährden kann. Nicht umsonst steht in § 13 der Europaratsempfehlung No. R. (2003) 20, dass besonders Acht darauf gegeben werden sollte, dass die Länge, Intensität und Dauer einer Sanktion sowohl proportional zur Tat bleiben muss, als auch mit Blick auf das Rückfallrisiko angemessen ausgestaltet werden soll. Der Wert von Risikoanalysen im Rahmen der Strafzumessung ist in Anbetracht der in England verfolgten proaktiven Präventionsstrategie erheblich, erlauben sie es doch, an den Faktoren anzusetzen, die mit der Straffälligkeit des Kindes/Jugendlichen in einem Zusammenhang zu stehen scheinen. Jedoch sollte das Rückfallrisiko allein als Rechtfertigungsgrund für eine nicht an der Tatschwere orientierte Strafe nicht ausreichen dürfen. Wie an den bei einer ermittelten „Gefährlichkeit" zulässigen Formen des Langfreiheitsentzugs zu erkennen ist, scheint dies in England/Wales jedoch durchaus zuzutreffen. Auch der *scaled approach*, welcher im Rahmen der Ausgestaltung von Verweisungsanordnungen, YROs und der Supervisionsphase von DTOs Anwendung findet, birgt das Risiko, junge Menschen unverhältnismäßiger Sanktionierung oder Intervention

---

1453   *Ministry of Justice* 2012, ergänzende Tabelle S5.3.

1454   Daten des Justizministeriums (*Ministry of Justice*), verfügbar unter *http://www. justice.gov.uk/statistics/youth-justice/custody-data*, (zuletzt aufgerufen am 20.03.2014).

1455   Siehe *Dünkel/Pruin/Grzywa* 2011; *Dünkel/Stańdo-Kawecka* 2011.

auszusetzen. Dies ist vor allem im Lichte der Tatsache, dass kriminogene Faktoren sehr häufig auch Indikatoren für gesellschaftliche Ausgrenzung sind, besonders relevant.[1456] Abweichung vom strengen tatschwereorientierten Verhältnismäßigkeitsprinzip könnte junge Menschen für ihre häufig nicht selbst verschuldeten sozioökonomischen, geistigen, körperlichen, kognitiven oder familiären Probleme bestrafen.

Die Verhältnismäßigkeit von Sanktion zur Straftat ist kein rigides Konstrukt. Die Entwicklungen in der jugendkriminalpolitischen Reformgeschichte haben aufgezeigt, dass die Verhängung von Strafe nicht immer in einem direkten Zusammenhang zu Kriminalitätsraten gestanden hat, sondern dass vielmehr politische, gesetzliche, wirtschaftliche, gesellschaftliche und auch praktische Faktoren einen Einfluss auf die Wahrnehmung von Gerechtigkeit zu haben scheinen. Noch bis vor kurzem hing die Messlatte für die Geeignetheit des Freiheitsentzugs recht niedrig, die Strafzumessungsentscheidungen der Gerichte im Nachspiel der Ausschreitungen im August 2011 sind ein Beleg dafür, dass diese Messlatte sehr schnell verschoben werden kann.[1457]

Die jüngsten Entwicklungen machen dennoch Mut für die Zukunft. Insbesondere die Herausgabe jugendspezifischer Strafzumessungsrichtlinien sowie die Verpflichtung der Gerichte, diese in ihren Entscheidungen zu berücksichtigen, lässt die Hoffnung zu, dass wie bereits in den letzten fünf Jahren auch in Zukunft das Prinzip der Minimalintervention und die Betrachtung des Freiheitsentzugs als *ultima ratio* zunehmend Einzug in die Praxis halten werden. Die im Laufe des Jahres 2013 in Kraft getretene Gesetzesreform des formellen Verwarnungssystems (siehe bereits *Kapitel 2.7* und *4.3.3* oben) könnte hierbei auch eine wichtige Rolle spielen, indem sie zu einem weiteren Rückgang gerichtlicher Sanktionen beitragen wird.

Die Jugendstrafrechtspraxis hat vorgelegt. Es gilt nun, aus dieser Praxis zu lernen und die Gesetze evidenzbasiert anzupassen, nicht nur am unteren Ende der Skala (im Bereich der informellen und formellen Diversion), sondern vor allem auch am oberen Ende der Skala im Bereich der Strafzumessung und des Freiheitsentzugs. Erste Schritte wurden bereits eingeleitet – das Inkrafttreten des LASPOA 2012 hat die Abschaffung der *detention for public protection* (die Sicherungsverwahrung bei „gefährlichen" Straftätern) gebracht,[1458] sowie die Beschränkung der Verweisungsanordnung auf Erstverurteilte aufgehoben.[1459] Jedoch wären weitere weitreichende Schritte erforderlich, um eine Konformität mit den Vorgaben der internationalen Standards zu erreichen.

1456   Siehe *Home Office* 1997; *Smith* 2007, S. 42 ff.; *Audit Comission* 1996, S. 57 ff., sowie *Kapitel 2.5.1* oben.

1457   Vgl. hierzu *Stone* 2012, sowie *Kapitel 2.7* oben.

1458   Section 123 LASPOA 2012.

1459   Section 79 LASPOA 2012.

Kinder unter 14 Jahren sollten prinzipiell nicht inhaftiert werden, ggf. mit der Ausnahme schwerster Verbrechen wie Mord, Vergewaltigung und Totschlag (siehe hierzu auch Nr. 4 der ERJOSSM). Selbst dann sollte der Stellenwert des geringen Alters und der mangelnden Reife stärker im Gesetz reflektiert werden. Solange Freiheitsstrafen prinzipiell für besonders junge Rechtsbrecher zulässig sind, kann die aktuell durchaus als positiv zu bezeichnende Praxisentwicklung in England/Wales lediglich als Abweichung von der Norm, als vorübergehender Zustand betrachtet werden, welcher plötzlichen punitiven Umschwüngen und Verschärfungen in der Wahrnehmung des „Verhältnismäßigen" unter Umständen wieder Raum geben kann. Ist es das Ziel, Haft als *ultima ratio* zu betrachten, sollte die gesetzliche Grundlage das besser reflektieren. Es ist auch durchaus in Frage zu stellen, inwieweit die Voraussetzungen für die lebenslange Freiheitsstrafe und die Langfreiheitsstrafen für Kinder und Jugendliche noch zeitgemäß und in dieser Form überhaupt noch erforderlich sind. Ob das öffentliche Klima eine derartige „Milderung" nachhaltig akzeptieren würde, und ob die Regierung das Risiko eingehen wird, derartige Lockerungen gesetzlich umzusetzen, bleibt abzuwarten. Immerhin sind nach den Ausschreitungen vom August 2011 die befürchtete moralische Panik in der Öffentlichkeit und eine damit einhergehende nachhaltige Verschärfung der gerichtlichen Strafzumessungspraxis weitestgehend ausgeblieben.[1460]

4.4 Zusammenfassung

Internationale Kindes- und Menschenrechtsstandards waren im Rahmen der englischen jugendkriminalpolitischen Reformgeschichte nie eine treibende Kraft. Der *Human Rights Act 1998*, die gesetzliche Transkription der EMRK in England/Wales, wird von vielen Konservativen, aber auch von Teilen der Richterschaft als „Hindernis für die Gerechtigkeit" betrachtet, da sich „*Menschen, die die Rechte anderer nicht achten, hinter ihren eigenen Menschenrechten vor ihrer gerechten Strafe verstecken*".[1461] Insgesamt passt diese Haltung in die generell erkennbare Abneigung, die viele Politiker und Gesetzgeber gegenüber internationalen Einflüssen auf nationale Angelegenheiten hegen. Diese Haltung wurde lange Zeit auch in der Jugendstrafrechtspraxis widergespiegelt, war Eng-

---

1460   Der Abwärtstrend in der durchschnittlichen Jugendhaftpopulation von 1.820 in 2006/07 auf 1.120 in 2010/11 wurde vorübergehend unterbrochen. Von 2010/11 bis 2011/12 stieg der Wert auf 1.168. Jedoch wurde eine Fortsetzung der rückläufigen Zahlen von 2011/12 bis 2012/13 wieder erkennbar, von 1.168 auf 994 (siehe hierzu bereits *Abbildung 5* in *Kapitel 2.6.1.1* oben). Die Zahl der formell sanktionierten Kinder und Jugendlichen pro 100.000 der gleichaltrigen Gesamtbevölkerung sank von 2010 bis 2011 weiter, von knapp 2.400 auf etwas mehr als 2.100 (siehe bereits *Abbildung 9* in *Kapitel 2.6.1.2* oben).

1461   Premierminister *David Cameron*, zitiert in *Mason* 2013 (eigene Übersetzung).

land bis 2008 – entgegen der Kritik des UNKRKom – für beinahe 20 Jahre Synonym für einen härteren Umgang mit jungen Rechtsbrechern gewesen, insbesondere gekennzeichnet von einem im europäischen Vergleich als großzügig zu beschreibenden Umgang mit dem Freiheitsentzug.

Nichtdestotrotz hat sich im Laufe dieses *Kapitels 4* gezeigt, dass einige Aspekte des Jugendstrafrechts in England/Wales dennoch, zumindest dem Wortlaut nach, den internationalen Standards entsprechen, so beispielsweise das System der außergerichtlichen Diversion, risikobasierte Intervention, das Verhältnismäßigkeitsprinzip als Leitmotiv der Strafzumessung, die Verfügbarkeit einer ganzen Bandbreite ambulanter Alternativen zur Untersuchungshaft, die Einführung von Elementen einer wiedergutmachenden Strafrechtspflege (*restorative justice*) und das Grundziel der Prävention. Diese Überschneidungen sind nicht all zu überraschend, war die Gestaltung des englischen Jugendstrafrechts – wie die internationalen Instrumente im Allgemeinen auch – von 1998 an zunehmend evidenzbasiert. Probleme ergaben sich vielmehr meist in der praktischen Umsetzung. Die Zahl der jungen Untersuchungshäftlinge und der Gebrauch geschlossener Formen der Verfahrenssicherung waren bis 2007/08 konstant auf einem hohen Niveau, ebenso der Gebrauch des Freiheitsentzugs und die durchschnittliche Jugendstrafvollzugspopulation. Außergerichtliche Diversion hat junge Menschen eher kriminalisiert, als sie vor Kontakten mit dem formellen Justizsystem zu bewahren. Dieses *up-tariffing* sah eine Fortsetzung auf der Gerichtsebene durch die Einführung der obligatorischen *referral order*, die die Schwelle zur Verhältnismäßigkeit des Freiheitsentzugs eher gesenkt als erhöht hat. Die Summe vieler Bestimmungen, die dem Wortlaut nach den Kindesrechten und den internationalen Instrumenten zu genügen schienen, hatte eine Jugendstrafrechtspraxis zur Folge, die einer gesellschaftlichen Reintegration, dem besten Interesse des Kindes bzw. der Entkriminalisierung nicht gerade förderlich gewesen ist.

Seitdem das UNKRKom im Jahr 2008 seine letzten „Abschließenden Bemerkungen" über die Kindesrechtslage in England/Wales verfasst hat, hat es vielversprechende Veränderungen in der jugendstrafrechtlichen Landschaft gegeben. Die durchschnittliche Jugendhaftpopulation (sowohl Straf- als auch Untersuchungshäftlinge) ist massiv zurückgegangen. Der Gebrauch der Freiheitsstrafen hat infolge einer Stärkung ambulanter Sanktionen sowie in den Kommunikationsstrukturen zwischen YOTs und den Gerichten inzwischen die Rolle als *ultima ratio* eingenommen. Mittels ausgeklügelter informeller Diversionsstrategien ist die Zahl der jungen formellen Straftäter (OBTJ) bei einem neuen Tiefpunkt angelangt. Körperliche und geistige Reife sollen nunmehr auch bei Heranwachsenden im Rahmen der Strafzumessung als Strafmilderungsgrund Berücksichtigung finden. Es wird nunmehr eine Strategie der Diversion, Entkriminalisierung und der Haftvermeidung verfolgt.

Ob diese Entwicklungen unmittelbar mit der Kritik des UNKRKom in einem Zusammenhang stehen, kann nicht eindeutig festgestellt werden. Eine derart plötzliche Kehrtwende in der Haltung der englischen Politik und Gesetzgebung wäre ebenso bemerkenswert wie die Kehrtwende in der Jugendstrafrechtspraxis seit 2007 an sich. Immerhin gedenkt *David Cameron*, sollten die Konservativen wiedergewählt werden, den *Human Rights Act 1998* abzuschaffen.[1462] Die organisatorischen und strukturellen Reformen des Systems, durch die die Zuständigkeit für den YJB in die Hände des *Department for Education* gegeben worden ist, könnten durchaus dazu geführt haben, dass Entscheidungen und Strategien zunehmend von Personen getroffen sowie entworfen werden, die aufgrund der sonstigen Aufgabenbereiche ihres Ressorts ein besseres Verständnis von den Rechten des Kindes und internationale Standards besitzen. Die Abschaffung des Ziels, so viele Personen wie möglich für ihr Fehlverhalten formell strafrechtlich zu belangen (die OBTJ-Richtlinie, siehe *Kapitel 2.5.6.2* oben), und ihre Ersetzung durch das Ziel, die Zahl der formellen Ersttäter zu senken, ist ein gutes Beispiel dafür. Zudem wird in den Strafzumessungsrichtlinien für Kinder und Jugendliche im Abschnitt über die relevanten gesetzlichen Grundlagen explizit auf die Verbindlichkeit der UNKRK Bezug genommen, wodurch der Richterschaft der Stellenwert der internationalen Instrumente vor Augen geführt wird.[1463]

Trotz der positiven Entwicklungen in den letzten fünf Jahren bleibt noch Raum für Kritik. Die Strafmündigkeitsgrenze ist und bleibt mit 10 Jahren sehr niedrig und eine Anhebung auf 12 Jahre, besser – dem europäischen Standard entsprechend – auf 14 Jahre wäre dringend zu empfehlen. Angesichts der zunehmend geringen Zahl der 10- und 11-Jährigen, die schwere Rechtsbrüche begehen, muss die Notwendigkeit einer so niedrigen Grenze angezweifelt werden. Infolge der internationalen Kritik hat dementsprechend Schottland 2010 die Mindestaltersgrenze der justiziellen Strafverfolgung von 8 auf 12 Jahre angehoben.[1464] Dementsprechend sollte die Strafverfolgung von Kindern unter 12, die sich delinquent verhalten, im Rahmen von Programmen wie *triage* oder anderer informeller Strategien der *restorative justice* behandelt und/oder an die einschlägigen Jugendhilfe- und Sozialdienste verwiesen werden. Eine Grenze von 14 Jahren zu verlangen ist allerdings angesichts des politischen und sozialen Klimas eher unrealistisch und vermutlich zum Scheitern verdammt, würde doch keine Partei in England und Wales das Risiko fahren, als „weich" dazustehen.

Weiterhin sollte eine gesetzliche Grundlage für eine Behandlung von Heranwachsenden nach Jugendstrafrecht erarbeitet und umgesetzt werden. Die Berücksichtigung der Reife im Rahmen der Strafzumessung ist eine vielversprechende Entwicklung. Weitergehend sollte dafür Sorge getragen werden, dass

---

1462   *Mason* 2013.

1463   Vgl. *Sentencing Guidelines Council* 2009, S. 3.

1464   Für einen Überblick über das schottische Jugendkriminalrecht in Theorie und Praxis, siehe *Burman u. a.* 2011, m. w. N.

Heranwachsende unabhängig von ihrer Reife Zugang zu den Sonderbestimmungen des Jugendstrafrechts erhalten (insbesondere die verschiedenen Sanktionsformen, sowie die Besonderheiten des Jugendstrafverfahrens). Sie aufgrund ihrer Reife lediglich weniger schwer zu bestrafen, ohne dabei jedoch erzieherisch einzuwirken, ist nicht ausreichend.

Kinder ab dem 10. Lebensjahr können immer noch an Erwachsenengerichte verwiesen, ihre Verfahren öffentlich verhandelt werden, was einen klaren Verstoß gegen das Recht auf ein gerechtes Verfahren sowie das Recht auf Schutz der Privatsphäre darstellt. Zudem sollte darüber nachgedacht werden, bei Kindern unter 14 Jahren auf Freiheitsentzug in einer Jugendstrafanstalt oder anderen geschlossenen Einrichtungen gänzlich zu verzichten.

Die Verabschiedung des LASPOA 2012, die eine Reform des Verwarnungssystems und der Verfahrenssicherung, und die Abschaffung der ASBO und der „Freiheitsstrafen zum Schutz der Öffentlichkeit" bewirkt hat, ist ein erster wichtiger Schritt in Richtung einer gesetzlichen Grundlage, die dafür Sorge trägt, dass die positiven Entwicklungen in England und Wales in den letzten fünf Jahren zur Norm werden, und nicht lediglich zu einer weiteren „Anomalie" in der lebendigen Jugendstrafrechtsgeschichte. Welche Auswirkungen diese Reformen auf die Praxis haben werden, ob noch weitere Schritte folgen werden, um die oben angeführten Probleme auszuräumen, bleibt abzuwarten. Jedoch kann als Fazit gezogen werden, dass das englische Jugendstrafrecht zunehmend in Einklang mit internationalen Vorgaben und Empfehlungen zu stehen scheint, und dass dies in den nächsten „abschließenden Bemerkungen" des UNKRKom im Jahr 2014 widergespiegelt werden wird.

5. Zusammenfassung und Schlussfolgerungen

5.1 Das Jugendstrafrecht Englands als würdiger Untersuchungsgegenstand

International vergleichend betrachtet nimmt das Jugendstrafrecht Englands bereits seit einiger Zeit eine gewisse Sonderstellung in Europa ein. Neben der Tatsache, dass in England das in Europa seltene *common law*-System angewandt wird, war dieser besondere Stellenwert bis zuletzt in einer gewissen Härte des Jugendstrafrechts gegründet. Das englische Jugendstrafrecht war noch bis kürzlich gekennzeichnet von einer hohen durchschnittlichen Jugendhaftpopulation und einem extensiven Gebrauch freiheitsentziehender Sanktionen.[1465] International vergleichend hatte England/Wales im Jahr 2008 eine der höchsten Inhaftierungsraten bei Kindern und Jugendlichen in Westeuropa – nur die Niederlande wiesen höhere Raten auf.[1466]

Entsprechend wurde das englische Jugendstrafrecht in den Jahren 2002 und jüngst 2008 durch das UN-Kinderrechtskomitee (UNKRKom) scharf kritisiert,[1467] sowohl hinsichtlich der Jugendstrafrechtspraxis als gerade auch hinsichtlich der gesetzlichen Grundlagen, auf welchen diese Praxis beruhte. Im europäischen Vergleich sind nämlich auch die Rechtsgrundlagen von einer besonderen Härte gekennzeichnet, die nur schwer mit den internationalen Standards und Vorgaben der UN und des Europarats vereinbar sind, beispielsweise die Strafmündigkeitsgrenze von 10 Jahren, rigide Altersobergrenzen für die Anwendbarkeit jugendstrafrechtlicher Sondervorschriften, die Zulässigkeit lebenslanger Freiheitsstrafen (und bis Herbst 2013 auch Formen der Sicherungsverwahrung), Transfers junger Rechtsbrecher an Erwachsenengerichte mit entsprechend gelockerten Berichterstattungsbeschränkungen und die zivilrechtliche Sanktionierung prädelinquenten, antisozialen Verhaltens.

Noch zum Zeitpunkt dieser internationalen Kritik im Jahr 2008 sahen die rechtlichen Grundlagen ein System der „obligatorischen Intervention" bereits bei sehr leichter Delinquenz vor, sowohl auf der Ebene außergerichtlicher Diversion als auch auf der Gerichtsebene. Zugang zum außergerichtlichen Diversionssystem (dem *final warning scheme*)[1468] war begrenzt, sodass bei Wiederholungsstraftaten – unabhängig von ihrer Schwere – schnell eine Anklage vor Gericht mit anschließender Verurteilung und Sanktionierung unver-

---

1465 Siehe *Kapitel 2.5.6*.

1466 Vgl. *Muncie* 2009, S. 366.

1467 Siehe *Kapitel 4.3*.

1468 Zum *final warning scheme* siehe *Kapitel 2.5.5* und *3.3.3*. Für eine kritische Betrachtung siehe *Kapitel 2.5.6, 2.6.2* und *Kapitel 4.3.3*.

meidbar wurde. Kombiniert mit der bei jungen Erstverurteilten obligatorischen *referral order*[1469] und der besonders niedrigen Strafmündigkeitsgrenze[1470] konnte das Diversionssystem bei strenger Anwendung inflationäre und somit insgesamt strafverschärfende Wirkungen auf die gerichtliche Sanktionspraxis und somit auch auf den Gebrauch des Freiheitsentzugs haben.[1471]

Neben dieser Rolle des europäischen Spitzenreiters punitiver Strafpolitik ist das englische Jugendstrafrecht auch insoweit einzigartig, als ihm eine im europäischen Vergleich lange und lebhafte Reformgeschichte vorausgegangen ist. Diese Reformgeschichte ist vor allem von starken Schwankungen im Gebrauch des Freiheitsentzugs, der Zahl der formell Sanktionierten und in den durchschnittlichen Haftbelegungszahlen gekennzeichnet. Die jugendkriminalpolitische Situation in England/Wales war nämlich nicht immer schon so „brisant" wie noch zuletzt. Vielmehr war von Mitte der 1990er Jahre bis in das neue Jahrtausend hinein eine erhebliche Verschärfung der Praxis festzustellen.[1472] Von 1993 bis 2006 stieg die durchschnittliche Jugendhaftbelegung von 1.328 auf über 2.900. Dies erfolgte zum einen infolge einer Verdoppelung der durchschnittlichen Straflänge (1996: 3,5 Monate; 2007: 7,4 Monate) und zum anderen aufgrund eines häufigeren Gebrauchs des Freiheitsentzugs. Diese Entwicklungen erfolgten trotz rückläufiger Kriminalitätsraten in Hell- und Dunkelfeld. Vor allem ein weitreichendes jugendkriminalpolitisches Reformpaket der im Jahr 1997 gewählten *New Labour*-Regierung unter Premierminister *Tony Blair* hatte eine *zero tolerance* Strategie geschaffen, die mittels präventiver Frühintervention der Festigung krimineller Verhaltensweisen vorzubeugen versuchte.[1473]

Dieser Schärfung der Jugendstrafrechtspraxis ging eine Periode der verhältnismäßigen Minimalintervention, der Haftvermeidung, der Diversion und der Entkriminalisierung voraus, die – entgegen den Kriminalitätstrends in Hell- und Dunkelfeld – von einem stark rückläufigen Gebrauch des Freiheitsentzugs gekennzeichnet war.[1474] Von 1982 bis 1990 ging die absolute Zahl der Freiheitsstrafen von 9.300 auf 1.500, der prozentuale Anteil von 11,4% auf 6,1% zurück, begleitet von einem Anstieg der Diversionsrate und einem signifikanten Rück-

---

1469   Siehe hierzu *Kapitel 2.5.4.1* und *3.6.2.4*.

1470   Zum persönlichen Anwendungsbereich des englischen Jugendstrafrechts siehe *Kapitel 3.1.3.1*. Für eine kritische Auseinandersetzung im Lichte internationaler Standards und Empfehlungen, siehe *Kapitel 4.3.1*.

1471   Zu einer Analyse dieser Entwicklungen siehe *Kapitel 2.5.6* und *2.6*.

1472   Für eine Auseinandersetzung mit der Entwicklung der Jugendstrafrechtspraxis in dieser Periode, siehe *Kapitel 2.5.6*.

1473   Die Reformentwicklung des englischen Jugendstrafrechts in dieser Zeit unter *New Labour* wird in *Kapitel 2.5* detailliert beschrieben.

1474   Diese „erfolgreiche Revolution der Jugendstrafrechtspraxis" wurde in *Kapitel 2.3* untersucht.

gang in der absoluten Zahl der Kinder und Jugendlichen, die durch Strafgerichte sanktioniert wurden.

In den Jahren zuvor – insbesondere den 1970er Jahren – war im Vergleich wiederum eine starke Zunahme im Gebrauch des Freiheitsentzugs erkennbar – 1971 wurden 3.200 14- bis einschließlich 16-jährige Jungen zu freiheitsentziehenden Sanktionen verurteilt – 1981 waren es bereits 7.700.[1475]

Seit 2008 ist eine erneute Praxiskehrtwende zu beobachten, die auf eine Rückkehr zur Strategie der „verhältnismäßigen Minimalintervention" der 1980er Jahre hindeutet.[1476] Die durchschnittliche Jugendhaftbelegung ist von 2007/08 bis 2012/13 um 43% von 2.932 auf 1.601 gesunken, die Zahl der formell sanktionierten Kinder und Jugendlichen pro 100.000 der gleichaltrigen Gesamtbevölkerung ging von 1.779 im Jahr 2007 auf 1.177 im Jahr 2011 zurück und die Zahl der gegen 10- bis einschließlich 17-Jährige verhängten Freiheitsstrafen pro 100.000 sank von 113,1 im Jahr 2006 auf 77,3 im Jahr 2011.[1477]

Was bei einer Betrachtung der jugendkriminalpolitischen Reformgeschichte im Allgemeinen heraussticht ist, dass die Entwicklung im Gebrauch des Freiheitsentzugs und in den durchschnittlichen Haftbelegungszahlen nur selten kongruent zu den parallelen Entwicklungen des Kriminalitätsaufkommens gewesen ist. Vielmehr waren strategische bzw. ideologische Spannungen, der wirtschaftliche Kontext, der wissenschaftliche Forschungs- und Wissensstand, allgemeine politische Zielsetzungen, der Stellenwert der Jugendkriminalität im öffentlichen Diskurs und die Stärke von Reformbestreben durch die Praxis entscheidend. Die Kombination und Gewichtung dieser Faktoren äußerte sich in den verschiedenen Phasen oder „Epochen" der Reformgeschichte nicht immer einheitlich, und in gewisser Weise sind sie alle miteinander verknüpft zu betrachten.

5.2 Konkurrierende Zwecke jugendstrafrechtlicher Intervention

Die Zunahme des Gebrauchs des Freiheitsentzugs bis in die späten 1960er Jahre entsprach zwar durchaus dem in weiten Teilen der westlichen Welt ebenfalls beobachteten Aufwärtstrend in der Gesamtkriminalität seit der Nachkriegszeit. Jedoch gewann der Freiheitsentzug gerade in den 1970er Jahren in England und Wales zunehmend unverhältnismäßig an Stellenwert. Ein maßgebender Faktor war dabei, dass innerhalb des Jugendjustizsystems konkurrierende ideologische Zielsetzungen und Aufgabenauffassungen herrschten. Während sich die für die Sanktionsdurchführung und die Verfassung von Gerichtshilfeberichten zustän-

---

1475   Siehe hierzu *Kapitel 2.2*. Für den Kontext bietet sich auch ein Blick auf die Ursprünge des englischen Jugendstrafrechts in *Kapitel 2.1* an.

1476   Diese jüngste Kehrtwende wird in *Kapitel 2.6* detailliert analysiert.

1477   Siehe *Kapitel 2.6.1.2*.

digen Experten und Sozialarbeiter in ihrer Entscheidungen primär am Kindeswohl orientierten (somit das *welfare model* bevorzugten, und somit das Kindeswohlgebot des Section 44 CYPA 1933 gegenüber strengen Rechtsstaatlichkeitsprinzipien bevorzugten), hielten die justiziellen Entscheidungsträger (Polizei, Staatsanwaltschaft, Gerichte) an Prinzipien der Rechtsstaatlichkeit, Verhältnismäßigkeit und Vergeltung fest. Die unklaren Zielsetzungen wurden auch in den gesetzlichen Grundlagen widergespiegelt, insbesondere in der Tatsache, dass Jugendgerichte seit dem *Childrens' Act 1908* (bis 1989) sowohl für Jugendstrafsachen als auch für Fürsorge- und Kindeswohlverfahren zuständig waren. Das „Gesetz über Kinder und Jugendliche" von 1969 (*Children and Young Persons' Act 1969*, CYPA 1969), das eine gänzliche Wohlfahrtsorientierung für das Jugendstrafrecht vorgesehen hatte, bestärkte diesen ideologischen Konflikt nur noch weiter, anstatt ihn zu beheben. Der CYPA 1969 hatte eine erhebliche Einschränkung der Zulässigkeit der Strafhaft und dementsprechend neue ambulante Haftalternativen (Formen der Aufsicht und Überwachung, „Behandlungs"-Programme) vorgesehen. Jedoch traten aufgrund eines Regierungswechsels im Jahr 1970 zwar die neuen Interventionsformen in Kraft, die entkriminalisierenden und haftvermeidenden Reformelemente jedoch nicht. In der Folge kamen die neuen, durchaus eingriffsintensiven „Wohlfahrtsmaßnahmen" primär in Kindeswohl- und Fürsorgefällen des Jugendgerichts zum Einsatz, während die Gerichte die jugend*straf*rechtlichen Fälle eher mit „vergeltenden" Strafen sanktionierten, da sie, wären die erzieherischen Alternativen in einem Fall angemessen, entsprechend im Rahmen der jugendhilferechtlichen Zuständigkeit des Jugendgerichts abgehandelt worden wären – zur Wahrung des Kindeswohls sei demnach die jugendhilferechtliche Zuständigkeit des Jugendgerichts verantwortlich. Endergebnis der Reform von 1969 war demnach ein härterer Umgang sowohl mit straffälligen als auch mit fürsorgebedürftigen Kindern und Jugendlichen, und schlussendlich war diese Entwicklung stark von den widersprüchlichen bzw. kollidierenden Zuständigkeiten, gesetzlichen Zielsetzungen und Ermessensspielräumen gekennzeichnet.

5.3 Jugendkriminalität im öffentlich-politischen Diskurs, „Reform durch die Praxis" und der Einfluss der Wirtschaftslage

Die „Gesetzgebungskatastrophe" (von *Cavadino/Dignan* als *Systems Disaster* bezeichnet)[1478] von 1969 hatte insbesondere im Regierungswechsel von *Labour* zu den Konservativen im Jahr 1970 ihre Ursachen; einem Wahlkampf, in deren Rahmen die Jugendkriminalität aufgrund steigender Kriminalitätsraten und der Erscheinung neuer, als delinquent betrachteter, gewaltbereiter Jugendsubkul-

---

1478 *Cavadino/Dignan* 2002, S. 290. Siehe bereits *Kapitel 2.2.*

turen zunehmend in das Blickfeld des öffentlichen Diskurses traten. Ein Blick auf die jugendkriminalpolitische Reformgeschichte zeigt, dass der Gebrauch des Freiheitsentzugs immer dann zugenommen hat, wenn die Jugendkriminalität zentrale Beachtung in der Öffentlichkeit fand und einen großen Stellenwert im öffentlichen politischen Diskurs gehabt hat. Gerade die jugendstrafrechtlichen Entwicklungen von 1993 bis 2007 waren von einer starken Politisierung und Popularisierung des Themas Jugendkriminalität gekennzeichnet.[1479] Ausschreitungen von Jugendlichen in einigen englischen Großstädten sowie die Medienberichterstattung über Einzelfälle besonders persistenter Intensivtäter Anfang der 1990er Jahre erzeugten ein Bild des gesellschaftlichen Verfalls und somit Sorge in der Bevölkerung, an der beide große Parteien in ihrem Wahlkampf anknüpften und eine härtere Gangart versprachen. Der Mord am zweijährigen *James Bulger* durch zwei zum Tatzeitpunkt 10-Jährige im Jahr 1993 sowie die extensive Berichterstattung in den Medien waren der Startschuss für einen Härtewettkampf zwischen *New Labour* und den Konservativen, den erstere Partei bei der Wahl 1997 nach einer mehrjährigen Oppositionsrolle für sich entscheiden konnte. Die Folge war eine weitgreifende Reform des Jugendstrafrechts in Richtung einer *zero tolerance* Strategie der Frühintervention, der Kriminalisierung und der formellen Interventionspflicht (die *Cavadino/Dignan* als *Neo-Correctionalist Model* bezeichnen).[1480] Dies führte wiederum zu einer erheblichen Schärfung der Jugendstrafrechtspraxis, obwohl die Gesamtkriminalität seit 1993 in Hell- und Dunkelfeld wie erwähnt rückläufig gewesen ist.

Im Vergleich dazu spielte die Jugendkriminalität in den 1980er Jahren und jüngst seit circa 2007 – zwei Epochen, die von stark rückläufigen Inhaftierungsraten und durchschnittlichen Haftbelegungszahlen charakterisiert waren – im öffentlichen Diskurs eine untergeordnete Rolle. In diesen beiden Abschnitten der Jugendstrafrechtsgeschichte sahen sich die jeweiligen konservativen Regierungen weitaus größeren gesellschaftlichen Problemen gegenüber, die mit dem wirtschaftlichen Kontext der jeweiligen Zeit im Zusammenhang zu betrachten sind. Die *Thatcher*-Regierung der 1980er Jahre sah sich aufgrund der wirtschaftlichen Rezession mit steigender Arbeitslosigkeit, sinkenden Steuereinnahmen und steigenden Sozialhilfekosten konfrontiert.[1481] Diese Probleme stellten für die Politik der *Thatcher*-Regierung eine weitaus größere Bedrohung und somit ein für die Öffentlichkeit dringlicheres Thema dar, als ein proaktiv geführter

---

1479 Die Übergangszeit von 1991 bis 1997 von der *Thatcher* Regierung zur *New Labour*-Regierung war maßgebend für die jugendstrafrechtlichen Entwicklungen der letzten 20 Jahre, und wird in *Kapitel 2.4* beschrieben. Siehe auch den Anfang von *Kapitel 2.5*.

1480 Die *New Labour* Reformen werden in *Kapitel 2.5* detailliert besprochen. Sie sind noch heute maßgebend für die gesetzlichen Grundlagen des Jugendstrafrechts, das in *Kapitel 3* im Detail aufgearbeitet wurde.

1481 Siehe hierzu *Kapitel 2.3*.

Kampf gegen eine Milderung des Jugendstrafrechts. Politische Handlungs- und Durchsetzungsfähigkeit mussten also in anderen Bereichen bewiesen werden. Die jüngsten Entwicklungen seit 2007 sind ebenfalls als Symptom einer problematischen Wirtschaftslage zu begreifen, die weitreichende Einsparungen öffentlicher Ausgaben erforderlich gemacht hat.[1482] Die zunehmende Bedeutung anderer, existentiellerer Ängste im politischen, medialen und allgemeinen öffentlichen Diskurs hat die Kriminalität stark verdrängt, so dass negative Einstellungen gegenüber jungen Rechtsbrechern weniger präsent waren, die Kriminalitätsfurcht also abgenommen bzw. an Stellenwert verloren hat.

Die resultierende „Passivität" der jeweiligen Regierungen hat in beiden Epochen die Tür für evidenzbasierte „Reformen durch die Praxis" geöffnet, die auf Entkriminalisierung, vermehrte Diversion und die Vermeidung von Haftstrafen abzielten. In den 1980er Jahren wurde auf lokaler Ebene eine Vielzahl aussergerichtlicher Diversionsstrategien entwickelt, um den Kontakt junger Rechtsbrecher mit dem „formellen" Jugendstrafverfahren längstmöglich zu vermeiden. Auf gerichtlicher Ebene wurden eine ganze Bandbreite an Aufsichts- und Supervisionsmaßnahmen als Alternativen für den Freiheitsentzug durch lokale Dienstleister zur Verfügung gestellt, die eine entsprechend große Tatschwerespanne abdeckten, und letztlich auch gesetzlich eingeführt wurden. Endergebnis war eine Strategie der „verhältnismäßigen Minimalintervention", in der der Freiheitsentzug *ultima ratio* war. Fast 30 Jahre später sind ähnliche Entwicklungen zu betrachten. Lokale Kooperationen zwischen Polizei, Gerichten, Sozialdienstleistern, den Gesundheits- und Bildungsbehörden und anderen jugendstrafbzw. jugendhilferechtlich relevanten Trägern und Institutionen bedingten seit 2008 die Einführung *informeller* Diversionssysteme, wie des *youth restorative disposal*[1483] und die *triage*-Programme[1484], mit denen der Eintritt in das formelle Diversions- und Strafverfolgungssystem durch Verweise an Einrichtungen der Sozial- und Jugendhilfe sowie in wiedergutmachungsorientierte Maßnahmen verzögert und im Idealfall gänzlich umgangen werden sollte (und konnte). Die „Duldung" dieser Entwicklungen erfolgte auf der Grundlage, dass die Praxisreformen großes Einsparpotential versprachen (weniger Gerichtsverfahren, weniger Personen in Haft), ohne dabei die konservative Jugendstrafrechtsideologie maßgebend zu gefährden. Dass diese Praxisinitiativen gedeihen durften (und noch dürfen) stellt demnach eine bewusste politische Entscheidung dar und ist als Teil der politischen Gesamtstrategie zu verstehen. Selbiges trifft auch in gewissem Maße für den Stellenwert des Themas Jugendkriminalität im öffentli-

---

1482   Siehe hierzu *Kapitel 2.6.2* und *2.7.*

1483   Die *youth restorative disposal* wurde in den *Kapiteln 2.6.2.4.2* und *3.3.5.2* beschrieben, ihre (potentielle) Rolle in den jüngsten positiven Praxisentwicklungen analysiert.

1484   Zu den *triage*-Programmen, siehe *Kapitel 2.6.2.4.1.*

chen Diskurs zu, können die Parteien doch durch ihre gewählte Rhetorik und ihre eigene Gewichtung der Thematik diesen Stellenwert stark beeinflussen, wie es in den 1990er Jahren auch geschehen ist.[1485]

5.4 Die Rolle strategischer Vorgaben

Die politisch-strategischen Entscheidungen sind neben gesamtgesellschaftlichen Faktoren (wie der wirtschaftlichen Situation) wiederum maßgebend für den Kontext, in dem jugendstrafrechtliche Entscheidungen im Rahmen von Ermessensspielräumen getroffen werden und wie die gesetzlich definierten Ziele des Jugendstrafrechts ausgelegt werden.

Insbesondere war der Section 44 des CYPA 1933 (das „Kindeswohlgebot")[1486] ausschlaggebend für die Entwicklung der Jugendstrafrechtspraxis, oder vielmehr, wie die Anforderungen dieser Norm ausgelegt wurden. In den 1970er Jahren wurde die Wahrung des Kindeswohls in die Hände der fürsorgerechtlichen Zuständigkeit des Jugendgerichts gelegt. Dagegen wurde im Rahmen der „erfolgreichen Revolution des Jugendstrafrechts"[1487] der 1980er Jahre sowie in den jüngsten Entwicklungen des Jugendstrafrechts in Theorie und Praxis seit 2007 bis heute[1488] die Auffassung vertreten, dass dem Wohl des Kindes durch Entkriminalisierung, Diversion und Haftvermeidung am besten gedient sei. In diesen beiden von stark rückläufigen Inhaftierungsraten und Jugendhaftpopulationen gekennzeichneten Phasen konnte (und kann) das Kindeswohlgebot also insoweit mit den gesetzlichen Rechtsstaatlichkeitsanforderungen vereinbart werden, dass das System strategisch hinter einer Strategie der Minimalintervention vereint war (und ist). In den Jahren unter *New Labour* galt dagegen die gegensätzliche Auffassung: Der Förderung des Kindeswohls sei durch Frühintervention und durch die mittels Strafe angestrebte Verantwortlichmachung junger Rechtsbrecher am besten gedient.

Der Einfluss, den strategische Vorgaben auf die Jugendstrafrechtspraxis haben können, wurde vor allem im jüngsten Praxisumschwung seit 2007 besonders deutlich. Um die Handlungsfähigkeit der Regierung zu beweisen hat die *New Labour*-Regierung im Jahr 2003 neue Leistungsindikatoren für die Polizei und Kommunen herausgegeben, durch deren Erfüllung die offizielle Aufklärungsrate stark verbessert werden sollte. Darunter war die Auflage, die Zahl der „formell

---

1485   Zu den Entwicklungen der 1990er Jahre, siehe die *Kapitel 2.4* und *2.5*.

1486   Siehe hierzu bereits *Kapitel 2.2*.

1487   *Bateman* 2010, S. 98; *Muncie* 1999, S. 280. Siehe bereits *Kapitel 2.3*.

1488   Siehe *Kapitel 2.6*.

sanktionierten Straftäter" (*offenders brought to justice*, OBTJ) zu erhöhen.[1489] In der Praxis bedeutete dies, dass jeder Strafgesetzesübertretung durch Kinder und Jugendliche mit formellen Sanktionen (also formellen polizeilichen Verwarnungen im Rahmen des *final warning scheme*, oder gerichtliche Sanktionen nach einer Verurteilung) des Jugendstrafrechts begegnet werden sollte. Dies hatte eine drastische Zunahme in der Zahl der formell sanktionierten Kinder und Jugendlichen zur Folge, die aufgrund der gesetzlich vorgeschriebenen Interventionspflicht, der Einschränkung in der Zahl der Verwarnungen, die eine Person erhalten darf und der Aufnahme solcher Verwarnungen in das „Straf"-Register (Verwarnungen werden bei einer gerichtlichen Sanktionierung für erneute Straffälligkeit strafschärfend berücksichtigt) für immer leichtere Delinquenz immer tiefer in das formelle Jugendjustizsystem hineingezogen wurden. Im Jahr 2008 wurde der OBTJ-Indikator jedoch abgeschafft und durch eine neue Regel ersetzt – nämlich, die Zahl der formellen Ersttäter (also Täter, die zum ersten Mal eine formelle Sanktion erhalten, *first-time entrants*, FTEs) Jahr für Jahr zu senken.[1490] In diesem Kontext entstanden die oben erwähnten *youth restorative disposals* und die *triage*-Programme, die in der Praxis einen messbaren Beitrag zum positiven Praxisumschwung der letzten fünf Jahre geleistet haben. Anzumerken ist dabei, dass die gesetzlichen Grundlagen, auf denen die Praxis der letzten beiden „Epochen" weitestgehend unverändert geblieben sind, was wiederum den potentiellen Einfluss politisch-strategischer Vorgaben und Zielsetzungen verdeutlicht

5.5 Die Rolle der gesetzlichen Grundlagen des Jugendstrafrechts

Der politische, wirtschaftliche und gesellschaftliche Kontext ist nämlich nur die eine Seite der Medaille. Die Kehrseite stellen, wie soeben bereits angedeutet, die gesetzlichen Grundlagen des Jugendstrafrechts dar. Sie liefern den „Werkzeugkasten", mit dem die vorgegebenen Ziele und Strategien im Lichte dieses Gesamtkontextes in die Praxis umgesetzt werden sollen. Bereits in den 1970er Jahren wurde deutlich, dass unklare gesetzliche Zielsetzungen und eine in sich unschlüssige gesetzliche Grundlage gravierende Folgen für junge Rechtsbrecher haben können.[1491] Aber vor allem die Reformen der *New Labour*-Regierungen unter *Tony Blair* und *Gordon Brown* seit Mitte der 1990er Jahre haben für das heutige Jugendstrafrecht noch maßgebende Rechtsgrundlagen für den Umgang

---

1489   Die Auswirkungen dieses Strategiewechsels waren gravierend, und wurden in *Kapitel 2.5.6.2* untersucht.

1490   Für eine Untersuchung des Stellenwerts dieser strategischen Reform an den Entwicklungen der letzten fünf Jahre, siehe *Kapitel 2.6.2.3*.

1491   Siehe hierzu *Kapitel 2.2*.

mit jungen Rechtsbrechern geschaffen, die ein massives Potential für eingriffs-intensive Interventionen mit sich bringen und in der Vergangenheit auch bewiesen haben.[1492] Entscheidend war dabei paradoxerweise das inzwischen reformierte Diversionssystem, im Rahmen dessen junge Rechtsbrecher nur zweimal verwarnt werden konnten, bevor sie vor Gericht angeklagt werden mussten.[1493] Die Gerichte waren (und sind immer noch) wiederum gesetzlich dazu verpflichtet, gegen junge Erstverurteilte eine *referral order* zu verhängen, die durchaus eingriffsintensiv sein kann.[1494] Verstöße gegen die *referral order* können mit Freiheitsentzug bestraft werden. Freiheitsentzug ist zwar laut Gesetz *ultima ratio*, jedoch sind die Ermessensspielräume in der Entscheidung über die Geeignetheit einer Freiheitsstrafe besonders groß. Zusammengenommen ist ein Rechtsfolgensystem entstanden, das „Justizkarrieren" junger Rechtsbrecher durch das Justizsystem von der Diversion bis zum Freiheitsentzug eher förderte als zu verhindern versuchte. Die Gesetzesgrundlagen weisen klar auf eine Strategie der Maximalintervention hin und nicht umgekehrt.

Solange die Gesetzesgrundlagen des Jugendstrafrechts dieselben bleiben, dürfen die in den letzten Jahren beobachteten positiven Entwicklungen in der Jugendstrafrechtspraxis als nicht mehr als eine weitere von vielen vorübergehenden Richtungswechseln betrachtet werden. Sofern das öffentliche, mediale, politische, wirtschaftliche oder gesellschaftliche Klima es erfordert, können die aktuellen gesetzlichen Grundlagen des Jugendstrafrechts mittels entsprechender Zielsetzungen und Vorgaben wieder zu einer Maschinerie der Vergeltung zurückkalibriert werden. Folglich wäre die Aussage, der *Neo-Correctional Approach* sei überwunden, noch verfrüht. Er wird vielmehr lediglich durch geduldete Praxisinitiativen vorübergehend umgangen, deren Stellenwert wieder abrupt gen Null tendieren kann, sobald sich der Entscheidungskontext aufgrund wirtschaftlicher Erholung und/oder einer erneuten Politisierung und Popularisierung der Jugendkriminalitätsthematik verändert. Reformen der gesetzlichen Grundlagen des Jugendstrafrechts sind unumgänglich, um die negativen Folgen solcher Kontextverschiebungen für junge Rechtsbrecher und ihre Rechte bestmöglich zu begrenzen.

1492 Für die Reformen der *New Labour*-Partei siehe *Kapitel 2.5*. Siehe insbesondere *Kapitel 2.5.6* für die negativen Entwicklungen der Jugendstrafrechtspraxis in dieser Epoche.

1493 Für eine Beschreibung des Kontexts, der zur Einführung des *final warning scheme* geführt hat, siehe *Kapitel 2.5.5*. Das Diversionssystem wird in *Kapitel 3.3*, das *final warning system* im Detail in *Kapitel 3.3.3* und *3.3.4* beschrieben. Für eine Kritik des Diversionssystems im Lichte internationaler Standards und Empfehlungen siehe *Kapitel 4.3.3*. Die Rolle des Verwarnungssystems in den Entwicklungen der Jugendstrafrechtspraxis von 1993 bis 2007 sowie von 2007 bis heute wird in *Kapitel 2.5.6* bzw. *2.6.2* dargestellt.

1494 Zur *referral order* siehe *Kapitel 2.5.4.1* und *3.6.2.4*.

5.6 Die jüngsten Gesetzesreformen

Erste gesetzliche Reformbemühungen wurden bereits unternommen, um das System etwas zu entschärfen. Durch die Einführung „bedingter Verwarnungen für Kinder und Jugendliche" (zunächst auf Pilotbasis) im Jahr 2008 wurde eine zusätzliche Diversionsebene zwischen dem damals noch geltenden *final warning scheme* und den Gerichten eingeführt, die eine Art „bedingte Aussetzung der Anklageerhebung zur Bewährung" darstellt.[1495] Seit 2010 stehen den Gerichten *youth rehabilitation orders* (YRO) zur Verfügung, die eine flexible und attraktive Alternative zum Freiheitsentzug darstellen.[1496] YROs erlauben es den Gerichten, unter Berücksichtigung eines Gerichtshilfeberichts aus einer ganzen Bandbreite verschiedenster Interventionselemente einen auf den jeweiligen Täter individuell zugeschnittenen Interventionsplan zu entwerfen. Zudem wurden im Jahr 2009 neue Strafzumessungsrichtlinien für Kinder und Jugendliche herausgegeben, welche die Rolle des Freiheitsentzugs als *ultima ratio* bekräftigen und das Augenmerk der Gerichte auf ihre Verpflichtung gegenüber der UNKRK lenken.[1497] Zweifellos sind diese Neuerungen für die positiven Praxisentwicklungen der letzten Jahre mitverantwortlich gewesen. Das Kernproblem – das Diversionssystem mit seiner beschleunigenden Wirkung – blieb von diesen Reformen jedoch zunächst weitestgehend unberührt.

Potentiell wegweisende Gesetzesreformen wurden jüngst durch das „Gesetz über Rechtsbeistand, Prozesskostenhilfe, Strafzumessung und die Bestrafung von Rechtsbrechern" von 2012 (*Legal Aid, Sentencing and Punishment of Offenders Act 2012*, LASPOA 2012) auf den Weg gebracht und sind im Herbst 2013 in Kraft getreten.[1498] Jugendstrafrechtlich relevant ist dabei zunächst eine Reform des für Kinder und Jugendliche anzuwendenden Diversionssystems. Das *final warning system* wurde abgeschafft, und die Zahl der Verwarnungen, die ein junger Rechtsbrecher erhalten haben darf, bevor eine automatische Anklage vor Gericht erfolgen muss, ist nun nicht mehr begrenzt. Weiterhin sind die zeitlich unbestimmten Freiheitsstrafen für gefährliche Straftäter (*detention for public protection*) bei Kindern und Jugendlichen unter 18 Jahren nicht mehr anwendbar[1499] und es sind neue Regelungen zur Verfahrenssicherung bzw.

1495   *Youth conditional cautions* werden in den *Kapiteln 2.6.2.4.3* und *3.3.3.2* dargestellt.

1496   Zur YRO siehe die *Kapitel 2.6.2.4.3* und *3.6.2.5*.

1497   Siehe *Kapitel 2.6.2.5.2*.

1498   Diese ausstehenden Reformen werden im Laufe des *Kapitels 4.3* im Einzelnen, in *Kapitel 4.4* zusammenfassend betrachtet.

1499   Die „Gefährlichkeits"-Regelungen nach alter und neuer Fassung wurden in den *Kapiteln 2.5.3* und *3.4.2.2.3* besprochen, die besonderen Formen des Freiheitsentzugs, die für gefährliche Straftäter anwendbar sind, in den *Kapiteln 2.5.3* und *3.6.2.6.2*, wie auch jene, die jüngst durch den LASPOA 2012 abgeschafft wurden.

U-Haftvermeidung vorgesehen, die noch nicht in Kraft getreten sind.[1500] Zudem wurde bereits die Abschaffung der *anti-social behaviour orders* in Gesetzesentwürfen angedacht.[1501]

Diese Reformen der jugendstrafrechtlichen Rechtsvorschriften stellen einen ersten wichtigen Schritt in der Vermeidung eines erneuten punitiven Praxisumschwungs dar, knüpfen sie doch an Elementen des Systems an, welche für die Verschärfungen der Praxis von 1993 bis 2007 maßgebend gewesen sind. Insgesamt werden die jüngsten Entwicklungen in Theorie und Praxis sicherlich auf ein positives Echo im nächsten Bericht der UNKRKom im Jahr 2014 stoßen. Ob die Kritik des UNKRKom in der Verabschiedung des LASPOA 2012 eine Rolle gespielt hat, darf jedoch angezweifelt werden. Eine plötzliche Kehrtwende in der Europahaltung der konservativen Partei und der englischen Gesellschaft insgesamt kann angesichts jüngster Aussagen des Premierministers *David Cameron*, dass er bei einer Wiederwahl den *Human Rights Act 1998* (die Transkription der EMRK in das englische Recht) wieder außer Kraft setzen würde,[1502] weitgehend ausgeschlossen werden. Dieses Desinteresse gegenüber internationalen Standards und Instrumenten wurde auch im Rahmen einer Erhebung des Europarats im Jahr 2011, die den Stellenwert der ERJOSSM in Europa messen sollte, besonders deutlich.[1503] Auf die Frage, ob das Jugendstrafrecht hinsichtlich seiner Berücksichtigung der ERJOSSM geprüft worden sei, antwortete man mit „nein" mit der Begründung, dass davon auszugehen sei, dass das englische Jugendstrafrecht den internationalen Obligationen Englands entsprechend gestaltet sei. Die Frage, ob Maßnahmen zur Umsetzung der ERJOSSM im Land geplant oder implementiert worden seien, wurde mit einem schlichten „nein" abgefertigt. Diese Antworten sind trotz der jüngsten positiven Entwicklungen durchaus amüsant, bleiben doch große Baustellen bestehen, vor deren Behebung eine Konformität des Jugendstrafrechts mit internationalen Standards und Empfehlungen und eine langfristige Stabilisierung der aktuellen Jugendstrafrechtspraxis nicht erreicht werden können.[1504]

1500   Die aktuell noch geltenden gesetzlichen Regelungen zur Verfahrenssicherung werden in den *Kapiteln 3.2.3* und *3.5* beschrieben. Die ausstehenden Reformen werden im Rahmen einer kritischen Auseinandersetzung mit den englischen Rechtsgrundlagen zur Verfahrenssicherung sowie der Verfahrenssicherungspraxis im Lichte internationaler Standards in *Kapitel 4.3.4* dargestellt.

1501   ASBOs werden in *Kapitel 2.5.3.2* beschrieben, und in *Kapitel 4.3.2* unten einer kritischen Betrachtung unterzogen.

1502   Siehe hierzu *Kapitel 4.4.*

1503   Siehe hierzu *Dünkel* 2014.

1504   Eine ausführliche kritische Auseinandersetzung mit der Konformität des englischen Jugendstrafrechts in Theorie und Praxis zu internationalen Vorgaben und Empfehlungen findet sich in *Kapitel 4.*

5.7 Kriminalpolitische Forderungen

Zunächst bleibt die Strafmündigkeitsgrenze von 10 Jahren problematisch, die im internationalen Vergleich zu den niedrigsten in Europa gehört.[1505] Angesichts der jüngsten Ausdehnung informeller Diversionspraktiken durch Strategien wie der *youth restorative disposal* und *triage* und unter Berücksichtigung der nach wie vor geltenden Tatsache, dass der Großteil der Straffälligkeit vor allem jüngerer Kinder bagatellhaft ist, ist diese Altersgrenze nicht vertretbar. Zurzeit spricht – abgesehen von einem potentiellen Verlust von Wählerstimmen – nichts dafür, die Strafmündigkeitsgrenze bei 10 Jahren zu belassen, werden doch durch die neuen Praxismodelle die meisten der jüngsten straffälligen Kinder an Institutionen der Kinder- und Jugendhilfe verwiesen, wo erzieherisch auf ihre Probleme und Bedürfnisse eingewirkt wird, häufig mittels Formen des *restorative justice*. Eine offizielle Verlagerung der Interventionszuständigkeit von der strafrechtlichen in die zivilrechtrechtliche oder jugendhilferechtliche Sphäre würde Kontakte mit dem formellen Justizsystem aufschieben, die Eintragung von Vorstrafen verzögern, dem Reifegrad junger Menschen besser entsprechen und somit einem natürlichen Herauswachsen aus der Kriminalität förderlich sein. Ideal wäre eine Anhebung auf (in den Worten des UNKKom „vorbildliche") 14 Jahre, zumindest muss die Grenze auf 12 Jahre angehoben und die strafrechtliche Verantwortlichkeit unter 14-Jähriger auf schwerste Formen der Delinquenz begrenzt werden. Schottland hat jüngst im Jahr 2010 vorgelegt, indem das Mindestalter für die Zulässigkeit einer formellen Strafverfolgung von 8 auf 12 Jahre erhöht wurde. In England/Wales dagegen bleibt erheblicher Handlungsbedarf.[1506]

Im Zusammenhang mit der Thematik der geistigen Reife bleibt in England/ Wales auch am oberen Ende des jugendstrafrechtlichen Anwendungsbereichs – dem strafrechtlichen Umgang mit Heranwachsenden – europäisch vergleichend betrachtet erheblicher Nachholbedarf.[1507] Bis kürzlich erfuhren Heranwachsende keinerlei Sonderbehandlung in England/Wales. Sie wurden lediglich in besonderen Haftanstalten untergebracht. Ansonsten waren sie Erwachsenen in allen Belangen gleichgestellt. Die jüngsten Entwicklungen in England/Wales sind durchaus vielversprechend gewesen, haben sie doch eine Berücksichtigung der persönlichen geistigen Reife im Rahmen der Strafzumessung bei jungen Erwachsenen zumindest bei bestimmten Deliktsarten gebracht. Dieser erste Schritt in Richtung einer Strafzumessungsstrategie, die weniger entlang starrer Altersgrenzen verläuft, reicht jedoch bei weitem nicht aus. Es erscheint unlogisch, Heranwachsende mit festgestellter Reifeverzögerung lediglich weniger schwer zu bestrafen, ist diese Verzögerung doch ein Indiz dafür, dass sie gerade eher er-

---

1505   Siehe hierzu insbesondere *Kapitel 4.3.1.1.*

1506   So auch *Goldson* 2013.

1507   Zu einer kritischen Betrachtung der Heranwachsendenfrage vgl. *Kapitel 4.3.1.2.*

zieherischer als repressiver Intervention bedürfen. Gerade im Lichte jüngster Studien,[1508] laut denen die Entwicklung kriminologisch relevanter Hirnareale erst mit Mitte 20 abgeschlossen ist, sind die gesetzlichen Grundlagen (oder vielmehr ist der Mangel an einer solchen) nicht zeitgemäß und somit dringend reformbedürftig. Der Gesetzgeber sollte dafür Sorge tragen, dass die Bestimmungen des Jugendstrafrechts prinzipiell bei Heranwachsenden angewandt werden können, wenn sie angesichts der persönlichen Reife oder der sonstigen Umstände des Täters angemessener erscheinen, um Rückfälligkeit zu vermeiden und die Legalbewährung heranwachsender Täter zu fördern. Weiterhin sollten die Regelungen des Jugendstrafverfahrens prinzipiell bei Heranwachsenden angewandt werden.

Weiterhin bleibt die Praxis, junge Rechtsbrecher bereits ab dem vollendeten 10. Lebensjahr zur Hauptverhandlung und/oder zur Strafzumessung an Erwachsenengerichte zu verweisen, zu kritisieren.[1509] Wenngleich Strafverfahren vor dem *Crown Court* in den letzten zehn Jahren Anpassungen erfahren haben, um sie jugendadäquater zu gestalten, gilt vor den Erwachsenengerichten die gesetzliche Regel der Öffentlichkeit des Verfahrens.[1510] Die stigmatisierenden Folgen der Veröffentlichung persönlicher Details, die eine Identifizierung des Angeklagten zulassen, sind meist nachhaltiger als die Länge der auferlegten Strafe an sich. Die Täter im Fall *Bulger* wurden mit neuen Identitäten ausgestattet, um sie vor Selbstjustizhandlungen zu schützen, mit denen noch 20 Jahre später zu rechnen wäre. Die Folgen betreffen nicht nur die Täter, sondern auch ihre Familien und ihr engstes soziales Umfeld, wie der tätliche Angriff auf ein Familienmitglied eines der *Bulger*-Täter im Jahr 2012 belegt.[1511] Diese Situation bedarf der Reform – nicht nur, um ein gerechtes Verfahren für Kinder und Jugendliche zu gewährleisten und um internationalen Vorgaben und Empfehlungen zu genügen, sondern vor allem auch um zu verhindern, dass das Wohl und die Rechte straffälliger Kinder und Jugendliche zur Verfolgung parteipolitischer und massenmedialer Ziele kompromittiert werden, wie es im Fall *Bulger* geschehen ist. Die Identität junger Rechtsbrecher sollte prinzipiell nicht veröffentlicht werden dürfen, unabhängig davon, was sie verbrochen haben. Der Schutz der Öffentlichkeit reicht dabei als Argument schlicht und einfach nicht aus, ist er doch bereits im Rahmen der Strafzumessung als wichtiger Faktor zu berücksichtigen. Jede weitere Berücksichtigung des öffentlichen Interesses ist mit einer verhältnismäßigen strafrechtlichen Reaktion nicht vereinbar. Eine Reform des Jugendgerichts, um

---

1508 Jüngst *Prior u. a.* 2011; *Loeber u. a.* 2013; *Dünkel/Geng* 2013, m. jew. w. N.

1509 Für die Herleitung dieser Schlussfolgerung siehe *Kapitel 4.3.5.*

1510 Zu den Besonderheiten der Jugendhauptverhandlung vor dem *Crown Court* siehe *Kapitel 3.4.2.1.*

1511 Wie in einem Online-Zeitungsartikel der britischen Zeitung „Daily Mail" berichtet wurde, siehe *Mail Online* 2012.

seine Strafzumessungskompetenz beispielsweise auf deutsche Verhältnisse anzuheben, könnte an dieser Stelle Abhilfe bringen. Zudem könnte angedacht werden, die Zusammensetzung des Jugendgerichts bei Fällen schwererer Delinquenz zu reformieren, beispielsweise durch den vermehrten Einbezug von Berufsrichtern.

Neben den Stigmatisierungseffekten derartiger Transfers sind Verweise an Erwachsenengerichte in England/Wales auch insoweit problematisch, als sie die Strafzumessungskompetenz des urteilenden Gerichts erheblich ausdehnen. Unter bestimmten Umständen können Kinder und Jugendliche ab dem vollendeten 10. Lebensjahr durch Erwachsenengerichte zu verschiedenen Formen des Langfreiheitsentzugs verurteilt werden, einschließlich lebenslanger Freiheitsstrafen.[1512] Der Schutz 10- und 11-Jähriger vor Freiheitsstrafen besteht daher vor Erwachsenengerichten nicht. Europäisch vergleichend betrachtet ist die Zahl der Länder, in denen lebenslange Freiheitsstrafen überhaupt für Kinder und Jugendliche zulässig sind, von 10- und 11-Jährigen ganz zu schweigen, schwindend gering. Es drängt sich die Frage auf, welche konstruktive Rolle eine Person in der Gesellschaft einnehmen soll, wenn sie einen Großteil ihrer geistigen Reifeentwicklung und wichtige Sozialisierungsprozesse von der Gesellschaft isoliert erlebt. Zweifelsfrei bleibt die Notwendigkeit, die Öffentlichkeit vor weiterer Straffälligkeit gefährlicher Täter zu schützen, bestehen, und es gilt diese Schutzbedürftigkeit mit der Verhältnismäßigkeit der Strafe zur Tatschwere abzuwägen. Jedoch sind die Haftstrafen bzw. Mindestverbüßungsdauer, die in den in *Kapitel 1* angeführten Fallbeispielen verhängt wurden, ein mögliches Indiz dafür, dass der Stellenwert des Schutzes der Öffentlichkeit sehr stark gewichtet wird, und/oder dass weiterhin eine sehr strenge Auffassung der Verhältnismäßigkeit vorherrscht. Die jüngsten Entwicklungen im Gebrauch des Freiheitsentzugs bei Kindern und Jugendlichen sind durchaus vielversprechend, scheint es doch so, dass der Freiheitsentzug zunehmend als letztes Mittel betrachtet und eher in Fällen schwerer Delinquenz angewandt wird.[1513] Jedoch drängt sich die Frage auf, warum England neben Nordirland als einziges Land in Europa derartiger Gesetzesbestimmungen und Verfahrensvorschriften bedarf.

Zuallerletzt ist die „Kriminalisierung antisozialen Verhaltens" anzuführen.[1514] Zwar liegen Gesetzesentwürfe vor, die eine Abschaffung des in vielerlei Hinsicht problematischen *anti-social behaviour order* (ASBO) vorsehen. Je-

---

1512   Die verschiedenen Formen des Langfreiheitsentzugs werden in *Kapitel 3.6.2.6.2*, die Voraussetzungen für ihre Verhängung in *Kapitel 3.4.2.2* beschrieben. Für eine kritische Auseinandersetzung mit dem Freiheitsentzug in England im Lichte internationaler Standards siehe *Kapitel 4.3.6*.

1513   Zur ausführlichen Herleitung dieser These siehe *Kapitel 2.6*.

1514   Für eine Darstellung der für den Kampf gegen antisoziales Verhalten verfolgten Strategie sowie der dazu zur Verfügung gestellten Maßnahmen siehe *Kapitel 2.5.3.2*. Für eine kritische Betrachtung siehe *Kapitel 4.3.2*.

doch soll eine neue, ebenfalls zivilrechtliche und somit fragwürdige Intervention an ihre Stelle treten – die *crime prevention injunction* (CPI). In mancherlei Hinsicht stellen CPIs eine Verbesserung der Situation dar: Im Vergleich zu ASBOs können CPIs neben restriktiven Verboten auch die Erfüllung positiver Auflagen erfordern; Verstöße gegen die Auflagen und Verbote stellen nicht automatisch eine Straftat dar. Jedoch bleibt die schwammige und wenig trennscharfe Eingriffsgrundlage der ASBOs (nämlich antisoziales Verhalten) bestehen, so dass CPIs – die durchaus als Strafe begriffen werden können – auch in Fällen nicht-kriminellen Verhaltens Anwendung finden werden. Es bleibt die Gefahr, dass junge Menschen weiterhin für Verhaltensweisen sanktioniert werden, die nicht die Grenze der Straffälligkeit überschreiten, und dass junge Rechtsbrecher auch weiterhin durch die Hintertür des Zivilrechts für ihre Fehltritte sanktioniert werden, ohne Anspruch auf die für Strafverfahren geltenden Rechte auf ein faires Verfahren. Es kommt die Frage auf, ob derartige Interventionsformen in irgendeiner Weise begründet werden können. Sicherlich stellt antisoziales Verhalten vor allem in bestimmten sozio-ökonomisch schwachen Regionen ein Problem dar. Ebenso wenig kann kritisiert werden, dass gegen problematische, störende Verhaltensweisen vorgegangen wird. Jedoch erscheint die eingeschlagene Route, antisoziales Verhalten zunehmend mit Straffälligkeit gleichzusetzen und entsprechend repressiv darauf zu reagieren, gänzlich fehlgeleitet. Vielmehr sollte antisoziales Verhalten wie alle anderen kriminogenen Risikofaktoren betrachtet werden und entsprechende Reaktionen nach sich ziehen, die in den Zuständigkeitsbereich der Jugendhilfe und der Sozialbehörden fallen, und nicht in die der Strafgerichte. Es spricht wenig dagegen, auch solche Kinder und Jugendliche, die sich antisozial verhalten haben, ebenfalls in den Anwendungsbereich der informellen Diversionsprojekte wie *triage* und dem *youth restorative disposal* einzubeziehen.

5.8 Schlusswort und Reformausblick

Ob derart wagemutige Reformen gegenwärtig oder überhaupt jemals in England und Wales in die Tat umgesetzt werden können, bleibt durchaus fraglich. Trotz der Entspannung der Jugendstrafrechtspraxis und der vorgenommenen Gesetzesreformen der letzten Jahre sowie der jüngsten Entpolitisierung des Themas Jugendkriminalität wäre es naiv zu erwarten, dass eine der beiden großen politischen Parteien das Risiko fahren würde, in jugendstrafrechtlichen Belangen „weich" zu erscheinen. Die konservativ-liberale Koalitionsregierung unter *David Cameron* wird mit Sicherheit nicht versuchen, die öffentliche Aufmerksamkeit auf die zurzeit verfolgte Strategie der Minimalintervention, Diversion und Haftvermeidung zu lenken, haben sie doch bereits in den 1990er Jahren erlebt, wie der damalige konservative Premierminister *John Major* schlechte Erfahrungen bezogen auf den Verlust von Wählerstimmen machen musste.[1515] Nicht umsonst blieben die für das Jugendstrafrecht relevanten Normen des LASPOA 2012 im Rahmen der öffentlichen Auseinandersetzung mit dem Gesetz weitgehend hinter brisanteren Elementen wie der Reform der Prozesskostenhilfe verborgen. Sollte die Regierung dennoch derartige Reformen anstreben, wird die Opposition sie aller Wahrscheinlichkeit nach erneut aufgreifen und im Falle einer wirtschaftlichen Erholung als Wahlkampfzündstoff verwenden (und wo das hinführt hat man ebenfalls in den 1990er Jahren bis in das neue Jahrtausend hinein gesehen). Das Thema Jugendkriminalität kann wie es scheint nur in einem Kontext der Härte popularisiert werden, und da die erforderlichen Reformen so weitreichend und grundlegend sind, darf nicht davon ausgegangen werden, dass sie leise und ohne politischen bzw. öffentlichen Widerstand erfolgen würden.

Es bleibt nämlich zum Schluss immer noch die Frage, ob sich die Wahrnehmungen und Sorgen der Öffentlichkeit in den letzten Jahren ebenfalls so vielversprechend entwickelt haben, wie das Jugendstrafrecht selbst. Die Folgen der schweren Ausschreitungen im August 2011 in London und anderen Großstädten sind ein Lichtblick in diesem Zusammenhang, weil sie anscheinend nicht als Auslöser für eine anhaltende Rückkehr zur harten Praxis der *New Labour*-Periode fungiert zu haben scheinen.[1516] Unter anderen wirtschaftlichen und politischen Umständen wäre das durchaus denkbar gewesen, und im öffentlichen Diskurs wurden die Ursachen für die Ausschreitung größtenteils in wirtschaftlichen und gesamtgesellschaftlichen Variablen gesehen. Nichtdestotrotz kann das Fortbestehen eines Generationenkonflikts zwischen Jung und „nicht-mehr-so-jung", wie er sich im Kontext der Auseinandersetzung mit dem Kampf gegen antisoziales Verhalten gezeigt hat, nicht bestritten werden. Ebenso wenig wird Kindern, die die schwersten Rechtsbrüche begehen, mit weniger öffentlicher Abscheu und Wut begegnet, als noch zu Zeiten des *Bulger*-Falls. Jüngst im Jahr 2012 wurde ein offensichtlich geistig verwirrter 12-Jähriger, der seine schlafende Mutter mit einem Hammer erschlagen hat, öffentlich als „Feigling", „bösartig" und „grausamer Killer" in den Medien etikettiert, die öffentliche Haltung ihm gegenüber war eher von einem Ruf nach einer Rückkehr zu öffentlichen Hinrichtungen als von einer reflektierten Auseinandersetzung mit den Ursachen für die Tat geprägt.

Für die Gegenwart und die unmittelbare Zukunft bleibt wenig anderes übrig als zu hoffen, dass die jüngsten Gesetzesreformen (insbesondere des Verwarnungssystems) die Jugendstrafrechtspraxis auf eine stabile gesetzliche Grundlage stellen und somit zur Norm machen können, die für parteipolitische, strategische und wirtschaftliche Veränderungen weniger anfällig ist. Es müssen gesetzliche Grundlagen für die entstandenen Praxisinitiativen wie *triage* und die

---

1515   Siehe hierzu *Kapitel 2.4.*

1516   Siehe auch *Kapitel 2.7* und *4.4.*

youth restorative disposal geschaffen und die entsprechenden Pilotprojekte landesweit zur *standard practice* ausgedehnt werden. Selbiges gilt für die *youth conditional cautions*, durch die eine noch feinere Anpassung der Interventionsintensität an die Tatschwere und an die Bedürfnisse von Tätern und Opfern ermöglicht wird. Daraus würde ein in sich schlüssiges, konsequentes System der verhältnismäßigen Minimalintervention mit mehreren Diversions- und Entscheidungsebenen und vielen verschiedenen, flexiblen Interventionsformen entstehen, wodurch letztlich die Rolle des Freiheitsentzugs als *ultima ratio* noch stärker verankert werden würde. Schlussendlich bleibt abzuwarten, ob sich die Situation für straffällige Kinder und Jugendliche verschlechtern wird, sobald sich der Zustand der Wirtschaft wieder verbessert; und zu hoffen, dass die Zeit bis dahin zu ihrem Besten genutzt wird, um Rechtsgrundlagen sowie Strukturen zu schaffen und zu festigen, die ein mit internationalen Standards und Empfehlungen konformes Jugendstrafrecht in Theorie sowie Praxis ermöglichen und die guten Erfahrungen der letzten Jahre nicht zu bloß einer weiteren „Anomalie der englischen Jugendstrafrechtsgeschichte" reduzieren.

Literaturverzeichnis

Albrecht, H. J., Kilchling, M. (Hrsg.) (2002): Jugendstrafrecht in Europa. Freiburg i. Br.: Max-Planck-Institut für ausländisches und internationales Strafrecht.

Alexander, J. F., Parsons, B. V. (1973): Short-term behavioural intervention with delinquent families: impact on family process and recidivism. Journal of Abnormal Psychology 81, S. 219-225.

Allan, C., Crow, I., Cavadino, M. (2000): Evaluation of the Youth Court Demonstration Project. Home Office Research Study 214. London: Home Office.

Allen, R. (2008): Reparation Orders. In: Goldson, B. (Hrsg.): Dictionary of Youth Justice. Cullompton: Willan Publishing, S. 293.

Allen, R. (2011): Last resort? Exploring the reduction in child imprisonment 2008-11. London: Prison Reform Trust.

Anderson, F., Worsley, R., Nunney, F., Maybanks, N., Daws, W. (2010): Youth Survey 2009. London: Youth Justice Board.

Arthur, R. (2010): Young Offenders and the Law – How the Law Responds to Youth Offending. London: Routledge.

Ashford, M., Chard, A., Redhouse, N. (2006): Defending Young People in the Criminal Justice System. Legal Action Group.

Ashplant, P. (2008): On track. In: Goldson, B. (Hrsg.): Dictionary of Youth Justice. Cullompton: Willan Publishing, S. 250-251.

Ashplant, P. (2008a): Youth Inclusion and Support Panels. In: Goldson, B. (Hrsg.): Dictionary of Youth Justice. Cullompton: Willan Publishing, S. 377-378.

Ashworth, A. (2007): Sentencing. In: *Maguire, M., Morgan, R., Reiner, R.* (Hrsg.): The Oxford Handbook of Criminology. 4. Aufl., Oxford University Press, S. 990 – 1.023.

Ashworth, A., Redmayne, M. (2010): The Criminal Process. 4. Aufl., Oxford: Oxford University Press.

Ashworth, A., Roberts, J. (2012): Sentencing – theory, principle and practice. In: Maguire, M., Morgan, R., Reiner, R. (Hrsg.): The Oxford Handbook of Criminology. 5. Aufl., Oxford University Press. S. 866-894.

Association of Chief Police Officers (2007): "It's Never Too Early … It's Never Too Late" – The ACPO Strategy for Children and Young People. London: ACPO.

Association of Chief Police Officers (2009): ACPO Youth Offender Case Disposal Gravity Factor System. Online verfügbar unter: http://www.cps.

gov.uk/legal/assets/uploads/files/Gravity%20Matrix%20May09.pdf (zuletzt eingesehen am 19.07.2012).

Association of Chief Police Officers, Home Office (2010): Police Operational Guidance – Youth Restorative Disposals (YRD). London: Home Office.

Audit Commission (1996): Misspent Youth. London: Audit Commission.

Audit Commission (2004): Youth Justice 2004 – A review of the reformed youth Justice System. London: Audit Commission.

Baker, K. (2008): Key Elements of Effective Practice (KEEP). In: Goldson, B. (Hrsg.): Dictionary of Youth Justice. Cullompton: Willan Publishing, S. 211-212.

Ball, P. (2004): Critical Mass: How one thing leads to another. London: Arrow Books.

Bandalli, S. (2008): Absolute Discharge. In: Goldson, B. (Hrsg.): Dictionary of Youth Justice. Cullompton: Willan Publishing, S. 3.

Bandalli, S. (2008a): Conditional Discharge. In: Goldson, B. (Hrsg.): Dictionary of Youth Justice. Cullompton: Willan Publishing, S. 84-85.

Bandalli, S. (2008b): Criminal Responsibility. In: Goldson, B. (Hrsg.): Dictionary of Youth Justice. Cullompton: Willan Publishing, S. 114-115.

Barrow Cadbury Trust (2005): Lost in Transition: A Report of the Barrow Cadbury Commission on Young Adults and the Criminal Justice System. London: Barrow Cadbury Trust.

Bateman, T. (2008): Detention and Training Orders (DTOs). In: Goldson, B. (Hrsg.): Dictionary of Youth Justice. Cullompton: Willan Publishing, S. 135.

Bateman, T. (2008a): Grave Offences. In: Goldson, B. (Hrsg.): Dictionary of Youth Justice. Cullompton: Willan Publishing, S. 185.

Bateman, T. (2008b): Long-Term Detention. In: Goldson, B. (Hrsg.): Dictionary of Youth Justice. Cullompton: Willan Publishing, S. 217-218.

Bateman, T. (2008c): Pre-Sentence Reports (PSRs). In: Goldson, B. (Hrsg.): Dictionary of Youth Justice. Cullompton: Willan Publishing, S. 269-270.

Bateman, T. (2008d): Youth Justice News. Youth Justice Journal 8, S. 265-271.

Bateman, T. (2010): The Systemic Determinants of Levels of Child Incarceration in England and Wales. Unveröffentlichte Dissertation. Luton: University of Bedfordshire. Erhältlich unter http://uobrep.openrepository.com/uobrep/bitstream/10547/134949/1/bateman.pdf (zuletzt eingesehen am 17.6.2013).

Bateman, T. (2011): Youth Justice News. Youth Justice Journal 11, S. 180-190.

Bateman, T. (2012): Who pulled the Plug? Towards an Explanation of the Fall in Child Imprisonment in England and Wales. Youth Justice Journal 12, S. 36-52.

Bateman, T. (2012a): Youth Justice News. Youth Justice Journal 12, S. 258-268.

Bateman, T., Pitts, J. (Hrsg.) (2005): The RHP Companion to Youth Justice. Lyme Regis: Russell House Publishing.

Bell, A., Hodgson, M., Pragnell, S. (1999): Diverting Children and Young People from Crime and the Criminal Justice System. In: Goldson, B. (Hrsg.): Youth Justice: Contemporary Policy and Practice. London: Ashgate, S. 91-109.

Bochmann, C. (2009): Entwicklung eines europäischen Jugendstrafrechts. Baden-Baden: Nomos Verlag.

Bottoms, A. E. (2006): On the Decriminalisation of English Juvenile Courts. In: Muncie, J., Hughes, G., McLaughlin, E. (Hrsg.): Youth Justice: Critical Readings. London: SAGE, S. 216-228.

Bottoms, A. E., Dignan, J. (2004): Youth Justice in Great Britain. In: Tonry, M., Doob, A. N. (Hrsg.): Youth Crime and Youth Justice: Comparative and Cross-national Perspectives. Crime and Justice: A Review of Research. Vol. 31. Chicago, IL und London: University of Chicago Press, S. 21-183.

Buchanan, J. (2008): Drug Treatment and Testing Orders (DTTOs). In: Goldson, B. (Hrsg.): Dictionary of Youth Justice. Cullompton: Willan Publishing, S. 149-150.

Budd, T., Sharp, C., Weir, G., Wilson, D., Owen, N. (2005): Young People and Crime: Findings from the 2004 Offending, Crime and Justice Survey. London: Home Office.

Bullock, S., Jones, B. (2004): Acceptable Behaviour Contracts – Addressing Antisocial Behaviour in the London Borough of Islington. Home Office Online Report 02/04.

Bundesministerium der Justiz (Hrsg.) (1989): Jugendstrafrechtsreform durch die Praxis. Bonn: Bundesministerium der Justiz.

Bundesministerium der Justiz (Hrsg.) (2009): Das Jugendkriminalrecht vor neuen Herausforderungen? Jenaer Symposium. Mönchengladbach: Forum Verlag Godesberg.

Bundesministerium der Justiz Berlin, Bundesministerium für Justiz Wien, Eidgenössisches Justiz- und Polizeidepartement Bern (Hrsg.) (2004): Empfehlungen des Europarates zum Freiheitsentzug 1962-2003. Mönchengladbach: Forum Verlag Godesberg.

Bundesministerium des Inneren, Bundesministerium der Justiz (2006): Zweiter Periodischer Sicherheitsbericht. Berlin: BMI/BMJ.

Burman, M., Johnstone, J., Fraser, A., McNeill, F. (2011): Scotland. In: Dünkel, F., Grzywa, J., Horsfield, P., Pruin, I. (Hrsg.): Juvenile Justice Systems in Europe: Current Situation and Reform Developments. 2. Aufl., Mönchengladbach: Forum Verlag Godesberg, S. 1.149-1.196.

Burney, E. (2008): Parental Bind Overs. In: Goldson, B. (Hrsg.): Dictionary of Youth Justice. Cullompton: Willan Publishing, S. 252.

Burney, E. (2008a): Parenting Order. In: Goldson, B. (Hrsg.): Dictionary of Youth Justice. Cullompton: Willan Publishing, S. 254-255.

Cadman, S. (2008): Assessment Framework. In: *Goldson, B.* (Hrsg.): Dictionary of Youth Justice. Cullompton: Willan Publishing, S. 24-26.

Cadman, S. (2008a): Dangerousness. In: Goldson, B. (Hrsg.): Dictionary of Youth Justice. Cullompton: Willan Publishing, S. 124-125.

Cadman, S. (2008b): Fines. In: *Goldson, B.* (Hrsg.): Dictionary of Youth Justice. Cullompton: Willan Publishing, S. 173.

Cadman, S. (2008c): Fixed-Penalty Notices (FPNs). In: Goldson, B. (Hrsg.): Dictionary of Youth Justice. Cullompton: Willan Publishing, S. 175-176.

Cadman, S. (2008d): Penalty Notices for Disorder (PNDs). In: Goldson, B. (Hrsg.): Dictionary of Youth Justice. Cullompton: Willan Publishing, S. 257-258.

Campbell, C., Devlin, R., O'Mahony, D., Doak, J., Jackson, J., Corrigan, T., McEvoy, K. (2005): Evaluation of the Northern Ireland Youth Conference Service. Belfast: Northern Ireland Office.

Case, S. (2008): Intermediate Treatment. In: Goldson, B. (Hrsg.): Dictionary of Youth Justice. Cullompton: Willan Publishing, S. 199-200.

Cavadino, M., Crow, I., Dignan, J. (1999): Criminal Justice 2000: Strategies for a New Century. Winchester: Waterside Press.

Cavadino, M., Dignan, J. (2002): The Penal System: An Introduction. 3. Aufl., London: SAGE.

Cavadino, M., Dignan, J. (2006): Penal Systems: A comparative approach. London: SAGE.

Cavadino, M., Dignan, J. (2007): The Penal System: An Introduction. 4. Aufl., London: SAGE.

Chaplin, R., Flatley, J., Smith, K. (2011): Crime in England and Wales 2010/11. HOSB 10/11. 2. Aufl., London: Home Office.

Clarke, J. (2006): The three Rs – repression, rescue and rehabilitation ideologies of control for working class youth. In: Muncie, J., Hughes, G., McLaughlin, E. (Hrsg.): Youth Justice: Critical Readings. London: SAGE, S. 123-137.

Cohen, S. (2002): Folk Devils and Moral Panics: The Creation of the Mods and Rockers. New York: Routledge.

Coleman, C., Moynihan, J. (1996): Understanding Crime Data: Haunted by the Dark Figure. Buckingham: Open University Press.

Council of Europe (Hrsg.) (2010): Council of Europe Annual Penal Statistics – SPACE I. Strasbourg: Council of Europe Publishing.

Council of Europe (Hrsg.) (2013): Council of Europe Annual Penal Statistics – SPACE I. Strasbourg: Council of Europe Publishing.

Crawford, A. (2008): Dispersal Orders. In: Goldson, B. (Hrsg.): Dictionary of Youth Justice. Cullompton: Willan Publishing, S. 145-147.

Crawford, A. (2009): Criminalizing Sociability through Anti-Social Behaviour Legislation – Dispersal Powers, Young People and the Police. Youth Justice Journal 9, S. 5-26.

Criminal Justice Alliance (2011): Sentencing Young Adults – Getting it right. London: Criminal Justice Alliance.

Daems, T., van Zyl Smit, D., Snacken, S. (Hrsg.) (2013): European Penology? Oxford: Hart Publishing.

Department for Children, Schools and Families, Ministry of Justice (2010): Code of Practice for Youth Conditional Cautions for 16 & 17 Year Olds. London: HMSO.

Department for Communities and Local Government (2006): Strong and prosperous communites. The Local Government White Paper. London: CLG.

Department for Communities and Local Government/HM Government (2008): National Indicators for Local Authorities and Local Authority Partnerships – Handbook of Definitions. London: CLG.

Department for Education (2010): Sure Start Children's Centres: Statutory Guidance. London: HMSO.

Department for Education and Employment (2000): Connexions: The Best Start in Life for Every Young Person. Nottingham: DfEE. Crown Copyright.

Dignan, J. (2011) England and Wales. In: Dünkel, F., Grzywa, J., Horsfield, P., Pruin, I. (Hrsg.): Juvenile Justice Systems in Europe: Current Situation and Reform Developments. 2. Aufl., Mönchengladbach: Forum Verlag Godesberg, S. 357-398.

Director of Public Prosecutions (2009): The Director's Guidance on Witness Anonymity: Guidance to Police Officers and Crown Prosecutors Issued by the Director of Public Prosecutions under S37A of the Police and Criminal Evidence Act 1984. London: HMSO

Director of Public Prosecutions (2010): The Code for Crown Prosecutors. London: HMSO.

Director of Public Prosecutions (2010a): The Director's Guidance on Youth Conditional Cautioning: Guidance to Police Officers and Crown Prosecutors Issued by the Director of Public Prosecutions under S37A of the Police and Criminal Evidence Act 1984. London: HMSO.

Director of Public Prosecutions (2011): The Director's Guidance on Charging: Guidance to Police Officers and Crown Prosecutors Issued by the Director of Public Prosecutions under S37A of the Police and Criminal Evidence Act 1984. 4. Aufl., London: HMSO.

Director of Public Prosecutions: Legal Guidance on Custody Time Limits, unter http://www.cps.gov.uk/legal/a_to_c/custody_time_limits/#a01 (zuletzt eingesehen am 19.7.2012).

Directorate of Secure Accommodation Placement and Casework Service (2008): Court-Ordered Secure Remands and Remands to Prison Custody. London: Youth Justice Board.

Directorate of Secure Accommodation Placement and Casework Service (2010): Protocol for Court Ordered Secure Remands Placed into Secure Training Centres and Secure Children's Homes. London: Youth Justice Board.

Dodd, T., Nicholas, S., Povey, D., Walker, A. (2004): Crime in England and Wales 2003/2004. HOSB 10/04. London: Home Office.

Doherty, M. (2004): Criminal Justice and Penology. 2. Aufl., London: Old Bailey Press.

Dollinger, B., Schmidt-Semisch, H. (Hrsg.) (2011): Gerechte Ausgrenzung? Wohlfahrtsproduktion und die neue Lust am Strafen. Wiesbaden: VS Verlag.

Domenig, C. (2008): Restorative Justice und integrative Symbolik – Möglichkeiten eines integrativen Umgangs mit Kriminalität und die Bedeutung von Symbolik in dessen Umsetzung. Schweizerische kriminologische Untersuchungen 15. Bern: Haupt Verlag.

Downes, D., Morgan, R. (2007): No turning back – the politics of law and order into the new millennium. In: Maguire, M., Morgan, R., Reiner, R. (Hrsg.): The Oxford Handbook of Criminology. 4. Aufl., Oxford University Press, S. 201-240.

Doyle, S. (2008): Sure Start. In: Goldson, B. (Hrsg.): Dictionary of Youth Justice. Cullompton: Willan Publishing, S. 345-347.

Doyle, S. (2008a): Youth Justice Plans. In: Goldson, B. (Hrsg.): Dictionary of Youth Justice. Cullompton: Willan Publishing, S. 384-385.

Dünkel, F. (1998): On the Range of Responsibility. Commentary on the White Paper „No More Excuses". European Journal on Criminal Policy and Research 6, S. 439-445.

Dünkel, F. (2006): Jugendstrafvollzug und Verfassungsrecht. Eine Besprechung des Urteils des BVerfG vom 31.05.2006 zur Verfassungsmäßigkeit des Jugendstrafvollzugs und Folgerungen für die anstehende Gesetzesreform. Neue Kriminalpolitik 18, S. 112-116.

Dünkel, F. (2008): Jugendstrafrecht im europäischen Vergleich im Licht aktueller Empfehlungen des Europarats. Neue Kriminalpolitik 20, S. 102-114.

Dünkel, F. (2008a): Rechtsschutz im Jugendstrafvollzug – Anmerkungen zum zweiten Gesetz zur Änderung des Jugendgerichtsgesetzes vom 13.12.2007. Neue Kriminalpolitik 20, S. 2-4.

Dünkel, F. (2009): Young People's Rights – The Role of the Council of Europe. In: Junger-Tas, J., Dünkel, F. (Hrsg.) (2009): Reforming Juvenile Justice. Heidelberg: Springer, S. 33-44.

Dünkel, F. (2011): Germany. In: Dünkel, F., Grzywa, J., Horsfield, P., Pruin, I. (Hrsg.): Juvenile Justice Systems in Europe: Current Situation and Reform Developments. 2. Aufl., Mönchengladbach: Forum Verlag, S. 547-621.

Dünkel, F. (2011a): Die Europäischen Grundsätze für die von Sanktionen und Maßnahmen betroffenen jugendlichen Straftäter und Straftäterinnen („European Rules for Juvenile Offenders Subject to Sanctions or Measures", ERJOSSM). Zeitschrift für Jugendkriminalrecht und Jugendhilfe 22, S. 140-154.

Dünkel, F. (2013): Youth Justice Policy in Europe – Between Minimum Intervention, Welfare and New Punitiveness. In: Daems, T., van Zyl Smit, D., Snacken, S. (Hrsg.): European Penology? Oxford: Hart Publishing, S. 145-170.

Dünkel, F. (2014): „Making Standards Work" – Die „European Rules for Juvenile Offenders Subject to Sanctions or Measures" (ERJOSSM) und ihr Einfluss auf das Jugendkriminalrecht in Europa. In: Neubacher, F., Kubink, M. (Hrsg.): Kriminologie – Jugendkriminalrecht – Strafvollzug. Gedächtnisschrift für Michael Walter. Berlin: Duncker & Humblot, S. 275-299.

Dünkel, F., Geng, B. (2013): Neue entwicklungsbezogene Erkenntnisse des Jugendalters – Argumente für ein Jungtäterstrafrecht? In: *Boers, K., Feltes, T., Kinzig, J., Sherman, L. W., Streng, F., Trüg, G.* (Hrsg.): Kriminologie, Kriminalpolitik, Strafrecht – Festschrift für Hans-Jürgen Kerner zum 70. Geburtstag. Tübingen: Mohr Siebeck, S. 561-576.

Dünkel, F., Stańdo-Kawecka, B. (2011): Juvenile imprisonment and placement in institutions for deprivation of liberty – comparative aspects. In: Dünkel, F., Grzywa, J., Horsfield, P., Pruin, I. (Hrsg.): Juvenile Justice Systems in Europe: Current Situation and Reform Developments. 2. Aufl., Mönchengladbach: Forum Verlag Godesberg, S. 1.789-1.838.

Dünkel, F., Baechthold, A., van Zyl Smit, D. (2009): Die Europäische Empfehlung für inhaftierte und ambulant sanktionierte jugendliche Straftäter („European Rules for Juvenile Offenders Subject to Sanctions or Measures"). In: Bundesministerium der Justiz (Hrsg.): Das Jugendkriminalrecht vor neuen Herausforderungen? Jenaer Symposium. Mönchengladbach: Forum Verlag Godesberg, S. 297-316.

Dünkel, F., Geng, B., Kirstein, W. (1998): Soziale Trainingskurse und andere neue ambulante Maßnahmen nach dem JGG in der Bundesrepublik Deutschland. Mönchengladbach: Forum Verlag Godesberg.

Dünkel, F., Grzywa, J., Horsfield, P., Pruin, I. (Hrsg.) (2011): Juvenile Justice Systems in Europe: Current Situation and Reform Developments. 2. Aufl., Mönchengladbach: Forum Verlag Godesberg.

Dünkel, F., Grzywa, J., Pruin, I. R., Šelih, A. (2011): Juvenile Justice in Europe – Legal aspects, policy trends and perspectives in the light of human rights standards. In: Dünkel, F., Grzywa, J., Horsfield, P., Pruin, I. (Hrsg.): Juvenile Justice Systems in Europe: Current Situation and Reform Developments. 2. Aufl., Mönchengladbach: Forum Verlag Godesberg, S. 1.839-1.899.

Dünkel, F., Pruin, I. R. (2011): Young adult offenders in the criminal justice systems of European countries. In: Dünkel, F., Grzywa, J., Horsfield, P., Pruin, I. (Hrsg.): Juvenile Justice Systems in Europe: Current Situation and Reform Developments. 2. Aufl., Mönchengladbach: Forum Verlag Godesberg, S. 1.583-1.606.

Dünkel, F., Pruin, I. (2012): Young adult offenders in juvenile and criminal justice systems in Europe. In: Lösel, F., Bottoms, A., Farrington, D. P. (Hrsg.): Young Adult Offenders. Lost in transition? London, New York: Routledge, S. 11-38.

Dünkel, F., Pruin, I., Grzywa, J. (2011): Sanctions systems and trends in the development of sentencing practices. In: Dünkel, F., Grzywa, J., Horsfield, P., Pruin, I. (Hrsg.): Juvenile Justice Systems in Europe: Current Situation and Reform Developments. 2. Aufl., Mönchengladbach: Forum Verlag Godesberg, S. 1.649-1.716.

Dünkel, F., van Kalmthout, A., Schüler-Springorum, H. (Hrsg.) (1997): Entwicklungstendenzen und Reformstrategien im Jugendstrafrecht im europäischen Vergleich. Bonn-Bad Godesberg: Forum Verlag Godesberg.

Easton, S., Piper. C. (2012): Sentencing and Punishment – the Quest for Justice. 3. Aufl., Oxford: Oxford University Press.

Eisenberg, U. (2012): Jugendgerichtsgesetz. 15. Aufl., München: C. H. Beck Verlag.

Elliot, C., Quinn, F. (2006): AS Law. 3. Aufl., Harlow: Pearson Education Limited.

Evans, R. (2008): Caution Plus. In: Goldson, B. (Hrsg.): Dictionary of Youth Justice. Cullompton: Willan Publishing, S. 47.

Evans, R. (2008a): Caution. In: Goldson, B. (Hrsg.): Dictionary of Youth Justice. Cullompton: Willan Publishing, S. 46.

Evans, R. (2008b): Diversion. In: Goldson, B. (Hrsg.): Dictionary of Youth Justice. Cullompton: Willan Publishing, S. 147-149.

Evans, R. (2008c): Reprimands and Final Warnings. In: Goldson, B. (Hrsg.): Dictionary of Youth Justice. Cullompton: Willan Publishing, S. 294-295.

384

Farrall, S. (2010): A short history of the investigation into the ending of the criminal career. Safer Communities 9, S. 9-16.

Fionda, J. (2008): Criminal Justice and Public Order Act 1994. In: Goldson, B. (Hrsg.): Dictionary of Youth Justice. Cullompton: Willan Publishing, S. 111-112.

Fionda, J. (2008a): Crime and Disorder Act 1998. In: Goldson, B. (Hrsg.): Dictionary of Youth Justice. Cullompton: Willan Publishing, S. 91-93.

Fionda, J. (2008b): No More Excuses. In: Goldson, B. (Hrsg.): Dictionary of Youth Justice. Cullompton: Willan Publishing, S. 246-247.

Flacks, S. (2012): Youth Justice Reform: Redressing Age Discrimination against Children. Youth Justice Journal 12, S. 19-35.

Flood-Page, C., Campbell, S., Harrington, V., Miller, J. (2000): Youth Crime: Findings from the 1998/99 Youth Lifestyles Survey. London: Home Office.

France, A., Hine, J., Armstrong, D., Camina, M. (2004): The On track Early Intervention and Prevention Programme: From Theory to Action. London: Home Office.

Fritsch, M. (1999): Die jugendstrafrechtliche Reformbewegung (1871-1923). Freiburg i. Br.: Max-Planck-Institut für ausländisches und internationales Strafrecht.

Garland, D. (1987): Punishment and Welfare. Aldershot: Gower.

Garland, D. (2006): Penal strategies in a welfare state. In: Muncie, J., Hughes, G., McLaughlin, E. (Hrsg.) (2006): Youth Justice: Critical Readings. London: SAGE, S. 197-215.

Gelsthorpe, L., Morris, A. (2006): Restorative Youth Justice. The last vestiges of welfare? In: Muncie, J., Hughes, G., McLaughlin, E. (Hrsg.): Youth Justice: Critical Readings. London: SAGE, S. 238-253.

Gescher, N. (1998): Boot Camp-Programme in den USA. Mönchengladbach: Forum Verlag Godesberg.

Gibson, B., Cavadino, P. (2002): Introduction to the Criminal Justice Process. 2. Aufl., Winchester: Waterside Press.

Gibson, B., Cavadino, P. (2008): The Criminal Justice System: An Introduction. 3. Aufl., Sherfield Gables: Waterside Press.

Giller, H. (1998): No More Excuses? Commentary on the White Paper „No More Excuses". European Journal on Criminal Policy and Research 6, S. 445-447.

Gilling, D. (2007): Crime Reduction and Community Safety. Cullompton: Willan Publishing.

Giménez-Salinas, E. (1998): The Penal System as Solution? Commentary on the White Paper „No More Excuses". European Journal on Criminal Policy and Research 6, S. 448-451.

Goldson, B. (Hrsg.) (1999): Youth Justice: Contemporary Policy and Practice. London: Ashgate.

Goldson, B. (Hrsg.) (2000): The New Youth Justice. Lyme Regis: Russell House Publishing.

Goldson, B. (2006): New Punitiveness: The politics of child incarceration. In: Muncie, J., Hughes, G., McLaughlin, E. (Hrsg.): Youth Justice: Critical Readings. London: SAGE, S. 386-400.

Goldson, B. (2006a): Penal Custody – Intolerance, Irrationality and Indifference. In: Goldson, B., Muncie, J. (Hrsg.): Youth Crime and Justice. London: SAGE, S. 139-156.

Goldson, B. (2008): Action Plan Orders (APOs). In: Goldson, B. (Hrsg.): Dictionary of Youth Justice. Cullompton: Willan Publishing, S. 4-5.

Goldson, B. (2008a): Attendance Centre Orders. In: Goldson, B. (Hrsg.): Dictionary of Youth Justice. Cullompton: Willan Publishing, S. 26-27.

Goldson, B. (2008b): Criminal Justice and Immigration Bill 2006-7 to 2007-8. In: Goldson, B. (Hrsg.): Dictionary of Youth Justice. Cullompton: Willan Publishing, S. 108-110.

Goldson, B. (2008c): Crown Courts. In: Goldson, B. (Hrsg.): Dictionary of Youth Justice. Cullompton: Willan Publishing, S. 117-118.

Goldson, B. (2008d): Youth Courts. In: Goldson, B. (Hrsg.): Dictionary of Youth Justice. Cullompton: Willan Publishing, S. 375-376.

Goldson, B. (2008e): Bulger. In: Goldson, B. (Hrsg.): Dictionary of Youth Justice. Cullompton: Willan Publishing, S. 41-43.

Goldson, B. (Hrsg.) (2008f): Dictionary of Youth Justice. Cullompton: Willan Publishing.

Goldson, B. (2013): 'Unsafe, Unjust and Harmful to Wider Society – Grounds for Raising the Minimum Age of Criminal Responsibility in England and Wales. Youth Justice Journal 13, S. 111-130.

Goldson, B., Muncie, J. (Hrsg.) (2006): Youth Crime and Justice. London: SAGE.

Gordon, W., Watkins, M., Cuddy, P. (1996): Introduction to the Youth Court. Winchester: Waterside Press.

Graham, J. (2008): Audit Commission. In: Goldson, B. (Hrsg.): Dictionary of Youth Justice. Cullompton: Willan Publishing, S. 28-29.

Graham, J. (2010): Responding to Youth Crime. In: Smith, D. J. (Hrsg.): A New Response to Youth Crime. Cullompton: Willan Publishing, S. 104-142.

Graham, J., Bowling, B. (1995): Young People and Crime. Home Office Research Study 145. London: Home Office.

Graham, J., Moore, C. (2006): Beyond Welfare Versus Justice. In: Junger-Tas, J., Decker, S.H. (Hrsg.): International Handbook of Juvenile Justice. Dordrecht: Springer Verlag, S. 65-91.

Greer, C., Reiner, R. (2012): Mediated Mayhem – Media, Crime and Criminal Justice. In: Maguire, M., Morgan, R., Reiner, R. (Hrsg.): The Oxford Handbook of Criminology. 5. Aufl., Oxford: Oxford University Press, S. 245-278.

Haines, K. (2008): Tariff. In: Goldson, B. (Hrsg.): Dictionary of Youth Justice. Cullompton: Willan Publishing, S. 351-352.

Haines, K., Drakeford, M. (1998): Young People and Youth Justice. London: Macmillan.

Halligan-Davis, G., Spicer, K. (2004): Piloting 'On The Spot Penalties' for Disorder: Final results from a one year pilot. Home Office Findings 257. London: Home Office.

Hancock, L. (2006) Urban Regeneration, Young People, Crime and Criminalisation, in: Goldson, B. und Muncie, J. (Hrsg.) (2006) Youth Crime and Justice. London: SAGE, S. 172-186.

Hansbauer, P., Hensen, G., Müller, K., von Spiegel, H. (2009): Familiengruppenkonferenz – Eine Einführung. München: Juventa Verlag.

Hardy, E. (2007): The Fear Industry: Fear of Crime, Governance and Regulations: A Case Study of Motorcyclists. Verfügbar online unter: www. fearofcrime.co.uk.

Hazel, N. (2008): Cross-national comparison of Youth Justice. London: Youth Justice Board.

Hazel, N., Hagell, A., Liddle, M., Archer, D., Grimshaw, R., King, J. (2002): Detention and Training: Assessment of the Detention and Training Order and its impact on the secure estate across England and Wales. London: Youth Justice Board.

Heinz, W. (2012): Das strafrechtliche Sanktionensystem und die Sanktionierungspraxis in Deutschland 1882 – 2010 (Stand: Berichtsjahr 2010) Version 1/2012. Internet-Publikation: Konstanzer Inventar Sanktionsforschung. Verfügbar unter http://www.uni-konstanz.de/rtf/kis/Sanktionierungspraxis-in-Deutschland-Stand-2010.pdf (zuletzt aufgerufen am 14.8.2013).

Hendrick, H. (2006): Histories of Youth Crime and Justice. In: Goldson, B., Muncie, J. (Hrsg.): Youth Crime and Justice. London: SAGE, S. 3-16.

Hendrick, H. (2006a): Constructions and Reconstructions of British Childhood: An Interpretative Survey, 1800 to the present. In: Muncie, J., Hughes, G., McLaughlin, E. (Hrsg.): Youth Justice: Critical Readings. London: SAGE, S. 22-44.

Herz, A. (2002): England und Wales. In: Albrecht, H. J., Kilchling, M. (Hrsg.): Jugendstrafrecht in Europa. Freiburg i. Br.: Max-Planck-Institut für ausländisches und internationales Strafrecht, S. 81-137.

Hester, R. (2008): Magistrates. In: Goldson, B. (Hrsg.): Dictionary of Youth Justice. Cullompton: Willan Publishing, S. 221.

Heylar-Cardwell, V. (2012): Young adults, maturity and sentencing. The Barrister Onlinezeitschrift. Ausgabe 50. Abrufbar unter: http://www.barrister-magazine.com/archive-articles/issue-50/young-adults,-maturity-and-sentencing.html (zuletzt aufgerufen am 11.8.2013).

HM Chief Inspector of Prisons (2008): The Indeterminate Sentence for Public Protection – a Thematic Review. London: HMSO.

HM Court Service, Youth Justice Board (2010): Making it Count in Court. 2. Aufl. London: Youth Justice Board.

HM Government (2008): Youth Crime Action Plan 2008. London: HMSO.

HM Prison Service (2012): Prison Service Order: Parole Release and Recall. PSO6000 (2012).

Holdoway, S., Desborough, S. (2004): The National Evaluation of the Youth Justice Board's Final Warning Projects. Home Office, Youth Justice Board.

Home Office (1927): Report of the Departmental Committee on the Treatment of Young Offenders (The *Molony* Committee). Cmnd 2831. London: HMSO.

Home Office (1984): Criminal Statistics for England and Wales 1983. London: HMSO.

Home Office (1985): Police Cautioning in England and Wales. Circular 14/85. London: HMSO.

Home Office (1989): Criminal Statistics for England and Wales 1988. London: HMSO.

Home Office (1992): The Criminal Histories of those Cautioned in 1984 and 1988. Home Office Statistical Bulletin 20/92. London: Home Office.

Home Office (1993): Criminal Statistics: England and Wales 1992. London: HMSO.

Home Office (1994): The Cautioning of Offenders. Circular 18/94. London: Home Office.

Home Office (1994a): The Criminal Histories of Those Cautioned in 1985, 1988 and 1991. London: Home Office.

Home Office (1997): No More Excuses: A New Approach to Tackling Youth Crime in England and Wales. London: Home Office.

Home Office (1999): Cautions, Court Proceedings and Sentencing in England and Wales 1998. London: Home Office.

Home Office (2000): National Standards for the Supervision of Offenders in the Community. London: Home Office.

Home Office (2000a): The Crime and Disorder Act Guidance Document – Reparation Orders. London: HMSO.

Home Office (2001): Criminal Statistics England and Wales 2000. London: HMSO.

Home Office (2001a): Making Punishments Work: Report of a Review of the Sentencing Framework for England and Wales. London: Home Office.

Home Office (2001b): The Youth Court 2001 – The Changing Culture of the Youth Court. Good Practice Guide. London: HMSO.

Home Office (2003): Recorded Crime Statistics 1898 – 2002/03. London: Home Office. Excel-Datenblatt zum Download verfügbar unter http://webarchive. nationalarchives.gov.uk/20110218135832/rds.homeoffice.gov.uk/rds/recor dedcrime1.html (zuletzt aufgerufen am 17.6.2013).

Home Office (2003a): Respect and Responsibility – Taking a Stand Against Anti-Social Behaviour. London: HMSO.

Home Office (2003b): Youth Justice – the Next Steps. Companion Document to Every Child Matters. London: Home Office.

Home Office (2004): Guidance Document: Action Plan Order. London: Home Office.

Home Office (2005): Criminal Justice and Police Act 2001 (ss. 1-11) – Penalty Notices for Disorder for Offences Committed by Young People Aged 10 to 15: Police Operational Guidance. London: Home Office.

Home Office (2005a): Criminal Justice and Police Act 2001 (ss. 1-11) – Penalty Notices for Disorder: Police Operational Guidance. London: Home Office.

Home Office (2005b): Criminal Statistics – England and Wales 2004. London: Home Office.

Home Office (2005c): The Use of Penalty Notices for Disorder for Offences Committed by Young People Aged 16 and 17: Supplementary Operational Guidance for Police Officers. London: Home Office.

Home Office (2006): Respect Action Plan. London: HMSO.

Home Office (2007): Acceptable Behaviour Contracts and Agreements. London: Home Office.

Home Office (2010): Criminal Statistics – England and Wales 2008. London: Home Office.

Home Office (2010a): Criminal Statistics – England and Wales 2009. London: Home Office.

Home Office (2012): Anti-Social Behaviour Order Statistics – England and Wales 2011. London: Home Office.

Home Office (2012a): Assessing young people in police custody – An examination of the operation of Triage schemes. London: Home Office.

Home Office (2012b): Home Office Counting Rules for Recorded Crime. London: Home Office. Online verfügbar unter http://www.homeoffice.gov. uk/publications/science-research-statistics/research-statistics/crime-research/counting-rules/count-general (zuletzt aufgerufen am 19.2.2013).

Home Office (2012c): Putting Victims First – More Effective Responses to Anti-Social Behaviour. London: Home Office.

Home Office, Association of Chief Police Officers, Youth Justice Board (2006): A Guide to Antisocial Behaviour Orders. London: Home Office.

Home Office, Department of Health, Welsh Office, Department for Education and Employment (1998): The Crime and Disorder Act – Inter-Departmental Circular on Establishing Youth Offending Teams. London: Home Office.

Home Office, Youth Justice Board (2002): Final Warning Scheme: Guidance for the Police and Youth Offending Teams. London: Home Office Communication Directorate.

Hopkins, B. (2009): Just Care: Restorative Justice Approaches to Working with Children in Public Care. London: Jessica Kingsley Publishers.

Horsfield, P. (2006): Jugendkriminalpolitik in England und Wales – Zwischen neuer Bestrafungslust und präventivem Interventionsrecht. Neue Kriminalpolitik 18, S. 42-46.

Hough, M. (2008): British Crime Survey (BCS). In: *Goldson, B.* (Hrsg.): Dictionary of Youth Justice. Cullompton: Willan Publishing, S. 40-41.

Hough, M., Roberts, J. (2012): Public Opinion, Crime and Criminal Justice. In: *Maguire, M., Morgan, R., Reiner, R.* (Hrsg.): The Oxford Handbook of Criminology. 5. Aufl., Oxford: Oxford University Press. S. 279-297.

Hough, M., Maxfield, M. (2007): Surveying Crime in the 21st Century. Cullompton: Willan Publishing.

Höynck, T., Neubacher, F., Schüler-Springorum, H. (Hrsg.) (2001): Internationale Menschenrechtsstandards und das Jugendkriminalrecht. Dokumente der Vereinten Nationen und des Europarats. Berlin: Forum Verlag Godesberg.

Hucklesby, A. (2008): Bail Act 1976. In: Goldson, B. (Hrsg.): Dictionary of Youth Justice. Cullompton: Willan Publishing, S. 33.

Hucklesby, A. (2008a): Bail Information Schemes (BIS). In: Goldson, B. (Hrsg.): Dictionary of Youth Justice. Cullompton: Willan Publishing, S. 33-34.

Hucklesby, A. (2008b): Bail Supervision and Support (BSS). In: Goldson, B. (Hrsg.): Dictionary of Youth Justice. Cullompton: Willan Publishing, S. 34-35.

Hucklesby, A. (2008c): Bail. In: Goldson, B. (Hrsg.): Dictionary of Youth Justice. Cullompton: Willan Publishing, S. 31-32.

Hughes, G. (2008): Crime and Disorder Reduction (CDR). In: Goldson, B. (Hrsg.): Dictionary of Youth Justice. Cullompton: Willan Publishing, S. 93-95.

Hughes, G., Follett, M. (2006): Community Safety, Youth and the 'Anti-Social'. In: Goldson, B., Muncie, J. (Hrsg.): Youth Crime and Justice. London: SAGE, S. 157-171.

Hungerford-Welch, P. (2009): Criminal Procedure and Sentencing. 7. Aufl., Milton Park: Routledge-Cavendish.

Ireland, S. (2008): Bind Over. In: Goldson, B. (Hrsg.): Dictionary of Youth Justice. Cullompton: Willan Publishing, S. 37-38.

Ireland, S. (2008a): Compensation. In: Goldson, B. (Hrsg.): Dictionary of Youth Justice. Cullompton: Willan Publishing, S. 83-84.

Ireland, S. (2008b): Deferred Sentences. In: Goldson, B. (Hrsg.): Dictionary of Youth Justice. Cullompton: Willan Publishing, S. 130.

Johnstone, G. (2011): Restorative Justice – Ideas, Values, Debates. 2. Aufl., London: Routledge.

Jones, D. (1989): The Successful Revolution. Community Care. 30. März, S. 1-2.

Judicial Studies Board (2005): Youth Court Bench Book – Section I. 2. Aufl., London: Judicial Studies Board.

Judicial Studies Board (2006) Youth Court Bench Book – Section III. 2. Aufl., London: Judicial Studies Board.

Judicial Studies Board (2009): Reporting Restrictions in the Criminal Courts. London: Judicial Studies Board.

Judicial Studies Board (2010): Youth Court Bench Book. London: Judicial Studies Board.

Junger-Tas, J. (1998): Rhetoric and Pragmatism. Commentary on the White Paper „No More Excuses". European Journal on Criminal Policy and Research 6, S. 451-456.

Junger-Tas, J., Decker, S. H. (Hrsg.) (2006): International Handbook of Juvenile Justice. Dordrecht: Springer.

Junger-Tas, J., Dünkel, F. (Hrsg.) (2009): Reforming Juvenile Justice. Heidelberg: Springer.

Keenan, D. (2007): Smith and Keenan's English Law. Text and cases. 15. Aufl., Harlow: Pearson Education Limited.

Keightley-Smith, L., Francis, P. (2007): Final warning, youth justice and early intervention: reflections on the findings of a research study carried out in northern England. Web Journal of Current Legal Issues 2. Online verfügbar unter http://webjcli.ncl.ac.uk/2007/issue2/keightleysmith2.html (zuletzt eingesehen am 19.7.2012).

Kempf-Leonard, K., Peterson, E. (2006): Expanding Realms of the New Penology: the Advent of Actuarial Justice for Juveniles. In: *Muncie, J., Hughes, G., McLaughlin, E.* (Hrsg.): Youth Justice: Critical Readings. London: SAGE, S. 431-451.

Kemshall, H. (2008): Risk Factors. In: Goldson, B. (Hrsg.): Dictionary of Youth Justice. Cullompton: Willan Publishing, S. 309-310.

Kershaw, C., Chivite-Matthews, N., Thomas, C., Aust, R. (2001): The 2001 British Crime Survey. First Results England and Wales. HOSB 18/01. London: Home Office.

Kilchling, M. (2002): Rechtsvergleichende Perspektiven. In: Albrecht, H. J., Kilchling, M. (Hrsg.): Jugendstrafrecht in Europa. Freiburg i. Br.: Max-Planck-Institut für ausländisches und internationales Strafrecht, S. 475-532.

Kilkelly, U. (2008): Youth Justice and Children's Rights – Measuring Compliance with International Standards. Youth Justice Journal 8, S. 188-192.

King, D. (2008): Labelling Theory. In: Goldson, B. (Hrsg.): Dictionary of Youth Justice. Cullompton: Willan Publishing, S. 213-214.

Kreina, C., Carroll, L. (2006): Penalty Notices for Disorder: Review of Practice across Police Forces. London: Office for Criminal Justice Reform.

Krüger, M. (2010): Frühprävention dissozialen Verhaltens – Entwicklungen in der Kinder- und Jugendhilfe. Mönchengladbach: Forum Verlag Godesberg.

Labour Party (1996): Tackling Youth Crime – Reforming Youth Justice. London: Labour Party.

Labour Party (1997): The Labour Party Manifesto 1997: New Labour because Britain deserves better. London: Labour Party.

Laubenthal, K., Baier, H. (2006): Jugendstrafrecht. Berlin, Heidelberg: Springer Verlag.

Liebmann, M. (2008): Restorative Justice. In: Goldson, B. (Hrsg.): Dictionary of Youth Justice. Cullompton: Willan Publishing, S. 301-303.

Loeber, R., Hoeve, M., Slot, N. W., van der Laan, P. H. (Hrsg.) (2013): Persisters and desisters in crime from adolescence into adulthood. Explanation, prevention and punishment. Farnham: Ashgate.

Lösel, F., Bottoms, A., Farrington, D. P. (Hrsg.) (2012): Young Adult Offenders: Lost in Transition? Cullompton: Willan Publishing.

Lyness, D., Tate, S. (2011): Northern Ireland Youth Re-Offending – Results from the 2007 Cohort. Belfast: Youth Justice Agency.

MacKenzie, D. L., Armstrong, G. S. (Hrsg.) (2004): Correctional Boot Camps. Military Basic Training or a Model for Corrections? London: SAGE.

Magaray, S. (2006): The Invention of Juvenile Delinquency in Early Nineteenth-Century England. In: Muncie, J., Hughes, G., McLaughlin, E. (Hrsg.): Youth Justice: Critical Readings. London: SAGE, S. 115-122.

Maguire, M. (2012): Criminal Statistics and the Construction of Crime. In: Maguire, M., Morgan, R., Reiner, R. (Hrsg.): The Oxford Handbook of Criminology. 5. Aufl., Oxford: Oxford University Press, S. 206-244.

Maguire, M., Morgan, R., Reiner, R. (Hrsg.) (2007): The Oxford Handbook of Criminology. 4. Aufl., Oxford: Oxford University Press.

Maguire, M., Morgan, R., Reiner, R. (Hrsg.) (2012): The Oxford Handbook of Criminology. 5. Aufl., Oxford: Oxford University Press.

Matthews, R., Young, J. (Hrsg.) (2003): The New Politics of Crime and Punishment. Cullompton: Willan Publishing.

May, Margaret (2006): Innocence and Experience: the evolution of the concept of juvenile delinquency in the mid-nineteenth century. In: Muncie, J., Hughes, G., McLaughlin, E. (Hrsg.): Youth Justice: Critical Readings. London: SAGE, S. 98-114.

McAra, L. (2010): Models of Youth Justice. In: Smith, D. J. (Hrsg.): A New Response to Youth Crime. Cullompton: Willan Publishing, S. 287-317.

McAra, L., McVie, S. (2007): Youth Justice? The impact of system contact on patterns of desistance from offending. European Journal of Criminology 4, S. 315-345.

Meier, B.-D., Rössner, D., Schöch, H. (2007): Jugendstrafrecht. 2. Aufl., München: C.-H. Beck.

Ministry of Justice (2007): Bringing Offenders to Justice – Criminal Justice Penalties and Sentencing. London: Ministry of Justice.

Ministry of Justice (2007a): Sentencing Statistics 2006. England and Wales. Statistical Bulletin. London: Ministry of Justice.

Ministry of Justice (2008): Sentencing Statistics 2007. England and Wales. Statistical Bulletin. London: Ministry of Justice.

Ministry of Justice (2009): Story of the prison population 1995-2009. England and Wales. London: Ministry of Justice.

Ministry of Justice (2010): Offender Management Statistics. Quarterly Bulletin. April to June 2010, England and Wales. London: Ministry of Justice.

Ministry of Justice (2010a): Sentencing Statistics: England and Wales 2008. Statistics Bulletin. London: Ministry of Justice.

Ministry of Justice (2012): Criminal Justice Statistics. Quarterly Update to December 2011. Statistical Bulletin. London: Ministry of Justice.

Ministry of Justice (2012a): Offender Management Statistics. Quarterly Bulletin. July to September 2011, England and Wales. London: Ministry of Justice.

393

Ministry of Justice (2012b): Offender Management Statistics. Quarterly Bulletin. April to June 2012, England and Wales. London: Ministry of Justice.

Ministry of Justice, Department of Children, Schools and Families (2007): Child Safety Order Guidance. London: Ministry of Justice.

Ministry of Justice, Department of Children, Schools and Families, Youth Justice Board (2007): Parenting Contracts and Orders Guidance. London: Youth Justice Board.

Ministry of Justice, Department of Children, Schools and Families, Youth Justice Board (2009): Referral Order Guidance. London: Youth Justice Board.

Ministry of Justice, Youth Justice Board (2011): Strategy for the Secure Estate for Children and Young People in England and Wales. London: Youth Justice Board.

Ministry of Justice, Youth Justice Board (2012): Youth Justice Statistics 2010/11. England Wales. Statistics Bulletin. London: Youth Justice Board.

Ministry of Justice, Youth Justice Board (2013): Youth Cautions – Guidance for Police and Youth Offending Teams. London: Ministry of Justice.

Mitchell, H., Babb, P. (2007): Crimes detected in England and Wales 2006/07. HOSB 15/07. London: Home Office.

Monaghan, J. (2008): Arrest and Decision-Making Process, In: Goldson, B. (Hrsg.): Dictionary of Youth Justice. Cullompton: Willan Publishing, S. 22-24.

Monaghan, J. (2008a): Detention for Public Protection (DPP). In: Goldson, B. (Hrsg.): Dictionary of Youth Justice. Cullompton: Willan Publishing, S. 137-138.

Monaghan, J. (2008b): Menu-Based Sentencing, In: Goldson, B. (Hrsg.): Dictionary of Youth Justice. Cullompton: Willan Publishing, S. 230-232.

Monaghan, J. (2008c): Supervision Order. In: Goldson, B. (Hrsg.): Dictionary of Youth Justice. Cullompton: Willan Publishing, S. 343-345.

Moore, R. (2005): The Use of Electronic and Human Surveillance in a Multi-Modal Programme. Youth Justice Journal 5, S. 18-32.

Moore, R. (2008): Intensive Supervision and Surveillance Programme (ISSP). In: Goldson, B. (Hrsg.): Dictionary of Youth Justice. Cullompton: Willan Publishing, S. 197-199.

Moore, S. (2000): Child Incarceration and the New Youth Justice. In: Goldson, B. (Hrsg.): The New Youth Justice. Lyme Regis: Russell House Publishing, S. 115-132.

Morgan, R., Newburn, T. (2007): Youth Justice. In: Maguire, M., Morgan, R., Reiner, R. (Hrsg.): The Oxford Handbook of Criminology. 3. Aufl., Oxford: Oxford University Press, S. 1.024-1.061.

Morgenstern, C. (2002): Internationale Mindeststandards für ambulante Strafen und Maßnahmen. Bonn-Godesberg: Forum Verlag.

Muncie, J. (1999): Youth and Crime: A Critical Introduction. London: SAGE.

Muncie, J. (2006): Failure Never Matters: Detention Centres and the Politics of Deterrence. In: Muncie, J., Hughes, G., McLaughlin, E. (Hrsg.): Youth Justice: Critical Readings. London: SAGE, S. 332-344.

Muncie, J. (2008): Responsibilization. In: Goldson, B. (Hrsg.): Dictionary of Youth Justice. Cullompton: Willan Publishing, S. 299-300.

Muncie, J. (2008a): The 'Punitive Turn' in Juvenile Justice: Cultures of Control and Rights Compliance in Western Europe and the USA. Youth Justice 8, S. 107-121.

Muncie, J. (2009): Youth and Crime. 3. Aufl., London: SAGE.

Muncie, J., Goldson, B. (2006): England and Wales: The New Correctionalism. In: Muncie, J., Goldson, B. (Hrsg.): Comparative Youth Justice. London: SAGE, S. 34-47.

Muncie, J., Goldson, B. (Hrsg.) (2006a): Comparative Youth Justice. London: SAGE.

Muncie, J., Goldson, B. (2008): Borstals. In: Goldson, B. (Hrsg.) (2008) Dictionary of Youth Justice. Cullompton: Willan Publishing, S. 39-40.

Muncie, J., Goldson, B. (2008a): Secure Training Centres (STCs). In: Goldson, B. (Hrsg.) (2008) Dictionary of Youth Justice. Cullompton: Willan Publishing, S. 319-320.

Muncie, J., Hughes, G. (2006): Modes of Youth Governance: Political Rationalities, Criminalization and Resistance. In: Muncie, J., Hughes, G., McLaughlin, E. (Hrsg.): Youth Justice: Critical Readings. London: SAGE, S. 1-18.

Muncie, J., Hughes, G., McLaughlin, E. (Hrsg.) (2006): Youth Justice: Critical Readings. London: SAGE.

NACRO (2003): Anti-Social Behaviour Orders and Associated Measures. Part 1. Youth Crime Briefing. London: NACRO.

NACRO (2003a): Bail as it Affects Young People in Court. Youth Crime Briefing. London: NACRO.

NACRO (2003b): Reviewing Remands in Custodial Establishments. Youth Crime Briefing. London: NACRO.

NACRO (2004): Anti-Social Behaviour Orders and Associated Measures. Part 2. Youth Crime Briefing. London: NACRO.

NACRO (2004a): The Grave Crimes Provisions and Long Term Detention. Youth Crime Briefing. London: NACRO.

NACRO (2005): A better alternative? Reducing Child Imprisonment. London: NACRO.

NACRO (2005a): Anti-social behaviour orders for 10-17 year olds: an overview. London: NACRO.

NACRO (2005b): Court Bail in the Youth Justice System Following Implementation of the Criminal Justice Act 2003. Youth Crime Briefing. London: NACRO.

NACRO (2005c): Dangerousness and the Criminal Justice Act 2003. Youth Crime Briefing. London: NACRO.

NACRO (2005d): The Referral Order. Youth Crime Briefing. London: NACRO.

NACRO (2006): Some facts about children and young people who offend – 2004. Youth Crime Briefing. London: NACRO.

NACRO (2006a): The Dangerousness Provisions of the Criminal Justice Act 2003 and Subsequent Case Law. Youth Crime Briefing. London: NACRO.

NACRO (2007): 'Grave Crimes', mode of trial, and long term detention. Youth Crime Briefing. London: NACRO.

NACRO (2007a): Penalty Notices for Disorderly Behaviour and Fixed Penalty Notices for children and young people. Youth Crime Briefing. London: NACRO.

NACRO (2007b): The Detention and Training Order: Current Position and Future Developments. Youth Crime Briefing. London: NACRO.

NACRO (2008): Police bail, detention after charge and the duty to transfer to local authority accommodation. Youth Crime briefing. London: NACRO.

NACRO (2008a): Remands to Local Authority Accommodation – Secure and Non-Secure. Youth Crime Briefing. London: NACRO.

NACRO (2008b): Some facts about children and young people who offend – 2006. Youth Crime Briefing. London: NACRO.

NACRO (2010): The Rehabilitation of Offenders Act 1974 and the Rehabilitation of Offenders Act 1974 (Exceptions) order 1975. London: NACRO.

National Audit Office (2004): Youth Offending – the delivery of community and custodial sentences. London: HMSO.

National Audit Office (2010): The youth justice system in England and Wales – Reducing offending by young people. London: HMSO.

Neubacher, F. (2009): Internationale Menschenrechtsstandards zum Jugendkriminalrecht – Quellen, Inhalte, Relevanz. In: Bundesministerium der Justiz (Hrsg.): Das Jugendkriminalrecht vor neuen Herausforderungen. Jenaer Symposium. Mönchengladbach: Forum Verlag, S. 275-296.

Newburn, T. (1997): Youth, Crime and Justice. In: Maguire, M., Morgan, R., Reiner, R. (Hrsg.): The Oxford Handbook of Criminology. 2. Aufl., Oxford: Oxford University Press, S. 613-660.

Newburn, T. (2006): The Contemporary Politics of Youth Crime Prevention. In: Muncie, J., Hughes, G., McLaughlin, E. (Hrsg.): Youth Justice: Critical Readings. London: SAGE, S. 452-463.

Nicholas, S., Kershaw, C., Walker, A. (2007): Crime in England and Wales 2006/07. London: Home Office.

Nicholas, S., Povey, D., Walker, A., Kershaw, C. (2005): Crime in England and Wales 2004/2005. HOSB 11/05. London: Home Office.

O'Mahony, D. (2008): Restorative Cautioning. In: Goldson, B. (2008a) (Hrsg.) Dictionary of Youth Justice. Cullompton: Willan Publishing, S. 300-301.

O'Mahony, D. (2011): Northern Ireland. In: Dünkel, F., Grzywa, J., Horsfield, P., Pruin, I. (Hrsg.): Juvenile Justice Systems in Europe: Current Situation and Reform Developments. 2. Aufl., Mönchengladbach: Forum Verlag Godesberg, S. 957-989.

O'Mahony, D., Campbell, C. (2006): Mainstreaming Restorative Justice for Young Offenders through Youth Conferencing: The Experience of Northern Ireland. In: Junger-Tas, J., Decker, S. H. (Hrsg.): International Handbook of Juvenile Justice. Dordrecht: Springer, S. 93-115.

O'Mahony, D., Doak, J. (2004): Restorative Justice – is more better? The experience of police-led restorative cautioning pilots in Northern Ireland. Howard Journal of Criminal Justice 43, S. 484-505.

O'Mahony, D., Doak, J. (2009): Restorative Justice and Youth Justice – Bringing Theory and Practice Closer Together in Europe. In: Junger-Tas, J., Dünkel, F. (Hrsg.): Reforming Juvenile Justice. Heidelberg: Springer, S. 165-182.

Oelkers, N. (2011): Kindeswohlgefährdung: Selektive Korrektur elterlicher Erziehungspraktiken in der Kinder- und Jugendhilfe. In: Dollinger, B., Schmidt-Semisch, H. (Hrsg.): Gerechte Ausgrenzung? Wohlfahrtsproduktion und die neue Lust am Strafen. Wiesbaden: VS Verlag, S. 245-262.

Office for National Statistics (2012): Crime in England and Wales, Year Ending June 2012. London: Office for National Statistics.

Office for National Statistics. Population Estimates. Abrufbar unter http:// www.statistics.gov.uk/hub/population/population-change/population-estimates (zuletzt aufgerufen am 17.6.2013).

Ostendorf, H. (2007): Jugendstrafrecht. 4. Aufl., Baden-Baden: NOMOS Verlagsgesellschaft.

Ostendorf, H. (2013): Jugendstrafrecht. 7. Aufl., Baden-Baden: NOMOS Verlagsgesellschaft.

Ozin, P., Norton, H., Spivey, P. (2010): PACE: A Practical Guide to the Police and Criminal Evidence Act 1984. Oxford: Oxford University Press.

Padfield, N. (2006): Recalling conditionally released prisoners in England and Wales. European Journal of Probation 4, S. 34-45.

Phillips, A., Chamberlain, V. (2006): MORI Five-Year Report – An Analysis of Youth Survey Data. London: Youth Justice Board.

Pickford, J. (2008): Criminal Justice Act 1993. In: Goldson, B. (Hrsg.): Dictionary of Youth Justice. Cullompton: Willan Publishing, S. 106.

Pickford, J. (2008a): Criminal Justice Act 1982. In: Goldson, B. (Hrsg.): Dictionary of Youth Justice. Cullompton: Willan Publishing, S. 103.

Pickford, J. (2008b): Criminal Justice Act 1988. In: Goldson, B. (Hrsg.): Dictionary of Youth Justice. Cullompton: Willan Publishing, S. 103-104.

Pierpoint, H. (2008): Police and Criminal Evidence Act 1984 (PACE). In: Goldson, B. (Hrsg.): Dictionary of Youth Justice. Cullompton: Willan Publishing, S. 261-262.

Pierpoint, H. (2008a): Quickening the PACE? The use of volunteers as appropriate adults in England and Wales. Policing and Society 18, S. 397-410.

Piper, C. (2008): Children Act 1908. In: Goldson, B. (Hrsg.): Dictionary of Youth Justice. Cullompton: Willan Publishing, S. 53.

Pitts, J. (2003): Youth Justice in England and Wales. In: Matthews, R., Young, J. (Hrsg.): The New Politics of Crime and Punishment. Cullompton: Willan Publishing, S. 71-99

Pitts, J. (2006): The End of an Era. In: Muncie, J., Hughes, G., McLaughlin, E. (Hrsg.): Youth Justice: Critical Readings. London: SAGE, S. 413-424.

Police Foundation (2010): Time for a Fresh Start – the report of the Independent Commission on Youth Crime and Anti-Social Behaviour. London: The Police Foundation.

Pople, L. (2010): Responding to Antisocial Behaviour. In: Smith, D. J. (Hrsg.): A New Response to Youth Crime. Cullompton: Willan Publishing, S. 143-179.

Pople, L., Smith, D. J. (2010): Time Trends in Youth Crime and Justice System Responses. In: Smith, D. J. (Hrsg.): A New Response to Youth Crime. Cullompton: Willan Publishing, S. 54-103.

Pratt, J., Brown, D., Brown, M., Hallsworth, S., Morrison, W. (Hrsg.) (2005): The New Punitiveness: Trends, Theories and Perspectives. London: Willan Publishing.

Prior, D., Farrow, K., Hughes, N., Kelly, G., Manders, G., White, S., Wilkinson, B. (2011): Maturity, Young Adults and Criminal Justice – A Literature Review. Birmingham: University of Birmingham.

Prison Reform Trust (2011): Innocent until proven guilty – tackling the overuse of custodial remand. London: PRT.

Pruin, I. R. (2007): Die Heranwachsendenregelung im deutschen Jugendstrafrecht: Jugendkriminologische, entwicklungspsychologische, jugendsoziologische und rechtsvergleichende Aspekte. Mönchengladbach: Forum Verlag Godesberg.

Pruin, I. R. (2011): Die Implementierung internationaler Jugendstrafrechtsstandards in die Rechtssysteme Europas. Zeitschrift für Jugendkriminalrecht und Jugendhilfe 22, S. 127-133.

Pruin, I. R. (2011a): The Evaluation of the Implementation of International Standards in European Juvenile Justice Systems. European Council for Juvenile Justice. Brüssel: IJJO/EJJO.

Pruin, I. R. (2011b): The scope of juvenile justice systems in Europe. In: Dünkel, F., Grzywa, J., Horsfield, P., Pruin, I. (Hrsg.): Juvenile Justice Systems in Europe: Current Situation and Reform Developments. 2. Aufl., Mönchengladbach: Forum Verlag Godesberg, S. 1.539-1.582.

Rix, A., Skidmore, K., Self, R., Holt, T., Raybould, S. (2011): Youth Restorative Disposal Process Evaluation. London: Youth Justice Board.

Roberts, K. (2008): Connexions. In: Goldson, B. (Hrsg.): Dictionary of Youth Justice. Cullompton: Willan Publishing, S. 85.

Roe, S., Ashe, J. (2008): Young People and Crime: Findings from the 2006 Offending, Crime and Justice Survey. London: Home Office.

Rozel, M. (2009): United Kingdom. In: van Kalmthout, A. M., Knapen, M. M., Morgenstern, C. (Hrsg.): Pre-Trial Detention in the European Union. Nijmegen: Wolf Legal Publishers, S. 931-992.

Sanders, A., Young, R. (2007): From Suspect to Trial. In: Maguire, M., Morgan, R., Reiner, R. (Hrsg.): The Oxford Handbook of Criminology. 4. Aufl., Oxford: Oxford University Press, S. 953-989.

Sanders, A., Young, R., Burton, M. (2010): Criminal Justice. 4. Aufl., Oxford: Oxford University Press.

Schüler-Springorum, H. (2001): Die Instrumente der Vereinten Nationen zur Jugendgerichtsbarkeit. In: BMJ (Hrsg.): Internationale Menschenrechtsstandards und das Jugendkriminalrecht. Berlin: Bundesministerium der Justiz, S. 19-36.

Schwarze, J. (2011): Soft Law im Recht der Europäischen Union. Europarecht, 3-18.

Schwind, H. D. (2011): Kriminologie. Eine praxisorientierte Einführung mit Beispielen. 21. Aufl. Heidelberg: Kriminalistik Verlag.

Scraton, P. (2008): Moral Panic. In: Goldson, B. (Hrsg.): Dictionary of Youth Justice. Cullompton: Willan Publishing, S. 233-235.

Scraton, P., Haydon, D. (2006): Challenging the criminalization of children and young people - securing a rights based agenda. In: Muncie, J., Hughes, G.,

McLaughlin, E. (Hrsg.) (2006): Youth Justice: Critical Readings. London: SAGE, S. 311-328.

Sentencing Guidelines Council (2004): New Sentences: Criminal Justice Act 2003. London: Sentencing Guidelines Council.

Sentencing Guidelines Council (2004a): Overarching Principles: Seriousness. Definitive Guideline. London: Sentencing Guidelines Council.

Sentencing Guidelines Council (2007): Reduction in Sentence for a Guilty Plea. London: Sentencing Guidelines Council.

Sentencing Guidelines Council (2008): Dangerous Offenders: Guide for Sentencers and Practitioners. London: Sentencing Guidelines Council.

Sentencing Guidelines Council (2009): Overarching Principles – Sentencing Youths, Definitive Guideline. London: Sentencing Guidelines Council.

Sentencing Guidelines Council (2011): Assault: Definitive Guideline. London: Sentencing Guidelines Council.

Sentencing Guidelines Council (2012): Burglary Offences: Definitive Guideline. London: Sentencing Guidelines Council.

Sentencing Guidelines Council (2012a): Drug Offences: Definitive Guideline. London: Sentencing Guidelines Council.

Sentencing Guidelines Council (2012b): Magistrates' Court Sentencing Guidelines: Definitive Guideline. London: Sentencing Guidelines Council.

Simmons, J. (2002): Crime in England and Wales 2001/02. London: Home Office.

Simmons, J., Dodd, T. (2003): Crime in England and Wales 2002/03. HOSB 07/03. London: Home Office.

Smith, D. J. (2008): Cognitive-Behaviour Programmes. In: Goldson, B. (Hrsg.): Dictionary of Youth Justice. Cullompton: Willan Publishing, S. 73-74.

Smith, D. J. (2010): Changing Patterns of Youth. In: Smith, D. J. (Hrsg.): A New Response to Youth Crime. Cullompton: Willan Publishing, S. 17-53.

Smith, D. J. (Hrsg.) (2010a): A New Response to Youth Crime. Cullompton: Willan Publishing.

Smith, R. (2006): Actuarialism and Early Intervention in Contemporary Youth Justice. In: Goldson, B., Muncie, J. (Hrsg.): Youth Crime and Justice. London: SAGE, S. 92-109.

Smith, R. (2007): Youth Justice: Ideas, Policy, Practice. 2. Aufl., Cullompton: Willan Publishing.

Smith, R. (2008a): Actuarialism. In: Goldson, B. (Hrsg.): Dictionary of Youth Justice. Cullompton: Willan Publishing, S. 6.

Squires, P. (2008) Anti-Social Behaviour (ASB). In: Goldson, B. (Hrsg.): Dictionary of Youth Justice. Cullompton: Willan Publishing, S. 15-17.

400

Squires, P. (2008a) Anti-Social Behaviour Orders (ASBOs). In: Goldson, B. (Hrsg.): Dictionary of Youth Justice. Cullompton: Willan Publishing, S. 18-19.

Squires, P. (2008b): Acceptable Behaviour Contracts. In: Goldson, B. (Hrsg.): Dictionary of Youth Justice. Cullompton: Willan Publishing, S. 3-4.

Stone, N. (2003): Legal Commentary. 'Parenting Orders', 'Warnings and Reprimands' and 'Age at Time of Offence' – Human Rights Considerations. Youth Justice Journal 3, S. 112-120.

Stone, N. (2007): Legal Commentary. Warn or Prosecute? Policy, the Exercise of Discretion and Judicial Review. Youth Justice Journal 7, S. 229-235.

Stone, N. (2011): Legal Commentary: Breaking the Cycle – A Serviceable Vehicle for Reform? Youth Justice Journal 11, S. 168-179.

Stone, N. (2012): Legal Commentary: Responding to Riot: Lessons from August 2011. Youth Justice Journal 12, S. 134-143.

Streng, F. (2013): Jugendstrafrecht. 3. Aufl., München: C. F. Müller Verlag.

Thomas, M. (2008): Youth Offending Teams (YOTs). In: Goldson, B. (Hrsg.): Dictionary of Youth Justice. Cullompton: Willan Publishing, S. 388-389.

Thomas, M. (2008a): Youth Justice Board (YJB). In: Goldson, B. (Hrsg.): Dictionary of Youth Justice. Cullompton: Willan Publishing, S. 382-384.

Thomas, S. (2005): Remand Management. In: Bateman, T., Pitts, J. (Hrsg.): The RHP Companion to Youth Justice. Lyme Regis: Russell House Publishing.

Thomas, S. (2008b): Remand, In: Goldson, B. (Hrsg.): Dictionary of Youth Justice. Cullompton: Willan Publishing, S. 286-287.

Thomas, S., Hucklesby, A. (2005): Remand Management. London: Youth Justice Board.

Tonry, M., Doob, A. N. (Hrsg.) (2004): Youth Crime and Youth Justice: Comparative and Cross-national Perspectives. Crime and Justice: A Review of Research. Vol. 31. Chicago, IL und London: University of Chicago Press.

Transition to Adulthood Alliance (2009): A New Start: Young Adults in the Criminal Justice System. The need for a distinct and radically different approach to young adults in the criminal justice system; an approach that is proportionate to their maturity and responsive to their specific needs. Online abrufbar unter: http://www.t2a.org.uk/wp-content/uploads/2011/09/T2A-A-New-Start-Young-Adults-in-the-Criminal-Justice-System-FINAL.pdf (zuletzt eingesehen am 17.6.2013).

United Kingdom Children's Commissioners (2008): UK Childrens' Commissioners' Report to the UN Committee on the Rights of the Child.

van Kalmthout, A. M., Knapen, M. M., Morgenstern, C. (Hrsg.) (2009): Pre-Trial Detention in the European Union. Nijmegen. Wolf Legal Publishers.

van Ness, D. W., Heetderks Strong, K. (2010): Restoring Justice: An Introduction to Restorative Justice. 4. Aufl., Cincinnati, Ohio: Anderson Publishing Co.

van Wormer, K. S., Walker, L. (2013): Restorative Justice Today – Practical Applications. London: SAGE.

von Hirsch, A., Bottoms, A., Burney, E. (1999): Criminal Deterrence and Sentence Severity: An analysis of recent research. Oxford: Hart Publishing.

Walker, A., Flatley, J., Kershaw, C., Moon, D. (2009): Crime in England and Wales 2008/09. HOSB 11/09 Volume 1. London: Home Office.

Walker, A., Kershaw, C., Nicholas, S. (2006): Crime in England and Wales 2005/06. HOSB 12/06. London: Home Office.

Walker, J., Thompson, C., Laing, K., Raybould, S., Coombes, M., Procter, S., Wren, C. (2007): Youth Inclusion and Support Panels: Preventing Crime and Antisocial Behaviour? Research Report DCSF-RW018. Newcastle: Institute of Health and Society.

Walker, R. (2008): Secure Accommodation. In: Goldson, B. (Hrsg.): Dictionary of Youth Justice. Cullompton: Willan Publishing, S. 317-319.

Walsh, C. (2008) Child Safety Orders (CSOs). In: Goldson, B. (Hrsg.): Dictionary of Youth Justice. Cullompton: Willan Publishing, S. 52.

Walsh, C. (2008a): Curfew Orders. In: Goldson, B. (Hrsg.): Dictionary of Youth Justice. Cullompton: Willan Publishing, S. 120.

Walsh, C. (2008b): Local Child Curfew Schemes (LCCSs). In: Goldson, B. (Hrsg.): Dictionary of Youth Justice. Cullompton: Willan Publishing, S. 216-217.

Walter, I. (2002) Evaluation of the National Roll-out of Curfew Orders. London: Home Office.

Wiese, K. W. (2010): Family Group Conferencing – Mehr gemeinschaftliche und familiäre Verantwortungsübernahme im Jugendstrafrecht? Frankfurt a. M.: Peter Lang.

Wilson, D., Sharp, C., Patterson, A. (2006): Young People and Crime: Findings from the 2005 Offending, Crime and Justice Survey. HOSB 17/06. London: Home Office.

Wilson, J. Q. (1975): Thinking about Crime. New York: Basic Books.

Wilson, J. Q., Kelling, G. L. (1982): Broken Windows: The Police and Neighbourhood Safety. The Atlantic Monthly 127, S. 29-38.

Yates, J. (2008): Naming and Shaming. In: Goldson, B. (Hrsg.): Dictionary of Youth Justice. Cullompton: Willan Publishing, S. 239.

Youth Justice Board (2001): Guide to the National Standards for Bail Supervision and Support Schemes. London: Youth Justice Board.

Youth Justice Board (2002): Youth Survey 2002. London: Youth Justice Board.

Youth Justice Board (2004): Key Elements of Effective Practice. London: Youth Justice Board.

Youth Justice Board (2004a): MORI Youth Survey 2004. London: Youth Justice Board.

Youth Justice Board (2004b): Youth Justice – Annual Statistics 2002/03. London: Youth Justice Board.

Youth Justice Board (2005): Anti-social behaviour – a guide to the role of Youth Offending Teams in dealing with anti-social behaviour. London: Youth Justice Board.

Youth Justice Board (2005a): Risk and Protective Factors. London: Youth Justice Board.

Youth Justice Board (2005b): Youth Justice – Annual Statistics 2003/04. London: Youth Justice Board.

Youth Justice Board (2006): The Common Assessment Framework, Asset and Onset – Guidance for youth justice practitioners. London: Youth Justice Board.

Youth Justice Board (2006a): Youth Justice – Annual Statistics 2004/05. London: Youth Justice Board.

Youth Justice Board (2007): 12-Month ISSP – Full Report. London: Youth Justice Board.

Youth Justice Board (2007a): Youth Justice – Annual Statistics 2005/06. London: Youth Justice Board.

Youth Justice Board (2008): ISSP Management Guidance. London: Youth Justice Board.

Youth Justice Board (2008a): Key Elements of Effective Practice – Restorative Justice. London: Youth Justice Board.

Youth Justice Board (2008b): Key Elements of Effective Practice – Parenting. London: Youth Justice Board.

Youth Justice Board (2008c): Key Elements of Effective Practice – Offending Behaviour Programmes. London: Youth Justice Board.

Youth Justice Board (2008d): Key Elements of Effective Practice – Assessment, Planning Interventions and Supervision. London: Youth Justice Board.

Youth Justice Board (2008e): Youth Justice – Annual Workload Data 2006/07. London: Youth Justice Board.

Youth Justice Board (2009): Bail Supervision and Support Profile – Guidance Notes. London: Youth Justice Board.

Youth Justice Board (2009a): Youth Justice – Annual Workload Data 2007/08. London: Youth Justice Board.

Youth Justice Board (2009b): Youth Survey 2008: Young People in Mainstream Education. London: Youth Justice Board.

Youth Justice Board (2010): Annual Report and Accounts 2009/10. London: Youth Justice Board.

Youth Justice Board (2010a): Case Management Guidance – Planning and delivering interventions in the Community, Section 6. London: Youth Justice Board.

Youth Justice Board (2010b): National Standards for Youth Justice Services. London: Youth Justice Board.

Youth Justice Board (2010c): The Youth Rehabilitation Order and other Youth Justice Provisions of the Criminal Justice and Immigration Act 2008. London: Youth Justice Board.

Youth Justice Board (2010d): Youth Justice: the Scaled Approach. London: Youth Justice Board.

Youth Justice Board (2012): Annual Report and Accounts 2011/12. London: Youth Justice Board.

Youth Justice Board, Ministry of Justice (2010): Youth Justice – Annual Workload Data 2008/09. London: Youth Justice Board.

Youth Justice Board, Ministry of Justice (2011): Annual Workload Data 2009/10. London: Youth Justice Board.

Youth Justice Board, Ministry of Justice (2012): Youth Justice Statistics 2010/11 England and Wales. Statistics Bulletin. London: Youth Justice Board.

Zaikina, M. (2012): Jugendkriminalrechtspflege in der Ukraine. Mönchengladbach: Forum Verlag Godesberg.

Zinstag, E., Vanfraechem, I. (Hrsg.) (2012): Conferencing and Restorative Justice– International Practices and Perspectives. Oxford: Oxford University Press.

Zeitungsartikel

Bowcott, O., Bates, S. (2011): Riots: magistrates advised to ‚disregard normal sentencing'. The Guardian Online-Zeitungsartikel vom 15. August 2011. Abrufbar unter http://www.guardian.co.uk/uk/2011/aug/15/riots-magistrates-sentencing (zuletzt aufgerufen am 17.6.2013).

British Broadcasting Corporation (BBC) (2012): Daniel Bartlam, 15, detained for mother's hammer murder. BBC News Online-Zeitungsbericht vom 2. April 2012. Abrufbar unter: http://www.bbc.co.uk/news/uk-england-nottinghamshire-17540452 (zuletzt aufgerufen am 23.7.2012).

British Broadcasting Corporation (BBC) (2012a): Gang members get life terms for East Dulwich bus murder. BBC News Online-Zeitungsartikel vom

16.2.2012. Abrufbar unter: http://www.bbc.co.uk/news/uk-england-london-17065006 (zuletzt aufgerufen am 23.7.2012).

British Broadcasting Corporation (BBC) (2012b): London riots: Boy, 12, sentenced for violent disorder. BBC News Online-Zeitungsartikel vom 22.3.2012. Abrufbar unter: http://www.bbc.co.uk/news/uk-england-london-17479995 (zuletzt aufgerufen am 23.7.2012).

Casciani, D. (2005): Q&A: Teen dispersal powers. BBC News online Zeitungsartikel vom 26 Mai 2005. Aufrufbar unter http://news.bbc.co.uk/2/hi/uk_news/4583685.stm (zuletzt aufgerufen am 14.7.2013).

Daily Mail (Hrsg.) (2012): Bulger Killer's Family 'Attacked'. Daily Mail Online Artikel vom 08. Mai 2012. Abrufbar unter http://www.dailymail.co.uk/news/article-57256/Bulger-killers-family-attacked.html# (zuletzt aufgerufen am 5.8.2013).

Dolan, A., Reilly, J. (2012): Coronation Street killer was 'fascinated by horror DVDs and violent video games from age eight and it was all too easy for him to get hold of them', says victim's former partner. Daily Mail Online-Zeitungsbericht vom 4.4.2012. Abrufbar unter: http://www.dailymail.co. uk/news/article-2124034/Daniel-Bartlam-Coronation-Street-killer-fascinated-horror-DVDs-violent-game-age-easy-hold-says-victims-partner.html (zuletzt aufgerufen am 23.7.2012).

Hogg, C. (2012): Police introduce Newcastle dispersal zone in crackdown on anti-social behaviour. The Sentinel Online Zeitungsartikel vom 1.10.2012. Aufrufbar unter http://www.thisisstaffordshire.co.uk/Police-introduce-Newcastle-dispersal-zone/story-17015493-detail/story.html#axzz2YvVre3gF (zuletzt aufgerufen am 14.7.2013).

Jones, S. (2012): Teenager Daniel Bartlam jailed for killing mother with hammer. The Guardian Online-Zeitungsbericht vom 2.4.2012. Abrufbar unter: http://www.guardian.co.uk/uk/2012/apr/02/teenager-daniel-bartlam-jailed-murder (zuletzt aufgerufen am 23.7.2012).

Mail Online (2012): Bulger killer's family attacked. Daily Mail online Artikel vom 11.5.2012. Online abrufbar unter http://www.dailymail.co.uk/news/article-57256/Bulger-killers-family-attacked.html (zuletzt aufgerufen am 25.10.2013).

Mason, R. (2013): David Cameron eyes Human Rights Act repeal. Guardian online Artikel vom 8.8.2013. Online aufrufbar unter http://www. the guardian.com/law/2013/aug/08/david-cameron-human-rights-act (zuletzt aufgerufen am 10.8.2013).

Moriarty, R. (2013): Bulger Killer's Secret Release – Family Fury at Venables ‚Plot'. The Sun Online Zeitungsartikel vom 4. Juli 2013, einsehbar unter http://www.thesun.co.uk/sol/homepage/news/justice/4996087/james-bulger-parents-on-killer-venables-parole-bid.html. (Zuletzt aufgerufen am 5.8.2013).

O'Neill, B. (2012): The branding of Daniel Bartlam as a 'devil child' is unbecoming of our civilized society. The Telegraph Online-Zeitungsbericht vom 4.4.2012. Abrufbar unter: http://blogs.telegraph.co. uk/news/brendanoneill2/100149248/the-branding-of-daniel-bartlam-as-a-devil-child-is-unbecoming-of-our-civilised-society/ (zuletzt aufgerufen am 23.7.2012).

O'Neill, N. (2012a): Police dispersal zone in South Harrow is off-limits for anti-social behaviour. Harrow Times Online Zeitungsartikel vom 20.12.2012. Aufrufbar unter http://www.harrowtimes.co.uk/news/10121101.Police_dispersal_zone_is_off_limits_for_anti_social_behaviour/ (zuletzt aufgerufen am 13.7.2013).

Peachey, P. (2012): Boy, 15, jailed for copycat killing of mother. The Independent Online-Zeitungsbericht. Abrufbar unter: http://www. independent.co.uk/news/uk/crime/boy-15-jailed-for-copycat-killing-of-mother-7609022.html (zuletzt aufgerufen am 23.7.2012).

Sibert, M. (2012): Tenn Sentenced for Murdering Mother. ITV News Online-Zeitungsbericht vom 2.4.2012. Abrufbar unter http://www.itv. com/news/central/story/2012-04-02/jail-for-boy-who-murdered-mother/ (zuletzt aufgerufen am 23.7.2012).

Smith, L. (2012): „He's a very, very dangerous child": Corrie copycat killer was obsessed with violent videos and games, says victim's partner. Mirror News Online, 3.4.2012. http://www.mirror.co.uk/news/uk-news/ coronation-street-copycat-killer-daniel-779565 (zuletzt aufgerufen am 09.07.2013).

The Sun (2012): Boy, 14, murdered mum with hammer in Corrie copycat killing. Schoolboy is jailed for 16 years. The Sun Online-Zeitungsbericht vom 2.4.2012. Abrufbar unter: http://www.thesun.co.uk/sol/home page/news/4234527/Boy-14-murdered-mum-with-hammer-in-Corrie-copy cat-killing. html (zuletzt aufgerufen am 23.7.2012).

The Telegraph (2012): Coronation St copycat killer locked up for 16 years over hammer attack on mother. The Telegraph Online-Zeitungsbericht vom 2.4.2012. Abrufbar unter: http://www.telegraph.co.uk/news/uknews/crime/9180872/Coronation-St-copycat-killer-locked-up-for-16-years-over-hammer-attack-on-mother.html (zuletzt aufgerufen am 23.7.2012).

Walker, P., Wainwright, M. (2012): Edlington brothers jailed for torture of two boys. The Guardian Online-Zeitungsartikel vom 22. Januar 2012. Abrufbar unter: http://www.guardian.co.uk/uk/2010/jan/22/edlington-brothers-jailed-torture-boys (zuletzt aufgerufen am 23.7.2012).

Williams, Z. (2013): Jon Venables – How attitudes towards criminality have changed and hardened. Guardian Online Artikel vom 5.7.2013. Abrufbar unter   http://www.theguardian.com/commentisfree/2013/jul/05/   jon-venables-criminality-attitudes-james-bulger.   (Zuletzt   aufgerufen   am 5.8.2013).

Parlamentsbeschlüsse[1517]

Großbritannien. Justices of the Peace Act, 1361. Chapter 1 (1361). London: HMSO.

Großbritannien. Cotton Mills, etc. Act, 1819. Chapter 66 (1819). London: HMSO.

Großbritannien. Vagrancy Act, 1824. Chapter 83 (1824). London: HMSO.

Großbritannien. Malicious Trespass Act, 1827. Chapter 56 (1827). London: HMSO.

Großbritannien. Labour of Children, etc, in Factories, 1833. Chapter 103 (1833). London: HMSO.

Großbritannien. Poor Law Amendment Act, 1834. Chapter 76 (1834). London: HMSO.

Großbritannien. Youthful Offenders Act, 1854. Chapter 86 (1854). London: HMSO.

Großbritannien. Reformatory Schools (England) Act, 1854. Chapter 55 (1854). London: HMSO.

Großbritannien. Industrial Schools Act, 1857. Chapter 48 (1857). London: HMSO.

Großbritannien. Probation of Offenders Act, 1907. Chapter 17 (1907). London: HMSO.

Großbritannien. Prevention of Crime Act, 1908. Chapter 59 (1908). London: HMSO.

Großbritannien. Children Act, 1908. Chapter 67 (1908). London: HMSO.

Großbritannien. Children and Young Persons Act, 1933. Chapter 12 (1933). London: HMSO.

Großbritannien. Criminal Justice Act, 1948. Chapter 58 (1948). London: HMSO

Großbritannien. Children and Young Persons Act, 1963. Chapter 37 (1963). London: HMSO.

Großbritannien. Firearms Act, 1968. Chapter 27 (1968). London: HMSO

1517   Der überwiegende Teil der hier zitierten Parlamentsbeschlüsse, sowohl im Original als auch in geänderter Form, ist auch über die Internet-Adresse www.legislation. gov.uk einsehbar.

Großbritannien. Children and Young Persons Act, 1969. Chapter 54 (1969). London: HMSO.

Großbritannien. Rehabilitation of Offenders Act, 1974. Chapter 53 (1974). London: HMSO.

Großbritannien. Bail Act, 1976. Chapter 63 (1976). London: HMSO

Großbritannien. Magistrates' Courts Act, 1980. Chapter 43 (1980). London: HMSO.

Großbritannien. Criminal Justice Act, 1982. Chapter 48 (1982). London: HMSO

Großbritannien. Police and Criminal Evidence Act, 1984. Chapter 60 (1984). London: HMSO.

Großbritannien. Prosecution of Offences Act, 1985. Chapter 23 (1985). London: HMSO.

Großbritannien. Public Order Act, 1986. Chapter 64 (1986). London: HMSO.

Großbritannien. Criminal Justice Act, 1988. Chapter 33 (1988). London: HMSO.

Großbritannien. Children Act, 1989. Chapter 41 (1989). London: HMSO.

Großbritannien. Criminal Justice Act, 1991. Chapter 53 (1991). London: HMSO.

Großbritannien. Aggravated Vehicle Taking Act, 1992. Chapter 11 (1992). London: HMSO.

Großbritannien. Criminal Justice Act, 1993. Chapter 36 (1993). London: HMSO.

Großbritannien. Criminal Justice and Public Order Act, 1994. Chapter 33 (1994). London: HMSO.

Großbritannien. Crime (Sentences) Act, 1997. Chapter 43 (1997). London: HMSO.

Großbritannien. Crime and Disorder Act, 1998. Chapter 37 (1998). London: HMSO.

Großbritannien. Youth Justice and Criminal Evidence Act, 1999. Chapter 23 (1999). London: HMSO.

Großbritannien. Powers of Criminal Courts (Sentencing) Act, 2000. Chapter 6 (2000). London: HMSO.

Großbritannien. Terrorism Act, 2000. Chapter 11 (2000). London: HMSO.

Großbritannien. Criminal Justice and Court Services Act, 2000. Chapter 43 (2000). London: HMSO.

Großbritannien. Criminal Justice and Police Act, 2001. Chapter 16 (2001). London: HMSO.

Großbritannien. Anti-social Behaviour Act, 2003. Chapter 38 (2003). London: HMSO.

Großbritannien. Criminal Justice Act, 2003. Chapter 44 (2003). London: HMSO.

Großbritannien. Courts Act, 2003. Chapter 39 (2003). London: HMSO.

Großbritannien. Sexual Offences Act, 2003. Chapter 42 (2003). London: HMSO.

Großbritannien. Licensing Act, 2003. Chapter 17 (2003). London: HMSO.

Großbritannien. Children Act, 2004. Chapter 31 (2004). London: HMSO.

Großbritannien. Serious Organized Crime and Police Act, 2005. Chapter 15 (2005). London: HMSO.

Großbritannien. Police and Justice Act, 2006. Chapter 48 (2006). London: HMSO.

Großbritannien. Criminal Justice and Immigration Act, 2008. Chapter 4 (2008). London: HMSO.

Großbritannien. Coroners and Justice Act, 2009. Chapter 25 (2009). London: HMSO.

Großbritannien. Legal Aid, Sentencing and Punishment of Offenders Act, 2011. Chapter 10 (2011). London: HMSO.

Resolutionen und offizielle Dokumente der Vereinten Nationen

United Nations (Hrsg.) (1966): International Covenant on Civil and Political Rights. General Assembly Resolution 2200A (XXI), 16 Dezember 1966.

United Nations (Hrsg.) (1985): United Nations Standard Minimum Rules for the Administration of Juvenile Justice (the Beijing Rules), General Assembly Resolution 40/33, 29 November 1985.

United Nations (Hrsg.) (1989): Convention on the Rights of the Child. General Assembly Resolution 44/25, 20 November 1989.

United Nations (Hrsg.) (1990): United Nations Standard Minimum Rules for Non-Custodial Measures (the Tokyo Rules), General Assembly Resolution 45/110, 14 Dezember 1990.

United Nations (Hrsg.) (1990a): United Nations Guidelines for the Prevention of Juvenile Delinquency (the Riyadh Guidelines), General Assembly Resolution 45/112, 14 Dezember 1990.

United Nations (Hrsg.) (1990b): United Nations Rules for the Protection of Juveniles Deprived of their Liberty (the Havana Rules), General Assembly Resolution 45/113, 14 Dezember 1990.

United Nations Committee on the Rights of the Child (2002): Consideration of reports submitted by States parties under Article 44 of the Convention.

Concluding Observations: United Kingdom of Great Britain and Northern Ireland. CRC/C/15/Add.128. Oktober 2002.

United Nations Committee of the Rights of the Child (Hrsg.) (2007): General Comment No. 10 concerning children's rights in juvenile justice. CRC/C/GC/10. 44. Sitzung, 15. Januar-2. Februar 2007, Genf.

United Nations Committee on the Rights of the Child (2008): Consideration of reports submitted by States parties under Article 44 of the Convention. Concluding Observations: United Kingdom of Great Britain and Northern Ireland. CRC/C/GBR/CO/4. 20. Oktober 2008.

Empfehlungen des Europarats

Council of Europe (Hrsg.) (1987): Recommendation No. R (87) 20 of the Committee of Ministers to member states on social reactions to juvenile delinquency, 17 September 1987. Strasbourg.

Council of Europe (Hrsg.) (1992): Recommendation No. R (92) 16 of the Committee of Ministers to member states on the European Rules on community sanctions and measures, 19 Oktober 1992. Strasbourg.

Council of Europe (Hrsg.) (2003): Recommendation No. R (2003) 20 of the Committee of Ministers to member states concerning new ways of dealing with juvenile delinquency and the role of juvenile justice, 24 September 2003. Strasbourg.

Council of Europe (Hrsg.) (2008): Recommendation No. R (2008) 11 of the Committee of Ministers to member states on the European Rules for juvenile offenders subject to sanctions or measures, 5 November 2008. Strasbourg.

Council of Europe (Hrsg.) (2009): The European Rules for Juvenile Offenders Subject to Sanctions or Measures. Strasbourg: Council of Europe Publishing.

Reihenübersicht

Schriften zum Strafvollzug, Jugendstrafrecht und zur Kriminologie

Hrsg. von Prof. Dr. Frieder Dünkel, Lehrstuhl für Kriminologie
an der Ernst-Moritz-Arndt-Universität Greifswald

Bisher erschienen:

Band 1
Dünkel, Frieder: Empirische Forschung im Strafvollzug. Bestandsaufnahme und Perspektiven.
Bonn 1996. ISBN 978-3-927066-96-0.

Band 2
Dünkel, Frieder; van Kalmthout, Anton; Schüler-Springorum, Horst (Hrsg.): Entwicklungstendenzen und Reformstrategien im Jugendstrafrecht im europäischen Vergleich.
Mönchengladbach 1997. ISBN 978-3-930982-20-2.

Band 3
Gescher, Norbert: Boot Camp-Programme in den USA. Ein Fallbeispiel zum Formenwandel in der amerikanischen Kriminalpolitik.
Mönchengladbach 1998. ISBN 978-3-930982-30-1.

Band 4
Steffens, Rainer: Wiedergutmachung und Täter-Opfer-Ausgleich im Jugend- und Erwachsenenstrafrecht in den neuen Bundesländern.
Mönchengladbach 1999. ISBN 978-3-930982-34-9.

Band 5
Koeppel, Thordis: Kontrolle des Strafvollzuges. Individueller Rechtsschutz und generelle Aufsicht. Ein Rechtsvergleich.
Mönchengladbach 1999. ISBN 978-3-930982-35-6.

Band 6
Dünkel, Frieder; Geng, Bernd (Hrsg.): Rechtsextremismus und Fremdenfeindlichkeit. Bestandsaufnahme und Interventionsstrategien.
Mönchengladbach 1999. ISBN 978-3-930982-49-3.

Band 7
Tiffer-Sotomayor, Carlos: Jugendstrafrecht in Lateinamerika unter besonderer Berücksichtigung von Costa Rica.
Mönchengladbach 2000. ISBN 978-3-930982-36-3.

Band 8
Skepenat, Marcus: Jugendliche und Heranwachsende als Tatverdächtige und Opfer von Gewalt. Eine vergleichende Analyse jugendlicher Gewaltkriminalität in Mecklenburg-Vorpommern anhand der Polizeilichen Kriminalstatistik unter besonderer Berücksichtigung tatsituativer Aspekte.
Mönchengladbach 2000. ISBN 978-3-930982-56-1.

Band 9
Pergataia, Anna: Jugendstrafrecht in Russland und den baltischen Staaten.
Mönchengladbach 2001. ISBN 978-3-930982-50-1.

Band 10
Kröplin, Mathias: Die Sanktionspraxis im Jugendstrafrecht in Deutschland im Jahr 1997. Ein Bundesländervergleich.
Mönchengladbach 2002. ISBN 978-3-930982-74-5.

Band 11
Morgenstern, Christine: Internationale Mindeststandards für ambulante Strafen und Maßnahmen.
Mönchengladbach 2002. ISBN 978-3-930982-76-9.

Band 12
Kunkat, Angela: Junge Mehrfachauffällige und Mehrfachtäter in Mecklenburg-Vorpommern. Eine empirische Analyse.
Mönchengladbach 2002. ISBN 978-3-930982-79-0.

Band 13
Schwerin-Witkowski, Kathleen: Entwicklung der ambulanten Maßnahmen nach dem JGG in Mecklenburg-Vorpommern.
Mönchengladbach 2003. ISBN 978-3-930982-75-2.

Band 14
Dünkel, Frieder; Geng, Bernd (Hrsg.): Jugendgewalt und Kriminalprävention. Empirische Befunde zu Gewalterfahrungen von Jugendlichen in Greifswald und Usedom/Vorpommern und ihre Auswirkungen für die Kriminalprävention.
Mönchengladbach 2003. ISBN 978-3-930982-95-0.

Band 15
Dünkel, Frieder; Drenkhahn, Kirstin (Hrsg.): Youth violence: new patterns and local responses – Experiences in East and West. Conference of the International Association for Research into Juvenile Criminology. Violence juvénile: nouvelles formes et stratégies locales – Expériences à l'Est et à l'Ouest. Conférence de l'Association Internationale pour la Recherche en Criminologie Juvénile.
Mönchengladbach 2003. ISBN 978-3-930982-81-3.

Band 16
Kunz, Christoph: Auswirkungen von Freiheitsentzug in einer Zeit des Umbruchs. Zugleich eine Bestandsaufnahme des Männererwachsenenvollzugs in Mecklenburg-Vorpommern und in der JVA Brandenburg/Havel in den ersten Jahren nach der Wiedervereinigung.
Mönchengladbach 2003. ISBN 978-3-930982-89-9.

Band 17
Glitsch, Edzard: Alkoholkonsum und Straßenverkehrsdelinquenz. Eine Anwendung der Theorie des geplanten Verhaltens auf das Problem des Fahrens unter Alkohol unter besonderer Berücksichtigung des Einflusses von verminderter Selbstkontrolle.
Mönchengladbach 2003. ISBN 978-3-930982-97-4.

Band 18
Stump, Brigitte: „Adult time for adult crime" – Jugendliche zwischen Jugend- und Erwachsenenstrafrecht. Eine rechtshistorische und rechtsvergleichende Untersuchung zur Sanktionierung junger Straftäter.
Mönchengladbach 2003. ISBN 978-3-930982-98-1.

Band 19
Wenzel, Frank: Die Anrechnung vorläufiger Freiheitsentziehungen auf strafrechtliche Rechtsfolgen.
Mönchengladbach 2004. ISBN 978-3-930982-99-8.

Band 20
Fleck, Volker: Neue Verwaltungssteuerung und gesetzliche Regelung des Jugendstrafvollzuges.
Mönchengladbach 2004. ISBN 978-3-936999-00-6.

Band 21
Ludwig, Heike; Kräupl, Günther: Viktimisierung, Sanktionen und Strafverfolgung. Jenaer Kriminalitätsbefragung über ein Jahrzehnt gesellschaftlicher Transformation.
Mönchengladbach 2005. ISBN 978-3-936999-08-2.

Band 22
Fritsche, Mareike: Vollzugslockerungen und bedingte Entlassung im deutschen und französischen Strafvollzug.
Mönchengladbach 2005. ISBN 978-3-936999-11-2.

Band 23
Dünkel, Frieder; Scheel, Jens: Vermeidung von Ersatzfreiheitsstrafen durch gemeinnützige Arbeit: das Projekt „Ausweg" in Mecklenburg-Vorpommern.
Mönchengladbach 2006. ISBN 978-3-936999-10-5.

Band 24
Sakalauskas, Gintautas: Strafvollzug in Litauen. Kriminalpolitische Hintergründe, rechtliche Regelungen, Reformen, Praxis und Perspektiven.
Mönchengladbach 2006. ISBN 978-3-936999-19-8.

Band 25
Drenkhahn, Kirstin: Sozialtherapeutischer Strafvollzug in Deutschland.
Mönchengladbach 2007. ISBN 978-3-936999-18-1.

Band 26
Pruin, Ineke Regina: Die Heranwachsendenregelung im deutschen Jugendstrafrecht. Jugendkriminologische, entwicklungspsychologische, jugendsoziologische und rechtsvergleichende Aspekte.
Mönchengladbach 2007. ISBN 978-3-936999-31-0.

Band 27
Lang, Sabine: Die Entwicklung des Jugendstrafvollzugs in Mecklenburg-Vorpommern in den 90er Jahren. Eine Dokumentation der Aufbausituation des Jugendstrafvollzugs sowie eine Rückfallanalyse nach Entlassung aus dem Jugendstrafvollzug.
Mönchengladbach 2007. ISBN 978-3-936999-34-1.

Band 28
Zolondek, Juliane: Lebens- und Haftbedingungen im deutschen und europäischen Frauenstrafvollzug.
Mönchengladbach 2007. ISBN 978-3-936999-36-5.

Band 29
Dünkel, Frieder; Gebauer, Dirk; Geng, Bernd; Kestermann, Claudia: Mare-Balticum-Youth-Survey – Gewalterfahrungen von Jugendlichen im Ostseeraum.
Mönchengladbach 2007. ISBN 978-3-936999-38-9.

Band 30
Kowalzyck, Markus: Untersuchungshaft, Untersuchungshaftvermeidung und geschlossene Unterbringung bei Jugendlichen und Heranwachsenden in Mecklenburg-Vorpommern.
Mönchengladbach 2008. ISBN 978-3-936999-41-9.

Band 31
Dünkel, Frieder; Gebauer, Dirk; Geng, Bernd: Jugendgewalt und Möglichkeiten der Prävention. Gewalterfahrungen, Risikofaktoren und gesellschaftliche Orientierungen von Jugendlichen in der Hansestadt Greifswald und auf der Insel Usedom. Ergebnisse einer Langzeitstudie 1998 bis 2006.
Mönchengladbach 2008. ISBN 978-3-936999-48-8.

Band 32
Rieckhof, Susanne: Strafvollzug in Russland. Vom GULag zum rechtsstaatlichen Resozialisierungsvollzug?
Mönchengladbach 2008. ISBN 978-3-936999-55-6.

Band 33
Dünkel, Frieder; Drenkhahn, Kirstin; Morgenstern, Christine (Hrsg.): Humanisierung des Strafvollzugs – Konzepte und Praxismodelle.
Mönchengladbach 2008. ISBN 978-3-936999-59-4.

Band 34
Hillebrand, Johannes: Organisation und Ausgestaltung der Gefangenenarbeit in Deutschland.
Mönchengladbach 2009. ISBN 978-3-936999-58-7.

Band 35
Hannuschka, Elke: Kommunale Kriminalprävention in Mecklenburg-Vorpommern. Eine empirische Untersuchung der Präventionsgremien.
Mönchengladbach 2009. ISBN 978-3-936999-68-6.

Band 36/1 bis 4 (nur als Gesamtwerk erhältlich)
Dünkel, Frieder; Grzywa, Joanna; Horsfield, Philip; Pruin, Ineke (Eds.): Juvenile Justice Systems in Europe – Current Situation and Reform Developments. Vol. 1-4.
2nd revised edition.
Mönchengladbach 2011. ISBN 978-3-936999-96-9.

Band 37/1 bis 2 (Gesamtwerk)
Dünkel, Frieder; Lappi-Seppälä, Tapio; Morgenstern, Christine; van Zyl Smit, Dirk (Hrsg.): Kriminalität, Kriminalpolitik, strafrechtliche Sanktionspraxis und Gefangenenraten im europäischen Vergleich. Bd.1 bis 2.
Mönchengladbach 2010. ISBN 978-3-936999-73-0.

Band 37/1 (Einzelband)
Dünkel, Frieder; Lappi-Seppälä, Tapio; Morgenstern, Christine; van Zyl Smit, Dirk (Hrsg.): Kriminalität, Kriminalpolitik, strafrechtliche Sanktionspraxis und Gefangenenraten im europäischen Vergleich. Bd.1.
Mönchengladbach 2010. ISBN 978-3-936999-76-1.

Band 37/2 (Einzelband)
Dünkel, Frieder; Lappi-Seppälä, Tapio; Morgenstern, Christine; van Zyl Smit, Dirk (Hrsg.): Kriminalität, Kriminalpolitik, strafrechtliche Sanktionspraxis und Gefangenenraten im europäischen Vergleich. Bd.2.
Mönchengladbach 2010. ISBN 978-3-936999-77-8.

Band 38
Krüger, Maik: Frühprävention dissozialen Verhaltens. Entwicklungen in der Kinder- und Jugendhilfe.
Mönchengladbach 2010. ISBN 978-3-936999-82-2.

Band 39
Hess, Ariane: Erscheinungsformen und Strafverfolgung von Tötungsdelikten in Mecklenburg-Vorpommern.
Mönchengladbach 2010. ISBN 978-3-936999-83-9.

Band 40
Gutbrodt, Tobias: Jugendstrafrecht in Kolumbien. Eine rechtshistorische und rechtsvergleichende Untersuchung zum Jugendstrafrecht in Kolumbien, Bolivien, Costa Rica und der Bundesrepublik Deutschland unter Berücksichtigung internationaler Menschenrechtsstandards.
Mönchengladbach 2010. ISBN 978-3-936999-86-0.

Band 41
Stelly, Wolfgang; Thomas, Jürgen (Hrsg.): Erziehung und Strafe. Symposium zum 35-jährigen Bestehen der JVA Adelsheim.
Mönchengladbach 2011. ISBN 978-3-936999-95-2.

Band 42
Annalena Yngborn: Strafvollzug und Strafvollzugspolitik in Schweden: vom Resozialisierungs-
zum Sicherungsvollzug? Eine Bestandsaufnahme der Entwicklung in den letzten 35 Jahren.
Mönchengladbach 2011. ISBN 978-3-936999-84-6.

Band 43
Johannes Kühl: Die gesetzliche Reform des Jugendstrafvollzugs in Deutschland im Licht der
European Rules for Juvenile Offenders Subject to Sanctions or Measures (ERJOSSM).
Mönchengladbach 2012. ISBN 978-3-942865-06-7.

Band 44
Maryna Zaikina: Jugendkriminalrechtspflege in der Ukraine.
Mönchengladbach 2012. ISBN 978-3-942865-08-1.

Band 45
Stefanie Schollbach: Personalentwicklung, Arbeitsqualität und betriebliche Gesundheitsför-
derung im Justizvollzug in Mecklenburg-Vorpommern.
Mönchengladbach 2013. ISBN 978-3-942865-14-2.

Band 46
Immo Harders: Die elektronische Überwachung von Straffälligen. Entwicklung, Anwendungs-
bereiche und Erfahrungen in Deutschland und im europäischen Vergleich.
Mönchengladbach 2014. ISBN 978-3-942865-24-1.

Band 47
Mirko Faber: Länderspezifische Unterschiede bezüglich Disziplinarmaßnahmen und der Auf-
rechterhaltung von Sicherheit und Ordnung im Jugendstrafvollzug.
Mönchengladbach 2014. ISBN 978-3-942865-25-8.

Band 48
Andrea Gensing: Jugendgerichtsbarkeit und Jugendstrafverfahren im europäischen Vergleich. Mönchengladbach 2014. ISBN 978-3-942865-34-0.

Band 49
Moritz Philipp Rohrbach: Die Entwicklung der Führungsaufsicht unter besonderer Berück-
sichtigung der Praxis in Mecklenburg-Vorpommern. Mönchengladbach 2014.
ISBN 978-3-942865-35-7.

Band 50/1 bis 2 (nur als Gesamtwerk erhältlich)
Frieder Dünkel, Joanna Grzywa-Holten, Philip Horsfield (Eds.): Restorative Justice and Mediation in Penal Matters. A stock-taking of legal issues, implementation strategies and outcomes
in 36 European countries. Vol. 1 bis 2.
Mönchengladbach 2015. ISBN 978-3-942865-31-9.

Band 51
Philip Horsfield: Jugendkriminalpolitik in England und Wales – Entwicklungsgeschichte, aktuelle Rechtslage und jüngste Reformen. Mönchengladbach 2015. ISBN 978-3-942865-42-5.